現代日本の
金融危機管理体制

日本型TBTF政策の検証

米田　貢　著

中央大学出版部

はじめに

⑴　本書は，1990年代の日本の金融危機に対して，日本政府・金融監督当局がいかなる政策スタンスでその危機管理を行おうとしたのかを解明することを，第一の課題としている．本書のサブタイトルが示しているように，現代日本の金融危機管理政策は日本型 TBTF 政策・体制として概念化される．現代日本の金融危機の発生当初から，日本政府は中小金融機関に関しては，金融危機がそれらの再編の絶好の好機とばかりに積極的に破綻処理を行った．これに対して，大規模金融機関，とくに長期信用銀行や信託銀行を含むいわゆる大手銀行については，株式市場や短期金融市場での一般的な不信表明によっていくつかの大銀行の経営困難が誰の目にも明らかになりつつある局面でも，金融監督当局者自身が大銀行の経営は大丈夫であるとの立場を表明しつつ，それらの温存・救済に狂奔した．大銀行は大きすぎてつぶせない，まさに Too Big To Fail 政策の採用であった．

　だが，わが国における TBTF 政策の発動は，1980年代のアメリカ金融危機に際しての TBTF 政策の発動と比較してきわめて特異な形態をとった．TBTF 政策が，本来市場原理に従えば経営破綻せざるをえないような大銀行を救済しようとするものであるのだから，それが政府による強力な市場介入（金融行政的にも金融政策的にも）を本質的な契機とすることは明らかである．問題は，現代日本におけるこの政府介入が，当時の金融危機の実態からみて適切かつ合理的なものであったかどうかである．結論を先取りして言えば，日本型 TBTF 政策では，金融危機に際しての政府による金融市場への介入が，その根拠や条件をまったく明示しないままに，そして，客観的にみて介入の合理的な範囲を大きく逸脱してなされた．この TBTF 政策の発動態様の特殊日本的形態の解明が，本書における現代日本の金融危機管理政策の概念化にとって本質的な部分をなしている．

　本書の第二の課題は，1990年代に展開した現代日本の金融危機に特徴的な諸

契機を具体的に解明することによって，現代資本主義における貨幣・信用恐慌の発現形態の理論化の一助とすることである．この点で，本書は，現代日本の金融危機がこれほどまでに長期化し，深刻化した原因の一つとして，日本政府が金融危機の本格化にもかかわらず日本型TBTF政策に最後まで固執したこと，その結果，現代日本の金融危機の実態を正確に認識しようとしない日本政府・日本の金融監督当局の危機管理能力に対して内外の市場関係者が一般的な不信を抱くようになり，それが現代日本における金融危機展開の独自の一契機となったことを明らかにした．不換制に基づく管理通貨制度と国債発行を構造化した巨大な国家財政に支えられて現代資本制国家は，常時強大な市場介入力を備えている．この国家・政府の強大な市場介入力は経済法則の貫徹に対して両刃の剣なのであり，金融危機の発生に直面して，現代資本制国家がこの強大な力をいかに発揮するかによって，過剰な貸付資本の処理の過程はさまざまな対立する諸形態をとりうる．現代日本の金融危機においては，日本政府の誤った政策選択が，金融危機の収束過程を混乱に満ちた長期の過程としたのである．

　ところで，筆者のこのような立場は，現代日本の金融危機が，カネ余り時代の投機化現象の一形態である土地バブルの崩壊を主要な内容とするものであったという基本認識を基礎にしている．土地が人間の労働によって再生産不可能な，その点で人間労働の結晶物としての価値実体をもたない自然存在であるがゆえに，それぞれの国で歴史的に成立してきた土地価格がひとたび崩壊してしまったならば，合法則的な新たな価格水準を見出すことがきわめて難しい商品であり，地価が底をうつような政策を意識的に採用しない限り過去の価格水準を前提にした不動産関連融資は基本的に回収不可能なものとならざるをえない．日本の金融システムの中軸を担う大銀行を先頭にしてすべての金融業態がこぞって土地投機にのめり込み，地価の崩壊が明確になって以降も，日本型TBTFへの固執という形態で官民あげて回収不能の不良債権処理の先送り＝地価のさらなる下落の阻止を画策したことが，現代日本の金融危機を特徴づけると同時にその深刻さを根本的に規定した．

第三に，本書は，現代日本における預金保険制度の運用が，預金保険制度の乱用，あるいは預金保険制度の自己否定であったことを，理論的・実証的に明らかにしようとした．多くの預金者，日本国民は，長く続いた金融危機の過程でも，経営破綻した銀行＝預金取扱い金融機関の預金者が誰一人として損失を被らなかったことをもって，預金者は「保護」されてきたと誤解している．近年金融政策の担い手である日本銀行自身が，金融政策の弾力性の回復という意図のもとに，ゼロ金利政策と形容されたこの間の異常な低金利水準が預金者たる国民が本来手にすべき預金利子，利子収入を奪うことになっていたのではないか，との意見表明をするに至った．高度成長期から20年を経て再来した人為的低金利政策は，預金者たる国民の手から奪った金利収入を元手に大銀行が体力の許す範囲内で緩やかに不良債権処理を行うことを可能にした．だが，預金者と銀行との間における利子負担，所得移転の問題は，預金保険制度の枠外の問題である．

　現代日本における預金保険制度の乱用は，預金保険制度の本来の趣旨を典型的に体現している破綻処理方法であるペイオフ方式の発動が，金融危機管理の当初から封印されたことに起因している．元来預金保険制度とは，経営破綻した銀行の預金保険限度額内の預金を保護する，現代日本を事例にとれば預金者構成において99％以上を占める1000万円以下の小口預金者を保護する制度である．その点で，銀行の経営破綻という市場原理の貫徹を前提としたうえで，保護の対象を付保預金（者）に限定する「事後的な」金融危機管理制度でしかない．だが，現代日本では，最悪のバブル金融機関の破綻処理に際して預金の全額保護，全預金者の保護が政府・金融監督当局によっていち早く宣言された．それに続いて，ペイオフの凍結＝預金の全額保護措置が当初5年間の時限措置として導入され，それはその後2度にわたって期間延長され，最終的に2002年の預金保険法の改正で決済性預金について恒常的に全額保護するという形で預金保険制度の基本内容として制度化された．預金を全額保護するような預金保険制度は原理的にありえないというのが，この問題に関する筆者の理論的立場である．現代日本の金融危機管理では，預金保険制度の本質が十分に議論され

ることがないままに，あたかも預金保険制度が預金を全額保護すべき制度であるかのような運用がなされた．しかも，上述のような諸契機によって金融危機が深まってくると，経営破綻した大銀行の一時国有化による破綻処理も，さらには経営破綻に瀕した大銀行に対する公的資金による「事前的な」資本注入も，預金者を保護するという機能の点では，この保険限度額を超えた預金(者)の全額保護措置，すなわち預金保険制度の運用とあたかも同じものであるかのような幻想が振りまかれた．その意味で，現代日本の預金保険制度は，日本型TBTF政策を正当化するべく乱用され続けたというのが，筆者の主張点である．

(2) 本書は，1998年より執筆しだした現代日本金融危機とそれに対する日本政府の金融危機管理政策に関する一連の論稿をまとめたものである．当初は，現代日本の金融危機管理政策を論ずる前に，現代日本の金融危機そのものについて全体的な考察が必要であると考えていたのであるが，本書ではそれは果たされていない．わずかに第二の課題として示した現代日本の金融危機を特徴づけるいくつかの諸契機の分析にとどまっている．1990年代長期不況と1990年代金融危機との相互関連や，1980年代のバブル進展過程やその崩壊過程における日本の金融行政・金融政策運営に対するアメリカ政府の介入，アジア通貨危機と現代日本の金融危機との関連など，現代日本の金融危機の性格を全体的に解明するうえで不可欠の諸側面が考察の対象外になっている．これは，ひとえに筆者の怠惰と筆の遅さに起因するものであるが，現代日本の金融危機の全体的考察を欠いたままで，あえて日本の金融危機管理政策そのものを論じようとした動機について一言しておきたい．

　筆者は，1992～1993年度の2年間中央大学よりアメリカ留学（オレゴン州立大学，経営管理学部）の機会を与えられ，この留学期間中に調査・研究した1980年代のアメリカの金融危機とそれに対するアメリカ政府・金融監督当局の危機管理政策について，帰国後小論をまとめた．それと前後して日本では多数の金融機関が経営破綻し，金融危機が急速な展開を見せた．筆者は，この金融危機

への日本政府の対応を見て，日本の金融監督当局はアメリカ政府がとった金融危機管理政策の上っ面はまねてはいるが，その肝心の部分は理解していない，学習しようとしていないとの印象をもった．

　アメリカでは，S&L危機をめぐって議会で喧喧諤諤の議論が行われ，金融監督当局は不良債権を大量に抱えた金融機関を放置すべきではない，それらが大幅な債務超過に陥る前に監督当局として断固破綻処理すべきである，との危機管理政策の基本的立場が確立された．これに対して，日本では1995年に金融機関の破綻処理原則が一応確立され，その後自己資本比率を基準とした早期是正措置やブリッジ・バンクなどの破綻処理方法がアメリカをまねて次々と導入されはしたものの，危機管理の基本は本書で明らかにしたように，日本型TBTF政策におかれた．日本の金融危機管理の基本は，大銀行部面については不良債権処理をできるだけ先送りし，地価が反転するまでは政府の力によって債務超過に陥った大銀行を温存させようという点にあった．戦後一貫して上昇してきた地価の崩壊を主内容とする金融危機への対応としては失敗に終わらざるをえない金融危機管理政策と思われた．

　さらに，日本の金融危機管理においては，当初から預金者保護が声高に叫ばれてはいたものの，ニューディール改革の一環として登場したアメリカの連邦預金保険制度における被保険者・受益者である小口預金者の利益は，一度も議論されることはなかった．アメリカでは，草の根民主主義を反映して文字通り零細預金者の保護が問題にされるのに対して，日本では，大銀行の破綻を回避することが預金者を保護する最善の道であるかのように論理がすりかえられた．このような金融危機管理体制は，戦後日本社会に特徴的な政官財の癒着体制，大企業の成長を最優先の政治課題とする戦後日本政治の本質の発現にほかならないのではないか．すでに，産業部面では，グローバル市場でのメガコンペティションによって最適地生産原理の採用を志向・強制されている多国籍企業の私的利害と，国民経済的利害，国内において雇用と生活の安定を求める国民的利害とが一致しえないことは，多くの国民にとって明らかになりつつある．金融部面においても，長期不況，金融危機の深刻化の過程で，地域・生活

密着型の中小の地域金融機関が果たすべき役割と，全国展開さらには国際金融業務での勝者をめざすメガバンクの進むべき道とが根本的に乖離しつつあることが客観的に明らかになってきた．このような段階において，なお日本政府・金融監督当局は，大銀行の支配体制を維持・強化することによって日本の金融危機を乗り切ろうとしている．しかも，預金保険制度に基づく預金者保護や金融のシステミックリスクの回避などの金融的な専門用語を用いれば，大銀行の私的利害を守るにすぎない金融危機管理政策をあたかも国民全体の利益にかなった公共的なものであるかのように描きうるとする政府の立場は，国民を愚弄するものではないか．この気持ちが，現代日本の金融危機の総括的な解明と一応切り離して現代日本の金融危機管理政策を独自に考察対象とすることを，私に選択させたのである．

(3) 最後に，本書を上梓するにあたって，1984年の入職以来中央大学経済学部で公私共にお世話になった高田博先生，岩波一寛先生，故荒井正夫先生に心から感謝申し上げたい．また，すでにそれぞれ故人となられた3人の諸先生，鼻柱だけ強かった私をゼミに暖かく迎え入れ学問研究のあり方を論してくださった大学院時代の恩師である谷田庄三先生，大学院受験時代からヘーゲル論理学の研究会をつうじて科学的方法論の重要性を認識させていただいた上野俊樹先生，しばしば「原理主義」に走りがちな私に柔軟な発想を持つことの重要性を教えてくださった米田康彦先生に，筆者の怠慢により出版がこれほどまでに遅れてしまったことをお詫びしたい．最後に，今は亡き父母の一雄ときよゑに本書を捧げる．

2007年9月

米 田 　 貢

目　次

はじめに

第 1 篇　現代日本における金融危機の基礎過程
―― バブル経済化の進展とその崩壊

第 1 章　現代日本における「ストック経済化」と地価変動

はじめに……………………………………………………………………… 5

第 1 節　現代日本における「ストック経済化」の内容……………… 7
- （1）　資産総額ならびにその対 GNP 比の推移　7
- （2）　実物資産と金融資産の推移　10
- （3）　実物資産ならびに金融資産の変動を主導した資産形態　12

第 2 節　現代日本経済と地価変動………………………………………… 14
- （1）　再生産可能有形資産の変動を規定する年々の価値的増大　15
- （2）　土地等の資産残高の変動を規定する地価の変動　17
- （3）　バブル経済下の地価変動の第一の特徴――地価崩壊に帰結した地価高騰　20
- （4）　地価変動の第二の特徴――大都市圏で集中的に発生した地価上昇　23
- （5）　地価変動の第三の特徴――商業地主導の地価上昇　25
- （6）　地価変動の第四の特徴――地域的，地目別に波及していった地価上昇　27

第 2 章　現代日本における土地取引

第 1 節　土地取引の素材的側面……………………………………………35
　（1）　土地利用の推移　35
　（2）　土地利用における三大都市圏と地方圏との比較　39
　（3）　土地取引件数の推移　41
　（4）　土地取引面積の推移　45
　（5）　土地取引における短期間転売　48
　（6）　土地取引の売主・買主の形態別区別　51

第 2 節　土地取引の貨幣的側面……………………………………………55
　（1）　土地購入金額ならびに購入主体別構成比の推移　55
　（2）　制度部門間における土地取引額　60
　（3）　土地取引額の地域的分布　61
　（4）　東京圏からの各地域圏への土地需要の流出　63
　（5）　土地購入資金の源泉　66
　（6）　不動産関連融資の推移　69

第 2 篇　現代日本における金融危機の展開
―― 1997年11月に本格化した金融危機 ――

第 3 章　木津信用組合の経営破綻とその破綻処理

はじめに………………………………………………………………………79

第 1 節　木津信組における預金者の取付けについて……………………80
　（1）　預金者はいかに取付けに走ったのか　80
　（2）　預金獲得に狂奔した木津信組の異常な預金者構成　82

第 2 節　木津信組はなぜ経営破綻したのか………………………………87
　（1）　あらゆる手段を駆使して土地投機にのめり込んだ木津信組　87
　（2）　大銀行の紹介預金が果たした危険な役割　93
　（3）　経営実態を隠蔽する会計操作　95

第 3 節　木津信組の破綻処理はいかに行われたか………………………… 97
　　（1）　予想額を大きく上まわった不良債権額　97
　　（2）　紹介預金をめぐる紹介者責任を回避した大銀行　99
　　（3）　監督責任をめぐる大蔵省と大阪府との対立　100
　　（4）　破綻処理の具体的な内容　103

第 4 章　兵庫銀行の事実上の経営破綻とその破綻処理

　はじめに ………………………………………………………………………… 109
　第 1 節　「新銀行での再建」という破綻処理スキームが
　　　　　なぜとられたのか ……………………………………………………… 109
　　（1）　木津信組の破綻処理と同時発表された兵庫銀行の新銀行の形態で
　　　　の再建計画　109
　　（2）　大蔵省との太いパイプをもっていた兵庫銀行　112
　　（3）　兵庫銀行における預金の流出状況　114
　第 2 節　大蔵省が描いた「再建計画」の実態 ………………………………… 116
　　（1）　兵庫銀行の経営実態と系列ノンバンクの破綻処理　116
　　（2）　兵庫銀行の損失処理と実現性の乏しい新銀行の収益見込み　119
　　（3）　大蔵省・日銀の全面的なバックアップにもかかわらず難航した新
　　　　銀行の立ち上げ　124
　第 3 節　みどり銀行の経営破綻と阪神銀行による救済合併 ………………… 127
　　（1）　発足後 2 年間で行き詰まったみどり銀行　127
　　（2）　みどり銀行の経営破綻の要因　130
　　（3）　阪神銀行による救済合併に導いた要因　131

第 5 章　第一次金融危機と住専処理―日本型 TBTF 体制の原型

　はじめに ………………………………………………………………………… 135
　第 1 節　住専各社の経営破綻の実態 …………………………………………… 136
　　（1）　住専各社の不良債権の状況　136
　　（2）　1980年代における住専の変質と不良債権　137
　　（3）　住専各社が発表した財務諸表主要項目の推移　142

第2節　住専の経営破綻の内的諸要因 …………………………………… 144
　（1）　不動産関連企業への融資集中　144
　（2）　融資審査を欠如させた貸出行動　148
　（3）　有担保主義の形骸化　150
　（4）　「飛ばし」，追貸しの常態化と会計上の隠蔽工作　151
　（5）　住専を「土地投機の尖兵」に貸し込ませた競争条件　155
　（6）　住専各社の母体行依存と経営上の無責任体制　157
第3節　日本金融界の投機的性格を象徴する住専問題 …………………… 159
　（1）　あらゆる金融業界をまき込んだ住専問題　159
　（2）　住専向け融資は銀行業界の投機的金融活動の一環　160
　（3）　投機的金融活動における階層性　163
　（4）　住専向け融資に対する「協調融資」幻想　165
　（5）　金融機関としての力不足を政策的に利用された農林系統金融機関　169
第4節　住専問題と大蔵省・農水省の行政責任 …………………………… 171
　（1）　いわゆる不動産関連融資の「総量規制」等をめぐる大蔵省の政策意図　171
　（2）　二度にわたって現実性の乏しい「再建計画」の策定を指導した大蔵省の狙い　175
　（3）　日本版 Too Big To Fail 政策の出発点となった住専問題処理の先送り　178
第5節　住専処理はいかに行われたのか ……………………………………… 182
　（1）　母体行責任での処理を最初から回避した大蔵省・銀行業界　183
　（2）　破綻処理の局面でも問題の先送りを意図した大蔵省・銀行業界　186
　（3）　公的資金の導入によって損失負担の回避をもくろんだ大蔵省・銀行業界　188
　（4）　預金保険機構を大蔵金融行政の別働隊に変質させた住専処理　190

第6章　1990年代金融危機の性格について
―― 第二次金融危機の始まり ――

はじめに ……………………………………………………………………… 195

第1節　1997年11月に1990年代金融危機は本格化した ………………… 198
　（1）　投機金融の専門機関があいついで経営破綻した第一次金融危機　198
　（2）　金融業態の区別，規模の区別を超えて進行した第二次金融危機　204

第 2 節　1997 年金融危機における信用不安の形態的特徴 …………… 210
　（1）　特定の銀行に対する個別的な信用関係の震撼・崩壊にとどまった
　　　　第一次金融危機下の信用不安　210
　（2）　第二次金融危機下の信用不安の形態的特徴　212
第 3 節　1997 年金融危機における信用不安の内容，根拠 …………… 220
　（1）　不良債権処理をめぐる現代日本の独占的銀行資本に内在する矛盾　221
　（2）　金融当局の金融危機管理能力に対する一般的な不信を呼びおこし
　　　　た日本型 TBTF 政策　231

第 3 篇　現代日本における金融危機管理体制

第 7 章　日本型 TBTF 体制の成立
　　　　——日本銀行の LLR 機能の乱発，預金保険法の改正，
　　　　金融機能安定化緊急措置法の制定——

はじめに——対象の限定と課題 …………………………………………… 243
第 1 節　信用恐慌はなぜ爆発しなかったのか …………………………… 245
　（1）　「地獄の淵に立った」危機的状況の出現　245
　（2）　取付け騒ぎはほどなく鎮静化した——現代における中央銀行の最後
　　　　の貸し手（LLR）機能の意義　248
　（3）　中央銀行の最後の貸し手機能の限界　254
第 2 節　本格化した金融危機はいかなる政策課題を提起していたのか　257
　（1）　金融危機を本格化させた内在的矛盾と条件　257
　（2）　拓銀の経営破綻がもつ意義　262
　（3）　金融危機の本格化によって提起された政策課題　268
第 3 節　日本型 TBTF 体制の成立——政策目的である公的資金の
　　　　投入に失敗した金融機能安定化緊急措置法 ………………… 272
　（1）　政治権力内部における政策的対立　272
　（2）　行政権力内における省益と局益のきしみ　278
　（3）　政治的対立の調整過程　283

（4）日本型 TBTF 体制の成立とその致命的欠陥　288

第 8 章　日本型 TBTF 体制の確立
　　　　　──金融機能再生緊急措置法，金融機能早期健全化緊急措置法を中心に──

はじめに──対象の限定と課題 …………………………………………… 297

第 1 節　金融危機管理における再生法と健全化法の同時制定・機能分化の意義 …………………………………………………………… 299

（1）　金融危機の本格化によって提起された政策課題に応えることができなかった安定化法体制　299

（2）　公的管理下で金融仲介機能を維持しながら破綻処理を進める新たな破綻処理スキームを明示した再生法　301

（3）　経営破綻回避のために抜本的な不良債権処理と金融再編の推進を求めた健全化法　303

（4）　機能分化した再生法と健全化法の同時制定による日本型 TBTF 体制の確立　307

第 2 節　再生法・健全化法の同時制定過程における政治的対立 ……… 311

（1）　新たな破綻処理法としてのブリッジバンク構想と特別公的管理（一時国有化）構想との対立　312

（2）　長銀問題とは何であったのか　317

（3）　住信による長銀の事実上の救済合併計画を全面支援する政府・与党と長銀の特別公的管理による破綻処理を求める野党との対立　323

（4）　長銀の破綻処理と安定化法の廃止を求める野党に対して政治的譲歩を余儀なくされた政府・自民党　328

（5）　安定化法の廃止と引き換えに大銀行の破綻回避のための新たな資本注入法の制定をめざした政府・自民党　336

第 3 節　金融機能再生法の実施過程 ……………………………………… 341

（1）　長銀・日債銀の再生法第 36 条に基づく特別公的管理の開始　341

（2）　長銀・日債銀の特別公的管理と借り手保護　348

（3）　国有長銀・日債銀の売却と借り手保護・瑕疵担保条項　355

目　　次　xiii

　第4節　金融機能早期健全化法の実施過程 …………………………………… 363
　　（1）　公的資金の資本注入によって不良債権を完全処理しようとした金融
　　　　再生委　363
　　（2）　金融再編によって過剰な大手銀行を整理し収益の飛躍的増強を意
　　　　図した金融再生委　370

第9章　日本型 TBTF 政策・体制とは何であったのか

　はじめに ………………………………………………………………………… 379
　第1節　日本型 TBTF 政策の展開 ……………………………………………… 380
　　（1）　日本型 TBTF 政策の歴史的出発点をなした二つの文書　380
　　（2）　1997年春における日債銀の奉加帳方式での救済　385
　　（3）　金融機能安定化緊急措置法に基づく日債銀に対する公的資金の資本
　　　　注入　390
　　（4）　住信との合併によって長銀を救済しようとした異例の政治介入　393
　第2節　現代アメリカにおける金融危機と TBTF 政策 ……………………… 399
　　（1）　1980年代前半におけるアメリカ大銀行の経営困難　399
　　（2）　1980年代のS&L危機，商業銀行の経営危機と forbearance の見直し　401
　　（3）　現代アメリカにおける TBTF 政策の発動態様　407
　第3節　日本型 TBTF 政策・体制とは何であったのか ……………………… 412
　　（1）　本来の，あるいは古典的な TBTF 政策　412
　　（2）　日本型 TBTF 政策とは何であったのか—TBTF 政策の日本における
　　　　特殊な発動形態　415
　　（3）　日本型 TBTF 体制の確立と2000年預金保険法の改正　419

第10章　現代日本における預金保険制度の乱用と金融危機管理の
　　　　失敗

　はじめに ………………………………………………………………………… 427
　第1節　現代日本における預金保険制度の乱用 ……………………………… 428
　　（1）　現代日本における預金保険制度の成立とその発動　428

（2）　勤労大衆の消費元本の一部をなす貨幣貯蓄は，銀行倒産に際しても保護されなければならない　430
　（3）　預金者保護は，社会的信用を基礎にしている銀行業界が担うべき社会的な共同業務である　433
　（4）　銀行の経営破綻に際して預金の全額保証を制度化することは，預金保険制度ひいては銀行信用の自己否定につながる　437
　（5）　アメリカにおいては，預金の全額保護は例外的かつ個別的措置として行われた　440

第2節　日本型 TBTF 政策推進の隠れ蓑にされた預金の全額保護 …… 443
　（1）　アメリカとの比較でみた日本における預金の全額保護措置の異常性　443
　（2）　1995年金融制度調査会答申に示された金融危機管理の論理構造の欺瞞性　446
　（3）　日本型 TBTF 政策推進のために隠れ蓑として利用された預金の全額保護措置　456

第3節　現代日本における金融危機管理の失敗と国民の金融的利益の擁護 ……………………………………………………… 461
　（1）　大銀行によるバブル関連の不良債権処理の先送りを容認した日本型 TBTF 政策　461
　（2）　システミックリスク回避の手段を誤った日本の金融危機管理　473
　（3）　日本型 TBTF 政策と預金の全額保護措置との結合がもたらした弊害　478
　（4）　国民の金融的利益は預金の全額保護措置によって守られたのか　482

初出一覧

参考文献

現代日本の金融危機管理体制

日本型 TBTF 政策の検証

第 1 篇

現代日本における金融危機の基礎過程
――バブル経済化の進展とその崩壊――

第1章　現代日本における「ストック経済化」と地価変動

はじめに

　1997年4月に戦後初の生命保険会社の破綻となった日産生命の解散に端を発した新たな金融危機の展開は，11月に北海道というきわめて地域的に限られた営業基盤を有していたとはいえ都市銀行の一角を占めてきた北海道拓殖銀行の破綻に発展し，それはほぼ間髪を入れずに四大証券の一つであった山一証券を突然の自主廃業へと追い込んだ．当初は，「財政改革」という旗印のもとに，「公的資金の早期導入」を求める金融界・財界の声に一定距離をおいていたかに見えた橋本内閣も，深まる一方の金融不安に態度を一変させ，日本銀行の融資原則や預金保険制度の本来の目的をもかなぐり捨て，銀行救済のためにあらゆる政策手段を動員しつつ，ついには総額30兆円に及ぶ公的資金の投入体制の構築に向かった．

　ところでこの1997年11月末以降の金融危機の本格化は，直接には11月における株価の大幅下落（1万6千円割れ）によって引き起こされたものであり，この株価下落によって，都市銀行や長期信用銀行，信託銀行などの大手20行のかなりの部分で，株式の含み益が消滅したり，さらには含み損が発生するという事態が生まれた[1]．これまで，株式の含み益のはきだしによって，かろうじて不良債権の重しをしのいできた金融機関は最後の拠り所をなくしたわけである．だが，このことは，多くの巨大銀行がバブルが破裂して6年が経過し，しかも

---

[1]　『日本経済新聞』1997年11月8日付けによれば，株価が1万6千円を割った時点で大手20行のうち1000億円以上の株式含み益を維持しているのは，半数の10行であり，とくに日本長期信用銀行や安田信託銀行の含み損は1000億円に達している．だが，北海道拓殖銀行などのようにこれまで経営危機が取り沙汰されてきた銀行にとっては，含み損の大きさの問題以前に，含み益が消滅しもはや従来の「含み益経営」を維持することができないこと自体が，致命傷となったのである．

このほぼ全期間をつうじて預貯金者（一般の勤労国民大衆）に対して人為的というべき異常な低金利が強制されてきたにもかかわらず，多くの銀行が貸出という銀行の本業部分でいまだ収益条件を改善できないでいることを示すものである．

　言うまでもなく，それを根本的に規定していたのが，バブル期に，これら大銀行が先を争って貸し込んでいった不動産関連融資（本来の不動産業，建設業，いわゆるノンバンクに対する貸出と，さらには住宅ローンを除く個人向け貸出）の焦げ付き，すなわち巨額の不良債権であった．あらためて，バブル期に展開された不動産関連融資が有していたリスクの大きさと，それをまったく顧慮することなく土地が担保として差し出されさえすれば，ほとんど無審査で巨額の貸出を実行してきた日本の銀行の野放図さに多くの国民が驚かされた[2]．

　それでは，少なくとも建前としてはプルーデンシャルな経営を主張するはずの銀行経営者たちが，なにゆえにこれほどまでに不動産関連融資にのめり込んでいったのであろうか．それに対する回答は簡単・明瞭である．「土地神話」が成立していた状況下では，本来リスキーであるはずの不動産関連融資も，当事者にとってみればこれほど確実な融資先はないということになる．1980年代後半から1990年初頭に至る時代を「バブル期」と呼ぶのは，まさに「土地神話」の崩壊と言われるほどの劇的な地価下落が生じたからであり，この崩壊過程を目の当たりにしたからである．バブルがはじける直前までは，株式ブーム，土地ブームの行き過ぎを懸念する声はあっても，進行しつつある事態そのものは，あくまで現代日本資本主義の成熟を表現する「ストック経済化」の進展として認識されていたのである[3]．そこでは，実物資産の増大と金融資産の増大とが同じく「ストック化」として一括され，また実物資産ならびに金融資産の増大の中心部分を担った擬制資本価格の膨張に対する批判的理解も欠如してい

---

[2] 都市銀行等による不動産関連業種に対する当時の融資の集中ぶりは，銀行の総貸出額の増加に対する前述の三業種向け（個人を除く）貸出の寄与率の高さに顕著に表れている．1986年〜1987年にかけては，それはほぼ60〜70％を記録した．日本銀行『日本銀行月報』1992年9月号，12頁参照．

た．株価，地価の上昇は，資産所有者の立場からは自らが所有する資産「価値」の増大として，そして政策当局者の立場からは「国富」の増大として，肯定的に受けとめられていたのである．

そこで，本章では，まず1980年代後半に進展した「ストック経済化」と言われる事態を，株価，地価が崩壊，低迷した1990年代前半までをも射程に入れることによって，批判的に総括する．そして，その上で1980年代に世界的に進行した「カジノ化」＝「投機化」現象を，日本においてもっとも先鋭化させることになった土地投機＝第三次土地ブームに焦点を絞って，その実態の全体的解明をめざす．

第1節　現代日本における「ストック経済化」の内容

(1)　資産総額ならびにその対GNP比の推移

そこでまず最初に高度成長が破綻して以降，資産総額がどのような推移を示してきたのかを見ておこう．表1-1は，経済企画庁の『国民経済計算年報』より，資産ならびに負債についてそれらを主要項目に大別して総額の推移を示したものである．これによれば，日本における資産総額は1970年末の590兆円が，1980年の2,642兆円を経て，1990年には7,136兆円に達し，20年間で約12倍になった．

これに対して年々新たに生産される付加価値額を表しているGNPは，1970年の73兆円から，1980年の240兆円へ，そして1990年の432兆円へと約6倍化し

---

3)　経済企画庁『経済白書』1989年版は，その第4章「日本経済のストック化」で，『経済白書』としては初めて本格的にこの問題を取り扱った．そこで「ストック化」とは，「資産残高が増加し，その保有や取引の経済全体に与える影響が高まってゆくこと」（同書，257頁）と定義された．同書では，「地価上昇によって土地資産が名目的に拡大しても，我が国の購買力が増加するというわけではない．したがって，名目的な資産価値の増加による国富の『水脹れ』は，国民生活の豊かさに直接結びつくものではない」という記述も見られるが，土地資産の膨張の「名目性」それ自体の立ち入った分析はなされていない．

表1-1 各種資産残高ならびにそれらの対GNP比率等の推移

(10億円, 倍)

資産／年	1965	1970	1971	1972	1973	1974	1975
1. 在庫	11,160.4	22,823.8	23,660.3	26,236.7	34,890.7	43,560.5	44,987.4
2. 純固定資産	40,159.3	98,083.9	116,625.4	149,117.7	208,409.7	261,333.6	287,473.7
3. 再生産不可能有形資産	67,400.2	173,876.9	209,564.0	293,754.4	376,762.8	378,075.4	404,963.1
4. 金融資産(株式を除く)	115,602.7	268,350.2	318,822.5	394,441.5	485,012.9	555,195.3	640,275.5
5. 株式	7,248.1	27,438.6	33,773.1	69,260.3	73,178.5	62,760.4	61,100.7
6. 負債(株式を除く)	116,719.7	266,071.0	314,859.1	388,225.4	479,675.6	551,660.7	636,909.6
7. 株式・正味資産	124,851.0	324,502.4	387,586.2	544,585.2	698,579.0	749,244.5	801,890.8
1) 株式	6,822.6	28,035.1	34,726.4	71,205.3	74,506.9	63,520.6	62,305.0
2) 正味資産(国富)	118,028.4	296,467.3	352,859.8	473,379.9	624,072.1	685,723.9	739,585.8
8. 期末資産・期末負債および正味資産	241,570.7	590,573.4	702,445.3	932,810.6	1,178,254.6	1,300,905.2	1,438,800.4
9. 国民総生産(GNP)	32,772.8	73,188.4	80,591.9	92,400.8	112,519.5	133,996.8	148,169.9
株式(額面表示)	—	10,777.2	11,894.1	13,691.9	15,396.7	16,946.7	18,740.9
株式含み益	—	16,661.4	21,879.0	55,568.4	57,781.8	45,793.7	42,359.8
在庫+純固定資産	51,319.7	120,907.7	140,285.7	175,354.4	243,300.4	304,894.1	332,461.1
実物資産	118,719.9	294,784.6	349,849.7	469,108.8	620,063.2	682,969.5	737,424.2
金融資産(株式を除く)+株式	122,850.8	295,788.8	352,595.6	463,701.8	558,191.4	617,935.7	701,376.2
総資産／GNP	7.37	8.07	8.72	10.10	10.47	9.71	9.71
実物資産／GNP	3.62	4.03	4.34	5.08	5.51	5.10	4.98
金融資産／GNP	3.75	4.04	4.38	5.02	4.96	4.61	4.73
再生産不可能有形資産／在庫+純固定資産	1.31	1.44	1.49	1.68	1.55	1.24	1.22
株式／金融資産(株式を除く)	0.063	0.102	0.106	0.176	0.151	0.113	0.095
在庫+純固定資産／GNP	1.57	1.65	1.74	1.90	2.16	2.28	2.24
金融資産(株式を除く)／GNP	3.53	3.67	3.96	4.27	4.31	4.14	4.32
金融資産／実物資産	1.03	1.00	1.01	0.99	0.90	0.90	0.95
金融資産／在庫+純固定資産	2.39	2.45	2.51	2.64	2.29	2.03	2.11
金融資産(株式を除く)／在庫+純固定資産	2.25	2.22	2.27	2.25	1.99	1.82	1.93

表1-1(続)

	1976	1977	1978	1979	1980	1981	1982	1983	1984	1985
	48,555.5	49,350.8	49,739.6	58,751.5	65,482.3	67,315.0	68,823.8	67,665.5	68,881.6	68,202.1
	331,138.4	364,294.4	404,361.0	470,415.3	526,676.8	564,535.1	597,139.0	621,497.8	656,650.3	687,559.4
	432,264.0	463,090.1	526,714.9	630,940.9	744,664.1	841,725.6	899,567.7	934,208.5	971,839.6	1,048,806.6
	736,951.7	826,770.5	942,985.3	1,055,517.2	1,183,386.0	1,311,343.7	1,436,432.7	1,572,634.8	1,716,370.6	1,889,681.9
	79,024.2	78,410.2	108,097.2	119,831.0	121,984.8	133,449.5	128,913.2	160,833.4	203,279.3	241,867.5
	732,360.0	818,932.9	933,197.0	1,048,169.0	1,177,143.1	1,303,083.1	1,423,666.3	1,552,470.6	1,688,131.5	1,845,269.4
	895,573.8	962,983.1	1,098,701.0	1,287,286.9	1,465,050.9	1,615,285.8	1,707,210.1	1,804,369.4	1,928,889.9	2,090,848.1
	80,667.1	79,477.9	109,411.4	121,251.1	125,436.5	139,417.3	135,928.7	172,167.0	214,344.5	253,305.5
	814,906.7	883,505.2	989,289.6	1,166,035.8	1,339,614.4	1,475,868.5	1,571,281.4	1,632,202.4	1,714,545.4	1,837,542.6
	1,627,933.8	1,781,916.0	2,031,898.0	2,335,455.9	2,642,194.0	2,918,368.9	3,130,876.4	3,356,840.0	3,617,021.4	3,936,117.5
	166,416.9	185,530.1	204,474.5	221,824.5	240,098.5	257,416.5	270,669.3	282,078.2	301,048.2	321,555.9
	20,586.0	22,887.9	25,231.4	27,536.1	29,060.1	32,058.0	34,669.5	37,615.4	42,423.8	48,786.7
	58,438.2	55,522.3	82,865.8	92,294.9	92,924.7	101,391.5	94,243.7	123,218.0	160,855.5	193,080.8
	379,693.9	413,645.2	454,100.6	529,166.8	592,159.1	631,850.1	665,962.8	689,163.3	725,531.9	755,761.5
	811,957.9	876,735.3	980,815.5	1,160,107.7	1,336,823.2	1,473,575.7	1,565,530.5	1,623,371.8	1,697,371.5	1,804,568.1
	815,975.9	905,180.7	1,051,082.5	1,175,348.2	1,305,370.8	1,444,793.2	1,565,345.9	1,733,468.2	1,919,649.9	2,131,549.4
	9.78	9.60	9.94	10.53	11.00	11.34	11.57	11.90	12.01	12.24
	4.88	4.73	4.80	5.23	5.57	5.72	5.78	5.76	5.64	5.61
	4.90	4.88	5.14	5.30	5.44	5.61	5.78	6.15	6.38	6.63
	1.14	1.12	1.16	1.19	1.33	1.35	1.36	1.36	1.34	1.39
	0.107	0.095	0.115	0.114	0.103	0.102	0.090	0.102	0.118	0.128
	2.28	2.23	2.22	2.39	2.47	2.45	2.46	2.44	2.41	2.35
	4.43	4.46	4.61	4.76	4.93	5.09	5.31	5.58	5.70	5.88
	1.00	1.03	1.07	1.01	0.98	0.98	1.00	1.07	1.13	1.18
	2.15	2.19	2.31	2.22	2.20	2.29	2.35	2.52	2.65	2.82
	1.94	2.00	2.08	1.99	2.00	2.08	2.16	2.28	2.37	2.50

表1-1(続)

1986	1987	1988	1989	1990	1991	1992	1993	1994	1995
64,143.4	63,927.4	65,912.3	71,245.4	75,362.8	77,478.6	77,658.8	75,689.8	74,504.8	74,882.1
712,720.4	756,505.2	807,310.3	891,730.1	977,669.4	1,051,736.8	1,103,653.4	1,144,429.1	1,175,086.1	1,199,932.6
1,304,206.3	1,719,697.1	1,889,906.8	2,189,095.1	2,420,134.9	2,230,842.1	2,002,110.7	1,931,464.5	1,891,464.5	1,839,634.8
2,078,050.3	2,326,140.3	2,562,037.9	2,816,197.9	3,069,093.4	3,216,225.8	3,319,888.7	3,444,362.9	3,557,104.4	3,698,227.9
374,721.7	472,883.6	668,974.5	889,873.8	594,325.2	586,502.4	401,778.9	407,626.8	458,444.7	455,652.8
2,030,060.2	2,278,798.2	2,515,290.5	2,757,625.2	3,007,570.9	3,147,745.8	3,238,692.0	3,354,184.0	3,459,206.2	3,599,236.7
2,503,781.9	3,060,355.4	3,478,851.3	4,100,517.1	4,129,014.8	4,015,039.9	3,666,398.5	3,659,389.1	3,697,472.7	3,669,093.5
389,346.9	483,873.4	678,670.2	910,328.5	606,638.8	603,267.7	416,205.2	425,729.3	482,622.7	486,911.5
2,114,435.0	2,576,482.0	2,800,181.1	3,190,188.6	3,522,376.0	3,411,772.2	3,250,193.3	3,223,659.8	3,214,850.0	3,182,182.0
4,533,842.1	5,339,153.6	5,994,141.8	6,858,142.3	7,136,585.7	7,162,785.7	6,905,090.5	7,003,573.1	7,156,678.9	7,268,330.2
336,686.4	351,813.5	376,275.3	402,847.7	432,971.9	462,161.9	476,064.9	479,819.0	483,015.4	486,921.4
62,247.3	86,485.9	108,004.4	134,554.9	140,618.5	142,202.1	137,620.3	143,700.6	151,197.8	150,818.2
312,474.4	386,397.7	560,974.1	755,318.9	453,706.7	444,300.3	264,158.6	263,926.2	307,246.9	304,834.6
776,863.8	820,432.6	873,222.6	962,975.5	1,053,032.2	1,129,215.4	1,181,312.2	1,220,118.9	1,249,590.9	1,274,814.7
2,081,070.1	2,540,129.7	2,763,129.4	3,152,070.6	3,473,167.1	3,360,057.5	3,183,422.9	3,151,583.4	3,141,129.8	3,114,449.5
2,452,772.0	2,799,023.9	3,231,012.4	3,706,071.7	3,663,418.6	3,802,728.2	3,721,667.6	3,851,989.7	4,015,549.1	4,153,880.7
13.47	15.18	15.93	17.02	16.48	15.50	14.50	14.60	14.82	14.93
6.18	7.22	7.34	7.82	8.02	7.27	6.69	6.57	6.50	6.40
7.29	7.96	8.59	9.20	8.46	8.23	7.82	8.03	8.31	8.53
1.68	2.10	2.16	2.27	2.30	1.98	1.69	1.58	1.51	1.44
0.180	0.203	0.261	0.316	0.194	0.182	0.121	0.118	0.129	0.123
2.31	2.33	2.32	2.39	2.43	2.44	2.48	2.54	2.59	2.62
6.17	6.61	6.81	6.99	7.09	6.96	6.97	7.18	7.36	7.60
1.18	1.10	1.17	1.18	1.05	1.13	1.17	1.22	1.28	1.33
3.16	3.41	3.70	3.85	3.48	3.37	3.15	3.16	3.21	3.26
2.67	2.84	2.93	2.92	2.91	2.85	2.81	2.82	2.85	2.90

注:株式については,1965年は資産は額面価格,負債は帳簿価格,1970年以降は資産・負債ともに市場価格基準である.
出所:経済企画庁『国民経済計算年報』より算出.

たにすぎない.その結果資産総額の対GNPに対する比率は,1970年の8.07倍から,1980年には11.0倍へ,そして1990年には16.48倍に達した.

とくに1980年代における資産総額の増加ぶりは顕著であった.1970年代にはGNPは平均して1年間あたり16.7兆円の増加額を示したのに対し,資産総額のそれは年間205兆円であった.これが,1980年代にはGNPの平均増加額は19.3兆円と1970年代とあまり変わらない水準で推移したのに対して,資産総額のほうは年間449兆円と1970年代の2倍のスピードで増大した.

この資産残高の一方的な増大は,いわゆる「バブル経済」の崩壊によって1990年代に入って劇的に転換した.異常円高の定着によって輸出関連の大企業は,国内においてはこぞって人減らし・「合理化」のリストラを強行し,他方でより安い賃金労働者を求めてアジアに生産・輸出拠点を移しだした.これに

バブル崩壊に伴う国内消費の低迷，大量の不良債権を抱えた金融機関による貸し渋りが加わり，日本資本主義は1990年代不況，「平成不況」と呼ばれる長いトンネルに突入した[4]．GNPの増加は1990年の432兆円から1995年の486兆円へと5年間でわずかに50兆円弱にとどまった．

だが資産残高のほうはたんに増加傾向が鈍化したというのではなく，一時的に減少に転じた．資産総額は1991年の7,162兆円のピークに到達した後，1992年には6,905兆円，257兆円の減少を記録した．1970年代以降平均して毎年200〜400兆円の増加を示してきた資産総額が戦後史上初めてマイナスを記録したのである．その後も資産総額は低迷を続け，1995年に至っても7,268兆円と1990年当時と変わらない水準にとどまっている．その結果資産総額の対 GNP 比率も1990年〜1992年にかけて大きく後退し，1995年には14.93倍と1987年の15.18倍を下まわっている．

（2） 実物資産と金融資産の推移

ところで「ストック経済化」と言われるものの内容を正確に理解するためには，1980年代に GNP に対して一方的・乖離的に急膨張し，1990年代に入って

---

[4] 1990年代半ば前後に空前の株式ブームに沸いたアメリカでさえ"ジョブレス・リカバリー"が叫ばれるほどに，現代資本主義は，資本主義経済の「原罪」ともいうべき失業問題に再び直面している．1970年代不況をいわゆる「減量経営」で，さらに1980年代半ばの円高不況も「リストラ」と「多国籍化」で克服したかに見えた日本経済も，1990年代において戦後初の本格的な「大量失業」時代の扉を開けようとしている．日本におけるこの「平成不況」，1990年代不況は，その発生当初は，多くの論者が指摘したように，バブル期の過剰投資とバブルの崩壊とによって引き起こされた「複合不況」としての性格を強くもっていた．だが，不況が長期化する過程で，一方では，官民あげての国民生活に対する攻撃が，勤労大衆の消費水準の低迷という新たな不況激化要因を生み出し，他方で，住専処理における安易な公的資金の導入と不良債権処理のための銀行利潤保証を意図した異常なまでの低金利政策が，不動産関連業種への投機的信用供与に汚染され尽くした金融機関を温存させることによって，1997年末以来日本の金融システムそのものに対する不安を発生させつつある．現代日本の直面している「構造的失業」を，独占大企業が推進している「雇用破壊」戦略とそれを後押しする政府の規制緩和政策と労働法制の全面的改悪の側面から解明しているものとして，戸木田嘉久『「構造的失業」時代の日本資本主義』（1997年，新日本出版）がある．

歴史的な低迷状態にある資産総額の内部に立ち入って検討することが不可欠である．先の『国民経済計算年報』で集計されている資産残高は，大分類としては実物資産と金融資産とに二大区分される．それゆえ，この分類にしたがって，先の「ストック経済化」の過程を捉えなおしてみることにしよう．

実物資産は1970年末の294兆円から，1980年の1,336兆円を経て，1990年には3,473兆円に増大した．同じく金融資産は1970年の295兆円から，1980年1,305兆円，1990年3,663兆円へと膨張した．この間の年平均増加額は，実物資産の場合は1970年代には104.2兆円，1980年代には213.7兆円であり，そして金融資産のほうは1970年代には101.0兆円，1980年代は235.8兆円となっている．前述のように，資産総額はこの20年間の間に12.09倍の増加を示したのであるが，実物資産の増加率は同時期に11.81倍であったのに対し，金融資産は12.39倍と前者よりも若干高い増加率を記録した．

この結果実物資産と金融資産との比率関係にも一定の変化が生じた．すなわち実物資産に対する金融資産の比率は，1970年から1982年までは0.90～1.01倍（1978年の1.07倍を除いて）の範囲内で変動していたものが，1983年の1.07倍を起点に上昇し始め，1985年から株式ブームのピークをなした1989年まではほぼ1.18倍という高い水準を持続した（1987年の1.10倍を除く）．いわゆる「ストック経済化」の進展過程＝資産膨張過程では，実物資産，金融資産ともにGNPの増加率に比べてともに高い増加率を示したのであるが，総じて後者のほうがより大きな割合で膨張したのである．

ところで，資産残高の変動という点での両者の違いは，1980年代の資産膨張過程ではなく1990年代以降のバブル崩壊過程で一挙に顕在化した．先の資産総額の推移の分析で明らかになったように，1990年代にはGNPに対する資産残高の一方的・乖離的膨張が停止し，とくに1990年～1992年にかけてはGNPがわずかに増大しているにもかかわらず資産総額のほうが低迷することによって，資産総額の対GNP比率は1970年代，1980年代をつうじての上昇傾向から反転して逆に低下した．

だが，この点で実物資産と金融資産とはまったく対照的な推移を示してい

る．実物資産は，1990年の3,473兆円から1995年の3,114兆円へと1990年代に入って10％以上も減少した（1年間あたり71.8兆円の減少）のに対して，金融資産のほうは1990年の3,663兆円から1995年の4,153兆円へと逆に13％の増大（同じく98.0兆円の増大）を示している．この結果対GNP比率は，実物資産が1990年の8.02倍から1995年の6.40倍へと大きく後退させたのに対し，金融資産は同期間に8.46倍から8.53倍へとわずかながら増大させている．資産総額全体の動きに着目した場合には「ストック経済化」の停止，あるいは停滞とみなされる1990年代前半にも，金融資産の膨張は引き続き進行しているのである．

（3） 実物資産ならびに金融資産の変動を主導した資産形態

上で見たように実物資産残高と金融資産残高は，1990年代に入って対照的な変動を示したのであるが，この違いが何に起因するものであるのかを理解するためには，実物資産，金融資産のそれぞれについて，さらにその内部に立ち入った分析を行う必要がある．

まず実物資産についてみれば，在庫や固定資産などのように過去において人間労働によって実際に生産された財，資産と，現実的な存在物であるが自然そのものによって本源的に与えられている土地や山林等のいわゆる再生産不可能な有形資産とに大別できる．いま実物資産残高の推移を，在庫プラス純固定資産[5]と再生産不可能有形資産（以下土地に代表させて土地等と記す）とに分けて示すと以下のようになる．

在庫プラス純固定資産は，1970年には120兆円であったが，1980年には592兆円，そして1990年には1,053兆円，さらに1995年には1,274兆円へと1990年代に入っても引き続き増大傾向を持続させている．これを1年あたりの平均増加額でみると，1970年代の年平均増加額は47.2兆円，1980年代は46.1兆円，1990年

---

[5] 言うまでもなく純（ネット）固定資産とは，粗（グロス）固定資産から固定資本減耗部分を控除した固定資産である．ここではいわゆる資産価値の推移の検討が課題なのであるから，純固定資産を取り上げているが，現存する生産能力をつかまえるには，粗固定資産概念のほうがふさわしい．経済企画庁『国民経済計算年報』の参考資料の「用語解説」，参照．

代前半も44.2兆円とほぼ同じペースで資産残高を増大させてきた．

それでは土地等の場合はどうであったのか．土地，山林等の再生産不可能有形資産残高は，1970年には173兆円であったものが，1980年には744兆円に，そして1990年には一挙に2,420兆円に急増し，それがバブルの崩壊とともに1995年の1,839兆円へと劇的に収縮した．この間の年平均増加（減少）額は，1970年代には57.1兆円の増大，1980年代には167.6兆円の大幅な増大を記録し，そして1990年代前半には逆に1年当たり116.2兆円の減少に転じた．

前項で示した実物資産総体としての残高の変化の特徴，すなわち第一に，1970年代に比しての1980年代における大幅な増大ぶり，年平均増加額で言えば1970年代の104.2兆円に対して1980年代は1年あたり213.7兆円と約2倍のペースで増大したこと，そして第二に，この増大傾向が1990年代に入って一転して減少傾向に転じたこと，年平均71.8兆円の減少，という事実は，まさに土地資産等の残高の変動によって直接に引き起こされたものであることは，明らかである．土地等の再生産不可能有形資産を除けばバブルの崩壊にもかかわらず，実物資産は着実な増大傾向を維持しているのである．

ついで金融資産についても，市場価格の変動がもっとも激しい株式とその他の金融資産とに区分して，残高の変動をみてみよう．株式を除く金融資産には，各種の銀行預金や国債あるいはさまざまな金融機関による貸出金等が含まれる．それらは全体として1970年には268兆円であったが，それが1980年には1,183兆円に，そして1990年には3,069兆円に増大し，この増大傾向はバブル崩壊以降も継続して，1995年には3,698兆円の残高を記録している．資産残高の増加額は，年平均で1970年代には91.5兆円，1980年代には188.6兆円，そして1990年代に入っても125.8兆円のペースで増加し続けている．

これに対して株式の市場価格すなわち時価総額は，1970年の28兆円から，1980年の121兆円へ，さらに1980年代の株式ブームのピークをなした1989年の889兆円まで急膨張を遂げた．そしてその直後株価崩壊によってわずか1年の間に1/3の資産価値を失って翌1990年には594兆円にまで収縮し，さらにその後も低迷を続け1995年時点で455兆円の水準にまで減少した．この変動過

程を年平均の増減額で示せば，1970年代には9.4兆円の増大，1980年代，ピーク時の1989年末までのそれは85.3兆円の増大であるのに対して，1990年を含む1995年までの6年間平均では72.3兆円の減少となっている．

　前項で考察したように，実物資産全体と金融資産全体とを対比させれば，バブル崩壊以降実物資産は年平均71.8兆円の割合で減少したのに対して，金融資産はなお年平均で98.0兆円増大し続けているという結論になる．だが，金融資産のなかでもっとも市場価格の変動を被りやすい株式市場においては，バブル崩壊の過程で先の土地資産以上に激烈な資産価値の収縮が生じたことは言うまでもないことなのである．にもかかわらず，1990年代において実物資産と金融資産とが先のような対照的な資産価値変動を示したのは，直接には実物資産において土地等の再生産不可能有形資産が占めている割合と，金融資産において株式が占めている比率とに大きな差があるからにほかならない．いまこの比率を示せば，前者の土地等／実物資産の比率は，1970年に59.0％，1980年55.7％，そして地価総額のピーク時の1990年に69.7％，1995年に59.1％とつねに過半を超えているのに対し，株式／金融資産の比率は，1970年に9.3％，1980年も9.3％，そして株式時価総額のピーク時点の1989年で24.0％，1995年には11.0％と，株式ブームの絶頂期でも2割強，それを除けばほぼ1割の水準で推移している．

　「ストック経済化」現象の解明には，実物資産と金融資産という通常の資産分類の枠にとどまるのではなく，両資産形態のなかから擬制資本形態としての本質を有すると同時に，そのなかでももっとも価格変動を被りやすい土地等と株式を抽出して，それらを独自に考察することが是非とも必要なのである．本章では，実物資産における擬制資本としての土地資産に対象を限定して考察を進める．

第2節　現代日本経済と地価変動

　前述のように，同じく実物資産といっても，在庫，固定資産と土地等の再生

産不可能有形資産とは，バブル崩壊過程できわめて対照的な動きを示した．すなわち在庫プラス純固定資産は，バブル崩壊後の1990年代前半において平均して44.2兆円ずつ増え続けたのに対して，土地等のほうは平均して毎年116.1兆円ずつ減少した．この対照的な残高の変動を規定しているのは，言うまでもなく両者の資産としての性格の相違である．

（1） 再生産可能有形資産の変動を規定する年々の価値的増大

在庫ならびに機械等の固定資産は，人間労働によって年々新たに生産される労働生産物，すなわち再生産可能な有形資産である．それは使用価値の側面からみて，新たな製品の供給によってつねに更新・創造されていくというばかりではなく，価値的かつ社会的再生産の見地からみて，その年に生産された剰余価値のうち新たに蓄積にまわされる不変資本部分だけ価値量的にも増大していくものである．バブル崩壊以降不況が長期化しているとは言え，リストラを伴いながら資本蓄積が強行されている以上，固定資産等の残高が増え続けるのは当然のことである．

『国民経済計算年報』では，この年々新たに増加していく資産額が，いわゆる資本調達勘定として計上されている．実物資産に関して言えば在庫品増加と純固定資本形成とがそれである．後者のカテゴリーは，固定資本が特殊な回転様式，すなわち使用価値としてはつねに生産過程に全体として入りながら，価値的にはその一部分だけが年々の生産物に移転されていくという様式をとることに基づいて，国内の総固定資本形成額と現存する固定資本ストックから年々生産物に価値移転される減耗部分との差額として，定義されている．表1-2によれば，純固定資産は，1970年の98兆円から1980年の526兆円へと増大したが，その間の純固定資本形成額は累計で308兆円に達した．同様に純固定資産残高は1990年には977兆円にまで増大したが，1980年代の純固定資本形成額は507兆円であった．この間の純固定資産の増加額に対する純固定資本形成の寄与率は，1970年代には78.0％であったが，1980年代には実に112.4％と100％を超える数値を記録している．

16　第1篇　現代日本における金融危機の基礎過程

表1-2　資産残高の変動要因　　　　　　　　（10億円）

資産／年	1970	増加額	1980	増加額	1990	増加額	1995
在　　庫	22,823	42,659	65,482	9,880	75,362	−480	74,882
純固定資産	98,083	428,593	526,676	450,993	977,669	222,263	1,199,932
再生産不可能有形資産	173,876	570,788	744,664	1,675,470	2,420,134	−580,500	1,839,634
金融資産（除く株式）	268,350	915,036	1,183,386	1,885,707	3,069,093	629,134	3,698,227
株　　式	27,438	94,546	121,984	472,341	594,325	−138,673	455,652

資本調達勘定

資産／年	1971−1980寄与率		1981−1990寄与率		1991−1995寄与率	
在　　庫	15,096	35.4%	16,271	164.7%	6,560	−1366.7%
純固定資産	308,111	71.9	507,369	112.5	333,471	150.0
再生産不可能有形資産		0.0		0.0		0.0
金融資産（除く株式）	904,274	98.8	1,925,557	102.1	660,080	104.9
株　　式	18,499	19.6	108,083	22.9	−8,197	5.9

資本調整勘定

資産／年	1971−1980寄与率		1981−1990寄与率		1991−1995寄与率	
在　　庫	27,580	64.7%	−6,390	−64.7%	−7,041	1466.9%
純固定資産	120,483	28.1	−56,375	−12.5	−111,209	−50.0
再生産不可能有形資産	570,787	100.0	1,675,472	100.0	−580,500	100.0
金融資産（除く株式）	10,762	1.2	−39,847	−2.1	−30,944	−4.9
株　　式	76,047	80.4	364,259	77.1	−130,474	94.1

注：寄与率は，対象期間の資産残高の増減額に対する資本調達勘定，資本調整勘定の比率．
出所：経済企画庁『国民経済計算年報』より作成．

　このように，1980年代に純固定資産残高の増加額が純固定資本形成額を下まわったのは，主要には当該資産の市場価格の変化によって固定資産の再評価額が減少したからと考えられるが，この点は『国民経済計算年報』では調整勘定として集計されている．表1-2によれば，純固定資産の調整勘定の累計額は，1970年代の10年間で120兆円，1980年代にはマイナス56兆円であった．この調整勘定には後述するように，市場価格変動に基づく資産の再評価だけでなく，国民経済計算にかかわる制度的構成ならびに分類上の変化に伴う調整や統計上の不釣合等が含まれているが，純固定資産残高の変動（増加）に対する年々

の価値的追加部分＝純固定資本形成の規定性は明らかであろう[6]．

（2） 土地等の資産残高の変動を規定する地価の変動

　以上で論じた在庫や純固定資産に対して，土地，森林，地下資源および漁場は，『国民経済計算年報』では再生産不可能な有形資産として一括されている．人間のあらゆる生産活動や生活行為が地球上でしか行われえない以上，土地そのものは人類にとって生産や生活のための絶対的条件である．だが，それは，そもそも人間労働によって生産されたものではなく，人類発生以前から客観的に存在する自然そのものである．人間はこの土地としての自然を所与の条件として受け入れ，この母なる大地の上で，人間労働をつうじてそれに対してさまざまな形態で働きかけることによって自然の恵みを享受してきた．人間労働は自然を改変することはできても，それを創造することはできないのである[7]．これを現代の日本に即していえば，いわゆる埋立てによってごく一部の土地（陸地）を日本の国土に加えることは可能であっても，3,778万haという地球上の地域的・空間的制限そのものを人間労働によって突破することはできないのである．この点で，土地は，実物資産，有形資産の一形態であるとはいえ，年々新たに人間労働によって有用な外的対象（使用価値）として生産・再生産され，そうであるがゆえに価値量的にも増大し続ける再生産可能な固定資産とは，根本的に性格を異にする資産形態なのである．

　ところで，人間が土地そのものを生産・再生産しえないということは，人間が土地に労働を対象化することによってその価値を増加させることをも排除するものではない．むしろ農業における土地改良のための労働は年々の農産物の

---

[6] 土地等を除く実物資産が，固定資産を軸に年々着実に増大していくということは，拡大再生産すなわち資本蓄積が継続する限り，ごく当然の帰結である．不況が長期化しているといっても，すべての産業において資本蓄積が全面的にストップするわけではなく，生き残りをかけた生産方法改良のための投資や新たな産業部面への進出のための投資は，不可避である．

[7] ちなみに1975年以降1995年までに，海面の埋立て・干拓によって日本の国土面積は3,775万haから3,778万haへと約3万ha拡大した．

収穫に結実するばかりではなく，農業地としての肥沃さを維持・増進する役割をも一面で果たしているのであり，また住宅地や商業地，工業地の多くは，それらの用途に応じた造成工事等によってそれにふさわしい物理的条件を与えられてはじめて利用可能となる．いわゆる土地資本をどのように分類し定義するかについては議論の分かれるところであるが，少なくともここで述べた土地の改良や造成，さらには地下資源の開発が，その分だけ自然存在である土地や地下資源に労働価値を付与することに異論はないであろう．とはいえ，このような土地の造成や改良は，土地そのものを労働生産物として生産・再生産するわけではないのだから，その価値増加作用は本質的に限定的なものでしかない．また，本来労働生産物ではない土地に実際に与えられている商品・固定資産としての評価額，その集計概念としての地価総額の大きさに照らしてみて，これらの年々の土地造成費・改良費はネグリジブルなものでしかない[8]．

そこで『国民経済計算年報』に基づいて，土地等の再生産不可能有形資産の増減が，いかなる要因によって規定されているかを検討しておこう．この点で注目すべきは，そもそも土地等の場合には，再生産可能な有形資産の場合とは異なり，年々の資本取引に基づく価値増減額を表す資本調達勘定をそもそももたないということである．このことは，統計技術的な問題を別とすれば，上述したように，土地等が人間労働によって本質的に生産・再生産されえないものである以上，年々の投下資本額によって直接にその価値額が左右されることはありえないという経済的関係を，表現している．その結果，土地等の資産残高の増減は，資本調整勘定によってもっぱら規定されるものとなっている．表1

---

[8] 山田良治氏は，マルクスの「土地に合体された固定資本」としての土地資本概念を，労働手段の素材的区別に基づいて固定資本を「通常の固定資本」と「土地資本」とを区別することによって，概念的に発展させている．山田良治『開発利益の経済学――土地資本論と社会資本論との統合』（日本経済評論社，1992年），第一章，第二章参照．岩見良太郎氏は，この土地資本をさらに土地利用実現土地資本・土地利用転換土地資本・土地利用増進土地資本の3類型に区分し，概念的展開を試みている．同著『土地資本―地価と都市開発の理論』（自治体研究社，1989年）第1部緒論参照．なおここでは，「土地資本」のうち道路や建物などの構造物を除いた土地の改良や造成工事を念頭においている．

−1によれば，土地等の再生産不可能有形資産は，1970年の173兆円から，1980年の744兆円を経て，1990年には2,420兆円へと急増ぶりを示したが，この資産価値の増大は，すべて資本調整勘定における増減，すなわち主要には市場価格の変化に基づく資産再評価，換言すれば土地資産等の値上がりに帰着する．今や世界に名だたる資産大国となった日本において，実物資産の大宗をなす土地資産は，1990年時点においてその資産額2,420兆円のうち実に69.2％，1,675兆円が，ここ10年間の間に生じた単なる値上がり益から構成されているのである．

なお土地資産等の増加をもっぱら土地等の値上がりに帰着させるここでの議論に対して，次のような異論が出されるかもしれない．すなわち，『国民経済計算年報』においては，土地等の再生産不可能有形資産の残高の増減が，もっぱら資本調整勘定における増減によって説明される構造になっているからといって，土地等の資産額の実際の変動を，それらの値上がり（値下がり）に帰着させることは，一面的ではないかという疑問である．これは，上で留保しておいた統計的な技術上の問題にかかわっている．先に，土地等の改良・造成や資源開発が，土地等の資産額にその分だけ価値を付加することは指摘しておいた．『国民経済計算年報』でも，毎年行われる土地の造成や改良，ならびに森林や地下資源の開発が，それらに対応する固定資産の資産価値を高める要因として，資本調達勘定の純固定資本形成のうちに含められている．しかしながら，これらの増加額は，貸借対照表勘定においては土地等に付着した（内在する？）ものとして，それぞれが再生産不可能有形資産の該当項目に含められる結果，これらの金額は調達勘定から調整勘定へと移し替えられている[9]．再生産不可能有形資産の増減が，完全に資本調整勘定によってのみ説明されるようになっているのは，統計技術的に言えば，この分類替えによる．だが，このような分類替えがなぜ行われるかと言えば，その根本的理由は，前述のように土地が人間労働によって生産・再生産されるものではないこと，それゆえ土地について年々の生産額＝増加額が問題になりえないからである．分類替えという

---

9) この分類替えの説明については，経済企画庁『国民経済計算年報』の参考資料の「国民経済計算の見方・使い方」，参照．

表1-3　土地造成費の推移　　　　　　　　　　（億円）

	1988	1989	1990	1991	1992	1993	1994	1995
公共事業分	6810.6	8305.7	8750.2	10905.7	9450.4	10002.2	11131.6	11225.1
民間事業分	16048.3	16713.5	16200.5	17846.6	17148.9	15377.0	12962.3	12760.0
合　計	22858.9	25019.2	24950.7	28752.3	26599.3	25379.2	24093.9	23985.1

出所：経済調査会『建設総合統計年度報』より作成．

統計上の技術処理は，土地等の再生産不可能有形資産の増減が，もっぱら資産価格の変動によって規定されるという本質的関係を反映しているのである．ちなみに，年々の土地造成費を，経済調査会『建設総合統計年度報』によって示したものが，表1-3である．

（3）　バブル経済下の地価変動の第一の特徴——地価崩壊に帰結した地価高騰

そこで1980年代とくにその後半部分において急激な展開を示し，1990年をピークに劇的な収縮過程に入った地価の動向を具体的に検討することにしよう．このいわゆるバブル期の土地ブーム，そこでの地価の動向の特徴を明らかにするために，まずは現代日本における地価の動きを概括的に見ておこう．表1-4は，1955年以降1997年までの全国の市街地の地価の動向を示したものである．地域的には六大都市圏とその他の地方とを含み，また用途・地目別には工業地，商業地，住宅地に分類して，前年3月ならびに9月時点に対する半年ごとの変動率が記してある．一瞥して，1955年の第一次高度成長以降，現代日本において大きく分けて3回の土地ブームが発生したことが見てとれる．1960年代初頭の第一次土地ブーム（1960年～1961年），1970年代前半のいわゆる狂乱物価時代の第二次土地ブーム（1973年～1974年），そして1980年代後半のいわゆるバブル時代の第三次土地ブーム（1987年～1991年）が，それである．前二者との比較をつうじて，今回の第三次土地ブームにおける地価高騰の特徴を明らかにすることにしよう[10]．

第一に指摘すべきは，今回の土地ブームがその終焉に際して，戦後日本経済においてはじめて本格的な地価下落を伴ったことである．通常言われる「土地

第1章　現代日本における「ストック経済化」と地価変動　21

表1-4　全国市街地価格指数　　　（1990年3月末＝100）

年次	全用途平均 指数	対前回変動率(%)	前年同期比(%)	商業地 指数	対前回変動率(%)	前年同期比(%)	住宅地 指数	対前回変動率(%)	前年同期比(%)	工業地 指数	対前回変動率(%)	前年同期比(%)	最高価格地 指数	対前回変動率(%)	前年同期比(%)
1955年3月	1.64	—	—	1.83	—	—	1.33	—	—	1.91	—	—	1.61	—	—
〃 9月	1.73	6.0	—	1.94	6.0	—	1.41	6.0	—	2.00	5.0	—	1.67	4.0	—
1956年3月	1.86	7.5	14.0	2.09	7.5	14.0	1.51	7.5	14.0	2.15	7.6	13.0	1.83	9.6	14.0
〃 9月	2.08	11.4	19.8	2.35	12.3	20.8	1.68	11.4	19.8	2.42	12.4	21.0	2.07	13.2	24.0
1957年3月	2.39	15.0	28.1	2.68	14.1	28.1	1.91	13.4	26.3	2.84	17.3	31.9	2.30	10.9	25.4
〃 9月	2.65	11.0	27.6	2.99	11.6	27.3	2.11	10.4	25.2	3.16	11.4	30.7	2.53	9.8	21.7
1958年3月	2.91	9.9	21.9	3.21	7.4	19.9	2.35	11.3	22.9	3.45	9.0	21.5	2.77	9.6	20.3
〃 9月	3.22	10.7	21.6	3.54	10.3	18.4	2.62	11.4	24.5	3.83	11.0	21.1	2.96	7.0	17.2
1959年3月	3.60	11.7	23.6	3.96	11.9	23.4	2.90	10.6	23.7	4.29	11.9	24.3	3.36	13.6	21.5
〃 9月	4.05	12.7	25.9	4.48	13.0	26.4	3.25	11.9	23.7	4.88	13.8	27.4	3.91	16.3	32.1
1960年3月	4.58	12.9	27.3	5.17	15.6	30.6	3.57	9.8	22.8	5.59	14.5	30.2	4.55	16.5	35.4
〃 9月	5.40	17.9	33.1	6.09	17.7	36.1	4.11	15.2	26.5	6.71	20.1	37.5	5.48	20.5	40.3
1961年3月	6.52	20.9	42.5	7.06	16.0	36.5	4.92	19.7	37.9	8.56	27.6	53.2	6.43	17.3	41.3
〃 9月	7.64	17.0	41.5	8.18	15.8	34.3	5.70	15.9	38.7	10.2	19.4	52.3	7.54	17.3	37.5
1962年3月	8.29	8.6	27.1	8.77	7.2	24.2	6.22	9.1	26.4	11.2	9.9	31.2	8.14	7.9	26.5
〃 9月	9.01	8.7	18.0	9.41	7.3	15.0	6.76	8.7	18.6	12.3	9.7	20.5	8.72	7.1	15.6
1963年3月	9.71	7.8	17.2	10.3	9.4	17.4	7.18	6.3	15.6	13.4	8.5	19.0	9.36	7.4	15.0
〃 9月	10.3	6.6	14.9	10.8	5.2	15.0	7.64	6.3	12.9	14.4	7.7	16.9	9.92	6.0	13.8
1964年3月	11.1	7.0	14.0	11.5	6.4	11.9	8.18	7.1	13.8	15.5	7.5	15.8	10.5	6.0	12.4
〃 9月	11.9	7.2	14.7	12.5	8.3	15.3	8.76	7.1	14.8	16.5	6.4	14.4	11.1	5.0	11.3
1965年3月	12.6	5.8	13.4	13.1	4.7	13.4	9.37	7.0	14.6	17.7	5.4	12.2	11.2	1.7	6.9
〃 9月	12.9	2.7	8.7	13.5	3.4	8.2	9.62	2.7	9.8	17.8	1.9	7.4	11.6	4.3	4.5
1966年3月	13.2	2.4	4.8	13.9	3.1	6.6	9.95	3.4	6.2	17.9	1.2	3.1	11.9	3.3	6.2
〃 9月	13.6	3.0	5.4	14.5	4.0	7.6	10.4	4.0	7.6	18.1	1.0	2.2	12.4	3.6	7.1
1967年3月	14.3	5.2	8.3	15.4	6.2	10.4	10.9	5.8	10.0	18.7	3.6	4.6	13.1	6.0	9.8
〃 9月	15.2	6.2	11.7	16.3	6.2	12.8	11.8	7.9	14.1	19.5	4.1	7.8	14.1	7.6	14.0
1968年3月	16.3	7.0	13.6	17.5	7.2	13.8	12.8	8.0	16.5	20.6	6.0	10.3	15.1	7.3	15.5
〃 9月	17.5	7.9	15.5	18.9	8.2	16.0	13.9	8.9	17.6	22.0	6.5	12.8	16.3	7.7	15.5
1969年3月	19.0	8.6	17.2	20.5	8.2	17.1	15.3	9.9	19.8	23.6	7.5	14.5	17.6	8.2	16.5
〃 9月	20.9	9.8	19.2	22.6	10.4	19.5	17.0	11.2	22.2	25.4	7.4	15.5	19.3	9.5	18.5
1970年3月	22.8	9.1	19.7	24.5	8.1	19.3	18.7	10.2	22.6	27.6	8.8	16.9	21.0	8.8	19.2
〃 9月	24.7	8.3	18.1	26.4	7.9	16.6	20.4	9.1	20.3	29.8	7.9	17.3	22.6	7.4	16.8
1971年3月	26.4	6.8	15.7	27.9	5.9	14.3	22.0	7.9	17.7	31.8	6.7	15.0	23.9	5.9	13.7
〃 9月	28.1	6.4	13.7	29.3	4.9	11.1	23.7	7.4	15.8	34.0	6.9	14.0	25.1	5.0	11.2
1972年3月	29.9	6.3	13.2	31.0	5.8	11.0	25.2	6.6	14.4	36.3	6.9	14.2	26.4	4.9	9.8
〃 9月	32.3	8.2	15.0	33.2	7.2	13.4	27.5	9.0	16.2	39.2	8.0	15.4	28.1	7.2	12.1
1973年3月	37.4	15.7	25.1	37.6	13.0	21.1	32.5	18.3	29.0	45.2	15.4	24.6	32.2	14.4	22.6
〃 9月	42.9	14.7	32.6	42.1	12.2	26.8	37.9	16.5	37.8	52.0	15.0	32.6	36.4	13.1	29.4
1974年3月	46.0	7.3	23.0	44.8	6.3	19.3	41.0	8.3	26.1	55.7	7.1	23.1	38.5	6.0	19.8
〃 9月	46.6	1.3	8.7	45.3	1.1	7.5	41.7	1.7	10.1	56.2	0.9	8.1	38.9	1.0	7.1
1975年3月	44.0	△5.5	△4.3	43.1	△4.9	△3.8	39.4	△5.7	△4.0	52.7	△6.2	△5.3	37.2	△4.4	△3.4
〃 9月	44.1	0.2	△5.3	43.2	0.0	△4.7	39.6	0.5	△5.0	52.7	0.0	△6.2	37.3	0.2	△4.2
1976年3月	44.3	0.6	0.8	43.3	0.3	0.6	39.9	0.9	1.5	52.8	0.2	0.3	37.4	0.4	0.6
〃 9月	44.7	0.9	1.4	43.5	0.4	0.6	40.6	1.7	2.6	53.0	0.4	0.5	37.6	0.8	0.9

表1-4（続）

年次	全用途平均 指数	対前回変動率(%)	前年同期比(%)	商業地 指数	対前回変動率(%)	前年同期比(%)	住宅地 指数	対前回変動率(%)	前年同期比(%)	工業地 指数	対前回変動率(%)	前年同期比(%)	最高価格地 指数	対前回変動率(%)	前年同期比(%)
1977年3月	45.3	1.2	2.1	43.8	0.7	1.1	41.5	2.2	3.9	53.3	0.5	0.8	37.9	0.8	1.3
〃 9月	45.9	1.3	2.6	44.2	0.8	1.5	42.4	2.2	4.5	53.5	0.5	1.1	38.2	0.7	1.5
1978年3月	46.6	1.4	2.8	44.6	1.0	1.9	43.5	2.5	4.8	53.9	0.7	1.3	38.6	0.9	1.7
〃 9月	47.4	1.9	3.4	45.2	1.3	2.4	44.9	3.2	5.8	54.6	1.2	1.9	39.0	1.2	2.1
1979年3月	48.7	2.6	4.6	46.0	1.8	3.2	46.8	4.1	7.5	55.5	1.6	2.8	39.7	1.7	2.9
〃 9月	50.5	3.7	6.4	47.3	2.8	4.7	49.4	5.7	10.0	56.8	2.5	4.2	40.8	2.8	4.5
1980年3月	52.8	4.7	8.5	49.0	3.6	6.5	52.7	6.7	12.8	58.7	3.4	5.9	42.2	3.5	6.4
〃 9月	55.3	4.6	9.5	50.8	3.7	7.4	56.2	6.5	13.6	60.8	3.5	7.0	43.7	3.5	7.1
1981年3月	57.4	3.9	8.7	52.4	3.1	6.9	59.2	5.4	12.2	62.7	3.1	6.7	45.1	3.2	6.8
〃 9月	59.6	3.7	7.8	54.1	3.2	6.4	62.0	4.8	10.5	64.6	3.0	6.2	46.5	3.0	6.3
1982年3月	61.5	3.2	7.1	55.6	2.8	6.1	64.6	4.1	9.1	66.2	2.5	5.6	47.7	2.7	5.8
〃 9月	63.1	2.6	5.9	56.9	2.3	5.1	66.6	3.2	7.5	67.6	2.1	4.6	48.8	2.3	5.1
1983年3月	64.4	2.1	4.7	58.0	2.0	4.3	68.3	2.5	5.8	68.8	1.8	3.9	49.8	2.0	4.3
〃 9月	65.5	1.7	3.8	58.9	1.6	3.6	69.6	1.9	4.4	69.8	1.5	3.3	50.7	1.7	3.7
1984年3月	66.5	1.5	3.2	59.8	1.5	3.2	70.7	1.7	3.6	70.7	1.3	2.8	51.6	1.9	3.6
〃 9月	67.4	1.4	2.9	60.7	1.5	3.1	71.8	1.4	3.1	71.6	1.2	2.5	52.5	1.8	3.7
1985年3月	68.3	1.3	2.8	61.7	1.5	3.1	72.7	1.3	2.7	72.4	1.1	2.4	53.6	2.1	4.0
〃 9月	69.2	1.3	2.6	62.7	1.7	3.2	73.4	1.1	2.3	73.1	1.1	2.2	55.0	2.6	4.8
1986年3月	70.2	1.5	2.8	64.2	2.4	4.1	74.2	1.1	2.2	73.9	1.0	2.1	57.2	4.0	6.7
〃 9月	71.6	2.0	3.5	66.2	3.1	5.5	75.3	1.4	2.7	74.8	1.2	2.2	60.1	5.0	9.2
1987年3月	74.1	3.4	5.4	69.2	4.6	7.8	77.6	3.0	4.5	76.4	2.2	3.4	64.0	6.5	11.9
〃 9月	79.2	6.9	10.5	75.2	8.7	13.7	82.4	6.2	9.4	80.5	5.3	7.6	70.5	10.2	17.4
1988年3月	81.5	2.9	10.0	78.4	4.3	13.3	84.0	2.0	8.4	82.3	2.3	7.7	74.9	6.1	16.9
〃 9月	84.1	3.2	6.2	81.8	4.4	8.8	85.8	2.1	4.2	85.0	3.3	5.6	79.0	5.5	11.9
1989年3月	87.6	4.2	7.6	86.3	5.4	10.0	88.7	3.3	5.5	88.2	3.7	7.1	84.2	6.6	12.4
〃 9月	92.3	5.4	9.8	91.6	6.2	11.9	92.8	4.7	8.2	92.7	5.1	9.0	90.4	7.5	14.5
1990年3月	100.0	8.3	14.1	100.0	9.2	15.9	100.0	7.7	12.8	100.0	7.9	13.4	100.0	10.6	18.8
〃 9月	107.3	7.3	16.2	108.1	8.1	18.0	107.0	7.0	15.3	106.6	6.6	15.0	110.2	10.2	21.8
1991年3月	110.4	2.9	10.4	111.5	3.1	11.5	109.7	2.5	9.7	109.8	3.0	9.8	114.3	3.7	14.3
〃 9月	110.5	0.1	3.0	11.7	0.2	3.3	109.4	△0.3	2.2	110.6	0.7	3.8	114.8	0.4	4.2
1992年3月	108.4	△1.9	△1.8	109.2	△2.2	△2.0	107.0	△2.2	△2.5	109.4	△1.1	△0.4	112.4	△2.1	△1.7
〃 9月	105.6	△2.6	△4.4	105.6	△3.3	△5.5	104.3	△2.5	△4.7	107.9	△1.4	△2.5	108.0	△3.9	△5.9
1993年3月	102.4	△3.0	△5.5	101.0	△4.4	△7.5	101.7	△2.5	△5.0	106.1	△1.7	△3.0	101.9	△5.6	△9.3
〃 9月	99.9	△2.4	△5.4	97.1	△3.9	△8.1	100.0	△1.7	△4.1	104.7	△1.3	△3.0	96.7	△5.1	△10.4
1994年3月	97.7	△2.2	△4.6	93.5	△3.7	△7.4	98.7	△1.3	△2.9	103.4	△1.2	△2.5	91.5	△5.4	△10.2
〃 9月	95.9	△1.8	△4.0	90.4	△3.3	△6.9	97.9	△0.8	△2.1	102.5	△0.9	△2.1	87.1	△4.8	△9.9
1995年3月	94.1	△1.9	△3.7	87.1	△2.6	△6.8	97.2	△0.7	△1.5	101.5	△1.0	△1.8	82.2	△5.7	△10.2
〃 9月	92.2	△2.0	△3.9	83.7	△3.9	△7.4	96.4	△0.8	△1.5	100.6	△0.9	△1.9	77.4	△5.9	△11.2
1996年3月	90.0	△2.4	△4.4	79.9	△4.6	△8.3	95.4	△1.0	△1.9	99.4	△1.2	△2.1	71.8	△7.2	△12.7
〃 9月	88.0	△2.2	△4.6	76.5	△4.2	△8.6	94.5	△0.9	△2.0	98.5	△0.9	△2.1	67.1	△6.5	△13.3
1997年3月	86.3	△1.9	△4.1	73.5	△3.9	△8.0	93.9	△0.6	△1.6	97.6	△0.9	△1.8	63.2	△5.9	△12.0

出所：日本不動産研究所『市街地価格指数』

神話の崩壊」である．全国の市街地（全用途平均）が対前年同期比でマイナスを記録したのは，今回のバブル崩壊過程に先立っては，第二次土地ブーム直後の1975年3月期と同9月期の2回のみであった．しかもその下落幅は，1990年3月期の地価を100とした場合の指数で示せば，1974年3月の46.0（下落直前のピークは1974年9月期の46.6）から1975年3月の44.0へ，わずかに2.0ポイントの下落にすぎなかった．これに対して，今回の地価下落は，まさに地価の崩壊というにふさわしいものである．今回の土地ブームで地価が対前年同期比マイナスに転じたのは1992年3月期であったが，その期から地価統計の最新時点である1997年3月期まで，連続11半期にわたって地価は下落し続け，なお下げ止まったとはいえない状況にある．また下落幅は1991年3月の110.4（直前のピークは1990年9月の110.5）から1997年3月の86.3へと，すでに24.1ポイントも下落している．地価崩壊に帰結した土地ブームというのが，今回の土地ブームの第一の特徴である．

（4） 地価変動の第二の特徴——大都市圏で集中的に発生した地価上昇

ところで，このように本格的な地価下落を最終的に結果した土地ブームであるが，それに至る地価上昇過程はどのような特徴を有していたのであろうか．その点でまず注目すべきは，今回の土地ブームが，前2回のブームと比較した場合，地価上昇に関して，大都市圏とその他のいわゆる地方圏との間で大きな格差をもたらしながら進行したことである．この点を明らかにするために，表1-5，1-6に基づいて3回の土地ブームのそれぞれについて，全国の市街地総体としてみた場合の地価の動向（全用途平均，以下同様）を，六大都市圏における地価上昇とそれ以外の地方における地価上昇とに分けて，具体的に検討す

10）　ここでは，土地ブームの期間の限定に際して，全国市街地における全用途平均の地価変動率（対前年同期比）を基準にしている．たとえば，1950年代末から1960年代初頭にかけての第一次土地ブームについては，その前後の時期における地価上昇率との比較から，変動率30％を超えた期間に限定した．同じく第二次土地ブームについては20％を，また第三次土地ブームについては10％を基準とした．なお第三次土地ブームは，あいだに若干の中だるみ期を含む二コブ型になっている．

ることにしよう．

　まず地価上昇期間の長さについてみてみよう．注10) で示したブーム期を限定するための全国の市街地を対象とした地価変動率の基準（第一次ブームについては30％以上，第二次ブームの場合には20％以上，第三次ブームについては10％以上）を六大都市圏ならびにそれを除く地方圏とに適用するならば，それぞれの土地ブームの期間の長さは以下のようになる．第一次土地ブームの場合全国的にみれば先の基準を超えた期間は，1960年9月期～1961年9月期の3期であったが，六大都市圏を対象とした場合には1960年3月期～1962年3月期の5期，これに対してそれ以外の地方圏では1960年9月期～1961年9月期の3期であった．第二次土地ブームについては，全国市街地総体としては1973年3月期～1974年3月期までの3期，六大都市圏では1973年3月期と同9月期の2期，そしてそれ以外の地方圏では1973年3月期～1974年3月期の3期であった．以上に対して，第三次土地ブームの場合には，10％の基準を超えたのは全国的には1987年9月期～1990年3月期のうち中だるみの3期を除く5期であったが，六大都市圏では1986年3月期～1990年9月期の10期にまたがり，逆にそれ以外の地方圏では10％以上の地価上昇率を記録したのは，わずかに1990年3月期～1991年3月期の3期のみであった．

　この期間の上昇幅・率を六大都市圏とそれ以外の地方圏とに分けて示せば，次のようになる．第一次土地ブームの場合，上昇幅・率は，六大都市圏で1990年基準の指数で2.89ポイント（1.35→4.24），倍率で3.14倍であったのに対して，それ以外の地方圏では3.65ポイント（4.26→7.91），1.86倍であった．次に第二次土地ブームに際しては，同じく六大都市圏で6.7ポイント（13.2→19.9），1.51倍であり，それ以外の地方圏で16.7ポイント（31.2→47.9），1.54倍であった．そして今回の第三次土地ブームにおいては，前者の六大都市圏における上昇幅・率が71.5ポイント（33.6→105.1），3.13倍であったのに対して，後者のそれを除く地方圏では22.4ポイント（88.2→110.6），1.25倍にすぎなかった[11]．

　以上，前2回の土地ブームでは，地価高騰は大都市圏を中心に発生したので

はなく，あらゆる地方をも巻き込んだ全国的な現象として現れた．とくに「過剰流動性」を背景に噴出した第二次土地ブームでは，地価高騰は全国津々浦々に及び，その結果地方における騰貴率のほうが大都市圏のそれを上まわることになった．これに対して，今回の第三次土地ブームは，明らかに東京，大阪，名古屋を軸に六大都市圏で集中的に発生しており，地域的にきわめて限定された土地ブームであったことが確認されよう．それ以外の地方では，業務集積のみられる地方中核都市や，いわゆる「リゾート法」の施行によって局地的かつ一時的に激しい地価高騰に見舞われた一部の地域を除けば，全体としてはこの期間にブームと言えるほどの地価の高騰は生じてはいないのである．大都市圏において集中的に，あるいは大都市部に限定的に発生した地価高騰，これが，バブル時代の土地ブームの第二の特徴をなす．

(5) 地価変動の第三の特徴——商業地主導の地価上昇

次に，バブル期の地価高騰を土地の用途の側面に着目して，すなわち地目別に考察してみると，そこには今回のバブル経済下の土地ブームの第三の特徴が浮かび上がってくる．すなわち前二者とは異なり，商業地が突出した地価の高騰ぶりを示している．そこで，表1-4の全国市街地を対象とした地価動向から，その点を確認しておこう．先と同様にそれぞれの土地ブームについての変動率の基準を，土地の用途＝地目別に当てはめてみると次のようになる．まず上昇期間の長さについてみると，第一次土地ブームの場合，対前年同期比で変動率が30％を超えた期は工業地が1960年3月期～1962年3月期の5期であるのに対して，商業地は1960年3月期～1961年9月期の4期であり，住宅地では1961年3月期と9月期の2期だけであった．第二次土地ブームでは，20％以上の変動率を示したのは住宅地が1973年3月期～1974年3月期の3期であり，工業地もまったく同じ期間の3期にわたって，この水準を超えて上昇した．商業地が基準を超えたのは1973年の3月期と9月期の2期だけであった．以上に対

---

11) 上昇幅・率の算定にあたっては，前年同期比の変動率でブームの期間を限定していることに対応して，ブーム期と特定した時期の1年前の指数を起点とした．

して第三次土地ブームでは，商業地が1987年9月期〜1991年3月期までの間1期だけを除いて7期にわたって基準値の10%を超える上昇率を記録した．これに対して住宅地，工業地ともにこの基準を超えたのは，1990年の3月期と9月期の2期だけであった．

　ついでそれぞれの土地ブームごとに，用途別の上昇幅・率を比較しておこう．ここでは，対象とする期間を，上で示したそれぞれのブームを特徴づける地目での地価高騰期にあわせて，比較することにしよう．そこで第一次土地ブームの場合には，工業地における地価高騰期（1960年3月期〜1962年3月期だから，1959年3月期の地価を起点とする）を基準にして上昇幅・率を測ると，工業地は上昇幅が6.91ポイント（4.29→11.2），倍率も2.61倍と，ともに最大値を記録し，ついで商業地が4.81ポイント（3.96→8.77），2.21倍，最後に住宅地が3.32ポイント（2.90→6.22），2.14倍であった．この点からすれば第一次土地ブームは，高度経済成長時代の始まりを表現する工業地主導の土地ブームであったと言えよう．これに対して，第二次土地ブームの場合には，住宅地・工業地の地価高騰期を基準にすると，住宅地が上昇幅15.8ポイント（25.2→41.0），増加率1.63倍と増加率ではもっとも大きな騰貴率を示し，その意味では住宅地主導の側面をもつが，商業地も13.8ポイント（31.0→44.8），1.45倍，また，工業地も19.4ポイント（36.3→55.7），1.53倍と，ポイントでは住宅地よりも大きな上昇を記録した．第二次土地ブームでは，地価上昇率に関して大都市圏と地方との間に格差が生じなかったことを先に指摘したが，「過剰流動性」が一挙に土地市場に流れ込み地価を短期間のうちに全体として押し上げるという状況が，用途別の騰貴率の同等性にも現れていると言えよう．

　これに対して，商業地が地価高騰を主導した第三次土地ブームでは，上昇幅・率ともに，商業地で45.3ポイント（66.2→111.5），1.68倍と最大であり，ついで工業地が35.0ポイント（74.8→109.8），1.47倍，住宅地が34.4ポイント（75.3→109.7），1.46倍である．なお前述のように，第三次土地ブームでは六大都市圏での地価上昇が際立った特徴をなしていたのだが，そこでの用途別の地価上昇は以下のとおりである（表1-5）．商業地は1984年9月〜1990年9月ま

で13期連続して10%を上まわる上昇率を記録し，その上昇幅は実に83.1ポイント (21.4→104.5) で，倍率は4.88倍に達した．これに対して大都市部の住宅地，工業地の地価高騰は，同期間に住宅地は70.4ポイント (35.4→105.8)，2.99倍，工業地は67.5ポイント (37.6→105.1)，2.80倍と，それ自体としてはきわめて高水準であると言わざるをえないが，商業地の異常なまでの高騰ぶりにはかなわない．また，これら大都市圏を除く地方においては，大都市圏におけるほどの用途別，地目別の騰貴率の違いはみられない．以上今回の土地ブームを特徴づける第三の要因は，大都市圏の商業地における突出した地価高騰である．

（6）地価変動の第四の特徴——地域的，地目別に波及していった地価上昇

　第三次土地ブームにおける地価高騰の第四の特徴は，それが地域的にも，また用途別にも一定のタイムラグをもって地価上昇が波及していくという様相をとったことである．この点をまず，今回の地価高騰を主導した首都圏についてみたものが，図1-1①である．これによれば，都心3区の商業地で1983年頃から新たな上昇を示し始めた地価は，上昇率の点では1986年半ばにピークに達したが，それを追いかけるように上昇しだした区部都心部の商業地の上昇率は1987年初頭がピークとなっている．この都心部の商業地に続いて1986年より急激な地価上昇を示したのは，区部南西部の住宅地であり，さらにそれに続いて区部北東部さらには多摩地域の住宅地でも1987年頃より地価は急激に上昇した．それらの住宅地での地価上昇率がピークを迎えたのは，ほぼ1987年の半ばである．この東京都における地価上昇は，さらに周囲の諸県にまで波及していき，1987年の半ば頃より神奈川県，千葉県，埼玉県の住宅地でも地価が急騰し，1988年初頭に地価上昇率はピークに達した．

　このような地価上昇の地域的，ならびに用途別の波及は，首都圏とその他の大都市圏との間でも明確に見てとれる．図1-1②によれば，東京圏の商業地ならびに住宅地は，1987年半ば，1988年初頭にそれぞれ地価上昇率のピークを迎えたが，この1988年を境に大阪圏で本格的な地価高騰が商業地，さらに続い

28　第1篇　現代日本における金融危機の基礎過程

図1-1　①地価上昇の波及

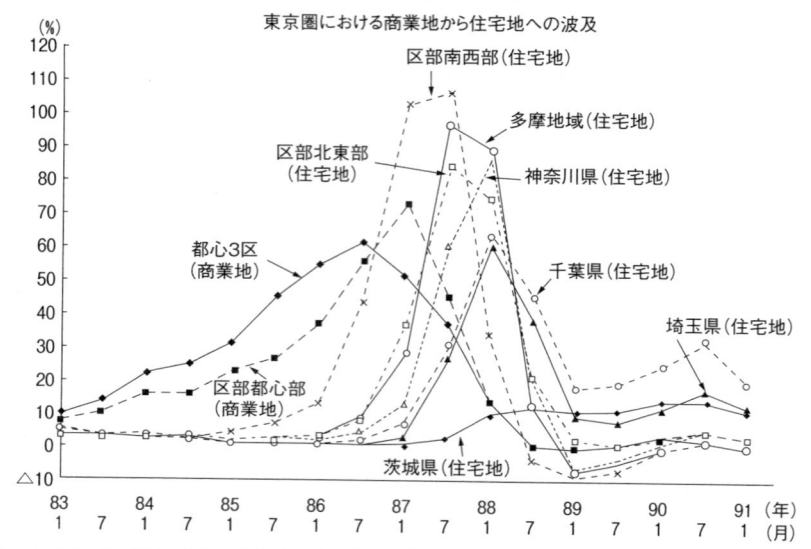

東京圏における商業地から住宅地への波及

注：1．国土庁「地価公示」「都道府県地価調査」「国土利用白書」により作成．
　　2．都心3区は千代田，中央，港の各区，区部都心部は千代田，中央，港，新宿，文京，台東，渋谷，豊島の各区，区部南西部は品川，目黒，大田，世田谷，中野，杉並，練馬の各区，区部北東部はその他の各区である．また，県の値は東京圏に属する地域についてのものであり，県全域の値とは異なる．
　　3．1983年，1984年7月の区部都心部，南西部，東北部，多摩地域については各区別の変動率をもとに内国調査第一課が推計．
　　4．地方平均の値は，地方圏の都市計画区域内のポイントの平均値である．
　　5．「地価公示」と「都道府県地価調査」は調査ポイントに相違がある等，相互に比較できる範囲に限度があるので注意を要する．
出所：経済企画庁『経済白書』1991年版．

---

12)　野口悠紀雄氏は，1989年時点ですでに，第三次土地ブームの地価上昇の特徴を，前2回の土地ブームにおける地価上昇と比較して，大都市圏，とりわけ首都圏に集中した，しかも商業地中心の地価上昇であると，論じておられた．また氏は，1970年代の第二次土地ブームにおける需要拡大の主要因は，「住宅建設のための実需要」であり，「投機による需要拡大は（必ずしも否定はできないものの）量的には限界的なものであった」とされ，これとの対比で，1980年代の土地ブームには「かなりの投機的要素が含まれている」と，評価されていた．同著『土地の経済学』（日本経済新聞社，1989年），54～55頁参照．また，経済企画庁『経済白書』1991年版は，今回の地価高騰の第一の特徴

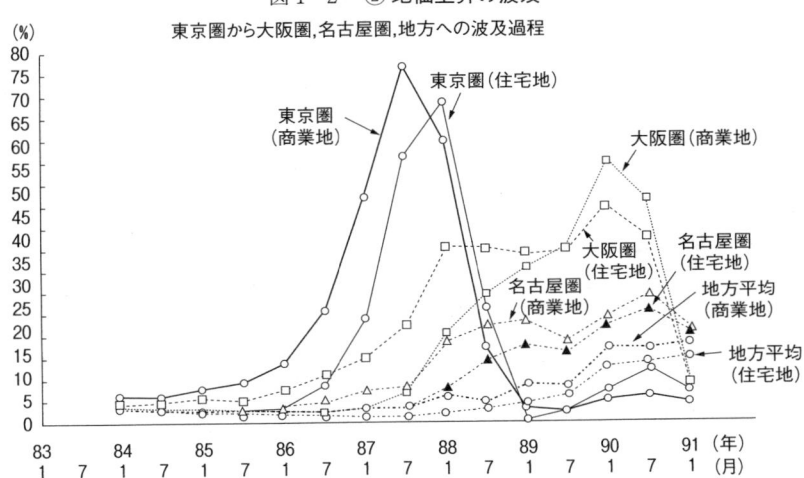

図1-2　② 地価上昇の波及
東京圏から大阪圏,名古屋圏,地方への波及過程

て住宅地でも発生し，両用途ともに1990年初頭に最大の上昇率を記録した．名古屋圏における土地ブームはそれより少し遅れて，そしてここでも商業地主導で発生したが，商業地，住宅地ともに地価上昇率がピークに達したのは1990年中葉であった[12]．

として，8年間もの長期間にわたる地価上昇であった点を指摘し，その原因をタイム・ラグを伴った地域的波及に求めている．また第二の特徴として，「地価上昇の幅が用途や地域のあいだでバラツキが大きい点」を指摘している．同書，148～150頁参照．筆者も，これらの分析，特徴づけについて異論はないが，バブル崩壊→「土地神話の崩壊」というその後の事態の進展をふまえるならば，今回の第三次土地ブームの地価高騰の第一の特徴は，その投機的性格の強さのゆえに戦後初の地価の本格的な下落＝崩壊に帰結した点に求められるべきだと考える．なお，米山秀隆氏は，1970年代半ばにいったん「後退」した「土地神話」が，1980年代のバブルの形成過程で「復活」し，その破綻とともに「崩壊」した，とされている．同著『日本の地価変動——構造変化と土地政策』（東洋経済新報社，1997年），110～111頁参照．

表1-5 六大都市市街地価格指数 （1990年3月末＝100）

年次	全用途平均 指数	対前回変動率(%)	前年同期比(%)	商業地 指数	対前回変動率(%)	前年同期比(%)	住宅地 指数	対前回変動率(%)	前年同期比(%)	工業地 指数	対前回変動率(%)	前年同期比(%)	最高価格地 指数	対前回変動率(%)	前年同期比(%)
1955年3月	0.60	—	—	0.81	—	—	0.49	—	—	0.69	—	—	0.95	—	—
〃 9月	0.63	6.0	—	0.84	4.0	—	0.53	8.0	—	0.73	6.0	—	0.97	2.0	—
1956年3月	0.69	8.5	15.0	0.94	11.5	16.0	0.55	4.6	13.0	0.81	10.4	17.0	0.98	1.0	3.0
〃 9月	0.78	13.0	22.6	1.01	7.8	20.2	0.63	15.0	20.4	0.94	16.2	28.3	1.08	10.7	11.8
1957年3月	0.89	14.6	29.6	1.11	9.6	18.1	0.73	15.4	32.7	1.11	17.6	36.8	1.23	14.0	26.2
〃 9月	1.02	14.8	31.5	1.23	10.9	21.6	0.84	14.7	32.3	1.30	17.5	38.2	1.32	6.9	21.9
1958年3月	1.12	9.9	26.2	1.31	5.9	17.5	0.93	11.0	27.3	1.48	13.3	33.1	1.37	3.6	10.8
〃 9月	1.23	9.0	19.9	1.32	1.2	7.2	1.03	10.5	22.7	1.66	12.7	27.7	1.45	6.3	10.1
1959年3月	1.35	10.2	20.2	1.40	6.1	7.5	1.15	11.8	23.6	1.87	12.5	26.8	1.51	3.9	10.4
〃 9月	1.54	13.7	25.4	1.60	13.9	20.9	1.31	14.0	27.5	2.15	15.2	29.6	1.75	16.4	20.9
1960年3月	1.76	14.4	30.1	1.87	17.3	33.5	1.47	12.6	28.4	2.50	16.1	33.7	2.08	18.4	37.7
〃 9月	2.27	29.3	47.9	2.36	26.0	47.7	1.69	14.9	29.4	3.37	34.6	56.3	2.49	19.6	41.6
1961年3月	2.96	30.0	68.0	3.00	27.1	60.2	2.12	25.3	43.9	4.68	38.9	87.0	3.02	21.4	45.2
〃 9月	3.85	30.4	69.5	3.82	27.3	61.9	2.71	27.8	60.1	6.34	35.6	88.3	3.69	22.3	48.5
1962年3月	4.24	9.9	43.3	4.05	6.2	35.1	2.98	10.2	40.8	7.05	11.1	50.7	4.08	10.5	35.2
〃 9月	4.66	9.9	20.8	4.25	4.8	11.3	3.37	12.9	24.4	7.67	8.8	21.0	4.19	2.8	13.6
1963年3月	5.02	7.8	18.5	4.52	6.5	11.6	3.71	10.1	24.3	8.26	7.7	17.2	4.26	1.6	4.4
〃 9月	5.48	9.1	17.6	4.85	7.2	14.1	4.11	10.9	22.1	9.01	9.1	17.5	4.41	3.6	5.2
1964年3月	5.90	7.8	17.5	5.20	7.2	14.9	4.51	9.7	21.6	9.64	6.9	16.7	4.55	3.2	6.9
〃 9月	6.26	6.2	14.4	5.50	5.8	13.4	4.85	7.5	18.0	10.1	5.3	12.6	4.87	6.9	10.3
1965年3月	6.47	3.3	9.7	5.64	2.7	8.6	5.05	4.0	11.9	10.5	3.3	8.8	4.95	1.8	8.8
〃 9月	6.52	0.7	4.1	5.70	1.0	3.7	5.10	1.2	5.2	10.5	0.0	3.5	5.04	1.7	3.5
1966年3月	6.59	1.0	1.8	5.76	1.1	2.2	5.23	2.4	3.6	10.5	0.0	0.1	5.09	1.1	2.9
〃 9月	6.67	1.2	2.2	5.80	0.7	1.7	5.38	3.0	5.4	10.5	0.3	0.5	5.13	0.7	1.9
1967年3月	6.88	3.1	4.4	6.05	4.3	5.1	5.57	3.5	6.6	10.8	2.2	2.5	5.49	7.0	7.8
〃 9月	7.16	4.1	7.4	6.27	3.6	8.1	5.88	5.6	9.3	11.1	3.1	5.4	5.64	2.8	10.0
1968年3月	7.47	4.4	8.7	6.47	3.1	6.8	6.26	6.4	12.4	11.5	3.6	6.8	5.88	4.2	7.1
〃 9月	7.95	6.3	11.0	6.86	6.0	9.3	6.78	8.3	15.3	12.1	4.9	8.7	6.14	4.4	8.7
1969年3月	8.60	8.2	15.1	7.42	8.2	14.7	7.41	9.3	18.4	12.9	7.3	12.6	6.59	7.4	12.1
〃 9月	9.33	8.6	17.5	8.01	8.0	16.8	8.15	9.9	20.1	14.0	7.9	15.8	7.17	8.8	16.8
1970年3月	10.1	8.5	17.7	8.58	7.1	15.6	8.91	9.3	20.1	15.2	8.4	17.0	7.55	5.3	14.5
〃 9月	11.0	8.5	17.6	9.03	5.3	12.8	9.78	9.8	20.0	16.5	8.7	17.9	8.00	5.9	11.5
1971年3月	11.8	7.1	16.1	9.44	4.5	10.0	10.6	8.2	18.8	17.7	7.4	16.8	8.28	3.6	9.7
〃 9月	12.5	6.3	13.8	9.82	4.0	8.7	11.4	7.4	16.2	18.8	6.4	14.3	8.59	3.8	7.5
1972年3月	13.2	6.0	9.2	10.3	5.0	9.2	12.1	7.1	15.1	19.9	5.5	12.2	8.95	4.2	8.1
〃 9月	14.6	10.3	16.9	11.1	8.1	13.5	13.7	12.3	20.2	21.7	9.5	15.5	9.50	6.1	10.6
1973年3月	17.4	19.4	31.7	12.9	15.4	24.8	16.8	23.1	38.1	25.6	17.8	29.0	11.2	17.9	25.1
〃 9月	19.9	14.0	36.1	14.3	11.4	28.6	19.5	15.8	42.5	29.0	13.4	33.6	12.8	14.6	35.0
1974年3月	20.6	3.7	18.2	14.8	3.4	15.2	20.2	3.6	19.9	30.2	3.9	17.9	13.3	3.5	18.5
〃 9月	20.7	0.4	4.2	14.9	0.4	3.8	20.3	0.8	4.4	30.2	0.1	4.0	13.3	0.3	3.4
1975年3月	18.9	△8.6	△8.2	13.7	△7.8	△7.4	18.6	△8.3	△7.5	27.5	△9.1	△9.0	12.7	△4.6	△4.4
〃 9月	19.0	0.3	△8.2	13.7	0.0	△7.8	18.8	0.9	△7.5	27.5	0.0	△9.1	12.7	0.0	△4.6
1976年3月	19.1	0.6	0.9	13.7	0.3	0.5	19.0	1.1	1.9	27.5	0.2	0.2	12.7	0.2	0.2
〃 9月	19.3	1.1	1.6	13.8	0.3	0.5	19.4	2.1	3.2	27.6	0.3	0.5	12.9	1.6	1.8

第1章　現代日本における「ストック経済化」と地価変動　31

表1-5（続）

年次	全用途平均 指数	対前回変動率(%)	前年同期比(%)	商業地 指数	対前回変動率(%)	前年同期比(%)	住宅地 指数	対前回変動率(%)	前年同期比(%)	工業地 指数	対前回変動率(%)	前年同期比(%)	最高価格地 指数	対前回変動率(%)	前年同期比(%)
1977年3月	19.6	1.4	2.4	14.0	1.3	1.8	19.9	2.4	4.5	27.7	0.4	0.7	13.1	1.2	2.8
〃 9月	19.8	1.3	2.7	14.1	0.8	2.1	20.4	2.4	4.9	27.8	0.4	0.8	13.2	0.9	2.2
1978年3月	20.1	1.6	3.0	14.3	1.4	2.2	20.9	2.7	5.2	28.0	0.7	1.1	13.3	0.7	1.7
〃 9月	20.7	2.8	4.5	14.6	2.0	3.4	21.9	4.9	7.7	28.4	1.5	2.2	13.5	1.8	2.5
1979年3月	21.6	4.4	7.3	15.1	3.3	5.4	23.5	7.4	12.6	29.1	2.5	4.0	13.9	2.5	4.3
〃 9月	23.1	6.8	11.5	15.9	5.5	9.0	26.0	10.5	18.7	30.4	4.3	6.9	14.5	4.5	7.1
1980年3月	24.5	6.1	13.3	16.7	4.9	10.7	28.4	9.2	20.7	31.7	4.2	8.7	15.2	4.4	9.2
〃 9月	25.6	4.6	11.0	17.4	4.3	9.4	30.2	6.2	15.9	32.8	3.4	7.8	15.8	4.4	9.0
1981年3月	26.6	3.7	8.5	18.0	3.7	8.1	31.4	4.1	10.6	33.8	3.2	6.7	16.5	4.0	8.6
〃 9月	27.5	3.6	7.4	18.8	4.0	7.9	32.6	3.9	8.2	34.8	3.0	6.1	17.1	4.0	8.2
1982年3月	28.4	3.0	6.7	19.5	3.7	7.9	33.5	2.7	6.7	35.7	2.4	5.5	17.8	4.0	8.2
〃 9月	29.0	2.4	5.5	20.1	3.4	7.2	34.2	2.0	4.7	36.4	1.9	4.4	18.6	4.4	8.6
1983年3月	29.7	2.3	4.8	20.8	3.3	6.8	34.8	1.9	3.9	37.0	1.7	3.6	19.2	3.2	7.7
〃 9月	30.3	2.1	4.5	21.4	3.1	6.5	35.4	1.7	3.7	37.6	1.6	3.3	19.8	3.3	6.6
1984年3月	31.3	3.0	5.2	22.7	5.7	8.9	36.0	1.8	3.5	38.2	1.7	3.4	21.4	7.9	11.5
〃 9月	32.4	3.6	6.7	24.1	6.4	12.4	36.8	2.2	4.0	39.0	2.1	3.8	22.7	6.4	14.8
1985年3月	33.6	3.7	7.4	25.6	6.4	13.2	38.0	3.2	5.5	39.6	1.5	3.7	24.6	8.3	15.2
〃 9月	35.1	4.6	8.4	27.9	8.8	15.7	39.2	3.3	6.6	40.2	1.6	3.2	27.8	12.9	22.3
1986年3月	38.4	9.3	14.3	33.0	18.4	28.8	41.7	6.2	9.6	41.6	3.2	4.9	34.3	23.5	39.5
〃 9月	42.6	11.0	21.3	38.3	15.9	37.2	47.0	12.7	19.7	43.4	4.4	7.8	42.5	23.8	52.9
1987年3月	48.3	13.4	25.9	44.2	15.4	33.8	52.9	12.7	27.0	48.7	12.1	17.1	51.3	20.6	49.3
〃 9月	57.5	19.1	35.1	56.2	27.2	46.8	61.4	16.0	30.7	55.6	14.2	28.0	64.7	26.1	52.1
1988年3月	61.8	7.4	27.9	62.6	11.5	41.8	65.2	6.2	23.2	58.1	4.5	19.3	74.4	15.1	45.1
〃 9月	68.6	11.0	19.2	70.1	11.9	24.8	68.2	4.6	11.1	67.5	16.3	21.5	78.8	6.0	21.9
1989年3月	76.9	12.1	24.4	78.3	11.8	25.1	75.1	10.2	15.3	77.2	14.4	33.0	84.0	6.6	12.9
〃 9月	87.4	13.6	27.4	88.2	12.6	25.9	85.0	13.7	25.3	88.5	14.6	31.1	92.6	10.2	17.4
1990年3月	100.0	14.5	30.1	100.0	13.3	27.6	100.0	17.1	33.1	100.0	13.0	29.5	100.0	8.0	19.0
〃 9月	105.1	5.1	20.3	104.5	4.5	18.4	105.8	5.8	23.8	105.1	5.1	18.7	103.2	3.2	11.5
1991年3月	103.0	△2.0	3.0	103.3	△1.1	3.3	102.1	△3.5	2.1	103.8	△1.2	3.8	101.6	△1.6	1.6
〃 9月	97.9	△5.0	△6.9	98.9	△4.3	△5.4	95.5	△6.5	△9.7	99.5	△4.1	△5.3	99.7	△3.6	△5.1
1992年3月	87.0	△11.1	△15.5	87.5	△15.3	△15.3	83.8	△12.3	△17.9	90.1	△9.4	△13.1	88.4	△9.7	△13.0
〃 9月	78.9	△9.3	△19.4	76.6	△12.4	△22.5	75.8	△9.5	△20.6	84.6	△6.1	△15.0	78.1	△11.6	△20.2
1993年3月	71.4	△9.5	△17.9	67.9	△11.4	△22.4	68.1	△10.1	△18.7	78.8	△6.9	△12.5	69.0	△11.6	△21.9
〃 9月	67.0	△6.2	△15.1	61.4	△9.5	△19.8	64.8	△4.9	△14.5	75.4	△4.3	△10.9	61.4	△11.0	△21.4
1994年3月	63.2	△5.7	△11.5	55.3	△9.9	△18.5	62.3	△3.9	△8.5	72.9	△3.3	△7.5	54.0	△12.1	△21.7
〃 9月	59.6	△5.7	△11.0	49.3	△10.9	△19.7	60.2	△3.3	△7.1	70.7	△3.0	△6.2	47.4	△12.3	△22.8
1995年3月	54.7	△8.2	△13.4	41.9	△15.0	△24.2	57.4	△4.7	△7.9	67.2	△5.0	△7.8	38.7	△18.4	△28.4
〃 9月	51.4	△6.0	△13.8	37.0	△11.8	△25.0	55.7	△3.0	△7.5	65.0	△3.2	△8.1	33.4	△13.5	△29.5
1996年3月	48.6	△5.4	△11.2	33.1	△10.4	△21.0	54.0	△3.1	△6.0	63.3	△2.8	△5.8	29.7	△11.1	△23.2
〃 9月	46.4	△4.4	△9.7	30.3	△8.5	△18.1	52.8	△2.1	△5.2	61.8	△2.4	△4.9	26.9	△9.3	△19.4
1997年3月	44.9	△3.2	△7.5	28.5	△6.0	△14.0	52.0	△1.6	△3.7	60.6	△1.9	△4.3	25.3	△5.9	△14.7

出所：表1-4に同じ。

32　第1篇　現代日本における金融危機の基礎過程

表1-6　六大都市を除く市街地価格指数　（1990年3月末＝100）

年次	全用途平均 指数	対前回変動率(%)	前年同期比(%)	商業地 指数	対前回変動率(%)	前年同期比(%)	住宅地 指数	対前回変動率(%)	前年同期比(%)	工業地 指数	対前回変動率(%)	前年同期比(%)	最高価格地 指数	対前回変動率(%)	前年同期比(%)
1955年3月	1.72	—	—	1.91	—	—	1.39	—	—	2.04	—	—	1.66	—	—
〃　9月	1.83	6.0	—	2.03	6.0	—	1.48	6.0	—	2.15	5.0	—	1.75	5.0	—
1956年3月	1.95	6.6	13.0	2.16	6.6	13.0	1.59	7.5	14.0	2.31	7.6	13.0	1.90	8.6	14.0
〃　9月	2.19	12.4	19.8	2.45	13.3	20.8	1.77	11.4	19.8	2.60	12.4	21.0	2.14	13.2	22.9
1957年3月	2.52	15.0	29.2	2.79	14.1	29.2	1.99	12.6	25.4	3.03	16.5	31.0	2.38	10.9	25.4
〃　9月	2.79	11.0	27.6	3.12	11.6	27.3	2.22	11.7	25.2	3.37	11.5	29.9	2.63	10.5	22.5
1958年3月	3.05	9.3	21.2	3.37	8.0	20.5	2.45	10.7	23.1	3.66	8.5	20.9	2.86	8.9	20.3
〃　9月	3.38	10.7	21.0	3.71	10.2	19.0	2.75	11.9	23.9	4.07	11.2	20.6	3.09	8.1	17.7
1959年3月	3.74	10.7	22.6	4.17	12.4	23.9	3.04	10.7	23.9	4.42	8.5	20.7	3.52	14.0	23.3
〃　9月	4.26	13.8	26.0	4.70	12.8	26.8	3.40	11.9	23.9	5.17	17.1	27.1	4.09	16.0	32.3
1960年3月	4.83	13.4	29.0	5.43	15.4	30.3	3.72	9.4	22.5	5.93	14.6	34.3	4.75	16.3	34.9
〃　9月	5.65	17.1	32.8	6.39	17.6	35.8	4.31	15.7	26.6	7.03	18.6	36.0	5.72	20.3	39.8
1961年3月	6.81	20.4	41.1	7.36	15.3	35.6	5.14	19.4	38.2	8.94	27.0	50.7	6.70	17.2	40.9
〃　9月	7.91	16.2	39.9	8.51	15.6	33.2	5.92	15.2	37.5	10.6	18.3	50.3	7.85	17.1	37.2
1962年3月	8.58	8.5	26.1	9.12	7.2	23.9	6.45	8.9	25.5	11.6	9.5	29.5	8.46	7.8	26.3
〃　9月	9.31	8.4	17.6	9.75	6.9	14.6	7.01	8.6	18.4	12.7	9.5	19.9	9.09	7.5	15.9
1963年3月	10.0	7.8	16.9	10.7	10.0	17.6	7.42	5.8	14.9	13.7	8.4	18.7	9.78	7.5	15.5
〃　9月	10.7	6.4	14.6	11.3	5.2	15.7	7.85	5.8	11.9	14.8	7.7	16.8	10.4	6.1	14.1
1964年3月	11.5	7.8	14.6	12.0	6.3	11.8	8.41	7.1	13.3	16.3	9.8	18.3	11.0	6.1	12.6
〃　9月	12.3	6.9	15.2	13.0	8.5	15.3	9.00	7.1	14.7	17.2	5.5	15.9	11.6	5.0	11.4
1965年3月	13.0	5.6	12.9	13.6	4.9	13.7	9.65	7.1	14.8	17.9	4.5	10.3	11.7	1.6	6.6
〃　9月	13.3	2.8	8.5	14.1	3.5	8.5	9.92	2.9	10.2	18.3	2.1	6.7	12.1	2.8	4.5
1966年3月	13.7	2.6	5.4	14.6	3.1	6.1	10.3	3.4	6.4	18.5	1.2	3.3	12.5	3.4	6.4
〃　9月	14.1	3.0	5.7	15.2	4.2	7.5	10.7	4.1	7.6	18.7	1.0	2.2	13.0	3.9	7.4
1967年3月	14.9	5.4	8.6	16.1	6.2	10.6	11.3	5.9	10.2	19.4	3.7	4.7	13.7	5.8	9.9
〃　9月	15.8	6.3	12.0	17.1	6.3	12.9	12.2	8.1	14.5	20.2	4.2	8.1	14.8	7.9	14.1
1968年3月	16.9	7.1	13.8	18.4	7.4	14.1	13.2	8.0	16.8	21.5	6.3	10.7	15.9	7.3	15.8
〃　9月	18.3	8.1	15.7	19.9	8.2	16.2	14.4	9.1	17.8	22.9	6.6	13.2	17.1	7.9	15.7
1969年3月	19.9	8.7	17.4	21.6	8.4	17.3	15.8	9.9	19.9	24.6	7.5	14.6	18.5	8.2	16.6
〃　9月	21.8	9.8	19.3	23.8	10.5	19.7	17.6	11.3	22.3	26.4	7.4	15.4	20.3	9.5	18.4
1970年3月	23.8	9.1	19.3	25.7	8.0	19.3	19.4	10.3	22.7	28.8	8.8	16.9	22.1	8.9	19.3
〃　9月	25.8	8.3	18.2	27.8	8.0	16.7	21.2	9.1	20.3	31.0	7.7	17.2	23.7	7.4	17.0
1971年3月	27.5	6.8	15.7	29.5	6.0	14.5	22.8	7.8	17.6	33.1	6.7	14.9	25.2	6.0	13.8
〃　9月	29.3	6.4	13.7	30.9	4.9	11.2	24.5	7.4	15.8	35.3	6.9	14.0	26.4	5.0	11.2
1972年3月	31.2	6.4	13.4	32.7	5.8	11.0	26.1	6.5	14.4	37.8	7.0	14.3	27.6	4.6	9.8
〃　9月	33.7	8.0	14.9	35.0	7.2	13.4	28.4	8.9	15.9	40.8	7.5	15.4	29.6	7.2	12.2
1973年3月	38.9	15.5	24.7	39.5	12.9	21.0	33.6	18.0	28.5	47.0	15.1	24.2	33.8	14.3	22.6
〃　9月	44.6	14.7	32.5	44.4	12.2	26.7	39.1	16.5	37.5	54.0	15.1	32.5	38.3	13.0	29.2
1974年3月	47.9	7.5	23.3	47.3	6.5	19.5	42.5	8.6	26.5	58.0	7.3	23.5	40.6	6.0	19.8
〃　9月	48.6	1.4	9.0	47.8	1.1	7.7	43.2	1.7	10.5	58.6	1.0	8.4	41.0	1.1	7.2
1975年3月	46.0	△5.4	△4.1	45.5	△4.8	△3.7	40.8	△5.5	△3.8	55.1	△6.0	△5.0	39.2	△4.4	△3.4
〃　9月	46.1	0.3	△5.1	45.6	0.2	△4.6	41.1	0.5	△5.0	55.1	0.0	△5.9	39.3	0.2	△4.2
1976年3月	46.3	0.5	0.8	45.7	0.3	0.5	41.4	0.9	1.4	55.3	0.3	0.3	39.4	0.4	0.6
〃　9月	46.7	0.9	1.4	45.9	0.5	0.7	42.1	1.7	2.6	55.4	0.2	0.5	39.6	0.5	0.9

第1章 現代日本における「ストック経済化」と地価変動　33

表1-6（続）

年次	全用途平均 指数	全用途平均 対前回変動率(%)	全用途平均 前年同期比(%)	商業地 指数	商業地 対前回変動率(%)	商業地 前年同期比(%)	住宅地 指数	住宅地 対前回変動率(%)	住宅地 前年同期比(%)	工業地 指数	工業地 対前回変動率(%)	工業地 前年同期比(%)	最高価格地 指数	最高価格地 対前回変動率(%)	最高価格地 前年同期比(%)
1977年3月	47.3	1.3	2.2	46.2	0.7	1.1	43.1	2.2	3.9	55.7	0.6	0.8	39.9	0.8	1.3
〃 9月	47.9	1.3	2.6	46.6	0.8	1.5	44.0	2.2	4.5	56.0	0.5	1.1	40.2	0.7	1.5
1978年3月	48.6	1.4	2.7	47.1	1.0	1.8	45.1	2.5	4.8	56.4	0.7	1.2	40.6	0.9	1.6
〃 9月	49.5	1.9	3.3	47.7	1.3	2.3	46.5	3.1	5.7	57.0	1.1	1.9	41.1	1.2	2.1
1979年3月	50.8	2.5	4.4	48.5	1.8	3.1	48.4	4.0	7.2	57.9	1.6	2.7	41.7	1.7	2.9
〃 9月	52.6	3.6	6.2	49.9	2.7	4.5	51.0	5.4	9.6	59.3	2.4	4.0	42.9	2.7	4.5
1980年3月	55.0	4.6	8.4	51.6	3.6	6.4	54.4	6.6	12.4	61.3	3.3	5.8	44.4	3.5	6.3
〃 9月	57.5	4.6	9.4	53.5	3.6	7.3	57.9	6.5	13.5	63.4	3.5	7.0	45.9	3.5	7.1
1981年3月	59.8	3.9	8.7	55.2	3.1	6.9	61.0	5.4	12.2	65.4	3.1	6.7	47.4	3.2	6.8
〃 9月	62.0	3.7	7.8	56.9	3.1	6.3	64.0	4.9	10.5	67.4	3.0	6.3	48.8	3.0	6.3
1982年3月	64.0	3.2	7.1	58.4	2.7	5.9	66.6	4.1	9.2	69.0	2.5	5.6	50.1	2.7	5.7
〃 9月	65.7	2.6	5.9	59.7	2.2	5.0	68.8	3.3	7.6	70.5	2.1	4.7	51.2	2.2	4.9
1983年3月	67.0	2.1	4.7	60.9	1.9	4.2	70.5	2.5	5.8	71.8	1.8	3.9	52.2	1.9	4.1
〃 9月	68.2	1.7	3.8	61.8	1.5	3.5	71.9	1.9	4.4	72.8	1.5	3.3	53.0	1.6	3.6
1984年3月	69.1	1.4	3.1	62.6	1.3	2.9	73.1	1.6	3.6	73.7	1.3	2.8	53.9	1.6	3.2
〃 9月	70.0	1.3	2.8	63.5	1.3	2.7	74.1	1.4	3.1	74.6	1.2	2.5	54.7	1.6	3.2
1985年3月	70.9	1.2	2.5	64.3	1.3	2.7	75.0	1.2	2.6	75.4	1.1	2.3	55.8	1.9	3.5
〃 9月	71.7	1.1	2.4	65.2	1.4	2.7	75.7	1.0	2.2	76.2	1.0	2.1	56.9	2.1	4.0
1986年3月	72.5	1.2	2.3	66.2	1.6	3.0	76.3	0.8	1.8	76.9	0.9	1.9	58.7	3.1	5.2
〃 9月	73.6	1.5	2.7	67.9	2.5	4.2	77.0	0.9	1.8	77.6	1.0	1.9	61.1	4.2	7.4
1987年3月	75.8	2.9	4.5	70.7	4.1	6.7	79.0	2.6	3.5	78.9	1.6	2.6	64.7	5.9	10.3
〃 9月	80.5	6.3	9.4	76.3	7.9	12.3	83.5	5.7	8.5	82.6	4.7	6.4	70.8	9.4	15.9
1988年3月	82.7	2.7	9.2	79.3	3.9	12.1	85.1	1.9	7.7	84.4	2.1	6.9	74.9	5.7	15.6
〃 9月	85.0	2.8	5.6	82.4	4.0	8.1	86.8	2.0	3.9	86.4	2.4	4.6	79.0	5.5	11.5
1989年3月	88.2	3.8	6.7	86.6	5.1	9.3	89.4	3.0	5.0	88.9	3.0	5.4	84.2	6.6	12.4
〃 9月	92.6	4.9	8.9	91.8	5.9	11.3	93.2	4.3	7.4	92.9	4.5	7.6	90.4	7.4	14.4
1990年3月	100.0	8.0	13.3	100.0	9.0	15.4	100.0	7.3	11.9	100.0	7.6	12.4	100.0	10.7	18.8
〃 9月	107.4	7.4	16.0	108.3	8.3	18.0	107.1	7.1	14.9	106.7	6.7	14.8	110.5	10.5	22.3
1991年3月	110.6	3.0	10.6	111.8	3.2	11.8	110.0	2.7	10.0	110.1	3.2	10.1	114.8	3.9	14.8
〃 9月	110.9	0.3	3.3	112.2	0.4	3.6	109.9	△0.1	2.6	111.1	0.9	4.1	115.4	0.5	4.4
1992年3月	109.1	△1.6	△1.4	110.1	△1.9	△1.5	107.8	△1.9	△2.0	110.3	△0.7	0.2	113.2	△1.9	△1.4
〃 9月	106.6	△2.3	△3.9	106.7	△3.1	△4.9	105.3	△2.3	△4.2	109.0	△1.2	△1.9	109.0	△3.7	△5.5
1993年3月	103.6	△2.8	△5.0	102.2	△4.2	△7.2	102.9	△2.3	△4.5	107.4	△1.5	△2.6	103.1	△5.4	△8.9
〃 9月	101.2	△2.3	△5.0	98.3	△3.8	△7.9	101.3	△1.6	△3.8	106.2	△1.1	△2.6	97.9	△5.0	△10.2
1994年3月	99.1	△2.1	△4.3	94.9	△3.5	△7.1	100.1	△1.2	△2.7	105.0	△1.1	△2.2	92.8	△5.2	△10.0
〃 9月	97.5	△1.6	△3.7	92.0	△3.1	△6.4	99.4	△0.7	△1.9	104.2	△0.8	△1.9	88.5	△4.6	△9.6
1995年3月	95.8	△1.7	△3.3	89.0	△3.3	△6.2	98.8	△0.6	△1.3	103.4	△0.8	△1.6	83.8	△5.3	△9.7
〃 9月	94.0	△1.9	△3.6	85.7	△3.7	△6.8	98.1	△0.7	△1.3	102.6	△0.8	△1.5	79.1	△5.6	△10.6
1996年3月	91.7	△2.4	△4.3	81.9	△4.5	△8.0	97.1	△1.0	△1.7	101.5	△1.1	△1.9	73.5	△7.1	△12.3
〃 9月	89.8	△2.1	△4.5	78.5	△4.1	△8.4	96.3	△0.8	△1.8	100.6	△0.9	△2.0	68.8	△6.4	△13.0
1997年3月	88.1	△1.9	△3.9	75.5	△3.8	△7.8	95.7	△0.6	△1.4	99.8	△0.8	△1.7	64.8	△5.9	△11.9

出所：表1-4に同じ．

第2章　現代日本における土地取引

第1節　土地取引の素材的側面

（1）　土地利用の推移

　では，以上のような特徴を示した再生産不可能有形資産，土地資産の価格変動の背後にはどのような土地取引が存在していたのであろうか．この点を具体的に考察する前に，現代日本において土地がいかなる用途において利用されてきたのか，その歴史的推移を考察することにしよう．表2-1は，1974年に施行された「国土利用計画法」に基づいて，国土庁が毎年行っているわが国における土地利用に関する調査結果をまとめたものである．ここでは，わが国の国土は，用途別に農用地，森林，原野，水面・河川・水路，道路，宅地，その他に分類され，農用地はさらに農地と採草放牧地に，宅地は住宅地，工業用地，その他の宅地（実際には商業用地が中心）に，細区分されている．また，地域的に全国土が三大都市圏とその他の地方圏とに区分されている．そして，これらの区分に基づいて，各年の利用状況と，1972年～1980年，1980年～1990年，そして1972年～1993年の各期間におけるそれぞれの用途別土地面積の増減が示されている[1]．

　この表に示されている期間に先行する国土の用途別利用状況について，『新国土開発年鑑』1974年版は，1960年～1970年の10年間の間に耕地面積が全国で33万ha（減少率5.3%），うち三大都市圏で19万ha（減少率18.5%）減少したのに対し，工業用地を除く宅地が25万ha（増加率45%，三大都市圏では57%），工業用地が4万ha（増加率68%，三大都市圏では76%）増加した，と述べている．先の

---

[1]　国土利用の推移を示す本統計において，対象時期を1993年で区切ったのは，国土庁が，国土利用の推移に関する調査で，1994年以降三大都市圏を従来の1都2府6県から，新たに大阪圏に奈良県を，また名古屋圏に岐阜県を加え，1都2府8県に拡大したからである．この結果，三大都市圏とその他の地方圏との地域構成に変化が生じた．

表2-1① 国土利用の推移

(万ha、％)

区分		1972 全国	1972 三大都市圏	1972 地方圏	1975 全国	1975 三大都市圏	1975 地方圏	1980 全国	1980 三大都市圏	1980 地方圏	1985 全国	1985 三大都市圏	1985 地方圏	1990 全国	1990 三大都市圏	1990 地方圏	1993 全国	1993 三大都市圏	1993 地方圏
1	農用地	596 (15.8)	75 (19.2)	521 (15.4)	576 (15.3)	69 (17.6)	507 (15.0)	559 (14.8)	65 (16.6)	494 (14.6)	549 (14.5)	62 (15.8)	487 (14.4)	534 (14.1)	59 (15.0)	475 (14.0)	521 (13.8)	58 (14.7)	463 (13.7)
	農地	573 (15.2)	74 (18.9)	499 (14.7)	557 (14.8)	69 (17.6)	488 (14.4)	546 (14.5)	65 (16.6)	481 (14.2)	538 (14.2)	62 (15.8)	476 (14.1)	524 (13.9)	59 (15.0)	465 (13.7)	512 (13.6)	58 (14.6)	455 (13.4)
	採草放牧地	23 (0.6)	1 (0.3)	22 (0.7)	19 (0.5)	0 (0.0)	19 (0.6)	13 (0.3)	0 (0.0)	13 (0.4)	11 (0.3)	0 (0.0)	11 (0.3)	10 (0.3)	0 (0.0)	10 (0.3)	8 (0.3)	0 (0.0)	8 (0.2)
2	森林	2,529 (67.0)	211 (54.0)	2,318 (68.5)	2,529 (67.0)	208 (53.2)	2,321 (68.6)	2,534 (67.1)	208 (53.1)	2,326 (68.7)	2,529 (67.0)	207 (52.7)	2,322 (68.6)	2,524 (66.8)	205 (52.2)	2,319 (68.5)	2,518 (66.6)	205 (52.0)	2,313 (68.4)
3	原野	50 (1.3)	2 (0.5)	48 (1.4)	43 (1.1)	0 (0.3)	42 (1.2)	34 (0.9)	0 (0.0)	34 (1.0)	30 (0.8)	0 (0.0)	30 (0.9)	27 (0.7)	0 (0.0)	27 (0.8)	27 (0.7)	0 (0.0)	26 (0.8)
4	水面・河川・水路	127 (3.4)	14 (3.6)	113 (3.3)	128 (3.4)	14 (3.6)	114 (3.4)	131 (3.5)	15 (3.8)	116 (3.4)	132 (3.5)	15 (3.8)	117 (3.4)	132 (3.5)	15 (3.8)	117 (3.5)	132 (3.5)	15 (3.9)	117 (3.4)
5	道路	83 (2.2)	16 (4.1)	67 (2.0)	89 (2.3)	16 (4.1)	73 (2.1)	99 (2.6)	19 (4.8)	80 (2.4)	107 (2.8)	20 (5.1)	87 (2.6)	114 (3.1)	21 (5.3)	93 (2.7)	119 (3.1)	21 (5.4)	97 (2.9)
6	宅地	110 (2.9)	36 (9.2)	74 (2.2)	124 (3.3)	40 (10.2)	84 (2.5)	139 (3.7)	44 (11.2)	95 (2.8)	151 (4.0)	47 (11.9)	104 (3.1)	161 (4.3)	50 (12.7)	111 (3.3)	167 (4.4)	51 (12.9)	116 (3.4)
	住宅地	70 (1.9)	21 (5.4)	49 (1.4)	79 (2.1)	24 (6.1)	55 (1.6)	87 (2.3)	27 (6.9)	60 (1.7)	94 (2.5)	29 (7.3)	65 (1.9)	99 (2.6)	31 (7.9)	68 (2.0)	100 (2.6)	30 (7.7)	69 (2.0)
	工業用地	13 (0.3)	5 (1.3)	8 (0.2)	14 (0.4)	5 (1.3)	9 (0.3)	15 (0.4)	6 (1.5)	9 (0.3)	15 (0.4)	5 (1.3)	10 (0.3)	16 (0.4)	6 (1.5)	10 (0.3)	17 (0.4)	6 (1.5)	11 (0.3)
	その他の宅地	27 (0.7)	10 (2.5)	17 (0.6)	31 (0.8)	11 (2.8)	20 (0.6)	37 (1.0)	11 (2.8)	26 (0.8)	42 (1.1)	13 (3.3)	29 (0.9)	46 (1.2)	13 (3.3)	33 (1.0)	50 (1.3)	15 (3.7)	35 (1.0)
7	その他	279 (7.4)	37 (9.4)	242 (7.2)	286 (7.6)	43 (11.0)	243 (7.2)	281 (7.4)	41 (10.5)	240 (7.1)	280 (7.4)	42 (10.7)	238 (7.0)	285 (7.5)	43 (10.9)	242 (7.2)	295 (7.8)	44 (11.1)	252 (7.4)
	合計	3,774 (100.0)	391 (100.0)	3,383 (100.0)	3,775 (100.0)	391 (100.0)	3,384 (100.0)	3,777 (100.0)	392 (100.0)	3,385 (100.0)	3,778 (100.0)	393 (100.0)	3,385 (100.0)	3,777 (100.0)	393 (100.0)	3,384 (100.0)	3,778 (100.0)	394 (100.0)	3,385 (100.0)

注：1．道路には農林道が含まれる。
2．三大都市圏は、埼玉、千葉、東京、神奈川、愛知、三重、京都、大阪、兵庫の1都2府6県である。
出所：国土庁『土地白書』より作成。

表2-1② 国土利用の推移 [増減]　　　（万 ha, %）

	1972-1980			1980-1990			1972-1993					
	全国	三大都市圏	地方圏	全国	三大都市圏	地方圏	全国	増加率	三大都市圏	増加率	地方圏	増加率
農用地	-37	-10	-27	-25	-6	-19	-75	-12.6	-17	-22.7	-58	-11.1
森林	5	-3	8	-10	-3	-7	-11	-0.4	-6	-2.8	-5	-0.2
原野	-16	-2	-14	-7	0	-7	-23	-46.0	-2	-100	-22	-45.8
水面・河川等	4	1	3	1	0	1	5	3.9	1	7.1	4	3.5
道路	16	3	13	15	2	13	36	43.4	5	31.3	30	44.8
宅地	29	8	21	22	6	16	57	51.8	15	41.7	42	56.8
住宅地	17	6	11	12	4	8	30	42.9	9	42.9	20	40.8
工業用地	2	1	1	1	0	1	4	30.7	1	20.0	3	37.5
その他の宅地	10	1	9	9	2	7	23	85.2	5	50.0	18	105.8
その他	2	4	-2	4	2	2	16	5.7	7	18.9	10	4.1

出所：表2-1①に同じ．

　地価変動の分析に際して，高度成長期初期段階の第一次土地ブームは工業地主導の土地ブームであったと指摘したが，用途別土地面積の増加率の面でもこの側面が現れていると言えよう．ただし，変化率ではなく土地利用面積の絶対額の変化という点では，農用地の減少に対応しているのは，工業地というよりはむしろ工業地を除く他の宅地，すなわち住宅地と商業地であったのである[2]．

　この関係は，高度成長破綻以降の時代にも継続している．1972年～1993年の21年間で，わが国において，農用地は75万 ha（減少率12.6%），森林・原野合わせて34万 ha（減少率1.3%）減少し，それに対して宅地が全体として57万 ha（増加率51.8%），道路が36万 ha（43.4%）増大した．前述のように，土地はそれ自体として人間労働によっては生産しえない，それゆえ再生産不可能な自然物であり，その絶対量を増やすことはできないにもかかわらず，その利用形態を転換することによって用途別の土地面積は拡大可能なのである．全国土の64%が山地からなり，可住地面積は約1/3，1,150万 ha 前後である日本においても，農用地の利用形態を転換し，新たに森林，原野を「開発」（＝消滅）することによって，広大な宅地が「創出」されてきたのである．

---

[2]　国土庁『新国土開発年鑑』1974年版，61～63頁参照．

この変化を年代別により詳しくみるならば，まず1972年〜1980年の1970年代には，農用地は37万 ha（減少率2.1%），森林・原野は11万 ha（減少率0.4%）減少し，それに対して，宅地は29万 ha（増加率26.4%）増大した．宅地増加の内訳は，事実上商業用地の増大に起因すると考えられるその他の宅地の増加分が10万 ha（増加率37.0%）であり，住宅地が17万 ha（増加率24.3%），工業用地が2万 ha（増加率15.4%）の増大であった[3]．1960年代の利用形態の変化と比較するならば，各地目の増加率は歴史的に低下している（地価上昇率の歴史的低下に対応）が，そのなかで工業用地の増加率と商業用地ならびに住宅地のそれとの相対的関係が，完全に逆転したことがみてとれる．この傾向は1980年代に入るといっそう顕著になった．1980年〜1990年の10年間で，農用地は全国的にさらに25万 ha（減少率4.5%）減少し，森林・原野は合わせて17万 ha（減少率0.7%）減少したが，とりわけ原野はこの10年間で7万 ha の大幅な減少によって1972年当時の50万 ha から27万 ha へと半減し，原野が残る地域は北海道を中心にごく一部の地域となった．これに対して，同期間に宅地は22万 ha（増加率15.8%），道路は15万 ha（増加率15.2%）と，ともに引き続き高い増加率を示

---

[3] 国土庁『国土利用白書』では，1985年版までは宅地は，「住宅地」，「工場用地」と「事務所・店舗等の宅地」との三つに細分類されていたが，1987年版からは，宅地の細分類の基準が変更され，最後の「事務所・店舗等の宅地」の分類項目も「その他の宅地」と変えられた．旧分類と新分類とによって宅地構成にどのような変化が統計上生じたかを，1972年を例にとって示せば，以下のようになる．旧分類によれば，宅地111万 ha の内訳は，住宅地88万 ha，工場用地13万 ha，事務所・店舗等の宅地10万 ha であったのに対して，これが新分類では，宅地計は110万 ha とほぼ同じであるが，内訳は，住宅地70万 ha，工業用地13万 ha，その他の宅地27万 ha と，大きく変化した．どのような分類基準の変更がなされたのかについての記述は，『国土利用白書』には見出せない．だが，旧分類基準における「事務所・店舗等の宅地」が，1972年の10万 ha から1983年の20万 ha へと増大しているのに対して，新分類基準の「その他の宅地」も1972年の27万 ha から1980年の37万 ha へと，ほぼ同じ期間に同規模の増大を示している．以上の事実をふまえて，本稿では，新分類基準における「その他の宅地」の増大が，基本的に商業地の増加に起因するものとの推定した．以上の点については，『国土利用白書』の1985年版と1995年版における「我が国の国土利用の推移と現況」における数値を参照されたい．なお1990年版では，新基準に基づく数値に対して旧基準の名称がそのまま用いられていたが，1991年版以降は訂正されている．

した．そして宅地増加の内容も，商業用地を中心とするその他の宅地が9万ha（増加率24.3%）の増大と，住宅地の12万ha（増加率13.8%）の増大と対比しても顕著な増加率を示し，工業用地の1万ha（増加率6.7%）の増大を圧倒した．1980年代の第三次土地ブームに際しての商業地主導の地価高騰は，その他の宅地の突出した増大ぶりと対応しているのである．

（2） 土地利用における三大都市圏と地方圏との比較

以上の土地利用の推移を，今度は三大都市圏とその他の地方圏とに分けて考察してみよう．1972年時点で全国的には，農用地は596万ha，全国土の15.8%，森林は2,529万ha，同じく67.0%，原野は50万ha，1.3%，道路は83万ha，2.2%，宅地は110万ha，2.9%を占めていた．これを地域的にみると，三大都市圏では，農用地は75万ha，三大都市圏の土地面積に占める比率は19.2%であったが，森林は211万ha，同じく54.0%，原野は2万ha，0.5%，道路は16万ha，4.1%，宅地は36万ha，9.2%を占めていた．これに対して，それ以外の地方圏では，農用地が67万ha，比率15.4%であり，森林が2,318万ha，68.5%，原野が48万ha，1.4%，道路が67万ha，2.0%，宅地が74万ha，2.2%を占めていた．これが上述の土地利用の変更や森林，原野の「開発」によって，1993年には次のような構成に変わった．すなわち全国的には，農用地が521万ha，13.8%で，森林は2,518万ha，66.6%，原野が27万ha，0.7%であり，道路は119万ha，3.1%，宅地は167万ha，4.4%となった．三大都市圏では，農用地が58万ha，14.7%で，森林が205万ha，52.0%で，原野は1980年までに消滅した．道路は21万ha，5.4%で，宅地は51万ha，12.9%となった．これに対して，地方圏では農用地が463万ha，13.7%で，森林が2,313万ha，68.4%，原野が26万ha，0.8%であり，道路が97万ha，2.9%，宅地が116万ha，3.4%となった．

一見して，三大都市圏における農用地が，1972年から1993年にかけての21年間で17万ha，減少率で22.7%と，地方圏での農用地の減少率11.1%に倍する比率で減少したにもかかわらず，構成比の点でなお地方圏を上まわっている点

が，まず目をひく．これは，三大都市圏ではそもそも森林地帯が5割強の水準でしかないのに対して，地方圏では森林地帯が7割近い構成比を一貫して占めていることに基づくものである．

ところで，土地利用という点で，三大都市圏を基本的に特徴づけるものは，道路ならびに宅地の比重の高さである．両者合計の比率は1972年時点で13.3%であったが，1993年にはそれは18.3%，ほぼ2割の水準に近づきつつある．これに対して，地方圏でも宅地化が急速に進展したにもかかわらず，両者の比重は1993年時点でなお6.3%にすぎない．戦後の日本社会において，いかにヒト，モノ，カネの大都市集中が一方的に進行してきたかを物語る数字である[4]．

だが，三大都市圏への経済力の集中に基づく都市化の進展については，上述のような既存地域での農用地への市街地，各種宅地の侵食，いわば内包的「発展」を捉えただけでは十分評価したことにならない．前述のように，土地利用に関する調査では，1994年以降三大都市圏に新たに奈良県（大阪圏）と岐阜県（名古屋圏）が加えられた．その結果1995年時点での三大都市圏は，宅地で57万ha，農用地や森林を含めた全体で537万haにまで統計的に一挙に拡大した．このような統計上の大都市圏の拡大は，言うまでもなく大阪や名古屋への通勤圏が実際にも外延的に拡大していることを反映するものであり，今や片道の通勤時間が2時間におよぶような遠距離通勤は，東京圏に限られたことではない

---

4) 周知のように，戦後日本においては経済成長とともに政治・経済・社会・文化のあらゆる側面で「東京一極集中」というべき事態が進行した．簡単な指標を示しておけば，まず，1960年代に年々30～40万人におよぶ「ヒト」の移動によるいわゆる社会的増加によって，東京圏の人口は1970年時点ですでに2,411万人に達し，全人口の23.0%が全国土面積の3.6%の地域に集中するという事態が出現した．その後この社会的増加は，1970年代後半にいったん10万人以下の水準に落ち込んだものの，1980年以降新たな増加傾向を示し，1985年には2,870万人，対全国比24.5%にまで集中度を高めた．経済的には，1970年時点で工業出荷額は対全国比29.7%，卸売業販売額は同比38.9%，手形交換金額は同じく53.2%，また本社・本店数も59.5%と高い集中度を示したが，1985年にはこれらの数値はそれぞれ，25.1%，41.5%，84.8%，59.1%へと推移し，本社機能の集中を基礎に，とくに金融面での一極集中の進展が見られた．国土庁『国土利用白書』1989年版，131～144頁，参照．

のである．ところで，このような事態は，一方では大都市圏交通網の周辺地域へのさらなる拡大・延長によって可能となったものであることは言うまでもないが，同時に一般庶民にとってはいわゆる「土地付き住宅」の購入が，既存市街地では不可能になったことをも反映している．これについての理論的解明は別の機会に譲らざるをえないが，ここでは大都市圏の都市化の進展＝住宅地，商業地を中心とする宅地化の進展は，既存圏域内での内包的「発展」ばかりではなく，近県を含めた圏域そのものの外延的拡大としても進行していることを確認しておこう[5]．

（3）　土地取引件数の推移

　そこで，以上のような土地利用の転換を媒介した土地取引について，まずその素材的側面から見ておくことにしよう．ここで素材的というのは，土地取引の貨幣表現的側面，価格表現としての土地取引の側面をひとまず捨象した土地取引という意味である．以下この素材的内容について，土地取引の件数，取引された土地面積，売主・買主の形態別割合の順で，考察することにしよう．

　図2-1，表2-2は，1966年以降の土地取引件数の推移を表したものである．これによれば，全国的には取引件数は，1970年代前半の第二次土地ブームに際して，1972年に329万件，1973年に351万件と300万台の大台を記録した後，1970年代，80年代をつうじて200万台のレベルを維持しながら全体として減少傾向を示してきた．第三次土地ブームの場合，その起点をなす1983年時点での取引件数は226万件であったが，その後低迷あるいは若干の減少を示し，地価高騰のピークをなす1989年，1990年時点でも，取引件数はそれぞれ226万件，221万件でしかなかった．そしてバブル崩壊過程で取引件数は200万台を割り込み，1993年には177万件と最高時の351万件に対して半減し，1995年時点で

---

[5]　野口悠紀雄氏は，前掲書で第二次土地ブームによって「限界地が通勤限度に達したため，市街地の外延的拡大が停止した」可能性を，提起されている．そのうえで氏は，1970年代における既存市街地でのミニ開発と，そこでの新設住宅一戸あたりの宅地面積の減少傾向を，この外延的拡大の停止から説明されている．野口前掲書，42-43頁．

42　第1篇　現代日本における金融危機の基礎過程

図2-1　売買による土地取引件数の推移

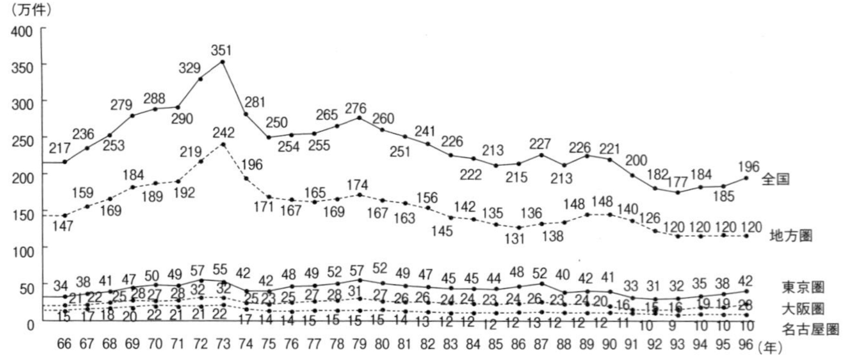

出所：国土庁『土地白書』より作成．

なお200万台の水準を回復するに至っていない．

　このように第三次土地ブームの場合，ブームの展開局面でさえ取引件数の増加がみられない，むしろ低迷状態にあると言えるのであるが，これを地域別構成比の側面から捉え直すならば，異なった様相が現れてくる．すなわち全体としての取引件数が低迷していた1983年から1987年にかけて，取引件数全体に占める東京圏の割合が19.9％から22.9％へ，また三大都市圏の構成比も35.8％から40.1％へと上昇した．これは第二次土地ブームにおける東京圏の構成比16％〜17％，また同じく三大都市圏の構成比33％〜34％を大きく上まわっており，第三次土地ブームが東京圏，三大都市圏主導の土地ブームであったことを窺わせる．このような第三次土地ブームの特徴は，その崩壊過程における土地取引件数の推移にも現れている．先に全体としての取引件数がバブル崩壊によって大幅に減少したと述べたが，第三次土地ブーム・崩壊過程における取引件数の減少率を地域別に比較するならば，東京圏は1987年の52万件から1992年の31万件へ，減少率で40.4％，同じく三大都市圏では1987年の91万件から1992年の56万件へ，減少率38.5％であったのに対して，地方圏のそれは，1989年の148万件から1995年の118万件へ，減少率は20.3％にとどまっている．ブーム展開過程での土地取引の大都市圏への集中が，逆に崩壊過程における大都市圏での取

表2-2　土地取引件数の推移　　　　　　　　　（万ha，%）

	1966	1967	1968	1969	1970	1971	1972	1973
三大都市圏	70	77	84	95	99	98	110	109
（構成比）	32.3%	32.6%	33.2%	34.1%	34.4%	33.8%	33.4%	31.1%
東京圏	34	38	41	47	50	49	57	55
（構成比）	15.7%	16.1%	16.2%	16.8%	17.4%	16.9%	17.3%	15.7%
大阪圏	21	22	25	28	27	28	32	32
名古屋圏	15	17	18	20	22	21	21	22
地方圏	147	159	169	184	189	192	219	242
（構成比）	67.7%	67.4%	66.8%	65.9%	65.6%	66.2%	66.6%	68.9%
合　計	217	236	253	279	288	290	329	351

	1974	1975	1976	1977	1978	1979	1980	1981
三大都市圏	84	79	87	91	95	103	94	89
（構成比）	29.9%	31.6%	34.3%	35.7%	35.8%	37.3%	36.2%	35.5%
東京圏	42	42	48	49	52	57	52	49
（構成比）	14.9%	16.8%	18.9%	19.2%	19.6%	20.7%	20.0%	19.5%
大阪圏	25	23	25	27	28	31	27	26
名古屋圏	17	14	14	15	15	15	15	14
地方圏	196	171	167	165	169	174	167	163
（構成比）	69.8%	68.4%	65.7%	64.7%	63.8%	63.0%	64.2%	64.9%
合　計	281	250	254	255	265	276	260	251

	1982	1983	1984	1985	1986	1987	1988	1989
三大都市圏	86	81	81	79	84	91	75	78
（構成比）	35.7%	35.8%	36.5%	37.1%	39.1%	40.1%	35.2%	34.5%
東京圏	47	45	45	44	48	52	40	42
（構成比）	19.5%	19.9%	20.3%	20.7%	22.3%	22.9%	18.8%	18.6%
大阪圏	26	24	24	23	24	26	23	24
名古屋圏	13	12	12	12	12	13	12	12
地方圏	156	145	142	135	131	136	138	148
（構成比）	64.7%	64.2%	64.0%	63.4%	60.9%	59.9%	64.8%	65.5%
合　計	241	226	222	213	215	227	213	226

	1990	1991	1992	1993	1994	1995	1996
三大都市圏	73	60	56	57	64	67	75
（構成比）	33.0%	30.0%	30.8%	32.2%	34.8%	36.2%	38.3%
東京圏	41	33	31	32	35	38	42
（構成比）	18.6%	16.5%	17.0%	18.1%	19.0%	20.5%	21.4%
大阪圏	20	16	15	16	19	19	23
名古屋圏	12	11	10	9	10	10	10
地方圏	148	140	126	120	120	118	120
（構成比）	67.0%	70.0%	69.2%	67.8%	65.2%	63.8%	61.2%
合　計	221	200	182	177	184	185	196

注：構成比は各地域圏の取引件数の全国の合計件数に対する比率．
出所：国土庁『土地白書』より作成．

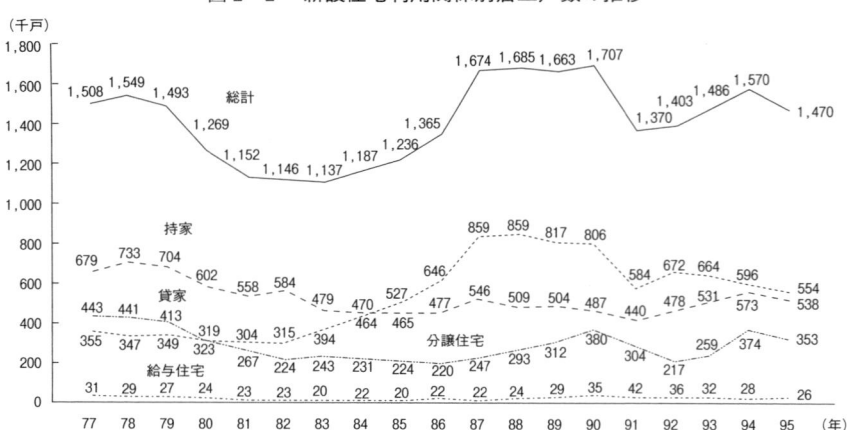

44 第1篇 現代日本における金融危機の基礎過程

図2-2 新設住宅利用関係別着工戸数の推移

(千戸)

年	総計	持家	貸家	分譲住宅	給与住宅
77	1,508	679	443	355	31
78	1,549	733	441	347	29
79	1,493	704	413	349	27
80	1,269	602	319	323	24
81	1,152	558	304	267	23
82	1,146	584	315	224	23
83	1,137	479	394	243	20
84	1,187	470	464	231	22
85	1,236	527	465	224	20
86	1,365	646	477	220	22
87	1,674	859	546	247	24
88	1,685	859	509	293	29
89	1,663	817	504	312	35
90	1,707	806	487	380	42
91	1,370	584	440	304	36
92	1,403	672	478	217	32
93	1,486	664	531	259	28
94	1,570	596	573	374	26
95	1,470	554	538	353	—

出所：建設省『住宅着工統計』より作成.

引件数の激減を規定しているのである．

ところで以上のような第三次土地ブームにおけるブーム展開局面での取引件数の低迷，さらにその崩壊過程での取引件数の画段階的な縮小，とりわけ大都市圏での急減は，何を意味しているのであろうか．この点を明らかにするために，今一つ，新設住宅の着工戸数の推移を利用関係別に示した図2-2を参照しておこう．図2-2によれば，この第三次土地ブームにおいて，持家供給は第二次土地ブーム以来の長期的な減少傾向を脱し切ることはできなかったにもかかわらず，貸家供給のほうは1988年，1989年にはそれぞれ859万戸，また分譲住宅もマンションを中心に1990年には380万戸と，それぞれ第二次土地ブームのピークを上まわり史上最高を記録した[6]．この結果，持家，給与住宅も含めた新設住宅着工戸数は全体として，1990年に1973年以来17年ぶりに170万戸の水準を回復した．第三次土地ブームにおけるマイホーム購入ではなく賃貸志

---

[6] マンション着工戸数は1991年には24.8万戸と4年連続増加し，その結果分譲住宅に占める新設マンションの比率は，64.1％と過去最高の水準に達した．だが，このようなマンション供給の急増が，1990年代後半のマンション市場の「飽和」→マンション価格の住宅地地価に比してのより激しい低落を招いた原因であることは明らかである．

向の高まり，またマイホーム購入の場合でも「土地つき」ではなくマンション購入の比率が高まったという事実は，明らかに上述の第三次土地ブームにおける土地取引件数の低迷と関連している．すなわち，今回のいわゆる土地ブームが，大都市圏中心の，しかも商業地主導の土地ブームであり，それゆえそこで形成された異常な価格が住宅地，居住用土地価格にまで波及し，住宅地価格をその「限界点」（とりあえず一般勤労国民にとって支払可能な価格としておこう）を超えて上昇させた結果，ついに大都市部を中心に一般の勤労国民が「土地つきマイホーム」の夢を断念せざるをえない事態が広範囲に出現したのである．土地ブームのなかでの土地取引件数の低迷は，多くの勤労国民が「土地つきマイホーム」＝持家の夢を捨て，分譲マンションさらには賃貸マンションへの志向を強めたことの土地取引への反映なのである．

（4） 土地取引面積の推移

次に，土地取引面積の推移をみておこう．表2-3は，1972年以降の土地取引面積の推移を大都市圏と地方圏とに分けて示したものである．これによれば，第三次土地ブームに際して売買された土地面積は，全国的には1988年に最大値を記録したが，それは240.5千haと，第二次土地ブームのピーク時1972年の576.1千haの41.7％にすぎなかった．そして，バブル崩壊によって，1990年代に入ると取引される土地面積は200千haを大きく下まわるようになり，その後1995年時点まで150～160千haの水準と低迷したままであった．

この過程を先の取引件数の場合と同様，取引面積の地域別構成比の側面から捉え直してみよう．まず東京圏における取引面積の全体に対する割合は，1983年の3.9％から1989年の6.5％へ，また三大都市圏の取引面積の構成比も，同期間に10.2％から15.4％へと大きく上昇している．第二次土地ブーム期の1972年には，東京圏ならびに大都市圏における同構成比は，それぞれ3.9％と12.9％にすぎなかったのだから，取引面積の点からも，今回の土地ブームにおける東京圏を中心とした三大都市圏の主導性が見てとれる．

ところで取引された土地の場合，取引件数の場合とは異なり，そもそも土地

表2-3　土地取引面積の推移　　　　（千ha）

	1972	1975	1980	1981	1982	1983	1984
三大都市圏	74.2	30.7	27.3	25.5	24.7	23.5	23.9
（対面積比）	1.89%	0.78%	0.69%	0.65%	0.63%	0.60%	0.61%
東京圏	22.5	14.2	12.1	10.3	10	9.1	10.5
（対面積比）	1.66%	1.05%	0.89%	0.76%	0.74%	0.67%	0.77%
大阪圏	25.4	9.4	7.9	8.6	8.9	8.0	8.0
（対面積比）	1.71%	0.63%	0.53%	0.58%	0.60%	0.54%	0.54%
名古屋圏	26.3	7.1	7.3	6.6	5.8	6.4	5.4
（対面積比）	2.41%	0.65%	0.67%	0.60%	0.53%	0.59%	0.49%
地方圏	501.8	250.5	248.9	227.5	221.1	207.9	217.1
（対面積比）	1.48%	0.74%	0.74%	0.67%	0.65%	0.61%	0.64%
合　計	576.1	281.2	276.3	253	245.8	231.3	240.9
（対面積比）	1.52%	0.74%	0.73%	0.67%	0.65%	0.61%	0.64%

	1985	1986	1987	1988	1989	1990	1991
三大都市圏	22.5	26.1	29.5	29.8	33.7	31.6	28.5
（対面積比）	0.57%	0.66%	0.75%	0.76%	0.86%	0.80%	0.72%
東京圏	9.5	11.2	12.6	12.6	14.3	12.8	11.7
（対面積比）	0.70%	0.83%	0.93%	0.93%	1.06%	0.94%	0.86%
大阪圏	7.8	9.1	10.6	11.3	11.9	10.5	8.6
（対面積比）	0.52%	0.61%	0.71%	0.76%	0.80%	0.71%	0.58%
名古屋圏	5.2	5.8	6.3	5.9	7.5	8.3	8.2
（対面積比）	0.48%	0.53%	0.58%	0.54%	0.69%	0.76%	0.75%
地方圏	202.8	189.9	200	210.8	184.9	207.4	181.7
（対面積比）	0.60%	0.56%	0.59%	0.62%	0.55%	0.61%	0.54%
合　計	225.3	216	229.6	240.5	218.6	239	210.1
（対面積比）	0.60%	0.57%	0.61%	0.64%	0.58%	0.63%	0.56%

	1992	1993	1994	1995
三大都市圏	22	23.2	20.4	19.7
（対面積比）	0.56%	0.59%	0.52%	0.50%
東京圏	8.6	9.1	8.2	8.8
（対面積比）	0.63%	0.67%	0.61%	0.65%
大阪圏	6.7	7.4	6.7	6.5
（対面積比）	0.45%	0.50%	0.45%	0.44%
名古屋圏	6.7	6.7	5.5	4.4
（対面積比）	0.61%	0.61%	0.50%	0.40%
地方圏	154.9	131.5	137.3	141.7
（対面積比）	0.46%	0.39%	0.41%	0.42%
合　計	176.8	154.6	157.7	161.4
（対面積比）	0.47%	0.41%	0.42%	0.43%

注：対面積比は各地域圏の取引面積の当該地域面積に対する比率.
出所：国土庁『土地白書』より作成.

の存在量に対してどれだけの土地が売買されたのかを，見ておかねばならない．まず全国的にみれば，第二次土地ブームの1972年の土地取引面積の全国土面積に対する割合は，1.52％を記録していたが，今回の第三次土地ブームの場合にはピーク時の1988年で0.64％に達したにすぎない．だが，東京圏の場合には，1989年には1.06％と，第二次土地ブーム時の1972年の1.66％の2／3ではあるが，約20年ぶりに1％台を超えた．これに対して，地方圏での土地取引面積比率は，今回の第三次土地ブームでは1988年の最大値で0.62％であり，1972年の1.48％の4割の水準でしかなかった．また三大都市圏の場合でも最大値は0.86％と，1972年の1.89％の半分以下の水準にすぎず，この面からも今回の土地ブームにおける東京圏の突出ぶりが窺える．

とはいえ，取引された土地面積の当該地域の総面積に対する比率をとる限り，土地ブームが日本全国を巻き込んで展開した第二次土地ブーム期においてさえ，全国土面積のせいぜい1.52％の土地が売買されたにすぎず，また同じく第三次土地ブームを主導した東京圏でも，ピーク時で1.06％の土地しか取引されていないことになる．この取引面積比率は，株式市場における株数を基準とした株式売買回転率（年間売買高／年間平均上場株式数）に類するものであるが，第二次土地ブームの過剰流動性時代の株式売買回転率は最高時に79.0％（1972年，東京証券市場一部・二部合計），また第三次土地ブームのバブル経済期には98.1％（1988年）を記録している．これと比較するならば，土地市場における「回転率」＝取引面積比率は，土地投機の絶頂期においてもきわめて低い水準であるということになる．

だが，これは，土地が，生産と生活のための絶対的条件であるばかりではなく，地域的固定性，すなわち一定地域に工場や住居を構え，そこに定住することが，企業活動にとっても，ましてや一般国民の生活にとっても，生活と企業活動における安定性の確保と質的向上を図るうえで不可欠の条件であることを反映するものである．利潤原理に基づいて国内市場さらには世界市場を駆けめぐることを本性とする現代の多国籍企業といえども，いったん生産拠点を一定地域に構えるならば，そこを中心に下請けや輸送関連等さまざまな企業間ネッ

トワークを構築するのであり，さらには土地に付着した建物等への固定的投資費用を考えるならば，おいそれとは工場移転というわけにはいかない．営業，居住目的で保有されている，あるいは新たに購入された土地は，私的所有物であるという点からすれば，商品として売買される可能性をつねにもっているとはいえ，たいていの場合は所有者自身には販売意図は存在しない．これが，本来の支配株主を除いては，値上がり益や配当収入などの金融収益を求めて，投資家が短期的に売買を繰り返す株式との根本的な違いである．土地市場と株式市場とにおける売買回転率の決定的な格差は，現実に存在する土地総額ならびに株式総額のうち，実際に売却を意図されている部分がどれだけの比率を占めているのか，ということに根本的に条件づけられているのである[7]．

（5） 土地取引における短期間転売

このように考えるならば，株式市場における回転数との比較からは「低い」と見えた先の土地市場における回転率，取引面積率について，別の視角から再検討してみることが必要となる．国土利用計画法は，土地投機による地価の急激な上昇を未然に防止するために，地方自治体の長に「監視区域」を設定し，そこでの土地取引の届け出を義務づける権限を与えた．表2-4は，1987年～1989年上半期の東京圏ならびに大阪圏におけるこの「監視区域」での，土地の短期間転売状況を示したものである．これによれば，東京都では1987年には，取引件数54,207件中，短期間転売は8,511件，15.7％を占め，同じく1988年には56,031件中，9,118件，16.3％を占めた．とくに法人が買主になっている土

---

[7] 金余り現象を背景に，バブル期には，各種の資産市場において取引規模は飛躍的に拡大した．1980年～1989年に各金融市場の取引額は，それぞれ次のような倍率で拡大した．不動産取引高：13.2兆円（1980年度）→26.3兆円（1987年度），1.99倍，外国為替出来高：131.1兆円→551.6兆円，4.21倍，株式売買高（現物）：42.2兆円→332.8兆円，7.89倍，短期金融市場取引高：648.2兆円→6218.8兆円，9.59倍，公社債売買高（現物）：136.3兆円→2087.6兆円，15.3倍．経済企画庁『経済白書』1989年版，265頁参照．なお，土地に比べて売買回転率が高い株式といえども，今回の株式ブームのピーク時でほぼ1年で1回転するにすぎず，上述の公社債の回転率に比べればかなり低い．

表 2-4 東京圏および大阪圏における短期間転売状況　　　（件，％）

			1987年	1988年	1989年上半期
東京圏	東京都	取引件数 (a)	54,207(27,286)	56,031(19,269)	31,430(10,262)
		うち転売件数 (b)	8,511(7,131)	9,118(7,341)	3,329(2,511)
		〔法人の割合〕	〔83.8〕	〔80.5〕	〔75.4〕
		転売率 (b/a)	15.7(26.1)	16.3(38.1)	10.6(24.5)
	埼玉県	取引件数 (a)	——	57,516(13,749)	44,017(9,883)
		うち転売件数 (b)		4,817(3,888)	4.080(3,240)
		〔法人の割合〕		〔80.7〕	〔79.4〕
		転売率 (b/a)		8.4(28.3)	9.3(32.8)
	神奈川県	取引件数 (a)	——	34,579(8,740)	17,597(4,251)
		うち転売件数 (b)		3,829(3,075)	1,924(1,443)
		〔法人の割合〕		〔80.3〕	〔75.0〕
		転売率 (b/a)		11.1(35.2)	10.9(33.9)
大阪圏	京都府	取引件数 (a)		2,488(357)	2,343(545)
		うち転売件数 (b)		158(51)	201(73)
		〔法人の割合〕		〔32.3〕	〔36.3〕
		転売率 (b/a)		6.4(14.3)	8.6(13.4)
	大阪府	取引件数 (a)		16,037(3,652)	13,347(3,589)
		うち転売件数 (b)		1,128(683)	1,622(979)
		〔法人の割合〕		〔60.5〕	〔60.4〕
		転売率 (b/a)		7.0(18.7)	12.2(27.3)
	兵庫県	取引件数 (a)		14,676(3,493)	9,636(2,444)
		うち転売件数 (b)		822(559)	1,064(724)
		〔法人の割合〕		〔68.0〕	〔68.0〕
		転売率 (b/a)		5.6(16.0)	11.0(29.6)
	奈良県	取引件数 (a)		6,715(1,298)	7,115(1,509)
		うち転売件数 (b)		400(198)	609(350)
		〔法人の割合〕		〔49.5〕	〔57.5〕
		転売率 (b/a)		6.0(15.3)	8.6(23.2)

注：1. （ ）内は法人が買主となっている取引の件数である．
　　2. 調査対象市町村数は，監視区域の指定状況に応じ，以下のとおり変化している．
　　　　東 京 都　　87年23区 2 市，88年・89年23区26市 4 町
　　　　埼 玉 県　　88年40市34町 6 村
　　　　神奈川県　　88年17市17町
　　　　京 都 府　　88年 3 町，89年 2 市 4 町
　　　　大 阪 府　　88年20市 1 町，89年23市 3 町
　　　　兵 庫 県　　88年・89年 8 市11町
　　　　奈 良 県　　88年 2 市，89年 6 市 2 町
出所：国土庁『土地白書』1990年版．

地取引に占める短期間転売の比率はきわめて高い水準を記録し，1987年には，27,286件中，7,131件，26.1％，さらに1988年には，19,269件中，9,118件，38.1％と，法人によって購入された土地のほぼ4割が，購入してから2年以内に転売されるという異常な事態が発生した．短期間転売に占める法人取引の割合は，1987年には83.8％，1988年には80.5％であった．

　このような短期間のうちに土地が転売されるという投機的取引は，前述のように東京都に隣接する諸県，さらに大阪圏へと広がっていった．表2-4によれば，土地取引全体に対して，短期間転売の比率が10％を上まわった地域は，神奈川県の1988年の11.1％，同じく1989年上半期の10.9％，大阪府の1989年上半期の12.2％，兵庫県の1989年上半期の11.0％であり，法人取引で短期間転売が25％を超えたのは，埼玉県の1988年の28.3％，同じく1989年上半期の32.8％，神奈川県の1988年の35.2％，同じく1989年上半期の33.2％，大阪府の1989年上半期の27.3％，兵庫県の1989年上半期の29.6％であった[8]．

　前述のように，第三次土地ブームの発火点であり，かつその中心地であった東京都においてさえ，土地取引面積率がピーク時点で1％強の水準でしかないという事実は，土地資産がひとたび最終利用者によって営業・居住目的で購入されるならば，その地域的固定性のゆえに，そう簡単には市場に出てくる資産形態ではありえないことを，物語るものである．だが，土地資産全体からみれば，ごく一部分の土地しか市場に供給されないがゆえに，逆にいったん地価上

---

[8] ここで短期間転売というのは，「土地に関する所有権の移転登記がなされた後，短期間内（最長2年間）に再び当該土地に関する所有権の移転登記がなされた場合」（国土庁『国土利用白書』，1989年版，80頁）をさし，具体的には，1987年における短期間転売とは，1986年1月〜1987年12月までの2年間に取得された土地が，1987年中に転売された場合をいう．なお，国土庁『土地利用白書』は，1991年版より，この短期間転売の定義を，より限定的なものに変更した．すなわち，これまで転売に至る最長期間を2年間としていたが，これを1年未満に縮減した．この結果，1987年における短期間転売とは，1987年中に取得した土地を，同年中に転売した場合に限定されることになった．この新たな定義に基づいて，先の定義による1987年ならびに1988年の東京都における短期間転売の比率，15.7％ならびに16.3％は，それぞれ10.5％，5.2％に変更された．国土庁『土地白書』，1991年版，136頁参照．

昇の期待が発生するならば，この機会を利用してできるだけ大きな土地売買差益を獲得しようとする投機家たちによって，この限られた土地をめぐって転売が繰り返されることになる．東京圏や大阪圏で見られた法人による短期間転売比率の異常な高さは，この投機家たちの狂奔ぶりを端的に表現していると言えよう．そして，この最終結果が，居住目的の最終需要者である一般勤労国民の土地市場からの排斥と，それを反映する土地取引件数の低迷なのである．

（6） 土地取引の売主・買主の形態別区別

ついで，土地取引が誰と誰との間で行われているのかという側面から，土地取引の素材的内容を検討することにしよう．表2-5①は，取引件数に関して，土地取引の売却主体別分類と購入主体別分類から，売主・買主の組み合わせ別

表2-5①　取引当事者別取引件数（構成比）の推移　　　（万件，％）

	取引件数		個人→個人		個人→法人		法人→個人		法人→法人		その他	
1973	351	100	207	59	49	14	53	15	14	4	28	8
1974	281	100	160	57	28	10	53	19	9	3	31	11
1975	250	100	147	59	22	9	53	21	8	3	20	8
1976	254	100	155	61	20	8	41	16	5	2	33	13
1977	255	100	153	60	20	8	41	16	5	2	36	14
1978	265	100	156	59	21	8	43	16	8	3	37	14
1979	276	100	157	57	28	10	44	16	8	3	39	14
1980	260	100	148	57	26	10	42	16	8	3	36	14
1981	251	100	140	56	28	11	38	15	7	3	38	15
1982	241	100	135	56	27	11	36	15	7	3	36	15
1983	226	100	126	56	25	11	32	14	7	3	36	16
1984	222	100	122	55	24	11	31	14	9	4	36	16
1985	213	100	115	54	26	12	30	14	8	4	34	16
1986	215	100	114	53	26	12	30	14	9	4	36	17
1987	227	100	118	52	32	16	32	14	11	5	34	15
1988	213	100	107	50	30	14	34	16	9	4	34	16
1989	148	100	70	47	24	16	24	16	7	5	24	16
1990	148	100	62	42	28	19	24	16	7	5	27	18
1991	140	100	63	45	22	16	22	16	6	4	27	19
1992	126	100	55	44	15	12	21	17	4	3	30	24
1993	120	100	52	43	12	10	23	19	5	4	29	24

出所：国土庁『土地白書』より作成．

表 2-5 ②　「その他」を除く形態別取引の推移　　　　　　（万件）

	個人が買主の件数	法人が買主の件数	個人が売主の件数	法人が売主の件数	総件数
1973年	260	63	256	67	351
構成比	74.1%	17.9%	72.9%	19.1%	100%
1980年	190	34	174	50	260
構成比	73.1%	13.1%	66.9%	19.2%	100%
1990年	86	35	90	31	148
構成比	58.1%	23.6%	60.8%	20.9%	100%
1993年	75	17	64	28	120
構成比	62.5%	14.2%	53.3%	23.3%	100%

出所：表2-5①に同じ．

構成比を推計したものである．期間は，1973年から1993年を対象としている．

　前述のように，この期間の全体をつうじて土地取引件数は趨勢的に減少傾向を示してきたのであるが（1973年の351万件→1980年，260万件→1990年，148万件→1993年，120万件），それを取引形態別に見れば，個人どうしの取引の減少ぶりが顕著であり（同じく207万件→148万件→62万件→52万件），これに対して，「その他」と分類されている取引形態は，件数自体が30万件前後の水準をこの期間全体をつうじて維持することによって，その構成比を著しく高めている（構成比の推移は，1973年の8%→1980年，14%→1990年，18%→1993年，24%）．この「その他」取引の内容は後述するとして，取引形態別分類の推移を，表2-5①で示された分類のレベルで把握するならば，事態の本質的な変化はつかめない．

　この取引形態別分類に基づいて，個人ならびに法人が買主あるいは売主になっている取引形態の推移を総括的に示したものが，表2-5②である．これによれば，個人が買主である土地取引は，1973年には土地取引件数の全体の74.1%を占めていたが，バブルに先立つ1980年時点でも73.1%と，この水準に基本的な変化は生じていなかった．これが劇的な変化を示したのは，まさにバブル経済の進展過程であり，1990年には，件数レベルで見た個人による土地購入の比率は，58.1%にまで激減した．その後バブル崩壊によって一定の回復を

示してはいるものの,1993年時点でなお62.5%にとどまっている.この対極でバブル経済下でその構成比を飛躍的に高めたのが法人部門であり,法人が買手である土地取引件数の割合は,1980年の13.1%から1990年の23.6%にまで飛躍的に上昇し,その後バブル崩壊とともに1993年の14.2%へと大きく後退している.土地取引件数の推移を論じたところで指摘しておいたように,1980年代末の異常な地価高騰によって多くの勤労国民が「土地つきマイホーム」の夢を放棄せざるをえなくなったのであるが,その事態が,個人による土地購入件数が1980年代に190万件から86万件へと激減し,土地取引件数全体に占める割合も73.1%から58.1%へと大きく低下したということのうちに,明確に現れているのである.

 なお,個人が売主である土地取引件数は,その絶対数においても,取引割合においても,1973年から1993年の全期間をつうじてほぼ一貫して減少してきた.このことは,土地所有権の個人から法人あるいは公共部門への移転によって,個人による土地供給能力が次第に低下してきていることの当然の帰結である.個人による地目別の土地所有比率の歴史的な低下傾向は,表2-6に示されているとおりである.これによれば,個人の所有地面積の割合は,宅地につ

表2-6 個人および法人の所有面積の地目別構成比の推移 (%)

年区分 地目	1970 個人	1970 法人	1975 個人	1975 法人	1980 個人	1980 法人	1985 個人	1985 法人	1990 個人	1990 法人	1995 個人	1995 法人
宅　　　地	4.2	1.1	5.1	1.7	5.8	1.8	6.4	1.9	6.8	2.1	7.4	2.3
田　　　畑	37.8	0.4	36.0	0.7	36.0	0.8	35.6	0.7	35.0	0.8	34.3	0.9
山林・原野	49.0	6.5	46.4	8.4	45.5	8.1	45.1	8.1	44.3	8.3	42.9	8.9
雑 種 地 等	0.4	0.6	0.7	0.9	0.8	1.2	0.9	1.3	1.0	1.7	1.2	2.1
小　　　計	91.4	8.6	88.3	11.7	88.1	11.9	88.0	12.0	87.1	12.9	85.8	14.2
合　　　計	100.0		100.0		100.0		100.0		100.0		100.0	

注:1.構成比は,免税点以上の土地面積の割合による.
　 2.田畑には,牧場を含んでいる.
　 3.各年とも1月1日現在の数値である.
出所:国土庁『土地白書』1996年版.

表 2-7 土地取引の売主・買主の形態　　　　(%)

件　　数	1989年	1990年	1991年	1992年	1993年
個　人→個　人	47	42	45	44	43
個　人→法　人	16	19	16	12	10
個　人→その他	13	14	15	18	20
法　人→個　人	16	16	16	17	19
法　人→法　人	5	5	4	3	4
法　人→その他	0	1	1	2	0
その他→個　人	2	3	1	2	2
その他→法　人	0	0	0	1	0
その他→その他	1	0	2	1	2
部 門 内 取 引	53	47	51	48	49
部 門 間 取 引	47	53	49	52	51

面　　積					
個　人→個　人	42	40	39	41	40
個　人→法　人	24	30	26	24	20
個　人→その他	5	8	9	11	14
法　人→個　人	6	5	6	9	6
法　人→法　人	14	8	10	7	11
法　人→その他	1	0	4	2	1
その他→個　人	0	1	3	2	1
その他→法　人	4	6	3	2	3
その他→その他	4	2	0	2	4
部 門 内 取 引	60	50	49	50	55
部 門 間 取 引	40	50	51	50	45

出所：表 2-6 に同じ．

いては，1970年の4.2％から，1980年の6.4％を経て，1995年には7.3％にまで高まっているが，全体としての個人の土地所有割合は，1970年の91.4％から，1980年の88.1％を経て，1995年の85.8％にまで，大きく後退している[9]．

そこで先に留保しておいた「その他」の取引形態について，その内容を示し

---

[9] なお個人の所有地面積は歴史的に減少しているが，土地所有者数は住宅地所有者数の飛躍的な増大を軸に大きく増加している．1970年には住宅用地所有者数は489.7万人で，個人土地所有者数は全体で2052.5万人であったが，1980年にはそれぞれ1663.4万人，2837.0万人へ，そして1996年には2261.3万人，3426.8万人へと増加している．国土庁『土地白書』1997年，41頁参照．

ておこう．表2-5①では，国および地方公共団体が売手あるいは買手になっている土地取引が，「その他」として一括されている．そこで，国および地方公共団体が，売手ならびに買手となっている土地取引がそれぞれどれだけの構成比を占めているのかを推計したものが，表2-7である．期間は1989年から1993年と限定されているが，表2-5①に示されていたようにまさにこの時期に「その他」の比重が高まってきたのであるから，「その他」取引の内容の分析として問題はないであろう．これによれば，この時期の「その他」取引の圧倒的大部分は，個人による国等の公共部門への土地売却であることが明らかである．1989年に取引件数の13％を占めていた「個人→その他」取引が，1993年には20％を占めるようになったのであり，バブル崩壊以降，地価対策に躍起となった国や地方自治体による土地市場への積極的介入が見てとれる．「その他」取引の以上の内容からして，先に表2-5①に基づいて示した個人が土地取引において買手として登場する割合がバブル期に急激に低下したという結論は，土地取引の全体像についてなお有効と言えるであろう．

第2節　土地取引の貨幣的側面

（1）　土地購入金額ならびに購入主体別構成比の推移

そこで，1980年代後半に異常な地価高騰を引き起こした土地取引を，こんどは貨幣的側面から考察してみよう．まず，どれだけの貨幣額が土地の購入に向かったのかを見てみよう．表2-8は，国土庁が推計した1970年代から1990年代にかけての土地購入金額の推移である．途中1984年～1988年の数値が欠落しているが，第二次土地ブームから第三次土地ブームの発生・崩壊に至る土地市場での需要の基本的動向を読み取ることができる．これによれば，第二次土地ブームのピークをなした1973年に18.8兆円を記録した土地購入金額は，その後1970年代半ばに10兆円台前半のレベルにまで減少し，それから一定の回復を見せつつ1983年の第三次土地ブームが開始されるまでの間ほぼ20兆円前半の水準で推移した．第三次土地ブームは前述のように，1987年ならびに1989年～1991

56 第1篇 現代日本における金融危機の基礎過程

表2-8 土地購入

	1973年	1975年	1976年	1977年	1978年	1979年	1980年	1981年
個　人	5.9 31.4%	7.4 54.0%	7.6 57.6%	8.4 59.6%	8.3 55.3%	12.1 60.2%	14.6 62.9%	15.3 62.7%
法　人	9.8 52.1%	2.9 21.2%	2.6 19.7%	2.6 18.4%	2.9 19.3%	4.1 20.4%	4.3 18.5%	4.3 17.6%
国　等	3.1 16.5%	3.4 24.8%	3.0 22.7%	3.1 22.0%	3.8 25.3%	3.9 19.4%	4.3 18.5%	4.8 19.7%
総　計	18.8	13.7	13.2	14.1	15.0	20.1	23.2	24.4

出所：国土庁『国土利用白書』，『土地白書』より作成．

年の二つのコブをもつ長期の地価高騰過程であった．資料の欠落から，第一のコブにおける需要膨張の規模は全体として確定できないが，第二の山をなす1989年〜1991年には土地購入金額は，52.0兆円〜59.3兆円とブーム開始時の2.5倍の規模にまで膨れ上がった．そして，バブル崩壊とともに土地購入金額は急減し，1990年代半ばには34.4兆円の水準にまで低落した[10]．

　以上の推移を，購入主体別に見てみよう．まず第二次土地ブームについて，ピークの1973年と世界同時不況直後の1976年とを比較してみると，法人の購入金額は9.8兆円→2.6兆円へと激減したのに対して，国等の公共部門による購入額は3.1兆円→3.0兆円へと横ばい，そして個人の購入額は5.9兆円→7.6兆円へとわずかながら逆に増加している．この結果，全購入金額に占める構成比は，法人が52.1%→19.7%へと激減したのとは対照的に，国等は16.5%→22.7%へ上昇し，個人もまた31.4%→57.6%へと大きく上昇した．

　第三次土地ブームについては，開始時の1983年とピーク時の1990年そしてバ

---

[10] 1984〜1988年の土地購入金額についての推移は公表されていないが，国土庁『土地白書』(1991年版)は，1987年ならびに1988年における法人企業の土地購入額を，それぞれ約24兆円，約15兆円と推計している．同書，117頁参照．1989〜1991年の法人部門の土地購入金額が24.1兆円〜27.1兆円であることからして，第三次土地ブームの第一の山である1987年時点でも，土地購入金額は全体として50兆円規模であったと推測できるのではなかろうか．

金額の推移 (兆円，%)

1982年	1983年	1989年	1990年	1991年	1992年	1993年	1994年	1995年
13.9	14.7	20.1	22.8	21.0	16.8	15.7	15.2	14.2
60.2%	61.8%	38.7%	38.4%	38.0%	39.5%	39.3%	42.5%	41.3%
4.3	4.5	24.6	27.1	24.1	15.3	13.1	11.4	10.7
18.6%	18.9%	47.3%	45.7%	43.6%	36.0%	32.8%	31.8%	31.1%
4.9	4.6	7.3	9.4	10.2	10.4	11.1	9.2	9.5
21.2%	19.3%	14.0%	15.9%	18.4%	24.5%	27.8%	25.7%	27.6%
23.1	23.8	52.0	59.3	55.3	42.5	39.9	35.8	34.4

ブル崩壊後の1995年の三時点を比較してみよう．法人の購入金額はここでも，4.5兆円→27.1兆円→10.7兆円へと，6倍化から半減以下へという急激な増減を示している．これに対して，個人の購入金額は，14.7兆円→22.8兆円→14.2兆円と総じて安定的な推移を示し，国等のそれは，4.6兆円→9.4兆円→9.5兆円とバブルの形成過程で倍加し，その水準を崩壊後にも維持している．この結果，ここでも土地投機の進展・崩壊過程で購入金額の構成比に顕著な変化が生じた．すなわち，法人の購入金額の構成比は，18.9%→45.7%→31.1%と急増の後急減したのに対して，個人のそれは，61.8%→38.4%→41.3%と，逆にいったん急減した後若干の上昇を示した．国等の構成比は，19.3%→15.9%→27.6%へと，第二次土地ブームの場合と同様崩壊後その比重を大きく高めている．

　以上の購入主体別の購入金額，ならびにそれらの構成比の推移から第一に結論できるのは，いわゆる土地ブームが，明らかに法人企業による土地の大規模な先行的取得によって引き起こされているということである．法人企業は，地価上昇が予測される事態に至ると大量の資金を一挙に土地市場に注入し，しかも前節で示した法人企業の短期的転売比率の高さからして，地価つり上げ→投機的利得を目的として法人企業相互の間で短期間のうちに土地売買を繰り返すのである．そして，地価上昇がピークを迎え，土地ブームに翳りが見え始めるやいなや，いっせいに資金を土地市場から引き上げていくのである．土地ブー

ムの発生・消滅のたびに繰り返される法人企業による土地購入金額の急増・急減は，このことを見事に表現している．

　第二に，これとは対照的に，個人による土地購入金額は，少なくとも今回のバブルが崩壊する以前の段階までは，土地ブームの発生・消滅にもかかわらず全体として安定的な推移，換言すれば趨勢的な増大傾向を示してきた．それは，個人による土地購入が法人の場合とは異なり，ほぼ半数が居住目的で購入されているからである．多くの勤労国民が，自らの生涯の生活設計の一つの重要な柱として，「土地つきのマイホーム」を取得することを計画し，実際に一定の年齢層に達するとその世代のかなりの部分が，それまでの貯蓄を基礎に土地市場に購買者として流入してくるのである．だが，このような個人の土地購入金額の安定的な推移は，明らかに第三次土地ブームの崩壊過程で質的な転換を迎えた．すなわち，今回のバブル崩壊過程で個人の土地購入金額は，ピーク時と比較して約8兆円，38％に達する大幅な減少を記録したのである．これにはさまざまな要因が複雑に絡み合っていると考えられるが，おおよそ以下のような諸要因が作用している．一つには，今回のバブルの進行過程で，「土地つきマイホーム」が平均的な勤労国民にとって実現不可能なはかない「夢」になり，たまたまそれまでにマンションを含め「持家」を所有する「資産家」だけ

11）　銀行等によるバブル期の過剰な不動産関連融資の焦げ付きによって発生したいわゆる「不良債権」の処理をめぐっては，政府・財界の基本戦略は大きく二正面作戦をとってきた．一つは大量の不良債権を抱え込んだ銀行等が，不良債権の処理をできるだけ速やかに行いうるように銀行収益を保証してやることであり，そのために金利水準は人為的に異常な低水準に長期間にわたって押え込まれてきた．かつてロバート・ゼレンスキーとナイジェル・ホロウェイは，『日本の金融制度の罪と罰』（1992年，TBSブリタニカ）で，日本の個人預金者は，1980年代に銀行預金金利が市場の実勢以下に据えおかれてきたがゆえに，銀行によって47兆円を略奪された（同書，302〜303頁参照）と指摘したが，バブル崩壊以降の銀行預金金利それゆえ銀行の資金コストは人件費・物件費を別とすれば，まさにネグリジブルな水準に押え込まれた．第二は，土地の流動化を図るために，土地購入・土地売却に対する租税面での優遇による土地取引の刺激，容積率等の規制緩和による建設需要の刺激，そしてここで指摘したような国，地方自治体の公共投資の推進による土地市場への需要注入など，多様な政策手段が動員されてきた．
　ところで，大枠で言えば，政府は，第一の戦略をつうじて金融機関を持ちこたえさせ

に買い替え需要の担い手たる資格が残されるようになったこと，そしてその後の史上初の土地価格の暴落＝「土地神話の崩壊」によって，先の「資産家」たちにとっても，「売れないから買えない」という事態が発生したこと，さらに「土地価格はまだ下げ止まってはいないのでは」という疑心暗鬼が土地市場を支配するようになり，個人のレベルでも買い控えが起きていることなどを，指摘できよう．

　第三に，土地ブームが過ぎ去り，法人企業が投機的な資金をいっせいに土地市場から引き上げることによって，全体として規模が縮小した土地市場において，国や地方自治体等の土地購入者としての比重が高まることは，これまでにも見られた事態である．だが，今回のバブル生成・崩壊過程で特徴的なことは，国等による土地購入金額がこの過程で絶対額において倍加し，その結果として土地市場に占める割合が3割弱の水準にまで高まっていることである．これは，一方では1990年代に入ってアメリカの対日内需拡大要求が先鋭化していること，他方で，土地市場の長期低迷→金融機関の不良債権処理の困難化という事態に直面して，「土地流動化」策の中心的な柱の一つとして政府・地方自治体による土地購入が位置づけられていることを反映している[11]．

ておけば，そのうち土地も流動化し不良債権問題も次第に解消に向かうと楽観していたのではないか．だが，そのような甘い期待は，1997年末以降の本格的な「金融システム」不安によって吹き飛ばされてしまった．無原則な日銀特融の乱発や10兆円～30兆円に達する安易な公的資金注入論の登場は，政府の狼狽ぶりを物語るものである．だが，ここで注意すべきは，かつてFDICならびにRTCの総裁を務め，1980年代末のアメリカのS&L危機の処理に貢献したL. W. シードマンが，日本の不良債権処理に対するアドバイスとして，地価は市場の求める水準にまで下がらなければならないと述べていた点である．(『日本経済新聞』，1995年12月9日付け) 土地価格が実際に需要者の望む水準にまで下がって初めて，土地市場が動きだす．そして不良債権処理が進むためには，この市場自体の内発的な流動化圧力が必要なのである．土地市場におけるこの基本論理を理解しえない（しようとしない）人々が，市場メカニズム重視の経済運営を唱えていることの「愚かさ」は，日本的と言うべきであろうか．なお，筆者は，政府・財界が受け入れたがらないほどの水準にまで地価が下がることは，国民の側からすれば，本格的な都市計画，住宅整備計画を推進する絶好の機会を提供するものだと考える．

表2-9 制度部門別の土地等の資産価格,

	期末残高						資本調整勘定	
	1980年		1985年		1990年		1981-1985年	1986-1990年
非金融法人企業	188,127.5	25.3%	261,664.2	24.9%	674,168.3	27.6%	67,807.2	374,460.0
金融機関	10,712.1	1.4%	17,254.1	1.6%	71,664.5	2.9%	5,876.4	52,443.8
一般政府	46,152.5	6.2%	66,551.8	6.3%	139,931.4	5.7%	7,005.6	55,042.4
対家計民間非営利団体	6,453.9	0.9%	9,863.3	0.9%	25,318.2	1.0%	2,827.1	14,478.3
家計(含個人企業)	493,561.6	66.2%	693,547.3	66.1%	1,531,522.2	62.7%	220,156.8	897,249.4
統合勘定	745,007.6	100.0%	1,048,880.7	100.0%	2,442,604.6	100.0%	303,673.1	1,393,723.9

出所:経済企画庁『国民経済計算年報』より作成.

(2) 制度部門間における土地取引額

 前項では,各経済主体別に土地購入金額の推移を検討したのであるが,ここではそれらの間でどのような土地取引が行われたのかを,示しておくことにしよう.なお,本項で依拠している経済企画庁『国民経済計算年報』における制度部門分類と,先の国土庁『国土利用白書』,『土地白書』における土地購入主体の分類とは,同一ではないことをあらかじめ断っておく.

 表2-9は,経済企画庁『国民経済計算年報』に基づいて,1980年～1995年における各制度部門の土地等の資産残高の推移と,それらの期間における制度部門別の資本調整勘定,ならびにそれらの間における土地の純購入額を,示したものである.ここでいう土地の純購入とは,各制度部門間での土地取引をネットで示したもの,すなわち他の制度部門からの土地購入額と他の制度部門に対する土地売却額との差額である.それゆえ,制度部門内部における土地取引,具体的には個人相互間ならびに法人企業相互間での土地取引はいっさい考慮されておらず,さらに部門間取引の絶対額をも何ら反映するものでもない.とは言え,当該期間における土地取引をつうじて最終的に,どの制度部門からどの制度部門に,どれだけの土地が移転されたのかが,これによって確認されうる.

 これによれば,1980年代前半には,家計(個人企業を含む)部門はネットで20.7兆円の売却超過を記録したのに対して,一般政府部門が13.2兆円の購入超

資本調整勘定, 土地の純購入 (10億円, %)

土地の純購入		期末残高				資本調整勘定	土地の純購入
1981－1985年	1986－1990年	1990年		1995年		1991－1995年	1991－1995年
6,263.7	37,572.0	669,291.4	27.7%	498,777.3	27.1%	−166,933.8	−3,580.3
671.1	2,083.1	72,202.0	3.0%	52,164.8	2.8%	−21,422.8	1,390.6
13,258.1	18,766.0	135,910.5	5.6%	118,275.4	6.4%	−46,389.1	28,754.0
589.9	973.7	24,591.1	1.0%	17,340.4	0.9%	−7,794.3	543.6
−20782.8	−59,394.8	1,518,139.9	62.7%	1,153,071.9	62.7%	−337,960.1	−27,107.9
－	－	2,420,134.9	100.0%	1,839,634.8	100.0%	−580,500.1	－

過, 同じく非金融法人企業が6.2兆円の買い越しを記録した. 1980年代後半には, 家計部門の売り越し額は59.3兆円に増大し, 他方買い越し額は, 非金融法人企業で37.5兆円, 一般政府部門で18.7兆円に達した. 1990年代前半には, 家計部門の売り越し超過は27.1兆円で, 一般政府部門の買い越し超過が28.7兆円へと増大し, 非金融法人企業は3.5兆円の売り越しに転じている. 以上の結果, 資産残高の側面からみれば, 家計部門 (個人企業を含む) の土地等の所有割合は, バブル経済化の進行によって1980年の66.2％から1990年には62.7％へと大きく後退し, バブル崩壊後の1995年にも62.7％と同水準にある. 先に表2－6で, 所有地面積の点から個人の土地所有比率が歴史的低下傾向にあることを示しておいたが, ここでは家計部門の土地所有比率が価格表示の側面においても明確に後退していることが明らかとなった. 戦後の日本における土地所有権の一般的な移動パターンは, 物理的 (面積比率) にも, 経済的にも (資産残高比率), 家計 (個人企業を含む) 部門からの法人企業部門ならびに一般政府部門への土地所有権の移動なのである.

(3) 土地取引額の地域的分布

次に, 土地取引を貨幣的側面すなわち需要の大きさという点から捉え直してみた場合, 地域的分布はどのようになっているのかを, 示しておこう. 第1章では, 今回の第三次土地ブームが, 大都市圏における集中的に発生した地価高

騰という特徴をもつことを指摘しておいた．また，本章第1節で土地取引を素材的側面から考察した際に，今回の土地ブームでは第二次土地ブームと比較して，土地取引の件数の点でも，取引面積の点でも東京圏ならびに大都市圏の占める割合が従来の水準を大きく上まわっていることを明らかにした．土地取引金額の面からは，この大都市圏で集中的に発生した土地ブームという今回の特徴は，どのように現れているのであろうか．

表2-10は，今回の第三次土地ブームにおける大都市圏主導という特徴を，土地取引件数，取引面積，取引金額における大都市圏の構成比の比較という形で示したものである．対象期間は1990年～1995年である．これによれば，東京を中心とする大都市圏主導の土地ブームという特徴が，取引面積や取引件数の場合とは比較にならないほどに，取引金額の側面において現れていることが明らかである．1990年を例にしていえば，第三次土地ブームが大都市圏主導という性格をもつとはいえ，取引された面積の点からいえば，東京圏，大阪圏，名古屋圏を除く地方圏が，取引面積全体の86.8%を占めており，三大都市圏はわずかに1割強の比率を占めるにすぎない．これを取引件数の側面からみても，地方圏の占める割合は若干下がるものの67.0%となお7割近い圧倒的な比重を占めている．ところが，これを取引金額の側面から考察すれば，三大都市圏の割合が78.8%，地方圏のそれが21.2%と完全にその比率が逆転し，需要構造の

表2-10　三大都市圏，東京圏への土地取引の集中

年	取引件数（%）三大都市圏	東京圏	地方圏	全国（万件）	取引面積（%）三大都市圏	東京圏	地方圏	全国（千ha）	取引金額（%）三大都市圏	東京圏	地方圏	全国（兆円）
1990	33.0	18.6	67.0	221	13.2	5.4	86.8	239.0	78.8	46.2	21.2	59.3
1991	30.0	16.5	70.0	200	13.6	5.6	86.5	210.1	74.7	46.5	25.3	55.3
1992	30.8	17.0	69.2	182	12.4	4.9	87.6	176.8	69.2	42.8	30.8	42.5
1993	32.2	18.1	67.8	177	15.0	5.9	85.1	154.6	61.3	40.3	38.6	39.6
1994	34.8	19.0	65.2	184	12.9	5.2	87.1	157.7	63.5	38.5	36.5	35.8
1995	36.2	20.5	64.9	185	12.2	5.5	87.8	161.4	62.8	38.8	37.2	34.4
1996	38.3	21.4	61.2	196								

出所：国土庁『土地白書』より作成．

点では前者が圧倒的な地位を占める結果になっている．とくに東京圏は，取引面積の点ではわずかに5.4％，取引件数の点でも18.0％を占めるにすぎないにもかかわらず，取引金額では46.2％と全国の土地需要の約半分を集中させているのである．

今回のバブル形成過程においては，前述のように東京圏における地価上昇が土地ブームの出発点になったのであるが，まさにそれがゆえに東京圏で圧倒的な土地需要が一挙に発生し，この地価高騰とより多くの投機的資金の東京圏への集中とが相乗的に作用しあうことによって一大バブルが形成されたのである．なお，土地需要の東京圏への集中という事態は，バブル崩壊過程で一定程度修正され1995年時点で東京圏の構成比は，38.8％にまで低下している．だが，その下落率の点では，大阪圏や名古屋圏に比べてその度合いは相対的に小さいことに注意がなされるべきであろう．

（4）　東京圏からの各地域圏への土地需要の流出

ところで，第1章で明らかにしたように，今回の土地ブームにおける地価上昇は，当初は東京圏の内部で都心部から多摩等の都内周辺部ならびに首都圏各県へ波及し，ついで東京圏から大阪圏・名古屋圏へと展開し，さらに地方の中核的都市へと順次地域的に波及していくという特徴を示した．このような地価上昇の地域的波及が，東京圏からの当該地域圏への土地需要の流出によって促進されたということは，容易に想定される．そこで，東京圏からの各地域圏への土地購入額が，どのような規模で行われていたのかを示しておこう．

表2-11は，各地域圏ごとに，当該地域における土地取引額と，当該地域に対する東京圏からの土地購入額，そして後者の前者に対する比率を示したものである．1990年～1995年を対象としているがゆえに，前述のバブル進行過程での地価上昇の地域的波及の背景説明とはなりえないが，東京圏からの土地需要が，地方における地価形成において果たしている役割の輪郭は示されていると言えよう．これによれば，全国的に見てまだ地価上昇が継続していた1990年～1991年には，関東・甲信を除く全国の各地域に対して，東京圏から約2兆円の

64　第1篇　現代日本における金融危機の基礎過程

表2-11　当該地域における土地取引に占める東京圏からの購入額が占める割合

(10億円、%)

年次		1990	1991	1992	1993	1994	1995
北海道	A B C	1,594 232 14.6%	1,305 146 11.2%	1,212 107 8.8%	1,085 106 9.8%	974 87 8.9%	1,194 101 8.5%
東　北	A B C	1,495 286 19.1%	1,781 317 17.8%	1,576 151 9.6%	1,426 168 11.8%	1,589 108 6.8%	1,376 139 10.1%
関東・甲信	A B C	28,546 25,178 88.2%	24,515 21,132 86.2%	19,648 16,720 85.1%	18,682 15,936 85.3%	16,172 13,859 85.7%	15,546 13,214 85.0%
北　陸	A B C	1,311 128 9.8%	1,565 219 14.0%	2,311 161 7.0%	2,586 182 7.0%	1,841 134 7.3%	1,737 201 11.6%
東　海	A B C	2,950 294 10.0%	2,970 141 4.7%	2,102 163 7.8%	1,878 130 6.9%	1,975 143 7.2%	1,777 116 6.5%
近　畿	A B C	17,401 572 3.3%	11,760 753 6.4%	10,462 969 9.3%	7,869 520 6.6%	8,166 640 7.8%	7,771 509 6.5%
中　国	A B C	1,850 125 6.8%	1,686 141 8.4%	1,711 163 9.5%	1,520 69 4.5%	1,508 165 10.9%	1,515 82 5.4%
四　国	A B C	618	802	827	858	959	852
九州・沖縄	A B C	3,338 431 12.9%	3,449 247 7.2%	3,738 234 6.3%	3,990 259 6.5%	3,128 233 7.4%	2,670 171 6.4%
合計①	A B C	59,103 27,246 46.1%	49,833 23,096 46.3%	43,587 18,668 42.8%	39,894 17,370 43.5%	36,312 15,369 42.3%	34,438 14,533 42.2%
合計②	A B C	30,557 2,068 6.80%	25,318 1,964 7.8%	23,939 1,948 8.1%	21,212 1,434 6.8%	20,140 1,510 7.5%	18,892 1,319 7.0%

注：1．Aは各地域における土地取引額、Bは当該地域における東京圏からの土地購入額、CはBのAに対する割合．
　　2．四国のBは、取引額が1,000億円未満であるために省略されている．
　　3．合計①は、関東・甲信を含み、合計②は関東・甲信を除く．
　　4．地域区分は以下による．東京圏：埼玉県、千葉県、東京都、神奈川県．関東・甲信：茨城県．栃木県、群馬県、埼玉県、千葉県、東京都、神奈川県、山梨県、長野県、静岡県．北陸：新潟県、富山県、石川県、福井県．東海：愛知県、岐阜県、三重県．
出所：国土庁『土地白書』より作成．

表2-12 地域別にみた東京圏の法人の土地購入の割合　　　　（％）

	当該地域の法人の土地購入額に占める 東京圏の法人の購入額の割合		
	1990年	1994年	1995年
北　海　道	23.0	19.2	17.1
東　　　北	29.4	10.9	18.7
関東・甲信	87.0	86.0	83.8
北　　　陸	17.5	6.0	17.8
東　　　海	11.4	13.0	9.6
近　　　畿	9.6	13.5	11.6
中　　　国	11.6	15.5	10.6
四　　　国	16.1	4.1	5.4
九州・沖縄	17.4	12.0	12.9

注：地域区分については以下による．
　　関東・甲信：茨城県，栃木県，群馬県，埼玉県，千葉県，東京都，神奈川県，山梨県，長野県，
　　　　　　　静岡県
　　北陸：新潟県，富山県，石川県，福井県
　　東海：愛知県，岐阜県，三重県
出所：国土庁『土地白書』1996年版．

　資金が土地購入のために流出していたのであり，北海道や東北では，東京圏からの土地購入金額が当該地域における土地需要の11.2%～19.1%の比率を占め，また北陸でも1991年には14.0%，九州・沖縄でも1990年に12.9%を記録するなど，多くの地方圏で1割を超える比率を占めていた．

　ところで土地購入金額の主体別構成比の検討から明らかになったように，土地ブームを推進する購入主体は法人企業にほかならないが，各地域における法人の土地購入額に占める東京圏の法人の割合を示したものが，表2-12である．これによれば，法人レベルでの土地取引に占める東京圏の割合は，個人や国・地方自治体などによる土地購入の総体を取り上げた表2-11の数値をかなり上まわる結果になっている．1990年を例にとれば，北海道の場合には，先の14.6%から23.0%へ，同じく東北は19.1%から29.4%へ，北陸でも9.8%から17.5%へ，また九州・沖縄も12.9%から17.4%へと，各地域で2割を超える，

あるいはそれに近い比率にまで達している．東京圏で今回の土地ブームの火付け役となった法人企業は，その巨額の投機資金の一部を地方圏に投入することによって，そこでも地価高騰の仕掛け人の役割を果たしたことが窺われる．

(5) 土地購入資金の源泉

そこで，以上の土地市場における需要が，いかなる資金源泉から構成されてきたのかを見ておこう．表2-13は，『土地白書』に基づいて，1973年から1995年の期間を対象にそれぞれの年の土地購入額を，預貯金等の自己資金によるものと金融機関等からの借入金によるものとに区分したものである．表2-8と同様，バブル進展局面の1984年～1988年の数値が完全に欠落していること，またバブルの最終局面である1990年，1991年についても主体別の総額しか明らかでないという不十分さをもつものであるが，とりあえずはこの検討から始めてみよう．

まず個人の場合をみると，第二次土地ブームの頂点をなした1973年も含めて，1983年までの期間には，自己資金比率は44.5％～74.1％とかなりのバラツキを年によっては示しつつも，1975年～1983年の期間をつうじて全購入金額（102.3兆円）の62.3％（63.7兆円）が自己資金によって賄われた．これと対比すると，第二次土地ブームのピークである1973年，ならびに第三次土地ブームの第二の山をなす1989年における自己資金比率は，それぞれ52.5％，51.7％にすぎず，それだけ金融機関等からの借入金比率が高まっていることになる．これを，第三次土地ブームが開始された1983年とピークである1989年との対比でみると，個人の土地購入金額は14.7兆円から20.1兆円へと5.4兆円増大しているにもかかわらず，自己資金は10.9兆円→10.4兆円と横ばいで，もっぱら借入金の増大3.8兆円→9.7兆円によって，購入金額の増大が生じている．この後1990年，1991年にも，個人の土地購入金額は20兆円を上まわる高原水準を維持したが，その間の自己資金比率は明らかではない．

ところで，バブル崩壊過程で個人の土地購入金額は，先の20兆円水準から1995年の14.2兆円にまで漸次縮小していったが，この縮小はもっぱら自己資金

第 2 章　現代日本における土地取引　67

表 2-13　土地購入資金の資金源泉　　　　　（兆円，%）

年	1973	1975	1976	1977	1978	1979	1980	1981	1982
個　人	5.9	7.4	7.6	8.4	8.3	12.1	14.6	15.3	13.9
自己資金	3.1	4.1	5.2	5.4	5.6	8.5	6.5	7.2	10.3
	52.5%	55.4%	68.4%	68.3%	67.5%	70.2%	44.5%	47.1%	74.1%
借入金	2.8	3.3	2.4	3.0	2.7	3.6	8.1	8.1	3.6
	47.5%	44.6%	31.6%	35.7%	32.5%	29.8%	55.5%	52.9%	25.9%
法　人	9.8	2.9	2.6	2.6	2.9	4.1	4.3	4.3	4.3
自己資金	3.7	1.3	1.2	1.4	1.6	2.0	2.4	2.2	2.4
	37.8%	44.8%	46.2%	53.8%	55.2%	48.8%	55.8%	51.2%	55.8%
借入金	6.1	1.6	1.4	1.2	1.3	2.1	1.9	2.1	1.9
	62.2%	55.2%	53.8%	46.2%	44.8%	51.2%	44.2%	48.8%	44.2%
国　等	3.1	3.4	3.0	3.1	3.8	3.9	4.3	4.8	4.9
借入金	1.8	1.9	2.0	1.9	2.1	2.1	2.1	2.6	2.6
	58.1%	55.9%	66.7%	61.3%	55.3%	53.8%	48.8%	54.2%	53.1%
総　計	18.8	13.7	13.2	14.1	15.0	20.1	23.2	24.4	23.1
自己資金	6.8	5.4	6.4	6.8	7.2	10.5	8.9	9.4	12.7
借入金	10.7	6.8	5.8	6.1	6.1	7.8	12.1	12.8	8.1

年	1983	1989	1990	1991	1992	1993	1994	1995
個　人	14.7	20.1	22.8	21.0	16.8	15.7	15.2	14.2
自己資金	10.9	10.4			12.8	8.2	7.7	5.5
借入金	74.1%	51.7%			76.2%	52.2%	50.7%	38.7%
	3.8	9.7			4.0	7.5	7.5	8.8
	25.9%	48.3%			23.8%	47.8%	49.3%	62.0%
法　人	4.5	24.6	27.1	24.1	15.3	13.1	11.4	10.7
自己資金	2.7	13.2			9.7	7.3	8.1	6.9
借入金	60.0%	53.7%			63.4%	55.7%	71.1%	64.5%
	1.8	11.4			5.6	5.8	3.3	3.8
	40.0%	46.3%			36.6%	44.3%	28.9%	35.5%
国　等	4.6	7.3	9.4	10.2	10.4	11.1	9.2	9.5
借入金	2.5	3.2						
	54.3%	43.8%						
総　計	23.8	52.0	59.3	55.3	42.5	39.9	35.8	34.4
自己資金	13.6	23.6			22.3	15.5	15.8	12.4
借入金	8.1	24.3			9.8	13.3	10.8	12.6

出所：国土庁『国土利用白書』，『土地白書』より作成．

の減少，すなわち，1992年の12.8兆円から1995年の5.5兆円への大幅な減少によって生じたものであり，この期間に借入金は逆に4.0兆円から8.8兆円へと増大している．この結果，個人の土地購入金額に占める自己資金比率は，バブル崩壊過程で1992年の76.2%から1993年，1994年の50%弱の水準を経て，1995年には38.7%という記録的な水準にまで急減した．

それでは，法人による土地購入資金の場合はどうであろうか．法人企業の土地購入に占める借入金の比率は，第二次土地ブームの頂点である1973年の62.2％という記録的な水準を別としても，1975年から1983年までの期間全体で47.1％（購入金額累計32.5兆円に対して，借入金累計は15.3兆円）とほぼ自己資金と拮抗しており，個人の場合と比較して，借入金に対する依存度が1割程度高くなっている．

ところで，先に法人企業の土地購入金額の振幅が大きいことを指摘しておいたが，これと借入依存率の高さとはどのような関連にあるのだろうか．1973年の場合には，法人の土地需要額の大きさは，62％という高い借入金比率に依存するものであったが，第三次土地ブームの1989年時には借入金比率は1983年の40.0％に比べて上昇はしているものの，46.3％にとどまっている．これは，1983年に比べての1989年の購入金額の増大（4.5兆円→24.6兆円）に対して，自己資金と借入金とがほぼ同程度に寄与しているからである．すなわち自己資金は2.7兆円→13.2兆円へ，借入金は1.8兆円→11.4兆円へと，それぞれ4.9倍ならびに6.3倍という飛躍的な増加ぶりを示している．一般に土地ブームは法人企業による先行的な土地取得によって引き起こされるのであり，また第三次土地ブームは長期間にわたる地価高騰という特徴をもつのであるから，ブーム形成過程，すなわち第一の山である1987年に至る過程で借入金依存度がどのような推移を辿ったのかをみておくことが必要である．だが，これは資料の欠如のゆえに果たしえない．

そこで，ここではバブル形成過程ではなく，バブル崩壊過程で生じた法人企業の土地購入額に占める借入金比率の極端な低下について指摘しておきたい．法人の土地購入金額は1989年～1991年には24.1兆円～27.1兆円という高原水準を維持していたが，1992年以降バブルの崩壊とともに年々減少してゆき，1995年には10.7兆円とピーク時の4割弱のレベルにまで低下した．この法人の土地購入金額の大幅な縮減は，自己資金の収縮というよりは借入金の急減にもっぱら起因するものであった．すなわち自己資金部分は，1989年の13.2兆円から1995年の10.7兆円へ，金額で2.5兆円，比率で18.9％の収縮であったのに対し

て，借入金による購入額は，同期間に11.4兆円から3.8兆円へと，金額で7.6兆円，率で66.7％もの劇的な収縮を示した．この結果，法人の土地購入金額に占める借入金依存度は，1994年には28.9％（逆に自己資金比率は71.1％）というこれまでに例を見ない低（高）水準を記録した．先に個人の土地購入金額の資金源泉の変化で見た事態とは，まったく逆の現象が生じたわけである．

（6） 不動産関連融資の推移

では，個人と法人の土地購入金額に占める借入金依存度のこのような対照的な動きは，何に起因するのであろうか．この点を明らかにするために，こんどは借入金の推移を貸手の立場から考察することにしよう．表2-14は，1980年〜1995年の期間におけるいわゆる不動産関連融資の推移を示したものである．ここで不動産関連融資というのは，不動産業，建設業，いわゆるノンバンク（金融・保険業の貸金業・非預金信用機関等と，サービス業の物品賃貸業との合計），ならびに住宅ローンを含む個人向けの，4業種に対する貸出をさしている．対象金融機関は，1993年3月までは全国銀行（銀行勘定と信託勘定）ならびに第二地銀であり，それ以降は国内銀行である．なお，あらかじめ1993年の数値について一言しておけば，1993年4月以降，各業種への貸出に新たに当座貸越が含められるようになった結果，バブル崩壊過程にもかかわらず，抽出した4業種ともに融資額が統計上は飛躍的に増大している[12]（当座貸越が行われない個人向け住宅ローンは除いて）．だが，後述するように統計処理の変更に起因するこの異常な増大は別としても，バブル崩壊以降も1995年までは不動産関連融資が増加傾向にあったことに独自の注意が向けられなければならない．

---

12) 日本銀行『経済統計年報』1996年版，業種別貸出残高（主要業種）の注，参照．ちなみに1992年ならびに1993年の国内銀行の貸付金残高に占める当座貸越残高の比率は以下のとおりである．1992年，貸付金残高450.7兆円，内当座貸越残高78.7兆円，比率17.5％，同じく1993年，457.3兆円，内80.1兆円，比率17.5％．この割合が，1993年の不動産業に対する貸付残高59.9兆円にも妥当すると仮定すれば，10.5兆円が当座貸越残高であり，この金額部分は不動産業に対する融資の増加額を意味するものではなく，統計処理上1993年に上積みされたにすぎないことになる．

表2-14 不動産

【残高】	1980年	1981年	1982年	1983年	1984年	1985年	1986年	1987年
不動産業	114,449	127,080	144,656	166,821	192,854	235,479	309,862	364,439
設備資金	30,488	33,296	36,719	41,642	49,269	64,732	86,394	117,450
建設業	97,768	107,327	117,537	132,163	146,083	161,631	173,647	178,161
設備資金	8,832	9,612	9,996	11,002	11,732	13,520	16,146	20,669
ノンバンク	75,081	95,099	130,966	178,276	233,660	287,832	357,276	440,647
設備資金	5,657	7,038	9,448	10,387	12,468	17,762	18,208	24,807
個人 (1)	213,284	227,916	239,285	251,122	264,065	286,059	325,826	403,393
住宅ローン	172,324	184,748	193,813	198,072	201,765	211,448	231,154	274,767
個人 (2)	40,960	43,168	45,472	53,050	62,300	74,611	94,672	128,626
合計 (1)	500,582	557,422	632,444	728,382	836,662	971,001	1,166,611	1,386,640
合計 (2)	328,258	372,674	438,631	530,310	634,897	759,553	935,457	1,111,873

表2-14 (続)

【増加額】	1980年	1981年	1982年	1983年	1984年	1985年	1986年
不動産業		12,631	17,576	22,165	26,033	42,625	74,383
建設業		9,559	10,210	14,626	13,920	15,548	12,016
ノンバンク		20,018	35,867	47,310	55,384	54,172	69,444
個人 (1)		14,632	11,369	11,837	12,943	21,994	39,767
住宅ローン		12,424	9,065	4,259	3,693	9,683	19,706
個人 (2)		2,208	2,304	7,578	9,250	12,311	20,061
合計 (1)		56,840	75,022	95,938	108,280	134,339	195,610
合計 (2)		44,416	65,957	91,679	104,587	124,656	175,904

注：1．対象金融機関は，国内銀行銀行勘定（1993年9月までは，全国銀行銀行勘定ならびに第二地方銀行（1992年3月までは，相互銀行を含む）の合計）ならびに国内銀行信託勘定．
 2．ノンバンクは，貸金業，投資業等の非預金信用機関と物品賃貸業．
 3．個人(1)は住宅ローンを含み，個人(2)は住宅ローンを含まない．
 4．合計(1)は住宅ローンを含み，合計(2)は含まない．
 5．設備資金ならびに住宅ローンは内数．
 6．1993年4月以降，各業種とも当座貸越を含み，バンクカード等による貸出は，個人に計上．
出所：日本銀行『経済統計年報』より作成．

　表2-14に即して，前項で指摘しておいた諸点について考察するならば，以下のようになる．まず，第三次土地ブームの形成過程における法人企業の借入金の推移についていえば，4業種向けの不動産関連融資は，1981年以降毎年大幅な増大傾向を示してきた．そして，この過程で個別業種ごとに単年度の増加額が最大値を示した時期は，建設業では1985年の1兆5,548億円，不動産業で

第 2 章　現代日本における土地取引　71

関連融資の推移　　　　　　　　　　　　　　　　　　　　　　　　　　　（億円）

1988年	1989年	1989/1982年	1990年	1991年	1992年	1993年	1994年	1995年
411,068	469,019	3.24	484,833	506,250	532,269	599,921	610,356	622,569
151,554	189,769	5.17	199,545	200,818	215,869	235,680	234,805	240,003
188,745	200,285	1.70	208,621	224,949	244,130	309,462	318,530	322,082
26,597	36,014	3.60	41,329	47,558	52,397	53,077	52,209	51,075
500,896	583,370	4.45	621,550	612,448	607,425	721,852	636,013	641,707
27,773	37,037	3.92	45,202	49,883	48,903	46,438	40,477	38,023
475,969	579,612	2.42	652,932	693,061	705,012	813,994	807,909	854,225
315,006	370,788	1.91	408,557	433,133	441,082	442,439	452,273	511,385
160,963	208,824	4.59	244,375	259,928	263,930	371,555	355,636	342,840
1,576,678	1,832,286	2.90	1,967,936	2,036,708	2,088,836	2,445,229	2,372,808	2,440,583
1,261,672	1,461,498	3.33	1,559,379	1,603,575	1,647,754	2,002,790	1,920,535	1,929,198

1987年	1988年	1989年	1986〜1989年	1991年	1992年	1993年	1994年	1995年
54,577	46,629	57,951	233,540	21,417	26,019	67,652	10,435	12,213
4,514	10,584	11,540	38,654	16,328	19,181	65,332	9,068	3,552
83,371	60,249	82,474	295,538	−9,102	−5,023	114,427	−85,839	5,694
77,567	72,576	103,643	293,553	40,129	11,951	108,982	−6,085	46,316
43,613	40,239	55,782	159,340	24,576	7,949	1,357	9,834	59,112
33,954	32,337	47,861	134,213	15,553	4,002	107,625	−15,919	−12,796
220,029	190,038	255,608	861,285	68,772	52,128	356,393	−72,421	67,775
176,416	149,799	199,826	701,945	44,196	44,179	355,036	−82,255	8,663

　1986年の7兆4,383億円，ノンバンクで1987年の8兆3,371億円となり，これらの3業種がそろって1987年を中心とする第一の山の形成に貢献した，換言すれば今回の第三次土地ブームをまさに主導したことが見てとれる．これに対して，個人向け貸出が本格的な増大を示したのは，この第一の山を迎えて以降のことであり，さらにそれが単年度の増加額でピークに達したのは，第二の山をなす1989年の10兆3,643億円（住宅ローンを除いた場合でも，同年の4兆7,861億円がピーク）においてである．法人企業主導で土地ブームが推進され，これに追随する形で個人が土地ブームに巻き込まれていったという先に指摘しておいた事態は，このように個別業種向け貸出増加額のピーク時のタイムラグという形でも示されていると言えよう．

なお不動産関連融資全体の動向について言えば，第一の山を迎える過程で単年度の貸出増加額は，1986年，1987年両年にそれぞれ19.5兆円，22.0兆円を記録し，1988年にはいったん19.0兆円のレベルにまで若干低下したものの，第二の山をなす1989年には再び25.5兆円の史上最高水準にまで増大した．1986年～1989年のわずか4年間の間に，不動産関連融資は，総額86兆円の増大を記録したのである．前述のように，この過程で，法人の土地購入金額に占める借入金の比率がどう変化したのかは，資料の欠落から正確な推移を示すことはできないが，『国土白書』の記述と表2-14とに基づいて，一定の推定を行っておきたい．『国土白書』1990年版は，大まかな推計という断り書きをつけて，法人による1987年ならびに1988年の土地購入金額を，それぞれ24.0兆円，15.0兆円と記している．前述のように，バブルの第二の山をなす1989年には，法人の土地購入金額が24.6兆円で，金融機関からの借入金による購入金額が11.4兆円（借入金比率46.3％），そして同じ年の不動産関連融資増加額が25.5兆円であった．これに対して，バブルの第一の山をなす1987年には，法人の土地購入金額はすでに24.0兆円に達しており，また，その年の不動産関連融資増加額も22.0兆円と，1989年の増加額には少し及ばないものの，すでに20兆円の大台に乗っていたのである．これらの点からして，1987年の第一の山を迎える過程で，法人の土地購入額に占める借入金の割合は，1989年の46.3％に近い水準にあったと見て大過ないのではなかろうか．

次に，バブル崩壊過程における土地需要の収縮の態様における個人と法人との相違点に関連して，同じく不動産関連融資といっても，個人向け貸出の場合には不動産業やノンバンクへの融資とは明らかに性格の異なる資金需要（供給）が混在している点を指摘しておきたい．それは，言うまでもなく居住を目的とした住宅ならびに土地購入のための資金需要，すなわち住宅ローンとして独自に分類されている資金需要（供給）である．この資金需要は，住宅ならびに土地の購入が居住目的であることに規定されて，地価やマンション価格がある程度低下し，手ごろな値段になってきた1995年には大きな回復を見せた．すなわち，他の3業態への貸出の増加額が，地価上昇の兆しがまったく見えず，

土地市場で売買差益を得ることが当面期待できないことから，すべての業種でバブル開始時点の1983年の貸出増加額を大きく下まわっている状況下にあった．にもかかわらず，1994年より回復しだした住宅ローンは，1995年には1989年のバブル経済のピーク時を上まわる5兆9,112億円の増大を記録した．金融機関の不良債権処理を助けるために推進されてきた超低金利政策は，個人のこの住宅（地）購入意欲を側面から支える役割を果たした．同じく個人向け貸出といっても，住宅ローンを除く融資額が，1994年，1995年にそれぞれ1兆円を超える規模で減少しているのとは，まったく好対照をなすといえよう．先にバブル崩壊過程で，個人の土地購入金額の収縮の度合いが法人のそれより小さいことを，この時期に個人の借入金依存度が高まったことと関連づけて指摘しておいたが，その内実は，まさに居住用土地の購入を目的とした住宅ローンの借入の増大であったのである．

　さらにバブル崩壊過程での土地需要の収縮の動態にかかわる要因として，個人の自己資金による土地購入金額の変化についても，簡単に言及しておこう．先に見たように，個人の土地購入金額における自己資金部分は，1993年以降たんにその構成比を急激に低下させたばかりではなく，その絶対額においても1995年には1992年に比べて半減している．ここで自己資金と呼んでいるのは，現預金形態等で保有されている自己資金であるが，個人の場合の住宅（地）購入の一般的なあり方からして，そのかなりの部分がマイホーム購入計画に基づいて貯蓄されてきた資金（新規購入者の場合）であるか，あるいはすでに所有＝居住していたマンション等の売却代金の一部（買い替えの場合，売却価格から住宅ローン残高を差し引いた残余部分）であると，考えてさしつかえなかろう．とすれば，株式投資の失敗→キャピタル・ロスの発生で貯蓄資金を減らさない限り，長年貯えてきた貯蓄資金が急に減少するということはありえないのだから，この時期の自己資金の絶対額の減少は，すでに所有していた不動産の売却が困難になったり，あるいはマンション価格等の下落の結果，たとえ売却できたとしても，住宅ローンを差し引けば手許にほとんど現金が残らなくなってしまったという事態を，反映しているのではなかろうか．そして，通常であれ

ば，このような自己資金部分の縮小は住宅地取得への欲求の抑制に直結したはずであるが，先にも指摘した異常なまでの低金利水準と，これを前後して急速に広がりだした変動金利の住宅ローンが，自己資金の不足を住宅ローンの積み増しでカバーするという住宅購入行動を生みだしたように思われる[13]．

そこで，以上の個人向け貸出の内容上の区別や自己資金の絶対額における減少という事態を念頭においたうえで，あらためて表2-13に基づいて，個人ならびに法人の土地購入金額が，資金源泉別にどのような推移を辿ったのかを概括しておこう．ここでは，バブル開始時点の1983年の土地購入金額を，その最終ピークである1989年とバブル崩壊後の1995年の購入金額と比較することによって，それらの動態を示すことにする．

まず個人の土地需要額は，1983年の14.7兆円（100）から1989年の20.1兆円（137）へと増大し，ついで1995年の14.2兆円（97）へと減少した．これを資金源泉別に区分すれば，自己資金による購入金額は，同期間に10.9兆円（100）→10.4兆円（95）→5.5兆円（50）の推移を示し，借入金による購入金額は，同じく3.8兆円（100）→9.7兆円（255）→8.8兆円（232）の変動を示した．

法人の土地購入金額は，1983年の4.5兆円（100）から1989年の24.6兆円（547）へと大幅に増大した後，1995年の10.7兆円（238）へと半減した．資金源泉別にみれば，自己資金による購入金額は，同期間に2.7兆円（100）→13.2兆円（489）→6.9兆円（238）の変動を示し，借入金による購入金額は，同じく1.8兆円（100）→11.4兆円（633）→3.8兆円（211）の推移を辿った．

以上の推移に見られるように，いわゆるバブル経済化の進展，地価高騰は，法人企業による先行的な土地購入，しかも金融機関等からの積極的な借入に基づく大量の資金の土地市場への集中的投入によって引き起こされたのである．

---

[13] 近年個人の自己破産件数が急増しているが，その原因の一つは，消費者ローンの普及に伴いいわゆる多重債務者が増大したことにあるが，もう一つのパターンは，ここで指摘した変動金利型住宅ローンの目先の金利の低さに目を奪われて，借入能力いっぱい，あるいはその限度を超えた住宅ローンを組んだがゆえに，不況の長期化に伴う賃金水準の切り下げによって，返済不能に陥るパターンである．

そして，このバブルの崩壊，「土地神話の崩壊」といわれるような地価の史上初の本格的な下落も，借入金を資金源泉とする法人の土地購入金額の激減ぶりに象徴的に示されている不動産関連企業の淘汰，土地市場からの撤退によって，増幅されたのである．これらの法人企業による不動産投資行動が，居住を目的とし，マイホームの夢の実現のために長年にわたって貯蓄してきた自己資金を大きな資金源泉とする一般勤労国民の不動産購入行動とは，質的に異なるものであることは明らかである．だが，この区別を，後者が勤労国民による所得支出として消費行為の一環をなすのに対して，前者が前貸資本の投下という意味において投資活動をなすという一般的な区別に解消してはならない．

　問題の本質は，バブル過程におけるこれら不動産関連の諸企業の投資行動が，その出発点において投機活動として展開された点にこそある．そして，この投資活動の投機的資本運動への転化を媒介したものが，銀行を中心とした諸金融機関による不動産関連企業への融資集中であったのである[14]．今回のバブルの発火点となった東京都心部の商業地の地価上昇を，東京における集積益の新たな可能性を根拠とした「実需」によるものとみなす見解がある．だが，いかなる根拠に基づくものであれ，地価上昇へのたんなる期待だけからは土地ブームは発生しないのであって，それが現実化するには，それにふさわしいだけの大量かつ集中的な貨幣資本の土地市場への投入がなされなければならない．社会的な資本の管理者であると同時に，当時優良大企業の「銀行離れ」によって有利な貸出先の開拓を余儀なくされていた都市銀行等の大銀行が，その信用創造機能をフルに発揮しつつ不動産関連融資に邁進していくことによって，先の地価上昇への期待は土地バブルとして現実化したのである．今回のバブルの発生においても，金融機関による投機的信用の供与と不動産関連企業の投機的な資本運動とは表裏一体のものだったのである．

---

[14]　1980年代後半のバブル経済化の過程を，企業・銀行・政府が一体となって推進した資本運動の投機化現象として把握し，その実態を立体的に分析したものとして，銀行問題研究会『金融投機の経済学』（新日本出版社，1993年）がある．

第 2 篇

現代日本における金融危機の展開
―― 1997年11月に本格化した金融危機 ――

第3章　木津信用組合の経営破綻と
　　　　　その破綻処理

はじめに

　木津信用組合（以下木津信組と略す）の経営破綻は，1995年8月30日の大阪府による一部業務停止命令として表面化した．同日大蔵大臣によって新銀行での再建が発表された兵庫銀行の経営破綻処理と合わせて，これによって1990年代初頭のバブル崩壊以降多発してきた信用組合，信用金庫，第二地銀の破綻処理は大きな山を越えたというのが，金融当局の期待も込めての状況認識であった．だが，兵庫銀行の破綻処理が十分な処理スキームの準備のもとに遂行されたのに対して，木津信組の場合には1兆円を超える資産を持ち信用組合としては最大級の規模の金融機関であるにもかかわらず，行政当局の破綻処理の対応がまったく追いつかず，信用不安に駆られた預金者の取付けにあい，資金繰りの行き詰まりから明確な処理スキームを提示しえないまま業務停止命令を出さざるをえなかった[1]．さらに実際の処理過程で，回収不能の不良債権（損失額）が大阪府や大蔵省の当初予想を大きく上まわり，その穴埋めのために資金贈与を行う預金保険制度が資金の枯渇という事態に陥ることになった．その意味で，この木津信組の破綻ならびにその処理は，1990年代の第一次金融危機の頂点をなすものであった．

---

[1]　1995年8月30日夕方，山田勇大阪府知事は預金の払戻しを除く業務の停止を木津信組に命じた．これを受けて当時の武村正義蔵相は，この木津信組と兵庫銀行の経営破綻処理策を同時に発表し，これによって「懸案の個別金融機関処理にメドがついた」と強調した．この蔵相談話では，木津信組と兵庫銀行との破綻処理策がそれぞれ独自の項目として取り上げられているが，兵庫銀行の場合には新銀行の概要やそれへの移行の時期など具体的な再建策が含まれているのに対して，木津信組の場合には流動性確保の当面の措置が示されているにすぎなかった．

第1節　木津信組における預金者の取付けについて

（1）　預金者はいかに取付けに走ったのか

　最初に，1995年8月30日の業務停止命令に先立つ預金の流出状況を見ておこう．この年の1月東京で，東京協和信用組合と安全信用組合の二つの信組の経営破綻が表面化したが，両信組の財務内容のあまりの悪さから引受け手が見つからず，大蔵省・東京都は結局受け皿銀行として東京共同銀行を設立し，そこで破綻処理を行うことにした．この2信組の破綻処理の影響から，木津信組は2月には225億円，3月には614億円の預金流出に見舞われた．その後懸賞金付き定期預金の発売などでいったんは小康状態を保っていたが，7月末のコスモ信用組合の経営破綻，業務停止命令をきっかけに8月に入って新たな預金不安が生じ，1日あたり20～30億円，木津信組に対して業務停止命令が出された8月30日の前日までに累計で約800億円の預金が流出した[2]．とくに，この8月における預金の流出について，引責辞任した鍵弥実前理事長は，30日の記者会見で「300万円以下の預金が流出したことで，小口預金が大量に動きだしたため，これは異常だと感じた」と述べている[3]．

　このような預金流出状況のもとで，29日には一挙に480億円もの預金が引き出された．これは，木津信組の大口預金者リストの1位，2位であった末野興産グループ企業が，370億円近い預金を一挙に引き下ろしたことに主要に起因するものであった．その内訳は満期が157億円，中途解約が223億円であり，一部業務停止命令が出される前日の引き上げとして「あまりの絶妙のタイミング」の引き出しであることから，破綻当初からとかく噂のあったものである[4]．その後木津信組の経営破綻にかかわる違法行為の捜査の過程で，この巨額の預金引き上げが，木津信組の融資全般を統括していた都銀出身の役員に

---

[2]　『金融財政事情』1995年9月11日号，22～23頁，参照．
[3]　同上，25頁，参照．
[4]　『週刊東洋経済』1995年9月16日号，74頁．

よって末野興産側にもたらされた情報に基づいてなされたことが判明した[5]．内部情報によるこの大口預金の一挙引き上げによって，木津信組は決定的な局面を迎えることになったのである．

当時信用組合としては最大規模の1兆1,911億円（1995年7月末時点，なお業務停止命令直前の段階では1兆900億円弱）の預金量を誇っていた木津信組が，29日夜の時点で自由にしうる手許資金は，50億円の預金とわずかな有価証券，ならびに全国信用協同組合連合会（以下全信組連と略す）への預け金数十億円，合計で87億円あまりにすぎなかった．8月における預金流出の勢いや29日の大口預金の動きから，翌日には数百億円の預金引出し請求が予想され，大蔵省，日銀，大阪府が当初9月8日あるいは14日の週末と想定していた「Xデー」の繰り上げは，時間の問題であった．

実際，業務停止当日，預金者の混乱はお昼をまわったあたりから急激に表面化してきた．1時半頃から浪速区の本店ロビーに集まりだした預金者の数は，2時に100人，2時半に150人，そして3時には預金通帳を振りかざす預金者たちで本店ロビーは身動きできない状態になった．木津信組では預金者の払戻し請求に窓口で対応することができなくなり，預金者に整理券を配ったり，「預かり証」と引き換えに預金通帳を預かり翌日以降の払い戻しを約束して預金者を帰らせようとしたが，混乱は深まるばかりであった．このような事態に直面して，大阪府知事が急遽夕方記者会見して，預金の払い戻しなどを除く一部業務の停止命令をだしたことを発表した．結局30日一日だけで約1,000億円の預金が流出した[6]．

しかもこの混乱は，大阪府知事の業務停止命令を受けて，蔵相や日銀総裁が同日夕方ただちに記者会見して，「預金の払い戻しに必要な資金の確保には万

---

[5] 『日本経済新聞』1996年3月14日付．30日に出された一部業務停止命令では，満期到来前の定期性預金ならびに満期を迎えた定期性預金であっても1億円以上の債務を負った預金者の債務相当額の預金は引き出すことができないとされた．住宅金融専門会社の大口貸出先の一つとして新聞紙上を賑わした末野興産の前述の定期性預金が，この規定に該当するものであることは言うまでもない．
[6] 同上，1995年9月1日付，参照．

全を期す」とあいついで表明したにもかかわらず，翌日以降にも持ち越されることになった．31日には大阪府下の木津信組の各支店には朝から預金者が詰めかけ，午前10時の段階で27店舗に約7,000人もの預金者が集まった．大東市の大東支店では午後2時の時点で約700人，同じく西成区の玉出支店には約800人の預金者が殺到し，長い行列をつくった[7]．31日の預金払い戻し額は約1,500億円に達したが，それでも業務停止命令以前に申し出のあった中途解約請求には応じきれなかった．結局，30・31日のわずか2日間で，預金総額の20％を超える2,500億円の預金が一挙に引き出された[8]．このような預金者の取付けに対して，当初は信組の系統金融機関である全信組連が3,000億円を超える緊急無担保融資を行ったが，全信組連の負担が限度に達したと判断した日銀が，日銀法第25条に基づいて31日に1,500億円，さらに9月1日に500億円と連続して無担保の日銀特融を行い，先の全信組連の緊急融資を肩代わりした．その後も日銀は必要に応じて特別融資を行い，この結果木津信組に対する預金者の取付け騒ぎも沈静化の方向に向かった[9]．

（2） 預金獲得に狂奔した木津信組の異常な預金者構成

　以上の木津信組における預金者の取付けには，二つの側面がある．その第一は，生活資金を預けていた一般庶民も含めていわゆる小口預金者の取付けであり，第二は，木津信組が預金獲得のために設定していた他行に比べて法外に高い預金金利を目当てに流入していた大口預金の動向である．テレビや新聞報道

---

[7] 同上，1995年8月31日付け，ならびに9月1日付け，参照．
[8] 30日に新銀行での再建が発表された兵庫銀行の場合には，同じ31日における預金の払い戻しは木津信租に比べてきわめて軽微なものにとどまった．払い戻し件数は約1万件，流出額は約300億円と預金総額の1.4％に過ぎなかった．同上，1995年9月1日付け，参照．
[9] 同期間における兵庫銀行に対する日銀特融は約3,500億円であり，木津信組と合わせて5,000億円を超える特別融資がわずか3日間の間に行われた．この日銀の特別融資残高は9月20日には7,600億円に達し，信用力維持のために日銀は特別融資に対する引当金を積むことになった．同上，1995年9月19日，ならびに9月21日付け，参照．

第3章 木津信用組合の経営破綻とその破綻処理　83

図3-1　木津信用組合の定期預金の預入金額別残高構成比
（1995年7月末時点）

- 1,000万円未満　22.9
- 3億円以上　14.9
- 1億円以上3億円未満　9.2
- 5,000万円以上1億円未満　9.7
- 3,000万円以上5,000万円未満　9.5
- 1,000万円以上3,000万円未満　33.8

1,000万円以上の大口預金（77.1%）

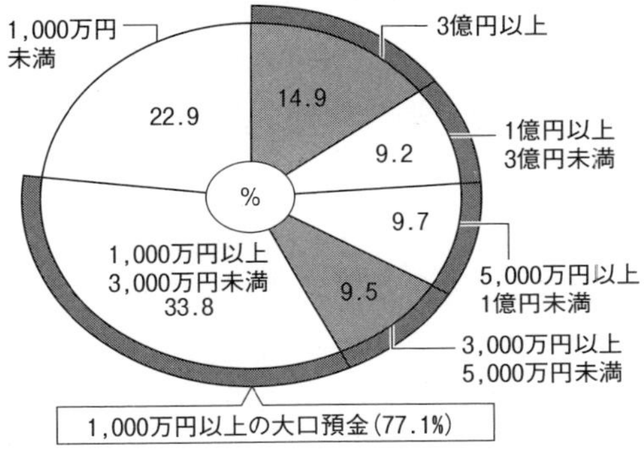

出所：『日本経済新聞』1995年10月1日付．

などでは，前述のように，本店や各支店窓口に殺到した一般庶民の姿が「取付け」を象徴するものとしてクローズ・アップされたが，木津信組の今回の取付けを真に深刻なものとしたのは，大口預金者の動向であったように思われる．問題をきわめて単純化して提示するならば，鍵弥前理事長が懸念してみせた300万円以下の預金者の動向について言えば，彼らがたとえ7,000人押し寄せたとしてもその引出し額は210億円にすぎない．実際には30，31日のわずか2日間で2,500億円の預金流出が生じたのであり，29日の380億円（2社10口）の預金の引き揚げに典型的に示されているように，木津信組の場合には大口預金の動向が鍵を握っていたのである．事実，以下に示すように，預金取付けにあった木津信組は，その預金（者）構成からして信用組合の本来の姿から完全に逸脱した金融機関であった．

　図3-1は，1995年7月末時点での木津信組の定期預金の預入金額別構成比を示したものである．これによれば，金額の点では1,000万円未満の小口預金の比率はわずかに22.9%にすぎず，77.1%が1,000万円以上の大口預金預金によって構成されている．平均的なサラリーマンの場合には，特定の金融機関に1,000万円を超える定期預金を預けるなどということは，会社のために数十年

間勤めあげて，めでたく退職金を受け取った直後ぐらいしか考えられない．一般の自営業者の場合にも，それは限られた事例であろう．この点からすれば，口座数に占める比率の点は別にして，木津信組は，本来の中小企業向け金融機関，地域金融機関からもっぱら大口預金者に依拠した金融機関に変質していたと言えよう[10]．さらに，この点をより鮮明に示すために，同じく1995年7月末時点での大口定期預金者上位20位のリストを掲げておこう．表3-1がそれである．上位3者が不動産業者である点は，不動産投機にドップリとはまり込んでしまった当時の木津信組の経営状態を象徴的に示すものである．そのなかでも，ともに180億円を超える預金を保有していた預金残高第1位，第2位の不動産業（ともに末野興産グループ企業）が，前述のように業務停止命令前日の段階でこれらの預金を全面的に引き揚げたのである．これら上位20位までの預金額はすべて10億円を上まわっており，それらの合計額は849億円と，総預金額の7％強を占めていた．

　では，このような木津信組の大口預金依存はどのような経緯を経て生じてきたのであろうか．いまこの点を明らかにするために，木津信組の預金量の推移を示せば，1987年3月末の1,701億円から，1992年3月末の8,529億円を経て，1995年7月末の1兆1,911億円となっている．1987年から1992年にかけて預金残高が一挙に5倍化しているのであるが，この時期は，木津信組の破綻処理をめぐってその責任が問われた三和銀行をはじめとする都長銀によるいわゆる紹介預金が開始され急増した時期に符合する．すなわち，三和銀行が木津信組に対して紹介預金を開始したのは1987年6月であり，それがピークを迎えたのは1990年末である．この1990年12月末には，三和銀行の3,170億円を軸に大手銀行による紹介預金残高は4,400億円にのぼり，実に当時の預金総額の5割前後を占めた．「一定地域内の中小企業者や勤労者の協同組合組織の金融機関」という信用組合の本来の姿からの逸脱はここに極まった，という以外にない．そ

---

[10]　1,000万円未満の預金口数は29万9,000口座で，全体の89.5％を占め，1,000万円以上の大口預金は3万5,000口座，10.5％であり，口座数の点では小口預金者が圧倒的な比重を占めている．『週刊東洋経済』1995年9月16日号，77頁，参照．

表3-1　木津信用組合の大口定期預金者リスト上位20

(百万円，1995年7月31日現在)

預金者名	金額
①　不動産業	18,810
②　不動産業	18,032
③　不動産業	6,700
④　個人	4,754
⑤　大阪府内の信用組合	4,400
⑥　個人	2,200
⑦　旅館業	1,854
⑧　個人	1,830
⑨　個人	1,757
⑩　個人	1,625
⑪　兵庫県内の財団法人	1,623
⑫　サービス業	1,448
⑬　個人	1,436
⑭　個人	1,415
⑮　個人	1,348
⑯　個人	1,331
⑰　個人	1,294
⑱　個人	1,200
⑲　個人	1,100
⑳　個人	1,083

出所:『日本経済新聞』1995年10月1日付け．

の後，後述するように，大蔵省の指導に基づき1991年初頭より三和銀行などの大手金融機関による紹介預金は急減し始め，最終的に，1992年10月に紹介預金残高はゼロとなった[11]．

この紹介預金の穴を埋めるべく，木津信組は，これまでにもまして魅力的な高金利を設定して大口の預金獲得に狂奔した．表3-2は，木津信組の預金金

---

[11]　木津信組に対する紹介預金残高のピーク時の内訳は，三和銀行3,170億円，日本長期信用銀行850億円，東海銀行375億円であった．『日本経済新聞』1995年8月31日付け，参照．なお，預金預入ベースでの紹介預金は，三和銀行1兆9,470億円，日本長期信用銀行6,503億円，東海銀行4,929億円であった．同上，1995年10月21日付け，参照．

表3-2　木津信用組合の預金金利の推移

① 全預金の年度末時点の平均金利

年度	木津信組	木津信組を除く府内信組平均	金利格差
1990	6.89	5.91	0.98
1991	7.20	6.11	1.09
1992	6.35	4.83	1.52
1993	5.36	4.06	1.30
1994	3.99	2.99	1.00

② 1,000万円以上の大口定期預金の各年度内の新規受け入れ平均金利

年度	木津信組	全国銀行平均	金利格差
1990	7.55	7.40	0.15
1991	7.74	7.08	0.66
1992	6.79	4.22	2.57
1993	5.06	2.83	2.23
1994	3.99	2.09	1.90

出所:『日本経済新聞』1995年9月14日付.

利と他の金融機関との預金金利とを，1990年度から1994年度の期間において比較したものである．そのうち表3-2①は，各年度末の全預金の平均金利について，木津信組と大阪府内の他の信用組合とを比較したものである．これによれば木津信組は1992年度以前からも他の信組に比べて1％近く高い金利を預金者に支払っていたのであるが，この金利差は1992年度には1.52％にまで上がり，翌1993年度も1.3％の高水準であった．しかしながらこの時期の木津信組の預金獲得における狂奔ぶりは，他でもない1,000万円以上の大口定期預金に対して提示した金利に端的に示されている．表3-2②は，この大口定期預金の新規獲得のために各年度に提示された平均金利を，こんどは他の信用組合ではなく全国銀行と比較したものである．これによれば，両者の金利差は1990年度0.15％，1991年度0.66％にとどまっていたものが，それが1992年度には一挙

に2.57％にまで跳ね上がり，翌1993年度にも2.23％，1994年度も1.90％と2％前後のきわめて大きな金利格差を維持している．木津信組がいかに大口定期預金の獲得にターゲットを絞り，全国銀行との競争を意識していたかが窺われる．それまでの紹介預金の大きさ，依存度の高さからして，それらの急激な引き上げであいた穴を短期間に埋めるためには，自らの負担の限界を超えた預金金利を餌にしてでも別口の大口預金の導入に賭けざるをえなかったわけである．そして，この異常なまでの高金利負担をカバーするために，次節で詳論するようなハイリスク・ハイリターンの融資行動をいっそう強化せざるをえなかったのである．

第2節　木津信組はなぜ経営破綻したのか

(1)　あらゆる手段を駆使して土地投機にのめり込んだ木津信組

　それでは，なぜ木津信組は，以上のような預金者の取付けに遭遇することになったのであろうか．木津信組の経営破綻の最大の理由が何であったのかは，破綻直前の木津信組の融資先を見れば一目瞭然である．表3-3は，1995年6月末時点での木津信組グループの大口融資先上位30位のリストである．ここで木津信組グループとは，木津信組本体の他に，系列ノンバンクである実業ファイナンスと木津信抵当証券を含めたものである．見られるとおり，上位10社はすべて，また30位までの場合にもほぼすべてが，不動産関連企業によって占められている．8月30日に一部業務停止命令をだしたさいの記者会見で，大阪府は木津信組の回収不能見込み額が，1992年1月14日の34億円から，1992年9月30日の239億円，1993年7月12日の708億円，そして1994年10月7日の3,800億円を経て，現在約6,000億円に達していると語った[12]．回収不能見込み額のこのような急激な増大は，地価崩壊というべき急激な地価下落（ピーク時と比較して1/3，あるいは1/4にまで下落）によって，大幅な担保割れが発生・累積し

---

12)　『金融財政事情』1995年9月11日号，24頁，参照．

表3-3　木津信用組合グループの大口融資先

(1995年7月末現在, 単位億円)

		合計	木津信用組合	実業ファイナンス	木津信抵当証券
①	A社（不動産・建築）	670	96	435	139
②	実業土地建物	420	113	228	79
③	実業開発	287	225	—	62
④	B社（建築）	260	83	119	58
⑤	C社（建築）	248	34	140	74
⑥	D社（リゾート開発）	233	25	176	32
⑦	東洋実業	228	82	146	—
⑧	ベルビューカントリークラブ白浜	201	—	—	201
⑨	木津信ビル	175	105	55	15
⑩	E社（不動産）	141	91	—	50
⑪	F（個人）	110	81	29	—
⑫	G社（リゾート開発・建築）	108	93	—	15
⑬	H社（旅館経営）	105	95	—	10
⑭	I社（不動産）	102	82	20	—
⑮	J社（不動産）	94	72	—	22
⑯	K社（建築）	92	92	—	—
⑰	千和産業	89	89	—	—
⑱	L社（建設）	88	8	—	80
⑲	M社（建設）	88	88	—	—
⑳	エム・ケー商事	86	86	—	—
㉑	N（個人）	86	86	—	—
㉒	O社（建築）	83	83	—	—
㉓	P社（建築）	75	75	—	—
㉔	Q社（不動産）	73	70	—	3
㉕	R社（不動産）	72	72	—	—
㉖	S社（不動産）	72	70	—	2
㉗	T社（不動産）	71	71	—	—
㉘	U社（不動産）	66	63	—	3
㉙	V（個人）	64	50	—	14
㉚	W社（不動産）	61	41	20	—

注：実名企業は木津信用組合または鍵弥理事長の関連会社．東洋実業の本社は大阪市浪速区．
　　カッコ内は業種．
出所：『日本経済新聞』1995年9月11日付け．

た結果にほかならない．同じ記者会見で，木津信組の貸出総額に対する不動産関連融資比率が，1989年10月の36％から，1990年10月の63％，1992年1月の75％を経て，1994年10月には88％に達していたことが明らかにされたが，このような不動産関連融資への異常なまでの傾斜が，今回の木津信組の経営破綻を招いた根本要因なのである[13]．とくに，三和銀行による紹介預金がピークを迎える過程で木津信組の不動産関連融資比率が一挙に倍加し，さらに，それらの一斉引き上げに対応して別口の大口預金導入に駆り立てられた過程でも不動産関連融資への傾斜がいっそう強まっている事実は，注目に値しよう．

　第二に，以上の不動産関連業種への常軌を逸した貸し込みは，いわゆる大口融資規制を無視あるいは回避しつつなされた．銀行等の金融機関に対して，経営の安全性を担保するために1件あたりの貸出先に対する融資限度額が，法律によって規制されている．信用組合の場合には，「1件あたりの貸出限度額が広義の自己資本の20％または8億円のいずれか低い方」と定められており，さらに通達上の限度額である8億円を超えた貸出先に対する貸出残高は貸出総額の20％を超えてはならないと，二重の規制がなされている．この大口融資規制に基づけば，木津信組の1件あたりの融資限度額は，1990年10月の検査時点では4億円，1992年1月以降は8億円であったが，これを超える大口貸出金ならびにその貸出残高に対する比率は，表3-4のような推移を辿った．これによれば，木津信組の大口融資比率は，東京圏に続き大阪圏でも商業地を中心に地価下落が顕著になりつつあった1992年1月の検査時点で，すでに40％近い水準に

---

[13] 元来わが国では，銀行の貸付は安全性の見地から有担保原則のもとに行われ，しかもその際，土地は最良の担保の一つとみなされてきた．土地価格の一方的な右上がり傾向，すなわち，「土地神話」が成立する時代状況のもとでは，それは自然の成り行きであったかもしれない．だが，貸出総額の約9割近くを不動産関連融資にふり向けるなどということは，融資の分散という別の安全性原則をまったく無視した行為であり，しかも，それが土地価格が崩壊しつつある状況下で強行されたのだから何をか言わんやである．木津信組は「キチンと担保をとる金融機関」との評判も一部にあったようであるが，それは，常軌を逸した不動産投機へののめり込みとともに，乱脈融資を加速化するものに転化してしまったのである．

表3-4　大阪府の木津信用組合に対する検査結果

検査基準日	1990/10	1992/1	1992/9	1993/7	1994/10
預金残高	8,006	7,930	8,913	9,692	11,917
貸出残高	7,319	7,622	8,347	8,668	10,268
大口貸出金残高	1,552	3,038	3,169	6,597	7,753
貸出金に占める大口貸出金の割合（％）	21.2	39.9	38.0	76.1	75.5

注：単位：億円．大口貸出残高は1990年10月の検査時点では1件当たりの信用供与額が4億円，1992年1月以降は同8億円を超える貸出先に対する貸出残高の合計．信用組合は法律で「1件当たりの貸出限度額が広義の自己資本の20％または8億円のいずれか低い方」と定められており，通達上の限度額である8億円を超えた貸出先に対する貸出総額が全貸出総額の20％を超えてはならない．
出所：『日本経済新聞』1995年9月18日付け．

あったのであるが，これが1993年7月時点では，一挙に76.1％というきわめて高い水準に跳ね上がっている．このような状況のもと，木津信組は広義の自己資本の拡大に努め，その結果，1995年3月末時点での1件当たりの融資限度額は94億円となった．

　以上のような大口融資規制を回避して，特定の不動産関連の企業に融資を集中するために採られた巧妙な二つの方法がある．その第一は，上述の系列ノンバンクを利用しての貸付，いわゆる迂回融資であり，第二は，それとは逆に，融資先本体だけでなくオーナー個人やその関連企業に対しても貸付を行ういわゆる分散融資である．1988年2月，1989年4月とバブルの絶頂期に相ついで設立された木津信抵当証券ならびに実業ファイナンスを含めた木津信組グループとしての大口融資額は，先の表3-3にあるように，1995年6月時点では上位14位まではすべて100億円を上まわっているが，木津信組本体による貸付額は，一部の例外を除いてほぼ100億円以内にとどまっている．これをもう少し詳細に見れば，融資額第1位のA社の場合には，木津信組本体からの借入額が96億円であるのに対し，系列ノンバンクである実業ファイナンスからの借入額は435億円にものぼっている．このうちの約130億円は，1994年9月から1995

年6月にかけて行われたものであるが，当時Ａ社がゴルフ場開発に失敗し借入金の返済に困っている状況にあったことからすれば，系列ノンバンクを使った事実上の追貸し（後述）という性格が強いと思われる．また木津信組グループ全体としての融資額が260億円（木津信組本体からの借入額は83億円）で，融資順位第４位のＢ社の場合には，その関連企業であるＯ社に対する貸付額83億円（融資順位22位），さらにその両企業のオーナーであるＶ（個人）に対する貸付額64億円（融資順位29位）をも含めるならば，木津信組グループのＢ企業グループに対する融資総額は407億円に達することになる．（図３-２参照）最終的に，融資額で上位を占めた大口融資先とその関連会社からなるいわゆる「10大グループ」に対する貸付残高は，木津信組グループ全体では約3,800億円に達し，それらの大半が回収不能となった[14]．

　第三に，木津信組の融資の乱脈ぶりは，これらの大口融資先のかなりの部分が，木津信組のワンマン経営者であった鍵弥実理事長のファミリー企業であったことに象徴的に現れている．先の融資順位30位までの一覧リストのうち，実名が記されている第２位の実業土地建物（融資額420億円），第３位の実業開発（同287億円），さらに理事長のイニシャルをそのまま企業名にしていた融資順位20位のエム・ケー商事（融資額86億円，この企業は理事長個人の資産管理会社とみなされていた）などの７社（融資総額1,486億円）が，鍵弥実理事長のファミリー企業であった．これらのファミリー企業の配置ならびにそれらの業務展開をみる限り，鍵弥理事長が，当時の土地ブームに乗って一挙に「不動産王国」を築き上げようとしていたことが窺われる．そのために鍵弥理事長は，木津信組をつうじて集めた資金を，先の「10大グループ」と呼ばれた特定の不動産業者や自らのファミリー企業に湯水のように流し込み，自ら土地投機を演出しようとし

---

[14]　『日本経済新聞』1996年３月10日付け，参照．なお，木津信組の１件当たりの貸出限度額を超えた融資案件は破綻時点で，系列ノンバンクである実業ファイナンス（借入額2,800億円），木津信抵当証券（借入額1,000億円）を筆頭に，15件で融資総額は5213億円に及んだ．なお1994年９月末時点で，全国の信用組合の約３割に当たる114信組が，程度の差はあれ何らかの形で大口融資規制に違反していた．『日本経済新聞』1996年２月28日付け，参照．

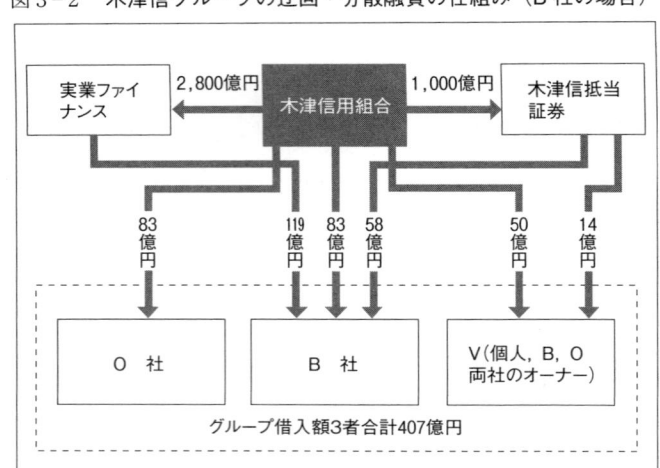

図3-2 木津信グループの迂回・分散融資の仕組み（B社の場合）

[図：木津信用組合を中心に、実業ファイナンス（2,800億円）と木津信抵当証券（1,000億円）、およびO社（83億円）、B社（119億円＋83億円＋58億円）、V（個人、B、O両社のオーナー）（50億円＋14億円）への融資。グループ借入額3者合計407億円]

出所：『日本経済新聞』1995年9月11日付け．

たのである[15]．通常このようなファミリー企業に対する融資は「情実融資」とか「自己貸し」と呼ばれ，貸付の審査段階でチェックがかかるものであるが，木津信組の場合は，これらの大口融資の大部分が理事会にも諮られることなく，理事長自身（ほかにはせいぜい2人の専務理事）の裁決で行われた．このような理事長による専断体制のもとで，ファミリー企業13社を含む関連会社17社に対する融資額は，系列ノンバンクの2社経由の分も含め木津信組グループ全体として最終的に約5,000億円に達した[16]．

---

15) 鍵弥実理事長が自らのファミリー企業に対する融資をいかに専断的に行っていたのか，またいわゆる「10大グループ」やファミリー企業の間でどのようにマンション建設や不動産売買が仕込まれ，それらと木津信組グループの不動産関連融資とが相乗的に拡大していったのかの詳細については，日本経済新聞社編『誰が銀行をつぶしたか──ドキュメント関西金融の破綻──』（1996年）42頁，199〜208頁を参照．

（2） 大銀行の紹介預金が果たした危険な役割

　以上に指摘した三つの要因は木津信組の融資姿勢にかかわる問題点であった．これらと密接に関連はしているが，木津信組を経営破綻に追い込んだ第四の要因として，あらためて紹介預金の問題を指摘しなければならない．三和銀行を中心とする木津信組への紹介預金の推移のあらましは前節で紹介済みであるから，ここではまず，この紹介預金がどのような仕組みのもとで木津信組に預け入れられ，それが当事者にいかなる利益をもたらしたのかをみておこう．

　紹介預金をめぐる当事者は三者である．第一の当事者は，紹介預金を受け入れた木津信組であり，第二の当事者は，預金者を紹介した三和銀行等の大手金融機関であり，最後の当事者は，預金を木津信組に預け入れた預金者自身である．ちなみに木津信組をめぐる紹介預金では，福岡市に本社をおくベスト電器が最大の預金者であり，それ以外にハウス食品，積水ハウス，ダイエー，ミズノなどの有力大手企業7社が預け入れていた．金融自由化措置の一環として1987年より格付基準をみたした企業によるCP（コマーシャルペーパー）の発行が可能となったが，CP発行による資金調達が相対的に低金利であったことから，これで調達した資金をより高利な金融商品で運用して鞘を稼ぐことが可能であった．そこで，大手金融機関が取引先企業に対してCPの発行をもちかけ，顧客に利鞘を稼がせつつ，自らはCPの引受手数料を手に入れようとした．問題は，CP発行企業が利鞘を手にしうるためのより高利での運用先の確保であった．これらの大手金融機関が目につけたのが，当時の土地ブームのもとで，不動産関連融資を積極的に展開することによって業務純益を拡大し，少しでも多くの資金を獲得したがっていた一部の信用金庫や信用組合であった．

16）　鍵弥理事長による木津信組の私物化の極みは，1995年8月30日大阪府による業務停止命令が出された当日におけるファミリー企業2社に対する6億2,000万円の融資である．これは貸出申請書が融資担当者によっていったん拒否されたにもかかわらず，担当者の知らぬ間に実行された．これも含めて破綻前の1ヶ月間の間にファミリー企業4社に対して約30億円の駆け込み融資がなされた．同上書，45〜46頁，『日本経済新聞』1996年3月10日付け，参照．

とくに木津信組の場合には、業界最大手の信組として、念願の普通銀行への転換を実現するためにも、大口の法人定期預金は喉から手が出るほどに欲しいものであった。預金を預け入れるCP発行企業にとっては、取引先の銀行がCP発行と抱き合わせで紹介した預金先であり、いわば取引銀行の保証付きの運用である。紹介者である大手金融機関は自らはなんら資金を調達・運用することなしに、いわば口利きだけで手数料収入を得ることができる。そして、紹介預金を受け入れる金融機関は、預金獲得のために汗水を流すことなく大口の法人預金を入手できる。まさに三者の思惑・利害が見事に一致した新たな金融関係の成立であった。

だが、このうるわしい利害の一致が成立しうるのは、明らかに紹介預金を受け入れた金融機関が、それらの大口定期預金に高い預金金利を支払えるだけの高収益の貸出先を確保できる限りでのことである。木津信組は1990年前後の土地ブームの絶頂期にあって、この高収益分野を不動産関連融資に見いだしたのである。一見すれば、CPを発行しそれによって調達した資金を紹介先に預け入れた企業にとっても、また、その仲介者である大手銀行にとっても、リスクを直接負うことなしに金融収益を手にしうるこのうえない金融取引であるかのように見えた。だが、その実態は、紹介預金を受け入れた木津信組が土地投機にドップリとはまり込む、その意味で、前二者が負うべきリスクを木津信組のみが背負うことによってはじめて成立した関係であった。

そして、この危険な関係をより先鋭化させたものは、紹介預金の急激な膨張・収縮とその大きさであった。三和銀行による紹介預金が本格化した1990年には、三和銀行ルートだけで、紹介預金残高は、5月末の700億円から年末の3,174億円に一挙に2,400億円も増大し、紹介預金残高は、全体で4,400億円と預金総額の約5割に達した。わずか半年ばかりの間にこれだけの資金が流入すれば、以前にもまして貸出審査、資金管理がルーズになることは明らかであろう。ファミリー企業に対する「情実融資」、「自己貸し」を含め、特定の不動産業者への貸し込みは、この時期に抜きさしならないものになっていったことが推測できる。さらに、大蔵省の指導をきっかけにした三和銀行などによる紹介

預金のいっせい引き上げが，木津信組の経営の乱脈ぶりを決定的なものにした．三和銀行が紹介預金の解消を木津信組に申し入れたのが1991年1月，そしてピーク時に三和銀行分で3,174億円，大手銀行全体では約4400億円に達した紹介預金残高が最終的にゼロになったのが1992年10月．預金の急増に対応して貸出先を開拓する以上に，預金の急減に合わせて資産を圧縮することが困難であることは言うまでもない．まして紹介預金残高が預金総額の半分を占めるという状態のもとでは，計画的な資産の圧縮など考えようがなかった．しかも，当時木津信組はすでに肩までドップリと投機市場に浸かってしまっており，そこからの中途撤退は，即敗北を意味しかねなかった．その意味で残された選択肢は，従来からの不動産関連融資を軸としたゴーゴーバンキング路線をよりいっそうエスカレートさせる，すなわち，コスト負担を顧みることなく死にもの狂いで大口預金をかき集め，より大きな資金力をもって不動産関連融資を展開し，土地ブームの継続・高進に一縷の望みを託すという最後の賭け以外になかったのである[17]．

（3） 経営実態を隠蔽する会計操作

ところで，最終的に総資産の9割が不良債権化し，7割が回収不可能になるまで経営破綻が表面化しなかったのは，木津信組において徹底した不良債権隠しならびに赤字隠しがなされていたからである．経営破綻状態を極限にまで推し進めることを可能にした違法な会計操作の第一は，木津信組本体ならびにファミリー企業によって繰り返し行われた担保物件の自己競落による不良債権隠し，不良債権の飛ばし行為である．自己競落は，本来不良債権の償却を促進

---

[17] 債務超過，経営危機に遭遇した金融機関が，しばしば最終局面でその一挙的解決を夢見て最後の大博打に出ることは，1980年代末にかけて業界の約1/3の機関が倒産したアメリカにおけるS&L危機で，証明済みのことである．とくに，土地投機へのまみれ具合が深ければ深いほどその可能性は強くなる．木津信組の場合には，紹介預金の引き上げが，最後の大博打への絶好のお膳立てになったと思われる．なおアメリカのS&L危機の詳細については，Day,Kathleen(1993): S&L Hell,New York: W.W.&Company,Inc. ならびに Lowy,Martin(1991): High Rollers,New York: Praeger Publishers. 参照．

するために，金融機関が競売に付された担保不動産を関連会社に落札させるものである．これによって金融機関は，担保物件の簿価と落札価格＝裁判所が公示する最低価格との差額部分を無税償却することができる．ところが，木津信組の場合には，ファミリー企業に公示価格を大幅に上まわる価格で落札させることによって，木津信組本体における不良債権の外見上の減少とファミリー企業への不良債権の移し替え，すなわち飛ばしを実行したのである．この方法によって約1,000億円の不良債権隠しが行われたが，そのうち約半分の500億円が新たに含み損となった[18]．

違法な会計操作の第二は，利払いが滞った大口融資先に対する追貸しによる利益操作である．これは利息を支払えない借り手に対して追加融資を行い，利息支払を表面上取り繕うことによって不良債権の表面化を押さえ込み，同時に，架空の利益を計上することによって赤字隠しを行う手法である．木津信組の1995年3月期の事業報告書では，貸出金残高1兆751億円に対して貸出金利息収入が630億円と報告されていたが，そのうち600億円がこの追貸しによるものである．この結果，同期の業務純益は，表面上は120億円の黒字と報告されていたが，実質は400～500億円の赤字決算であった[19]．

最後に，未収利息についても過大な計上が行われていた．木津信組は1993年度に約130億円，1994年度に約60億円の未収利息を計上していたが，このうち6割以上が6ヶ月以上返済が滞っている債権であり，なかには2年以上の延滞債権まで含まれていた．明らかに赤字隠しのための未収利息の過大計上であり，このような粉飾決算をやった上で配当支払を維持していたのである[20]．以上の会計上の違法行為が，木津信組を経営破綻に追いやった第五の要因である．

---

18) 『日本経済新聞』（夕刊）1995年9月1日付け，参照．
19) 同上，1995年9月4日付け，参照．
20) 同上，1995年10月14日ならびに11月1日付け，参照．

第3節　木津信組の破綻処理はいかに行われたか

（1）　予想額を大きく上まわった不良債権額

　以上のように乱脈経営をきわめた木津信組の破綻処理はいかに行われたのであろうか．本章の冒頭で指摘したように，木津信組に対する預金者の取付けは大蔵省・日銀や大阪府が想定していた処理スケジュールより早い時期に，しかも急激な形で起こったがゆえに，業務停止命令が出された時点では，兵庫銀行のような明確な処理スキームは存在しなかった．大阪府はこの時点では，1995年6月の検査結果に基づいて，木津信組の不良債権額が約8,000億円，そのうち回収不能債権額は約6,000億円と認識していた．そして，大阪府が描いていた処理策では，この損失額を預金保険機構から約3,500億円，全信組中央協会から約300億円を贈与してもらい，残りについては2,000億円を巨額の紹介預金を仲介した三和銀行をはじめとする大手銀行に負担させ，そして，大阪府も200億円を財政支出することによって手当てする予定であった．だが，破綻当初に大阪府が描いていたこの構想は，第一に，回収不能額が予想を大きく超えて膨れ上がったこと，第二に，三和銀行等が木津信組問題での責任回避に終始したこと，第三に，大阪府においても府議会が木津信組処理のために財政支出をすることに同意しなかったことなどから，根本的な修正を余儀なくされた．

　最初に，木津信組の不良債権ならびに回収不能額が，どれくらいにまで膨れ上がったのかを示しておこう．大阪府と近畿財務局は，業務停止命令が出された1ヶ月後の9月29日から10月27日にかけて，木津信組の経営実態ならびに正確な財務状態を把握するために合同検査を行った．その結果，表3-5にあるように，総資産1兆3,131億円中正常資産はわずかに1,191億円，9.1％にすぎず，不良資産が1兆1,940億円，90.9％にも達することが判明した．しかも，不良資産の内訳は，回収可能額が2,355億円，17.9％，回収不能額9,585億円，73.0％であった．まさにガラクタ債権の山という以外にない．とくに貸出金と債務保証見返りの回収不能額の合計は，1995年6月の検査からわずか3ヶ月間

表3-5　木津信用組合資産状況（95.9検査結果）

(億円)

総資産	13,131		
正常資産	不良資産		
		回収可能資産	回収不能資産
1,191 (9.1%)		2,355 (17.9%)	9,585 (73.0%)
貸出金計 10,927 (83.2%)	貸出金 588	貸出金 1,585	貸出金 8,754
債務保証見返り計 1,043 (7.9%)	債務保証見返り 136	債務保証見返り 561	債務保証見返り 346
その他計 1,161 (8.9%)	その他 457	その他 209	その他 485

注：正常資産とは，資産中，非分類資産をいう．
　　回収可能資産とは，分類資産中，Ⅱ分類およびⅢ分類の1/2の合計をいう．
　　回収不能資産とは，分類資産中，Ⅳ分類およびⅢ分類の1/2合計をいう．
出所：『金融財政事情』1995年12月4日号．

の間に約3,200億円，1994年10月時点と比較すれば1年間で約5,300億円も増大している．表3-6は，1995年6月以降のこの損失額の増加要因を分類したものであるが，最後の「新たに判明した貸出債権の不良化によるもの」（1,018億円）は，一方では，木津信組がいかに不良債権隠し，赤字隠しをやっていたのかを物語ると同時に，他方では，それを監督当局が見抜くことができないわが国の検査体制の不備をも表している．また，第三の「不動産担保価値の下落（路線価評価の下落）によるもの」（902億円）は不動産関連融資偏重の貸出構成から必然的に生まれてきた損失増大であり，第一，第二の「経営破綻」，「大型プロジェクト等の中断」に基づく損失増大も，業務停止命令が出された結果，追加融資が受けれられなくなって表面化したという側面もあるにせよ，もともと乱

表 3-6　ロス額増加要因　　　　　（億円）

要　　因	増加ロス額
経営破綻に伴う既往貸出先企業の経営悪化等によるもの	821
大型プロジェクト等の中断に伴う評価替えによるもの	427
不動産担保価値の下落（路線価評価の下落）によるもの	902
新たに判明した貸出債権の不良化によるもの	1,018
その他	48
合　　計	3,216

出所：『金融財政事情』1995年12月4日号．

脈融資が行われてきたことを背景にして起こったものであることは否めない．このように，乱脈融資の実態が明らかになり，回収不能債権額が当初の予想を大幅に上まわることが確実になるにつれ，責任の所在をめぐる対立も激化することになった．

(2)　紹介預金をめぐる紹介者責任を回避した大銀行

　木津信組の経営破綻に対する責任の所在をめぐる第一の対立は，紹介預金の導入をめぐる大阪府と三和銀行との間の対立である．大阪府は業務停止命令をだした直後から三和銀行などによる紹介預金の問題性を認識し，三和銀行の責任を追及してきた．その基本論点は以下のようなものであった．第一に，三和銀行は木津信組に対してこれまでに15人の人材を派遣しており緊密な関係をもっていること，第二に，巨額の紹介預金がいわゆる員外預金規制（預金総額の20％以内）に違反することや，この紹介預金が木津信組の不動産関連を中心とした乱脈融資の原資となっていることを承知のうえで行ったこと，第三に，紹介預金の原資のほとんどが三和銀行の取引先の企業のCP発行によるものであり，三和がそれによって利益をあげていたこと，さらに，紹介預金に対する見返りとして木津信組にきわめて低利の協力預金をさせていたこと，第四に，この巨額の紹介預金の急激な引き上げで木津信組の経営が悪化したこと，など

である[21]．これらの理由から，大阪府は，当初の構想にあったように，損失補填のために2,000億円の資金の提供を三和銀行に求めていた．これに対する三和銀行の対応は，紹介預金と木津信組の経営破綻とは無関係であり，親密な金融機関として資金繰りの支援は行うが収益支援や資金贈与は行わない，という点で一貫していた．

　この問題は，本章でこれまでに検討したように，明らかに大銀行がバブル期という特殊な状況下で，拡張主義的な弱小金融機関のスキを巧みにつき，彼らにリスクを転嫁したあげく，すばやく金融利得を得て逃げ去るという大銀行による中小金融機関収奪の一つの典型例であった．その点からすれば，三和銀行等が，経営破綻に追いやった責任をとって応分の資金贈与を行うのが当然である．だが，前述の大阪府と近畿財務局との合同検査の結果，木津信組からの紹介預金の引き上げが，大蔵省の指導のもとに行われたことが明らかになったことも手伝って，三和銀行のいなおりが事実上まかり通る結果になった．大阪府は1995年11月初旬に，この問題での三和銀行に対する責任追及を大蔵省に任すことを表明した．これ以降，大蔵省・日銀と三和銀行との間で資金の拠出をめぐって調整が行われたが，その結果，最終的に三和銀行は木津信組に対する資金贈与には応じず，後述の整理回収銀行に対して，10年間に最大3,000億円の融資（預金保険機構による保証付き）を行うことで決着をみた．これによる実質的な資金援助（収益支援）額はわずかに122億円であると見積もられている[22]．

（3）　監督責任をめぐる大蔵省と大阪府との対立

　木津信組の経営破綻に関連する第二の対立は，その監督責任，ひいてはいず

---

21)　同上，1995年10月14日付け，参照．なお，三和銀行と木津信組との間の人的結合関係は，1953年の木津信組設立当初から常務理事を三和銀行が送り込むというきわめて密接な関係であり，「70年代後半からは支店次長クラスが出向し，数年後に理事昇格，55歳定年で三和から木津に転籍するパターンだった」という．（前掲『週刊東洋経済』1995年9月16日号，76頁）このような緊密な人的関係からして，三和銀行が木津信組の経営の内実や，紹介預金の導入が経営にいかなる影響を及ぼすかについて熟知していたことは，疑いない．

れの機関が処理スキームの策定・実施に最終責任を負うかをめぐる大蔵省と大阪府との対立である．そして，この対立を背景にして，木津信組の破綻処理のために大阪府が財政資金を投入するかどうかについて，府の態度は二転三転した．

　明確な処理スキームのないままに業務停止命令を出さざるをえなかったという事情を反映して，誰が責任をもって処理スキームを策定するかについて，当初から大阪府と大蔵省との間には基本的な見解の相違があった．この問題での大阪府の立場は，国からの機関委任事務である信用組合に対する指導・監督の責任範囲は，「再建が可能かどうかの判断と業務停止命令などの法律に基づく発令権限まで」であり，「破綻処理責任までおよばない」というものであった．大阪府はこの基本的立場に立って，当然処理案の策定は大蔵省の責任においてなされるべきものであり，「大蔵省が作成する処理案のなかで府の財政支援が盛り込まれれば，あらためて検討する」とした．これに対して，大蔵省の立場は，「都道府県に監督権限が委任されている金融機関については，破綻処理も監督責任を有する都道府県が当たることになる」というものであった[23]．このように，機関委任事務である信用組合などに対する指導・監督責任の理解をめぐって基本的な対立が存在した．しかも，木津信組に先行して経営破綻したコスモ信組の破綻処理にあたっては，東京都の青島都知事が，「大蔵省，日銀と協力し，監督官庁として責任をもって適切な対応策を講じたい」といちはやく表明していたこともあり，信組の破綻処理に関する東京都と大阪府との対応の違いが注目された．大阪府のこの問題でのガードの固さは，たんに法律上の解釈の違いばかりではなく，1991年に破綻した大阪府民信用組合の最終処理に際して，大阪府が府議会に対して行った「二度と府民の血税は使わない」との「公約」にも制約されたものであった[24]．

　このような事情から，木津信組の破綻処理は，いわば入り口のところで暗礁

---

[22]　『日本経済新聞』1995年11月8日付け，ならびに1997年2月15日付け，参照．
[23]　同上，1995年9月1日付け，ならびに9月2日付け，参照．
[24]　同上，1995年9月18日付け，参照．

に乗りあげたかに見えた．実際1995年10月25日に行われた武村蔵相と山田大阪府知事との会談でも，大阪府知事より「国による支援措置が府の支出の前提となる」と，初めて国への破綻処理資金への協力が要請されたが，処理責任の所在をめぐる問題ではなんら進展は見られなかった[25]．だが，ほぼ同時期に終了した大阪府と近畿財務局による合同検査の結果は，このような形式論レベルでいつまでも規制当局が対立しあっている状況を許さなかった．木津信組だけで処理コストが1兆円に達すると予想される事態に直面して，新たな処理機関の設立ならびに預金保険制度の建て直しなどわが国の金融システム全般にかかわるセーフティネットの見直しが焦眉の課題となった．後述するように，これ以降大蔵省は金融システム全般の安定化に向けて政策体系の建て直しに着手し，木津信組の破綻処理問題でも1995年11月22日に「木津信用組合の処理について」を発表し，大蔵省が事実上イニシアティブをとることを明確にした[26]．また，これと並行するように，大阪府は11月7日に三和銀行の紹介預金にかかわる責任追及を大蔵省に委ねること，さらに，11月22日には大蔵省の処理スキーム構想が発表されたのを受けて，それまで府議会に対する前述の「公約」から躊躇してきた大阪府による財政支援の検討を発表するなど，大蔵省主導の処理スキームに対して協力姿勢を示した．だが，その後次々と木津信組の乱脈経営

---

[25] 同上，1995年10月26日付け，参照．
[26] 金融制度調査会の内部に設置された金融システム安定化委員会が，1995年7月4日以来の審議をふまえてまとめた「金融システム安定化のための諸施策——市場規律に基づく新しい金融システムの構築——」は，金融制度調査会答申として1995年12月22日に発表された．大蔵省によるセーフティネットの再構築は，この答申に沿って実施されたものである．ここで論じている経営破綻した信組の処理をめぐる監督当局の責任の所在に関して，答申は，一方では，「信用組合の破綻処理に当たって都道府県に財政支出を行う責務が信用組合監督法令上あるわけではない」と，機関委任事務としての指導・監督権限の範囲について大阪府の主張に譲歩しつつ，他方で，これまで都道府県が行ってきた破綻処理における財政支出は，「それぞれの都道府県の事情に基づいて，地域経済に与える影響や民生の安定等を勘案の上，公益上の必要性から自己の責任に基づく判断により行われているものであ」り，今後とも都道府県独自の判断に基づいてなされることが期待されるとしている．「公益上の必要性」という新たな大義名分によって大阪府の監督責任に縛りをかけ，実を取ろうという意図が見てとれる．

ぶりが明らかになるにつれて府議会での追及,反発も強まり,大阪府知事がいったんは財政資金は支出しないと公約したかと思えば,およそ5ヶ月後には今度は財政支援を表明するなど,大阪府の対応は混乱をきわめた.結局,預金保険機構から整理回収銀行に1兆円を超える資金贈与を行うことによって木津信組を解散させることが決まった最終案においても,大阪府の財政支援は処理スキームを構成することはなかった[27].

(4) 破綻処理の具体的な内容

それでは,木津信組の破綻処理は具体的にはいかに行われたのであろうか.まず,上述の1995年11月22日に大蔵省が発表した破綻処理スキームの概略を紹介しておこう.そこでは特別検査の結果明らかになった約9,600億円に達する回収不能額=損失額を異常な事態と把握したうえで,5つの柱からなる処理スキームを示している.第一の柱である前経営陣に対する厳格な経営責任の追及は,不良債権が全資産の9割に達した事態からして当然のことである.また第二,第三の柱である関係金融機関の協力,大阪府の支援も,前項で論じた破綻処理をめぐる利害対立の内容,その経緯があるにしても,実質的な負担額は別として国=大蔵省が提起する処理スキームとして欠くべからざるものであろう.だが木津信組の破綻処理スキームを従来のそれと根本的に区別するものは,第四の預金保険制度の改正による資金援助機能の拡充,ならびに第五の日本版RTCの整備であった.第四の柱は,木津信組の破綻処理が,当時の預金保険法で認められていたペイオフコスト(預金者一人あたり1,000万円を限度とした保険金の支払いに必要なコスト,ただし破綻金融機関に対する債務額を控除)内での資金援助では実行不可能であることを認めたものであり,また第五の柱は,木津信組の不良債権の内容ならびに量からして民間金融機関の内部に受け皿機関を求めることができないことは明らかであり,また各業態での不良債権の累

---

[27] 『日本経済新聞』1996年5月8日付け,9月19日付け,ならびに1997年2月15日付け,参照.

積が懸念される状況下で，金融機関の破綻処理を専門に行う独自の機関が必要との判断に基づくものであった．

ところで，この第四，第五の柱は，すでに1995年7月以来金融制度調査会の金融システム小委員会で行われてきた審議内容を先取りしたものであった．この木津信組処理スキームの発表からちょうど1ヶ月後に公表された金融制度調査会答申「金融システム安定化のための諸施策——市場規律に基づく新しい金融システムの構築——」（1995年12月22日）は，政府・経済界による1990年代金融危機に対する最初の「包括的な」政策体系の提案であったが，そこでは以上の二つの処理スキームが具体的な姿において示された．そして，木津信組のそれ以降の破綻処理も，この金融制度調査会の答申内容の線に沿って実行されていった[28]．そこで，預金保険法の改正ならびに東京共同銀行の整理回収銀行（日本版RTC）の改組などのセーフティネットの建て直しをつうじて，木津信組の破綻処理がどのように進められたのかを具体的に見ておこう．

まず，木津信組の1兆円を超す破綻処理コストを支出すれば預金保険機構自体が資金不足に陥ることが確実であったため，預金保険料の引き上げは必至であった．しかも，この処理費用を預金保険機構が支出するためには，前述のように，預金保険機構による資金援助をペイオフコストの範囲内に制限するという従来の規定が邪魔であったばかりではなく，他の業態，とくに大銀行からすれば，自分たちが収めた保険料で乱脈経営の限りを尽くした信組ばかりが処理されるというのでは納得がいかないということになる．そこで，預金保険機構の勘定を一般勘定と大蔵省がペイオフをしない期限と定めている2000年度末（2001年3月末）までの時限的な特別勘定とに分け，さらに，この特別勘定を信

---

28) この答申の全体的な内容の紹介，ならびにその意義と問題点については，後述する．ここでは，この答申をふまえていわゆる金融関連諸法案，すなわち自己資本比率を基準とした早期是正措置を盛り込んだ「金融機関等の経営の健全性確保のための法案」，破綻金融機関の受け皿が見つからない場合に，監督当局が会社更正手続きなどの法的整理を開始できるようにする「金融機関の更生手続きの特例に関する法律案」，さらに，木津信組の破綻処理を可能にした「預金保険法改正案」などが，国会での審議に付されたことを指摘するにとどめる．

用組合勘定と一般金融機関（信用金庫以上の金融機関）勘定とに分けることにした．そして，本来のペイオフコストの範囲内での資金援助は一般勘定から，それを超えるコスト負担は破綻金融機関に対応する特別勘定から行うことにした．預金保険料率の引き上げ幅は，預金保険が発動されるようになった1992年以降の4年間に起こったと同じ程度の経営破綻が生じても対応できるように，一般保険料で現行料率（保険対象預金の合計額の0.012%）の4倍，特別保険料で3倍，合計7倍の引き上げ（同上，0.084%）となった[29]．さらに，2000年度末までとされた特別勘定については，信組特別勘定が木津信組の処理だけで大幅赤字になることから当面日本銀行から借入を行うことになるが，それに政府保証をつけることにした．これは，もし2000年度末で信組特別勘定と一般金融機関特別勘定とを合算してなお累積欠損が発生する場合には，政府が先の保証を履行して一般会計からの資金投入でこの欠損を穴埋めすることを想定するものであった．

これに対して，日本版RTCとして期待された整理回収銀行は，1996年9月に預金保険機構から1,000億円の出資金を受け東京共同銀行を改組して発足した．だが，こちらの方は，破綻した信用組合の職員を再雇用して資産回収に当たらせるなど，当初構想されていたほどの専門家集団に支えられた布陣をしくことができなかった．また，預金保険機構の債務保証を受けて民間金融機関から借り入れる資金も債権買取額に対して不足気味であり，さらに，買い取った債権の回収そのものが遅々として進まずきわめて困難な状況におかれた．

では，このような制度改正を背景に木津信組の破綻処理はどのように行われたのか．まず破綻当時1兆円を上まわった預金量は，業務停止命令以降満期に

---

29) 預金保険料率引き上げのための算定根拠については，前述の金融制度調査会答申「金融システムの安定化のための諸施策」の「当面の破綻処理のための時限的枠組み」を参照されたい．先にこの答申を1990年代金融危機に対する最初の「包括的な」政策体系と表現したが，「この4年間と同程度の破綻が生じた場合にも対処しうるよう」という危機認識の浅さが，その後の金融危機のいっそうの深まりを助長したといっても過言ではないであろう．

なったものから次々と引き出され，1996年3月末には2,515億円にまで減少し，最終的に全事業が整理回収銀行に引き渡された1997年2月24日の時点ではわずかに480億円になっていた．言うまでもなく，木津信組の資産は前述のように「ガラクタ債権の山」と化していたのであるから，この預金の払い戻し請求に応えるだけの現金は存在せず，この預金減少に対応して全信組連からの借入額が累積していき，その残高は1997年には9,600億円に達する勢いであった．他方，最終的な解散に向けて貸出債権の回収に努めるとともに，実業ファイナンスや木津信抵当証券をはじめとする関連企業（当初は特別清算をめざしたが後に破産申請に変更）向け貸出の整理を行った．1996年3月期決算では，これら系列ノンバンク向けの債権約1,600億円を特別損失として計上した結果最終赤字は1,800億円となり，また債務超過額も1372億円に達した．これらの経緯を経て，解散直前の1997年2月時点での木津信組の破綻処理コスト＝損失総額は，最終的には約1兆700億円，その内訳は回収不能債権8,000億円，累積損失1,600億円，破綻処理費用ほかその他1,100億円と見込まれた[30]．このための資金手当てとしては，預金保険機構の整理回収銀行に対する資金贈与が1兆340億円と圧倒的大部分を占め，残りは，木津信組の出資金と法定準備金212億円，三和銀行による整理回収銀行への10年間で3,000億円の融資をつうずる収益支援122億円，鍵弥実前理事長の私財提供3億円だった．預金保険機構からの資金贈与は，預金保険法の改正に基づきペイオフコストの5,194億円は一般勘定から，それを超える5,146億円は信組特別勘定から支出された[31]．そして，大阪府による業務停止命令からほぼ1年半後の1997年2月24日午前零時をもっ

---

30) 『日本経済新聞』1997年2月15日付け，参照．そこでは損失総額の内訳については前二者しか指摘されておらず，残りの1,100億円の内容は不明である．だが1996年2月時点で大蔵省は木津信組の損失額（処理費用）9,600億円とは別に，不良債権の回収コストを840億円と算定し，その一部を負担することを大阪府に求めていた経緯がある．同上，1996年2月1日付け，参照．この点からして，最終損失の算定に際してもこの不良債権の回収コストが含まれていると考えられるのではないか．なお大阪府は1996年当時からこの回収コストの積算根拠があいまいだと批判していた．

て，木津信組は480億円の預金と約1,600億円の資産を含め全事業を整理回収銀行に譲渡して解散した．

---

31) 1996年の預金保険法の改正によって預金保険機構がペイオフコストを超えて資金援助をすることが可能になったのであるが，これに伴って，従来は金融機関の破綻処理にあたって預金保険機構の援助額の約半分の金額を負担してきた関係金融機関が，これ以降破綻処理に際して資金的協力を行わなくなった．

第4章 兵庫銀行の事実上の経営破綻とその破綻処理

はじめに

　兵庫銀行は当初新銀行での再建が意図されたにもかかわらず，新銀行すなわちみどり銀行自体が発足後わずか2年で負債超過に陥り，大蔵省としても最終的に当初の再建計画を断念せざるをえなかった．この経緯から，本章では，兵庫銀行の経営破綻とその処理の過程を，兵庫銀行の新銀行への移行の第一段階とみどり銀行の経営破綻と阪神銀行による救済合併の第二段階からなる一つの連続的な過程として論ずる．まず第一段階における新銀行での再建計画の内容とその意義から検討しておくことにしよう．

第1節　「新銀行での再建」という破綻処理スキームがなぜとられたのか

（1）　木津信組の破綻処理と同時発表された兵庫銀行の新銀行の形態での再建計画

　兵庫銀行の破綻処理問題を考察する場合，まずその破綻処理計画が木津信組の破綻処理と同じ日に発表された経緯について示しておかねばならない．バブル崩壊に伴う株価の長期低迷と日本史上初の本格的な地価下落とによって，1990年代前半には東洋信用金庫，釜石信用金庫，松浦信用組合，大阪府民信用組合などのいわゆる中小企業向け金融機関の経営破綻が連続して表面化し，いわゆる「銀行不倒神話」に翳りが生じていた．木津信組・兵庫銀行の破綻処理の同時発表が行われた1995年にも，1月に関東でとかく噂のあった東京協和信用組合と安全信用組合の二信組が経営破綻し，受け皿銀行として東京共同組合銀行が設立された．また3月の関西興業銀行による岐阜商業銀行の救済合

併，7月の友愛信用組合の神奈川県労働金庫への事業譲渡に続き，木津信組の破綻直前の8月28日にはコスモ信用組合の解散と東京共同銀行への全事業の譲渡が発表された．このような一連の信組，信金の経営破綻の頂点をなしたのが，木津信組に対する預金者の取付けであった．

　当時住宅金融専門会社（以下住専）への貸付を中心に不良債権総額が40兆円に達すると言われており，一般国民，零細預金者の金融機関に対する信頼が揺らぎ始めていた．この状況下で預金総額が1兆円を超える全国最大規模の信用組合で預金者による取付けが生じた．その詳細については前章で明らかにしたように，巨額の不良債権を抱え債務超過に陥っている金融機関が，実際に預金者の取付けにあい，現金不足から預金債務の不履行の危険に直面したのである．ある金融機関が預金者の取付けから実際に預金債務の不履行に追い込まれるならば，信用不安に駆られた預金者が問題金融機関から預金を引き出そうとして次から次へと問題銀行に殺到することは必至である．金融監督当局としては，この事態だけは何としてでも阻止しなければならなかった．

　そこで，金融監督当局である大蔵省・日銀は，流動性危機に対しては必要なだけ日銀特融を注ぎ込むことと，預金保険制度によってすべての預金が全面的に保護されることを国民に広く周知徹底することにした．さらに，木津信組をめぐる破綻処理スキームの発表においても一定の工夫を凝らした．すなわち，現実に預金者の取付けにあった木津信組に対しては，直接の監督機関である大阪府が預金の払戻しなどを除く一部銀行業務の停止命令に踏みきったが，それと時を同じくして同じ関西地域で木津信組とならんで巨額の不良債権を抱え経営破綻が噂されていた兵庫銀行の破綻処理スキームも公表することにした[1]．

---

[1] 信用組合に対する監督業務は国から各都道府県に委任されており，8月30日午後6時に山田勇大阪府知事が大阪で記者会見し木津信組に対して一部業務停止命令を出したと発表した．これと並行して同じ6時に大蔵省で武村正義蔵相が記者会見し，兵庫銀行の新銀行での再建と大阪府による木津信組に対する業務停止命令の二つの金融機関の破綻処理を同時発表した．また同じ時刻に日銀本店で松下康雄総裁が預金の払戻しに必要な資金を日銀が供給することを明言した．

少なくとも木津信組からの急性的な預金流出が生じた8月28日時点では，兵庫銀行に関しては預金者の取付けが起きる状態にはなかった．それにもかかわらず木津信組の破綻処理と合わせて兵庫銀行の破綻処理スキームが同時発表された．その狙いは，処理スキームの内容上の違いに明らかである．

　木津信組に対しては一部業務停止命令が出され，満期に至らない定期預金の解約は即刻不可能になった．そして，木津信組は，最終的に全事業を整理回収銀行に譲渡した後解散させられることになった．これに対して，兵庫銀行の場合は，木津信組の6,000億円を上まわる7,900億円という巨額の損失を抱えていたにもかかわらず，預金保険からの資金贈与を受けながら新たに設立される銀行のもとで再建が図られると発表された．当然預金・貸出などの全業務は従前どおり継続される．前者が，文字どおり「銀行がつぶれた」ことを表現する処理形態であるのに対し，後者は，問題は深刻で自力再建は不可能であるが，官民あげての支援体制によって銀行業務の継続を事実上容認することを意味する処理形態であった．この対照的な処理スキームを同時発表することによって，金融監督当局として，巷で噂されている問題金融機関のすべてがつぶれるわけではない，必要以上に預金者は不安がることはない，というメッセージを一般国民，一般預金者に伝えようとしたのであろう．この処理スキームの発表に際して，武村蔵相が「住専を除く個別金融機関の経営問題の処理のヤマは越した」と述べたり，これを受けて増渕日銀信用局長が「(今後)こんな大規模の破綻が出てくるとは考えにくい」と発言した[2]のは，預金者の金融機関に対する不安な心理状態を緩和し，一定の安心感を与えるためのものであったことは明らかであろう．30日夕方の武村蔵相の記者会見を報道した31日付けの『日本経済新聞』朝刊は，この金融監督当局の意図を受けて，一面のヘッドラインで「兵庫銀，新銀行で再建」を掲げ，その下の段でより小さい見出しで木津信組に対する業務停止命令を伝えた．木津信組に対する本格的な預金者の取付けが，兵庫銀行の破綻処理のあり方，ならびにそのタイミングを規定した．

---

[2] 『日本経済新聞』1995年9月1日付け，参照．

（2） 大蔵省との太いパイプをもっていた兵庫銀行

　兵庫銀行が大きな損失を抱えていることが明白であったにもかかわらず，新銀行での再建という道が選択されたもう一つの事情は，当時兵庫銀行が，大蔵省主導のもとにバブル期の拡大路線の修正を図っていたことに求められよう．1970年に兵庫相互銀行（1989年に普通銀行に転換して兵庫銀行となる）の社長に就任した長谷川寛夫元兵庫銀行会長は，1992年に突然解任されるまで，20社に及ぶ系列ノンバンクの設立をつうじてファクタリングやリースなどのいわゆる銀行周辺業務に積極的に進出すると同時に，その本体部分でも1971年の高松相銀の合併をはじめとする合併戦略と1985年以降の金利自由化のもとでの高金利による大口法人預金の獲得によって，規模拡大の道をひたすら歩んできた．その結果，1990年前後には預金量で3兆円を超える第二地銀業界第一位の地位を確保するようになったが，木津信組の破綻劇と同様に，バブル期における業容拡大は異常なまでの不動産関連融資への傾斜とともに進展した．

　ところで，長谷川元会長は，この拡大路線を推進する過程で大蔵省との関係を一貫して重視した．1981年に人事権などの実権を維持したまま会長に就任した長谷川氏は，後がまの社長に大蔵省OBを迎え入れたが，この社長ポストはそれ以降基本的に大蔵官僚の天下り先の一つとなった．1992年半ばに，兵庫銀行は不動産関連融資の焦げ付きによる系列ノンバンクの経営不振をきっかけに，わずか半年間で5,500億円の預金流出に見舞われた．この時系列ノンバンクに対する貸出の金利減免を大口融資者である信託銀行等に呑んでもらう見返りに，最高実力者であった長谷川会長の突然の辞任，事実上の解任を実行したのも大蔵省OBであった山田実社長（元大蔵大臣官房審議官，1989年に社長に就任）であった．山田氏自身も，1993年6月末に「けじめ」をつけるために大蔵省によって事実上更迭されることになるが，その後大蔵省が兵庫銀行に送り込んだのは銀行局長経験者である吉田正輝氏（当時金融情報システムセンター理事長）であった．「格」を重んじる大蔵省が，最大手とはいえ第二地銀クラスの社長に銀行局長経験者を就任させること自体異例なことであったが，さらに吉田氏のもとでの副社長に元日銀仙台支店長が，専務に元大蔵省金融検査官が配置され

た．この布陣からみて，大蔵省・日銀が監督当局の「威光」を盾に，業界最大手の兵庫銀行の再建に本格的に踏み出したとみて間違いなかろう[3]．だとすれば，それからわずか2年後に，たとえ阪神大震災（1995年1月17日発生）という天変地異の偶発的要因が加わったとはいえ，世間から「大蔵管理銀行」と目されている兵庫銀行を，バブルの申し子でかつ放漫経営の極みと位置づけられた木津信組と同様の形態で処理するわけにはいかなかったのである．金融不安を拡大させないためには兵庫銀行の破綻処理を前倒しして木津信組と同時決着を図るべきであるが，その処理形態は大蔵省のメンツにかけて木津信組とは異なったものでなければならない．「省益」を絶対視する官僚意識が，当時破綻処理スキームを構想するにあたって，大蔵官僚の選択肢を大枠で規定し，兵庫銀行の不良債権の大きさ，経営破綻の深刻さにもかかわらず「新銀行での再建」を夢想させたのではなかろうか[4]．

---

[3]　兵庫銀行への大蔵官僚の「天下り」の経緯については，日本経済新聞社編『誰が銀行をつぶしたか——ドキュメント関西金融の破綻——』（日本経済新聞社），1996年，第1章ならびに第3章を参照した．それ以降大蔵官僚が中小金融機関に天下るのはとくに珍しいことではなくなったが，銀行局長経験者というトップエリートとなると話しは別である．ちなみに1968年から1980年までの期間に相互銀行に天下った大蔵官僚OBは38人であるが，その大部分はノンキャリア組でキャリアはわずかに6人であった．大蔵官僚の「出世レース」をめぐる生態については，たとえば高本光雄『大蔵官僚の秘密——張り巡らされた人脈と出世レース——』（潮文社，1982年）参照．

[4]　「官僚の中の官僚」と形容される大蔵省のエリートたちの倫理規範がいかに世間一般の常識からかけ離れたものであるかは，1998年に発覚した大蔵省・日銀一体となった一連の金融不祥事に明らかである．彼らの行動は「お上のやることに誤りはない」という思いあがった特権意識に支えられているが，この意識が往々「お上は誤りを認めてはならない」という傲慢不遜な「倫理観」に転化し，それが政策上の誤りを拡大する場合がある．厚生省のエイズ問題に対する対応がそうであったし，本書で問題にしている1990年代金融危機も，大蔵官僚が自らの政策的対応の失敗を認めず，逆に，それを糊塗するために新たな誤りを犯すことによって激化された側面がある．兵庫銀行の破綻処理スキームの問題もその一部である．

　ところで，前掲の日本経済新聞社編『誰が銀行をつぶしたか』は，兵庫銀行の破綻処理が「新銀行での再建」というスキームに至った要因について，一方で，筆者と同様に，「元銀行局長を送り込んだ"大蔵銀行"を省の面子にかけて守るという大蔵官僚の気負い」（同書，53頁）を指摘しつつ，他方で，「震災復興という"大義"がなければ，兵庫

114　第2篇　現代日本における金融危機の展開

(3)　兵庫銀行における預金の流出状況

　それでは，大蔵省の木津信組と兵庫銀行の破綻処理の同時発表を受けて預金者や金融市場はどのような反応を示したのであろうか．預金者の対応について言えば，木津信組の場合と兵庫銀行の場合とでは明らかに質的な違いが発生した．前者の場合には，30日午後6時から行われた大阪府知事による一部業務停止命令の発動の記者会見に先立って，新聞やテレビ，ラジオが速報で木津信組の経営破綻を報道したことも手伝って，それまでの大口法人預金の引き出しに加えて個人預金者による取付けが本格化した．30日の昼過ぎあたりから，木津信組の本店ばかりではなく各支店に預金通帳をもった多数の預金者が殺到し始め，混乱状態は業務停止命令の発動にもかかわらずまる2日間続いた．結局30，31日のわずか2日間で，破綻直前の預金総額の2割強，2,500億円が一挙に流出した．これに対して，兵庫銀行の場合には，個人預金者が預金の払戻しや定期預金の中途解約を求めて銀行窓口に殺到するという事態は生じなかった．兵庫銀行の店頭で記者の質問に応じた来店客の大半が，「『木津信』と違って『兵銀』さんはつぶれないんでしょ」と答えたという．この限りでは，大蔵省の思惑どおりに事態は進行したと言えよう[5]．

　とはいえ，兵庫銀行の場合にも，この時期に預金流出が生じなかったわけではない．8月31日と9月1日の2日間で，預金残高は1,500億円の減少を示し

銀がみどり銀に生まれ変わるチャンスは与えられなかったかもしれない」（同上書，19頁）と震災復興にかかわる政治的判断をも重視している．だが，「ゆたかな社会」を自負する現代日本社会において，まさに天災としか言いようがない大地震の被害者を「孤独死」に追いやり続けてきた政治の不毛ぶりからは，現在の権力保持階級（政治家，官僚，財界人や彼らに追随するマス・メディアを牛耳る階層）が，少なくとも国民の立場に立って政治的判断をしたとは言い難い．

[5]　日本経済新聞社編前掲書，59頁参照．なお木津信組に対する預金者の取付けは，定期預金の中途解約が31日以降できなくなると聞いた預金者が30日中に解約しようとして窓口に殺到したという内容を含んでおり，この点からは，一部業務停止命令の発動がその政策的思惑とは裏腹にこれを加速したとも言えよう．この取付け騒ぎを目の当たりにして，金融監督当局は，これ以降問題金融機関に対して業務停止命令を出すことに躊躇したように思われる．だが，これは2001年3月末までは行わないと言明された破綻銀行

た．だが，この預金流出は，この局面で急性的な形態で生じたものではなく，この年の春先より継続的に生じた預金流出の一環と考えられるのであり，しかも，それは「新銀行での再建策」が発表されて以降もなお継続した．すなわち1995年3月末に2兆5,300億円であった預金残高は，9月中の2,500億円の減少も含めて，9月末には1兆9,000億円にまで大きく後退した[6]．

ところで，破綻処理スキーム発表直後の兵庫銀行における問題の焦点は，預金者の取付け騒ぎ，すなわち預金流出の激しさと大きさではなく，短期金融市場での信用失墜であったように思われる．上で処理スキーム発表直後の2日間における預金流出額は1,500億円であったと述べたが，8月30日から行われた兵庫銀行に対する日銀特融は9月1日までに3,500億円に達した．日銀特融は，日銀総裁が述べたように，預金の引出し請求に応じるためだけに使われたわけではなかった．すなわちこの局面で兵庫銀行は急激な預金流出に見舞われたわけではないが，短期金融市場で信用を失墜したがゆえに必要な資金を調達できない状態に追い込まれたのである．春先以降の継続的な預金流出のもとで，兵庫銀行はほぼ恒常的に短期金融市場から巨額の資金借入に依存していた．再建策発表の直前には，コール市場からの3,000億円強を中心に5,000億円を超える短期資金を取り入れていたが，この残高は1995年3月末に比べて6割前後の水準にすぎなかった[7]．これが，再建策発表直後には，日銀による短期資金の「出

のペイオフ条件にも関連することであるが，大阪府の業務停止命令を聞いて木津信組に殺到した預金者の大部分は付保預金限度額内の小口預金者である．これらの預金者すなわち一般庶民は，預金保険機構の存在，それゆえ自分たちの保険限度額内の預金が法律によって保護されていることを，十分に理解していない．この点の周知徹底といわゆる生活資金の自由な引き出しの制度的保証とによって，少なくともこの種の「取付け」騒ぎは事前には阻止できたはずである．

[6] 9月中の預金残高の減少分2,500億円の内訳は，以下のとおりである．個人定期預金1,200億円（うち中途解約約400億円），法人定期預金400億円，外貨預金700億円，その他の流動性預金200億円．『日本経済新聞』1995年10月18日付け，参照．

[7] 再建策発表直前の短期金融市場からの資金調達の内訳は，以下のとおりである．無担保コールで700〜800億円，有担保コールで2,500億円前後，手形で1,000億円程度，譲渡性預金（CD）で500億円前後．『日本経済新聞』1995年9月7日付け，参照．

し手」に対する圧力にもかかわらずいっそう急速に絞り込まれ，兵庫銀行は短期金融市場で1,000億円を上まわる資金調達不足に直面し，結局日銀特融で急場をしのぐことになった．「新銀行での再建」という目くらましは一般預金者には一定程度有効であったが，短期金融市場のプロの眼は，そんなことではごまかしきれなかったわけである．

第2節　大蔵省が描いた「再建計画」の実態

（1）　兵庫銀行の経営実態と系列ノンバンクの破綻処理

　そこで，大蔵省が描いた兵庫銀行の新銀行の形態での再建計画の内容がどのようなものであったのかを見ておこう．この再建計画は，経営破綻した金融機関の処理という問題の性格からして，大きく二つの内容に分けられる．一つは，兵庫銀行が抱え込んだ不良債権，さらには回収不能債権の処理にかかわる計画であり，もう一つは，新銀行をどのように立ち上げるかにかかわる計画である．まずは前者の方から見ておこう．

　再建計画を発表した時点で大蔵省が把握していた兵庫銀行の資産構成は，以下のようなものであった．債権総額3兆5,600億円のうち正常債権は2兆600億円で，不良債権は1兆5,000億円（不良債権比率は42.1％），そのうち回収可能な債権は7,100億円，回収不能債権は7,900億円と見積もられた[8]．この回収不能債権の中心部分は系列ノンバンク20社に対する貸出額3,700億円であり，兵庫銀行本体の貸出にかかわる部分は4,200億円であった．ただし，この本体部分の回収不能債権の約8割，3,400億円前後が系列ノンバンクの貸出先と重複していた．表4-1は，特別清算・会社整理を申請した系列ノンバンク20社の負債額を示したものである．兵庫銀行系列最大のノンバンクであった兵銀ファクターを例にとれば，その融資先上位20社のほとんどがいわゆる不動産関連企業であり，そのなかには当時バブル企業の代名詞のように言われた関西系不動産

---

[8]　『日本経済新聞』1995年9月3日付け，参照．不良債権額のうち回収不能債権額は，その後の精査によって8,100億円に膨らんだ．

表4-1 特別清算・会社整理を申請した兵庫銀系ノンバンクの負債額

(負債総額, 億円)

〔特別清算〕＝16社	
兵銀ファクター	3,692
兵銀リース	2,341
兵庫抵当証券	1,961
兵銀キャピタル	1,092
兵庫住宅	656
兵庫コンサルティング	836
兵庫アクティブ	198
兵庫大同ファイナンス	479
兵庫ビジネス	136
兵庫シーランド	104
兵庫ファイナンス	2,172
兵庫ワイドサービス	1,026
南里貿易	131
兵庫地域開発	401
兵庫エステートリーシング	101
兵庫トレードインベストメント	117
〔会社整理〕＝4社	
兵庫クレジットサービス	1,403
兵庫JCBカード	246
センコー産業	1,260
ダイセン産業	654
合　計	19,006

注：兵庫シーランド(洲本市), センコー産業(高松市)を除く各社の本社は神戸市.
出所：日本経済新聞社『誰が銀行をつぶしたか』(1996年).

企業 FOKAS (富士住建, オギサカ, 川辺物産, 朝日住建, 末野興産) の一角をなすオギサカをはじめ, エーコー産業やマルコーなどの名だたるバブル企業が含まれていた[9]. 兵庫銀行は, 木津信組などと同様, 系列ノンバンクをつうじての迂回融資などを巧みに利用しながら不動産関連業種に貸し込んでいき, バブル崩壊とともに, これらノンバンクの貸付が焦げ付くことによって自ら抜き差しならない状態に追い込まれたのである.

---

[9] 日本経済新聞社編前掲書, 71頁参照.

以上から明らかなように，兵庫銀行の不良債権を処理するためには系列ノンバンクの整理は避けて通れなかった．問題は，これをどのような方法で整理するかであった．当時すでに，ノンバンクの中軸をなす住専各社の一括処理が具体的日程にのぼり始めていた．そこでの中心的論点は，農林系統金融機関が主張する「母体行責任主義」で処理するのか，それとも都銀等の大手銀行が主張する「貸し手責任主義」で処理するのかの対立であった．だが，この論点を先取りする形で，1995年3月にすでに福徳銀行，阪和銀行，大阪銀行の3行が，系列ノンバンクをいわゆる「修正母体行方式」で同時処理していた．この「修正母体行方式」は，母体行が自らの貸出債権は全額放棄したうえで，他の貸し手に債権額に応じた負担を求める処理方式である．その経緯からすれば，兵庫銀行もこの処理方式で系列ノンバンクを整理するのが自然な流れであったが，大蔵省・日銀は再建案提示の最初の段階から「貸し手責任」での処理に固執した．その理由は，母体行そのものが最終的に清算され，しかも後述のように，その整理に際して巨額の預金保険からの資金贈与が予定される状況下では，「修正母体行方式」は，非母体行が負うべき損失の預金保険機構による肩代わり，事実上の補助金の給付になるからということであった[10]．

ところで，住専処理も含めて，このように系列ノンバンクの処理方式をめぐって関係金融機関間で大きな利害対立が生じるのは，系列ノンバンクと言っても，実際には母体行以外の金融機関が提供する資金のシェアがきわめて高い水準にあったからにほかならない．兵庫銀行系列ノンバンク20社の場合には，表4-2にあるように，1995年3月末時点で系列ノンバンク20社の借入総額1兆7,570億円に対して，兵庫銀行の融資残高は3,812億円，融資シェアは21.7％であった．そして，それに続く住友，三井，安田の各信託銀行がそれぞれ1,000億円を超える融資残高を，また，日債銀，興銀，長銀の各長期信用銀行もそれぞれ700億円を上まわる融資を行っており，これら6行だけで融資残高合計額

---

[10] 『日本経済新聞』1995年9月1日付けの増渕稔日銀信用機構局長の記者会見での発言を参照．

表4-2 兵庫銀系ノンバンク20社向けの融資残高
（1995年3月末時点）

兵 庫 銀	3,812億円
住友信託	1,315億円
三井信託	1,151億円
安田信託	1,109億円
日 債 銀	774億円
興 銀	754億円
長 銀	750億円
住 友 銀	596億円

出所：『日本経済新聞』1995年9月1日付.

は5,853億円，融資シェア33.3％と，母体行のそれを大きく上まわる水準にあった．先の福徳銀行，阪和銀行，大阪銀行3行の系列ノンバンクの場合もそうであるが，大企業の銀行借入，とくに長期借入金の削減行動によって有利な貸出先を失った信託銀行や長期信用銀行，さらには，都市銀行各行は，バブル期にノンバンクとくに金融・証券系列のノンバンクに「母体行責任」を前提して協調して貸し込んでいった．だが「母体行責任」といっても母体行そのものが経営破綻してしまえば，系列ノンバンクに対する貸付の損失負担は結局は個々の貸し手に帰着させられる以外になく，母体行を信じて独自に十分な審査もせずに貸し込んでいった個々の金融機関の安易な貸出姿勢があらためて批判されるべきであろう[11]．

（2） 兵庫銀行の損失処理と実現性の乏しい新銀行の収益見込み

以上のように，系列ノンバンクの整理に伴う損失負担のあり方をめぐって一定の議論があったとは言え，破綻処理スキームの最大の問題は，兵庫銀行それ自体の損失額を，誰が，どれだけ負担するかであった．この点について，経営破綻が発表された1995年8月末時点での当初案における損失処理スキームと，1996年1月29日に兵庫銀行から新銀行であるみどり銀行に営業譲渡がなされた最終段階での損失処理とを比較したのが，図4-1である．当初案（A）と

---

[11] 系列ノンバンクの破綻処理に際しては，「母体行責任」による処理を要求する大手銀行が，住専処理にあたっては，農林系金融機関に対抗して「貸し手責任」を主張することはあまりに身勝手と言わざるをえない．住専処理における母体行責任を鋭く追及したものとして，野田正穂「『住専破綻』と母体行の責任」（山田弘史・野田正穂編『現代日本の金融——破綻の構造と改革の方向——』新日本出版社，1997年，所収）参照．

120　第2篇　現代日本における金融危機の展開

図4-1　兵庫銀行の損失処理

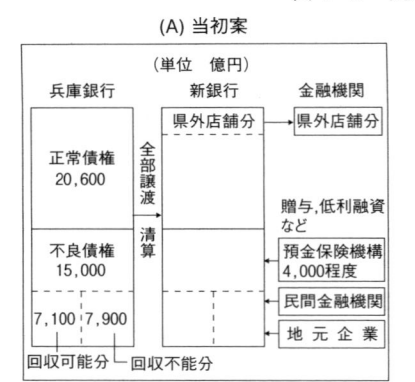

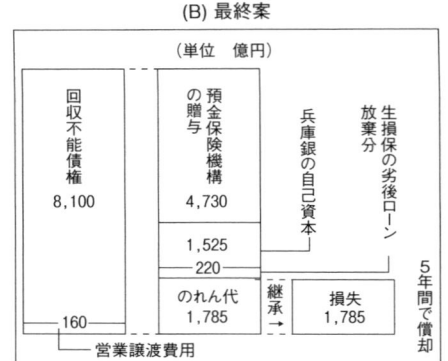

(A) 当初案

(単位　億円)

兵庫銀行
- 正常債権　20,600
- 不良債権　15,000
  - 回収可能分　7,100
  - 回収不能分　7,900

全部譲渡→清算

新銀行
- 県外店舗分

金融機関
- 県外店舗分
- 贈与、低利融資など
- 預金保険機構　4,000程度
- 民間金融機関
- 地元企業

(B) 最終案

(単位　億円)

- 回収不能債権　8,100
- 営業譲渡費用　160
- 預金保険機構の贈与　4,730
- 1,525
- 220
- のれん代　1,785
- 兵庫銀行の自己資本
- 生損保の劣後ローン放棄分
- 継承→損失　1,785（5年間で償却）

出所：(A)は『日本経済新聞』1995年9月3日付け，(B)は第1表に同じ．

　最終処理(B)とを比較すると，まず処理されるべき損失・費用として回収不能債権額が当初より200億円増え8,100億円となり，新銀行への移行のための費用が160億円追加されている．損失負担の内訳は，当初案(A)では，株式資本が1,600億円，新銀行の10年間の収益が1,800億円とおおざっぱに提示されていたものが，(B)では，それぞれ1,525億円，1,785億円（のれん代として計上）に若干下方修正され，(A)での詳細不明分500億円のうち220億円が，(B)で生損保による劣後ローンの放棄分として実現され，それら以外の不足分を補填する預金保険機構からの資金贈与が，当初案の4,000億円から最終的に4,730億円へと増大している．

　まず，損失負担のうち株主資本・自己資本については，銀行業務が新銀行にそのまま引き継がれるとはいえ，旧兵庫銀行が巨額の不良債権を抱え経営破綻に至ったのであるから，株式会社である以上，株主が出資金などを損失処理のために使うことによって株主責任を果たすことは当然であろう．

　同じく，旧兵庫銀行が経営破綻したことを理由に，その法律上の請求権を一部放棄することを大蔵省によって強制された生損保の劣後ローンについては，その処理をめぐって厳しい対立が生じた．そもそもこの劣後ローンは，破産後

の残余財産に対する法律上の請求権としては預金債権などの一般債権よりも返済順位が低いため，それを借り入れた銀行にとってみれば自己資本に近い性格を有する．そこで，BIS の自己資本比率規制に手を焼いた大手銀行が，自らの自己資本充実のために，生損保に劣後ローンの貸出を要請した歴史的経緯がある．法的には，劣後ローンは当該企業が破産会社あるいは更正会社と認められた場合にのみ，劣後扱いされる．兵庫銀行は，第 1 節で述べたような金融環境と大蔵省の思惑から，致命的な経営実態にもかかわらず新銀行での再建が図られることになった．だが，そうであるがゆえに，少なくとも法的・形式的には劣後規定を発動する条件にはなかった．このような状況のもとで，契約上の権利変更をいったん認めるならば，今後の金融機関の経営破綻に際して，同様の負担を求められることを生保業界としては恐れたわけである．最終的に，大蔵省が，「今回の措置は『劣後』の条件に該当しないが，兵銀は事実上の破産に陥ったため負担を要請することになった」と，生損保の主張した論拠そのものを一定程度受け入れる姿勢を示した[12]．他方，生保業界も，株価・地価の長期低迷と金利水準の低位固定化によって財務状態が急速に悪化している状況下で，大蔵省との対立を深めることは得策ではないとの判断に傾き，結局，大蔵省が実を取る形で劣後ローン（生保14社で430億円，損保 3 社で120億円，計550億円）の40％放棄が実現した．

　残る損失負担は，預金保険機構と銀行業務を引き継ぐ新銀行で分担する以外にはない．問題は，両者の負担割合が適切なものであったかどうか，換言すれば，新銀行の将来収益による償却計画が妥当なものであったかどうかである．この将来収益に関して，当初案では，10年間で1,800億円，すなわち平均して毎年180億円の業務純益が想定されていたが，新銀行への出資を要請された都市銀行，長期信用銀行は，この収益予測に最初から強い疑念を抱いていた．一つには，正常債権と認定された 2 兆600億円のうち，どの程度が県外店舗の閉鎖に伴い売却されることになるのか不明であったこと，第二に， 1 兆5,000億

---

12)　『日本経済新聞』1995年 9 月 7 日付け，ならびに 9 月20日付け，参照．

円の不良債権のうち回収可能とされた7,100億円のなかに，回収不能分がかなり含まれている可能性があったことなどが，その理由であった．いずれにせよ，毎年180億円の業務純益をあげるためには，年間2％の利鞘を稼ぐことが必要であったが，それは異常なまでの低金利

表4-3　みどり銀行の10年間の収益見込み

◆業務純益	240億円
◆資本金・預金保険機構などの運用効果	1,600億円
◆劣後債・劣後ローンのコスト削減効果	350億円
◆人件費削減効果	400億円
◆震災関連減益要因	▲890億円
税引き前利益の合計	1,700億円

出所：表4-1に同じ．

水準が継続しているもとでは不可能と考えられた[13]．このような疑念に応える形で，最終的に示された収益計画が表4-3である．10年間の業務純益は，当初の1,800億円から240億円に大幅に引き下げられたものの，資本金や預金保険機構からの贈与資金の運用益1,600億円などを含めて税引き前利益の累計額は1,700億円と，結果的に，当初案の収益見込み額がほぼ踏襲されている．だが，このような大蔵省・日銀が描いた新銀行の収益予測がまったく現実的根拠を欠くものであったことは，後述するように，新たに設立されたみどり銀行が，発足からわずか1年後の1997年3月期決算で117億円の経常赤字を出し，最終的に，阪神銀行による救済合併によって1999年4月に姿を消すことになった現実の推移からして明らかであろう．

　では，なぜ大蔵省は，このように現実性の乏しい収益見込みに最後まで固執したのであろうか．回収不能債権額を一定とおけば，上述の点から明らかなように，収益見込の変更は預金保険機構からの資金贈与額の変更を意味する．大

---

[13]　『日本経済新聞』1995年9月15日付け，ならびに11月3日付け，参照．なお，兵庫銀行は，経営破綻の表面化に先立つ2年間の間に，流動性資金確保のために優良取引先の30％から融資を回収するという馬鹿げた行為を行っていた．兵庫銀行に先立って経営破綻したコスモ信組でも，破綻が表面化して以降取引先企業の流出が進行しており，この面からも新銀行による再建がうまくいく可能性は小さいという見方が一般的であった．『日本経済新聞』1995年10月7日付け，参照．

蔵省は兵庫銀行と木津信組の破綻処理を同時発表した際に，両者への預金保険機構からの資金贈与額が，それぞれ4,000億円強に達するであろうとの見通しを示した．これは，当時公表されていた回収不能債権が，木津信組の場合には6,000億円，兵庫銀行の場合には7,900億円であったことからすれば，明らかに不十分なものであった．だが，当時の預金保険制度の枠組みでは，付保預金に対する保険金支払額，すなわちペイオフコストの範囲内でしか破綻金融機関に対する資金援助は認められていなかった．4,000億円という金額は，いわば当時の限度いっぱいの援助額であった．結果的には，兵庫銀行の破綻処理は，当時の預金保険制度の枠組みのもとで遂行されたのに対し，回収不能債権額が当初予想を大きく上まわって9,600億円にのぼることが判明した木津信組の場合には，預金保険法の改正を待って，特別資金援助も含めれば最終的なペイオフコスト5,194億円を大きく超えた1兆340億円の資金贈与がなされた[14]．兵庫銀行の破綻処理が新銀行の立ち上げを前提したものであるがゆえに，預金保険法の改正を待つだけの時間的猶予がなかったということであろう．その結果，新銀行方式を打ち出した大蔵省としては，収益見込みの点でつじつまを合わせる以外にはなかったのである．第1節で指摘した「大蔵省の威信を守らねばならない」という官僚意識が，ここでも問題をより激化させる方向で作用したように思われる．

　兵庫銀行は，このような不良債権処理計画に基づいて，1995年9月中間期決算で不良債権の大規模な償却を行った．償却額は，会社整理・特別清算を行うことにした系列ノンバンク関連で3,503億円（系列ノンバンクが補償していた個人ローンの回収不能分124億円を含む），兵庫銀行本体の回収不能債権で2,543億円，合計6,046億円に達した．前者は，貸倒引当金と支払承諾損失引当金による償却で，後者は，貸出金償却と債権償却特別勘定で償却した．決算処理上は6,046億円のうち830億円を経常損益レベルで，5,216億円を特別損益レベルで処理した結果，1995年9月期決算は経常損益で760億円の赤字（期首予想は6億円の黒

14）衆議院に提出された大蔵省ならびに預金保険機構からの資料による．

字),最終損益で5,980億円の赤字(同じく5億円の黒字)となった.この償却に伴う損失額は,最終的に預金保険機構からの資金贈与や兵庫銀行の自己資本などで埋められるが,当時7,900億円と見積もられていた回収不能債権の残りの部分1,854億円は,新銀行発足に伴って新銀行に譲渡されることになった[15].

(3) 大蔵省・日銀の全面的なバックアップにもかかわらず難航した新銀行の立ち上げ

それでは,新銀行の立ち上げはいかに行われたのであろうか.新銀行の発足にあたっては,人事・組織面と資本金をどう集めるかの二つの問題があった.まず人事の点からみていこう.再建案発表の時点で,金融監督当局は,新銀行の頭取として旧太陽神戸三井銀行(後のさくら銀行)の元副頭取で当時神戸商工会議所副会頭であった米田准三氏の内諾をほぼ得ていた.米田氏に白羽の矢がたった理由は,大蔵省・日銀出身者ではない,地元経済界の信頼が厚い,金融機関経営の経験があるなどの選考基準を総合してのことであった[16].この人事は,さくら銀行前会長であった松下康雄日銀総裁が直接口説き落としたと言われている.だが,この頭取人事は別にして,新銀行の体制作りは大蔵省,日銀の思惑通りには進まなかった.大蔵省,日銀は,当初,新銀行の経営を兵庫銀行の筆頭株主であった住友銀行を軸にして立ち上げようとの意向をもっていたが,この住友銀行も含めて都市銀行や信託銀行各行は,大蔵省による取締役派遣要請にも難色を示した.先に不良債権処理にかかわって指摘したように,新銀行が,架空とまでは言わないにしても,きわめて実現性の乏しい「収益計画」に基づいて運営されることが分かっているのに,あえて「火中の栗」を拾うことはできないという銀行業界側の判断を反映していた.結局,10月19日に発表された新銀行,すなわちみどり銀行の経営体制は,米田頭取を筆頭に,大

---

[15] 『日本経済新聞』1995年10月26日付け,ならびに11月3日付け,参照.当時の日本における不良債権の現状とその処理方法の問題性については,デービッド・アトキンソン『銀行──不良債権からの脱却──』(日本経済新聞社,1994年)参照.

[16] 『日本経済新聞』1995年8月31日付け,参照.

蔵省，日本銀行がそれぞれ派遣する代表権をもつ常務2人と，民間銀行枠の2人の取締役から構成されることになった．この民間枠の役員は一定期間で出資銀行が派遣メンバーを入れ替える「輪番制」となった[17]．大手銀行各行がみどり銀行に対していかに「逃げ腰」であったかが一目瞭然の経営体制であり，かくして，新銀行は大蔵省・日銀主導の銀行として発足することが決定的となった．大蔵，日銀管理とは言え，5名の取締役のうち2名が短期間に入れ替わるこのような経営体制に対して，無責任という声が地元金融界からも上がったのは当然であろう．

　それでは，新銀行への出資の方はどうであったのだろうか．再建案を発表した時点で，大蔵省，日銀は新銀行の資本金を600億～800億円程度と見込んでいたが，みどり銀行発足を決めるにあたっては，その上限である800億円を目標とすることにした．当初は，民間からの資金調達が不足する場合には，東京共同銀行の例を踏襲して，資本金の半分を上限として日銀の出資も検討された．だが，大蔵省は，生損保も含めて金融界から資本金の過半（400億～500億円）を出資させ，それを梃子に地元神戸市や兵庫県の企業さらには大阪の財界などにも補完的に出資を募る方針を固めた．これに対して，経営責任の一端を担うことになる取締役派遣について頑強な抵抗を示した都銀をはじめ大手銀行や生損保各社は，この出資についても，「10年間無配であることが分かっている新銀行への出資を株主に説明することができない」，あるいは「新銀行の経営が二，三年後に悪化した時，株主であることを理由に再度支援を要請される」懸念などから，初めは難色を示した．だが，大蔵省は9月13日に，兵庫銀行が属する第二地銀協会から「業界最大の兵庫銀が破綻した事実は重い」との判断に基づいて，業界として新銀行の資本金の1/4，200億円を募集するという回答

---

[17] 取締役を派遣する順序は，全国銀行協会連合会（全銀協）の会長を出す順番で決めることになった．それに基づいて，すでに東京共同銀行に住友銀行と富士銀行が取締役を派遣しており，また，さくら銀行は頭取を出していることから，次の順番の三和銀行とその次の三菱銀行（後の東京三菱銀行，さらに三菱東京UFJ銀行）が最初に派遣することになった．『日本経済新聞』1995年11月3日付け，参照．

を引き出した[18]．さらに，前述のように大蔵省から劣後ローンの一部放棄をも要請されていた生保業界では，9月14日に，生保協会会長が「劣後ローンの扱いと出資は別問題」としたうえで出資に前向きの発言をし，これを受けて大蔵省は19日に，生損保14社に合計200億円の出資を要請した[19]．こうした状況下で，すでに具体的に大蔵省から出資の要請がなされていた大手9行の先頭を切って富士銀行が19日に出資を行うことを決定し[20]，この翌日の20日に大蔵省の西村吉正銀行局長が都銀，長信銀，信託19行（東京銀行と日本信託銀行を除く）に対して出資を正式に要請し，かくして金融業界あげての新銀行への出資，いわゆる「奉加帳方式」での出資体制が整った[21]．

　大蔵省が「奉加帳方式」での金融界からの出資を何とか軌道に乗せたのに対して，10月26日に発足したみどり銀行設立発起人会による地元企業や関西財界への積極的な出資の呼びかけは，あまり成果をあげることができなかった．当分の間無配が確実な銀行に広く一般企業に出資を求めるということ事態が無理な相談と言うべきであるが，それに加えて，地元企業の多くには，「自分たち自身が被災者である」，あるいは「事実上経営破綻しているにもかかわらずな

---

18) 『日本経済新聞』1995年9月14日付け，参照．
19) 『日本経済新聞』1995年9月15日付け，参照．
20) 『日本経済新聞』1995年9月20日付け，参照．個別に大蔵省から出資要請を受けていた大手銀行9行は，兵庫銀行の大株主であった住友銀行，日本長期信用銀行，日本興業銀行，関西を主要な営業基盤とする三和銀行，さくら銀行，大和銀行，ほかに関東系の上位都市銀行である第一勧業銀行，富士銀行，三菱銀行であった．このなかで，他の大株主銀行や関西系の有力銀行をさしおいて関東系である富士銀行があえて最初に名乗りをあげたことに，一定の思惑を感じるのは，筆者だけではあるまい．上位都銀のなかで財務状態が懸念される銀行として，何かことあった時のために大蔵省に対して少しでも心証を良くしておきたいという意図が働いていたのではないか．
21) 日本経済新聞社編前掲書『誰が銀行をつぶしたか』は，この9月20日の大手19行に対する正式の出資要請について，東京共同銀行への出資に際して「密室行政」と非難を浴びた大蔵省が，それに懲りて「開かれた破綻処理」をめざしたものとして位置づけている．だが，第二地銀，生損保業界といわば外堀を埋め，さらに富士銀行の受諾という内門を開けさせた上でのこの要請は，すでに大勢が決した上でのセレモニーにすぎなかったのではないか．

ぜ兵庫銀行だけ生き残りうるのか」などの率直な疑問や不満が存在しており，これらを十分説得するだけの論理も新銀行の将来展望も示しえなかった当然の結果であったといえよう．

表 4-4 は，当初の払込み資本に加え，1995 年 12 月 5 日，ならびに 1996 年 1 月 19 日の 2 回にわたる増資を経て，1996 年 1 月

表 4-4　みどり銀行の発足時の出資構成

◆住友，日本興業，日本長期信用，三和，さくら，第一勧業，富士，三菱，大和銀行	各 25 億円
◆東海，あさひ銀行	各 10 億円
◆信託銀行 6 行，北海道拓殖，日本債券信用銀行	各 2 億円
◆第二地銀 64 行	201 億円
◆生・損保 19 社	150 億円
◆兵庫県，神戸市財界 ◆関経連など大阪財界	約 97 億円
	709 億円

出所：表 4-1 に同じ．

29 日に営業を開始した時点でのみどり銀行の出資金の構成を示したものである．これによれば，当初各行最大 40 億円の出資を要請されていた一部大手銀行の出資額が 25 億円にとどまったことや，生損保 19 社による出資金が 200 億円から 150 億円に切り下げられたことなどの一部変更があったにせよ，金融界からの出資金は合計 612 億円と大蔵省が当初予定していた金額を上まわるものとなっている．これに対して，地元企業や関西財界からの出資金は 97 億円にとどまり，結局全体としては目標とされた 800 億円にはとどかなかった．兵庫銀行を引き継ぐ形で設立されたみどり銀行は，大蔵省・日銀の強力なバックアップ体制が敷かれたにもかかわらず，経営体制の点でも資本金の面でも不安を残したままの船出となった．

第 3 節　みどり銀行の経営破綻と阪神銀行による救済合併

（1）　発足後 2 年間で行き詰まったみどり銀行

このように不安を抱えての旅立ちとなったみどり銀行は，営業開始直後から困難な経営状態に陥った．旧兵庫銀行の 1995 年 10 月 27 日から 1996 年 3 月末までを対象とする 1996 年 3 月期決算（みどり銀行の営業開始は 1996 年 1 月 29 日）で，みどり銀行の経常損益は 48 億円の黒字であったが，特別損失として 614 億円を計

上し，最終損益は566億円の大幅な赤字を出した．この特別損失のうち，357億円は当初の再建案で5年間での償却が計画されていたのれん代1,785億円の初年度分であり，その他にも，これも既定方針の会社整理・特別清算中の系列ノンバンク関連の貸倒引当金86億円の繰入れが含まれていた．だが，それらに加えて，早くも新たに171億円の特別損失が発生した[22]．これに続く1996年9月中間決算では，経常損益で65億円の黒字を計上し，半年分の営業権の償却費用179億円の特別損失も含めて最終損益を118億円に抑え，来るべき1997年3月期決算について経常損益で110億円の黒字を出し，最終損失を260億円の赤字に抑えるとの見通しを示した[23]．

だが，この収益見通しはものの見事に外れてしまった．実際の1997年3月期決算では，103億円の業務純益を確保したものの新たに不良債権の償却を217億円，また，株式償却も115億円行ったために，経常損益段階で177億円の赤字に転落した．そして，これに例の357億円の特別損失等が加わり，最終損失は，先の予想を大きく上まわり前年3月期と同水準の542億円の大幅赤字を記録した．開業以来の累積損失はわずか二期目で1,108億円に達し，自己資本709億円に対して399億円の債務超過に陥った[24]．表4−5は，同期決算で経常赤字を出した地銀，第二地銀の収益ならびに不良債権額等を示したものである．これによれば，この時点でのみどり銀行の不良債権額は，公表分だけで2,531億円で貸出残高に対する不良債権比率は14.05％，またその引当率も11.82％と，両数値ともに，同じく経常赤字を出した他の地銀，第二地銀と比べても最悪の水準であった[25]．この負債超過の事態に対して，みどり銀行は，営業開始直前の1996年1月26日に自己資本不足を補うために緊急に決定された日銀による

[22) 『日本経済新聞』1996年5月23日付け，参照．
23) 『日本経済新聞』1996年11月2日付け，参照．
24) 『日本経済新聞』1997年4月26日付け，参照．
25) 唯一わかしお銀行が，不良債権引当率で6.65％とみどり銀行の11.82％を下まわっているが，このわかしお銀行は，1996年3月に経営破綻した旧太平洋銀行の受け皿銀行として設立されたばかりの銀行であった．

第4章　兵庫銀行の事実上の経営破綻とその破綻処理　129

表4-5　1997年3月期に経常赤字となった地銀・第二地銀
（百万円，％，▲はマイナス．カッコ内は　年3月期）

銀行名	業務純益	経常利益	不良債権	引当率	不良債権比率
東京相和	6,672(17,169)	▲41,400(▲52,103)	158,719	42.92	7.93
近　畿	11,380(16,185)	▲33,029(▲14,525)	84,776	49.57	4.22
福　徳	7,750(14,140)	▲32,647(　1,023)	102,321	42.14	8.08
八千代	15,418(21,091)	▲31,570(　2,737)	84,674	66.24	6.14
幸　福	16,871(21,835)	▲29,606(▲　475)	120,943	41.52	7.41
東京都民	19,224(18,342)	▲22,872(　4,920)	79,800	38.44	4.11
みどり	10,329(　1,363)	▲17,733(　4,826)	253,153	11.82	14.05
国　民	8,167(　8,402)	▲16,862(　1,660)	53,649	53.84	11.14
北海道	29,842(29,277)	▲46,830(　38,904)	201,154	22.99	7.42
熊本ファミリー	13,407(46,715)	▲16,237(　759)	40,231	80.51	3.59
池　田	8,872(12,912)	▲16,185(　3,001)	26,048	82.98	2.19
岐　阜	3,673(　3,939)	▲14,467(　1,768)	26,682	63.36	4.26
関　東	7,190(　5,744)	▲13,746(　3,085)	50,700	44.77	7.03
泉　州	11,833(　9,125)	▲13,215(　1,197)	64,547	35.39	5.07
阪　神	10,204(13,127)	▲　9,543(▲　288)	102,321	42.14	8.08
中　部	4,406(　7,658)	▲　6,831(　467)	17,584	64.56	3.77
徳陽シティ	3,380(　4,874)	▲　5,773(▲　9,723)	66,803	23.17	14.43
京都共栄	2,487(　3,644)	▲　3,287(▲　1,020)	25,882	41.55	8.44
なにわ	6,771(　4,151)	▲　1,193(　772)	22,912	33.17	6.88
わかしお	1,005(　－)	▲　1,189(　－)	18,132	6.65	4.00

出所：『日本経済新聞』1997年6月13日付け．

　1,100億円の劣後ローン（実施日は営業開始当日の1月29日）を含めれば，「実質的には債務超過ではない」と強弁したが[26]，不良債権の急速な劣化の状況からして，実質的な負債超過状態への転落も時間の問題と考えられた．実際1997年9月中間期決算では，業務純益自体が当初見込みを8億円下まわる22億円にとどまったばかりではなく，前期来問題になっていた新たな不良債権発生に伴う貸出金償却が112億円，同じく株式評価損も57億円発生し，その結果，経常損益が127億円の赤字となった[27]．この事態は年が改まっても改善されるどころかいっそうの悪化を辿り，ついに1998年3月期決算で，みどり銀行が「実質

---

26)　『日本経済新聞』1997年6月13日付け，参照．
27)　『日本経済新聞』1997年11月1日付け，参照．

に」，すなわち日銀の劣後ローンを自己資本のなかに組み入れたとしても，約1,000億円強の債務超過に陥ることが確実となった．この事態に至って，大蔵省・日銀もみどり銀行の存続，すなわち旧兵庫銀行の新銀行での再建を最終的に断念し，阪神銀行によるみどり銀行の救済合併へと方向転換し，旧兵庫銀行の破綻処理は新たな段階に突入した[28]．

（2） みどり銀行の経営破綻の要因

　以上のように，みどり銀行が発足後わずか2年あまりで行き詰まった原因として，以下の諸要因が指摘できよう．第一に，みどり銀行の発足に際して旧兵庫銀行が抱え込んだ不良債権の処理が不徹底に終わったことである．不良債権の根幹をなす回収不能債権8,100億円自体が完全には処理されずに，営業譲渡費用も合わせて1,785億円が損失としてみどり銀行に持ち越され，それが，毎年375億円の特別損失として新銀行の収益に大きくのしかかった．第二に，みどり銀行の経常収益を営業開始早々大きく損なわせることになった償却金については，株式の評価損を別とすれば，たんに一般的な経済環境の悪化に帰することはできない．表4-3の新銀行の収益計画では，確かに震災関連で10年間で890億円，年平均で89億円の減益要因が考慮されていたとは言え，営業開始後の貸出償却金はそれを大きく超えるものであった．大蔵省の再建計画，収益計画に対して，前述のように，民間銀行関係者から不良債権額，回収不能債権額の見積もりの甘さが再三指摘されていたが，現実の進行によって，それらの指摘の正しさが実証された．再建案を策定する段階での大蔵省・日銀による銀行検査・資産分類がそもそも実態を正確に把握したものになっていなかったことが，今回の予想を超えた（予想どおりと言うべきか）テンポでのみどり銀行の破綻劇の直接の原因であった[29]．第三に，新銀行の収益計画では，資本金ならびに預金保険機構からの贈与資金の運用で，10年間で1,600億円，年平均160億円の収益が見込まれていた．だが，預金保険機構が回収不能債権穴埋めのため

---

[28] 『日本経済新聞』1998年5月15日付け，参照．

に贈与するとされていたこの4,730億円の大部分4,000億円が，実際には贈与後ただちに日銀特融の返済に充てられた．新銀行の収益見込2,590億円（10年間累計額）の約60%を占めた贈与金ならびに資本金の運用益計画が大きく崩れたわけである．この事態に対して，日銀は前述のように，破綻時の返済順位が一般の貸出債権よりも低いがゆえに自己資本を補完する意味をもつ劣後ローン1,100億円を民間銀行に対して初めて実施したが，みどり銀行の収益計画が大きく損なわれたことは疑いない[30]．

（3）　阪神銀行による救済合併に導いた要因

阪神銀行によるみどり銀行の救済合併は，1998年5月15日に突然発表された．この合併劇について新聞報道が伝えるところによると，みどり銀行の米田准三頭取が1998年の2月に松下康雄日銀総裁に密かに会い，みどり銀行が1998年3月期決算で大幅な債務超過に落ち込むことを伝え，それを受けて，これ以

---

[29]　大蔵省が当初発表した回収不能債権7,900億円に対して，金融界のなかに「この数字を正しいと思っているのは大蔵省と日銀だけ」との声があったとされている（『日本経済新聞』1995年11月3日付け）．もし大蔵省・日銀が十分な検査結果としてこの数字を出したとすれば，その検査能力が問題になるであろうし，また「再建計画」を社会的に認知させるために回収不能債権を少な目に見積もったとすれば，大蔵省の発表する数値の恣意性が問われることになる．不良債権の実態をできる限り隠蔽しておこうとする日本の金融界の基本姿勢は一貫したものであるが，従来の日本の金融行政からして大蔵省の意向を無視してこのようなことが行われたとは考えられない．その典型例として，すでに1992年当時から焦げ付きが確実視されてきた住専に対する融資が，1995年段階まで不良債権として計上されてこなかったことを指摘できよう．すべての金融機関がそうしてこなかったのは，大蔵省がそのような取扱いを認めていなかったからにほかならない．「しなかった」のではなく「できなかった」のである．このような不良債権の取扱いにおける大蔵省の裁量権の問題性を指摘したものとして，岡憲策「不良債権の償却ってどうやるの」（『エコノミスト』1996年2月27日号）参照．

[30]　この劣後ローンの貸出条件は，金利が公定歩合に0.25%上乗せした0.75%で，期間は2006年までの10年間，返済は2002年からの均等返済であった．だが，これが無担保で行われたかどうかは定かではない．ちなみに，日銀による劣後ローンが無担保で行われるならば事実上日銀特融と変わるところはないという見解が，4,000億円の日銀特融返済に関連して示されていた．『日本経済新聞』1996年1月7日付け，参照．

上存続が不可能と判断した大蔵省・日銀がみどり銀行の破綻処理に乗り出した．そして，以前より不良債権の処理に苦しみ顧客の不信感に手を焼いていた阪神銀行が，この機にみどり銀行の営業基盤を取り込むことによって「神戸市に本店を置く唯一の地元密着のリテール（小口預金取引）銀行として生き残る」方針を固め，みどり銀行の合併に踏みきったと言う[31]．だが，阪神銀行は上述のように自らが問題銀行として噂にものぼる存在であり，規模の点でも1997年9月末で預金残高が9,200億円と第二地銀のなかでも中規模銀行にすぎない．これに対して，合併相手のみどり銀行は1997年11月の金融不安によって新たな預金流出に見舞われたとは言え，1997年9月末の預金残高は1兆8,600億円と阪神銀行の2倍の規模の銀行であった．通常の感覚では，前者が後者を救済合併できるとはとても考えられない．それでは，この救済合併劇の背後でいかなる力が働き，どのような条件に支えられて，この構想は日の目を見ることになったのであろうか．

　第一に，大蔵省・日銀の基本的スタンスとして，たとえみどり銀行の存続が不可能であるとしても，収益見込まで提示して大蔵省肝いりでつくった設立経緯からして清算という形での処理はありえなかった．しかも，受け皿銀行方式はこの問題では二度と採用できない．となれば民間銀行による救済合併しか手はなかったわけである．第二に，従来このような救済合併による破綻処理を担ってきた大手銀行は，旧兵庫銀行の破綻処理の第一段階で，それを引き受けることが総合的に見てメリットがないという判断をすでに下していた．まさにそうであったからこそ，大蔵省としてとっておきの破綻処理スキームであった民間金融機関の共同出資による受け皿銀行構想を，東京共同銀行に続けて採用せざるをえなかったのである．大手銀行が引き受けたがらない以上，合併銀行はそれ以下の業態のなかで探す以外になかった．みどり銀行の頭取を出したさくら銀行が，その責任上，株式の4.6％を保有し頭取も派遣している影響下にある阪神銀行にその役割を押し付けたというのが，おそらく事態の真相であろ

---

[31] 『日本経済新聞』1998年5月15日付け，ならびに5月19日付け，参照．

う．実際阪神銀行による救済合併の発表に先立って，1998年4月末に，さくら銀行は系列ノンバンク再建のための70億円の拠出を中心に阪神銀行の全面的支援に乗り出した[32]．自分の2倍の規模の銀行を合併しようとする銀行が，自らの不良債権の処理さえおぼつかない状況では，合併構想の信憑性が疑われかねなかった．

第三に，救済合併する銀行が決まったと言っても，阪神銀行の規模，経営内容からして，合併によって何らかの損失負担が生じれば阪神銀行もろともこの合併劇が破綻することは明らかであった．みどり銀行の経営破綻の経験からしても，今回の救済合併に際しては，みどり銀行のすべての不良資産ならびに資産の含み損を処理することが前提条件となった．後に詳論するように，これに先立って預金保険法の改正も含め金融システム安定化のために30兆円の公的資金を投入する法律が通っていたことが，それを可能にした．大蔵省は，5月時点で，みどり銀行の実質損失額を3,500億～4,000億円の間と見積もり，預金保険機構による資金贈与額を5,000億～6,000億円にも達すると見込んでいたが，30兆円の公的資金投入という条件なしには，このような気前のよい合併支援策はありえなかったであろう[33]．

第四は，みどり銀行の出資者の取扱いの問題である．通常の経営破綻のケースであれば，株主責任として資本金が損失の穴埋めのために充当されることは当然である．だが上述のように，みどり銀行の場合には，大蔵省が提示した再建案の実現性がきわめて乏しいことをみな承知のうえで，震災復興という大義

---

[32] 『日本経済新聞』1998年4月27日付，参照．頭取派遣，あるいは代表権をもつ役員の派遣がこのような役回りを背負い込む可能性があったからこそ，みどり銀行の発足に際して，大手銀行間で無責任体制とも言うべき役員派遣の「輪番制」が採られたのである．

[33] 『日本経済新聞』1998年5月16日付，参照．しかし，ペイオフコストを上まわる資金援助を可能にした改正預金保険法でも，預金保険の資金贈与はあくまで救済する側に対して行うことが前提されており，救済される側に対してその不良債権を事前に処理するために実施することは困難であった．この問題を回避するために，「阪神銀が合併前に預金保険の贈与を受けて，それをみどり銀に再贈与する」という手のこんだやり方まで採用されている．『日本経済新聞』1998年5月19日付，参照．

名分と大蔵省のメンツのために「奉加帳」に名を連ねたのである．とすれば，これらの出資者に株主責任を問うことはできない．その分預金保険機構の資金贈与額が増えることになる．これらの事情から，阪神銀行とみどり銀行との合併比率は，阪神銀行1に対してみどり銀行0.25，すなわち4対1となった[34]．

---

[34] 『日本経済新聞』1998年5月16日付け，参照．

第5章　第一次金融危機と住専処理—日本型 TBTF 体制の原型

はじめに

　本章でその破綻処理過程を考察する住宅金融専門会社（以下住専と略記する）は，1980年代におけるバブル経済を象徴する存在であった．野放図な貸出行動の結果として目を疑うほどの不良債権を抱え込んだ住専各社，これらの住専を自らの投機活動の補完物として利用し最終的に「ゴミ箱」として放り出した大手銀行等の関与，そして金融業界あげての投機活動を黙認し，その不良債権化が明確になると一貫して問題の先送りを企図し，最終的のその損失を国民に転嫁しようとした大蔵省．バブル経済の申し子と言うべき存在であったがゆえに，1990年代前半における最悪の中小企業金融機関の破綻処理を受けて行われた住専問題の処理は，1990年代の不良債権処理の中心部分をなしたことは疑いのない事実であろう．当時の西村吉正大蔵省銀行局長は，住専処理法案が可決された直後に，「バブルの後始末という日本経済の中期的な問題の処理」がなされたという見解を示した（『金融財政事情』1996年7月8日号）．だが，このような評価が，バブル経済の破綻が日本経済の根幹を脅かしつつある現実をいかに直視しない立場であったかは，それ以降の現実の進展が示したとおりである．むしろ，本章で示す住専処理のあり方そのものが，1998年の金融再生法等に至るわが国の金融危機管理に対するセーフティネットの基本性格を規定してきたのであり，そして，まさにそれによって，1997年11月以降における金融危機の急性的な進行が条件づけられたといっても過言ではないであろう．

　以下このような位置づけに基づいて，住専問題の内容とその処理過程を具体的に解明する．

第1節　住専各社の経営破綻の実態

（1）　住専各社の不良債権の状況

　最初に，大蔵省が住専の最終処理を決断した時点での住専各社の経営実態を示すことにしよう．大蔵省は最終処理案策定に先立って，1991年-1992年の第一次住専調査につぐ第二次調査を1995年8月に行ったが，この時点で破綻処理が回避されたいわゆる農林系の住専である協同住宅ローンは対象外となっている[1]．以下の諸表は，この第二次調査によって明らかにされた数値に基づくものである．

　表5-1は，1995年6月末時点での住専7社の不良資産等を示したものである．これによれば，住専7社の総資産残高12兆9,224億円のうち9兆5,626億円，実に74.0％が不良資産化しており，さらにそのなかの約7割，6兆2,738億円（総資産比で48.5％）が回収不能，すなわち損失となることが予想されている．これを各社別に見れば，不良資産比率では最高の第一住宅金融の83.5％から最低の地銀生保住宅ローンの67.7％，また損失見込み比率では住総の59.2％から第一住宅金融の39.0％と一定の開きが見られるが，各社とも7割前後，あるいはそれ以上の資産が不良化していることに変わりはない．

　ところで，住専はノンバンクの一形態として銀行等から借り入れた資金をもとに貸付業務を行う金融機関であるのだから，資産の主要部分が貸出債権からなっているのは当然である．この時点での住専7社の貸出残高は10兆7,196億円で，総資産の83％を占めている．この貸出債権の不良債権化の推移を示したのが表5-2である．上段①は大蔵省が1991年-1992年に行った第一次調査の結

---

[1]　住専業界を全体として整理することが政治的に決定されたにもかかわらず，農林系の協同住宅ローンだけが当面破綻処理を免れたことは，この住専問題における農林系統金融機関（信用農業協同組合連合会や農林中金）の関わりの深刻さを浮き彫りにするものである．だが，協同住宅ローンは住専業界のなかにあっては1979年設立の最後発部隊であり，また経営規模も他の7社の半分以下の水準であり，業界全体としての動向に影響を及ぼす存在ではない．

第 5 章　第一次金融危機と住専処理——日本型 TBTF 体制の原型　137

表 5-1　住専 7 社の不良資産等の概要　　　　　　　（億円，%）

	資本金	借入額	貸出残高	大口比率	総資産残高	不良資産額	損失見込み額
			事業向け貸出				
日本住宅金融	312	23,458	19,312	54.6(23.7)	24,249	17,799(73.4)	11,289(46.5)
住宅ローンサービス	54	16,892	14,196	45.8(16.7)	15,949	12,361(77.5)	7,064(44.3)
住総	30	20,200	16,094	55.3(25.8)	19,784	15,887(80.3)	11,725(59.2)
総合住金	24	13,683	11,183	40.5(15.0)	13,410	11,198(83.5)	6,529(48.7)
第一住宅金融	221	18,156	15,058	56.3(28.3)	18,425	11,516(62.5)	7,180(39.0)
地銀生保住宅ローン	26	12,187	8,779	55.5(26.7)	12,308	8,333(67.7)	5,363(43.0)
日本ハウジングローン	127	25,183	22,574	45.5(24.4)	25,145	18,532(73.7)	13,588(54.0)
計	794	129,759	107,196	50.4(23.0)	129,224	95,626(74.0)	62,738(48.5)

注 1：1995 年 6 月末の数値，ただし資本金ならびに借入額は 1995 年 3 月末．
　2：大口比率は，グループ企業も含む上位 50 社の数値，カッコ内は上位 10 社．
　3：不良資産，損失見込み額には有価証券，不動産などを含む．カッコ内は総資産残高に対する比率．
出所：『日本経済新聞』1996 年 1 月 20 日付けより作成．

果であり，下段②は第二次調査の数値である．これによれば，1990 年代初頭の段階ですでに住専の貸出債権は約 4 割（12 兆 3,010 億円中 4 兆 6,479 億円）が不良債権化していたのであるが，地価下落のさらなる進展とともに，不良債権化率は 1995 年 6 月末時点の 75.9%，貸出残高 10 兆 7,196 億円のうち不良債権額は 8 兆 1,321 億円へと急速に跳ね上がった．とりわけ貸出債権のこのような焦げ付き状況は大口融資に顕著であり，貸出額の上位 50 位をとれば，不良債権化率は 1990 年初頭段階の 67.1% から 1995 年段階には 94.7%（4 兆 4,046 億円のうち 4 兆 1,712 億円）へ，すなわち大口融資については健全な債権はないという信じがたい事態にまで陥った．

（2）　1980 年代における住専の変質と不良債権
　住専の貸出債権のこの異常なまでの不良債権化の進展は，表 5-3 下段の住専の種類別融資残高の構成の変化と軌を一にしている．表 5-3 上段では個人

表5-2 住専7社に対する大蔵省調査と不良債権の推移

① 1991-92年調査　　　　　　　　　　　　　　　　　　　　　　　　（億円，%）

	貸出残高	不良債権額	比率	上位50社 貸出残高	不良債権額	比率
日本住宅金融	22,739	6,617	29.1%	9,469	5,038	53.2
住宅ローンサービス	16,386	4,326	26.4%	6,223	2,807	45.1
住総	18,692	7,465	39.9%	8,384	6,263	74.7
総合住金	13,677	3,690	27.0%	4,221	1,866	44.2
第一住宅金融	17,417	5,435	31.2%	7,349	4,748	64.6
地銀生保住宅ローン	10,461	6,252	59.8%	5,135	4,478	87.2
日本ハウジングローン	23,638	12,694	53.7%	12,215	10,383	85.0
計	123,010	46,479	37.8%	53,029	35,583	67.1

② 1995年8月調査

	貸出残高	不良債権額	比率	上位50社 貸出残高	不良債権額	比率
日本住宅金融	19,312	14,367	74.4%	8,994	8,500	94.5
住宅ローンサービス	14,196	10,833	76.3%	5,918	5,350	90.4
住総	16,094	12,907	80.2%	7,541	7,383	97.9
総合住金	11,183	9,606	85.9%	4,040	3,980	98.5
第一住宅金融	15,058	9,914	65.8%	6,010	5,524	91.9
地銀生保住宅ローン	8,779	6,951	79.2%	4,243	4,002	94.3
日本ハウジングローン	22,574	16,743	74.2%	7,301	6,973	95.5
計	107,196	81,321	75.9%	44,046	41,712	94.7

注1：貸出残高，上位50社に対する貸出残高は逆算による．
出所：『日本経済新聞』1996年2月6日付けにより作成．

向け住宅ローン残高の推移が示されているが，それによれば住宅ローン残高は全体として1971年度末の3兆7,605億円から1980年度末の45兆1,512億円へと，1970年代にほぼ12倍化という急増ぶりを示した．この趨勢的な増大傾向は1980年代ならびに1990年代初頭にも継続し，1994年度末の141兆8,245億円へとさらに3倍化した．

ところで，この個人向け住宅ローンの増大ぶりを貸手の立場から見てみる

第5章　第一次金融危機と住専処理—日本型 TBTF 体制の原型　139

表5-3　個人向け住宅信用供与残高ならびに住専の種類別融資残高構成比の推移

（億円，％）

	1971年度末	1975年度末	1980年度末	1985年度末	1986年度末	1987年度末	1988年度末
個人向け住宅信用供与残高(注1)	37,605	162,273	451,512	676,053	722,059	791,574	880,139
うち全国銀行	10,784(28.7)	61,856(38.1)	174,895(38.7)	214,076(31.7)	238,446(33.0)	282,576(35.7)	328,488(37.3)
うち住宅金融公庫	8,629(22.9)	30,172(18.6)	111,077(24.6)	216,658(32.0)	236,632(32.8)	264,698(33.4)	298,133(33.9)
うち住専(注2)	270(0.7)	6,105(3.8)	32,644(7.2)	35,073(5.2)	30,577(4.2)	27,026(3.4)	25,042(2.8)
住専種類別融資構成比							
個人住宅向け	100.0	99.5	95.6	67.0	51.7	39.1	31.5
事 業 向 け	0.0	0.5	4.4	33.0	48.3	60.9	68.5

	1989年度末	1990年度末	1991年度末	1992年度末	1993年度末	1994年度末
個人向け住宅信用供与残高(注1)	991,590	1,085,159	1,174,344	1,236,073	1,316,553	1,418,245
うち全国銀行	381,578(38.5)	413,878(38.1)	436,752(37.2)	440,807(35.7)	446,941(33.9)	457,415(32.3)
うち住宅金融公庫	335,087(33.8)	372,680(34.3)	400,438(34.1)	435,942(35.3)	491,695(37.3)	570,034(40.2)
うち住専(注2)	26,433(2.7)	28,429(2.6)	28,440(2.4)	26,990(2.2)	25,551(1.9)	24,025(1.7)
住専種類別融資構成比						
個人住宅向け	24.1	21.4	21.6	21.6	21.3	20.6
事 業 向 け	75.9	78.6	78.4	78.4	78.7	79.4

注1：民間金融機関（全国銀行，信用金庫，信用組合，労働金庫，農協，生保，損保，住専，割賦業者）および公的機関（住宅金融公庫，住都公団，地方公共団体，年金事業団，雇用事業団，沖縄公庫）の合計．
　2：住専8社計，ただし種類別融資残高の構成比は共同住宅ローンを除く7社についてのもの．
出所：『日本経済新聞』1996年1月20日付けより作成．

と，1970年代にそれを主要に担った民間金融機関は，一方では全国銀行であり，他方ではこの時期に各金融業界によって競って設立された住専であった．全国銀行はこの1980年代に個人向け住宅ローンを1兆784億円から17兆4,895億円へと16倍化し，個人向け住宅ローン供与残高に占める割合を28.7％から38.7％へと大幅に引き上げた．また，設立当初はわずかに270億円でしかなかった住専の住宅ローン残高は1980年度末には3兆2,644億円へと一挙に120倍化し，構成比も7.2％に達した．これに対して，1980年代さらには1990年代前半に住宅ローン残高を膨張させた主要な担い手は住宅金融公庫である．その貸出残高は1980年度末の11兆1,077億円から，1990年度末の37兆2,680億円を経て，1994年度末には57兆円に達した．構成比は同期間に24.6％から34.3％，さらには40.2％にまで急上昇した．この期間全国銀行も本格的に住宅ローン部面へ進出し，自ら設立した住専に対して「借り換え攻勢」[2]をかけつつ，1980年

度末の17兆4,895億円から1990年度末の41兆3,878億円へと貸出残高を大きく増大させた．だが，個人向け住宅ローン残高全体に占める構成比は，1990年度末で1980年度末と同じ38％台にとどまり，1994年度末には絶対額では4兆円の増加を示したにもかかわらず32.3％へと低下した．

それでは，住宅ローン需要がなお持続的に拡大したこの1980年代において，住専の個人向け住宅信用供給はどのように推移したのであろうか．それは貸出残高の絶対額において1985年度末に3兆5,073億円を記録したあと明確な減少傾向を辿り，1990年度末には2兆8,429億円，1994年度末には2兆4,025億円の水準に低下した．当然その結果として構成比は1980年度末の7.2％をピークに急激に低下し，1990年度末で2.6％，1994年度末には1.7％にまで大幅に下落した．個人向けの住宅ローンを供給する専門的な金融機関として設立され，1970年代には住宅金融専門機関として一定の地歩を築いたかにみえた住専であったが，1980年代をつうじて政策金融としての住宅金融公庫の拡大と大企業向け貸出の後退・低迷から住宅ローン市場に本格的に参入した全国銀行の圧力によって，当の住宅金融部面からしだいに駆逐されていったことが窺われる．このような事態のもとで住専が選んだ生き残り戦略が，個人向け住宅信用から事業向け貸出への重点移動，しかも地価高騰という当時の「追い風」に乗っての不動産関連企業への積極的な貸出攻勢であった．表5-3における住専の個人向け

---

2) 1970年代に住専を事実上の住宅金融専門子会社として設立した各金融業態，各母体行は，1970年代後半には自らも個人向け住宅ローンを手がけるようになった．ところでこの段階では，住専が提供する住宅ローン商品は，連帯保証人がいらない点や，融資限度額が大きく返済方法も多様化されているなど，なお製品差別化で一定の有利性を保持していた．だが1980年代に入ると母体行は多様な商品開発を行いつつ，住専の取引相手のなかで優良な顧客にターゲットを絞りつつ「借り換え攻勢」を積極的に展開するようになった．住専の行う住宅ローンの実行やその月々の返済が母体行の預金口座をつうじて行われるのであるから，顧客調査は母体行にとってはきわめて容易であり，また住専が母体行などからの借入に依存している限りコスト面での母体行有利は明らかであった．この母体行による「借り換え攻勢」の結果，住専は1983年～1990年にかけて，一方で37万件の新規顧客を開拓したにもかかわらず，全体として貸出件数を17万件も減少させることになった．以上の点については，野田正穂「『住専破綻』と母体行の責任」（山田弘史，野田正穂編『現代日本の金融』，1997年，新日本出版社所収）88-90頁参照．

信用供与額は1985年末以降絶対額において減少傾向を示したが，住専の貸出額そのものは1980年代後半にはほぼ倍化した．このような貸出額増大の基礎上で，表5-3下段における住専の種類別融資残高の構成比の劇的な逆転が生じたのである．1980年度末の時点で貸出構成において95.6％と圧倒的な比重を占めていた住専の個人向け住宅信用は，1985年度末には67.0％へと急速にその割合を低下させ，翌1986年度末には51.7％とほぼ事業向け貸出と拮抗するに至った．その後は事業向け貸出は完全に主客を逆転させ，1990年度末には2兆8,000億円余の個人向け貸出のほぼ4倍，10兆円を超える事業向け貸出を行うようになっており，この関係は住専が破綻する最終局面まで継続した．

ところで個人向けの住宅信用は，金融機能の側面からみれば個人所得に返済可能性を条件づけられた消費者金融の一形態であり，かつきわめて長期の貸付であるという特徴を有している．それゆえ，借り手である個人の住宅ローン借入額が可処分所得に対して一定の範囲内に制限されている限り，返済や金利条件が景況の変化や個々の企業の営業実績に左右される企業向け貸出に比べて，総じて安全で安定的な貸出部面である[3]．この点を念頭において先の表5-2と表5-3とを対照させてみると，1995年8月の調査（数値は6月末時点）での不良債権化していない正常な貸出債権額2兆5,875億円と，1994年度末（1995年3月末）の個人向け住宅ローン残高2兆4,025億円とがほぼ拮抗している．先に表5-3で貸出額上位50位までの貸出債権のほぼすべてが不良債権化したことを指摘したが，それは大口融資だけに限られたことでなく，むしろ住専が1980年代に個人向け住宅貸付からシフトせざるをえなかった事業向け貸出全体

---

[3] 1995年時点で，わが国の家計負債は全世帯平均で425万円，借入世帯平均では1,006万円であり，借入世帯は全世帯の過半を超えている．この家計の負債は，住宅ローンといわゆる消費者信用の二つのタイプに大きく大別されるが，1件あたりの金額では前者が圧倒的に大きくなっている．バブル崩壊後不況が長引くとともに，個人の自己破産が社会問題化しているが，その中心は「多重債務者」の表現に端的に示されているように消費者ローンがらみの破産であり，所得階層的には低所得層，金額的には300万円台の負債に多くみられる．鈴木淑夫・岡部光明編『日本の金融』東洋経済新報社，1996年，62-64頁参照．

を特徴づけるものであった，と言うべきであろう．

（3） 住専各社が発表した財務諸表主要項目の推移

そこで，本節の最後に，以上のような不良債権化の急速な進展が，住専の財務状態をいかに悪化させていったかを見ておくことにしよう．表5-4は，住専7社の損益計算書ならびに貸借対照表の主要項目の推移を示したものである．これによれば，全国的に地価の下落が顕著になってきた1990年代初頭以降，まず1992年3月期決算において，最大手の日本住宅金融を先頭に地銀生保住宅ローンならびに第一住宅金融の3社が当期純損益で赤字を計上し，その結果，住専全体としては営業収益を増加させたにもかかわらず，当期損益で96億円の赤字に陥った．翌1993年3月期決算では，営業収益の大幅な落ち込みを受けてこの赤字傾向は7社全体に広がり，日住金の556億円を含めて住専業界総体としての当期純損益の赤字額は1,548億円に達した．資産・負債の状態もこれと平行する形で悪化の一途を辿った．総資産額の減少が続く過程で，1993年3月期に，まず地銀生保住宅ローンが純資産がマイナスになる，すなわち債務超過に陥り，翌1994年には住総が，さらに翌1995年には総合住金と住宅ローンサービスがこれに加わり，その結果，業界全体としても352億円の債務超過に陥った．

以上の点から，1990年代前半に住専各社が，全国的な地価下落の進行に伴って貸出債権の不良債権化の波に巻き込まれていったことが見てとれる．だが，表5-4そのものは，住専各社が直面していた財務状態の深刻さを正確に表現するものではけっしてない．そのことは，1995年3月期の住専全体としての負債超過額が，わずかに352億円として計上されていることに端的に現れている．表5-1で示したように，1995年6月末時点で，住専業界は全体として6兆円を超える損失が発生することが確実視される事態にあった．この数値と1995年3月期の会計報告の数値とはあまりにも乖離している．住専各社が不良債権累積の実態を最後の最後まで隠蔽してきたことが窺われるが，その問題は次節であらためて具体的に検討する．

表5-4　住専7社の財務諸表の主要項目　　　　　　　　（百万円）

	1991.3月	1992.3月	1993.3月	1994.3月	1995.3月
日本住宅金融					
営業収益	209,762	218,299	131,349	90,165	85,072
当期純損益	3,037	−6,491	−55,607	−6,246	−9,600
純資産額	84,012	76,307	20,700	14,454	4,853
総資産額	2,945,116	2,924,195	2,660,771	2,535,011	2,404,550
住宅ローンサービス					
営業収益	132,936	144,395	103,496	61,572	61,867
当期純損益	1,710	65	−14,467	−12,955	−4,877
純資産額	28,671	28,487	14,019	1,063	−3,813
総資産額	1,782,588	1,796,999	1,667,694	1,693,424	1,688,281
住総					
営業収益	162,635	177,283	112,547	83,003	63,578
当期純損益	1,492	17	−14,910	−5,871	−7,887
純資産額	16,013	16,557	1,646	−4,225	−12,112
総資産額	2,132,079	2,128,051	2,075,620	2,027,190	2,015,533
総合住金					
営業収益	112,073	122,661	90,325	63,803	52,078
当期純損益	1,205	286	−13,771	−353	−7,890
純資産額	13,819	14,144	372	18	−7,872
総資産額	1,596,219	1,575,533	1,502,404	1,428,729	1,362,186
第一住宅金融					
営業収益	151,766	165,599	113,462	78,443	72,672
当期純損益	2,154	−497	−28,712	−22,919	−6,538
純資産額	43,129	42,275	13,563	12,643	6,105
総資産額	2,076,820	2,088,639	1,937,800	1,872,999	1,826,342
地銀生保住宅ローン					
営業収益	114,229	98,885	63,474	43,655	39,532
当期純損益	963	−3,035	−12,344	−14,940	−10,485
純資産額	12,901	9,701	−2,643	−17,583	−28,069
総資産額	1,515,041	1,424,173	1,315,317	1,263,594	1,232,506
日本ハウジングローン					
営業収益	187,967	209,400	144,833	100,388	94,004
当期純損益	2,088	52	−15,042	−7,151	−8,240
純資産額	21,345	21,130	6,087	13,936	5,695
総資産額	2,592,255	2,699,483	2,567,108	2,553,233	2,530,952
合計					
営業収益	1,071,368	1,136,522	759,486	521,029	468,803
当期純損益	12,649	−9,603	−154,853	−70,435	−55,517
純資産額	219,890	208,601	53,744	20,306	−35,213
総資産額	14,640,118	14,637,073	13,726,714	13,374,180	13,060,350

出所：『日本経済新聞』1996年1月20日付けより作成。

第2節　住専の経営破綻の内的諸要因

（1）　不動産関連企業への融資集中

　前節では，業界全体としての破綻処理を余儀なくされた住専各社が，いかに巨額の不良債権を累積させていたのかを明らかにした．その際住専の全面的な経営破綻の構造的要因として，住専が本来の個人向け住宅貸付市場から排除され，次第に事業向け貸出に重点を移していったことを指摘した．本節では，1996年初頭のいわゆる住専国会に提出された資料等に基づいて，住専の事業向け貸出の中身がどのようなものであったのかを具体的に検討し，住専の経営破綻の内的諸要因を明らかにする．

　表5-5は，上の国会提出資料から住専7社の貸出先上位10社について，貸出額ならびに不良債権額と，その紹介元等を抜き出したものであり，表5-6は，それらをもとに，住専7社が全体としてどのような企業（企業グループ）に融資を集中していたのかを明らかにしたものである．これらのなかには，地上げを自ら手がけ暴力団との関係が取りざたされた企業も含め，「バブルの尖兵」として悪名をはせた企業が多数含まれている．1980年代に住専が従来の安全で安定的な個人向け住宅ローンからその営業基盤を移していった先は，東京や大阪などの大都市圏と一部のリゾート地域の地価高騰を千載一遇の収益機会として，金融機関からの巨額の借入によって土地投機に狂奔した不動産関連企業であった．表5-7は，1990年11月～1996年1月末までに倒産した企業のうち，住専7社のいずれかが債権者であったものを集約したものである．それらの合計は64社（延べ数110社），焦げ付き額3,436億円にのぼるが，上位20社の業種から明らかなように，これらはバブル期に住専と一体となって土地投機に明け暮れた不動産業者，マンション分譲業者，リゾート開発業者等の墓碑銘と言えよう．

表5-5　住専7社の貸出先上位10社の不良債権額等　　　　（億円）

	1995年				1991〜1992年
	貸出残高	不良債権額	回収不能額	紹介元	貸出残高
[日本住宅金融]					
1　末野興産	890	890	710	大阪厚生信金	946
2　フジビル	574	574	0	国民銀行	574
3　昭和興産G	380	334	257	自社開拓	393
4　大平産業	328	328	268	東急建設	320
5　池　商	309	302	237	自社開拓	316
6　木村産業	308	308	0	三和建物	—
7　カネイチG	300	299	264	自社開拓	—
8　桃源社	286	279	227	自社開拓	286
9　麻布建物	275	267	219	自社開拓	279
10　淀川観光G	254	254	155	近畿建物保証協会	—
[住宅ローンサービス]					
1　やさかG	271	271	195	大高興産	271
2　コリンズ	249	249	194	三菱銀行	231
3　アドックG	246	173	128	自社開拓	246
4　江木商会G	227	227	171	個人	230
5　都市再開発総合センターG	210	210	176	自社開拓	210
6　メイセーG	205	205	159	自社開拓	—
7　桃源社	199	199	163	住友銀行	200
8　高山物産G	—	—	—		—
9　ペキシム	178	178	92	第一勧業銀行	—
10　佐々木通商	176	176	0	富士銀行	—
[住総]					
1　富士住建G	846	846	626	住友信託銀行	853
2　末野興産G	558	558	436	自社開拓	562
3　太陽エステートG	481	481	418	住総エステートサービス	483
4　朝日住建G	298	298	225	日本信託銀行	401
5　朋友	289	289	227	東洋信託銀行	—
6　タウン開発G	231	231	224	日本信託銀行	242
7　麻布建物G	—	—	—		307
8　コリンズG	200	200	166	三菱銀行・自社開拓	201
9　公栄G	199	199	122	三井信託銀行	238
10　国際販売G	196	196	157	庄司建物	208
[総合住金]					
1　末野興産G	—	—	—		404
2　福山建設	—	—	—		—
3　シャチ	138	138	83	自社開拓	—
4　京都通信建設工業	131	131	96	自社開拓	—
5　窪田G	129	129	84	自社開拓	—
6　雅興産	—	—	—		123

表5-5（続）　　　　　　　　　　　　　　　　　　　　　　　　（億円）

		1995年				1991～1992年
		貸出残高	不良債権額	回収不能額	紹介元	貸出残高
7	千代田トレーディング	—	—	—		115
8	少林寺G	—	—	—		96
9	カワシマ本社	—	—	—		97
10	大和住宅建設G	95	95	67	阪神銀行	—
[第一住宅金融]						
1	東海興業・塩川G	638	638	471	自社開拓	—
2	麻布建物G	465	465	436	自社開拓	465
3	朝日住建G	287	282	212	自社開拓	335
4	富士住建G	274	274	162	自社開拓	318
5	エドケンG	253	253	182	自社開拓	295
6	パシフィックモーゲージ	235	235	195	自社開拓	235
7	トーショーG	228	228	203	自社開拓	230
8	樽浜開発	—	—	—		—
9	飛栄産業G	217	216	179	自社開拓	221
10	カネイチG	198	198	154	自社開拓	206
[地銀生保住宅ローン]						
1	富士住建G	697	697	523	自社開拓	1,009
2	地産G	254	254	0	自社開拓	257
3	末野興産	159	159	109	自社開拓	174
4	麻布G	157	157	109	三井信託銀行よりニッセイ抵当証券経由	157
5	ナナトミ	148	97	79	北陸銀行	161
6	ジージーエスG	—	—	—		162
7	飛栄G	135	135	108	横浜銀行	167
8	TATNo.1LTS日本支店	—	—	—		—
9	佐川急便	—	—	—		—
10	メイセー	111	111	95	安田信託銀行	111
[日本ハウジングローン]						
1	富士住建G	1,767	1,747	1,314	自社開拓	1,840
2	コリンズG	854	853	776	自社開拓	755
3	飯田建設工業	—	—	—		359
4	末野興産	842	842	707	大和工商リース	914
5	丸東工務店G	—	—	—		456
6	朝日住建G	294	289	238	自社開拓	523
7	エムディアイ	—	—	—		283
8	但馬信用保証	270	270	100	自社開拓	355
9	興英コーポレーション	231	231	170	自社開拓	257
10	ビルディング不動産G	—	—	—		181

注：Gはグループ単位を表す．1995年6月末時点の数値．
出所：『日本経済新聞』1996年2月6日付け．

表5-6 　住専7社の大口貸出先　　　　　　　　　（億円）

1	富士住建 G	不動産業	大阪府	2,988
2	末野興産 G	不動産業	大阪府	2,367
3	コリンズ G	不動産業	東京都	1,200
4	麻布建物 G	不動産業	東京都	1,113
5	朝日住建 G	不動産業	大阪府	1,052
6	桃源社	不動産業	東京都	728
7	メイセー G	不動産業	大阪府	697
8	フジビル	不動産業	東京都	651
9	東海興業・塩川 G	建設産業	東京都	638
10	昭和興産 G	不動産業	大阪府	521
11	トーショー G	金融業	東京都	503
12	カネイチ G	不動産業	大阪府	498
13	太陽エステート G	不動産業	東京都	482
14	タウン開発 G	不動産業	東京都	440
15	都市開発総合センター G	不動産業	兵庫県	436
16	エドケン G	不動産業	東京都	424
17	増澤 G	不動産業	大阪府	408
18	木村産業	不動産業	大阪府	384
19	飯田建設工業	不動産業	東京都	362
20	飛栄産業 G	不動産業	東京都	353

注：G＝企業グループ．1995年6月末．
出所：『日本経済新聞』1996年1月23日付け．

表5-7　住専7社の倒産企業向け債権額　　　（百万円）

	倒産企業	所在地	業　種	住専債権額	倒産年月
1	丸東工務店	千葉	不動産業	32,000	1996年1月
2	ナナトミ	東京	不動産売買	19,200	1991年1月
3	東京工営	東京	不動産売買	17,202	1991年10月
4	ライベックス	東京	リースマンション	14,486	1992年4月
5	ジージーエス	東京	金融業	14,466	1991年7月
6	アクト	東京	不動産業	14,248	1991年12月
7	オギサカ	兵庫	建て売り	13,368	1991年3月
8	雅殖産	大阪	不動産売買	12,300	1992年3月
9	大平産業	大阪	不動産売買	11,750	1991年3月
10	オクト	東京	マンション分譲	11,688	1993年12月
11	中央土地建物	東京	不動産売買	10,800	1992年7月
12	太陽住建	東京	リゾート開発	10,267	1993年3月
13	東京ハウジング産業	東京	不動産売買	10,000	1992年12月
14	マルコー	東京	リースマンション	9,920	1991年8月
15	カワシマ木社	東京	不動産売買	9,750	1992年12月
16	北映	東京	不動産売買	9,000	1991年12月
17	三和建物	東京	建築工事	8,506	1994年2月
18	共和	東京	鉄骨工事	7,309	1990年11月
19	平和建物	東京	不動産売買	7,094	1991年4月
20	ミツワ商行	大阪	不動産売買	6,200	1993年8月
	総計			343,637	

注：帝国データバンク調べ．
出所：『日本経済新聞』1996年2月3日付け．

（2）　融資審査を欠如させた貸出行動

　そこで次に，住専各社がこれら「バブルの尖兵」に対してどのような姿勢で貸し付けてきたのかを，大蔵省が行った住専各社の個別債務者ごとの査定報告に即して総括してみよう[4]．第一の問題点は，住専各社が，これら不動産関連の諸企業への貸出にあたって融資審査の基本ルールをまったく無視あるいは欠如させていたことである．いわゆる事業向け貸出においては，貸し手が銀行であれ住専あるいはノンバンクであれ，借り手である事業者がどのような事業を計画しているのか（事業計画の妥当性），この意図された事業計画を借り手が実

際に遂行しうるのかどうか（事業の遂行能力），そして最終的に借入額がこの事業計画に対して適切な規模であるのかどうか（事業収益による返済可能性）等を慎重に考慮するのは当然のことである．これらは，営利事業として融資活動を行うための最低条件であろう．だが，査定内容から明らかなのは，住専各社が例外なくこれらの融資審査を軽視してきたことである．

「事業内容が確認できない海外投資案件」（住宅ローンサービス）や「管理困難な遠隔地プロジェクト」（総合住金）に対する融資，さらには開発の許認可が得られる見通しのないままゴルフ場や市街地再開発などの事業計画に融資し頓挫した事例（住宅ローンサービス，住総），「解決に長期間を要する訴訟中の物件取得資金」の借入に安易に応需した事例（住総）が指摘されている．さらに，資金が固定化している借手に対して「資金使途や融資額の妥当性把握のための資料などを要求することなく」応需した事例（総合住金）や，支店のオープンに際して顧客開拓を焦るあまり「決算書類を要求しないまま取り組」んだ事例（第一住宅金融）等にいたっては，審査活動そのものが欠如していたことを窺わせる．このような貸手の側での審査活動の軽視あるいは欠如は，当然借り手の側での資金の流用やいわゆる転貸しを生んだ．「グループ企業の土地取得資金としての転貸し」（日本住宅金融），「土地取得資金の一部の運転資金への流用」，「返済財源の流用」（住総）などが広範に発生し，貸し手自ら「与信の都

---

4) 大蔵省は，1995年から1996年にかけて当時最大の不良債権問題とみなされた住専問題を処理するために，住専処理法案を含むいわゆる金融6法案の成立をもくろんだ．これらの法案の背後にある大蔵省の意図は，公的資金の投入をてこに，すなわち納税者である国民に負担転嫁するという「高度な政治的判断」に基づいて，これまで「貸し手責任」と「母体行責任」を互いに主張することによって歩み寄りを見せなかった都長銀をはじめとする民間銀行団と農林系統金融機関との両者に対して，「政治的妥協」を強制することであった．半年間に及ぶ「住専国会」では，国民の血税投入の是非をめぐってさまざまな視角から議論がなされたが，大蔵省は，この国会審議に対して一貫して情報を小出しにする態度をとった．本節で主要に依拠している大蔵省の住専7社の個別貸出先に対する査定報告は，1996年1月19日の政府提出資料（前節で具体的に検討した一連の資料）では大口貸出先リストが匿名であったことに対して与野党から強い批判が出されたことを受けてのものである．その詳細については，『日本経済新聞』1996年2月6日付け等を参照．

度適当な資金使途を設定する」（総合住金）などという信じがたい事態まで報告されている．

（3） 有担保主義の形骸化

では，このように事業内容，資金使途についてほとんど無審査に近い状態であった住専は，何を拠り所に融資を実行していったのであろうか．言うまでもなく，それは，戦後の第三次土地ブームを前提にした不動産担保主義であった．一般に欧米の銀行に比べて，日本の銀行は，借手の事業内容よりも担保の確かさを重視する（有担保主義）ということが言われてきた[5]．表面的に見れば，住専もこの日本的な融資慣行に従っていたかのように見える．だが，その不動産担保貸付の実態は有担保主義の名に値しないものであり，これが住専による融資のあり方の第二の問題点をなしている．

有担保主義とは，借り手の事業がうまくいかなかった最悪の場合でも，担保処分によって元本を確保できるようにしておくという考え方に基づくものであり，本来は当然第一位順位で担保権が設定されるべきものである．住専各社の内部基準でもそのことが確認されているが，実態はそうではなかった．「都銀の肩代わり案件で，事業計画等の検討がないまま，保全も後順位で応需」（地銀生保住宅ローン），「債務者から要請されるまま担保の集約及び後順位根抵当権付き貸付金の肩代わりを行い，運転資金にも応需」（日本住宅金融）等の事例が報告され，後に参議院予算委員会に提出された資料では，第5位で30億円の担保権を設定した事例（第一住宅金融）や，第17位で228億円の共同担保権を設定した事例（地銀生保住宅ローン）が記されている[6]．しかも，担保不動産の評価の仕方もいい加減で，「地元不動産業者の意見あるいは債権者提出の鑑定評

---

[5] 商業銀行が銀行信用の本来的形態である商業手形の割引などの短期金融を中心に貸出を行っている場合には，もちろん担保貸付など問題にならない．戦後日本の高度成長過程では，企業の旺盛な投資資金需要があったにもかかわらず社債や株式などの証券市場が未発達であったため，銀行がしばしば設備投資資金を供給する役割を果たさざるをえなかった．このような長期貸付の必要性と戦後一貫した地価上昇が，わが国における不動産担保貸付を一般化する基本的条件であったと言えよう．

価をうのみにして時価を算出」したり（住宅ローンサービス），「赤字が見込まれるプロジェクト資金にも貸付額に合わせるように担保評価を見直す」（住総）ことが行われ，通常「七掛け」と言われる担保掛目も時価目一杯，場合によってはそれを超えてなされた（「124％」総合住金，「103％」住総）．さらに，同一担保物権に連続して担保権を設定することによって貸し増してゆくことが，広範に行われた．先の参議院予算委員会への提出資料では，同一物件に第1位～3位，ならびに5位に設定した事例（日本ハウジングローン）や，第1位～15位（！）まで連続して担保権を設定し，小刻みに融資を拡大していった事例が示されている．そして，最終的には，「きわめて短期間のうちに融資を急激に拡大．安易に担保解除に応じたことから多額のロスが発生」（日本住宅金融），「融資物件に担保を徴していない」（住宅ローンサービス）等に見られるように，有担保原則の放棄が一部に発生した．

（4）「飛ばし」，追貸しの常態化と会計上の隠蔽工作

　住専の貸出姿勢に関する第三の問題点は，以上のような野放図な融資が地価下落に伴って不良債権化してきた際に，住専がどのような姿勢でこれに臨んだのかという問題である．それを一言にすれば，関連会社に不良債権をひとまず移し換えるいわゆる「飛ばし」と，延滞先に対する利払い資金の追加的な融資すなわち追貸しなどによって，不良債権問題の先送り，その会計上の隠蔽を図ろうとしたことに尽きる．

　「飛ばし」については，貸付先からの不良債権回収のために，買取り資金の融資付きで別の不動産業者に土地売買を斡旋したり（住総，総合住金），自ら所有している不動産を決算対策のために関連会社に買い取らせる（住総）等のパターンがあるが，そのなかでも特に際立っているのは日本ハウジングローンである．大蔵省の立ち入り調査によれば，1992年当時日本ハウジングローンは，

6）『日本経済新聞』1996年4月26日付け，参照．このような低い担保権で融資を実行した事例のほかに，日本ハウジングローンが第1順位の設定額の200倍の担保権を第2位で設定した事例も報告されている．

子会社5社，関係会社9社のほかに，ペーパーカンパニーの受け皿会社19社を設立し，これら合計33社を使って，大量の不良債権の移し換えを行っており，これら関連会社に対する貸付金は6,466億円に達していた．だが，有価証券報告書に記載されている関係会社貸付金は，1,827億円にすぎなかった[7]．利息金の追貸しについては，ほぼすべての住専において共通に見られる．「返済財源のあてもないまま利息の追貸しを行っているほか，返済が滞りがちであった他の金融機関からの借入の肩代わりを実行」（総合住金）や，「返済財源の検討についても他行肩代わりによる一括返済として利息資金も含めて安易に取り組んだ」（住総）等の事例からは，債権が焦げ付きだした局面でも他の金融機関の融資を肩代わりしたり，あるいは逆に他の金融機関の肩代わりを期待して利息資金を貸し込んでいくなどという野放図な貸出姿勢を継続していたことが浮き彫りになっている．また「主力金融機関ということで赤字補填資金，利息支払資金を不動産の担保評価換えにより融資」（日本ハウジングローン）などの記述からして，先の同一物件に第1位〜15位までの担保権を設定していた事例は，延滞債権化（6ヶ月金利支払が滞る）[8]しそうになると，会計上それを回避するために金利部分のみを小刻みに貸し込んでいくことが常態化していたことの反映と見てとれる．

　前節の末尾で，大蔵省が1995年8月の第二次立ち入り調査で把握していた不良債権額あるいは損失見込み額に比べて，1994年度末（1995年3月末）の住専の決算報告における債務超過額があまりにも過小である問題を指摘しておいた．明らかにこの問題は，住専各社が，不良債権の最終処理に追い込まれる直前まで，会計上不良債権問題の適切な処理を行ってこなかったことを物語っている．上に示した「飛ばし」や追貸しの一般化，恒常化の延長戦上に，不良債権の不当な会計上の取扱いがあったのである．

　表5-8は，日本住宅金融の第24期末（1994年4月1日〜1995年3月31日）と第

---

[7]　『日本経済新聞』1996年2月6日付け，参照．
[8]　大蔵省が不良債権の実態の公表を求める世論に押されてしぶしぶ発表した不良債権の範囲は，当初破綻先債権と6ヶ月以上返済や金利支払いが滞っている債権，延滞債権

第5章　第一次金融危機と住専処理―日本型 TBTF 体制の原型　153

表5-8　**日本住宅金融の貸借対照表**（第24期末と第25期末）

（百万円）

	第24期末	第25期末		第24期末	第25期末
流動資産			流動負債		
現金・預金	16,586	17,718	借入金	2,345,825	2,295,452
金銭信託	92,817	2,378	その他	7,924	18,567
有価証券	74,981	12,784	固定負債	3,238	2,406
融資金	1,963,639	1,873,286	支払承諾	42,614	8,042
販売用不動産	125,268	49,995	資本金	31,252	31,252
未収収益	108,282	110,672	資本準備金	28,714	28,714
その他	2,390	93,544	利益準備金	1,227	1,227
貸倒引当金	△78,912	△997,565	欠損金		
固定資産	56,881	1,981	任意積立金	15,112	15,112
支払承諾見返	42,614	8,042	当期未処理損失金	△71,453	△1,227,941
合　　計	2,404,550	1,172,838	合　　計	2,404,550	1,172,838

日本住宅金融の損益計算書（第24期と第25期）

（百万円）

	第24期	第25期		第24期	第25期
営業費用			営業収益		
借入金利息	62,382	59,989	融資金等利息	73,216	43,666
不動産費用	6,520	4,770	不動産収益	9,911	6,785
貸倒引当金繰入	17,922	―	その他	1,940	1,744
その他	6,383	4,051	営業外収益	34	20
営業外費用	17	17	固定資産売却益	244	―
有価証券評価損	681	―	為替差益	―	4,654
租税公課引当	37	25			
事業整理損	―	1,144,499	（当期純損失）	9,600	1,156,487
合　　計	94,950	1,213,360	合　　計	94,950	1,213,360

出所：原田富士雄『住専問題と会計職能』（『経済学論纂』中央大学経済学研究会，第37巻第5・6合併号）．

との合計額に限定されていた．だが不良債権問題の深刻化に伴って，大蔵省は不良債権に金利減免債権を加え，さらに延滞債権についてもアメリカなみに3ヶ月以上延滞しているものにまでその範囲を広げた．大蔵省が，当初からいわゆる不良債権をできるだけ小さく見せようとしていたことが，この点からも見てとれる．

25期末(1995年4月1日～1996年3月31日)の貸借対照表と損益計算書の主要項目を対比したものである．表5-4における日本住宅金融の純資産額4,853百万円は，表5-8における24期末貸借対照表の資本金以下の項目の合計額（いわゆる株主資本）である．表5-8から明らかなように，この純資産額は翌1995年度の第25期末には，一挙に1,151,636百万円の赤字，すなわち1兆円を上まわる債務超過に転落した．この突然の財務状態の悪化は，損益計算書における1,144,499百万円の事業整理損の計上によって生じたものであるが，中心部分は921,357百万円の貸倒引当金の繰り入れ（第24期の貸倒引当金繰入額は17,922百万円であった）であった．これが，貸借対照表における貸倒引当金の大幅な不足を招き，最終的に1兆1,500億円に達する債務超過をもたらしたのである．

言うまでもなく，日本住宅金融の貸付債権は，1995年度に突然一挙に不良債権したわけではない[9]．それ以前の段階で，日本住宅金融の貸付債権は十分に不良債権化していたのであり，それだからこそ「飛ばし」や利息資金の追貸しが常態化していたのである．不良債権問題をできるだけ表面化させず，ひょっとすればまた地価が上がってくるかもしれない「その時」まで問題の処理を先送りするために「飛ばし」や追貸しを繰り返したことが，必要な貸倒引当金の繰り入れ，積み増しという会計上の適切な処理を怠らせ，かえってそのことが不良債権を温存・累積させ，さらなる「飛ばし」や追貸しを必然化させた．そしてそれらが相乗的に作用しあう過程で，不良債権問題処理のためのタイミングを失い，最終局面を迎えることになったというのが，実情ではなかろうか．

---

[9] 日住金がこのように第25期に突然巨額の貸倒引当金を繰り入れたことの是非について，会計学者からも厳しい評価がなされている．原田富士雄氏は，日住金の第24，25期の会計報告の詳細な分析に基づいて，以下のように述べておられる．「わずか一年の間に融資金（ならびに担保不動産）や保有不動産の評価をこれほどに変えねばならないような経済的環境の変化があったとは到底思われない．そうだとすると，第24期の決算においては，破産申し立ての要件成立を回避するために意図的に債務超過を計上しないような会計処理を施した，と，疑われても，やむを得ない面があろう．」（同著「住専問題と会計職能」『経済学論纂』中央大学，第37巻第5・6合併号，308～309頁）．

（5） 住専を「土地投機の尖兵」に貸し込ませた競争条件

　以上から，住専各社が，いわゆるバブル期に一方では極端な場合には事実上無審査というべきずさんな審査体制をとりつつ，他方で日本的な有担保主義についても担保設定を形骸化させながら，不動産関連融資に特化していったことが明らかとなった．そこで次の問題は，なぜこのようなずさんな管理体制が，特定の住専ではなく住専各社において一般的に生じることになったのかである．問題の発生状況からして，これを個々の住専における個別的な経営問題（個々の経営者の経営力量の問題）に解消することはできない．

　住専の管理体制の問題をこのように一般的な視角から捉えようとする場合，まず最初に着目すべきは，住専が1980年代にいかなる金融環境，競争条件のもとにあったのかということである．これについては前節ですでに，住専がその本来的業務である個人向け住宅ローンの部面で，全国銀行や住宅金融公庫などによって排除されつつあったことを指摘しておいた．まさに住専業界として，生き残りをかけて新たな融資分野を開拓することを迫られていたのである．だが，住専が直面していたこの「新たな融資部面開拓の必要性」は，何も住専に固有の問題ではなかった．日米貿易摩擦の深刻化，アジアNIEsの台頭さらには金融の国際化，自由化を背景に急速に進展したいわゆるセキュリタリゼーション化などによって，大企業の銀行離れが顕著になり，これまで大企業取引，大企業向け貸出を主要な営業基盤としてきた都市銀行や長期信用銀行などの大銀行自体が，融資戦略，さらには融資活動の位置づけも含めた経営戦略の見直しを迫られていた[10]．そして母体行を含む預金取扱い金融機関との競争では，住専にとって彼我の力関係は，個人向け住宅ローンをめぐる「借り換え攻勢」ですでに証明済みであった．（コスト面，社会的信用面での劣位）このような全体状況のなかで，住専が，第三次土地ブームにのって雨後の竹の子のように急速に台頭してきた中小不動産業者，建設業者に，新たな融資戦略の焦点をあわせていったのは，一面で自然の成り行きと言えるであろう．

　しかもその際重要なのは，新規貸出先，とりわけ不動産部面におけるその開拓競争は，まさに早いもの勝ちという側面をもつことである．同業他社に一歩

でも立ち遅れれば，それだけよりリスクの大きい貸出先に貸し出さざるをえない．表5-9，表5-10は，住専の大口融資先の第1位，第2位を占める富士住建，末野興産の大口借入先上位10社を示したものである．富士住建の場合にも，末野興産の場合にも，住専各社が上位3位まで名を連ねており，その他の大口借入先もすべてノンバンクによって占められている．住専を含むノンバンクが，金融業界全体としての新規融資先開拓競争でわれ先にと「優良」不動産関連業者に貸し込んでいった様が見てとれる[11]．実際土地投機の性格からして，より大きな資金をより短期間に調達できる業者が，大規模かつ機敏な投機を行うことによってより大きな投機的利得をより確実に手にしうる．まさに土地投機を派手に仕掛けた一部の不動産業者に対して，住専を含むノンバンクなど二流，三流の多数の金融機関が貸し込み競争を展開し，そうすることによってこれらの「土地投機の尖兵」を少なくともバブルのある局面までは「優良な」不動産業者に仕立てあげていったのである．大蔵省の立ち入り調査で，業容拡大を焦るあまり審査が不十分なまま融資を実行した，あるいは他社の動きを見て貸し込んでいったとの報告が数多く見られるのは，このような住専（ならびにノンバンク）がおかれた競争条件を反映したものである．

---

10) ちなみに都市銀行の貸出行動が1980年代にどのように変化したのかを示せば，以下のとおりである．まず規模別の貸出構成は，1981年9月時点で大企業向け貸出が64.8%，中小企業向け貸出が35.2%であったものが，1991年3月末には中小企業向け貸出が51.9%と過半を占めるにいたった．また業種別貸出構成についてみれば，1981年9月末時点で製造業が32.9%，卸・小売業が27.1%と，両者で6割を占めていたものが，1991年3月には製造業が16.0%，卸・小売業が15.1%とほぼ半減し，これに対して同期間に，サービス業が6.5%→15.1%，個人向けが11.1%→20.3%，不動産業が4.9%→11.5%，金融・保険業が3.5%→7.0%へと，2〜3倍の大幅増加を示した．以上のような貸出行動の変化も含め1980年代における銀行経営の変化については，鳥畑与一「金利自由化と銀行経営」（熊野剛雄・龍昇吉編『現代の金融〈下〉現代日本の金融』1992年，大月書店）参照．

11) なお帝国データバンクが住専の大口融資先32社の借入先を業態別に分析した調査結果によれば，借入金総額7兆1,190億円のうち，住専以外のノンバンクが24.6%を，住専が19.5%を占め，続いて信託銀行が15.4%，長信銀が10.8%，都銀が10.5%となっていた．『日本経済新聞』1996年2月16日付け，参照．

表5-9　富士住建の大口借入先上位10社
（億円）

①	住総	545
②	地銀生保住宅ローン	434
③	日本ハウジングローン	375
④	野村ファイナンス	310
⑤	三井ファイナンスサービス	210
⑥	日本抵当証券	184
⑦	ジェイ・エイ・シー	163
⑧	ワールドファイナンス	133
⑨	スミセイ抵当証券	128
⑩	第一住宅金融	121
	小　計	2,603
	その他	2,649
	合　計	5,252

注：関係金融機関と民間調査機関調べ．単位，1995年11月末残高．グループ企業は除く．各金融機関が共同債権買取機構に持ち込んだ貸出債権額を含む．
出所：『日本経済新聞』1996年2月21日付け．

表5-10　末野興産の大口借入先上位10社
（億円）

1	日本住宅金融	701
2	住総	287
3	日本ハウジングローン	227
4	アポロリース	220
5	総合住金	192
6	クラウンリーシング	176
7	浜銀抵当証券	148
8	九州リースサービス	144
9	大阪抵当証券	131
10	たいぎんファイナンス	110
	小　計	2,316
	その他	1,181
	合　計	3,197

注：1995年9月末．各金融機関が共同債権買取り機構に持ち込んだ債権額も含む．
出所：『日本経済新聞』1996年2月23日付け．

（6）　住専各社の母体行依存と経営上の無責任体制

　住専の経営管理体制における第二の問題は，母体行への過度の依存，より正確に表現するならば母体行に事実上従属していた問題である．母体行による設立時点からの出資関係，恒常的な役員，幹部職員の派遣，資金面での依存関係などからして，各住専が程度の差はあれ母体行全体との関係では事実上の金融子会社であったことは否定できない．このような関係のもとで，母体行から新たな融資先について紹介がなされるならば，新規融資先開拓競争のまっただ中にある住専各社が，渡りに船とばかりこれに飛びつくのも当然であろう．もともと事業会社に対する審査体制に関して，これら住専各社と母体行との間には決定的な力量の差があるのだから，これら母体行による紹介案件，さらには都銀等による紹介案件については独自の審査は不要という雰囲気が住専の側で生じたことは十分に考えられる（地銀生保住宅ローンサービスの場合には，後者の事例が複数紹介されている）．なお紹介融資についての詳細は，次節で母体行の立

場からあらためて検討する．

　ところで，住専各社におけるこの母体行依存の問題は，設立母体行が多数であることとも関連して独自の問題を惹起したと考えられる．長銀各行がほぼ単独母体行（他に証券会社が母体行を構成）をなしている日本ハウジングローンや第一住宅金融を除けば，最少のケースである住宅ローンサービスや住総の場合でさえ設立母体行の数は7行であり，第二地銀によって設立された総合住金の場合には72行，地方銀行と生命保険会社の二つの業界によって共同設立された地銀生保住宅ローンの場合には，地銀63行，生保20社の計83社が設立母体に名を連ねている．これらの母体行（母体企業）が，それぞれに役員や幹部職員を送り込むことによって各住専の経営体制が構築されてきたのであり，その意味で住専各社の経営管理体制は，本質的に「寄合い所帯」としての性格をもつと言ってよいであろう．このような状況下で，住専各社が，母体行からの紹介案件に依存して融資先の開拓・拡大に取り組むということは，母体行を異にする役員・幹部職員が，それぞれの出身母体行とのつながり，個人的結びつきを生かして紹介案件を獲得してくることを意味し，そこに出身母体を基盤にした多数の派閥間の内的競争が成立することになる．このような経営内部における派閥間競争は，一面では派閥相互の力を引き出し合うことによって経営体としての業績拡大につながったと考えられる．だが他面では，経営体としての統一的な意思の形成を困難にし，結果的に「寄合い所帯」に固有の無責任体制をもたらしたのではないか．すなわち，それぞれの幹部職員が出身母体との関係に依存する限り，出身母体行からの紹介案件について一抹の不安を抱いたとしても，それをあえて他行出身者も含まれる取締役会の場で公に問題にするはずはない．なぜなら，出身母体行とのパイプを弱めることは，自らの社内における権力基盤を損なうことになりかねないのだから．だとすれば，他の母体行出身の幹部をつうじる紹介案件について問題点を知りえた場合でも，自分の懐を探られたくはないとの判断から，それを黙認する方向に流れる結果になったのではないか．個々の企業幹部が出身母体行との絆にひきずられるという日本的企業文化とあまりに多数の母体行に支えられたという住専の特殊事情が結合する

ことによって，住専各社に共通の脇の甘さ，経営管理における集団的な無責任体制が生まれ，それが上述の不良債権の山を築くことになったのではなかろうか．

第3節　日本金融界の投機的性格を象徴する住専問題

（1）　あらゆる金融業界をまき込んだ住専問題

　前節では土地投機の尖兵と言うべきバブル企業に対して，融資審査や抵当権設定などの貸し手としての基本業務を軽視・無視して貸し込んでいった住専各社の内部的な管理体制の問題点を明らかにした．ところでノンバンクである住専各社は，その金融活動のための資金を銀行等からの借入金，外部資金に全面的に依存してきた．住専の土地投機への参入はこれらの金融機関による住専への積極的な資金供給によってはじめて可能となったのである．そこで本節では，貸し手である金融機関が，なにゆえに融資額の76％（事業向け貸出について言えばほとんどすべて）を焦げ付かせるような住専に巨額の資金を貸し続けたのかを検討する．

　まず各金融業態が，住専各社に対してどれだけの貸出を行っていたのかを確認しておこう．表5-11によれば，1995年3月末時点での住専7社による借入総額は12兆9,760億円であり，最大の貸し手は農林系統金融機関で貸出額は5兆4,753億円，融資シェアはじつに42.2％に達している．これに，信託銀行2兆59億円，融資シェア15.5％，さらに長信銀1兆5,104億円，同11.6％，都銀1兆4,490億円，同11.2％などの大手銀行が続き，さらに地銀，生保，第二地銀がそれぞれ8,521億円，8,052億円，2,571億円の融資を行っている．信金や信組や証券会社などを一括したその他の融資額は6,210億円である．過当競争の排除という大蔵省の意向に沿って複数の金融機関あるいは業態ぐるみでの共同設立という形で住専各社が出発した経緯を反映して，住専業界には日本中のほぼすべての金融業界が貸し手として関与している[12]．住専の借入シェアから見れば農林系統金融機関の貸し込み状況は異常と言わざるをえないが，各業態

表5-11　住専各社の借入

	都市銀行		長期信用銀行		信託銀行		地方銀行	
日本住宅金融	6,920	29.5%	2,811	12.0%	1,631	7.0%	1,185	5.1%
住宅ローンサービス	3,898	23.1%	897	5.3%	1,517	9.0%	636	3.8%
住総	692	3.4%	1,219	6.0%	8,065	39.9%	130	0.6%
総合住金	325	2.4%	1,760	12.9%	1,248	9.1%	93	0.7%
第一住宅金融	788	4.3%	2,274	12.5%	3,697	20.4%	513	2.8%
地銀生保住宅ローン	734	6.0%	323	2.7%	542	4.4%	4,256	34.9%
日本ハウジングローン	1,133	4.5%	5,820	23.1%	3,359	13.3%	1,708	6.8%
合計	14,490	11.2%	15,104	11.6%	20,059	15.5%	8,521	6.6%

注：1995年3月末の数値．
出所：『日本経済新聞』1996年1月20日付．

の住専に対する融資集中度（住専向け融資額／貸出総額）の側面からみるならば，信託銀が21.1％と突出して高く，農林系の5.1％，長信銀の2.7％がそれに続き，それ以外は都銀の0.7％を含め1％以下の水準である．いずれにしろ，住専問題が，それがもたらした不良債権の大きさからしても，あるいはまた日本の金融システム全体がそれに深くかかわっているという点からしても，バブル破綻後の不良債権問題の根幹をなしたことは明らかである．

（2）　住専向け融資は銀行業界の投機的金融活動の一環

　貸し手の立場からこの住専問題を考察する場合，第一に確認すべきは，住専に対する融資が，1980年代におけるわが国の銀行等の金融機関にとっては異常な貸出行動であったわけではなく，むしろ業容拡大の基本戦略に沿った行動であったことである．表5-12は，1980年代ならびに1990年代前半における国内銀行のいわゆる不動産関連融資の推移を示したものである．これによれば，都銀から第二地銀（相互銀行）までのわが国の銀行は，1980年代に狭義の不動産業に対しては37兆円，建設業に対しては11兆円あまり貸し増しし，さらに固有の事業向け貸出や住宅ローンを除く個人向け貸出（その多くが不動産投機にま

---

12)　大蔵省・農水省が1996年2月に発表した「住専関連資料」によれば，住専に対して貸付を行っている金融機関は300，うち母体だけで168機関にのぼる．

第5章 第一次金融危機と住専処理―日本型TBTF体制の原型　161

額の内訳と貸出額　　　　　　　　　　　　　　　　（億円）

第二地方銀行	生命保険	農林系統金融機関		その他	合　計	貸出債権
66	1,275	8,923	38.0%	647	23,458	19,636
32	867	8,617	51.0%	430	16,894	14,285
50	1,007	7,772	38.5%	1,265	20,200	16,254
2,165	710	6,833	49.9%	549	13,683	11,283
160	1,232	8,070	44.5%	1,421	18,155	14,678
16	1,133	4,605	37.8%	578	12,187	8,838
82	1,828	9,933	39.4%	1,320	25,183	22,543
2,571	8,052	54,753	42.2%	6,210	129,760	107,517

わったと考えられる）を20兆円弱増大させた．だが銀行は，このように自ら不動産業者等に直接投機資金を貸し込んだばかりではなく，住専を含む貸金業，投資業，物品賃貸業などのいわゆるノンバンクを経由して間接的に54.6兆円を土地市場に追加的に供給した．銀行のいわゆる不動産関連融資は，実に1980年代に合計123兆円あまり増大したわけである．貸出増加額に占めるこれら不動産関連融資の割合は，1980年代前半には42.3％，後半には59.8％と6割に達した．この時期日本の銀行業は，生産拡大あるいは消費拡大のためではなくまさに土地投機のために資金を貸し出すことを，貸出行動の基本に据えていたのである[13]．この結果国内銀行の貸出残高に占める不動産関連融資の割合は，1980年の18.9％から1985年の27.6％を経て，1990年には38.1％に達した．

　これを業態別に示したものが表5-13である．バブルが本格化する1985年時点ですでに長信銀や信託銀は，それぞれ36.7％，44.3％という高水準の不動産関連融資比率を示していたが，バブルのピーク時である1990年にはそれぞれ52.2％，55.5％と過半を超えるにいたった．「設備投資が設備投資を呼ぶ」と形容された高度成長期に，長期金融の専門機関として「重厚長大」産業に設備投資資金を供給し続けた長期信用銀行は，バブルの荒波のなかで不動産関連融資＝投機金融の専門銀行とでも言うべき状態に陥った．他の業態についても不動産関連融資比率は，第二地銀で39.3％，信金で36.4％であり，もっとも低い都銀，地銀の場合にも30％強の水準に達している．このように日本の金融業界

表5-12　不動産関連融資の推移　　　　　　　　　　（億円）

年　末	不動産業	建設業	ノンバンク	個　人	合計①	貸出総額②	①/②
1980	114,449	97,768	75,081	40,960	328,258	1,732,600	18.9%
5年間増減	121,030	63,863	212,751	33,651	431,295	1,018,813	42.3%
倍率	2.06	1.65	3.83	1.82	2.31	1.59	
1985	235,479	161,631	287,832	74,611	759,553	2,751,413	27.6%
5年間増減	249,354	46,990	333,718	169,764	799,826	1,336,495	59.8%
倍率	2.06	1.29	2.16	3.28	2.05	1.49	
1990	484,833	208,621	621,550	244,375	1,559,379	4,087,908	38.1%
5年間増減	137,736	113,461	20,157	98,465	369,819	1,039,562	35.6%
倍率	1.28	1.54	1.03	1.40	1.24	1.25	
1995	622,569	322,082	641,707	342,840	1,929,198	5,127,471	37.6%
80-90増減	370,384	110,853	546,469	203,415	1,231,121	2,355,308	52.3%
倍率	4.24	2.13	8.28	5.97	4.75	2.36	

注1：対象金融機関は，国内銀行銀行勘定（1993年9月までは，全国銀行銀行勘定ならびに第二地方銀行（1992年3月までは，相互銀行を含む）の合計）ならびに国内銀行信託勘定．
　2：ノンバンクは，貸金業，投資業等の非預金信用機関と物品質貸業．
　3：個人には住宅ローンを含まない．
出所：日本銀行『経済統計年報』より作成．

表5-13　業態別不動産関連融資比率の推移　　　　　　　（億円）

	1985			1990		
	不動産関連向け	貸出総額	比率	不動産関連向け	貸出総額	比率
都市銀行	267,948	1,142,453	23.5%	549,690	1,732,489	31.7%
地方銀行	153,892	671,794	22.9%	315,987	974,559	32.4%
長期信用銀行	102,638	279,435	36.7%	226,377	433,922	52.2%
信託銀行	59,319	133,840	44.3%	106,363	191,674	55.5%
第二地方銀行	89,471	296,367	30.2%	168,042	427,404	39.3%
信用金庫	102,987	358,107	28.8%	203,078	558,063	36.4%
全国銀行信託勘定	86,310	227,522	37.9%	192,913	327,858	58.8%

注：不動産関連向けは，不動産業，建設業，金融保険を除くノンバンク，住宅ローンを除く個人の合計．
出所：日本銀行『経済統計年報』より作成．

が全体としてバブルにどっぷりと浸かってしまった状況下では，土地投機に絡む乱脈融資は金融機関の大小を問わず日常茶飯化しており，たとえば住友銀行のイトマンに対する融資や，日本長期信用銀行のイー・アイ・イー・インターナショナルに対する融資の乱脈ぶりと，前節で紹介した住専のずさんな融資ぶりとの間にはなんら本質的な違いはないのである[14]．

(3) 投機的金融活動における階層性

だが第二に，日本の金融システムが全体として不動産関連融資にのめりこんでいく過程で，金融機関の間の「格の違い」，力関係に基づいて一定の階層構造が形成されたことが確認できる．大手行を含む銀行業界は，一方で大手・中堅の不動産業者や建設業者に対して直接投機資金を貸し出すと同時に，自行の融資基準を満たさない借り手あるいは担保不足の借り手については住専を含むノンバンクに貸出を委ねる戦略を採用した．先の末野興産や富士住建の大口借

---

[13] 信用関係の歴史的発展を機能的展開の側面から捉えるならば，19世紀までは商業信用を基礎におく銀行信用の形態で生産金融が発展したのに対し，20世紀に入ると，一方では独占成立を契機に，生産金融の面で設備投資のための長期資金を融通する証券形態での信用関係が発展すると同時に，国債や各種の消費者金融などのいわゆる生産物需要補完金融が新たに展開し，金融構造において独自の地位を占めるようになった．生産金融は，短期資金であるか長期資金であるかは別にして，貸し付けられた資金が生産拡大を媒介することによって自ら返済のための資金源泉を生み出すという意味で，還流の自償性をもつ．これと比較すれば，生産物需要補完金融の場合には，国債であれ消費者金融であれ，調達された資金は直接に生産過程に投じられるのではない（不生産的支出）のであるから，還流の自償メカニズムは作用せず，それゆえ前者の場合には租税収入から，後者の場合には個人所得から返済されざるをえない．確かに，高度成長期にみられたように，国債発行や消費者金融の拡大が新たに「有効需要」（支払能力ある需要）を生み出し，それがきっかけとなって社会的生産が拡大し，結果的に租税収入や国民所得も増大するという場合もありうるが，これはあくまで迂回的な還流メカニズムでしかない．
[14] 大手銀行が，不動産融資を拡大していく過程で用いた「仲介手数料の預金による回収」，「不動産の回転売買」，「オプションによる仲介手数料の回収」，「担保掛目などの基準を超える貸出」，「相続対策としてのプライベートバンキング」などの手口については，銀行問題研究会『金融投機の経済学』（新日本出版社，1993年）173～175頁参照．

入先リストに住専やノンバンクがずらりと顔を並べているのは，大手金融機関が不動産投機の尖兵であるこれらの最悪のバブル企業に対して自らは直接手を汚すことなく，住専やその他のノンバンクに資金を供給させようとしたことを物語る．土地投機には投機の仕掛け人が必要ではあるが，それらの企業に直接貸し出すのは危険過ぎる．そこで，住専やノンバンクをつうじて迂回的に融資をすることによって，いざという時には彼らに損失を押しつけることができるようにしておくというのが，銀行業界の基本的スタンスであったと言えよう．

　この関係をもっとも端的に示したものが，銀行等によるいわゆる紹介融資である．表5-14は，1995年6月末時点での住専7社に対する紹介融資残高ならびにその不良債権化の状況を示したものである．これによれば，債権者ベースでの銀行等による紹介融資の総額は7社合計で1兆4,567億円にのぼり，それは7社の融資総額の14％，事業向け融資総額の17％にあたる．この紹介融資額のうち不良債権化したものは1兆2,605億円，86.5％で，損失見込み額は7,073億円，48.6％に達している[15]．ところで，ここで債権者ベースというのは，住専の側が銀行等によって実際に紹介を受け実行した債権だけを対象としたものであり，この最初の紹介の後住専が独自の判断で貸し進んでいった額も含めた債務者ベースでの紹介融資額は2兆7,927億円と，債務者ベースのそれを1兆3,360億円も上まわっている．この点からすれば，紹介融資を銀行等によって押しつけられたもの，住専はそれをいやいや応諾したというのは明らかに誤りである．だが，受け手の主観的な意図がどうであったかは別として，貸し手の

---

[15] この紹介融資に関する資料は，いわゆる住専国会で連立与党側が，母体金融機関に債権の全額放棄以上の損失負担を担わせようという意図のもとに，住専各社に提出させたものであった．だが，それによれば，紹介融資は必ずしも母体金融機関だけが行ったものではなく，非母体金融機関によるものも数多く含まれている．問題は，紹介融資を行ったのが母体か非母体かにあるのではなく，銀行等の金融機関が「リスクの高い融資先への貸出金を住専に肩代わりさせ」ようとしたことにある．その結果，紹介融資の86.5％が不良債権化し，48.6％が回収不可能になったのである．ちなみに回収不能債権化率は，母体金融機関による紹介分については51％で，非母体によるものの45％より高くなっている．『日本経済新聞』1995年8月26日付け，ならびに1996年3月2日付け，参照．

第5章　第一次金融危機と住専処理—日本型TBTF体制の原型　165

表5-14　住専7社の紹介融資残高とそのうちの不良債権額

(百万円)

[債権者ベース]	紹介融資残高	不良債権額	比率	損失見込額	比率
日本住宅金融	79,060	61,469	77.7%	25,485	32.2%
住宅ローンサービス	468,936	393,302	83.9%	198,368	42.3%
住　　総	434,820	401,671	92.4%	280,879	64.6%
総 合 住 金	179,980	156,183	86.8%	60,148	33.4%
第一住宅金融	22,843	20,649	90.4%	11,269	49.3%
地銀生保住宅ローン	270,673	227,270	84.0%	131,215	48.5%
日本ハウジングローン	430	0	0.0%	0	0.0%
合　　計	1,456,742	1,260,544	86.5%	707,364	48.6%
[債務者ベース]					
日本住宅金融	329,704	298,034	90.4%	153,970	46.7%
住宅ローンサービス	737,283	617,610	83.8%	323,426	43.9%
住　　総	777,816	728,648	93.7%	513,786	66.1%
総 合 住 金	462,266	431,611	93.4%	203,314	44.0%
第一住宅金融	68,061	62,729	92.2%	30,462	44.8%
地銀生保住宅ローン	385,374	339,923	88.2%	195,735	50.8%
日本ハウジングローン	32,273	31,052	96.2%	22,373	69.3%
合　　計	2,792,777	2,509,607	89.9%	1,443,066	51.7%

出所：『日本経済新聞』1995年3月2日付けより作成．

　銀行等が融資基準に合わないとして敬遠したバブル諸企業に対して，住専やノンバンクが先を争って貸し込む客観的な状況におかれていたことは間違いない．かつて生産金融を主要な舞台に都銀等の大手銀行と相銀・信金・信組などの中小企業向け金融機関との格差構造が指摘されたが[16]，バブル期には土地投機のための投機金融をめぐって新たな格差構造が出現したのである．

(4)　住専向け融資に対する「協調融資」幻想

　貸し手の側から見た住専問題の第三の論点は，母体行融資と他の金融機関による非母体行融資の関係の問題である．表5-15は，住専7社の借入額を，母体行分，一般金融機関分そして農林系統金融機関分の三つに分けて分類したも

---

16)　川口弘『日本の金融・融資集中のメカニズム』(日本評論社，1966年)．

のである．住専各社ごとにこれら3者の構成比にはかなりのばらつきが見られる．信託銀行を母体行とする住総ならびに地銀生保住宅ローンで母体行融資比率が44.7％，44.2％と4割を超えているのに対し，長銀・野村証券を母体行とする第一住宅金融，第二地銀業界を母体行とする総合住金では母体行比率は，12.5％，15.9％の水準にとどまっている．このような違いを含みつつ住専7社全体としては母体行依存度は，27.7％である．これ以外の部分については，一般金融機関が30.1％，農林系統金融機関が42.2％を占めている．母体行としての融資額と非母体行としての融資額を各業態ごとに示したものが，表5-16である[17]．これによれば，母体行としての融資額が7割を超えるのは第二地銀（84.2％），都銀（62.4％）と地銀（61.1％）の三つの業態であり，その他の業態では農林系統，損保の100％は別格として，生保で85.9％，信託銀行で53.3％と非母体行としての貸出が過半を超え，長信銀は母体行としての貸出と非母体行としてのそれとがほぼ拮抗している．以上の点から，農林系統の突出ぶりは別として，多くの金融機関が設立母体行として自系列の住専に貸し込むだけではなく，非母体行としての立場から住専各社に対して積極的に貸し進んでいったことが読み取れる．

　では，なにゆえ各金融機関，各業態は，自系列以外の住専各社に対して積極的に貸し込んでいったのか．ここでも，前節で住専各社の間での競争について指摘した「他社（行）が貸すからうちも貸す」という論理が銀行間，業態間で働いたであろうことは言うまでもない．だが，ここで強調したいのは，住専の貸付先がバブルの尖兵であったのに対し，各金融機関が相手にしたのは銀行等によって設立された金融機関であったという事情である．どの住専も，設立母

---

17) 本表は，表5-15と『日本経済新聞』1996年1月20日付けの住専7社の業態別の借入額に関する数値をもとに，住専各社の母体行（金融機関）を考慮して推計したものである．都銀5行，信託銀2行，地銀2行を母体行とする日住金については，母体行融資総額7,794億円を，日住金に対する都銀，信託銀，地銀の融資額に基づいて案分比例した．また信託銀7行によって設立された住総については，表5-15では母体行融資額は9,028億円となっているが，後者では信託銀の住総に対する融資額は8,065億円であり，ここでは後者を採用した．

第5章　第一次金融危機と住専処理—日本型 TBTF 体制の原型　167

表5-15　住専各社の母体行融資比率等　　　　　　　　　（億円）

	母体行	比率	一般金融機関	比率	農林系統金融機関	比率	合計
日本住宅金融	7,794	33.2%	6,740	28.7%	8,924	38.0%	23,458
住宅ローンサービス	3,507	20.8%	4,769	28.2%	8,616	51.0%	16,892
住　　　総	9,028	44.7%	3,400	16.8%	7,772	38.5%	20,200
総合住金	2,165	15.9%	4,623	33.9%	6,833	50.2%	13,621
第一住宅金融	2,269	12.5%	7,817	43.1%	8,070	44.4%	18,156
地銀生保住宅ローン	5,389	44.2%	2,194	18.0%	4,604	37.8%	12,187
日本ハウジングローン	5,820	23.1%	9,431	37.4%	9,932	39.4%	25,183
合　　　計	35,972	27.7%	38,974	30.1%	54,751	42.2%	129,697

注：1995年3月末の数値.
出所：『金融財政事情』（1995年7月31日号）より作成.

表5-16　業態別母体行融資比率の推計　　　　　　　　　（億円）

	住専7社向け融資	母体行分	比率	非母体行分	比率
都市銀行	14,490	9,046	62.4%	5,444	37.6%
長期信用銀行	15,104	8,089	53.6%	7,015	46.4%
信託銀行	20,059	9,371	46.7%	10,688	53.3%
地方銀行	8,521	5,205	61.1%	3,316	38.9%
第二地方銀行	2,571	2,165	84.2%	406	15.8%
生命保険	8,052	1,133	14.1%	6,919	85.9%
農林系統金融機関	54,753	0	0.0%	54,753	100.0%
合　　　計	123,550	35,009	28.3%	88,541	71.7%

注：一部推計値を含む.
出所：『日本経済新聞』1996年1月20日付け，ならびに『金融財政事情』1995年7月31日号より作成.

体は複数の大手銀行，あるいは特定の金融業界であり，これらの金融機関が，設立以降も社長をはじめとする多数の役員を派遣するなど住専各社を実質的に支配下においてきた．貸し手としてはこれ以上身元のはっきりした借り手はない．しかも，これらの母体行，母体金融機関が，個別的には融資シェアでかなりの差があるとはいえ継続的に資金供給を行っており，その点で母体行による

「系列融資」という太い資金ルートが厳然と存在しているかのように見えた．これらの事情から，各銀行，金融機関は，非母体行としての住専各社に対する融資を，母体行による「系列融資」の補完物，すなわち「協調融資」の一種と錯覚することになったのではないか，あるいはそこまでいかなくとも，メインバンクによる保証つきの融資であるかのように過大な期待を抱いたのではないか．このような錯覚，あるいは過大な期待が，他系列の住専に対してお互いに安易に貸し込んでいく背景をなしたように思われる．

　ここで系列融資ならびにその補完としての協調融資という場合，典型的にはわが国のいわゆる6大企業集団における融資関係を念頭においている．これらの企業集団関係の本質，構造，機能について詳論する余裕はないが，そこにおける系列融資・協調融資関係が，現代日本における独占的な銀行資本（金融機関グループ）と同じく独占的な産業資本（大企業グループ）との融合の一形態，支払い，決済業務に基づく預金・貸出関係を媒介とする融合関係であったことは明らかである．両グループはともに独占的諸資本として対等な関係にあり，まさにそうであるがゆえに金融，産業のそれぞれ部面での独占的地位を強化するために相互に利用しあう関係にあった．企業集団に属する大企業が経営困難に陥った場合には，メインバンクが事実上「最後の貸し手」として必要な資金手当てをし，さらにその再建にまで責任をもつというのが，経済・金融界の慣行とみなされてきた．それは，一方では，メインバンクがこれらの事業会社と恒常的に支えあう関係にあったからであり，他方では，他の協調融資行によって一任された当該企業の監視・監督機能を果たすことが，互いに独占的銀行資本としての地位を保証しあうことにつながるからである[18]．この一事に照らしてみても，母体行（金融機関）グループとそれによって一方的に支配・利用される地位にあった住専各社との間で，上の意味での系列融資・協調融資関係が成立しえないことは当然である．各金融機関が，「母体行がついているのだから安心」とばかりに，自系列以外の住専各社に対してろくな審査もなしに貸し進んでいったとすれば，それは「協調融資」幻想であったと言わざるをえないであろう．

（5） 金融機関としての力不足を政策的に利用された農林系統金融機関

　以上のような「協調融資」幻想にとりつかれることによって最悪の事態に陥ったのは，農林系統金融機関であった．本章で取り上げている住専7社には農林系が設立母体となった協同住宅ローンは含まれていないのであるから，農林系統金融機関はここでの文脈ではまさに非母体＝一般金融機関でしかない．にもかかわらず，前述のように1995年3月末時点で，農林系統金融機関は住専7社に対して借入額全体の42.2％を貸し出していた．なぜ，これほどまでに住専に貸し込むことになったのであろうか．

　まず，その第一の要因として，農林系統金融機関に対する員外融資規制の問題が指摘されるべきであろう．農林系統金融機関は，農業従事者が相互扶助を目的として設立した農業協同組合を基礎としていることから，組合員から集めた資金については原則的には組合員へ貸し出すことになっている．だが，戦後日本においては一貫した農業つぶし政策のもと構造的に農業部面への再投資の道が断たれており，その結果として，これら農林系統金融機関はつねに資金余剰状態にあり，一定の規制のもとに員外融資が認められてきた．ここで問題にしている農林系統金融機関の住専向け融資は，1980年10月の大蔵省・農水省の通達で従来信用農業協同組合連合会（以下信連と略記）の員外融資規制（組合員貸出総額の20％以内）の対象外であった「銀行その他の金融機関」に住専が加えられることによって始まった．この措置は，その前年に，農林系統金融機関自体が協同住宅ローンを設立したことを受けて，個人向けの住宅ローン市場という確実で成長が見込まれる分野で農林系統金融機関の資金を効率的に運用しよ

18）　ここで系列融資・協調融資を理論的に展開する余裕はないが，それが，現代日本における独占的銀行資本の存在様式であり，さらに金融資本的結合の一形態であるというのが筆者の基本的立場である．この独占体制という構造的視点を欠如させた近代経済学流の機能主義的メインバンク論では，大企業が銀行借入を相対的に必要としなくなるなどの条件変化が生ずれば，それがただちに機能的結合の弛緩につながるという皮相な理解を生みだすことになる．銀行と企業との結びつきを支払い，決済業務を軸に展開しつつ，独占体制の構造分析としてメインバンク論を展開したものとして，鈴木健『メインバンクと企業集団——戦後日本の企業間システム——』（ミネルヴァ書房，1998年）参照．

うという意図に基づくものであった.

　だが，第1節でみたように，1980年代に住専各社は，個人向けの住宅金融から不動産業者やリゾート開発業者などへの融資に重点を移すことによって，住宅金融専門会社から不動産専門金融機関へと変質を遂げた．大蔵省・農水省通達では，住専を「銀行その他の金融機関」に含める措置と併行して，住専向け融資の内容を「住宅の取得に必要なものに限る」という限定が与えられたにもかかわらず，農林系統金融機関は，独自の審査体制もないまま，住宅取得とはおよそ無縁の投機的資金を住専に貸し増していった[19].しかも，都銀等の大手銀行の場合には，住専を含むノンバンクがその性格上担保に値するような不動産を保有していないがゆえに，通常ノンバンク向け融資に際して，債権譲渡担保契約の締結によって担保を確保していたのに対して，これら農林系統金融機関は，大蔵省直轄の，しかも母体行がバックについている金融機関であるからということで，ほとんど担保をとらないまま住専向け融資を実行した[20].このような事態を，農水省は信連から住専融資の状況を報告させることができたにもかかわらず，長期間にわたって放置し続けた.

[19) 大蔵省・農水省は，通達「信連の農協法第10条第9項第3号に規定する『その他の金融機関』に対する貸し付けについて」における「住宅の取得に必要なものに限る」という規定は，信連の住専向け融資を個人向け住宅ローンに限定したものではなく，「住宅開発業者等に対する宅地開発ならびに住宅建設資金も含まれる」と解釈している．だが，このような拡大解釈に立ったとしても，住専各社が行ったさまざまな形態でのバブル資金の融資がこの独自の解釈をも逸脱していることは明らかである．まさに，そうであったからこそ，農水省は，1993年にこの通達そのものを廃止したのではないかとする，土門剛氏の推論は，的を射ていると言えよう．同著「住専問題は通達違反に始まり，農水省は違反隠しに終始する」(『エコノミスト』1995年12月18日号) 参照．岩田規久男氏もまったく同様の理解を示されている．同著『金融法廷』(日本経済新聞社，1998年) 102頁参照．
20) 土門剛氏は，農林系統金融機関と住専との間には債権譲渡における担保協定書は存在しないとしたうえで，担保をまったくとらず母体行に一括管理してもらっている状況からして，住専への農協系金融機関の融資は，実際には「貯金」のような位置づけを与えられていたのではないか，と推論されている．同著「国民へのツケ回し　誰のための住専処理か」(『エコノミスト』1996年2月13日号).

農林系統金融機関の住専向け融資を拡大させた第二の要因は，1990年3月27日の大蔵省銀行局長，農林水産省経済局長通達「土地関連融資の抑制について」に基づく，いわゆる不動産関連融資の「総量規制」の実施であった．この「総量規制」は，一方では不動産業向け貸出の増勢を総貸出の増勢以下に抑制するという規制の対象金融機関から住専を除外し，他方で銀行等の一般金融機関には，不動産業だけでなく建設業や住専を含むノンバンクに対する融資の実行状況の報告を求めながら，信連にはそれを求めなかった．すなわち銀行等の一般金融機関からの土地投機に向かう資金ルートを閉める一方で，農林系統金融機関から住専をつうじて流れるルートはそのままにしておいたわけである．商業用地の地上げやリゾート開発などに手を染めていた不動産業者たちが，この「総量規制」を契機として住専をつうじて農林系統金融機関の資金に群がったのは当然であろう．信連の住専向け融資は，1988年度末の6,287億円から1991年度末の3兆3,435億円へと約5.5倍化し，農林系統金融機関全体としての融資額は5兆4,753億円に達した．

　以上の点からして，農林系統金融機関の場合には，先の「協調融資」幻想を，大蔵省・農水省一体となった政策的誘導がいっそう助長させ，農林系統金融機関を抜き差しならない事態に追い込んだといえよう．

第4節　住専問題と大蔵省・農水省の行政責任

　以上では，住専問題を，住専自体の経営に即して，あるいは住専に融資した金融機関の立場から，すなわち利潤拡大を目的とする私企業の立場から考察してきた．本節では，この問題を，視点を変えて，金融機関の私的な利潤追求にとって外的な条件をなす大蔵省の金融行政・金融政策の側面から検討する．

（1）　いわゆる不動産関連融資の「総量規制」等をめぐる大蔵省の政策意図

　住専問題における政策当局の行政責任は，これまでたびたび指摘してきた1980年代における住専の変質を放置し続けた監督責任を別とすれば，バブルの

行き過ぎを是正しようとした1990年前後の時期における行政責任と，バブルがはじけ，地価の急激な下落に直面した1990年代前半における行政責任とに，大別できる．まず第一の局面から検討を始めよう．そこでの問題は，前節で留保しておいた不動産関連融資のいわゆる「総量規制」等をめぐる大蔵省・農水省の政策意図の問題である．1980年代後半に急激に展開したバブルを抑えるために，日本銀行は1989年より金融引締めに転換し，以来5回にわたって連続的に公定歩合を引き上げた（2.5%→6.0%）．しかし，バブルの勢いはそれによっては収まらず，業を煮やした金融政策当局は，土地投機を直接のターゲットにした融資規制に踏みきった．それが，前節で紹介した不動産関連融資のいわゆる「総量規制」である．土地関連融資の伸び率を総貸出額の増加率以内に抑えるという選別的でかつ直接的な規制によって，土地市場に向かって開きっぱなしであった資金のパイプが突然閉じられ，さしものバブルもここに歴史的な転換点を迎えることになった．これに端を発する地価の下落が，地価崩壊となり，株価暴落とあいまって長期にわたる金融危機，さらには1990年代長期不況を引き起こしたのは周知のところである．

　ところで，バブル崩壊の引き金という側面のみが一般に評価されるこの「総量規制」等は，住専問題との関連でもう一つの顔をもつ．すなわち，この「総量規制」等が，銀行等に対しては土地関連の融資を直接的に規制する一方で，けっして太くはないが土地投機のための資金を供給する独自のパイプを巧妙に残しておいたことである．土地関連融資の直接的な総量規制の対象から，住専を含むノンバンクだけがはずされ，同時に実施した不動産業，建設業，ノンバンク向け融資についての報告義務を，農林系，具体的には全国信連協会は免れた．この結果，土地投機のための資金供給ルートは，銀行等についてはシャット・アウトされたが，農林系統金融機関（とくに各都道府県の信連）→住専を含むノンバンクというルートが温存され，むしろ銀行等が引き上げた資金を農林系統金融機関が肩代わりする形で，このルートが1990年代初頭に急膨張することになった．

　大蔵省は，住専を含むノンバンクを「総量規制」の対象外としたことについ

ては，公式には，このような厳しい措置は，大蔵省が許認可権をもつ銀行等には課すことはできても，たんに届け出義務しかないノンバンクには実施できないとの立場を表明している[21]．だが，住専を含むノンバンクは，かつてのように都道府県の監督下にあるのではなく，大蔵省の直轄会社として直接の監督下におかれており，「総量規制」の翌年に大蔵省による住専への立ち入り調査が行われたことからしても，大蔵省がその気になれば，なんらかの行政指導，政策的介入を行いえたことは明らかである．また，大蔵省が，同時に「三業種向け貸出」についても行政指導を行っている点からみて，土地投機を押え込むためにはノンバンクを通じる迂回的な融資ルートについても歯止めをかける必要があることを，大蔵省が認識していたのは明らかである．では，大蔵省・農水省は，なぜこの「三業種向け貸出」の報告義務を，信連に課さなかったのであろうか．これについては，大蔵省・農水省は，農林系統金融機関の住専向け融資が「銀行その他の金融機関向け」としてと認知された時から，すでに報告義務が課せられているからとしている[22]．だが，当時，直接的な規制という異例の強硬手段に訴えてまで，土地投機を鎮圧しようとしていた大蔵省の立場からすれば，通達が出されてわずか1年間で信連の住専向け融資額が2兆6,000億円へ倍増しているのだから，初めからこのルートも抑制する意思があったとすれば，農水省に対して事前になんらかの要請があったとしても不思議はない．にもかかわらず，大蔵省が，何のアクセスもしていないのであるから，独自の政策的意図のもとに，意識的にループ・ホールを残しておいたとみるのが妥当であろう．

前節の(3)では，大銀行などによるいわゆる「紹介融資」が，土地投機のなかでももっともリスクの大きな分野への貸出を，住専やノンバンクに押しつける役割を果たしていることを明らかにした．「総量規制」等に際してループ・ホー

---

21) たとえば，1995年10月5日の参議院本会議で，当時の武村正義蔵相は，この問題について，「特定業種向けの融資量の調整を求める厳しい措置は，免許業種である金融機関に限るのが適当だと考えた」と述べている．『日本経済新聞』1995年10月6日付．
22) 『日本経済新聞』1996年1月17日付，参照．

ルがつくられた事実は，私的金融機関相互の間で力関係に応じて作りだされるこのような階層性を，金融監督当局が「バブル退治」のまっただなかで政策的に利用し，かつ促進しようとしたものと評価できるのではないか．「総量規制」の実施によって，バブルが頓挫し，地価高騰が地価下落に反転するのは不可避であり，それに伴って不動産関連の融資が大量に焦げ付くことが予想された．このような金融破綻による影響・被害を，金融システムの中心に位置する大銀行等ができるだけ被らないように，バブルの最終局面，あるいはバブル崩壊の最初の局面で金融システムの周辺領域に位置する住専を含むノンバンクに最大限リスクを転嫁しておく，そのために農林系金融機関の資金を利用するというのが，大蔵省の隠されたもう一つの政策的狙いだったのではないだろうか．

　おそらく農水省の方は，「総量規制」等の実施に際して，大蔵省が，このような政策的意図を背後にもっていたことは，まったく気づいていなかったのではないか．農水省としては，住専を，農林系統金融機関に対する員外融資規制の対象外である「銀行その他の金融機関」として認めて以降は，監督当局として，まったく安全な貸付先として位置づけてきた．農林系統金融機関が，母体行と大蔵省を全面的に信頼して独自の審査を行うことなく，住専向け貸出を増やしたのと同様に，農水省も，この「総量規制」実施の時点までは，大蔵省の金融行政に全幅の信頼をおき，大蔵省直轄の金融機関の経営状態についてとりたてて情報をえる努力はしてこなかった．住専が，もはや「住宅の取得に必要な」資金をもっぱら提供しているわけではなく，さらに「住宅開発業者等に対する宅地開発ならびに住宅建設資金」の範囲を越えて投機資金を貸し出していることも，ある程度は感知していたとはいえ，大蔵省が，具体的な行政指導に乗り出さないうちはまだ大丈夫と，たかをくくっていたのではないか．金融行政について絶対的な権限をもち，銀行等に対しては「箸の上げ下ろし」にまで干渉すると言われてきた大蔵省であったがゆえに，住専についても的確に経営状態をつかんでおり，もし経営破綻の可能性が生じた場合には，農林系統金融機関を監督している自分たちにも，大蔵省から何らかの情報提供がなされると

期待していたのではないか．だが，それは，農水省側の勝手な思い込みにすぎなかった[23]．むしろ，大蔵省は，この「信頼」関係を逆手にとって，上述のような抜け道を意図的に準備したのである．

（2） 二度にわたって現実性の乏しい「再建計画」の策定を指導した大蔵省の狙い

「総量規制」等の実施は，大蔵省の期待どおり地価高騰を劇的にストップさせたが，その後の地価の下落は，大蔵省の予想を大きく上まわるものとなった．1992年3月期以降六大都市圏における商業地の地価は，対前年同期比でマイナス15％～25％というきわめて高い比率で1997年まで連続的に下落し，まさに地価の崩壊現象が発生した[24]．また，大蔵省の隠された政策的意図についても，銀行等から融資を新たに受けられなくなった不動産業者たちがノンバンクや住専に殺到し，それをつうじて農林系統金融機関の資金が暴落しつつある土地市場に流れ込んだ．その結果，住専はバブルの最終局面で焦げつくしかない大量の不良債権を抱えることになり，また農林系統金融機関はこれら住専と一蓮托生の関係に陥った．

住専の経営状態の急激な悪化に対応して，大蔵省は1991年9月から1992年8月にかけて，住専各社に対して「第一次立入調査」を行ったが，表5-2で示しておいたように，この調査によって住専全体としては約4割の不良債権（地銀生保住宅ローンと日本ハウジングローンの2社は，50％を超えていた）の発生が確

---

[23] 驚くべきことに，農水省は，大蔵省が1991年から1992年にかけて行った住専への「第一次立入調査」の結果についても，まったく知らされていなかった．農水省の真鍋武紀元経済局長は，この調査結果を，1996年2月15日の衆院予算委員会での公表で初めて知った，と当予算委員会で参考人として述べている．『日本経済新聞』1996年2月16日付け，参照．

[24] 戦後日本では，ほぼ恒常的に地価は上昇し続けてきた．地価が一時的にせよ下落したのは，バブル崩壊以前には，戦後の第二次土地ブーム終了直後の1974年9月～1975年9月の1年間だけであり，その時の下落率は，わずかに8～9％にすぎなかった．（六大都市市街地価格）バブル期の第三次土地ブームが，史上初の本格的な地価暴落を特徴の一つとすると言われる所以である．第2章，参照．

176　第2篇　現代日本における金融危機の展開

表5-17　住専7社の「第一次立入調査」における大蔵省の
損失見込み額（1991〜1992年）　　　　　　　　（億円）

	分類額	第2分類額	第3分類額	損失見込額
日本住宅金融	6,617	6,617	0	0
住宅ローンサービス	4,326	4,293	33	17
住　　　総	7,465	7,438	27	13
総 合 住 金	3,690	3,688	2	1
第一住宅金融	5,435	5,435	0	0
地銀生保住宅ローン	6,252	6,135	117	59
日本ハウジングローン	12,694	11,938	756	378
合　　　計	46,479	45,544	935	468

注：損失見込み額＝4分類の全額＋3分類額×50%
出所：岩田規久男『金融法廷』（日本経済新聞社，1998年）

認された．貸出残高の約4割が不良債権化しておれば，金融機関としては事実上の倒産状態にあると考えるのが，普通の判断であろう．にもかかわらず，大蔵省は，住専各社のなかでは当時相対的に不良債権率が低かった日住金を住専問題処理のモデルケースとして位置づけ，その「第一次再建計画」の策定を母体行に求めたのである．

　ところで，この日住金の筆頭株主であると同時に中心的な母体行でもあった三和銀行が，大蔵省から2ヶ月遅れて，日住金に対して独自に財務調査を行った．それによれば，日住金は，実質的な延滞債権を1兆2,000億円抱え，そのうち純粋に損失となる回収不能債権は4,500億円と見込まれ，当時すでに大幅な債務超過のゆえに実質的に倒産状態にあると判断された[25]．大蔵省の「第一次立入調査」と比較して，事実上の不良債権率が約2倍と評価されている点もさることながら，表5-17のように大蔵省が日住金については損失見込みをゼロとしたのに対し，回収不能債権額を4,500億円と見積もっている点で際立った違いを見せている．三和銀行が，この状況下で，日住金を倒産処理すること

---

[25]　岩田規久男前掲書，7〜12頁参照．

を選択肢の一つとしたのは，当然であろう．

　だが，大蔵省は，自らの「第一次立入調査」結果に依拠して，三和銀行が選択肢の一つとした回収不能債権の処理案を退け，もう一つの選択肢であった母体行による金利減免などの支援を内容とする再建案を，1992年8月の母体行会議で取りまとめさせた．この「第一次再建案」がいかに非現実的なものであったのか，あるいはそもそも大蔵省の「第一次立入調査」が，不良債権や回収不能債権をいかに過小に見積もっていたのかは，この計画が，決定後わずか半年あまりで事実上破綻してしまったことに，端的に示されている．それにもかかわらず，大蔵省は，住専の不良債権や回収不能債権の正確な実態をつかむための調査のやり直しもしないまま，母体行に対して日住金の「第二次再建計画」の策定を指導した．

　しかも大蔵省は，この「第二次再建計画」を母体行にまとめあげさせるにあたって，「総量規制」以来住専と抜き差しならない関係に陥った農林系統金融機関を繋ぎ止めておくために権謀術策を駆使した．一方で，大蔵省銀行局は，1993年2月3日に，農水省経済局との間で密かに「覚書」を交わした．その内容は，第一に，この再建計画に母体行が責任を負い，取り決められた金利減免措置以上の負担を農林系統金融機関にはかけさせないように，大蔵省が母体金融機関を責任をもって指導していく，第二に，金利減免後の金利水準を，母体金融機関は0％，一般金融機関は2.5％，農林系統金融機関は4.5％とする，そして第三に，この金利減免措置が農林系統金融機関にとってきわめて厳しい内容であることをふまえ，必要な資金を日銀が農林中金に対して融通する，というものであった．他方で，大蔵省は，この「覚書」にそって，1993年2月26日の母体行会議において，日住金をつうじて各母体行に再建計画に責任をもつ旨の「念書」を書かせ，それを大蔵省銀行局長宛てに提出させた[26]．大蔵省が，日住金の「第二次再建計画」策定段階で，農林系統金融機関の「説得」と「再建計画」の存続にいかに腐心・固執していたかが窺われる．

　では，なにゆえ大蔵省は，これほどまでに住専の「再建計画」にこだわったのであろうか．この点を理解するうえで重要なのは，大蔵省が，住専各社で不

良債権が大量に発生しているのを把握していながら,「再建計画」進行中を理由に,各金融機関に対して住専向け融資に関して貸倒引当金を積むことを認めてこなかったことである．再建可能ということで経営努力を行っている案件について,融資が回収できないことを想定するのは,理屈に合わないというわけである．ここでは,明らかに,「再建計画」の存在が,銀行が住専の不良債権について貸倒引当金を積む,すなわち会計上不良債権の処理を行うのを,妨げる口実になっている[27]．この点からして,大蔵省が,当時望んでいたのは,住専の文字どおりの再建ではなく,「再建計画の存在」という既成事実にすぎず,住専問題における真の政策的意図は,当面不良債権処理は行わせない,換言すれば住専問題は先送りする,ということだったように思われる．「第一次立入調査」における不良債権,とりわけ回収不能債権の過小な見積り,「第一次再建計画」破綻の理由を「予想を越えた地価の急落」に求めておきながら,新たな地価水準での不良債権の実態調査もないまま「第二次再建計画」をただちに取りまとめさせようとしたこと,しかもその際,農林系統金融機関の資金の引上げを回避すべく水面下で強引なまでの政治介入を行ったことなどの一連の事実は,この文脈のもとで,当初から一貫した意図のもとに遂行されたことが理解されるであろう．

(3) 日本版 Too Big To Fail 政策の出発点となった住専問題処理の先送り

戦後初の本格的な地価下落に直面した金融機関が,地価のすばやい反転を期待し,それまでの当面の間不良債権化した不動産関連融資の処理を先送りしようという意図をもつことは,資本価値の維持・増大を求める資本の本性からして当然であろう．金融機関の利益を体現した金融行政・金融政策を戦後一貫して遂行してきた大蔵省が,この局面でもそのような意図を金融機関と共有したことはうなずける．だが,前項で明らかにした住専問題における不良債権の先

---

26) 『日本経済新聞』1995年8月25日付け,参照．
27) 長野厖士「不良資産問題解決の道筋を示し,過剰な懸念を払拭する」(『金融財政事情』1994年2月21日号),参照．

送りという大蔵省の政策スタンスは，バブル崩壊局面での金融機関の「待ち」の姿勢一般に解消しえない問題を含んでいる．

住専問題が，日本の金融システム全体をまきこんだ金融破綻劇であったにしても，各業態が，不動産関連融資（表5-13）あるいは住専それ自体に対する融資（表5-11，表5-16）にどのように関わっていたかに応じて，おのずと住専問題の深刻さも業態ごとに異なっていた．まして，個別金融機関レベルでいえば，不良債権・回収不能債権を処理するための「体力」は千差万別であって，不良債権をいつ，どのように処理するかは個々の金融機関の経営戦略に属する問題であった．

この点からすれば，先に日住金について筆頭株主でありかつ主要な母体行の一つであった三和銀行が，独自の調査結果に基づいて，日住金の倒産処理を選択肢の一つとして掲げたことは，三和銀行自身の立場からすれば，この時点で日住金それゆえ住専問題を最終的に処理しておくことが，経営上必要かつ可能であると判断したことを意味している．業態別に見た場合，住専に対する融資集中度や不良債権処理のための「体力」という点で，都市銀行は相対的に有利な立場にあった．とはいえ，表5-18に示されているように，三和銀行は，都市銀行のなかでは，さくら銀行とならんで住専向け融資額が3,000億円を超えているばかりではなく，日住金に対しては中心的な母体行の地位にあるがゆえに，倒産処理するとすればかなりの負担額が見込まれる立場にあった．にもかかわらず，三和銀行としては，日住金の不良債権・回収不能債権の大きさ，ならびにそれが地価暴落の状況からして今後改善のめどが立たないことから，この時点で最終処理する方が，住専問題の処理費用を抑えるという点から見ても，さらには資産運用全体の健全化という点から見ても，望ましいと判断したわけである．

だが，他の母体行・一般金融機関の状況は，このような個別的な破綻処理を許さなかった．これは，たんに日住金の他の母体行が，日住金の破綻処理によって直接に被る損失額の大きさから三和銀行による処理案に反対したというにとどまるものではない[28]．むしろ，日住金の先行的処理が，住専問題全体に

180　第 2 篇　現代日本における金融危機の展開

表 5-18　住専 7 社に対する紹介融資と貸付額　　　　（億円）

銀　行　名	紹介融資額	貸　付　額	負担見込み額
住　　　　友	2,688	896	565
日　本　興　業	207	6,650	4,915
富　　　　士	1,065	667	585
日本長期信用	204	4,677	3,231
三　　　　和	421	3,050	2,787
住　友　信　託	1,574	5,006	3,253
三　井　信　託	1,385	3,342	2,866
三　　　　菱	1,694	732	535
三　菱　信　託	531	5,051	3,214
安　田　信　託	822	3,574	2,330
第　一　勧　銀	1,299	580	535
さ　　く　　ら	1,249	3,091	3,026
日本債券信用	74	3,454	2,371
東　洋　信　託	912	2,320	2,016
東　　　　海	899	793	608
中　央　信　託	531	1,442	895
あ　　さ　　ひ	260	947	947

注：貸付額は1995年 9 月末現在．
出所：『週刊朝日』1996年 3 月29日号．

及ぼす影響を予想して，他の住専各社の母体行あるいは業態ぐるみで強い反対があったと考えられる．具体的にいえば，もし住専の破綻処理が，日住金のようにできるところから個別的・先行的に行うという形で進行するならば，日住金の財務状態は住専業界のなかではまだましな部類に属していたわけであるから，おのずと経営状態の悪い他の住専に対して，破綻処理を強制する形で市場

---

28)　この抜本的処理案ではなく，金利減免による支援策に対しても，母体行の一つであった大和銀行が最後まで抵抗を示した．いくら母体行の一つであるといっても，融資額が640億円（融資比率2.7％）にすぎない自行が金利減免を受け入れても，融資額が1,000億円を超える日本興業銀行や農林中金が負担を免れるのでは，支援の実効性があがらないということであろう．だが，この抵抗も，結局大蔵省銀行局の「指導」のまえには無力でしかなく，「母体行 9 行のみの金利減免」を受け入れざるをえなかった．『日本経済新聞』1992年 8 月18日付け，参照．

圧力がかかってくることが予想された．しかも，日住金の先行的な処理は，償却余力のある母体行による破綻処理であるのだから，これまでの金融界における慣行からすれば，母体行が中心的に損失負担を担う処理形式になる可能性が強かった[29]．もし，事態がこのように進行するならば，住専7社に関してはまったく母体としては関与していない農林系統金融機関の問題は別としても，貸出額の20％以上を住専業界に貸し込んできた信託業界の場合や，さらには第一住宅金融に対して唯一の母体行となっている日本長期信用銀行や，日本ハウジングローンに対して2行のみで母体行を形成している日本興業銀行や日本債券信用銀行からなる長期信用銀行の場合には，実際に個々の金融機関の経営破綻に結びつく可能性がきわめて大きかった．これらの業態や銀行が，三和銀行の倒産処理案に強く反対したのは容易に予想できる．

　大蔵省もまた，バブル崩壊後，住専問題に対応するにあたって，このような危機認識をもっていたはずである．そして，重要なのは，大蔵省が，この状況認識の上に立って，当時大手銀行の一角が崩れるならば，それが日本の金融システム全体の動揺につながりかねないと判断し，そこから，「大手銀行は一行たりともつぶさない」という基本的立場を固めたと思われることである．これは，大蔵省が自ら推進してきた「金融の自由化」の流れに反して，バブル崩壊局面で，バブルにまみれた大銀行を救済・温存するために，新たな「護送船団方式」を採用したことを意味するにほかならない．「護送船団方式」という場合，通常大銀行に比べて経営効率の悪い中小企業向け金融機関を基準にして金融行政・金融政策を運営するものと理解されてきたが，少なくともバブル崩壊後の不良債権処理については，それは明らかに事実に反する．この新たな局面での「護送船団方式」で保護・救済の対処となったのは，一部の大銀行である．つい先日まで日本の金融界全体にかかわって「銀行不倒神話」が語られて

---

[29]　1991年4月の静岡信用金庫系列の静信リースの倒産は，いわゆる修正母体行責任で破綻処理が行われた．だが，大蔵省としては，銀行系のノンバンクの破綻処理は母体行の責任で行われるべきで，静信リースは例外的措置との立場を表明した．大海和友「住専処理の"修正母体行方式"に異議あり」（『金融財政事情』1995年8月21日号）参照．

いたにもかかわらず，1990年代前半以降信用組合や信用金庫，さらには第二地銀などでは，乱脈融資の限りを尽くした金融機関が次々と経営破綻し，銀行部面からの撤退を余儀なくされた．中小金融機関の経営破綻は，それが預金者の全般的な取付けに発展しない限りは容認するが，金融システム全体を揺らぎさせかねない大手銀行の経営破綻は，断固阻止する，すなわち，アメリカの1980年代金融破綻処理でひそかに懸念された"Too Big To Fail"が，日本では，バブル崩壊直後から，大蔵省の金融危機管理の基本方針に据えられたのである．償却余力のある銀行による住専の個別的・先行的な処理を認めず，それどころか偽りの「再建計画」を2度にわたって策定させ，それを理由に住専の不良再建処理を丸ごと先送りさせたのは，この"Too Big To Fail"という基本的立場を実現するためだったのである．だが，まさに日本版「ゾンビ銀行」を，ただ大銀行であるという理由で温存したことが，住専問題，ひいては不良債権処理問題をきわめて深刻な事態にまで追いやり，住専処理については最終的に税金を注ぎ込む措置を招き，さらに1997年末以降大銀行部面で金融危機を本格化させる結果になったのである．

第5節　住専処理はいかに行われたのか

そこで，大蔵省によって2回にわたって先送りされた住専問題が，最終的にどのような形で処理されたのかを見ておくことにしよう．1993年2月に決定された「第二次再建計画」は，母体行が金利を0％にすることを柱とした金利減免措置によって10年間で予想損失額を処理することを意図していたが，その前提条件は回収不能債権がそれ以上増えないことであった．だが，地価は，前述のように，六大都市圏の商業地について言えば年率20％前後の水準で下落し続け，住専各社の不良債権・回収不能債権は雪だるま式に増大していった[30]．その結果，さしもの大蔵省も1995年6月に住専各社の「再建計画の抜本的な見直し」の必要を認め，「第二次再建計画」の事実上の撤回を余儀なくされた．これを契機に，9月における住専各社ごとの母体金融機関の会議，さらに10月以

降の母体行と農林系統金融機関との数回にわたる交渉があいついで開催され，住専の整理・清算が基本的に確認された．だが，後述のように責任の所在や損失負担をめぐる利害関係の対立から，関係諸機関による意見調整は難航を極め，結局11月に入って大蔵省による政治的調停が本格化することになった．以下，大蔵省が提示した住専処理の素案を起点とする政治的調停過程を概観しつつ，住専の破綻処理の問題点を明らかにする．

（1） 母体行責任での処理を最初から回避した大蔵省・銀行業界

　大蔵省が主導した住専の処理案策定の過程では，最初から母体行の責任による住専処理という方式は選択肢の外におかれた．大蔵省が処理案作成のたたき台として11月半ば過ぎに提示した素案（図5-1）では，住専の不良債権処理のために設立される「受け皿機関」への債権譲渡に際して生ずる損失額7兆3,000億円は，母体行・一般行がともに債権の85％（6兆3,000億円）を放棄し，農林系統金融機関が18％（1兆円）を放棄することをつうじて，民間金融機関によって負担されるべきものとされていた．この大蔵原案について，「民間銀行の負担で農林系機関の債権放棄を少なくする仕組み」との評価がただちに流布されたが[31]，このような評価は，住専問題のそれまでの経緯や従来の金融慣行などをまったく無視したものと言わざるをえない．

　第一に，2回にわたる「再建計画」が，母体行による金利減免を中心的内容としていたことに集約的に表現されていたように，住専問題の責任は母体行にあるというのが，住専問題全体の経緯，住専各社が事実上母体金融機関の子会社として活動してきた事実からごく自然に出てくる理解であろう．「第二次再建計画」の策定に際して，大蔵省があえて農林省との間で，母体行が再建計画

---

30) 住宅ローンサービスの「第二次再建計画」では，10年間で地価が25％上昇することを見込んでいたと，当時の井上時夫社長が，衆院予算委員会で参考人として証言している．『日本経済新聞』1996年2月16日付け，参照．
31) 1995年11月18日に大蔵省の素案が明らかにされた翌日に，『日本経済新聞』は，大蔵原案に対してこのような評価を与えている．『日本経済新聞』1995年11月19日付け，参照．

184　第2篇　現代日本における金融危機の展開

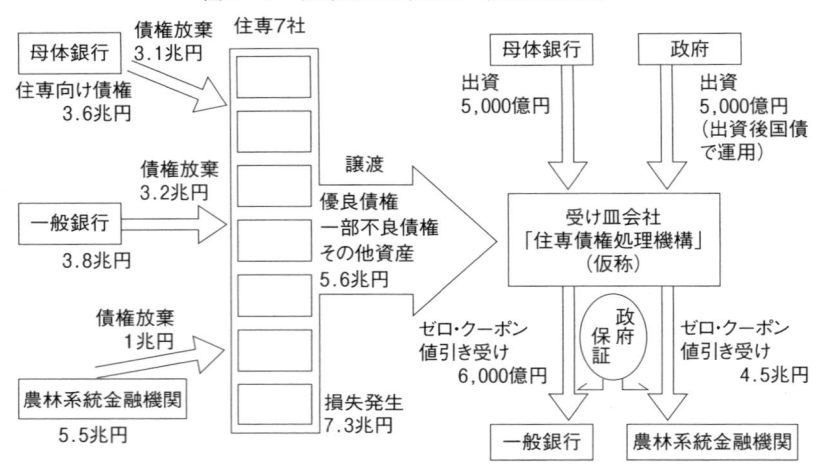

図5-1　住専処理の仕組み（大蔵省素案）

```
母体銀行 ──債権放棄3.1兆円──→ 住専7社
住専向け債権                    ┌──────┐
3.6兆円                         │      │
                                │      │  譲渡
一般銀行 ──債権放棄3.2兆円──→ │優良債権│────→ 受け皿会社
3.8兆円                         │一部不良│     「住専債権処理機構」
                                │債権その│       （仮称）
農林系統金融機関─債権放棄1兆円→│他資産  │
5.5兆円                         │5.6兆円 │
                                │損失発生│
                                │7.3兆円 │
                                └──────┘

母体銀行 出資5,000億円 → 受け皿会社 ← 出資5,000億円（出資後国債で運用） 政府
                                          政府保証
ゼロ・クーポン値引き受け6,000億円 → 一般銀行
ゼロ・クーポン値引き受け4.5兆円 → 農林系統金融機関
```

出所：『日本経済新聞』1995年1月19日付.

に責任をもち，農林系統金融機関には今回の金利減免以上の負担はかけさせないという内容の「覚書」をとりかわしたのも，まさにこのような理解を無視しえなかったからである．第二に，銀行系列のノンバンクの破綻処理は，母体行の責任で行われるべきだというのは，従来の金融界におけるメインバンクによる破綻処理の慣行に基づいて，大蔵省自身が，静岡信用金庫系列の静信リースの破綻処理において確認した原則であった．静信リースの場合には，全債務を母体である静岡信用金庫が負えば母体行自身の経営破綻に導きかねないということで，例外的にいわゆる「修正母体責任方式」が採用されたにすぎない[32]．これらの事情をふまえるならば，住専処理にあたっては，まず「母体行責任主義」に基づく破綻処理を追求するのが本筋であって，そのうえで個々的に母体行が負担を負いかねるという場合に限って「修正母体行責任方式」が検討され

---

[32] 野田正穂氏は，東海銀行をめぐる株主代表訴訟で，名古屋地裁が，大蔵省の「母体行責任主義」に基づく行政指導を認定したことを紹介している．山田・野田編前掲書，94〜96頁参照．

表5-19 住専7社向け融資の損失額試算　　　　(億円)

	貸出残高	母体行責任	修正母体行責任	貸し手責任
都　　銀	14,659	※16,970	11,309	7,183
長 信 銀	15,104	※20,939	9,760	7,401
信　　託	21,965	11,548	※14,346	10,763
地　　銀	8,521	5,838	※6,230	4,175
第二地銀	2,571	※6,674	2,288	1,260
生　　保	8,062	1,255	3,170	※3,950
損　　保	1,915	0	517	※938
農 林 系	54,753	0	15,136	※26,829
そ の 他	1,483	0	466	727

注：※印の数字は，それぞれの業態で最大の損失額．
出所：『日本経済新聞』1995年11月8日付け．

るべきであった．

　だが，大蔵省が原案で採用したのは，「母体行責任主義」でもなければ「修正母体行責任主義」でもなかった．母体行は，自身の全債権の放棄すら求められなかったのである．その意味では，大蔵原案は，全債権者に債権額に応じて損失負担を求めるいわゆる「貸し手責任主義」の変形というべき処理策であった．それが基本的に意図したものは，「母体行責任主義」の排除であり，これを前提とした関係金融機関の間での損失負担の違いは，質的問題ではなくたんなる量的問題でしかなかった．

　大蔵省が，このような「母体行責任主義」の排除を原案段階からもちだしてきたのは，前述のように「大手行は一行たりともつぶせない」と考えていたからである．表5-19は，処理案が検討されはじめた時点で，「母体行責任主義」，「修正母体行責任主義」そして「貸し手責任主義」を採用した場合に各業態が負担することになると考えられた予想損失額を示したものである．おそらく，「母体行責任主義」を採用すれば，興銀はともかく日本債券信用銀行ならびに日本長期信用銀行の経営破綻は必至であり，「修正母体行責任主義」をとれば，一部の信託銀行の経営破綻が懸念されたのであろう[33]．大手行はつぶせ

ないと判断していた大蔵省がとるべき道は,母体行の責任を問わない処理策でしかなかった.

(2) 破綻処理の局面でも問題の先送りを意図した大蔵省・銀行業界

　この大蔵原案に対しては,当然,さきの「覚書」を反故にされた農林系統金融機関の側から強硬な反対意見が出された.農林系の主張は,住専問題を深刻化させた責任は母体行にあるのだから,その責任を不問に付したまま,母体行と同じ「貸し手責任」を農林系に求めるような処理にはいっさい応じられない,という処理の形式,枠組みにかかわる原則的反対であった.さらに,「母体行責任主義」を免れた銀行業界の側からも,一般行としての負担も含めれば6兆3,000億円に達する損失負担は大きすぎる,という反対意見が出された.

　利害の対立する両陣営から挟撃された大蔵省は,都銀の一部に「修正母体行責任」もやむなしとする意見が出はじめたこともふまえ[34],農林系の実質的な協力を引き出すために,母体行による債権の全額放棄と農林系による資金贈与形式の採用(債権は全額返済)という修正を行うことにした.だが,上述のように「修正母体行責任主義」では信託銀の一部や長信銀などで経営破綻が生じる懸念があったため,大蔵省は,この修正にあたって損失処理の一部先送りを決断した.それが,当初7兆3,000億円と見込まれた損失予想額のうち,「実際の損失額が最終的に確定されていない第三分類債権」の処理を「二次損失」とし

---

33) この試算では,金融機関の住専7社に対する貸出残高(1995年3月末で12兆9,000億円)の7割が不良債権で,さらにその7割が回収不能債権化すると仮定されている.母体行責任主義による処理が行われるならば,第一住金の単独母体行である日長銀と,日本ハウジングローンの母体行を2行だけで構成している日債銀・興銀のわずか3行で2兆900億円を負担しなければならないわけである.『日本経済新聞』1995年11月8日付け,参照.

34) このような姿勢をいち早く示したのは,三菱銀行や富士銀行であった.先の表5-18から明らかなように,これらの銀行は大銀行としては住専向け融資額が1,000億円に満たない銀行であり,同じく都市銀行といっても住専向け融資額が3,000億円を上まわるさくら銀行や三和銀行とは,住専処理に伴う損失負担の問題で立場が大きく異なった.『日本経済新聞』1995年11月26日付け,参照.

第5章　第一次金融危機と住専処理——日本型TBTF体制の原型　187

図5-2　住専処理の仕組み

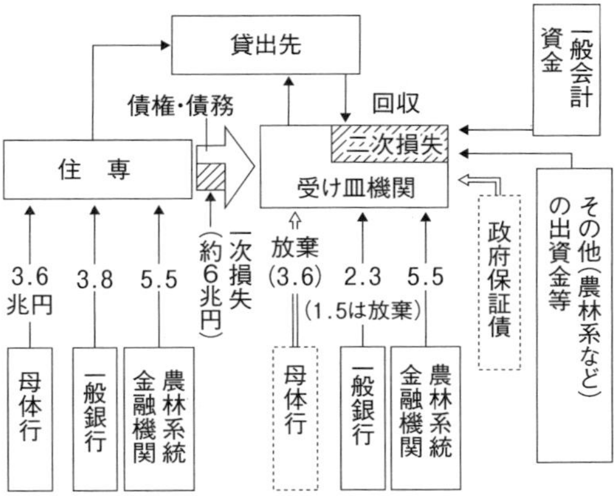

```
                        貸出先
                       ↗     ↘
              債権・債務      回収
                ↓           ↓
              住専 ⇒ 受け皿機関 ← 二次損失 ← 一般会計資金
              ↑ ↑ ↑  (一次損失  ↑   ↑
                      約6兆円) 放棄 2.3 5.5    その他(農林系など)
             3.6 3.8 5.5      (3.6)         の出資金等
             兆円              (1.5は放棄)  ↑
                              ↑            政府保証債
             母  一  農        母  一  農
             体  般  林        体  般  林
             行  銀  系        行  銀  系
                 行  統           行  統
                    金              金
                    融              融
                    機              機
                    関              関
```

出所：『日本経済新聞』1995年11月28日付．

て，「受け皿機関」への債権譲渡時に発生する「一次損失」から切り離すという提案であった．素案の提示からわずか10日間あまりのうちに，一次損失は全体として6兆円強に圧縮され，その結果母体行・一般行の債権放棄という形態での損失負担は5兆2,000億円に，また農林系統金融機関の贈与や出資形態での損失負担も1兆円前後にまで切り下げられることになった．(図5-2) この二次損失として切り離された第三分類債権は，後の最終案でも「回収不能がほぼ確実」と評価せざるをえなかった債権であり，回収可能かどうかという点では回収不能債権であり，ただ100％焦げ付くかどうか現時点で不明であるというにすぎない債権である．もし住専の不良債権処理を責任をもって行うというのであれば，この部分だけを切り離して処理を先送りすることなどありえない話である．その意味で「二次損失」なるものは，当面の負担額を抑えるために大蔵省がもちだした一時的な便法，損失処理の新たな先送り策であり，住専処理の最終局面でも大蔵省が不良債権の迅速かつ全面的な処理をめざしてはいなかったことを物語るものである．

（3） 公的資金の導入によって損失負担の回避をもくろんだ大蔵省・銀行業界

ところで，大蔵省による住専処理の修正案は，破綻処理の一部先送りを公的資金＝財政資金の投入によって実現しようとするものであった．住専処理に際しての公的資金投入問題は，あたかもそれが農林系統金融機関を救済するために計画されたものだとする理解が流布されてきたが[35]，それは明らかに事実経過に反している．

大蔵省が，財政資金投入に直接言及するようになったのは，損失処理額を抑制するために第三分類債権を二次損失として分離し，その処理を先送りしようとした11月末時点である．二次損失を先送りし，銀行業界の負担を抑えると言っても，一次損失の段階で大銀行を中心とする母体行が全債権を放棄するところまで譲歩したのであるから，一次損失から切り離された二次損失，すなわち第三分類債権の損失処理までも母体行・一般行の責任で処理させられることになるならば，事実上修正案は「母体行責任方式」に限りなく近づくことになる．大銀行の側からすれば，一定期間後に確実に発生すると見込まれる予想損失について，自らの負担にならない保証が与えられていない限り，先送りと言っても最終的な負担軽減にはならない．また「母体行責任主義」での処理を最初から回避しようとしてきた大蔵省としても，大蔵省の威信にかけて素案における基本的枠組みは維持しなければならない．だとすれば，このような事態のもとで大蔵省が二次損失の穴埋めのために財政資金を投入するという方針を決めた意図は，明らかであろう．それは，処理案作成の当初から大蔵省が考えていた「大手銀行はつぶさない」という基本的立場を，政治的調整過程のなかで生まれてきた母体行による全債権の放棄という新たな条件のもとで維持するために不可欠の道具立てであったのである．

だが，この11月末の修正案では二次損失の穴埋めに限定されていた財政資金

---

35) たとえば，大蔵省が二次損失に財政資金を投入する方針を固めたと報じた『日本経済新聞』1995年11月28日付けは，「財政資金の投入により農林系金融機関の元本は実質的に保証されることになる」と論じていた．

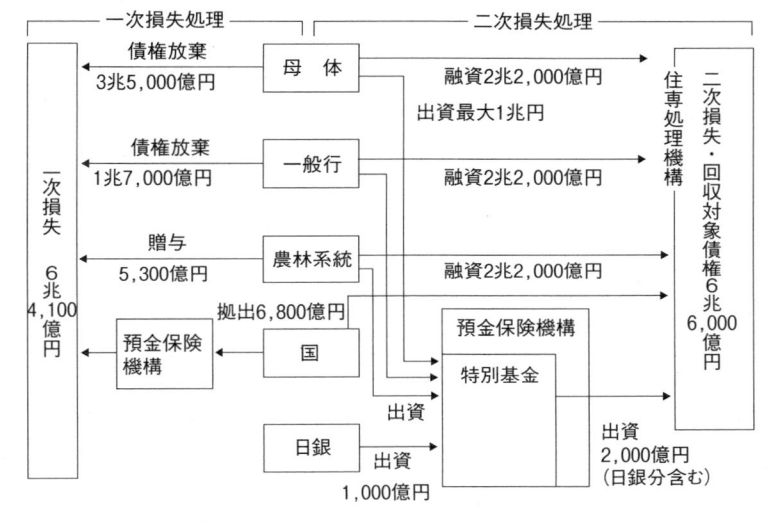

第5章 第一次金融危機と住専処理―日本型TBTF体制の原型　189

図5-3　住専処理の仕組み

（図：住専処理の仕組み）

一次損失処理：
- 母体　債権放棄 3兆5,000億円
- 一般行　債権放棄 1兆7,000億円
- 農林系統　贈与 5,300億円
- 国　拠出6,800億円 → 預金保険機構
- 一次損失 6兆4,100億円

二次損失処理：
- 母体　融資2兆2,000億円、出資最大1兆円
- 一般行　融資2兆2,000億円
- 農林系統　融資2兆2,000億円
- 預金保険機構　特別基金
- 日銀　出資1,000億円
- 出資2,000億円（日銀分含む）
- 住専処理機構　二次損失・回収対象債権6兆6,000億円

出所：『日本経済新聞』1996年1月25日付け．

の投入は，1996年1月末の最終案（図5-3）では，民間金融機関の負担で処理されることになっていた一次損失についても投入されることになった．これは，修正案段階では農林系統金融機関が負担しうるぎりぎりの上限とみなされ，大蔵省としても農林系が受け入れるものと期待していた1兆円あまりの負担額が[36]，1995年12月14日時点で突然農水省から5,300億円に減額通告された結果によるものと言われている[37]．先の「覚書」の経緯からも明らかなように，住専問題をめぐって「再建案」策定の段階から大蔵省と農水省とは，それぞれが代表する業態の利害，さらには官僚機構としての独自の省益を実現すべく，たがいに政治的駆け引きを行ってきた．破綻処理に至るまでは，総じて大蔵省

---

36) 『日本経済新聞』1995年11月26日付け，参照．
37) 岩田前掲書，113～114頁参照．この農水省による突然の減額通告と，それによる一次損失への財政資金投入の責任を取って，当時の大蔵事務次官が辞任した．まさに大蔵官僚にとって予期せぬハプニングであったと思われる．

が農水省をうまく抱き込みつつ農林系統金融機関の資金を住専にふり向けさせてきたのであるが，損失負担をめぐる最終局面で，いわゆる族議員と呼ばれる農林系議員の強力なバックアップもあって農水省による閣議決定（1995年12月19日）直前の部分的な巻き返しが効を奏し，対応に苦慮した大蔵省が国民への新たな負担転嫁で急場をしのがざるをえなくなったものと言えるのではなかろうか．

　以上の点からすれば，住専処理における財政資金の投入問題は，11月末の修正案段階で二次損失という形態で第三分類債権の先送りを意図した大蔵省が，財政資金でその穴埋めを行おうとしたことが，そもそもの出発点である．その意味で「大手銀行はつぶせない」，すなわち金融システム維持のためには財政資金の投入はやむなしとの大蔵省の判断・決定が，基本線をなしている．そして，このような既定方針があったればこそ，12月末の，農水省から大蔵省に対して農林系統金融機関の損失負担額について突然の減額通告がなされるという緊急事態に対しても，大蔵省はなんら躊躇することなくその減額分を新たに国民に転嫁するという形態で処理することを決断しえたのである．この一次損失への財政資金の投入の経緯だけに着目し，農林系統金融機関救済のために国民の血税が使われると一面的に主張するのは，不良債権処理に際して大銀行救済のための新たな「護送船団方式」を採用せんとした大蔵省を免罪するものと言わざるをえないであろう．

（4）　預金保険機構を大蔵金融行政の別働隊に変質させた住専処理

　閣議決定された大蔵省最終案をもとに，1996年6月18日に成立した「特定住宅金融専門会社の債権債務の処理の促進等に関する特別措置法」（以下「住専法」）による住専処理の全体像は，図5-4に示されているとおりである．

　預金保険機構は，預金保険機構内の住専勘定に設置された金融安定化拠出基金の1,000億円と日本銀行からの拠出金1,000億円を出資して，住専処理を具体的に行う受け皿機関である住宅金融債権管理機構（以下住管機構）を設立する．この住管機構は，一方で，住専7社の回収不能債権にかかわる損失見込み額6

図5-4　住専処理のスキーム

(兆円)

安定化基金　拠出内訳
- 都銀　0.506
- 長信銀　0.122
- 信託　0.178
- 地銀　0.08
- 生保　0.04
- 第二地銀　0.03
- 証券　0.021
- 農中　0.02
- 損中　0.005
- 商中　0.002
- 全信連　0.002
- 全信組連　0.001

新基金
- 民間5業態負担分　0.506
- 農林系統負担分　0.15

母体行・一般行・農林系統 各2.2

住専7社

住宅金融債権管理機構
- 正常資産 3.49
- 回収見込不良資産 3.29
- 2次ロス（1/2、1/2）
- 一次ロス 6.41
- ③ 母体負担 3.5
- 一般行負担 1.7
- 農林系統贈与 0.53
- 財政支出 0.68

元本保証

住専勘定
- 金融安定化拠出基金 0.9
- 緊急金融安定化拠出基金 ①

日銀　拠出 0.1
出資 0.1
拠出 1.07
② 出資 0.2
⑥ 運用益
④ 資産譲渡
⑤ 譲受代金
低利融資
補填

預金保険機構
出資 0.005
財政
運用益

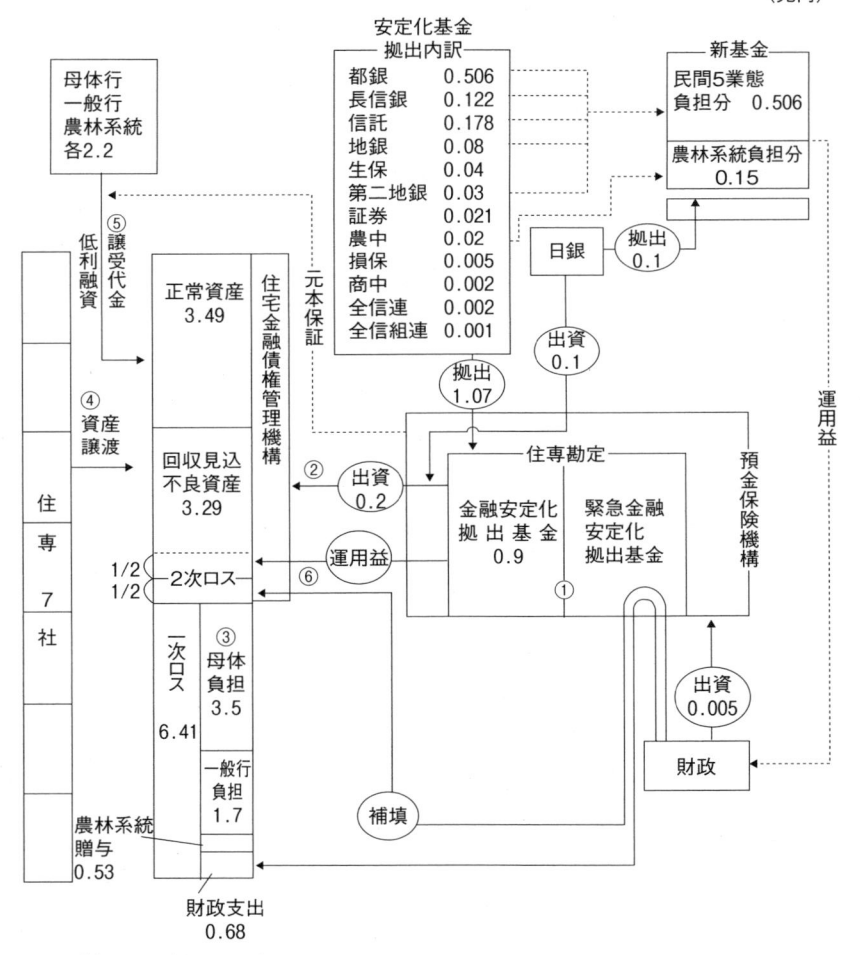

出所：『金融財政事情』1996年7月29日号．

兆2,700億円と欠損見込み額1,400億円の合計，6兆4,100億円を処理し，他方で，正常資産3兆4,900億円と第三分類債権も含む回収見込み不良資産3兆2,900億円の合計，6兆7,800億円を譲り受け，その回収に努める．前述のように，閣議決定直前の農水省側の抵抗によって民間金融機関の負担で処理できなくなった一次損失のうちの6,800億円については，預金保険機構内の住専勘定の緊急金融安定化拠出基金をつうじて財政資金が投入される．また住管機構が，住専からの債権譲り受けのために母体行・一般行・農林系統金融機関から低利融資を受けた6兆6,000億円（各機関ともに2兆2,000億円）については，預金保険機構が融資保証をし，実際に譲り受けた債権のうち最終的に回収不能となり損失処理されなければならない二次損失については，その1/2はオール・ジャパン＝奉加帳方式であらゆる金融業界から集められた金融安定化拠出基金（住管機構への出資分を除く）の運用益で，残りの半分は，一次ロスと同様に緊急金融安定化拠出基金経由で支出される財政資金で，穴埋めされる．

　大蔵省が主導した住専処理の基本的枠組みが，預金保険機構によって支えられていることが一目瞭然である．預金保険機構とは，元来預金取扱い金融機関が経営破綻に陥った際に預金者を保護するために設立された機構である．しかも，法律上は，預金保険限度額の設定にみられるように，1,000万円以内の零細預金者を保護することを基本目的としている．これに対して，預金保険機構が100％出資の子会社である住管機構をつうじてその破綻処理を行うことになった住専は，いかなる意味でも預金取扱い金融機関ではない．預金取扱い金融機関でない以上，それが業界ぐるみ破綻したとしてもそれによって直接預金者の保護が必要になるわけではない．その意味で，住専処理に預金保険機構を利用することは，預金保険法の趣旨を明らかに逸脱している．大蔵省は，まさにそうであるがゆえに，先の「住専法」の第三条で，「預金保険機構の業務の特例」を規定せざるをえなかったのである．

　では，大蔵省が，特例規定を設けてまで，住専処理に預金保険機構を利用した意味は何なのであろうか．これについては，住管機構への低利融資に対する政府保証をめぐって，それが直接財政資金の投入に結びつくがゆえに，預金保険

機構による保証とした方が国民の批判をそらしやすいとの判断が働いた，と言われている[38]．確かに，預金保険機構が預金取扱い金融機関が支払う保険料収入で基本的に運営されることになっている点からして，私的な銀行業者の共同の保険機関という側面をもつことは否定できない．だが，わが国の預金保険機構の場合，その設立の経緯から見ても，またバブル崩壊後個々の金融機関の経営破綻に際して預金保険機構がどのように運営されてきたのかを見ても，それが，私的な銀行業者の共同意思，それも預金者を保護せんとする共同意思に基礎づけられてきたとはとても評価できない．むしろ，それは，バブル崩壊によってもたらされた金融不安という新たな金融環境のもとで，信用秩序の維持という新たな政策目的を達成するために，大蔵省によって裁量的に動かしうる機構として運営・拡充されてきた．しかしながら，大蔵省が行政目的のためにいくら裁量的に動員するといっても，預金保険法の手前，これまでは預金者保護という大義名分を無視するわけにはいかなかった．住専処理への預金保険機構の動員・利用は，まさにこの制限を突破して，預金保険機構を名実ともにバブル崩壊後の大蔵金融行政の別働隊として利用することの宣言とみなされる．1997年末の金融危機の本格化以降，日銀特融の乱発とならんで預金保険機構による負債超過に陥った大銀行に対する巨額の財政資金を投入した救済措置が問題となったが，その出発点は，1996年の「住専法」における住専処理への預金保険機構の動員に求められるべきであろう．

---

[38] 1995年〜1996年の大蔵省主導の住専処理計画に先立って，1992年に銀行業界が，5,000億円の公的資金を投入して8年間で住専の不良債権を処理する案を計画し，大蔵省に打診したことが報道されている．この計画の公的資金とは，日銀貸出3兆円と財政投融資資金1兆9,400億円を資金源とした運用益であった．大蔵省，銀行業界ともに，この時点では公的資金の投入に対する国民世論の反対を恐れて，この計画を断念せざるをえなかった．『日本経済新聞』1996年1月28日付け．

第6章　1990年代金融危機の性格について
──第二次金融危機の始まり──

はじめに

　本章では，1997年とりわけ11月に連続的に発生した三洋証券，北海道拓殖銀行，山一証券という大規模金融機関の倒産劇に焦点を絞って，1990年代日本における金融危機とは何であったのかを考察する．そこにおける第一の理論問題は，この1997年11月に起きた金融危機はいわゆる貨幣・信用恐慌であったのかどうか，換言すれば，この時期に発生した信用不安の内容はどのようなものであったのか，より具体的にいえば，信用機構の内部で誰が，何に対して不安を抱いたのかを，明らかにすることである．第二の論点は，信用不安の内容と区別されるべき信用不安の形態の問題である．1997年の11月には大規模な銀行，金融機関の個別的な経営破綻があいついで発生したが，この過程で，日本の金融システムにおいて信用関係の一般的な動揺，一般的な信用不安が現実に発生したのかどうか，という問題である．

　1990年代不況をめぐっては，これが過剰生産恐慌であったのか，それともたんに不況が長期化した事態にすぎないのか，をめぐって鋭く意見が対立するところである．本章で対象とする1990年代金融危機，とくに，それが本格化した1997年11月の事態についても，それを金融恐慌とみなすのか，それとも金融機関の破綻劇が大規模金融機関にまで及んだ金融危機の深化とみなすかをめぐって，大きく意見が分かれるであろう．本章は，この理論問題を解明する重要な手がかりとして，1997年11月に発生した信用不安を具体的に検討することによって，この局面の信用不安の形態と内容を論定しようとするものである．

　ところで，筆者のこの立場は，金融恐慌が本質的に貨幣＝信用恐慌であることを前提としている．典型的な金融恐慌は銀行恐慌であるが，銀行は究極的な貸し手と借り手をつなぐたんなる金融仲介機関ではなく，預金の設定，すなわ

ち自らが債務を負うことによって貸出を行うことのできる特別な金融機関である．銀行は，一定の限界内では現金の裏づけなしに貸出を行いうるという意味で信用創造機関なのである．それゆえ，銀行恐慌では，貸付－返済という貸借関係，利子生み資本関係における信用だけでなく，むしろ預金通貨の流通を支える銀行の貨幣支払約束に対する信用関係が焦点となる．預金者，さらには預金を授受しあう経済主体が，預金通貨を発行する銀行の支払能力に対して不信を抱くようになれば，預金者の取付けに見舞われた銀行は，支払手段の不足，いわゆる流動性の危機に直面せざるをえない．銀行恐慌とは，預金通貨を発行する銀行の預金債務履行能力＝現金支払能力に対する信用の動揺の結果として起きる信用恐慌であり，それゆえに，それは，銀行を突然の支払手段不足＝貨幣飢饉に追いやる貨幣恐慌として現れざるをえないのである．1997年11月に発生した信用不安は，はたして，このような内容をもった貨幣＝信用恐慌であったのかどうかが問われなければならない．

　ところで，1997年11月に起きた以上の連続的な金融機関の大型倒産を金融恐慌として性格づけるためには，以上の視点とは別に，そこにおける信用不安の形態を独自に検討することが必要であろう．あらゆる銀行の倒産は，不可避的に当該銀行の預金者ならびにその銀行をつうじて支払・決済を行っていた企業を，突然の経済取引の停止状態に追いやり，そのことが当該企業の倒産に帰結する場合も起こりうる．また，いかなる個別銀行も，なんらかの度合いで社会的に支払・決済業務を代行・集中し，さらに，金融機関間の多様で重層的な債

---

1)　大槻久志氏は，『「金融恐慌」とビッグバン』（新日本出版社，1998年）で，1990年代の長期不況や金融危機について，「この一連の破綻事件がたんに金融機関の破綻で，その背景はバブルが破裂したために起こった不況だと考えるのか，それとももっとしっかりした理論的な根拠をもって『恐慌』ととらえるか」と基本的な問題提起をされ，さらに「もし恐慌だと言うべきだとしたら，現象として金融機関がつぶれているのだから金融恐慌と言うべきなのか，それとも今日本経済が一般的に恐慌なのであってそのなかでとくに金融面で恐慌の現象がきびしく現れているのだ，ととらえるべきなのか」（同上書，32頁）と金融恐慌についてより具体的に理論的な問題提起を行っている．筆者は，大槻氏のこの問題提起は，1990年代不況，1990年代金融危機を論じるにあたって理論的にも政策的にも的を射た論点整理であると考えている．とくに，政府の1990年代の政策

権債務関係のなかに組み込まれているがゆえに，その倒産の影響は，当該銀行がそれまでに形成してきた金融ネットワークをつうじて多少とも社会的に波及していかざるをえない．

だが，個別銀行の倒産・突然の経営破綻が，以上のように当事者の意思にかかわりなく外的に強制されたという意味で過剰な資本価値の暴力的な価値破壊の側面をもつこと，あるいは，それらが一定の社会的広がりをもたざるをえないことから，個々の銀行の倒産・経営破綻がすべて金融恐慌であると規定するのは誤りであろう．上述のように，個別銀行が倒産する場合には，必ず当該銀行の信用は個別的には震撼している．というよりはむしろ，個別的に信用が揺らいだ銀行が，突然の支払不能状態に追い込まれ，倒産の憂き目をみるのである．問題は，このような個別銀行に対する信用不安が，一般的な信用の動揺にまで発展するのか否かであろう．1997年11月に発生した信用不安では，個別金融機関に対する信用の動揺と日本の金融システム全体にかかわる一般的な信用とは，どのような関係にあったのであろうか[1]．

そこでまず，1997年金融危機が，1990年代の金融危機全体のなかでどのような位置にあったのかを示しておくことにする．それは，本章が，1990年代金融危機の性格解明にあたってなぜ1997年に焦点を当てるのか，の理由を明らかにすることにもなろう．

対応が見事と言うべきほどに連続的に失敗した原因は，関係省庁の行政能力の問題というより，より根本的に日本の政・官・財の支配階級が1990年代不況を当初からたんに一時的な不況と見誤り，「台風が過ぎるのをじっと待つように我慢していればよいだろう」（同上書，33頁）との基本的スタンスで臨んだことに起因するものであるという指摘には，まったく賛成である．

だが，1997年，1998年の事態を，「今次恐慌の性質はひとまずパニックであり，金融恐慌であることは確かである」と氏が論じられる時，金融恐慌における価値破壊の暴力的形態，急性的形態にもっぱら焦点が当てられており，結果として，個別銀行の倒産，突然の経営破綻に限定された金融恐慌論となっているように思われる．これに対して，本著は，1997年11月における信用不安をきわめて特殊な意味においてであるが，一般的な性格をもった信用不安として特徴づけている．

第1節　1997年11月に1990年代金融危機は本格化した

（1）　投機金融の専門機関があいついで経営破綻した第一次金融危機

　筆者は，1980年代とくにその後半以降急激な展開を見せたバブル経済が，1990年に入って反落・崩壊することによって開始された1990年代金融危機は，経営破綻に至った金融機関の広がりと規模という外的尺度からすれば，大きく二つの段階に大別されると考える．すなわち，前章までに考察してきた東邦相互銀行が事実上経営破綻した1991年7月から住宅金融専門会社の処理が決まった1996年までの第一次金融危機と，本章以降で取り扱う1997年以降21世紀の最初の数年にまで至る第二次金融危機の過程である[2]．

①　バブルの尖兵と目された中小金融機関の経営破綻

　前者の期間に経営破綻に最初に陥ったのは，信用組合，信用金庫，第二地方銀行（以前の相互銀行）などの元来は協同組合型の預金取扱い金融機関であり，しかも，それらは自営業者や中小零細企業を顧客とする中小規模の金融機関であった．この期間に（1996年度中すなわち1997年3月末までに）預金保険機構をつうじて破綻処理が決まったのは19機関（信用組合13，信用金庫2，第二地方銀行・相互銀行4）であり，これら預金取扱い金融機関のあいつぐ経営破綻・消滅は，

---

[2]　古川正紀氏は，『管理資本主義と平成大不況－市場主義復活の限界』（ミネルヴァ書房，1999年）で，1995年のコスモ信組，木津信組，兵庫銀行の連続的な経営破綻が「金融システムの連鎖的・全面的破綻に繋がりうるシステミック・リスクの現実的可能性を示した」という評価に基づいて，1995年のこの連続的な金融機関の破綻劇を，1994年までの金融不況のたんなる進展と区別して第一次金融危機と規定されている．同上書，270頁参照．だが，本篇で示したように，1995年にあいついで経営破綻したこれらの金融機関は，バブルにまみれた最悪の金融機関であり，それらが早晩経営危機に直面するであろうことは誰の目にも明らかであったのである．まさにそうであったからこそ，これまで「護送船団方式」をとってきた金融当局も，これらバブルの尖兵と目された一部の金融機関の破綻処理にゴーサインを出したのであり，しかも，兵庫銀行の場合には，金融当局はたいした混乱もなく事実上の破綻処理でしかない別銀行での再建計画をひとまず打ち出しえたのである．氏が，この段階で「金融システムの全面崩壊に繋がりうるシステミック・リスクの現実的可能性」が存在したと主張される時，はたして，システミッ

銀行が倒産するはずはないという戦後日本の金融システムを特徴づけた「銀行不倒神話」を瓦解させるに十分なものであった．

とはいえ，この時期に経営破綻した金融機関は大都市部に位置したものも含めてすべてが特定地域に立脚した地域金融機関であり，その破綻の直接的影響も当該地域に限定されたものであった．また，釜石信用金庫（1993年5月事実上の経営破綻）のように，バブル以前からの地域経済の衰退が経営破綻の根底にある場合も一部含まれてはいるが，その多くはバブル期の乱脈経営，乱脈融資のツケがまわって生じたものであり，これらの乱脈経営，乱脈融資は，中小規模の金融機関に往々見られるワンマン経営に起因することが多かった．

2, 3の例を挙げておけば，1992年4月に事実上倒産した東洋信用金庫の場合には，東洋信金の支店長が共犯者であったとはいえ，一介の料亭の女将に3,420億円にものぼる同信金の定期預金証書を偽造されるという前代未聞の事態が生じた．そして，それを見せ金に信用を得たこの女将に，一時はノンバンクばかりではなく日本興業銀行，富士銀行などの大銀行までもが総額1兆円もの資金を融資し，これらが株式投機の穴埋め資金として使われ，その大部分が回収不能債権として焦げ付いた[3]．

1994年12月に同時に破綻処理が決定された東京協和信用組合ならびに安全信用組合の2信組の場合には，経営破綻の直接の当事者は，一方で，最盛期には

ク・リスクの現実的可能性の内容はいかなるものであるか．残念ながら，その具体的内容は語られていない．

なお，氏は別の箇所で，この第一次金融危機には住専処理も含まれると言明されている．同上書，309頁参照．だが，住専は，氏のいわれる第一次金融危機の「中心」をなした一連の中小企業向けの預金取扱い金融機関とはまったく性格を異にするノンバンクであること，さらに，第5章で示したように，巨額の損失処理を各業態に強制するような内容の破綻処理スキームが，システミック・リスクの現実的可能性にさらされていた金融機関によって受け入れられるとはとても考えがたいことなどから，古川氏の1990年代金融危機論においては，住専処理の問題は十分な位置づけを与えられていないように思われる．

[3] 1990年代前半における中小企業向け金融機関の経営破綻については，後藤新一『銀行崩壊』（東洋経済新報社，1995年）参照．

グループ全体で海外のリゾートホテルを中心に1兆円の資産を誇ったEIEグループの総帥としての顔をもち，他方で，東京協和信組の理事長としての顔をもっていた．ところで，彼の「リゾート帝国」は金融機関の乱脈融資に基づく借金の山の上に築かれたものであった．「悪魔の錬金術師」と呼ばれたこの人物は，1984年5月に自らが理事長に就任した東京協和信組ばかりではなく，理事長同士盟友関係にあった安全信組を，「打ち出の小槌」として食い物にした．そればかりか，これを基礎に，日本長期信用銀行から，ピーク時にはEIEグループの中核企業であったEIEインターナショナルだけで，3,800億円もの投機資金を引き出した．1993年7月に長銀がEIEグループに対する支援を打ち切って以降は，もっぱらこの2信組に不良債権のツケが回され，1994年6月時点で東京協和信組は融資総額の78.6%が，また安全信組の場合には，実に90.7%が不良債権化していた[4]．

同様の事例は，関西でも発生した．短期間のうちに信用組合トップの座に躍りでた木津信用組合の場合にも，急激な業容拡大を可能にしたのは，コスト無視の預金集めと徹底した不動産業への貸し込みであった．1995年7月時点での系列ノンバンク2社（実業ファイナンスと木津信抵当証券）を含む木津信組グループの大口融資先上位30位は，すべて不動産関連企業あるいはそのオーナーであり，しかもそのうち7社は，理事長自身のファミリー企業であった．また，1990年末には3,174億円に達した紹介預金を三和銀行が大蔵省の行政指導をきっかけに短期間のうちに引き上げたことは，投機金融を継続するためになりふりかまわず高金利で預金を集めるという乱脈経営にいっそう拍車をかけることになった[5]．最終的に経営破綻した1995年8月末時点で，木津信組は，総資産1兆3,131億円のうち不良資産は1兆1,940億円，不良資産比率90.9%，回

---

[4] 東京協和信組の理事長とEIEグループの総帥という二つの顔をもつ高橋治則氏が，バブルという時代の流れに乗っていとも簡単に1兆円のリゾート帝国をつくりあげ，しかも，それがバブルの崩壊とともに砂上の楼閣として瞬く間に消え去ってしまう過程を，日経ビジネス編『【真説】バブル　宴はまだ，終わっていない』（日経BP社，2000年）は，「悪魔の錬金術師」の個人史として克明に描いている．

収不能資産は9,585億円，回収不能資産比率73.0%と，およそ銀行経営の名に値しない財務状態に陥っていた．

1990年代前半の中小金融機関のあいつぐ経営破綻は，まさにバブル経済の崩壊が，バブル経済化，とりわけ土地投機を主導してきたバブル経済の申し子，尖兵たちを直撃した結果発生したことを物語っている．金融機関が破綻するといっても，不良債権比率が9割を超えるとか，あるいは回収不能債権すなわち焦げ付き率が7割を超えるという事態は，通常では考えられない事態である．これらの金融機関が，元本保証の金融商品である預金を取り扱う金融機関として，安全な貸出に留意し，貸出先の業種別分散に少しでも心がけていたならば，このような最悪の結果は回避できたはずである．「地価は下がらない」という経験則に安住し，目先のキャピタルゲインの大きさに目を奪われ，経営最高責任者の指揮のもとに金融機関挙げて土地投機に狂奔した一握りの投機的金融機関が，バブル崩壊の最初の犠牲者であった．

② 母体行（母体金融機関）によって投機金融のツケを一身に負わされた住専の経営破綻

ところで，1990年代前半における一連の中小企業金融機関の経営破綻は，確かに当該金融機関の経営者たちの常軌を逸した乱脈経営に起因することは疑いないが，1990年代金融危機をたんに個別金融機関の経営上の失敗に解消することはできない．それは，1980年代に日本の金融システムが全体として投機的体質を急速に強めたこと，さらには，「護送船団方式」と呼ばれた戦後日本の金融行政と，それに全面的に依存し続けることによって自浄能力を麻痺させた戦

---

5) ここで紹介した東洋信金，東京協和・安全の2信組，そして木津信組のいずれの経営破綻劇をとってみても，これらの金融機関の乱脈融資に大銀行がなんらかの形で関与していることは注目に値する．住専の投機金融専門機関への変質の過程と同様，ここでも大銀行は，一部の中小企業向け金融機関が行う最悪の投機業者に対する貸付を側面から支援することによって，土地投機による恩恵を享受しつつ，いざとなれば，そのツケをこれらの中小金融機関に転嫁して逃げおおせると判断していたのである．

後の日本の金融システムそのものの脆弱な体質に起因するものなのである．これを端的に示したのが，第一次金融危機の頂点に位置する住宅金融専門機関の業態丸ごとの破綻であった．

　高度成長が破綻した1970年代に企業金融の減退を補完しうる新たな貸出分野として脚光を浴びたのが，個人向けの住宅ローンであった．だが，個人が巨額の債務を負うという習慣のまだ確立していなかった日本で，この新たな貸出分野への進出のリスクを抑えるためには，過当競争が排除されなければならなかった．そこで，金融業界は大蔵省の行政指導に基づいて，都市銀行などの大手銀行の場合には複数の金融機関による，さらに，信託銀行や地方銀行，第二地方銀行，生命保険などの場合には業態ごとの共同設立という形で自系列の住専をつくりあげた[6]．これらの住専各社は，1970年代には貸出額の点でも収益の点でも順調に業績を伸ばし，住専業界全体としての個人向け住宅ローン残高に占めるシェアも1971年度末の0.7％から1980年度末の7.2％へと飛躍的に増大した．

　だが，個人向け住宅ローンの専門金融機関としての住専の発展は，きわめて短期間のものにすぎなかった．1980年代に入ると，政策金融機関としてもともと有利な貸出条件を提供してきた住宅金融公庫の役割，シェアが増大したばかりではなく，この新たな貸出分野が安全かつ収益性の高い領域であることを確信するようになった母体行，母体金融機関による本格的な参入が始まった．確固とした社会的な信用を背景に，膨大な資金力と預金業務をつうじての正確な顧客情報を駆使して「借り換え攻勢」をかけてくる母体行と，営業資金を母体行その他の金融機関からの借入に全面的に依存している系列ノンバンク＝住専とが，同じ土俵のうえで競争するとすれば，その帰趨は誰の目にも明らかであった．住専は，設立母体行・金融機関の経営戦略の転換によって，設立趣旨

---

[6]　筆者は，前章で述べたように，設立にあたって新規貸出分野における過当競争を排除するために大蔵省が指導した複数の金融機関あるいは業態ぐるみで住専を共同設立させるという護送船団方式が，住専各社の母体行，母体金融機関依存の体質と「寄り合い所帯」としての経営上の無責任体制をもたらす遠因になったと考えている．

に基づく本来の営業基盤である個人向け住宅ローン市場から次第に排除されていくことになったのである．1980年代には，個人向け住宅ローン残高は，全体として1980年度末の45兆1,512億円から1990年度末の108兆5,159億円へと2.4倍化したにもかかわらず，住専の個人向け住宅ローン残高は，同期間に3兆2644億円から2兆8,429億円へと絶対額で減少し，シェアも7.2％から2.6％へと大きく後退した．

　このような条件下で住専各社が選んだ生き残り戦略が，堅実・安全な個人向けの住宅ローンとはまったく対極にある土地転がしによる投機利得を目的とする不動産業者への貸付の拡大であった．バブル期に地上げ業者として名を馳せた末野興産，富士住建，桃源社などに対して住専各社は先を争って貸し込み競争を展開した．その結果，1970年代には融資残高のほぼ100％を占めた個人向け住宅ローンに代わって，これら不動産業者に対する事業向け貸出が3/4以上を占めるようになった．しかも強調しておきたいのは，いまや不動産投機のための専門金融機関に変質してしまった住専各社に対して，その設立母体となった都市銀行，長期信用銀行，信託銀行，地方銀行，第二地方銀行，生命保険会社などのあらゆる金融業態，すなわち日本中の金融機関が，こぞって貸付額を増大し続けたことである．1980年代をつうじてこれらの金融機関が新たに住専に貸し付けた約10兆円の資金のすべてが，まさに投機資金として土地市場に流れ込み，それらがさらなる地価上昇と新たな土地売買と投機的資金需要を生みだしたのである．大蔵省が住専の最終処理を決断するに先立って1995年8月に行った第二次住専調査では，総資産残高12兆9,224億円のうち不良資産は9兆5,626億円，不良資産比率74.0％，損失見込み額6兆2,738億円，損失率48.5％という惨憺たる状態であった．先に述べたように，個人向け住宅ローンが，この時点でも2兆4,000億円存在していることを勘案するならば，1980年代に住専の事業者向け貸付をつうじて投入された投機資金のすべてが焦げ付いたと言っても過言ではないであろう．

　以上，1990年代前半の第一次金融危機とは，第一に，バブルによる汚染度，換言すれば不動産投機への関与の度合いがもっとも深刻であった一握りの中小

金融機関が，地価の反転，下落とともに，それを持ちこたえる間もなくあいついで経営破綻に陥っていった過程であり，第二に，土地ブームによる貸出増大の恩恵にはあずかりたいが，投機金融に伴うリスクはできるだけ回避したいと考えた母体行・金融機関が，土地転がしを仕掛けた最悪の不動産業者への投機資金供給の窓口として利用し続けてきた住専を，大蔵省の指導のもとトカゲの尻尾切りのように切り捨てた過程であったと言えよう[7]．

（2） 金融業態の区別，規模の区別を超えて進行した第二次金融危機
① 業態として存亡の危機にさらされた長期信用銀行と生命保険会社

それでは，1997年に始まる第二次金融危機の過程は，以上の第一次金融危機と比べていかなる特徴を有しているのであろうか．この点で第一に指摘すべきは，1990年代金融危機は，1996年から1997年にかけていったん2万円台を回復した株価が1997年以降新たな崩壊局面に突入したのに加え，地価が大方の予想，期待を大きく裏切って，1990年代一貫して下落し続けることによって，いわゆる不良債権問題を業態の区別を超えて表面化させ，第一次金融危機にもまして多数の金融機関の経営破綻を惹起したことである．

預金保険機構をつうじて破綻処理された預金取扱い金融機関の数だけをとっても，1997年度の7件から1998年度の30件，1999年度の20件，2000年度にも20

---

[7] 戦後日本の高度経済成長を金融面から支えたいわゆる融資集中機構は，その特徴の一つとして，借り手の二重構造に対する貸し手の二重構造を形成してきた．それは，都市銀行や長期信用銀行などの大銀行が，信用組合，信用金庫，相互銀行（後の第二地銀）などの中小企業向け金融機関に対して，企業向け貸出市場において独占的市場支配力を有していることを示すものであった．1970年代後半以降大企業向け貸出市場，とくに優良企業向け貸出が収縮するもとで，大銀行は貸出先の根本的な見直しを迫られることになったが，その際新たな貸出先の開拓の別働隊として位置づけられたのが住専を含むノンバンクであった．1983年の貸金業規制法の規制対象となったノンバンクには，住専をはじめ消費者向け貸金業者（いわゆるサラ金），事業者向け貸金業者，リース会社，信販会社，クレジットカード会社など多様な金融業者が含まれていたが，これらのノンバンクが現代日本における貸し手の二重構造の下層部の有力な担い手となっていることは，住専の設立・発展・変質・消滅の全過程が示しているところである．

件と1998年以降一挙に急増し，高原水準を持続してきた．破綻した金融機関の数からみれば，1997年度から2000年度における預金取扱い金融機関の破綻処理件数75件のうち，信用組合が52件，信用金庫が12件，第二地銀・地銀8件と，第一次金融危機と同様に，1997年以降も中小企業向けの地域金融機関が圧倒的大部分を占めている．信用組合は1990年代半ばには380余の機関が存在したのだから，わずか4年間で約14％の信用組合が破綻処理されたわけである[8]．

　だが，周知のように，これらの業態に加えて，都市銀行の一角を占めた北海道拓殖銀行と，戦後長らく日本の成長体制を金融面から支えてきた長期信用銀行業3行のうち日本長期信用銀行と日本債券信用銀行が，1990年代金融危機における墓碑銘に名を連ねるに至った．ちなみにこれら3行だけで，預金保険機構がこの期間の破綻処理に要した費用，すなわち直接の損失補填である金銭贈与額12兆7,296億円のうち8兆1,835億円（64.3％），資産買取額5兆751億円のうち2兆7,964億円（55.1％）が支出されている．長期信用銀行が業態としてこ

---

[8] 2001年に入って信金・信組などの中小企業向け金融機関の部面では，経営破綻の新たな波が押し寄せた．2001年の1年間で9つの信金，37の信組が新たに経営破綻に追い込まれている．だが，この経営破綻の新たな波は，上述の1997年前後までの経営破綻とは，以下の二つの点で明らかに性格を異にしている．その第一は，1990年代長期不況が，1990年代末より消費不況の性格を強めたことを受けて，全国各地で地域経済の沈滞，地盤沈下が進行し，その結果，信組・信金ばかりではなく第二地銀や地銀なども含め地域密着型の金融機関の経営悪化が急速に進んだことである．それらの経営の困難化は，地価の崩壊，長期下落に直撃されたバブル依存型金融機関の経営破綻とは区別されなければならない．第二に注目すべきは，今回の信組・信金の経営破綻の新たな波が，2002年4月からのペイオフ解禁をにらんで金融庁が2001年7月から行った信組に対する一斉検査によって，一気に加速されたことである．金融庁の直接の意図は，ペイオフ解禁に先立って経営不振の中小企業向け金融機関，地域密着型金融機関を一掃しておけば，ペイオフ実施による預金者の混乱を事前に抑制しうるということであろう．だが，バブル期の過大な銀行借入の負担からいまだに赤字体質を抜けきれない内需関連の大企業と，消費不況のもとまさに生業で経営困難に直面している多数の中小零細企業，自営業者を，金融検査マニュアルに基づいて機械的に要管理債権先として同一視するやり方は，長期不況に拍車をかけるものであっても，それからの脱却策とはなりえない．中小企業向け金融機関の関係者から，この金融庁の検査のあり方に批判，不満が表明されているのは当然であろう．『日本経済新聞』2002年1月18日付け，参照．

のように総崩れの状態に追い込まれた原因は，高度経済成長破綻以降，製造業の大企業が設備投資資金を銀行借入に依存しなくなる条件下で，これら長期信用銀行がとった経営戦略に求められる．総じて長期信用銀行は，1980年代の第三次土地ブームを業容拡大の千載一遇のチャンスとばかりに，不動産業，建設業，そして，これらの産業への迂回融資の役割を担ったノンバンクを中心とした金融業への貸出，さらには，住宅ローンを除く個人向け貸出からなるいわゆる不動産関連融資に特化していったのである．その結果，業態としての貸出総額に対する不動産関連融資比率は，1985年の36.7%から1990年の52.2%へと過半を超えるに至り，バブル崩壊に先立って長期信用銀行は業態として事実上不動産銀行化していたのである．バブル崩壊，地価の持続的かつ大幅な下落が長期信用銀行業を直撃するようになったのは，自然の成り行きであった．

　長期信用銀行業とは事情を異にするとはいえ，1997年以降業界全体として経営破綻の危機に直面することになったのは生命保険業界である．1997年2月の日本債券信用銀行の経営不安の表面化とならんで，1990年代金融危機の本格化，すなわち第二次金融危機のさきがけとなった1997年4月の日産生命への業務停止命令の発動以来，わずか3年半の間に中堅生保6社があいついで経営破綻した．さらに，これら中堅生保以外の大手生命保険会社も7社すべてが，実際の資産運用利率が保険契約者に対して保証している予定利率を大幅に下回る逆鞘状態に恒常的に陥り，しかも，この逆鞘を最終的に埋め合わせるために利用してきた株式や不動産などの含み益が底をつく状態に至った．このような状況下で，日産生命が経営破綻し，その処理に際して，預金の全額保護措置がいち早くとられた預金取扱い金融機関の破綻処理とは異なり，保険契約者に最大で7割の損失が発生した．その結果，生命保険業界に対する一般国民の不信，不安が一挙に高まり，それ以降生命保険業界は，既存契約の解約の増加と新規契約の萎縮という事態に見舞われることになった[9]．

　ところで，生命保険業界が，以上のような構造的危機とでも言うべき経営状態に陥った最大の要因は，バブル期に生保各社が株価，地価の高騰がもたらす巨額の含み益とそれを基礎にした高金利に浮かれて，自らの業容拡大のために

高利回りの金融商品の販売をめぐって過度の競争を展開したからにほかならない．本来の死亡保険ではなく，貯蓄性のきわめて強い一括払いの養老保険や個人年金保険の販売に大手，中堅を問わず生保各社はしのぎを削った．5～6％という高利回りの保証を餌に個人投資家の投資意欲を誘い，一括前払いされるべき保険料については土地や家屋などの不動産を担保とした銀行借入を斡旋するというやり方は，この時期に日本の生命保険業界が投機斡旋業者に転化していたことを物語るものであろう．まさに1980年代をつうじての本来的な生命保険業務からの逸脱が，1990年代後半における業界としての構造的危機を呼び込んだのである．

② 一部の独占的大銀行（大金融機関）を経営破綻に追いやった第二次金融危機

ところで，第二次金融危機は不良債権問題を金融業態の壁を超えて外延的に拡大したばかりではなく，大銀行，大証券会社の一角を突き崩すことによって金融危機を質的に深化させ，日本の金融システム全体を震撼させるようになった．1997年11月17日には，都市銀行の一翼を担う北海道拓殖銀行が事実上経営破綻し，まったく格下の第二地銀である北洋銀行に営業譲渡することを発表した．それからわずか1週間後の11月24日には，四大証券の一つである山一証券が，私的資本として自己否定とでも言うべき自主廃業を大蔵省に申請するという形で経営破綻を余儀なくされた．翌1998年6月には日本長期信用銀行の経営不安が表面化したが，金融再生法をめぐる与野党間の政治的駆け引きのなかで棚ざらしにされ，10月12日に金融再生法が施行されると，ただちにそれに基づ

---

9) 生命保険業界全体を襲ったこの保険契約の解約・失効の嵐は，2002年3月末決算時点でもなお衰えを見せていない．解約・失効が高水準のまま推移している一方で，新規契約も減少しており，その結果保険契約高は生保全体としても，主要10社をとった場合でも5年間連続して減少している．『日本経済新聞』2002年2月18日付け，同6月5日付け，参照．生保業界の直面している危機の全体像については，深尾光洋・日本経済研究センター編『検証　生保危機——データで見る破綻の構図』(日本経済新聞社，2000年)を参照．

いて特別公的管理，すなわち一時的に政府の管理下におかれることになった．さらに，この日本長期信用銀行の破綻処理を受けて，12月13日には，1997年春の経営破綻の危機を大蔵省・日銀主導の「奉加帳」方式で乗り切ったかに見えた日本債券信用銀行が，金融監督庁によってあらためて実質的に債務超過に陥っていると認定され，長銀と同様に，政府の特別公的管理化におかれることになった．

1997年，1998年にあいついで経営破綻した北海道拓殖銀行や日本長期信用銀行，日本債券信用銀行は，破綻時点でさえそれぞれ資金量，資産規模が6～10兆円に達する巨大銀行であり，それまで中小企業向け金融機関が破綻するたびに大蔵省が「破綻はありえない」とその安全性を保証してきた大手銀行21行の一翼を担う銀行であった．都市銀行は，日本における支払・決済システムの，それゆえ信用創造の中心に位置する金融機関であり，拓銀の破綻は金融界に，また国民の金融システムに対する信頼に心理的に大きなダメージを与えたばかりではなく，北海道経済の金融動脈の破裂として北海道経済に壊滅的な打撃を与えた[10]．また，長銀，日債銀は長期信用銀行として都市銀行などに比べて一般国民にはなじみの薄い業態であったとはいえ，それらがデリバティブなどをつうじて国際的金融市場に一定の影響力をもち，さらに，それらの資金源であった金融債の発行をつうじて国内的にも多くの地域金融機関，中小金融機関

---

[10] 北海道拓殖銀行の破綻劇の顛末，ならびにそれが北海道経済に及ぼした影響については，北海道新聞社編『拓銀はなぜ消滅したのか』（北海道新聞社，1999年）が詳しい．筆者には，この本を編んだ当事者の真の想いは，「拓銀はなぜ消滅したのか」ではなく「なぜ消滅させられたのか」であったように読み取れた．拓銀については，破綻以前から都市銀行のなかではバブルによる汚染度は最悪で，不良債権比率も最高と喧伝されていたが，拓銀の破綻から1年もしないうちにいったん特別公的管理に移され，その後別銀行の形態で再建が図られた長銀や日債銀のそれに比べれば，焦げ付き状況はまだましであったと言いうるであろう．拓銀を弁護する気持ちは毛頭ないが，拓銀消滅が北海道経済に与えた影響の大きさからして，まさに拓銀は北海道という地域経済にとって不可欠の金融機関であったことは疑いない．編者たちが想定しているように，金融当局者ならびに政治家たちが拓銀を切り捨てた理由の一つに，しょせん拓銀は北海道に根ざした地域銀行でしかないという判断があったとすれば，あまりに地域住民，地域経済を軽視した発想であったと言わざるをえない．

と密接な関係をもっていたことから，それらの経営破綻は国内外の金融システム不安に繋がるのではないかと懸念された[11]．

これに対して，山一証券の場合は，投資家の証券売買の仲介を基本業務とする証券会社の性格からして，その経営破綻が金融市場に及ぼす影響も銀行のそれとはおのずと異なるものであった．とはいえ，株価が新たな低下局面に入っている状況下で，100年の歴史をもつ証券業界における老舗中の老舗であり，「法人の山一」としてなお四大証券の一角を占めていた大手証券会社の突然の経営破綻は，証券投資家の不安をかきたて，証券不況をいっそう深刻化させる可能性を秘めていた．とくに破綻時点で，山一証券が24兆円にのぼる顧客からの預り証券を保有しており，また，1,000億円を超えると予想された顧客からの預り金についても当時まだ分別管理が義務づけられていなかったことから，はたしてこれらの預り証券や預り金の返還がスムーズに行われうるのかどうかは，監督当局も含めて誰にも予想がつかなかった．一歩処理を誤れば株式市場全体が大混乱に陥ることは十分に起こりうることであった[12]．

以上から明らかなように，1997年以降の第二次金融危機は，不良債権問題の広がりと深刻化を基礎過程としつつ，あらゆる金融業態で大量の金融機関の経

---

[11] 日本長期信用銀行が特別公的管理の形態で破綻処理されるに至った経緯の詳細については第8章に譲るとして，ここでは，拓銀の破綻処理との比較で一言しておきたい．（注10）で述べたように，拓銀の破綻処理においては，「消滅もやむなし」との最終判断が金融当局者によって下される素地があったのに対して，長銀の場合には，最初から「つぶしてはならない」との暗黙の合意が政官財の広範な関係者の間で成立していたように思われる．経営破綻回避の最後の手段として長銀がうちあげた住友信託銀行との合併構想に対して，交渉の最終局面で，小渕首相自らが宮沢蔵相や野中官房長官とともに，救済側の住信の高橋社長を首相公邸に呼んで合併構想推進の要請を直接行うなど，前代未聞の行政権力による政治的圧力が加えられたことは，そのことを端的に物語っている．朝日新聞経済部『金融動乱－経済システムは再生できるか』（朝日新聞社，1999年），267頁参照．

[12] 消滅する山一証券における最後の仕事として多くの証券マン（レディ）が，その誇りにかけて取り組んだ顧客に対する24兆円に達する預り証券の返還業務は，全体として見れば大きなトラブルもなく遂行された．だが，この過程が自主廃業の発表直後いかに各支店の窓口で混乱状態を招いたかについては，読売新聞社会部『会社がなぜ消滅したか－山一証券役員たちの背信』（新潮社，1999年）233～239頁参照．

営破綻を惹起し，さらに，日本の金融システムの頂点に位置する大手銀行，大手証券会社の一部までをも破滅に追いやった．だが，倒産した金融機関の広がりと規模の拡大をもって金融危機の深化と言うのであれば，それは1997年金融危機を過小評価することになるであろう．なぜなら，1997年11月以降日本で生じたのは，金融機関の破綻のたんなる増大ではなく，これまで日本の金融システムを根底において支えてきた重層的な信用関係の震撼という事態であったからである．そこで，節をあらためて，1997年当時の信用不安の形態と内容を具体的に考察することにしよう．

第2節　1997年金融危機における信用不安の形態的特徴

（1）　特定の銀行に対する個別的な信用関係の震撼・崩壊にとどまった第一次金融危機下の信用不安

　上述のように，1997年以前の第一次金融危機の過程で多数の信用組合や信用金庫，第二地銀があいついで経営破綻した事実は，明らかに，その時点で中小企業向けの預金取扱い金融機関，すなわち銀行業の一部面において過剰な貸付資本が存在していたことを物語っている．そして，市場メカニズム，競争原理からすれば，これら過剰な貸付資本，過剰信用の価値破壊は経済的必然であり，大蔵省や日本銀行などの金融当局も，これらバブルにまみれた一部の中小金融機関の整理，淘汰は，地価，株価が長期にわたって低迷している状況下では政策的にも避けがたいとの立場から，従来の護送船団方式を修正しそれらの破綻処理に踏みきったのである[13]．

---

[13]　企業の倒産にみられるように，過剰資本の価値破壊は一般的には暴力的形態をとる．だが，企業の倒産は，優勝劣敗，弱肉強食の自然法則が貫く市場経済では日常的な出来事であり，この日常的現象としての企業倒産＝価値破壊と，恐慌局面での大量現象としての過剰資本の価値破壊とは，当然質的に区別されなければならない．前者は，市場経済に固有の生産の無政府性に起因するものであるのに対し，後者は，資本主義経済に固有のいわゆる「生産と消費の矛盾」の集中的な爆破形態なのである．だが，いずれの場合にも，経済法則が過剰な資本価値の破壊を強制することに変わりはない．ところ

ところで，この段階での過剰信用の価値破壊は，経営破綻した個々の金融機関に対する個別的な信用の崩壊を意味したが，それ以上日本の金融システム全体を震撼させるものではなかった．と言うのは，この時期に経営破綻した東京におけるコスモ信組，安全・協和の2信組，あるいは関西における木津信組などは，まさに破綻以前から週刊誌等で乱脈経営が取りざたされ，日本で銀行不倒神話が崩れるとすれば，それらが突破口になるとみなされてきたまさに悪名高き金融機関であったからである．その後の破綻処理過程で具体的に明らかになった不良債権額，損失額の貸出総額に対する比率からみても，これらの指摘は妥当なものであったと言わざるをえない．

　さらに，これらの破綻した金融機関に対する信用の個別的な失墜，崩壊も，預金者による預金引出し請求の殺到，いわゆる預金者の取付けという側面から見た場合，かなり限定されたものであったと見るべきであろう[14]．たとえば木津信組の場合を例にとれば，その経営破綻の直接の引き金となったのは，何らかの内部情報を得ていたと思われる大口預金者による破綻前日における300億円あまりの大口預金の一挙引出しであり，一般預金者が預金の解約に殺到したのは，破綻当日，しかも大阪府による銀行業務の一部停止命令が出される直前あるいは出されて以降のことであった．少しばかりシェーマテッシュに表現するならば，預金者による取付けが銀行の経営破綻を惹起したのではなく，逆に経営破綻が銀行業務の一部停止命令という形態で表面化することによって，個人預金者を中心に預金者の解約請求が一時的に殺到したのである．木津信組と同日に新銀行への改組というかたちで事実上の破綻処理が発表された兵庫銀行

で，一般の事業会社の倒産，すなわち産業資本や商業資本の倒産に比べて，銀行＝銀行資本の倒産による過剰資本の価値破壊はより強力かつ暴力的形態をとらざるをえず，その社会的影響も格段に大きい．なぜなら，銀行は不特定多数の預金者（個人や企業）から預金を集め，預金通貨の供給をつうじて社会的な支払・決済システムの一環を担っているからである．金融当局が，これまでいかなる銀行の倒産も回避しようとしてきたのは，その意味では根拠のある政策対応であった．だが，1990年代の金融危機は，金融当局のこのような主観的意図を打ち砕くほどに，深刻な過剰信用を表面化させてしまったのである．

の場合には，金融当局の思惑どおり，あるいは予想を超えてと言うべきか，預金者の解約請求の殺到はほとんど生じなかった．その意味では，上述の銀行業務の一部停止命令を出すタイミング，より根本的には預金保険制度の内容と意義を国民に周知徹底することが完全に放棄されてきたことなどの問題を別にすれば，基本的にこの段階では，金融機関の破綻処理は総じて大蔵省や日本銀行の金融危機管理計画に沿って，すなわち金融当局の危機管理能力の範囲内で実施されていたと言えよう．

（2） 第二次金融危機下の信用不安の形態的特徴

① 株式市場における金融・証券株の一般的不信として始まった1997年の金融不安

これに対して，1997年以降の第二次金融危機においては，日本の金融システム全体に対する不信，日本の金融機関の行動様式に対する一般的な不信が，金融危機の進展の基礎にあった．だが，それは，日本の金融機関の支払能力それ自体に対する信用の失墜，預金通貨供給機関＝信用創造機関としての銀行に対

---

14) 第1節で論じたように，銀行恐慌は本質的に貨幣＝信用恐慌である．いかなる銀行も，原理的に言えば，預金者の信頼を失い取付けに見舞われれば，確実に突然のデフォルトに追い込まれる．ところで，預金者の取付けの問題を具体的に考えようとすれば，対象とする時代，国，そして金融機関の実際の預金者構成を検討しなければならない．2001年9月末時点で，日本の国内銀行の預金者構成は，金額では要求払い預金と定期性預金の合計額477.8兆円のうち，法人預金は144.4兆円（30.2％）に対して，個人預金は303.3兆円（63.5％）を占めている．これを預金口数でみれば，合計口数9億2,114万口数のうち，法人預金は2,481万口数（2.7％）に対して，個人預金は8億9,569万口数（97.2％）である．しかも，預金額別階層構成では，法人預金は23万口数（0.9％）の1億円以上の階層が65.1兆円（45.1％）を占め，これに対して，個人預金の場合には，8億9,564万口数（99.99％）の1,000万円未満の階層が163.9兆円（54.0％）を占めている．この預金者構成から言えることは，現代日本においても，銀行とくに大手銀行が突然のデフォルトに追い込まれる要因としては，ほんの一握りの大口の法人預金者による静かなる取付け（サイレント・バンクラン）が決定的であり，テレビ画面などをつうじてセンセーショナルに報道される多数の個人預金者たちが銀行窓口に殺到する光景は，むしろ当該銀行の命運が決してしまって以降のことなのである．

する信用の一般的な崩壊とは明らかに異なる性格の不信表明であった．この点を象徴的に示したのが，1997年以降のいわゆる金融・証券株を主要な対象とした株の売り浴びせであり，その結果としての金融・証券株の急激な下落であった．

この段階での金融危機は，株式市場で突如金融・証券株がいっせいに売りにだされ，それに抗して有効な対応をなしえない金融機関が格好のターゲットとなってさらなる売り浴びせにあい，画段階的な株価下落を記録していくことによって開始された．この過程で，ムーディーズ・インベスターズのような国際的に有力な格付け機関による金融機関の格付けの引き下げ，とくにそれらの債券に投資不適格の烙印が押されることによって，株主や債券所有者ばかりではなく，金融機関にとっての本来の顧客（預金者，保険契約者，証券投資家）に動揺が広がり，彼らの一部が契約の解約，金融資産の現金化を求めて金融機関の窓口に殺到することによって当該金融機関が最終的に破綻に追い込まれるというパターンが一般的なものとなった．すなわち，この段階での金融危機を主導したのは，金融機関の本来の顧客，すなわち当該金融機関が取り結んでいる信用関係の直接の担い手ではなく，これらの金融機関に対する投資家，株主，おそらくは外国人投資家であった．

結論を先取りしていえば，これらの投資家は，預金取扱い金融機関＝銀行の場合には，当該銀行のその時点での支払能力に対して不安を抱いたのではなく，これらの金融機関が不良債権の実態を積極的に開示しようとせず，不良債権の処理を先送りしようとしていることに不信を抱いたのである．そして，このような経営姿勢が特定の銀行に限られたものではなく，まさに日本の銀行業界に共通にみられた行動様式であったがゆえに，彼らは日本金融株，日本証券株の一挙放出に転じたのであり，株式市場の市場圧力により日本の銀行業界に対して不良債権の最終処理を強制しようとしたのである．1997年以降の第二次金融危機の基礎過程にあったのは，株式市場における日本の銀行業界，金融業界の不良債権処理のあり方に対する不信の一般的表明であった．

② 個別金融機関に対して急性的に生じた信用不安

　第二次金融危機における金融不安の第二の形態的特徴は，個別金融機関が経営破綻に追い込まれる場合に，それがきわめて急性的形態をとって現れたことである．1997年4月の日産生命保険の破綻以来，1997年11月に連続して破綻した三洋証券，北海道拓殖銀行，山一証券，徳陽シティ銀行のいずれの破綻劇においても，最終局面でそれらは現金ショート，すなわち流動性の危機に直面し，それが経営破綻の直接の引き金となった．そして，これらの金融機関がある時点において突然の現金ショートに陥った根本的要因は，それらが自らの顧客である預金者，保険契約者，証券売買委託者の信頼を次第に失い，全体の顧客から見れば一部であるとはいえ，顧客によるいっせいの現金引出し請求，預金者の場合は預金の引出し，保険契約者の場合は保険契約の解約，証券投資委託者の場合はいわゆる預り金や預り証券の引き出しに，集中的に見舞われたからである．

　たとえば北海道拓殖銀行の場合には，経営不安が表面化した1997年2月以降預金の流出が始まり，とくに本州地域では機関投資家などの大口預金者による引き出しによって，前年同月比で20％以上という大幅な減少を示した．この預金の流出傾向は，拓銀にとって経営破綻回避の最後の拠り所とみなされていた北海道銀行との合併構想が，最終的に御破算となることによって，いっそう勢いを増した．8月ならびに9月における預金流出額はともに2,300億円前後に達し，2月以降経営が事実上破綻した11月半ばまでの預金流出額は1兆円にのぼった[15]．また，2,600億円余りの法律違反の簿外債務の発覚が命取りとなった山一証券の場合にも，ムーディーズがBaa3からBa3（投機的証券）へと社債の格付けを一挙に3段階引き下げた11月21日までの11月の預り証券流出額は，1兆円を超えた．

　このような局面で問題になるのは，当該金融機関がどれだけの資産を保有しているのか，あるいは，それが巨額の不良債権を抱えた結果，資産・負債レベ

---

15) 朝日新聞経済部前掲書，126頁参照．

ルで実際に債務超過に陥っているのかどうかではない．一部の顧客すなわち銀行の場合には預金者が，それまでのように取引銀行の発行している預金通貨の貨幣的性格を信用せず，それの現金への即座の転換を要求しているのであるから，まさにその時点での当該銀行の現金支払能力，すなわちどれだけの現金ならびに流動性準備を保有しているのかが焦点にならざるをえない．

　言うまでもなく，現代の銀行資本は，最大限の利潤追求をめざすという資本の本性に基づいて，利子を生まない預金準備，現金通貨の保有を最小限度，すなわち経験的に確定されている日々の現金所要額の範囲内に抑えようとする．だが，預金残高に対してつねに過小な現金準備で銀行業務に支障が生じないのは，あくまでも預金通貨の創造に基づく「無準備の自己宛て債務による貸付」[16]を行う銀行に対して，預金者が信認を与えているからである．この信用関係がたとえ部分的であれ動揺するようなことがあれば，現金準備の過小性が表面化し，直ちに現金ショートの危険が生じるのが，受ける信用の供与を生業とする銀行業の宿命なのである．

　以上，1997年11月17日に事実上経営破綻した拓銀の場合には，2月以降継続していた預金流出が8，9月に本格化することによって，突然の現金不足の危険にさらされることになったのであるが，顧客による信用の喪失が突然の現金不足を招くという事情は，この年に経営破綻した日産生命や山一証券，徳陽シティ銀行などの場合にも多かれ少なかれ共通に見られたことなのである[17]．そ

---

[16] 銀行信用の本質を，このような内容における架空信用ととらえる立場は，三宅義夫『マルクス信用論の体系』（日本評論社，1971年）に依拠したものである．

[17] 預金取扱い金融機関としての銀行以外の金融機関が，顧客の信用を失い突然の現金ショートに追い込まれる事態は，基本的にはいわゆる現金的信用創造論によって説明されるべきものである．すなわち，日々規則的に流入してくる貨幣額が，当該金融機関において一定期間滞留することが確実であるならば，当該金融機関の手許には，返済＝引き出し請求の発生しない一定の貨幣額が堆積されることになり，それが貸出源泉となる．だが，この関係は，あくまでも流入する貨幣の規則性と一定期間の滞留を前提しているのであり，この条件が消失するならば，当該金融機関は直ちに債務不履行の危機にさらされることになる．現金的信用創造については，川口弘『金融論（第二版）』（筑摩書房，1977年）参照．

して，銀行，さらには保険会社や証券会社も含め，金融機関の支払能力を支えるこの信用関係が一部の銀行，金融機関において現実的に破綻し，それが，上述の日本の銀行・金融機関の行動様式に対する一般的不信の基礎上で，広範囲に広がる気配を示した点で，まさに1997年11月は銀行恐慌，貨幣＝信用恐慌前夜と呼ぶにふさわしい事態に陥ったのである．

③ 金融機関の連鎖的な倒産を惹起したコール市場における一般的な信用不安

1997年11月に本格化した金融不安の第三の形態的特徴は，金融機関の経営破綻の連鎖性である．そこで起きた事態は，いくつかの金融機関の急性的な経営破綻が，たんに時間的に連続して発生したというだけのものではけっしてなかった．連続して発生した個々の経営破綻はそれぞれが独立した信用破綻劇であったのではなく，それらは共通の紐で結ばれていたのであり，そうであったがゆえに，それらは連鎖的に波及し，しかも事態の進展とともに相乗的に信用不安を拡大させていったのである．

ことの発端は，1997年11月の三洋証券の経営破綻に際して偶発的に生じた短期金融市場でのデフォルトにあった．三洋証券の破綻処理では，これまで金融機関の破綻処理では用いられることがなかった裁判所への会社更生法の適用の申請という方法が初めて採用された．だが，この法的処理方法の枠組みでは，裁判所の財産保全命令によって直ちにすべての債権者の権利が凍結され，法人，個人を問わず顧客が自らの預金や預り証券や預り金を引き出せなくなり，経済・生活面で社会的混乱が生じるばかりではなく，信用不安が大きく広がることが懸念された．また，銀行，証券会社，保険会社のいずれの場合でも，預金者，証券投資家，保険契約者などの債権者の数は事業会社の場合に比べて桁外れに大きく，債権者集会で債権者の意思をまとめあげることには，大きな困難が予想された．

そうであったがゆえに，大蔵省証券局はこの処理方法の採用の決定に先立って，申請先の東京地裁と事前に入念な折衝を行った．その結果，財産保全命令

の例外措置として顧客の預り証券の返還や，中期国債ファンドの換金，信用取引の清算などが認められ，また個人顧客の債権を代位弁済する寄託証券補償基金が，これら個人顧客に代わって一括債権者となることになった．これによって，たとえ経営破綻した証券会社が，会社更生法の適用申請によって裁判所の管理下におかれることになっても，顧客である投資家の資産は保護されることになった[18]．

大蔵省証券局ならびに日本銀行は，1965年証券不況以来初の上場証券会社の倒産であり，しかもそれを，金融機関の場合にはこれまでタブーとされてきた会社更生法の適用という形態で処理することから，信用不安のいっそうの拡大を警戒して用意周到に準備を行ってきたはずであった．だが，たった一つのミスが金融危機を一挙に本格化させた．三洋証券が会社更生法の適用申請をした11月3日の翌日，11月4日に，三洋証券が群馬中央信用金庫から借り入れていた無担保のコールマネー10億円がデフォルトになったのである．「11月1日の証券局での検討では，この無担保コールの存在は認識されていた．ただし日銀のこの程度の金額なら大丈夫」との判断に依拠し，具体的な対応策を採らなかった．銀行局への連絡も最終盤に銀行局長と銀行課長に行っただけであった[19]．

上述のように，手持ちの現金を最小限に抑制している金融機関にとって，必要な時に無担保で自由に短期資金を調達しうるコール市場の存在，その正常な機能は，日常の支払・決済業務を支える金融の大動脈である．この短期金融市場が十分に機能しているならば，たとえ特定の銀行に対する個別的な信用が揺らぎ，当該銀行に対して預金者が突然の現金引出し請求を求めて殺到し，一時的に現金ショートの危険にさらされたとしても，一定の範囲内では短期資金の借入，借りつなぎによって急場をしのぐことは，当然可能であった．

[18) 朝日新聞経済部前掲書，101～102頁，ならびに読売新聞社会部前掲書，185～186頁参照．
[19) この11月1日の証券局の幹部による検討の模様については，日本経済新聞社『金融迷走―危機はなぜ防げなかったのか』（日本経済新聞社，2000年），164～165頁参照．

だが，毎日20兆円の資金が取り引きされてきたこの無担保コール市場が，このわずか10億円のデフォルトをきっかけに突然の信用収縮に陥った．と言うのは，典型的には翌日物のコール資金を無担保で貸し付けあうこの無担保コール市場では，まさに金融機関の一時的な資金の過不足だけが調整されているのであり，このような取引で債務不履行が発生することはありえないという金融機関相互の信頼関係が，この市場成立の前提条件であったからである．現実には銀行不倒神話はすでに過去のものとなり，大規模金融機関も含めて多くの金融機関の財務状態，マネーフローの悪化が懸念されてはいたが，これまで無担保コール市場でデフォルトが起きたためしはないとの経験的事実が，かろうじて相互の信頼関係を支えていた．この信頼関係が，三洋証券がらみのデフォルトによって一挙に全面的な疑心暗鬼，相互不信に転化し，その結果として，コール市場，短期金融市場で猛烈な貸し手による選別，信用の突然の収縮が始まった．経営不安がささやかれる金融機関に対しては高い金利が要求され，最終的に，これらの金融機関は金利のいかんにかかわらず無担保でコール資金を借り入れることができなくなった．

　このコール市場における突然の信用収縮，選別強化の最初の犠牲者が北海道拓殖銀行であった．すでに9月以降深刻な預金流出に見舞われていた拓銀は，この頃にはほぼ毎日のように2,000億円〜3,000億円のコールマネーを取り入れることによって資金繰りをつけざるをえない状態になっていたが，デフォルトが発生した11月4日には自力で必要な資金をコール市場から調達することができなくなった．拓銀は，指定金融機関として出納業務を代行してきた北海道庁に協力を要請し，北海道庁がコール市場での有力な資金の出し手である全国信用金庫連合会から500億円を借り入れ，それを拓銀に預金するという，まさに綱渡り的な手段によって当座の急場をしのいだ[20]．だが，実際にはこの時点で拓銀の命運は完全に尽きていたと言うべきであろう．

　破綻直前の週末となった11月14日（金）は，市中銀行が日銀に対して必要な

---

[20] 『日本経済新聞』1997年11月17日付け，参照．

準備預金を積み終わらなければならない積み最終日であった．だが，事実上命運が尽きていた拓銀に対して，無担保でコール資金を貸し付けようという金融機関はもはやほとんど存在しなかった．経営不安にあえぎながらも，前日まで拓銀に対して高金利を求めて無担保コールローンを供与し続けてきた山一証券も，自らの資金繰り悪化で資金を出すことができなくなった．結局，前日まで約400億円を調達していた無担保コール市場で，拓銀がこの日調達できた金額は，わずか61億円にすぎなかった．預金引出し請求などにはかろうじて応えて銀行窓口での債務不履行という最悪の事態だけは回避したものの，手許現金をすべて使い果たし，拓銀は準備預金の必要額340億円に対して最終的に140億円の積み不足という前代未聞の事態に陥った[21]．この積み不足に対しては，三百数十万円の過怠金を支払うことが義務づけられているにすぎないが，拓銀が，もはや日常的な銀行業務を遂行するのに必要な現金を自力で調達しえなくなったことは，誰の目にも明らかなことであった．週明けの11月17日（月）に，拓銀は北洋銀行への営業譲渡を発表することによって事実上経営破綻したが，日銀の特別融資によってデフォルトを回避するには，拓銀にはそれ以外の選択肢は残されていなかったのである．

　かくして，戦後初のいわゆる資金繰り倒産が，これまで大蔵省が繰り返しその安全を国際的に約束してきた大銀行，それも金融の中枢に位置する都市銀行の一画において発生した．上述のように，拓銀のこの資金繰り破綻は，銀行システムにとっての大動脈である短期金融市場，無担保コール市場で偶発的に起きたわずか10億円のデフォルトが引き金となって，突発的に引き起こされたものである．だが，最初の引き金が偶発的なもの，金融当局の政策的配慮の欠如から発生したものであったにせよ，それまで実際に日々何千億円もの短期資金を無担保で借り入れていた大銀行が，突然死したのである．拓銀の突然の破綻劇では，日銀に対する積み不足といういわば「道徳的な」債務不履行以外に，現実にデフォルトは発生しはしなかったとはいえ，今後ともそうであるとは誰

---

[21] 北海道新聞社前掲書，108頁，ならびに日本経済新聞社前掲書，172頁参照．

にも保証できなくなった．金融のプロ同士がおたがいの信頼関係に基づいて短期的に資金を融通しあうコール市場で生まれた疑心暗鬼は，まさにこの事件をきっかけに現実的な根拠をもった信用不安に転化したのである．1年前に日本の銀行・証券業に対する投資家の一般的不信の表明，金融・証券株の売り浴びせとして開始された第二次金融危機は，預金者や投資家，保険契約者の個別金融機関に対する信用の急性的ではあるが部分的な震撼を伴いつつ展開してきたが，それは，1997年11月に短期金融市場での信用の一般的な動揺，震撼によって，一気に貨幣・信用恐慌の様相を呈するようになったのである．

　ところで，拓銀が事実上経営破綻した11月17日のわずか1週間後に，自主廃業というかたちで100年の歴史を終えることになった山一証券は，自らが主幹事証券であった拓銀に対して経営破綻の直前まで大口のコールローンを出し続けていた．だが，当の山一証券自身は，取引額が大きかった東京三菱銀行によってすでに8月段階から信用供与枠を約半分に制限されていた[22]．また，破綻直前の11月21日には，メインバンクの富士銀行をはじめとして東京三菱銀行，日本長期信用銀行が先を争って山一証券，ならびに関連会社の資産に対して担保権を設定する行動にでた．とくにメインバンクとして顧客取引の決済に必要な現金を預かっていた富士銀行が，この最終局面でコンピューターシステムの混乱があったにせよ，顧客への払戻し資金の引出しにまで制限を加えていたことは注目に値する[23]．

第3節　1997年金融危機における信用不安の内容，根拠

　そこで，以上のような形態的特徴をもった信用不安が起きた根拠，信用不安がいかなる内容をもっていたのかを考察することにしよう．だが，ここで問題にすべきは，1997年に起きた金融破綻劇それぞれにおける具体的な契機，条件

---

[22] 『日本経済新聞』1997年11月23日付け，参照．
[23] 読売新聞社会部前掲書，210～211頁参照．

ではなく，それらの背後に共通に存在し，個々の破綻劇の究極の根拠となった当時の日本の金融システムに内在する一般的な矛盾である．

（1） 不良債権処理をめぐる現代日本の独占的銀行資本に内在する矛盾
① 持続的かつ大幅な地価下落にもかかわらず不良債権処理に本格的に取り組まなかった現代日本の独占的銀行資本

　1980年代末以降の過剰生産を基礎としつつも，直接には1980年代のバブル経済の崩壊として発生した1990年代金融危機の過程では，銀行や各種金融機関は，当初例外なく不良債権問題の隠蔽，その処理の先送りを基本的スタンスとしてきた．と言うのは，戦後日本経済にあっては第二次土地ブームが崩壊した1973年直後を除けば，地価はほぼ一貫して騰貴し続け，まさに土地神話が成立してきたからである．「今回の地価下落も一時的なものにすぎず早晩地価は反転するであろう」というのが，不動産関係者あるいは多くの国民が期待も込めてもっていた土地市場の動向に対する予測であった．不動産業ばかりではなく建設業，あるいは地価上昇を前提とした店舗政策をとる一部の流通業に対して，巨額の土地購入資金を提供し続けてきた金融機関が，バブル崩壊直後の時期に不良債権問題を直ちに最終処理するよりも一定期間先送りしたほうが利潤原理にかなうと考えたことは，その限りでは一定の根拠を有していたと言えるであろう．

　だが，本章で対象としている1997年以降の第二次金融危機に至る過程では明らかに事情が異なっている．すでに第一次金融危機の進展に伴って信組，信金，第二地銀を中心に数十の中小金融機関が経営破綻し，銀行不倒神話は過去のものとなっていた．また，株価は，1990年代不況の中心的な担い手であった輸出関連産業が，徹底したリストラと急激な現地生産化によって収益力を回復させつつあったことを受けて，一定の小康状態にあったものの，地価は依然として下落し続けていた．中小規模の金融機関に比べて資本力，収益力の点で圧倒的に優位な立場にたつ大銀行，大金融機関といえども，この長期間にわたる，そして1996年末時点で1990年時の約6割ぐらいにまで大幅に下落した地価

(六大都市地価水準の平均)を直視すれば，不良債権問題をこれ以上放置することはできなかったはずである．だが，現代日本の大銀行のなかで，他行に先がけて積極的にこの不良債権の処理，過剰な貸付資本の整理＝価値破壊に取り組もうとするものは，ただの１行も現れなかったのである．まさに，これが1997年金融危機の信用不安の基本的内容を構成したのである．

② **不良債権処理の先送りが，不良債権膨張メカニズムを作動させた**

大銀行がとった不良債権先送り政策の内容を，具体的に見ておくことにしよう．まず，大銀行は，自らが抱えている不良債権の実態を積極的に公表しようとはしなかった．大蔵省が，大銀行(当時は主要21行)の不良債権額を最初に公表したのは1992年４月であるが，発表された金額は約８兆円にすぎず，それは市場関係者の予想からはあまりにもかけ離れていた．そこで大蔵省は，直接大銀行からヒアリングをした金額をわずか半年余り後の10月に再度発表したのであるが，それでも主要21行の不良債権額は約13兆円にすぎなかった．この数値がいかに過小なものであったかは，大蔵省が住専処理を決断する過程で1995年６月に発表した数値と比較すれば，一目瞭然である．この時の調査では，都市銀行，長期信用銀行，信託銀行の従来の主要銀行だけでなく全預金取扱い金融機関が対象とされたが，それらが抱える不良債権額は全体で約38兆円，主要銀行の不良債権額も約24兆円に膨らんだ．さらに，金融監督庁が新たに採用した検査基準に基づいて金融機関が自己査定した金額は，1998年３月末時点で全金融機関については約87兆円，主要銀行の場合でも約50兆円に達した[24]．

以上の過程から見てとれるように，大銀行・大蔵省が不良債権額を公表するたびに，公表額は過小ではないかとの疑念が生まれ，それに応える形で少しず

---

24) 公表不良債権額の推移については，井村喜代子『現代日本経済論［新版］―戦後復興，「経済大国」，90年代大不況』(有斐閣，2000年)，463頁参照．また，リスク管理債権，自己査定におけるいわゆる分類資産，再生法ベース開示債権など各種の不良債権のカバー領域がどのように交錯しているのかについては，渡辺孝『不良債権はなぜ消えない』(日経BP社，2001年)，第二章を参照．

つ公表不良債権額が拡大してきたのである．この間地価は一貫して下落し続けており，また，確かに不良債権の基準も当初の「破綻先債権・延滞債権」から住専向けなどの「金利減免等債権」にまで拡大されてきたにしても，わずか5年余りの間に不良債権額が6倍以上になるというのでは，公表額そのものに対する信頼が失われるのは当然であろう．実際，その背後には，大銀行による巧妙な不良債権隠し，不良債権問題の先送りがあったのである[25]．

　では，不良債権問題の先送り，不良債権隠しは，いかに行われてきたのであろうか．大銀行などの場合，往々自らが設立した系列ノンバンクやその他影響力のあるノンバンクに対して，自らの顧客のなかで経営が悪化し，利払いが滞っているような貸出先を斡旋，紹介し，それらに対する貸出額を肩代わりさせることによって，自行の不良債権額の増大を抑制したり，場合によってはその一部を回収することが行われた．住専が本来の個人向けの住宅ローン専門機関から不動産業を中心とした事業向け貸出機関へと変質していく過程では，すべての母体行によって，系列ノンバンクたる住専に対してこのようなリスクの転嫁，不良債権の押し付けが，多かれ少なかれ行われた．

　また，不良債権隠しの典型的な手段として，ペーパーカンパニーを設立しそこに不良債権を純粋に移し換える手法，不良債権のいわゆる「飛ばし」を，指摘しておかなければならない．日本債券信用銀行や日本長期信用銀行の経営破綻によって，これらの銀行がいかにこの手法を多用・駆使していたのかが明る

---

[25]　銀行局長として住専処理を決断し実行した西村吉正氏は，1995年6月に公表された不良債権額について，「不良債権の定義を思いきって広げた」結果40兆円にまで拡大したのであり，「したがって，今までの13兆円が間違っていたわけではなく，批判・要望に応えて積極的に問題となる債権を広く公表したつもりだったのだが，世間にはあたかもそれまで隠していたかのように受け取られたのは辛かった」と，当時の率直な心情を吐露されている．だが，筆者は，公表不良債権額が実態を反映していないものとして不信を抱かれた最大の理由は，後述のように，銀行そのものが不良債権処理を決断しない限り，実態とは関係なくいつまでも不良債権を表面化させないでおくことが可能であったこと，そして，銀行が恣意的に操作しえたこのような公表不良債権額をいわば鵜呑みにせざるをえない金融監督行政（金融検査も含めて）のあり方にあったと考えている．同著『金融行政の敗因』（文藝春秋，1999年），121〜122頁参照．

みに出たが，これらの事例から見ても，大銀行の多くでこのような手法が，不良債権を一時的に隠蔽する手段として広範に用いられていたと見て間違いはなかろう[26]．

　不良債権を隠すために銀行等によって用いられたより一般的な方法が，いわゆる「追貸し」である．この方法は，不良債権のうち延滞債権が一定期間（当初は6ヶ月であったが後に3ヶ月に短縮された）利払いが滞った債権と規定されていることから，実際上利払いが不可能になった借り手に対して，金利分を新たに貸し付けることによって表面上金利を支払わせたことにし，この借り手に対する貸出を不良債権として分類されないようにするものである．当然実質的な資金の貸付，利払いはいっさい行われない．すでに既存債務の金利負担にすら耐えられなくなった借り手企業に対して，このような「追貸し」を行うことはたんに不良債権処理の先送りを意味するのではなく，不良債権のいっそうの拡大，問題のさらなる深刻化に帰結することは明らかである．

　そして，この「追貸し」が先の系列ノンバンクへの不良債権の移し換え，肩代わりやペーパーカンパニーへの「飛ばし」と結合した場合に，不良債権の典型的な膨張メカニズムが作動することになる．第二次金融危機の過程で大銀行が破綻するたびに，当初の予想額を超えて，不良債権処理に伴う損失額は大きく膨らんだ．この事態は，破綻した銀行が，破綻直前まで自行系列のノンバンクに対して「追貸し」をし続けることによって，この系列ノンバンクに対する貸付に利子を生む貸付資本，パフォーミングローンとしての外観，仮象を与え続けてきたからである．そして，いわば不良債権のゴミ捨て場と化した系列ノンバンクが温存されることによって，系列ノンバンクが行った過剰な貸付の整理もまた先送りされることになった．かくして，母体行，メインバンクが，借り手たる系列ノンバンクや主要な顧客を破綻処理する，あるいはそれらに対する債権を不良債権として最終処理することを決意しない限り，不良債権は表面

---

[26] 日本債券信用銀行が，ペーパーカンパニーを使って「飛ばし」を恒常的に行い，その結果，最終局面まで不良債権を膨張させ続けた典型的な事例については，佐藤章『ドキュメント金融破綻』（岩波書店，1998年），7～14頁参照．

化することなく累積的に膨張してゆくことになったのである．

　それゆえ，1990年代における不良債権問題を，1980年代に進展したバブル経済化の過程で金融機関をつうじて投入された投機資金がバブルの崩壊によって過剰な貸付資本＝不良債権に転化したと捉えることは，当該問題の本質をついているとはいえ，やはり一面的な見方であると言わざるをえない．なぜなら，1990年代，とくに1997年の第二次金融危機に至る過程では，過去の投機資金の焦げ付き，それは確かに地価下落とともにますます大きくならざるをえなかったのではあるが，そのことだけが問題であったのではないからである．それに加えて，すべての大銀行が回収不能な不良債権を整理しないで温存しようとしたがゆえに，不良貸出先に対して新たな貸付資本を投入せざるをえなくなったこと，すなわち，過去の資金の不良債権化だけではなく，新たな不良債権の創出，膨張が問題の一側面をなしていたのである．

③　不良債権処理を先送りしようとする銀行経営者の志向

　それでは，なぜ現代日本の大銀行は，地価の長期かつ大幅な下落が現実のものとなった段階で，なお不良債権処理に積極的に取り組もうとしなかったのであろうか？

　まず一般的に指摘できることは，銀行経営者にとって不良債権を処理するということは大きな痛みを伴わざるをえず，その点で，いかなる経営者の場合にも自らの在任期間中にそれを処理することをためらう一般的な傾向がある．まして，それが巨大な規模に達しているならば，なおのことそうであろう．

　ところで，不良債権処理という場合，それには大きく分けて間接処理と直接処理（最終処理）の二つの形態，あるいは二つの段階がある．前者の間接処理とは，問題企業に対する貸付が焦げ付くことを想定して，一定の時点で債権額の一定額を貸倒れ引当金として積んでおくものである．この引当金の積立てが，本業での利益で手当てされる場合には，それは当該年度の最終利益を圧迫し株主への配当を減らすことになる．もし，それがこのような経常利益で賄いうる範囲を超えているならば，保有している株式の含み益を吐き出さざるをえ

ず，それは当該銀行の自己資本比率を引き下げる要因となる．いずれの場合にも，それらは当該銀行の株価にマイナスに作用することになり，バブル崩壊後の株価の長期低迷状態のもとで，銀行経営者として重大な決断を要するであろう．まして，それが，連続して赤字決算を招いたり，あるいは自己資本比率をBISの国際銀行業務を行う銀行に対する規制値である8％以下に引き下げることになりうるとすれば，それを回避せざるをえないという動機が働くことは当然である．

これに対して，後者の直接処理の場合には，上述の間接処理とは異なり，不良債権そのものが貸借対照表上から消えてしまうことになる．まさに最終処理がなされる．これには，当該不良債権を整理回収機構などに売却したり，担保物件を売却処分したり，あるいは債権を放棄するなどの方法がある．いずれの場合にも，これらの処理によって，銀行にとって損失が最終的に確定することになる．その責任の大部分は，過大な不動産関連融資を行った以前の経営者たちに帰せられるものであるとはいえ，銀行にとって不良債権処理の結果として現実に損失が発生し，確定するのはこの時点であるのだから，それを自らの手で行いたくはないというのが，銀行経営者の一般的な志向であろう．不良債権処理が，当初もっぱら間接処理の形態で行われた主要な要因の一つは，この点に求めてよいであろう．

④ 不良債権処理をめぐって明らかになったメインバンクシステムと協調融資体制の弊害

だが，1997年段階まで，大銀行がどれ一つとして主導的に不良債権処理に取り組まなかった理由を，銀行経営者の責任回避への一般的な志向性に帰着させることはできないように思われる．この段階で，日本の大銀行の経営者に，一様に「待ち」，「不作為」の姿勢をとらせた何らかの社会的な力が作用していたと考えるのが自然ではなかろうか．では，そのような社会的強制力とは何であったのか？　現代日本の銀行業とりわけ大銀行間において広く指摘されてきたいわゆる「横ならび意識」が，不良債権処理問題においてそのような役割を

果たしたのではないか．

　1990年代前半をつうじて，バブル汚染度が高くしかも体力のない中小企業金融機関が次々と倒れていった．政府，金融当局の必死の言明にもかかわらず，大銀行のなかでも一部の銀行は，経営的に厳しい状態に陥りつつあるのではないかという懸念が，金融関係者のなかで自然発生的に生まれていた．このような状況下で，他の大銀行に先がけて巨額の不良債権の存在を公表し，その処理を積極的に推し進める姿勢を示すことは，以前から経営不安の可能性がささやかれてきた銀行にとっては，体力の限界に直面し，ついに不良債権を持ちこたえられなくなったと，市場関係者に受けとられる可能性があった．これらの銀行の場合，下手に動けばそれが命取りになりかねない，という立場におかれていたのである．あるいは，1995年7月に株価が1万5,000円を割るに至った状況下では，一部の大銀行はすでに不良債権処理を行おうとしても，もはや自力でそれを遂行する体力を持ちあわせてはいなかったのかもしれない．

　ところで，「横ならび意識」で問題にされるべきは，上記のようなそれまでに経営不安が取りざたされていた銀行，あるいはすでに不良債権処理を自力で行うことができなくなっていたかもしれない「負け組」の大銀行ではない．

　大銀行と一口にいっても，20行のなかにはいわゆる六大企業集団のメインバンクとして企業間取引を含むあらゆる支払・決済業務の中軸に位置する都市銀行や，同じく都市銀行といっても特定地域に活動範囲が限定されているもの，預金を取り扱っているとはいえ信託業務を中核業務としている信託銀行，金融債を発行し地域金融機関の余剰資金や個人の貯蓄性の高い資金を重厚長大産業への設備資金に転換する歴史的役割を担ってきた長期信用銀行など，性格をまったく異にする銀行が含まれていた．また，それらの間には規模の点でもかなりの格差が存在していた．当然，バブル経済崩壊の影響も，大銀行といえども業態の違いによって，また同じ業態であってもバブルへの関与の仕方や保有株式の違い等によって，大きく異なっていたはずである．先の「負け組」の大銀行の対極に，一握りではあったかもしれないが，不良債権問題をある一定時点までは自力で解決するだけの体力を有していた大銀行があったはずである．

問題は，なにゆえこのような銀行が，他行に先がけて泥沼化しつつあった不良債権問題を処理し，国際的に通用する大銀行への転換を図ろうとしなかったのかである．

戦後日本の成長体制を金融面から支えた間接金融優位体制のもと，わが国では六大企業集団系の中核銀行に典型的に見られるようなメインバンクシステムが一般化してきた．それぞれの企業集団に属する大企業は，企業間取引における支払・決済ばかりではなく従業員の給与支払などもメインバンクをつうじて行い，そのためにメインバンクはコストをかけずに大口の，かつ大量の預金を確保することができた．メインバンクは，その見返りに自系列の大企業が巨額の設備投資資金を調達しようとする場合には大手行による協調融資をとりまとめたり，資金繰りが困難な局面では特別の便宜を図るなどのサービスを提供してきた．企業集団系の大企業が倒産しないと言われたのは，メインバンクが最終的なリスクを負うことによって，他の債権者たちの信用をつなぎとめる役割を果たしてきたからである．

このようなメインバンクシステムのもとで，実際に取引先の経営破綻が不可避となった場合には，それをメインバンクの責任で処理するというのがいわゆる「母体行責任方式」である．この処理方式では，当該企業の倒産に伴う損失は基本的にメインバンクが負担する，すなわち，メインバンクのコーディネートを信頼して協調融資に加わった他の銀行には迷惑はかけないというのが，基本原則である．メインバンクの実際の損失負担額は，系列融資比率が低い，逆

---

27) 大銀行のなかで系列ノンバンクの再建，救済に際して「母体行責任」を最初に回避しようとしたのが，日本債券信用銀行であった．1992年5月に，自系列のクラウンリーシング，日本信用ファイナンス，日本トータルファイナンスに対する貸出金利の減免を大手銀行に要請した日債銀は，四面楚歌の状態に追い込まれた．従来の大銀行間の金融慣行を破るこの方式は「日債銀方式」と呼ばれた．日本経済新聞社前掲書，134頁参照．

28) 先の西村吉正氏によれば，現代日本のメインバンクシステムの意義は「メインバンクによって経営困難に陥っている企業に時間を貸す」（同著前掲書，119頁）ことにあったが，この「東洋医学的療養所」が有効に機能できる条件は，第一に「時間を与えることが最良の薬になる高度成長期である」こと，第二に「落伍者が例外的存在であること」であった．だが，この二つの条件が失われた1990年代の金融危機では，まさにメインバ

に言えば協調融資比率が高ければ高いほど，貸付額に比例した負担額を大きく上まわることになる．大手行が，自らのメインバンクとしての地位が明確な大企業や，まして自らが設立した系列ノンバンクの破綻処理を行おうとする場合，この方式を採用するのが金融界の常識，慣行であった[27]．

だが，地価が持続的に下落し，株価も1万5,000円を割る状況下で，このような処理方式をとりうる銀行は大銀行のなかでもごく一部に限られていたはずである．そして，これらの銀行が，不良債権処理に積極的に取り組むことは，大銀行のなかで「母体行責任方式」を採用しうる銀行とそうでない銀行とを峻別する結果にならざるをえなかったのである．また，メインバンクが破綻処理を決定していない段階で，他の協調融資行が不良債権・問題債権の最終処理に踏み出すことは，一挙にメインバンクの信用を覆しかねなかった．このような状況下では，体力のある銀行が，たとえ事態の根本的打開のためには不良債権の早期かつ全面的な処理が不可避であり，また自行はそれを行いうる自信があったとしても，自らが選択した処理行動が他の大銀行の経営破綻の引き金になることを懸念し，日本の金融システムに対する信用の維持という観点から，そのような行動をとることを躊躇したということは，十分に予想されうることであろう．現代日本のメインバンクシステムのもと，大企業に対してメインバンクによる系列融資と他の大銀行による協調融資とが網の目のように絡み合っている現代日本の大企業向け貸出の現実は，一部の優良銀行が不良債権の破綻処理において抜け駆けすることを許さなかったのである[28]．

ンクシステムによって「時間が経つほどかえって深みにはまり，病状は悪化」し，「初めのうちは，銀行が過去の蓄積を吐き出して融資先を支えてきたのだが，ついには支えきれないどころか銀行自体の存続が危うくなるに至った」．(同上書，206～207頁) まさにそのとおりである．そこで，問題は，なにゆえに自らの存続が危うくなるような臨界点に至るまで，大銀行がどれ一つとしてこのメインバンクシステムの弊害を乗り越え，不良債権処理に主体的に取り組むことができなかったのか，ということであろう．筆者は，この理由を，メインバンクシステムの一側面である系列融資・協調融資体制は，大銀行の独占的協調による大企業との取引関係（預金，支払・決済，貸出業務を含む）の独占的支配の体制であり，独占的銀行資本のこの利害の一体的関係が個別銀行レベルでの「横ならび意識」を根本的に規定していたことに見出している．

以上から，バブル崩壊後の地価・株価が長期的かつ大幅な下落を記録している状況下で，現代日本の大銀行がとった行動様式は矛盾にみちたものであったと言わざるをえない．それらは，バブル期に不動産投機に過大に貸し込んだ貸付資本が不良債権として表面化し，最終的にその処理，すなわち過剰資本価値の切捨てを余儀なくされることを恐れて，不良債権を隠蔽し，その処理をできる限り先送りしようとした．そして，現存貸付資本価値をなんとしてでも維持しようとするこのような銀行行動が，地価の持続的下落という基礎上で，不良債権に転化せざるをえない貸付資本の追加投入を余儀なくさせ，過剰な貸付資本価値を累積的に膨張させる結果になり，そのことがさらなる不良債権処理の先送りをもたらすという悪循環を生みだした．

　さらに，これらの大銀行が，このような行動様式をとったのは，メインバンクシステム，系列融資・協調融資体制を現実的な根拠とする「横ならび意識」に規定されて，「負け組」の場合には，自らに対する個別的な信用の失墜，「勝ち組」の場合には，現代日本の大銀行中心の金融システムに対する一般的な信用不安の発生を恐れたからである．だが，まさに，この不良債権処理の先送りという銀行行動が，上述の1990年代前半における不良債権の膨張メカニズムを作動させることによって，大銀行を中心とした日本の金融システムに対する一般的な信用不安を増幅させることになった．地価が下げ止まらず，過去の不動産関連融資のいっそうの不良債権化が確実視される状況下で，ただ一つの銀行も積極的に不良債権処理に取り組もうとしないのは，日本の金融システムがすでに抜き差しならない深刻な事態に陥っているからではないのか，という不安を招来したのである．まさに，この日本の大銀行の不良債権処理を先送りする行動様式に対する一般的な不信から，前項で示したような金融・証券株の大量の売り浴びせによって，実際に体力を無くした金融機関，大銀行をあぶり出そうという投資家，とくに外国人投資家の投資行動が生まれたのである．信用の失墜，信用不安を回避するためにとられた行動，手段が，かえって投資家の一般的な信用不安を惹起したとすれば，これほど矛盾にみちた過程はないと言わざるをえないであろう．

（2） 金融当局の金融危機管理能力に対する一般的な不信を呼びおこした日本型 TBTF 政策
① 大手行の破綻の可能性を最初から排除した日本型 TBTF 政策

　以上の,現代日本の不良債権処理をめぐる大銀行の行動様式が,1990年代の金融危機を本格化させた内在的矛盾だとすれば,それを制度的,政策的に根本的に条件づけたものが日本型 TBTF (Too Big To Fail) 政策であった．金融危機に直面した大銀行が,貸付資本価値の維持のために「横ならび意識」に基づいて独占的な協調行動をとろうとしたのに対して,金融監督当局である大蔵省・日本銀行は,これまでの護送船団方式を手直しして日本型 TBTF 政策を金融危機管理体制の根幹に据えたのであり,両者が相互に作用しあうことによって日本の金融システムに対する一般的な不安が醸成されたのである．

　この日本型 TBTF 政策とは,一言にすれば金融危機の深化に際して,一部の中小金融機関は整理・淘汰するが,大銀行は1行たりともつぶさないというものである．銀行不倒神話に象徴される護送船団方式が,戦後日本の金融システムにおける官民,金融業界と金融監督当局との利害の一体化を表現していたとすれば,危機が深まることによってこの利害の一体化が大銀行中心のものに純化されたものが日本版 TBTF 政策である．だが,不良債権の実態が正確に把握されていない段階で,20行にのぼる大手行をどれ一つとして破綻させないという立場が,真の意味での TBTF 政策と言いうるのか,大きな疑問である．その意味では,護送船団方式からこの日本型 TBTF 政策への転換は,最初は,バブル崩壊に基づく中小金融機関の連続的な経営破綻によって自然発生的に生まれたもの,金融当局が現実の金融危機の進展に対応して大銀行の利害関係を代弁することによって事実上採用された政策転換であったと言えよう．

　この事実上の転換を政策転換として初めて公式に表明したものが,1995年6月8日に発表された「金融システムの機能回復について」であり,それをいっそう具体化したものが,同年12月22日の金融制度調査会答申「金融システム安定化のための諸施策――市場規律に基づく新しい金融システムの構築――」であった．後者は,前半の3章で金融危機管理の基本方針を論じ,後半の2章で

信用組合と住宅金融専門会社の具体的な処理計画を提案している．そこには，5年間のペイオフ延期や不良債権の専門的な回収機関である整理回収銀行や住専処理機構の設立など，その後の金融危機管理体制を規定したその他の重要問題も含まれているが，ここでは日本型 TBTF 政策に直接関連すると思われる以下の二つの問題点のみを指摘しておく．

第一に，不良債権問題について，「現下の喫緊の課題であり，今後5年以内のできる限り早期にその処理に目途をつける必要がある」との基本的位置づけと具体的スケジュールが示された．「喫緊の課題」との位置づけにもかかわらず，「5年以内のできる限り早期に」と5年間の猶予期間が与えられることによって，まさに問題の先送りが宣言された．

第二に，「その処理に目途をつける」というあいまいな表現によって，一部の大銀行までをも巻き込みつつあった不良債権問題の根本的処理が回避された．実際答申は，不良債権問題の処理のためには，預金保険機構の強化が必要であるとして，一般保険料と特別保険料の合計で7倍の保険料の引き上げを提案した．だが，その算定の基礎におかれた処理費用は，今後5年間でそれまでの4年間で起きたと同程度の金融機関の破綻が生じた場合の処理費用でしかない．すなわち，不良債権問題の目途がつく予定の2000年度までの5年間には，これまでと同様に中小金融機関の経営破綻はあっても大銀行が経営破綻することはありえない，ということが想定されていたのである[29]．

---

29) 「答申」は，この点について以下のように述べている．「預金保険が発動されるようになったこの4年間と同程度の破綻が生じた場合にでも対処しうるよう，この間の破綻処理コスト合計額である2.0〜2.5兆円を今後5年間で引きなおし，それをカバーしうるよう料率を算定すると，保険料率は一般保険料で現行料率の4倍程度，特別保険料で3倍程度，合計7倍程度の水準に引き上げることが必要であると考えられる」(『金融財政事情』1996年1月15日号，25頁)．それまでの4年間に起きた金融機関の経営破綻で損失額が最大のものが，第3章で考察した木津信組の破綻劇であった．木津信組の場合損失額は9,972億円，預金保険機構による資金援助額は1兆340億円に達した．だが，その後の展開を見れば明らかなように，都銀・長信銀などの大手行が一つつぶれるならば，これを大きく上まわる損失額が発生することは容易に予想しえたのであるから，この時

② 日本型 TBTF 政策はいかに実行されたのか

　この基本方針に基づいて実際に日本型 TBTF 政策を発動した最初の事例が，住専処理である．第1節で述べたように，住専を破綻処理することが決まった1995年8月段階において，住専7社は総資産残高の74％が不良資産，損失見込み額が約6兆3,000億円，損失比率は総資産の48.5％という惨憺たる状態にあった．さらに，この損失見込み額は処理の具体案が検討される最終局面では約7兆3,000億円にまで膨らんだ．問題は，この負担を，誰が，どれだけ担うのかであった．

　住専の設立から住専が不動産融資専門機関に変質していく全過程で母体行が果たしてきた役割や，銀行系列のノンバンクの破綻処理をめぐる金融慣行からいって，母体行が自らの責任で破綻処理をする，すなわちすべての損失を母体行が負担するということは，当然一つの選択肢であった．だが，大蔵省銀行局は原案作成の段階からこの母体行責任論を排除した．すなわち，民間レベルでは調整不可能ということで大蔵省がたたき台として作成した大蔵省素案では，母体行は他の一般行と同様に債権の85％を放棄するだけ（6兆3,000億円の損失負担）で，いわゆる「総量規制」以降この総量規制の抜け穴として利用されたと思われる農林系統金融機関も18％債権放棄する（1兆円の損失負担）ことが，盛り込まれていた．このような処理方式が提案されたのは，母体行責任方式で住専処理を行った場合に，日本長期信用銀行や日本債券信用銀行，さらに，場合によってはかなりの信託銀行が経営危機に直面することが必至と考えられた

点での「答申」それゆえ大蔵省の立場は，大手行の破綻は想定しない，大手行は1行たりともつぶさないというものであった，と見るべきであろう．

　なお，以上の破綻処理コストの予想にもとづいて提案された（その後実際に設定された）保険料率は，一般保険料と特別保険料を合わせて対象預金額に対して0.084％であった．「答申」は，この水準を金融機関の収益に対するものとしては，アメリカにおける最高時に匹敵するものと述べていたが，対象預金額に対する割合では，アメリカでは一律の料率が採用されていた1992年までの水準は0.23％，リスクを考慮した差別的料率が採用されるようになった1993年時点で0.23％〜0.31％であり，アメリカの約1／3の水準でしかなかった．FDIC, FDIC 1994 Annual Report, p.70. 参照．

からである．その後の調整は，大蔵省が最初に敷いた母体行責任の回避というこのレールの上での負担額の攻防でしかなく，約1兆円の損失見込み額が第二次損失として先送りされたり，あるいは，この第二次損失に対して初めて財政資金の投入が具体的に示されるようになったのも，住専処理によって大銀行の一部が経営破綻に追い込まれるのを避けるための措置であったのである[30]．

この日本型TBTF政策をより端的に表現したものが，1997年2月5日の株価下落に端を発した日本債券信用銀行の経営不安に対して，大蔵省銀行局，日本銀行が一体となって推し進めた日債銀の救済＝延命工作である．1997年初頭から金融債の解約によって資金繰り困難に直面していた日債銀が生き残るためには，これまで母体行として支援してきた系列ノンバンクを法的に整理し，前項で述べた不良債権累積の悪循環を断ち切る以外に道はなかった．だが，大手銀行が自らの系列ノンバンクの処理にあたってメインバンクの責任を放棄し，突然それらを法的に処理すること自体金融界の信義にもとる行為であり，しかも，この法的処理方法を採用するにしても，それに伴う損失額でさえこの段階の日債銀は自力で負担することはできなかった．

そこで，日債銀の系列ノンバンク3社が東京地裁に自己破産を申請した4月9日に，大蔵省は，日債銀が再建策を発表するに先立って，大手行12行の役員を大蔵省にひそかに集め，日債銀の再建に向けての協力を求めた．その内容は，日本銀行が800億円を優先株で出資することを軸に，大手12行が700億円を普通株で出資し，保険会社22社がこれまでの劣後ローンのうち1,406億5,000万円を普通株と優先株とに切り替えるというものであった．日銀が特定の民間銀行に対して出資をし，株主として関与することは，中央銀行の日常的業務どころか非常時の「最後の貸し手」機能からも明らかに逸脱したものである．だが，地価，株価の大幅下落によってすべての大規模金融機関が深刻な不良債権

---

[30] 住専処理に際して最終的に6,850億円の公的資金が投入されるようになったのは，農林系統金融機関を救済するための窮余の策であったかのように往々言われているが，前章で明らかにしたように，そのような見方は，住専処理劇の最終版での政治的駆け引きにのみ目を奪われた「木を見て森を見ない」議論と言わざるをえない．

問題に直面している状況下で，大手行や生命保険各社から奉加帳方式であらためて協力を引き出すためには，このような公的な装いが是が非でも必要だったのである．日本生命など生命保険各社はこれでもおさまらず，大蔵省の審議官との間で，今回の協力が大蔵省の要請に基づくものであり，今後いかなる追加負担も求めない等の趣旨の確認書を取り交わした[31]．大蔵省，日本銀行によるこの段階での奉加帳方式に基づく日債銀の救済が，「横ならび意識」に規定された大銀行，大規模金融機関の立場から見ても，いかに無理難題の押し付けと受けとめられていたかを物語るものである．

③　金融当局の金融危機管理能力を問題の焦点として浮かびあがらせることになった日本型 TBTF 政策の採用

　この二つの事例に示された日本の金融当局による日本型 TBTF の採用は，日本における不良債権処理の先行きに根本的な疑問を抱かせるものとなった．それ以前の第一次金融危機の過程で事実上の倒産に追い込まれた中小金融機関の多くは，明らかにバブルの尖兵として頭のてっぺんからつま先まで土地投機がらみの不良債権にまみれた金融機関であり，バブルにドップリつかってしまった日本の金融システムのなかでも例外的な存在であった．だが，1990年代半ば以降の段階では，株価の大幅下落によって銀行経営にとって頼みの綱であった株式の含み益が底をつきつつあり，しかも地価は下げ止まらない状況にあった．この厳しい経営環境のもとで大銀行，大規模金融機関のなかでも経営困難に陥りつつあるものがあるのではないかという懸念が，市場で生まれつつあった矢先に，日本の金融当局は，日本型 TBTF の姿勢を鮮明に打ち出したのである．不良債権問題のもっともコアな部分であり，民間レベルでは調整不能であるとの判断から大蔵省が直接にその処理に乗り出した住専問題で，母体行の責任による破綻処理を最初から排除し，さらにそれでも大銀行の負担が大

---

31)　共同通信社社会部編『崩壊連鎖―長銀・日債銀粉飾決算事件』（共同通信社，1999年），164〜168頁参照．

きすぎるからといち早く一部の損失処理の先送りを行った．また，不動産関連融資の比率の点でも不良債権処理を行う体力の点でも，大銀行のなかで最悪の銀行と目された日債銀について，いかなる状況であろうとも日債銀はつぶさない，救済することを宣言し，しかもそれを大銀行，大規模金融機関の負担で行おうとしたのである．

大蔵省がこのような日本型 TBTF 政策を鮮明に示したことによって，不可避的に金融市場に次のような疑問が生じた．第一に，日本の金融システム，より具体的には日本の大銀行が抱えている不良債権問題は，本当にこのような問題先送り政策によって対応可能な程度のものであるのか，5 年間の猶予さえ与えれば解決可能な問題であるのか．第二に，日本の大銀行のすべてが，この 5 年間の猶予期間をもちこたえうるだけの体力を残しているのかどうか．第三に，前述のように，大銀行自体は，日本の金融システムを特徴づける独占的な系列融資・協調融資体制に規定されて不良債権処理の先送りを共同利害として追求せざるをえないとしても，はたして，これを金融当局が日本型 TBTF 政策によって容認することは，第一次金融危機を経た時点で現実的な金融危機管理政策たりえるのか，という疑問である．とくに，第三の問題は，市場関係者にとっては決定的であった．なぜなら，これまで日本の戦後の全金融史において大蔵省・日本銀行が一貫して果たしてきた役割，日本の金融システムにおけるこれら金融当局の絶対的ともいえる行政権限からして，金融当局が直面している金融危機の性格，深刻さについて十分に正確な認識をもたず，誤った政策運営を行うならば，進展しつつある金融危機は管理不可能なものに発展する可能性がきわめて強かったからである．まさに，日本型 TBTF の採用によって，日本の金融当局の金融危機管理能力が問題の焦点になったのである．

日本の大銀行が不良債権処理について先送りの姿勢を崩さず，絶大なる監督権限をもつ日本の金融当局もそれを容認する姿勢を示し，これ以上不良債権処理について行政当局による規律が機能しないとすれば，残された道は，市場自身が自らの論理で，すなわち市場規律を働かすことによって，実際に生き残りうる銀行とそうでない銀行とをふるいにかける以外にない．本当に大銀行をつ

ぶしたくなければ，この市場規律の作用に対して日本の金融当局は何らかの新たな動きを示さざるをえなくなるであろうというのが，日本型 TBTF 政策の採用に対する金融市場の判断だったのである．そして，このような判断に基づいて，11月に本格化した金融不安の引き金となった株式市場での金融・証券株の売り浴びせという事態を発生したのである．

④　日本型 TBTF 政策は現実的根拠を有していたのか
　それでは，日本の金融当局は，金融危機が深まりつつある過程で，なぜ，このような日本型 TBTF 政策を，すなわち大銀行は1行たりともつぶさないという姿勢を鮮明に打ち出したのであろうか．
　この点でまず検討すべきは，大蔵省銀行局や日本銀行が，この時点で不良債権問題の実態をどの程度正確に把握できていたのかという問題である．住専に対する第二次の立ち入り調査によって明らかになった数値は，その後の実際の処理からみても実態をかなり正確に反映したものであったと言ってよいであろう．だが，本節の(1)②で述べたように，この段階では（その後も長期にわたってその事態は継続するのであるが）メインバンク，母体行が貸付先企業が再建不可能との姿勢を明確に示さない限り，たとえ当該企業，系列ノンバンクがいかなる財務状態に陥っていようとも，それらに対する貸付は不良債権として表面化しないシステムになっていた．そうであるとすれば，金融当局としては，住専以外の不良債権問題については銀行の言うがままの数値を信じる以外になかったと言えよう．そして，住専問題は，まさに不良債権問題の氷山の一角にすぎなかったのである．アメリカのような FDIC の陣容が効率的な金融管理システムであるか否かはおくとして，少なくとも日本の金融監督当局には，銀行の側が積極的に不良債権の実態をディスクローズしそれを根本的に処理しようとしない限り，独自の調査に基づいてその処理を促すだけの体制はまったく存在しなかったのである．
　そこで，第二の問題は，1995年段階で，一方では不徹底ながらも住専処理に踏みきった金融当局が，不良債権問題全体の見通しについて「今後5年以内の

できる限り早期にその処理に目途をつける必要がある」との判断を示したのはなぜか，ということである．前述のように，筆者は，この基本方針が不良債権処理に5年間の猶予期間を与えたという意味で，不良債権処理の先送りを決定づけたものとのみなしている．しかしながら，当時この問題を直接指揮していた金融当局者の立場からはまったく正反対の評価が与えられている．すなわち，1992年当時は「地価の下落や経済情勢の先行きがそれほど深刻には考えられていなかったため，まだ従来の日本的な解決法，すなわちメインバンクによって経営困難に陥っている企業に時間を貸す方式が有効だと考えられていた」が（西村吉正前掲書，119頁），1995年6月の「金融システムの機能回復」では「金融機関の破綻処理の原則を示し」，「思いきって金融機関の破綻処理に取り組む」（同上書，114頁）姿勢を示したのであると．

　1995年当時の基本方針の評価をめぐるこの根本的な対立は，一つには，当時の地価水準をどう見るか，二つには，それと密接な関連をもっているが，大銀行の破綻処理なくして不良債権問題の最終的解決はありえたのかどうか，の判断に関わっている．不良債権の増大に苦しむ大銀行，ならびにこの大銀行を1行たりともつぶしてはならないとする金融当局者にとっては，これ以上の地価下落は困る，地価下落を政策的に阻止しなければならないというのが基本的立場であった．1995年段階ではなおバブル期の騰貴分すら下落しておらず，それどころかバブル発生以前の地価水準ですら一般勤労国民にとっては耐えがたい住宅ローン，家賃負担を強いていたのであるから，一般庶民の立場からは地価の長期下落は歓迎すべきものであった．だが，金融当局者にはこのような発想はまったく思いもよらないものであった．金融当局者としてのこの立場が，地価の先行きに対する期待もこめた本質的に甘い見通しをもたらし，この段階でもなお，5年間もすれば地価は反転し，その間なんとか持ちこたえさせさえすれば大銀行は破綻処理しなくとも済む，という先の二つの文書に隠された楽観的な危機管理構想を生みだしたのではなかろうか．

　第三は，日本の金融当局が，いわゆるシステミック・リスクの可能性をどの程度具体的に検討していたのかという問題である．筆者は，上述の2点をふま

える限り，当時の大蔵省が，現代日本におけるシステミック・リスクの可能性を具体的，かつ詳細に検討したうえで，20余の大銀行のうちどれか1行が経営破綻しても日本の金融システムが全面崩壊する危険があるとの結論を導きだしたとは，とても思えない．むしろ，彼らは，大銀行体制を維持する，あるいは維持できるという前提のうえにたって，金融危機管理のための政策対応を，かなり楽観主義的な見通しに基づいて構想したのではないかと考えている．

だが，現代日本におけるシステミック・リスクの可能性と現実性の検討は，金融危機が本格化する1997年11月に至る過程に考察の対象を限定している本章の射程を，明らかに超えている．この問題の本格的な検討のためには，銀行不倒神話を支えた護送船団方式の金融危機の進展に対応する事実上の転換として出発した日本型TBTF政策が，この11月の金融危機の本格化によって，いかに日本政府の総力を挙げた金融危機管理体制へと移行していったのか，そして，この体制として確立されるに至った日本型TBTF体制が現代日本の金融危機とどのような相互関係にたったのかの，総合的な分析が不可欠である．そこで，次篇で，これまでに検討してきた経済過程としての現代日本の金融危機を前提に，今度は上部構造である国家権力（行政権力としての金融監督当局や日本銀行，政権与党の有力政治家を中心とする政治権力者たち）がこの金融危機をいかに管理しようとしたのかに焦点を絞って，分析を進めることにしよう．

第 3 篇

現代日本における金融危機管理体制

第7章　日本型 TBTF 体制の成立
――日本銀行の LLR 機能の乱発，預金保険法の改正，
金融機能安定化緊急措置法の制定――

はじめに――対象の限定と課題

　本章の課題は，前章で明らかにした1990年代金融危機の深化の過程の分析（1996年のいわゆる住専処理を経て一段落したとみられた金融危機が，1997年に入り深化・新たな広がりをみせ11月には金融危機の本格化に至った）を前提に，現代日本において金融危機管理のためのセーフティネットがいかなる内容をもって成立したのかを明らかにすることである．

　前章では，1997年以前の第一次金融危機と1997年以降の第二次金融危機とをもっぱら経済的過程としての信用恐慌の側面から，両段階における信用不安の形態的特徴の相違ならびに信用不安の内容，根拠に焦点を絞って区別した．だが，第二次金融危機は，信用不安の深化・広がりというそれ自体としては私的信用関係（銀行信用）における矛盾の激化・その発現という側面だけではなく，それへの対応を日本政府が根本的に誤ったことによって政府の金融危機管理能力に対する不信が全面化し，それによって金融危機が深まったという側面をも有している．その意味で，第二次金融危機の分析・解明においては，第一次金融危機の場合とは異なり，信用関係における矛盾の深化と上部構造としての国家（政治権力であると同時に行政権力である）による金融危機管理体制の構築（それは周知のように資本主義の歴史上例を見ない空前絶後の公的資金投入体制として結実したのであるが）との相互作用の過程を独自に考察しなければならないのである[1]．

　ところで，この第二次金融危機は，これまでのところ大きく分けて三つの段階を経過している．第一の段階は，1997年に始まった金融危機の深化・拡大が11月の金融危機の本格化を経て，預金保険法の改正，金融機能安定化緊急措置

法（以下，安定化法と略記する）の制定（1998年2月15日）に至り，この安定化法に基づいて地銀3行を含む大手21行に対して約1兆8,000億円の公的資金が資本注入されるまで（1998年3月31日）の時期であり，第二段階は，1998年4月以降，日本長期信用銀行の経営危機の表面化をきっかけに，金融再生関連法（以下，再生法と略記する），金融機能早期健全化緊急措置法（以下，健全化法と略記する）が制定され（1998年10月16日），この再生法に基づいて，最初は長銀が（同年10月23日），続いて日本債券信用銀行が特別公的管理下におかれ（同年12月13日），最終的に健全化法に基づいて，大手15行に約7兆5,000億円の公的資金が資本注入される（1999年3月31日）までの局面，そして，第三段階は，1999年4月以降，戦後日本の銀行独占体制を特徴づけた六大企業集団の枠をも超えて金融大再編が進行しだし，それに合わせて金融危機管理体制の恒常化を図った預金保険法の全面改正（2000年5月24日）が行われ現在に至る段階である．

　本章が考察の対象とする時期は，この第二次金融危機の第一段階であり，金融危機の深化に対応する金融危機管理のためのセーフティネットの整備という点からみれば，日本型TBTF体制の成立過程と位置づけられる．それは，11月における金融危機の本格化によって，住宅金融専門機関の破綻処理以来わが国の政治家や金融当局者にとってタブーとなってきた公的資金投入問題を一気

1）　だが，誤解を避けるために一言しておけば，第一次金融危機の過程においても，私的な信用関係と公権力による信用関係への介入との相互作用があったことは言うまでもない．そもそも政府によって管理された預金保険制度の存在それ自身は，私的信用関係を否定する側面を本質的に有している．なぜ倒産した金融機関において預金保険限度額内の付保預金（者），すなわち零細預金者だけが保護される建前になっているのか，さらに，現代日本においては多数の金融機関が経営破綻したにもかかわらず，なぜ預金者は全預金債権を維持しえたのか（まさにこの預金の全額保証，預金者の全面保護が預金保険制度の発動の初発から行われたことが，日本の金融危機の混迷の度合いを決定づけたのであるが）．一般の事業会社＝産業資本の倒産では起こりえない事態が，銀行の経営破綻に際して一般的に見られるのは，私的な信用関係への権力的介入がなされているからである．第二次金融危機における相互作用を特徴づけるものは，この信用関係への権力的介入が，中央銀行の最後の貸し手機能＝LLRの乱発や権力の経済的基礎である財政資金の投入にまで進まざるをえなかった点にあるのであり，本章の規定はそれに着目したものである．

に政治の表舞台に浮上させ,国民に金融危機の実態がまったく開示されないまま信用のシステミックリスクが叫ばれ,最終的に,提唱者自身の思惑を大きく上まわる30兆円に達する公的資金投入体制が形成された時期であった.だが,同時に,この時期に形成された公的資金投入体制は,直面していた政策課題に真正面に応えるものでなかったがゆえに,それが用意した公的資金額の大きさにもかかわらず,金融危機を鎮静化するのではなくむしろ新たな信用不安の火種となり,第二段階の本格的な金融セーフティネットの構築,日本型TBTF体制の確立に向かわざるをえない問題点を抱えていた.

以下,この第二次金融危機の第一段階に焦点を絞って,信用不安,金融危機の経済的な内容とそれに対する上部構造,政治の側からの政策対応,そしてそれらの相互作用という側面に着目して,考察を進めることにしよう.

第1節　信用恐慌はなぜ爆発しなかったのか

(1)　「地獄の淵に立った」危機的状況の出現

1997年11月3日の三洋証券による会社更生法の申請に端を発した金融危機の本格化は,またたくまに北海道拓殖銀行の経営破綻(11月17日,北洋銀行への営業譲渡の発表),山一証券の自主廃業の決定(11月24日),そして,当時の三塚蔵相のお膝元であった仙台市の第二地銀,徳陽シティ銀行の経営破綻(11月26日,仙台銀行などへの営業譲渡の発表)へと発展した.都銀の一角をなす拓銀や四大証券の一つである山一証券など,これまで大蔵省の銀行・証券行政で不可侵の砦とみなされてきた大金融機関までが連続的な金融破綻劇のなかに消えていった.だが,金融監督当局をしてまさに震撼せしめたのは,これら大銀行,大証券会社の連続的な経営破綻劇ではなく,それをきっかけに新たな展開を見せた預金者や投資家さらには金融市場関係者の心理的動揺であった.それは,11月26日には大蔵省幹部をして「地獄の淵に立った」[2]と言わせるほどの危機的状況にまで発展した.

この日,大蔵省,日本銀行が描いたシナリオを少し前倒しする形で徳陽シ

ティ銀行の営業譲渡が発表されるのにあい前後して，全国8ヶ所で預金者の取付け騒動が次々と発生した．それは，まず宇都宮，和歌山，富山で発生し，続いて札幌，名古屋，福岡，東京へと広がっていった[3]．宇都宮では足利銀行に，和歌山では紀陽銀行に，預金者が預金の引出しを求めて押しかけ，安田信託銀行の札幌支店は解約を求める預金者によって「一時やや混雑した地下鉄の車内のような混み具合[4]」の状態に陥ったが，東京の本店や池袋支店，名古屋支店などでも同様の事態が発生した．また，長銀の名古屋支店，福岡支店も取付け騒ぎに見舞われ，長銀総合企画部が大蔵省銀行局に助けを求めて駆け込む事態になった[5]．さらに，三井信託銀行や日債銀なども大蔵省に状況を逐次報告する体制をとった．

　前章で，筆者は山一証券の経営破綻に至る信用不安の展開を，以下のように形態的に特徴づけた．それは，株式市場における金融・証券株に対する一般的不信として発生し，三洋証券の破綻に際して無担保コール市場で10億円とは言え史上初めてデフォルトが生じた結果，金融機関にとっての大動脈とも言うべきコール市場における一般的な信用不安に発展した．これらの不信，信用不安の一般性に比べて，銀行そのもの，銀行の支払能力に対する預金者の信用不安は，急性的ではあったが個別的なものにとどまった．すなわち，拓銀の場合でも最終的に預金者の急性的な引出し請求に応えられず資金繰り破綻したが，それは，あくまで個別的現象であったと[6]．だが，11月26日に全国的に発生した事態は，明らかにこれを超えた信用不安であった．預金者が全国各地で「唐発（突発的？―米田）に，かつ同時多発的に[7]」預金引出しに走ったのである．ま

---

2)　軽部謙介，西野智彦『検証　経済失政―誰が，何を，なぜ間違えたのか』(岩波書店，1999年)，288頁．誰の発言かは特定されていないが，同様の発言は，日本経済新聞社編『金融迷走の10年―危機はなぜ防げなかったのか』(日本経済新聞社，2000年)，187頁でも紹介されている．
3)　軽部・西野前掲書，286頁．
4)　『毎日新聞』1997年12月6日付け．
5)　日本経済新聞社編前掲書，189頁．
6)　前章，212～220頁参照．

さに預金者の取付け騒動であった．

　さらに，事態を悪化させたのは，上述の株式市場ならびにコール市場での一般的な不信，信用不安が激化したことである．この日，東京証券市場一部の銀行株で取引が成立した98銘柄のうち値上がりしたものが35銘柄，これに反して，値下がり株が61銘柄に達した．大銀行株では18行中5銘柄が値上がりしたのに対して，9銘柄がストップ安まで売り込まれた[8]．この間の銀行に対する預金者の動揺，短期金融市場からの排除の動きが株価下落と相乗関係に入っていたことを考えると，この株式市場での選別の強化は，銀行経営者にとっては経営破綻に直結しかねない脅威であった．また，三洋証券がらみでデフォルトが発生した無担保コール市場は，11月16日に松下康雄日銀総裁が，銀行の破綻処理に伴う金融市場でのデフォルトの可能性を否定したにもかかわらず，市場は凍りついたままであった．26日には短期金融市場はもともと資金余剰状態であったが，徳陽シティ銀行の経営破綻の影響を受けて一部で資金逼迫の状況が生まれたため，日銀は資金供給に転じたが，無担保コール翌日物金利は公定歩合（0.5％）を大きく上まわる0.7％に達し，なかには1％でしか取引が成立しない場合もあった．東京三菱銀行や住友銀行ですら調達金利を引き上げないと資金調達できない状態になり[9]，市場関係者の関心はもっぱら「次はどこか」（どこが倒れるのか）に集中しており[10]，問題行は事実上これら無担保コール市場から排除される状況になっていた．

　一方で，預金者の取付け騒ぎに見舞われ，他方で，無担保コール市場から排除されつつある銀行関係者の立場からは，「これはほとんど恐慌です[11]」と言わざるをえない事態であった．また，上は蔵相，日銀総裁から，下は近畿財務局長や日銀大阪支店長などの幹部職員を動員して行った安全性の保証が，当初

---

7)　軽部・西野前掲書，286頁．
8)　『朝日新聞』1997年11月27日付け．
9)　日本経済新聞社編前掲書，189頁．
10)　『朝日新聞』1997年11月27日付け．
11)　日本経済新聞社編前掲書，190頁．

ほとんど有効性をもたないかのように見えた金融当局者にとっても，事態はアウト・オブ・コントロールという意味で「地獄の淵」を連想させたのであろう．

（2） 取付け騒ぎはほどなく鎮静化した——現代における中央銀行の最後の貸し手 (LLR) 機能の意義

　だが，銀行関係者に「ほとんど恐慌」と驚愕させ，金融監督当局者には「地獄の淵に立った」との思いを抱かせた危機的事態は，あっけないほど短期間のうちに「水が引くように鎮まって」いった[12]．日銀の信用機構担当理事であった本間忠世氏は，11月30日付けの新聞インタビューで「ここ数日，相当思い切った供給（現金通貨の——米田）をしてきた．その結果，市場にみられた緊張感も，落ち着く方向に向かってきたと思う」[13]と答えている．また，不良債権額の大きさもあって外国投資家の格好の標的となった安田信託銀行札幌支店の一行員は，12月5日に，「ようやく通常の姿に戻りましたが，先週のことは忘れられません」[14]と述べている．これらの発言から見ても，まさに11月26日（水）に突如発生した危機的事態はわずか数日のうちに，おそらくは11月29日（土）までにほぼ鎮静化したと見てよいであろう．「突発的，かつ同時多発的」に発生した預金者の取付け騒ぎは，なぜ信用恐慌として爆発しなかったのか．

---

[12] 軽部・西野前掲書，290頁．この評価は，11月26日における事態を預金者，その大部分は個人預金者であったが，彼らによる「突発的，かつ同時多発的な」預金取付け騒動に着目した場合の評価である．だが，11月に金融危機を本格化させたもう一方の当事者である大口預金者や株式市場における投資家や外国人投資家，短期金融市場における資金の出し手である機関投資家や金融機関関係者，分かりやすく言えば金融のプロたちの不安は，個人預金者の一時的かつ急性的な動揺の高まりと同じように「水が引くように」鎮静化したわけではない．第2節で詳論するように，彼らの不安，不信の対象は，もともと個別銀行の支払能力に向けられたものではなく，日本政府の危機管理政策，危機管理能力に対するものであったのであるから，日銀特融を中心とする潤沢なる日銀信用の一時的な放出によって解消されることはなかった．
[13] 『朝日新聞』1997年11月30日付け．
[14] 『毎日新聞』1997年12月6日付け．

この点について第一に指摘しておかなければならないのは，日本銀行の最後の貸し手機能の現代的意義である．架空性を本質とする銀行（信用）が，預金者からその支払能力を疑問視され，しかも，金融機関の相互信頼に基づき本来無担保で短期的に資金を借り入れることのできるコール市場から排除されるならば，資金繰り破綻に追い込まれるのは必然である．実際11月に本格化した金融危機で経営破綻した拓銀にしても，徳陽シティ銀行にしても，この過程を経て倒れたのである．では，「突発的，かつ同時多発的に」生じた預金者の取付け騒動にもかかわらず，なにゆえ銀行破綻が生じなかったかと問われれば，それは，それらの銀行が必要とするだけの資金，厳密には現金通貨（日銀預け金あるいは日本銀行券＝いわゆる現ナマそれ自体）が日本銀行によって供給されたからと答える以外にはない．

　まさに不換制化の中央銀行は，その独占的かつ兌換制下の限度を超えた現金通貨供給能力とその背後に国民的信用をもっているがゆえに，原理的にみてある一定の限度内では信用恐慌の発現を阻止しうるのである[15]．後は，予想される現金ショートの事態に中央銀行としてどれだけきめ細かく技術的，政策的に対応するかの問題でしかない．三洋証券の倒産がらみで不用意にもコール市場でのデフォルトの発生を見過し，結果的に金融危機の本格化の引き金を引くことになった日銀としては[16]，拓銀，山一証券の経営破綻の時と同様に，万全の体制を敷いて市中の現金通貨要求に応えたのであろう．同時多発的な取付けに見舞われた銀行のいずれかで（それが一つの支店であるか，あるいは１台のATM機

---

15) 銀行券の発券統一が確立された国，あるいは中央銀行や政府による銀行券・政府紙幣の独占的発行権，すなわち，この政府や中央銀行の貨幣高権が確立している国では，この貨幣高権に対する国民の一般的信認＝国民的信用が存在している．それは，一方で，私的信用範疇と対立的に区別されるものであるが，同時に，国家の徴税権に基づく支払能力に基礎をおく国家債務，本来の公信用とも区別されるものである．それは，貨幣の発行権限にかかわる固有の信用範疇であり，すでに兌換制度下で成立している．これについては拙稿「Nationalkredit, Staatskredit の概念をめぐって」（１）（２）（『経済学論纂』中央大学，第28巻第３・４合併号，1987年７月，第28巻第５・６合併号，1987年11月）を参照．

であるかは問わない）預金の引出しが不可能となる，あるいは銀行間の振替決済ができなくなるなどという事態が，万が一にも11月26日に生じていたとすれば，おそらくは信用恐慌は一挙に爆発の過程を辿ったのではないだろうか．

　信用恐慌としての爆発を最終的に回避しえた第二の要因は，あくまでも第一の要因に支えられて成立しえたものであるが，11月26日に同時多発的に発生した預金者の取付け騒ぎが，その後，上述の地域ならびに金融機関以外にはほとんど拡散しなかったことである．高度に社会化・集中化された銀行間の支払・決済メカニズムをつうじるデフォルトの連鎖的波及とならんで，信用恐慌が急性的展開をみせるもう一つの要因は，預金者の心理的動揺の伝播である．今回の事態では，それまでに多数の金融機関の経営破綻，とくに直前に大規模金融機関の資金繰り破綻を目の当たりにしてきた銀行関係者ならびに金融監督当局者によって教訓化されてきたさまざまな措置が，機敏かつ組織的に採られたようである．

---

16)　ここで日本銀行当局が「見過した」としたのは，彼らがその発生の可能性を感知していなかったのではなく，その可能性を十分に知っておきながら，「三洋証券はインターバンク市場では資金の大きな取り手ではない．仮にデフォルトが起きても小額で済み，混乱を封じ込めるのは難しくない」と判断したうえで，それを放置したからである．前章で示したように，筆者は，11月金融危機の本格化は，このわずか10億円のコール市場でのデフォルトによって直接引き金が引かれたと理解している．このデフォルト問題について，「大蔵省証券局や日銀の営業局，さらには信用機構局も含め，事前に真剣かつ集中的な討議を行った形跡はない」（以上，軽部・西野前掲書，237頁）とすれば，あまりの金融当局の無警戒ぶり，危機察知能力の欠如には言葉がない．ある日銀関係者が，「この時期のマーケットの雰囲気を振り返ってみると，とくにインターバンク市場や金融債市場等のいわゆるプロの世界であるホールセール市場において，信用リスクに対し過剰とも言える反応を示す市場参加者が一挙に増えたという感がある」（日本銀行銀行論研究会編『金融システムの再生にむけて──中央銀行員によるレクチャー銀行論』（有斐閣，2001年），50頁）と述べているが，いわばデフォルトが起きるはずのないコール市場でデフォルトが発生したのであるから，過剰な対応が生じるのは十分に予想できたはずであろう．日銀，大蔵関係者からこの問題について真摯な反省の弁がこれまでのところ聞かれないのは，きわめて遺憾である．なお，金融当局とくに日銀サイドがこのデフォルト問題をいかに過小評価していたか，彼らの根拠のない楽観論について，日本経済新聞社編『検証バブル　犯意なき過ち』（日本経済新聞社，2000年）も同様の指摘を行っている．同書，178～179頁参照．

大蔵省銀行局は，預金者の取付けが全国各地で発生していることを確認すると，いち早く各地方の財務局をつうじて押しかけた預金者が店の外で列を作ることがないようにとの指示をだした[17]．また，各銀行もつめかけた預金者をただちに店内に入れ，ロビーが混雑してくると会議室や応接室にまで客を入れ，彼らの混乱ぶりが外から見えないようにした．預金者には整理券が配られたが，安田信託銀行のある支店では，99番目以降の顧客に対してすべて99番の整理券が配られるという笑えない対応も行われた[18]．金融監督当局が何よりも恐れたのはマスコミ報道であり，とくに銀行の店先で預金者が列をなす現場がテレビニュース等で放映されることであったであろう．現代日本における異常とも言うべきマスコミ，とりわけテレビ局がもつ情報操作能力が，預金者の心理的動揺の拡散に影響を及ぼすことがあれば，おそらくは蔵相や日銀総裁による安全性の保証宣言などひとたまりもなかったであろう．金融機関，監督当局一体となった預金者の心理的動揺が拡散するのを阻止するという作戦は，見事に成功したのである[19]．

　ところで以上に述べた二つの要因は，突発的に生じてしまった取付け騒ぎに対する政策対応の問題であり，もっとも狭義の意味における政府・中央銀行の金融危機管理能力の問題である．彼らは，確かに突発的に発生した同時多発的な取付け騒ぎのそれ以上の拡散防止には成功した．だが，それは彼らの危機管理能力の巧みさだけに起因したものではなかったのである．信用恐慌が回避された第三の要因は，いかにしてこの「突発的，かつ同時多発的」な預金者の取付け騒ぎが発生したのかにかかわっている．金融監督当局が取付け騒ぎが起き

---

17) 軽部・西野前掲書，286〜287頁
18) 日本経済新聞社編前掲書，188頁．
19) 筆者自身この時期には金融問題研究者の一人として，新聞やテレビのニュース番組などで金融危機がいかに報道されるかを注意深く観察していたが，個人的印象としては拓銀やとくに山一証券の破綻報道に比べて11月26日の信用不安の急性化，同時多発化に関する報道はきわめて少なかったように感じている．これが，本文で述べたように，金融監督当局の情報管理が功を奏した結果であるのか，それとも報道機関側で何らかの自制的動きがあったのかは定かではない．

ると同時に行った調査によって，取付けにあっている金融機関がほとんど例外なく，経営不安のたんなる噂や，誤った報道，他の金融機関の破綻からの類推をきっかけにして，取付け騒動に巻き込まれたことが判明した．足利銀行では，「ライバル行が流した情報がいつの間にか噂となって広まっ（た）」結果取付け騒ぎが発生し，紀陽銀行の場合には，「別の銀行が各支店に流した『○×銀行の経営難が囁かれており，現金を厚めに用意しておくように』とのファクシミリが火元になった」[20]．安田信託銀行のなかでも騒動がもっとも激しかった札幌支店の場合には，地元のテレビ局が貸付信託は預金保険の対象外と誤って報道したことに端を発していた[21]．

このようにいわゆる「風説の流布」が直接的原因となって突発的に引き起こされた騒動であったからこそ[22]，大蔵省，日銀の幹部が，急遽取付け騒ぎが起こっている地元で行った個別銀行に対するこれら風説の全面否定，これらの個別銀行の経営に関する公的当局による安全性の事実上の保証（まさに異例の対応であったのであるが）が，先の金融危機管理の成功とあいまって預金者の心理的動揺を抑え込む役割を果たしえたのである．

だが，筆者がこの問題でとくに重要視したい第四の要因は，発生した取付け騒ぎそれ自身の性格の問題である．本節で筆者は，前章における山一証券の経営破綻に至る信用不安の形態的特徴づけをふまえ，11月26日に発生した突発的で，かつ同時多発的な預金者の取付けは，それ以前の個別銀行，個別金融機関

---

20) 軽部・西野前掲書，287頁．
21) 日本経済新聞社編前掲書，188頁．
22) 26日における各種金融市場でのいわゆる「風説の流布」の状況は，夕方に政府，日銀が三塚博蔵相と松下康雄日銀総裁の「風評に惑わされず冷静な行動を」呼びかける談話を発表せざるをえないほどひどいものであった．とくに株式市場では怪情報が乱れ飛び，噂を流され株価の急落に直面した銀行，証券，不動産各社が噂を否定するために相ついで記者会見を行った．この局面での噂による金融危機激化のプロセスを，日銀関係者は以下のように描いている．「ルーマーにより，株価下落→ルーマーの広がり→株価の一段の下落→インターバンク市場からの資金調達難→預金取付けというリンクが強まり，急速に資金繰りが悪化する先が増加する」（日本銀行銀行論研究会編前掲書，51頁）．

に対する急性的であるが個別的な信用不安とは明らかに異なるもの，と指摘しておいた．だが，それでは，この取付け騒ぎが，銀行の支払能力に対する預金者の一般的な不信，預金者による一般的な信用不安を意味するものであったかと問われれば，それは明らかに否である．

　金融機関の数から言えば900を超える預金取扱い金融機関のうちのわずか5〜6行で，総店舗数に対する比率で言えばさらにごく限られた範囲内でしか，同時的な預金者の取付け騒ぎは発生していない．それに参加した預金者の数は，その大多数は個人預金者であったと考えられるが，独立した預金者主体としての1億人近い総預金者数との関係では，さらには10億口に達する延べ預金口数との関係では，それはまさにネグリジブルでしかない．さらに，取付け騒ぎが起きた直接の原因が「風説の流布」であったとは言え，その騒動に巻き込まれた金融機関は，それ以前から経営困難，経営危機がしばしば取りざたされてきた問題行であったことは明らかである．しかも，この十分に信用不安の対象となりえたこれらの問題行の預金者に限ってみても，「今のうちに預金を引き下ろしておかなければ危ない」と不安を感じ，実際に11月26日にそれを行動に移した個人預金者は，ほんのごく一部にすぎなかったのである．銀行関係者，金融当局者を心から震撼せしめた11月26日の同時多発的な取付け騒動のさなかでも，わが国の大多数の預金者たちは，これまで経験したことのない（ごく一部の昭和金融恐慌体験者を除いて）金融機関の連続的な破綻とそれに関する新聞報道などから，金融機関の先行きに対して漠然とした不安感を多かれ少なかれもっていたかもしれないが，よもや自分の預金が払い戻されなくなるなどとは毛頭考えていなかったのである．

　その意味で，「地獄の淵に立った」11月26日時点ですら，わが国においては預金者の一般的な信用不安は発生していなかったのである．そうであったからこそ，金融監督当局の総力を挙げての政策対応が功を奏し，大部分の預金者が，全国8ヶ所で同時多発的な取付け騒ぎが起きているという事実も知らないままに26日が経過し，その間に実際にいかなるデフォルトも，さらなる預金者の取付けも生じなかったがゆえに，問題行に対する噂に基づく取付け騒動は鎮

静化に向かったのである．大蔵省・日銀が政策対応を一歩誤ればただちに信用恐慌が爆発する可能性が高かったという事実と，金融監督当局が対応を間違わなければ信用恐慌の爆発を阻止しうる客観的な条件が存在していたということとは相容れない関係にあるのではなく，当時の客観的な事態の二側面をなしていたのである[23]．

（3） 中央銀行の最後の貸し手機能の限界

　以上のように，金融監督当局とりわけ日本銀行は，信用不安が新たな展開を見せた決定的瞬間に，そのもてる力を十二分に発揮し市中銀行が必要とするだけの日銀信用—現金通貨を供給することによって信用恐慌の爆発を阻止することにひとまず成功した．だが，第二次金融危機の展開の全体構造からみれば，その成功は，同時に現代の中央銀行の最後の貸し手機能の限界を示すものでしかなかった．

　その限界の第一の側面は，日本銀行が言わば無制限に行った信用供給の回収可能性の問題として現れた．11月の金融危機本格化の過程で，日本銀行は，27日に1995年7月以来2年4ヶ月ぶりに，健全な金融機関（実際にはまだ破綻して

---

[23]　11月26日の危機的事態に注目する論稿が多いにもかかわらず，この預金者の「突発的かつ同時多発的な」動揺の高まりが，わずか数日の間に鎮静化してしまった事実に着目している記事，文献はきわめて限られている．本章が，事実関係にその多くを依拠している軽部・西野前掲書は，その数少ない文献の一つであるが，そこでも，なぜそれが鎮静化しえたのかについての説明は十分には与えられていない．また，この鎮静化に着目した毎日新聞金融取材班の記事は，当時の橋本龍太郎首相が公的支援に関して踏み込んだ発言をし，また三塚博蔵相がヒットや金融債など保険対象外の金融商品も含めてあらゆる金融商品を保護すると発言したことを，鎮静化の要因とみなしている（『毎日新聞』1997年12月6日付け）．だが，個人預金者の問題に限定して言えば，橋本首相の発言が，取付け騒ぎに参加した個人預金者の行動に作用したとは到底考えられない．なぜなら，個人預金者の圧倒的多数は，なぜこの局面で公的支援措置が必要となってきたのか（それは預金者の全面保護と密接に関連していたのであるが）さえおそらく認識していなかったからである．むしろ，公的資金投入問題は，金融危機の現状をある程度認識している金融のプロや個人のレベルでは大口の投資家や大口預金者の関心事であったのである．

いないという意味でしかないが）が一時的に陥った現金不足を補塡するために適格な担保を取って貸し出す日銀法第20条貸出も，ピンポイントで行った．だが，金融危機のまっただなかで日銀の「最後の貸し手」機能が真に発揮されたのは，言うまでもなく旧日銀法第25条（1998年に改正された現行日銀法では第38条）に基づくいわゆる日銀特融であった．破綻した金融機関に対して信用秩序維持のために発動されるこの特別融資は，破綻した金融機関が通常は表面的にみても債務超過に近い状態にあり，すでに担保として差し出しうる優良資産をもたないことから無担保で行われざるをえず，しかもデフォルトを回避するためには待ったなしという差し迫った状況下で借り入れ要請がなされることから，市中銀行からの要請があればそれに見合っただけの額を融資せざるをえないという性格を有している．その結果，1997年10月末の時点では3,725億円にすぎなかったこの特別融資残高は，11月金融危機後の11月末には3兆8,215億円にまで急膨張した．本節で詳述した11月26日に破綻した徳陽シティ銀行に対しても1,115億円の特別融資が実行されているが，その大半は拓銀向け2兆2,200億円と山一証券向け1兆1,000億円によって占められていた．

　ところで，現代の中央銀行が不換制度のもとで兌換制下の限度を超えて現金通貨を供給できる体制にあり，最後の貸し手に対する資金需要は待ったなしで応じざるをえないからといって，中央銀行が破綻した金融機関に対して無制限に信用を与えることができるかと言えば，けっしてそうではない．今通貨の番人としての立場から，中央銀行はインフレ管理をつねに意識せざるをえないという面をおくとしても，銀行の銀行として信用制度の健全性を維持する責任を負うという中央銀行の立場は，信用システムの維持のためには市中が必要とするだけの資金を供給しなければならないという社会的要請と相対立する側面をもっている．すなわち信用制度の健全性を自ら体現することを要請されている中央銀行にとって，信用システム維持のための特別の貸付だからといって，それをおいそれと焦げ付かせるわけにはいかない[24]．

　だが，バブル崩壊，投機金融の失敗を根本的な要因として発生し，深刻化してきた今回の金融危機においては，破綻が表面化した金融機関の財務状態はま

さに底なしの債務超過状態に陥っているのが常であった．中央銀行として信用恐慌を爆発させないためには市中銀行が必要とするだけの資金を貸し出さざるをえないが，信用システム維持に専念すればするほど中央銀行の健全性が損なわれる危険が強まるというジレンマに，日銀は直面していたのである．拓銀，山一証券と連続して大規模金融機関の経営破綻が生じたにもかかわらず，日本の金融システムはシステミックリスクを何とか回避している，まさにその代償が巨額な規模に達した拓銀ならびに山一証券に対する日銀特融が焦げつく可能性の増大であった．中央銀行の財務の健全性，それは中央銀行の社会的・国際的威信の一つの拠り所であるが，この健全性を危うくすることによってしか信用システムの維持を図れないところに，日銀の最後の貸し手機能の第一の限界があった[25]．

　最後の貸し手機能に代表される日本銀行の危機管理能力の第二の限界は，中央銀行の守備範囲，換言すれば，金融政策主体が金融危機の局面でなしうることは何であるのかに，根本的に規定されている．上述のことからも明らかなように，日銀の最後の貸し手機能は，破綻した金融機関における預金の引出しを全面的に保証することによって，個人預金者を中心とする預金者の心理的動揺の拡散を防止し，さらに銀行間での預金の振替決済の停止やコール市場などでのデフォルトの発生を回避することによって，支払連鎖をつうじる金融機関の連鎖的倒産を阻止することを，基本的な目的としている．それは，金融機関の

---

24)　日銀は，特融の実施に際して以下の4原則を判断基準としている．「第一は，放って置くとシステミックリスクが顕在化する恐れがあること．第二は，日本銀行の資金供給が必要不可欠であること―すなわち民間からの資金調達等を最大限に行った上で，日銀以外に資金の供給先が現れない状況になっていること．第三は，モラル・ハザード防止の観点から，関係者の経営責任が明確にされること―具体的には，経営陣の退陣や株主・出資者の資本金・出資金の損失への充当等が担保されていること．第四は，日本銀行自身の財務の健全性維持に十分配慮したものであること―具体的には無担保貸し出しであっても預金保険機構からの資金援助等，その返済資金が見込まれること，など．」（日本銀行銀行論研究会編前掲書，69頁）この第4番目の原則で想定されている預金保険制度による日銀特融の返済が，日銀の財務の健全性を維持するうえでの絶対要件となっていたのである．

破綻を前提に，すでに発生してしまった個別銀行に対する預金者の個別的な信用不安が預金者全体としての一般的な信用不安に転化し，金融機関の経営破綻が連鎖的に波及していくことを阻止する，筆者の規定では，信用不安の形態的発展を回避するための機能でしかない．それは，激化しつつある金融危機の内容そのものに対する政策主体による介入を意味するものではなく，そこに金融危機管理政策としての根本的な限界が存在するのである．では，11月に本格化した金融危機，とりわけ拓銀や山一証券のような大銀行，大証券会社が破綻して以降提起されてきた問題，筆者の規定では信用不安の内容上の問題とは何であったのであろうか．節をあらためて検討することにしよう．

第2節　本格化した金融危機はいかなる政策課題を提起していたのか

（1）　金融危機を本格化させた内在的矛盾と条件

　前章で明らかにしたように，11月に金融危機を本格化させた要因は大別すれば，二つの要因に分解できる．その第一は，現代日本の銀行独占体制に根ざす不良債権の自己膨張メカニズムであり，これが今回の信用不安の基本的内容を

---

25) この当時，日銀当局者が焦げつきの可能性についてもっとも頭を痛めていたのが，山一証券向けの特融であった．これは，山一証券にとって命取りとなった簿外債務のうちの海外分の損失を穴埋めするために，営業休止翌日の11月24日から計6回に分けて行われた総額8億2,800万ドルの海外送金を含んでいた．この資金による損失補填先には中国の外国為替専門銀行であるBOC（中国銀行）等が含まれていた．山一証券の経営破綻の影響がアジア各国に波及するのを阻止するために採られた非常措置であったとはいえ，それが焦げついたとなれば，大問題になることは十分に予想された．さらに，銀行向けの日銀特融についてみても，拓銀の経営破綻で預金保険制度の資金が枯渇するのは確実であり，公的資金の投入など即刻大蔵省が必要な措置を採らなければ，ひとり日銀にそのシワ寄せがくる構造になっていた．11月26日に信用恐慌の爆発を回避するための瀬戸際の攻防が行われていたまさにその瞬間において，日銀側が蔵相と日銀総裁との共同の記者会見を拒んだことは，日銀サイドで，いかに大蔵省の動きの緩慢さにフラストレーションが高まっていたかを物語るものであろう．以上の詳細については，軽部・西野前掲書，290〜293頁参照．

なす．それは，個々の銀行資本が現存の貸付資本を維持するために，もはや利子も生まず元本の回収もままならなくなった不良債権処理の先送りを図ろうとする，いわば資本の本性に基礎づけられている．

ところで，現代日本においては，不良債権処理を先送りするという資本の一般的本性の特殊な発現を，社会的・集団的に個々の大銀行に強制するシステムが存在した．それが，かつて日本の成長体制を金融面から支えた銀行独占体制，いわゆるメインバンクシステム・系列融資とそれと表裏一体の関係にある協調融資体制であった．メインバンクは，成長体制のもとでは集団内企業・系列企業に対して協調融資のオルガナイザーとして，そして高度成長破綻以降も長らく，いざという時のリスクの最終的な担い手として機能してきた．だが，地価・株価の長期低落によって，一部のメインバンクが，メインバンクとしてのリスクを最終的に負いきれなくなって以降は，これらのいわば負け組の大銀行にとってばかりではなく[26]，ごく一部であったかもしれないが勝ち組の大銀行にとっても，不良債権処理を自行の私的利害にのみ基づいて行うことをきわめて困難なものにした．なぜなら，自行がそれに踏みきることは，メインバンクとしての社会的責任を果たせなくなった弱者（この局面では，信託銀行，長期信用銀行，一部の都銀などかなりの数の大銀行が含まれる可能性があった）を，一挙

---

[26] 負け組が，メインバンクとしての責任を果たせなくなるのは，収益力の低下，「含み益」の縮小などいわゆる経営体力の低下によるものである．これをもっとも象徴的に示したのが，1997年4月1日に，日債銀が系列ノンバンクであるクラウン・リーシング，日本トータルファイナンス，日本信用ファイナンスの3社が，他の協調融資行に事前の了解も得ないまま，自己破産を突然東京地裁に申し出た事件であった．この結果，これら3社の破綻処理に伴う損失が，いわゆるプロラタ方式（メインバンクも含めて各金融機関が，融資額に応じて損失を負担する方式）で処理されることが確定したが，それは，本来の母体行方式ばかりではなく，当時大銀行の間では，破綻処理に際しての最低の「仁義」，「掟」と考えられていた「修正母体行方式」（メインバンクが全債権額を放棄したうえで，残りの損失を他の協調融資行に融資額に応じて負担してもらう方式）さえ否定するものであった．日債銀が，このような金融業界の「掟」破りに踏み出せたのは，当然，大蔵省のバックアップがあったからであり，同日，大蔵省銀行局は，銀行，生保約40社を集めて日債銀救済計画を発表し，その協力方を要請した．朝日新聞経済部『金融動乱―経済システムは再生できるか』（朝日新聞社，1999年）24～25頁参照．

に市場原理に基づいて淘汰する可能性を多分に含んでおり，そのことは，生き残り組のメインバンク自身にとっても，協調融資関係をつうじて，自行の貸付債権の劣化として直接に跳ね返ってくるばかりではなく，信用恐慌そのものの爆発を招来する危険を孕んでいたからである[27]．この意味で，現代日本の銀行独占体制は，金融システム総体として不良債権処理を先延ばしせざるをえない構造を有していたのであり，そうであるがゆえに，追貸し等をつうじて不良債権が雪だるま式に自己膨張するという迷路，悪循環に入り込んでしまったのである．

　現代日本に固有のメインバンク・協調融資体制に内在する不良債権の自己膨張メカニズムを，制度的，政策的に促進したのが，日本型TBTF政策である．金融危機を本格化させたこの第二の要因は，これまた戦後の日本の金融行政を一貫して特徴づけてきたいわゆる護送船団方式の延長線上にあった．それは，バブル崩壊によって1990年代に銀行不倒神話が成立しえなくなった段階で，金融監督当局とりわけ大蔵省によって採用された政策である．その本質は，端的に言って，債務超過に陥った信組，信金などの中小金融機関は積極的に破綻処理するが，「大銀行については1行たりともつぶさない」という点にある（金融機関の破綻処理におけるダブルスタンダードの採用）．この政策スタンスがはじめて明示されたのは，1995年6月8日の大蔵省の「金融システムの機能回復について」であり，それをより具体化したものが同年12月22日の金融制度調査会答申「金融システム安定化のための諸施策―市場原理に基づく新しい金融システムの構築―」である．

　もちろん，これらの文書には「大銀行はつぶさない」などという文言は一言も書かれてはいない．不良債権処理，金融機関の破綻処理に限定すれば，都市

---

27) 1992年当時，三菱銀行が，銀行に対する信頼を回復するために，大蔵省に対して従来より厳しい基準での不良債権の公表を提案した際に，銀行局によって，「そんなことをしたら第二地銀の10行以上が赤字になってしまう．できるわけがない」．「中小金融機関の赤字はせめて2，3行でないともたない」と，一蹴されたと言う．日本経済新聞社編前掲書『犯意なきバブル』，251～252頁参照．

銀行の不良債権処理は順調に進んでいるという認識のもとに，金融機関全体の不良債権処理を積極的に進め，「今後5年以内のできる限り早い時期にその処理に目途をつける必要がある」，そのための具体的措置として信用組合と住専における処理計画を提示しているだけである．だが，これに基づいて2000年までに100を超える中小金融機関が破綻処理される一方で，1996年に大蔵省が陣頭指揮した住専処理においては，最初からメインバンクによる「母体行責任方式」が回避されていたこと[28]，さらに1997年春の段階では，まさに大蔵省が債務超過ではないという虚構をつくりあげることによって日債銀救済を演出したこと[29]などの現実は，この1995年の金融制度調査会答申が「大銀行は1行たりともつぶさない」という政策スタンスの歴史的出発点をなしたことを物語っている．

以上のような日本の銀行独占体制に内在する矛盾，不良債権処理を先送りすることによって現存の貸付資本価値さらには銀行独占体制を維持しようとすればするほど，不良債権が自己膨張し銀行独占体制そのものが危うくなるという矛盾と，この問題先送り体制を政策的，制度的に容認，助長する日本版TBTF政策が組み合わさった結果，1997年11月に金融危機が本格化するに至ったのである[30]．

では，この金融危機が本格化する過程で問われていた問題は何であったのだ

---

[28] その主要な原因は，母体行責任方式で住専処理を行えば，メインバンクとしての貸出額が大きかった信託銀行や長信銀のかなりの部分が，債務超過に陥る危険があったからである．日本経済新聞社編前掲書『金融迷走の10年』，48頁参照．当時，自民党の政調会長代理として住専処理の政治的調整に直接関与した与謝野馨は，「実は住専を処理していくと日本債券信用銀行が債務超過に陥るのを知っていた．これはえらいことだな，とちらっと思っていた」と，振り返っている．日本経済新聞社編前掲書『犯意なき過ち』，206頁．

[29] 大蔵省銀行局は，日債銀の救済にあたって，「第4分類債権だけを一括償却しても債務超過には陥らない」という日債銀側の主張を前提にして，奉加帳方式での救済計画をまとめあげた．だが，その後大蔵省金融検査部の検査で，第3分類債権が日債銀の公表額を大きく上まわるという情報を得ると，「日債銀の言い分をよく聞いてやってほしい」と，金融検査部に圧力を加えたと言う．共同通信社社会部編『崩壊連鎖──長銀・日債銀粉飾決算事件』（共同通信社，1999年），169～170頁参照．

ろうか.それは,上述のことからも明らかなように,根本的には日本の官民挙げて一体となって進めてきた不良債権問題の先送りが,もはや限界点に達しつつあるのではないかということであった.さらに,中小企業金融機関の淘汰が政策的に推進されてきた状況から,問題の焦点は大銀行部面に絞られていた.債務超過に陥っているのは経営破綻した中小企業金融機関ばかりではなく,業容拡大をもっぱら不動産金融に求めてきた大銀行の一部でも同様の事態が生まれているのではないかという懸念である.そして,この懸念は,1997年春に大蔵省が,一部の大金融機関の強固な反対を抑え込んで日債銀の救済に動いたがゆえに[31],大蔵省＝日本政府の進める日本版TBTF政策の妥当性,換言すれば金融監督当局の金融危機管理能力にまで矛先が向けられるようになったのである.11月金融危機を主導し,ある意味ではつい最近まで継続してきた株式市場における金融・証券株の大幅下落・長期低迷は,金融の実態を知り尽くした金融のプロ,外国人投資家や機関投資家,さらにそれらの投資行動に追随する株式投資家たちによる,日本の金融システムのあり方ならびにそれを監督する大蔵省の危機管理能力に対する一般的な不信表明であった.

---

30) 筆者のこの立場は,日米における現代の金融危機を比較して,金融機関による不良債権処理の先送りとそれを容認した政策対応に類似性を見,そのうえで,両者の違いをもっぱら規模の問題,すなわち不良債権処理が先送りされた期間の長さと不良債権額の大きさの問題に矮小化する立場とは,見解を異にする.なぜなら,わが国における不良債権処理の先送りは,一方では,現代日本における銀行独占体制の特殊性に,他方では,日本政府ならびに金融監督当局が固執した(むしろ,現在も含めてなお固執していると言うべきか)日本型TBTF政策→体制に根拠づけられたものであり,まさに現代日本の金融システムにとって,構造的なもの,本質的なものと考えるからである.三木谷良一,アダム・S・ポーゼン,清水啓典『日本の金融危機―米国の経験と日本への教訓』(東洋経済新報社,2001年),第1章ならびに第3章参照.
31) この大蔵省による奉加帳方式での日債銀救済に最後まで抵抗を示した日本生命が,株主訴訟が起きた場合のアリバイ作りのために,大蔵省からとった「確認書」の内容が,大阪地裁の勧告によって明らかとなった.その内容については,軽部・西野前掲書,83頁参照.

（2） 拓銀の経営破綻がもつ意義

　それでは，金融危機の本格化を招くことになった以上の経済的問題ならびにそれに対する権力的介入問題は，危機が本格化することによって，どのような方向に収斂していったのであろうか．この問題を検討するに先立って，あらためて拓銀の経営破綻が金融危機の深化においてもった意義を確認しておくことにしよう．

　まず，11月金融危機の本格化，それは金融破綻劇としては，3日の三洋証券の会社更生法の適用申請に始まり，それが17日の拓銀の北洋銀行への営業譲渡，24日の山一証券の自主廃業へと続き，26日の徳陽シティ銀行の仙台銀行等への営業譲渡，そして，第1節で詳論した「突発的，かつ同時多発的な」預金者の取付け騒動（ただし金融機関の破綻は生じなかった）へと推移した．確かに，日銀関係者が指摘するように，破綻した金融機関のなかでは山一証券の知名度は抜群に高く，その破綻ならびに洪水のような破綻報道によって一般国民の金融システムに対する漠然とした不安が一挙に高まり，「風説の流布」も手伝って26日の一部預金者による混乱が生じた．その意味で一般庶民，個人預金者の不安感に影響を及ぼしたという点に着目するのであれば，山一証券の経営破綻が，11月の金融破綻劇の中心であるとみなすこともできよう．

　これに比べれば，拓銀は都市銀行の一角を占めるとはいえ，基本的には北海道にもっぱら営業基盤をおいた銀行であり，その限りでは大規模な地域金融機関でしかない．当然多くの国民，預金者はその名前さえ知らない，あるいは聞いたことがあったとしてもその動向に何の関心ももたないのは当然であり，その経営破綻ならびに破綻報道が，彼らの金融システムに対する意識に及ぼした影響はきわめて限定されたものであった．だが，山一証券が四大証券の一つであるとはいえたんなる証券会社にすぎず，それゆえ支払・決済システムすなわち信用システムの中枢に位置する金融機関ではないこと，さらに，山一証券が「飛ばし」，簿外債務という違法行為を直接の引き金として，大蔵省証券局によって引導を渡され自主廃業に追い込まれたという特殊な事情をもつことを別としても，われわれは拓銀の経営破綻により大きな関心を向けなければならな

いのである．

　その理由は，前章で示した金融危機の本格化の要因，そしてそれに至る過程で提起されていた問題の内容それ自体に規定されている．金融危機の深化との関連で拓銀の経営破綻が着目されなければならない第一の理由は，これまで政府がその可能性を否定し，実際にそれまで一つとして経営破綻してこなかった大銀行が，実際に倒れてしまったという事実の重さである．とりわけ注目すべきは，その経営破綻の直接の要因である．拓銀の経営破綻は，その性格から見て明らかに資金繰り破綻であった．日銀に対する準備預金の積み最終日に必要な資金額を手当てできなかったことが引き金になったのであり，拓銀がそのような事態に追い込まれたのは，無担保コール市場などのインターバンクの短期金融市場から決定的に排除されたからである．三洋証券の破綻に際して金融監督当局とりわけ日銀が過小評価したあのデフォルトが，コール市場における金融機関相互の疑心暗鬼を広範囲に惹起し，日本の金融システムにとっての大動脈というべき無担保コール市場を機能不全に追いやったのである．

　このコール市場から排除されれば，当該銀行が表面的にどれだけの資産をもつ銀行であるのか，あるいはどれだけの自己資本をもち，不良債権処理の負担にどこまで耐えうるのかというような指標さえも含めて，中小金融機関に比べれば大銀行は経営体力があるから大丈夫とされる場合の一般的な論拠が，何の意味もなさないことが明らかになった．重層的な信用構造の頂点に位置し，その取引額からすればその基礎にある膨大な金融取引のごく一部分にすぎないコール市場が，金融取引の結節点として，その背後にある日常的な金融取引の円滑な進行を保証しているという信用関係の一つの法則性が，大銀行の資金繰り破綻として一挙に表面化したのである．金融のプロ中のプロである金融機関が相互に無担保で資金を融通しあう，すなわち相互信頼のうえに信用を与え合うこの無担保コール市場で，相互不信，預金者が銀行の支払能力に対して示す本来の一般的な信用不安と区別される特殊な一般的信用不安が続く限り，大銀行といえどもつぶれないという保証はないことが実証された．

　さらに，コール市場からの排除によって拓銀が資金繰り破綻したという現実

は，金融危機管理における監督当局の政策的・行政的介入のタイミングの問題の重要性を浮きぼりにした．換言すれば，金融危機がいったんこのような形で本格化すれば，政策当局には時間的猶予はさほど与えられないことが実証された．大蔵省銀行局は，結果的に見れば，当時の拓銀にとって唯一の生き残り策であったと考えられる北海道銀行（以下，道銀と略記する）との合併交渉が最終的に挫折（1997年9月11日の拓銀・道銀両行頭取による合併延期の記者発表）して以降も，無為無策のまま拓銀の破綻を容認していたわけではない．ただ彼らは，時間的読みを根本的に誤っていた．合併延期の時期を6ヶ月程度としたのは，「期日を明記しなければ信用不安が起きる[32]」ことを憂慮したからだけではなく，10月14日に始まる大蔵省検査で「債務超過でないことが確認できれば，そこで次の手を打っても間に合うと考えていた[33]」からでもあった．だが，このような時間稼ぎは，いったん無担保コール市場などで深刻な信用不安，機能不全が発生してしまえば，何の意味ももたなくなった．

　拓銀破綻が金融危機との関連で重視されるべき第二の理由は，拓銀が大銀行であるがゆえにもつその破綻の影響の大きさ，とくに預金保険制度に及ぼした影響の問題である．拓銀と道銀との合併計画が挫折した理由については，さまざまに指摘されているが，その究極の原因が，拓銀の不良債権額の大きさと債務超過の可能性，それに対する道銀側の懸念にあったことには異論がないであろう．合併交渉が成立しうるための最低の必要条件は，拓銀が債務超過状態に陥っていないことであったが，いざ経営が破綻してその財務実態が明らかになるにしたがって，それは予想を超えたものとなった．12月に入った時点ですでに，債務超過が少なくとも1兆円前後に達しており，第2分類のかなりの部分も将来焦げつく可能性が高いことが判明した．最終的に，破綻処理が実行された1998年11月16日の預金保険機構の処理費用，資金援助額は，営業譲渡先の北洋銀行，中央信託銀行に対する金銭贈与1兆7,947億円，整理回収銀行による

---

32)　北海道新聞社編『拓銀はなぜ消滅したか』（北海道新聞社，1999年），100頁．
33)　軽部・西野前掲書，218頁．

不良債権買取のための貸付金1兆6,166億円,合計3兆4,113億円に達した.

　破綻当初から,これだけの処理費用が想定されていたわけではないが,少なくとも従来の預金保険機構の保険料収入ではとても対応できないことだけは明白であった.預金保険機構にとってそれまでの最大の破綻処理は木津信組であったが,木津信組の経営破綻が公表されたのが1995年8月30日,実際に預金保険機構によってその破綻処理が実行されたのが1997年の2月24日であった.これだけの日数を要したのは,木津信組の破綻処理費用が,それまでの預金保険制度上の処理費用の上限であったペイオフコスト5,194億円(木津信組における預金保険の対象となる預金の総額)を大きく上まわる1兆340億円に達し,しかも,この処理費用を負担するだけの資金を,当時の預金保険機構が持たなかったからである.このため,先の金融制度調査会1995年答申に基づいて,住専処理法の制定とともに預金保険法の改正を行い,預金の全額保証を可能にする特別資金援助を導入すると同時に,この特別資金援助のための特別預金保険料の徴収も含め,保険料を一気に7倍に高めることにしたのである.

　だが,拓銀の破綻処理費用は,この木津信組のケースと比べても格段に大きくなることが予想され,預金保険機構自身の資金不足,制度的破綻が確実視された[34].これは,日本政府が,金融危機が表面化した当初から金融危機管理の根幹に据えてきた全預金者の保護,預金全額の保証を危うくするものであった.しかも,金融危機が長引く状況下で,大銀行を含め金融業界が保険料のさらなる引き上げに同意するとは,とても考えられなかった.となれば,住専国会以来,政府・与党にとっても大蔵官僚にとってもタブー視されてきた公的資金投入問題に,手をつけざるをえなくなることは必至であった.

---

34)　預金保険機構の資金勘定は,ペイオフコスト内の預金保険のための一般勘定とそれを超える預金保険のための特別勘定(一般金融機関向けと信用組合向けとの二つがあった)に分けられていたが,11月末時点で,一般勘定には1,100億円しかなく,特別勘定は合計ですでに3,280億円の欠損になっていた.1996年6月の預金保険法改正に基づく保険料の引き上げで,毎年5,000億円の保険料収入が入ってくることにはなっていたが,拓銀の破綻処理費用次第で,預金保険機構が資金枯渇に陥るのは十分に予想された.朝日新聞経済部前掲書,175～176頁参照.

拓銀の経営破綻の第三の意義は，これによって大蔵省の金融危機管理能力に対する信頼が，内外で大きく揺らいだことである．これまでも，大蔵省が公表してきた不良債権額に対しては，過小であり，不良債権隠しを図っているのではないかとの批判が，多方面から繰り返し出されてきた．実際に，金融機関が破綻すると，破綻に先立って想定されていた，すなわち大蔵省が把握してきた不良債権額を大きく上まわる不良債権，回収不能債権が一挙に表面化するのが常であった．また，具体的な危機対応においても，株価対策や預金保険制度の運用に典型的に見られたように，場当たり的な対応に終始しているとの批判が数多く出されてきた．

　だが，拓銀破綻は，日本政府が，一貫して国際社会に対して日本の信用システムの安全性を保証するために掲げてきた「大銀行は一つとしてつぶれることはない」との国際公約を，反故にするものであった．また，国内的にも，上述の1995年の二つの文書で，全預金者の保護とならんで，事実上金融危機対応の中心的柱の一つに据えられることになった日本型TBTF政策の綻びを意味するものであった[35]．日本政府，大蔵省の権威は，これによって大きく傷ついた．

　ところで，大蔵省自身は，この日本型TBTF政策について，国際的にはそう受け取られた面があるにしても，少なくとも国内的には，国際的に大きな影響がある大手行について内外の金融システムに動揺が生じないように対処するとしか言ってこなかったという立場をとっている．また，拓銀破綻の影響につ

[35) 本章が，当時の事実関係についてその多くを依拠している軽部・西野前掲書『経済失政』は，この拓銀の経営破綻によって，「95年秋に始まった『ツー・ビッグ・ツー・フェイル政策』は，市場の選別という圧力を受けて脆くも幕を閉じた．銀行行政が長年培ってきた『神通力』も，このとき失われた」（同上書，261頁），と述べている．後半部分については，筆者も同感であるが，前半部分については意見を異にする．後述するように，日本政府，金融監督当局は，拓銀の経営破綻によって，日本型TBTF政策を見直し，放棄するのではなく，反対に，それを維持・強化すべく公的資金投入体制の確立に突き進んだのであり，この新たな条件を獲得することによって，日本型TBTF政策は日本型TBTF体制へと移行したのである．

いても，当時の三塚蔵相は，拓銀は国際業務からすでに撤退しており，対外的には迷惑をかけていない，また，国内的にも金融機能は他の銀行に引き継がれ，預金者保護にも万全を期すから心配はない，との趣旨の発言をした．だが，グローバリズムが叫ばれる時代，しかも瞬時に巨額の資金が地球を駆けめぐる金融の世界では，まさに，世界の投資家や国際的金融機関から，日本の金融システム，ならびにそれを監督する金融当局が，どのような評価を受けているのか，どれだけの信頼を獲得しているのかが，決定的である．金融危機が本格化する過程で，日本の金融当局が，自らが掲げた国際公約，政策スタンスをもはや維持できないのではないか，と疑われるようになったことは，その後の日本政府の金融危機管理に暗い影を落とすことになった．それは，本節で対象としている1997年末の金融危機本格化の過程における，またそれ以降現在に至るまでの数次の株価急落局面での，いわゆる外国人投資家による金融・証券株の売り浴びせに象徴的に現れている．

　ところで，金融監督当局の権威失墜につながる拓銀の経営破綻に至る過程を，大蔵省銀行局自身は，どのように受けとめていたのであろうか．当局者の立場から見ても，拓銀問題に対する対応をそれ自体として総括すれば，道銀との合併に活路を見出させようと努力したが，結局はそれに成功せず，最後は市場の圧力に屈して資金繰り破綻に追い込まれた，というのが真相であろう．だが，それを，1997年2月以降の日債銀救済劇と比較するならば，大蔵省の経営破綻回避における温度差を感じないわけにはいかない．

　確かに，大蔵省銀行局は，前述のように合併構想が頓挫してからも次の手を考え出そうとしていたし，実際に銀行局が道銀に営業譲渡の受け皿の打診をしたのは，例のデフォルト事件後であったとされている[36]．そうであるとすれば，銀行局が破綻やむなしとの判断を固めたのは，ぎりぎりの最終局面であったわけであり，拓銀を早い段階で見放していたとは必ずしも言えないであろ

---

36) 軽部・西野前掲書，252頁参照．なお，この当時の拓銀の資金繰り状況は，「いつショートしてもおかしくないほどの危機的状況に」あり，その意味で，銀行局関係者は，拓銀の破綻処理の決断をぎりぎりまで持ち越していたのである．

う．また，拓銀の経営破綻を論じた多くの論稿・著作が共通して指摘しているように，拓銀の側に都銀としてのプライドが見え隠れし，それが道銀との交渉を初めから困難にしていたことや，また拓銀の経営者が，最終局面においても大蔵省が何とかしてくれるという甘さを持っていたこと，さらに，民間銀行自身の合併交渉には，監督当局が直接口を出すことはできないことなど，銀行局の手の届かないところで事態が推移したことも一面の事実であろう．だが，それでは，なぜ，経営破綻回避の入口のところで，日債銀と同じような救済方式を採りえなかったのか，また道銀との合併交渉にしか活路がなくなった時点で，なぜ，1年後に長銀と住友信託との合併計画で示されたような全面的な政府介入を行いえなかったのか，そこまで言わずとも，なぜ，兵庫銀行の経営破綻の際のみどり銀行のような延命策さえ試みようとしなかったのかなど，現実に進行したプロセス以外にも政策介入の選択肢があったのではないか，との疑念が残る．

拓銀の経営破綻が，その後，北海道経済，道民の営業と生活に及ぼした壊滅的とも言うべき打撃を考える時，金融危機管理において地域経済における不可欠性という観点がもっと重視されるべきではなかったのかという想いをもつと同時に，中央集権的な行政権力機構の頂点に立つ大蔵官僚にとって，やはり拓銀問題は，結局は，大銀行とは言っても一地方の経済・金融問題にすぎなかったと指摘しておかざるをえない[37]．

(3) 金融危機の本格化によって提起された政策課題

そこで，本節の最後に，一時的に急性化した預金者による取付け騒ぎが一段落した後で，金融危機の本格化の過程全体をつうじて提起され，政策当局として緊急かつ根本的な対応を求められていた政策課題とは何であったのかを，整理しておこう．

[37) 北海道新聞社編前掲書も，拓銀問題は，結局金融システム全体にかかわる問題としてではなく，地域問題として処理されたと結論づけている．同上書，113頁参照．

その第一は，言うまでもなく，これまで日本政府が不良債権処理の基本においてきた日本型TBTF政策の見直しが，市場自身の圧力によって迫られてきたという問題である．拓銀の資金繰り破綻は，もはや破綻処理を中小企業金融機関にのみ限定できないことを明らかにした．その直接の引き金となった無担保コール市場からの拓銀の排除は，一面では，いつまでも不良債権処理を進めることができない日本の金融界，とくに日本独特の銀行独占体制であるメインバンク・協調融資体制に規定された大銀行の不良債権処理先送り体質に対する一般的不信と，他面では，それを容認，助長してきた日本政府のTBTF政策に対する一般的な懸念，不信の表明であった．金融監督当局，政府が，債務超過の危険性をもつ大銀行を特定化しようとしないのであれば，市場自身の力でそれを特定化し，市場から駆逐しようという動きである．

　それゆえ，市場の問題関心は，日本の大銀行で債務超過に陥っている銀行は，本当に拓銀以外には存在しないのか，もし，存在するとするならば，それを拓銀のように破綻処理するのか，それとも日債銀のように救済するのか（日債銀の救済においては，建前上は債務超過ではなく，再建可能であるとの判断が，金融当局によって示されたのであるが），さらに，この判断，線引きを監督当局が行政権力として主導的に行うのか，それとも拓銀の時と同様に，市場の流れに任せるのか，が問われていたのである．

　第二の問題は，預金保険制度が，拓銀の大幅な債務超過によって資金の枯渇に直面し，それを放置しておけば，制度的破綻が表面化せざるをえなくなったことと関連している．わが国における預金保険制度の乱用については，第10章で詳論するが，行論との関係で，以下の点だけは指摘しておきたい．

　日本政府は，金融危機が表面化した当初から，信用不安の醸成を回避するために預金者の全面保護，預金の全額保証を，すべての日本国民，すなわちすべての預金者に対して繰り返し宣言してきた．それは，1995年の二つの文書で文言として明示され，それに基づいて1996年6月の預金保険法の改正によって制度化された．その点からすれば，この預金者保護の重みは，同じく従来から金融危機管理政策の中心的柱の一つとして位置づけられてきた日本型TBTF政

策とも，決定的に異なっている．日本型TBTF政策は，上述のように，事実上の基本政策，すなわち明示的な文言としてはいっさい記されることなく追求されてきた基本政策にすぎなかった．これに対して，預金者保護は，すべての日本国民，すべての預金者に対して，日本の金融システムに対する安心感を与えるために明証化された形で約束され，公的に宣言されてきたものであった．まさに，金融危機管理における公約中の公約であり，いかなる意味でも，それに対する信頼が揺らいではならないものであった．

だが，この預金者の全面保護，預金保険限度額を超えての預金の全面的保証は，筆者の考える預金保険制度の本来の機能からは，明らかに逸脱したものである．日本政府・金融監督当局によって，彼らの金融危機管理能力に対する日本国民とすべての預金者の信頼を確保するために，便宜的に利用され，喧伝されたこの「預金者保護」は，けっして預金保険制度が本来果たすべき役割とその限界を，十分にわきまえて提起されたものではなかった[38]．それが，制度的裏づけ，資金的裏づけをまったく欠如したままの空約束にすぎなかったことは，先の木津信組の破綻処理の例からも明らかである．金融危機が，中小金融機関部面にとどまっていた第一次金融危機の間は，この空約束の問題性も，そのような事後的で部分的な対応で糊塗することができた．だが，大銀行の経営

---

[38] 佐藤隆文『信用秩序政策の再編―枠組み移行期としての1990年代』（日本図書センター，2003年）は，預金の全額保護（筆者の言う全預金者の保護，預金全額の保証）を「90年代における破綻処理政策の最大の特徴」と位置づけ，それが果たした役割を，金融市場における「情報の非対称性論」から論じている．（同上書，第4章，参照）これは，上述の金融制度調査会の1995年答申がペイオフの5年間の延期を提起した論拠と，基本的に同じものである．筆者も，一般に大多数の個人預金者が，銀行の経営内容についての詳しい情報をもたない，もちえないことを認めている．だが，まさにそうであるがゆえに，これら個人預金者の大多数が保有する零細預金＝預金保険限度額内（1,000万円以内の）預金は，いかなる場合でも，すなわち，どのような銀行が（たとえば木津信組のようなバブルまみれの金融機関であったとしても）経営破綻したとしても保証されていることを実際に国民に理解してもらうことが必要である，と考えている．その意味で，ペイオフは，金融危機の初期の段階で実施されるべきであったと考えるものであるが，零細預金の生活資金としての性格，信用システムの社会性なども含めて，詳しい内容は第10章に譲らざるをえない．

破綻が現実に発生するに至った第二次金融危機の段階では，もはやそれは不可能であった．これを放置して，万が一にも，多くの国民，預金者が，政府の言う預金者保護，すなわち預金の全面的保証，預金者の全面的保護が，実際には制度的，資金的裏づけをもつものではないことに気がつき，それに一抹の不安でも感じるようになれば，それで，すべてが終わりになることは確実であった．まさに政治権力者，行政権力者にとって，事態は緊迫しており，住専処理以来，国民の反発を恐れて回避してきた公的資金，それも日銀信用という短期的性格の資金ではない公的資金の投入を検討せざるをえない事態に直面していたのである．

　第三の問題は，第二次金融危機も含めて，1990年代金融危機の根本をなす不良債権処理を，どう進めるのかの問題である．この問題が，なぜこれほどまでに現代日本の金融危機において先送りされてきたのかについては，本節の冒頭で，あらためてその基本構造を示しておいた．そこでは，個々の銀行資本がもつ，現存の貸付資本の価値を維持するために，その処理を先送りしようとする資本の本性の特殊な発現が，この基本構造全体の原点であると位置づけられた．この規定は，直接にはバブル崩壊によって導かれた現代日本の金融危機が，投機金融の破綻という内容を色濃くもっていることをふまえてのものであった．

　投機は，元来，対象となる商品の値動きに，市場参加者が資金を賭けあうことによって成立するものである．投機的利得の大きさは，それに参加する参加者の数，彼らが対象となる商品の購入に投じる資金の量によって，規定されている．現代日本においては，この投機活動が，あらゆる企業活動にとっての一般的な生産手段であり，かつ日本に居住し，生活するすべての人々にとっての共通の基盤，社会的共同的消費手段である土地を対象として行われた．まさに，市民や企業が一般的に取引する商品が，投機の対象となったのである．この投機的利益の配分を求めて，日本中の金融機関が土地関連融資競争を展開した．だが，土地は，人間労働が産みだしたものではない．換言すれば，価値的実体を直接有していない商品であり，その意味で，それは一種の擬制資本（価

格）である．価値による価格規定を直接受けないがゆえに，価格上昇も自由である半面，いったんそれが反転すれば，どこまで落ちるのかをも容易に予測し難い商品である．土地投機に手を染めた資本や，それに資金を融通した銀行資本，金融機関が，反騰を期待してその処理を先送りしようとした根本的な理由も，そこにあった．

　銀行や金融機関が，この投機金融の結果としての不良債権の処理を，その値動きの方向性が見極められるまでの一定期間先送りすることは，利潤の極大化を求める資本の本性からみて合理性をもつとしたのは，まさにその限りでのことである．だが，地価，株価の下落がすでに 7 年以上にもわたって継続し，それを処理しないがゆえに不良債権が自己膨張し，かなりの金融機関が，そして，遂には大銀行までが，債務超過のゆえに経営破綻するに至った状況では，それの処理を先送りする合理性はもはや存在しない．個別銀行としても，現代日本の銀行独占体制としても，そして，それを監督する金融当局としても，不良債権処理をいかに抜本的に進めるのか，が問われていたのである．

第 3 節　日本型 TBTF 体制の成立―政策目的である公的資金の投入に失敗した金融機能安定化緊急措置法

（1）　政治権力内部における政策的対立

　本節では，前節で明らかにした金融危機本格化の過程で提起された諸課題に，政治権力（政府だけでなく政権政党も含めて）ならびに行政権力（ここでは大蔵官僚機構をさす）が，いかなる判断に基づき，どのような政策対応をしたのかを，明らかにする．ところで，前節で整理した三つの政策課題，すなわち，①日本型 TBTF 政策の見直し，②公的資金投入の検討，③不良債権処理の抜本的な促進のうち，③は，あくまでも不良債権処理の直接の遂行者は銀行そのものでしかないのだから，前二者に絞っていかなる政策対応がありえたのかを，簡単に整理しておこう．図 7-1 は，債務超過にある大銀行が存在することを前提にして，それらに対する政策対応を分類したものである．

図7-1

	破綻処理	救　済
公的資金投入する	A	B
公的資金投入しない	C	D

　これまで実際になされた政策対応は，1997年春の日債銀救済がD（公的資金，ここでは財政資金の投入を伴わない救済）であり，拓銀の破綻処理の場合は，当時の状況ではC（公的資金の投入を伴わない破綻処理）であるが，前述のように，それは限りなくA（公的資金投入を伴う破綻処理）に移行する可能性を有していた．Bの公的資金投入による救済は，これまでのところ前例がない政策対応であった．

　では，実際の政治過程は，いかなる進行を遂げたのであろうか．この問題を考える場合に，大状況として，当時の日本の政治過程が，どのような歴史的位置にあったのかを，まず確認しておく必要があろう．1997年11月末当時，政治権力の頂点に位置していたのは，第二次橋本龍太郎内閣であった．周知のように，1993年8月6日に，戦後長きにわたって政治権力の座を独占してきた自民党が，政権の座を非自民8党派からなる細川護熙政権に明け渡して以来，日本の政治状況は，与野党入り乱れて合従連衡を繰り返し，きわめて不安定な状態にあった．自民党が，新生党を中心とする非自民勢力から権力を奪還するために，「55年体制」における政敵であった社会党を取り込むという超ウルトラCを使って，自民党，社会党，さきがけの3党連立による村山富市政権を発足させたのが1994年6月30日．この村山連立政権が，消費税率の引き上げや，6,850億円の公的資金投入を伴う住専処理案の策定をめぐる社会党内部の混乱から，村山首相の退陣表明を受けて総辞職し，この3党連立を継承したまま成立したのが第一次橋本龍太郎政権であった（1996年1月11日成立）．だが，この3党連立政権の枠組みも長続きせず，社会党，さきがけが閣外協力に移行することによって，1996年11月7日に3年3ヶ月ぶりに自民党単独政権として発足したのが，この第二次橋本政権であった．時をほぼ同じくして，野党側

も，1996年9月28日に，その主要戦列を新進党から民主党に衣替えしていた．

このような流動的な政治状況のもと，橋本政権は発足当初から，矢継ぎ早に改革構想を提起し（6大改革構想），自由民主党の政治権力の安定化を図ろうとしていた．とくに，そのなかでも，消費税の5％への引き上げを掲げたまま初の小選挙区制による総選挙で勝利をおさめた第二次橋本政権が重視していたのが，財政構造改革であった．年々膨張を続けてきた財政赤字に対して歯止めをかけるべく，財政健全化の時限的な目標を設定し，その達成のための予算編成の基本原則（国債費を除く財政収支の均衡いわゆるプライマリー・バランス原則）を，法律で義務づけようという発想であった．また，第二次橋本政権は，その発足直後に，日本型金融ビッグバン構想を打ち出し，日本の金融機関が，バブル崩壊後の金融危機を乗り越え，国際金融市場での新たなプレゼンスを獲得するための条件整備を行おうとしていた．

前節までに示した内容と背景をもつ1997年11月における金融危機の本格化は，明らかに，この第二次橋本政権が自らに課した課題と抵触する側面をもつと同時に，対応を誤れば，やっと政権に復帰した自民党の政治的基盤を揺るがしかねないものであった．橋本首相としても，政治権力を奪還したばかりの自民党としても，金融危機への対応は切迫した最重要課題を意味した．

この金融危機の本格化に対して，もっとも機敏に，かつ橋本政権がおかれている政治状況をふまえて行動したのが，宮沢喜一元首相であった．宮沢は，拓銀の経営破綻が表面化した直後の11月20日に，①預金保険機構が，政府保証債を発行できるようにし，大蔵省資金運用部が，その債券を引き受けることを検討する，②金融機関の破綻防止に向けて自己資本を増強するために，銀行などが発行する劣後債を郵便貯金などの自主運用資金で引き受ける，ことを内容とする宮沢私案を発表した．これは，先の預金保険機構の資金状況を把握したうえで，また，住専処理に際しての公的資金投入の「失敗」以降，政界（与野党を問わず）や世論の反対を恐れて，公的資金問題をいっさい口にできなくなった大蔵省の立場をふまえ，自民党主導で公的資金投入への道を開くことを，意図したものであった[39]．さらに，投入される公的資金を預金保険制度に対する

政府保証の形に限定することによって，財政資金が直ちに支出されないように工夫をこらし，橋本政権が制定をめざしていた財政構造改革法（2005年までのできるだけ早い時期に，国と地方の財政赤字を GDP 比の３％以下にし，赤字国債の発行をゼロにすることを，主な内容とする）との抵触も，最大限回避することを意図していた．

　この宮沢私案に応える形で，橋本首相（自民党総裁）は，25日には自民党内に宮沢喜一を本部長とする「緊急金融システム安定化対策本部」を設け，同本部は，宮沢私案や，同日自民党の政務調査会の金融システム安定化対策小委員会で承認された預金保険機構をつうじて銀行破綻処理に公的資金（日銀借入金の政府保証）を投入する案も含め，12月10日をメドに金融危機対策を取りまとめることを，急遽決定した．

　さらに，国民への安心感を与えることが肝要と考えた自民党執行部や宮沢本部長は，12月１日に開催される衆院予算委員会での銀行・証券問題をめぐる集中審議がテレビ放映されることから，宮沢が自民党を代表して質問を行い，橋本首相自身が，公的資金による預金者保護を表明する舞台を演出した．そのために，両者は，事前に綿密な打ち合わせをし，想定問答までも用意した．この両者の会談は，この段階で，宮沢本部長ならびに橋本首相が，公的資金導入の必要性ならびにその目的について，いかなる判断をもっていたのかを知るうえで興味深い．少し長くなるが，その模様を示すやり取りを取材した著作から，会話の部分だけを引用しておこう．

---

39)　バブル崩壊直後の1990年代初頭に首相の座にあった宮沢喜一は，日経平均株価が，当時「危機的ライン」とみなされていた１万5,000円を割り込んだ1992年８月中旬に，東京証券市場を緊急閉鎖し，国民に金融危機をアピールしたうえで公的資金投入によって金融の安定化を一気に図る，という構想をもっていた．だが，結局このショック療法は，地価や株価の早期回復を期待して場当たり的な地価・株価対策を盛りこんだにすぎない大蔵省「金融行政の当面の運営方針」の発表（８月18日）を転機に，株価が持ち直したことから，結局日の目をみないままに終わった．日本経済新聞社編前掲書『犯意なきバブル』，４〜８頁参照．

橋本「公的資金については，どこでどういう形で入れるかが問題ですね」
宮沢「金融秩序の維持は，預金者保護の問題です．今は保険料が7倍に引き上げられており，預金は預金保険制度ですべて保証されています．しかし，(全額保護の)特例措置が終了する2001年に預金保険機構にお金が残るのか，足りないのか分からない．信用組合と同じく，政府保証とするといった議論や政府保証債を発行するといった議論がある．預金保険機構に借金が残ったときのことを考えると，検討してもいいんじゃないですか」

(中略)

宮沢「銀行の中でも，強いところは生き残り，弱いところは落伍するが，中間は助けてやる必要があるかもしれませんな．たとえば，今回，北海道拓殖銀行が北洋銀行に営業譲渡したが，北洋の自己資本は小さいのでそこを助けてやらねばならない」(中略)「アメリカでは1929年の大恐慌のとき，銀行への個別支援を決定した．そういうやり方を選択肢として残すべきだという声が自民党内では強いが，これは世の中には通用しないでしょう」
橋本「倒れた後に保護するのはいいが，生きている銀行に行うのはモラルハザードを引き起こすんじゃないか」
宮沢「抽象的に言えばそうなりますなあ」[40]

以上の両者のやり取りから明らかなように，この時点で，橋本首相も宮沢本部長も，金融危機の本格化に対して，預金保険制度を強化するために公的資金を投入することは必要であるが，弱い銀行，すなわち債務超過に陥っているような銀行を救済するために公的資金を注入することは，モラルハザードの問題から言っても，世論の動向からみても，認められるべきではない，公的資金に

---

[40] 西野智彦『検証　経済迷走―なぜ危機が続くのか』(岩波書店，2001年)，12〜13頁．

よって資本注入するのは，北洋銀行のような破綻銀行の受け皿銀行に限られるべきである，との共通認識をもっていた[41]．

　この事前の打ち合わせどおり，12月1日の衆議院予算委員会で，橋本首相は「公的支援でセーフティネットを完備し預金者保護をすることが重要だ」[42]と言明し，それまで信用組合と住専の処理にのみ限定されていた公的資金の投入を，銀行の破綻処理に際しての預金者保護にまで拡大することを明確にした．資本注入問題については，宮沢本部長が，貸し渋り対策の一環として，自己資本充実のために優先株や劣後債を公的資金で引き受けるという議論があると紹介しただけで，首相の答弁を求めなかった．また，答弁における「公的支援」という聞きなれない表現は，国債の発行を避け，政府保証（政府保証債の発行や日銀借入に対する政府保証）による預金保険機構の資金力の強化を念頭においた苦肉のものであった．

　橋本首相や宮沢本部長が示したこの公的資金投入構想は，当時の自民党執行部が当然了承していたものであり，その意味で政治権力の主流派の意向を体現するものであった．だが，この構想に真っ向から対立する構想が，有力政治家から提案された．第一次橋本政権において，官房長官として橋本首相を支えた豪腕で知られる梶山静六の私案がそれである．11月21日に沖縄から東京へ帰る飛行機のなかで橋本首相に直接手渡されたメモに示されていた構想は，①10兆円の新型国債（改革発展国債）を発行する．その返済にあたっては，政府が保有するNTT株などを担保とする，②それによって調達した財政資金を，金融機関の自己資本充実のために投入し，これによって不良債権の抜本的処理を促進し，金融システム不安を払拭する，というものであった[43]．新型国債の所以は，建設国債や赤字国債と異なり，その返済財源が，政府が保有するNTT株

41）　宮沢元首相は，私案を発表した11月20日の記者会見で，「政府が銀行を救済するのは，よほど慎重にしなければならない」との表現で，個別銀行の救済のための公的資金投入は，極力避けるべきだとの見解を示していた．『日本経済新聞』1997年11月21日付け，参照．

42）　『日本経済新聞』1997年12月1日付け夕刊，参照．

43）　西野前掲書，17～18頁，ならびに『日本経済新聞』1997年12月10日付け，参照．

などの売却代金によって特定化されていたからである．

　この構想は，第一に，公的資金を不特定多数の金融機関の自己資本の充実のために投入するという目的の点で，公的資金の利用は預金保険制度の資金充実のために限定されるべきだとする主流派の考え方と，真っ向から対立するものであった．むしろ，それは，橋本・宮沢が回避すべきとした，経営が悪化した，場合によっては債務超過に陥っている個別銀行の救済になりかねないものであった．第二に，財源調達手段たる新型国債を，梶山自身は，返済財源が特定化されていることから赤字国債とは異なっており，橋本政権が進める財政構造改革と対立しないと考えていたが，それが一般会計からの支出を最終的に排除するものでない以上，やはりその実施の阻止要因とみなさざるをえなかった．だが，この梶山構想は，折りしも，早期是正措置が1998年から実施されることに備えて，各金融機関がいわゆる貸し渋り，貸し剥がしに走り出し，その結果経営危機に曝された中小企業家や自営業者から貸し渋り対策を求める声が，全国各地で噴出したことから，自民党内でも急速に支持を広げつつあった．政治権力内部における，公的資金投入をめぐる政策的対立は激化する状況にあった．

（2）　行政権力内における省益と局益のきしみ

　それでは，金融行政に責任を負う監督当局である大蔵省，わけてもその直接の担当部局である銀行局は，この問題に対していかなるスタンスをとっていたのであろうか．銀行局が作成した12月8日付けのメモの内容として，以下の4点が伝えられている．①預金者保護のため公的資金を時限的に導入する，②公的資金の形態は日銀等からの借入に対する政府保証とし，財政資金の最終的な裏づけにより万全を期す，③破綻処理の受け皿銀行の自己資本を充実するため，受け皿銀行が発行する優先株，劣後債を整理回収銀行が購入する仕組みを整備する，④一般金融機関への資本注入については，預金保険の目的を超えた公的資金の投入になるため，与野党を含めた政党間の合意が必要である[44]．

　政治権力内部における政策的対立に即して言えば，まず公的資金の投入目的

について，基本的に預金者保護に限られるべきである．一般金融機関に資本注入することは，預金保険の目的を超えるものであるから，行政当局の判断ではなく政治権力の判断に委ねる．また，投入する公的資金の形態については，政府保証に限定し，財政資金の直接的な投入を極力回避する．まさに，12月1日の衆議院予算委員会での政治的ショウのために行われた事前打ち合わせで，橋本首相と宮沢本部長が相互に了解した内容そのものであった．

　ところで，銀行局が，金融危機の本格化に際して，公的資金投入に言及しているとはいえ，行政権力としてのイニシアティブを極力抑えたいわば受動的な行政的対応を示したのには，いくつかの理由が考えられる．第一に，住専処理に際しての大蔵省判断による公的資金投入の失敗[45]の反省から，当時銀行局に限らず大蔵省全体にわたって，公的資金の投入について大蔵省がイニシアティブをとるべきではないとの雰囲気が充満していたことが，指摘できよう．とくに，この住専処理に際して，公的資金投入をめぐる大蔵省と農水省との間の調整，さらには政治権力と大蔵省との間の調整が，銀行局の頭越しになされたという事情も[46]，銀行局をして，公的資金問題については原則論しか述べないという守勢的な態度に終始させたように思われる．

---

44)　西野前掲書，21頁参照．
45)　大蔵省主導で行われた住専処理は，それまで先送りされ続けてきた系列ノンバンクに対する不良債権問題の中核部分を一挙に処理したという点で，資本の論理からみて評価に値する側面を有していた．だが，それは，損失負担をめぐる利害関係者の対立，ならびにそれぞれの利益団体の意向を代弁する行政権力，政治権力内での意見の対立の調整に最後まで手こずり，その結果，野党に政府・与党批判の格好の材料を与え，最終的に金融危機管理における公的資金投入の必要性に関するいっさいの議論を事実上棚上げせざるをえない事態に導いた．金融危機管理については行政権力者である大蔵省に任せておけばよいという政治権力（内閣・与党）の側での信頼が揺らぐ第一歩となったのが，この住専処理であった．
46)　住専処理に伴う損失負担問題をめぐって，農林省経済局が，この問題の直接の担当部局である銀行局との表向きでの交渉とは別に，大蔵省主計局と秘密裏に「落とし所」を求めて接触を図っていた点については，日本経済新聞社編前掲書『金融迷走の10年』，61～71頁，ならびに村松岐夫・奥野正寛編『平成バブルの研究（下）―崩壊後の不況と不良債権処理』（東洋経済新報社，2002年），31～35頁参照．

第二に，金融機関の監督に行政責任を負う銀行局固有の問題として，金融不祥事があいついで発覚した当時の状況が，彼らの行政判断に大きく作用していたことが考えられる．マスコミや世論の金融機関に対する風当たりが一気に厳しくなった状況からして，公的資金を受け入れる銀行に対して，経営体制の刷新も含めて経営責任の厳しい追及がなされるであろうことが予想され，それゆえ，銀行の側から公的資金の投入を求める声は，この時点ではまったく聞かれない状況にあった．このような状況下で，あえて「火中の栗を拾う」愚を冒してはならないという判断が，銀行局に強く作用したと考えられる．

　第三に，そして，これが，金融危機管理を直接指揮する銀行局の判断，選択肢をもっとも強く拘束したと考えられるのであるが，1997年2月に経営危機に陥った日債銀を奉加帳方式で救済した際に，銀行局として，この救済計画で日債銀は再建可能との判断を民間金融機関に対して約束し，しかも，日本生命に対しては前述のように，大蔵省銀行局によるお墨付きを確認書という形で与えたという事情があった．行政の一貫性にその正統性の主要な根拠をおき，それゆえ「行政当局が誤ることはない」＝「行政当局として誤りを認めてはならない」との独自の政治的文化を継承してきた官僚機構としては，わずか半年前に確認書の形までとって示した自らの判断を覆して，「破綻処理を避けるためには，今改めて大銀行に公的資金を資本注入しなければならない」とは，とても言えなかったのである．

　だが，主計局人脈を基礎とする大蔵省内の主流派は，銀行局とは異なる判断をもっていたようである．大蔵省全体の省益を代表する立場にある彼らにとって，金融危機が本格化し，それへの対応を緊急に求められているこの局面でも，あらゆる行政的対応において堅持，優先すべき一つの政治的判断があった．それは，橋本政権が掲げる行政改革とも関連して，財政と金融の分離に象徴される大蔵省の解体，大蔵省の行政権力の弱体化につながる政策的，行政的対応は，極力避けるべきだという政治判断であった．この判断基準からすれば，先の銀行局のメモに示されるような行政的対応は，これら大蔵省内主流派にとっては，危険なものと映った．

公的資金投入について，金融監督当局としては自らイニシアティブを発揮せず，もし，それが必要だと政治権力の側が判断すれば，そのお膳立ては彼らに任せる．この点では，銀行局と大蔵省内主流派との間に，立場の違いはない．問題は，この公的資金を何のために投入するのかに関連して，銀行局が，明らかに政治権力内の一方の陣営（それは，首相や自民党執行部，対策本部長を含む主流派ではあったが）に与する結果になっていたことである．相手は名うての豪腕政治家であり，しかも，彼が主張した一般的な金融機関への資本注入論に，後からついてきた感のある「貸し渋り」対策という大義名分は，自民党内ばかりではなく，野党陣営にも急速に支持を広げつつあった．下手をすれば大蔵省が政局に巻き込まれ，いずれの陣営が勝つにしろ，大蔵省の政治介入，オーバープレゼンスが政治権力者から非難され，大蔵省行政権限の削減の格好の口実になる可能性が大であった．宮沢構想と梶山構想を折衷し，いずれの陣営からも一定の距離を保つ対応はないのか．これが，省益を代表する主流派の基本的な問題意識であった[47]．

だが，同時にこれら大蔵省内主流派は，主計局人脈を基礎とするがゆえに，それに固有の局益の実現をも狙っていた．金融行政にではなく，財政運営に行政責任を負う主計局の立場からすれば，金融危機が本格化したこの時期は，彼らが財政当局者として待望していた財政再建のための足がかりを獲得した時期でもあった．すなわち，全国8ヶ所で同時多発的な預金者の取付け騒ぎが発生した直後の11月28日に，2003年度までに赤字国債の発行をゼロに抑えることを目標とする財政構造改革法が成立した．

財政再建が，行政権力保持階級（その中心に位置するのが「官庁のなかの官庁」である大蔵省の高級官僚であり，その中枢を占めるのが予算編成権をもつ主計局キャリア官僚であった）にとって，権力機構内における彼らの相対的な地位，換言すれば，政治権力者である政治家や経済権力者である財界人に対する彼らの地位を維持していくうえで，避けて通れない課題であることは言うまでもない．な

---

[47] 軽部・西野前掲書，319頁参照．

ぜなら，国債費の増大による財政の硬直化の進展は，政治家や経済界に対する財政当局の貢献，それゆえ彼ら自身の能動性を根本的に限界づけるばかりではなく，もしそれが財政破綻に帰結するようなことになれば（現状の日本はまさに，それに近づきつつある），財政運営に責任を負う財政当局者の行政能力の欠如を証明することになるからである．国家財政に群がる利益集団の経済的要求を代弁し，実際にその実現に必要な金を大蔵省から出させることを，自らの権力基盤の安定化のための重要な要素として位置づけてきた政治権力者たちが，法律によって，自分たちの行動に一定の制約をはめようとしたのが，この財政構造改革法であった．当初，橋本政権の財政再建に対する姿勢とそれを実行する政治的能力を必ずしも信頼していなかったと思われる大蔵省主計局人脈にとっても，財政構造改革法の制定は，財政再建を実現していくうえで重要な橋頭堡になりうるものであった．だとすれば，橋本政権が，自らの政治生命を賭けつつあるこの財政構造改革路線を利用しない手はない．おそらく，主計局人脈を基礎とする大蔵省主流派は，このように考えていたはずである．

　このような主計局の立場からすれば，公的資金投入を求める声が，政権政党である自民党内部で大勢を占めつつある当時の局面では，銀行局にとっては決定的な問題であった公的資金投入の目的が何であるのか，すなわち，破綻処理を前提とした預金者保護のための公的資金の投入であるのか，それとも銀行に対して一般的に資本注入するためのものであるのかは，もはやたいした問題ではなかった．なぜなら，金融危機の管理に行政責任を負う銀行局自身が，後述のように，この局面でも，危機打開のためには公的資金を投入してでも大銀行の破綻処理にまで進まなければならないとは，主張していなかったからである．むしろ，財政再建を実現し，自らの予算編成権力を温存することを局益とする主計局人脈にとって重視されるべきは，公的資金投入の形態，すなわち，財政資金の直接的投入であるのか，それとも政府保証という形態での，しかも預金保険機構の資金不足を補填するという形での間接的な投入であるのかにあった．この点で，梶山の主張する国債発行で調達した財政資金を直接投入するという構想は，大蔵省主流派にとっては，生まれたばかりの財政構造改革法

を事実上標的にした財政再建路線つぶしを意味するものであり[48]，その点は断固として阻止されるべきものであった．主計局人脈に基礎をおく大蔵省主流派の利害関係は，梶山案の国債発行に関する部分を換骨奪胎することを政治工作の基本戦略とし，何のための公的資金投入かという銀行局の局益，利害関係にかかわる問題には，基本戦略を実現するための駆け引き材料としての位置づけを与えることになった．

（3） 政治的対立の調整過程

では，以上のような政治権力内部における政策的対立と行政権力内における利害関係の一定の不一致は，どのような調整過程を経て，最終的に金融危機の本格化に対応する危機管理体制を生みだしたのだろうか．この過程の分析に際して，これまで公的資金投入の目的と投入される公的資金の形態をめぐる対立として描いてきた，政治権力内部の政策的対立の経済学的本質について明らかにしておこう．

宮沢や銀行局がその必要性を認めていた公的資金投入は，基本的には預金者保護に限定されたものであった．すなわち，経営破綻するに至った銀行を破綻処理する際に，預金者については全面保護する．その結果，預金保険制度が資金不足に陥るならば，政府として預金保険機構に公的資金を投入せざるをえないという判断であった．それは，一面では，多数の信用組合などが経営危機に陥り破綻処理された第一次金融危機の過程で，すでに，預金保険制度に盛り込まれていた措置を援用するものであった．すなわち，当時の預金保険法は，信用組合の破綻処理に際して預金保険限度額を超える預金の保証（預金全額の保証）に備える信用組合特別勘定を，一般勘定とは別に設置していたが，この特別勘定の民間金融機関や日銀からの借入に対して，政府保証をつけられると規定していた．今回の措置は，この政府保証を信組以外の銀行の破綻処理にまで拡大しようというものであった．

---

48) 西野前掲書，18頁参照．

これに加えて，宮沢や銀行局が限定的に認めた公的資金投入は，破綻した銀行の営業譲渡先である銀行，すなわち受け皿銀行に対する公的資金による資本注入であった．これは，形としては，先の本来の預金者保護の場合における破綻処理された銀行に対する資金援助ではなく，生きている銀行に対する資本注入である．だが，それは，先の拓銀の北洋銀行への営業譲渡を例にとるならば，資本規模等からして格段に小さい銀行による大銀行からの営業譲渡であったがゆえに，営業譲渡先＝受け皿銀行である北洋銀行が資本不足に陥るのを防ぐための，公的資金による資本注入であり，広い意味では破綻処理される拓銀の預金者を保護する（加えて借り手保護の面も当然あるが）ための不可欠の措置である．それゆえ，この場合においても，公的資金投入は，破綻処理を前提とした預金者保護のために行われるものだというのが，宮沢や銀行局の判断であった．この点からして，宮沢や銀行局が主張した公的資金投入論は，問題金融機関の破綻処理を前提とする，言わば「事後的な」預金者保護のための措置であり，その意味で預金保険法，預金保険制度の基本理念に合致する公的資金投入である位置づけられたのである．

　これに対して，梶山が主張し，政治的調整過程で主計局・大臣官房を中心とする大蔵省主流派が支持した（実際にそれを法案にまとめあげたのは，それに強く反対していた銀行局であったが）大銀行に対する一般的な資本注入案は，たとえそれが不良債権処理の促進や貸し渋り対策を口実にしていたとしても，その本質は，破綻処理を前提としない，と言うよりはむしろ，経営破綻を回避するための生きている銀行に対する公的資金・資本注入案であり，先との対比で言えば，破綻前の，「事前的な」公的資金投入論であった．

　宮沢や銀行局が主張したのは，問題を抱えた金融機関の破綻処理を前提とした預金者保護のための「事後的な」公的資金投入であり，梶山や大蔵省主流派が求めたのは，銀行の経営破綻を回避するための，それゆえ銀行救済のための「事前的な」公的資金の投入であった．その意味で，両者の主張は，金融危機対策としては本質的に対立するものであり，調停不可能なもののように見えた．だが，事態は，短期間のうちに政治的妥協点を見出したのである．

政治的妥協の発端は，橋本首相と宮沢本部長とが国会を舞台にして行った掛け合いの政治ショウの翌日に起きた．12月2日首相官邸で行われた橋本首相と梶山前官房長官との会談で，梶山は新型国債発行による不特定多数の銀行への一般的な資本注入を強く求め，「総理や自民党が嫌だと言うのなら，野党で共同提案させますから」と，すごんだと伝えられている．「加藤紘一や野中広務ら『自社さ』派と，梶山，亀井静香ら保保連合派との微妙なバランス」の上に成り立っており，しかも，竹下元首相がなおにらみをきかすなか，自派閥の経世会においてさえ十分な権力基盤を築けていなかった橋本政権にとっては，この一言は，決定的な意味を持っていたはずである．それに先立つバンクーバーでのアジア太平洋経済協力会議非公式首脳会議に出席した折，クリントンアメリカ大統領から2度にわたり，日本の金融システムと景気動向への懸念を聞かされていた橋本首相自身としても，宮沢や銀行局の原則的で細部にまで気配りはされているが，インパクトに欠ける対策より，梶山の荒削りではあるが，10兆円の新型国債の発行により金融不安の一掃を掲げる梶山構想のほうが，本格化した危機に対する政策対応として魅力的に見えた面もあったのであろう．これをきっかけに，橋本首相は，梶山構想を取り込んだ危機管理対応を追求する姿勢に転換し，12月8日には三塚蔵相に改革発展国債や一般金融機関への資本注入などを含んだ政策対応を求め，自民党役員会でも梶山構想の検討を指示するに至った[49]．

政治権力内でのこの新たな動きに，大蔵省主流派は機敏に反応した．12月8日に宮沢私案を裏づけるかのような政策対応をまとめていた銀行局に対して，梶山構想をも取り込んだ新たな折衷案の作成を迫ったのである．だが，前述のように，財政構造改革法を守ることが局益ひいては省益につながると考える大蔵省主流派にとっては，政局から距離をおくために折衷案を作るとしても，一般会計からの支出を伴う国債発行はどうしても避けなければならなかった．彼

---

[49] この12月2日の橋本首相と梶山前官房長官との会談と，それをきっかけとした公的資金の「事後的」投入論から「事前的」投入論への重心移動の詳細については，西野前掲書，19〜20頁参照．

らが，この難問に対してだした回答が，交付国債の一種である出資国債であった．出資国債の交付を受けた機関は，現金が必要になった時点で国庫から現金を引き出すことから，発行の段階では予算措置を必要としない国債である．これによって，梶山の顔を立てつつも，財政再建の否定につながる梶山構想を換骨奪胎できると判断したのである．そこで，問題は，金融危機の本格化に対して，自民党主導で公的資金の投入に道を切り開くために奔走してきた宮沢の了解を，どう取り付けるかであった．12月14日に宮沢の説得に出向いた小村武大蔵事務次官と宮沢との興味深いやり取りが伝えられているので，少し長くなるが紹介しておこう．

「預金保険法の改正でできませんか」と宮沢が聞いた．
「預金保険法改正では駄目です．危機管理ですから」（小村—米田）
　大蔵省がまとめたのは，後に実現する公的資金の構想そのものだった．預金保険機構のなかに「金融危機管理勘定」を新設，この勘定をつうじて金融機関の優先株や劣後債を買い入れ，自己資本を拡充する，となっていた．預金者保護を目的とする預金保険法の基本理念を大幅に超えるため新法が必要になる，と小村は説明した．
　宮沢「なぜですか」
　小村「預金保険法は概念が狭いんです．これは金融システムの危機です．新法を作らないと法制局も通らない．危機管理法を作りましょう」
　宮沢「預金者の保護も危機管理も一緒じゃないか．どうにも私には理解できない．預金保険の範囲内にしてください」
　宮沢はなかなか承知しなかったが，小村らの粘りの前に最後は「分かりました」と了解した．ただ，理性的な宮沢らしく，こんなことも言っている．
　「小村さん，10兆円の金を積んだら安心するというのが私にはどうにもわからないんです．取り付けの時なら分かるがね」
　10兆円とは金融安定化のため，政府が講じる財政措置の総額である．大

蔵省案では，預金保険機構に10兆円の出資国債を交付し，必要に応じて現金化するとなっていた．

「政治的に中立にしたいんです．何とか新型国債というものを入れさせて下さい．返済財源についてもNTT株を充てる努力義務規定を書こうと思っています」[50]

宮沢が，「預金者の保護も危機管理も一緒じゃないか」という時，市場の論理によって，弱い銀行が淘汰されるのは仕方がない，政府が行うべきは，それに伴って預金者の不安が拡大したり，受け皿銀行が資本不足に陥ることを防止することであり，預金保険制度に期待される危機管理機能はそこまでだ，という判断があった．これに対して，小村が，「預金保険法改正では駄目です．危機管理ですから」と主張した時，そこで想定されていたのは，金融不安に曝されている銀行をこれ以上放置しておくことはできない，それらの存続に必要な資本を一般的に注入してやるという意味での危機管理であった．その点で，先に明らかにしたように，危機管理を破綻処理後の問題，先の言葉でいえば「事後的な」対応にとどめるのか，それとも破綻前の「事前的な」対応，すなわち問題を抱えた銀行の救済にまで踏み込むのか，をめぐる対立であった．後者が，預金保険法の基本理念，本来の守備範囲を超えることは，両者にとっては共通の認識であった．

経済的な内容からすれば，そう簡単には妥協できない性格の問題ではあったが，宮沢は当時の橋本政権がおかれていた政治状況，その権力的基盤の弱さと，「政治的中立」を保つことによって自らの行政権力を保持せざるをえない大蔵省の窮状を，十分に理解していた．宮沢は，これらの事情をふまえて，預金保険制度の基本理念に沿った「事後的」処理の体制の強化策と，そこからはみ出す金融機関への一般的な資本注入という「事前的」な，すなわち破綻回避のための危機管理策との折衷，経済的には本質的に対立する内容をもった二つ

---

50) 軽部・西野前掲書，321～322頁．

の危機管理策を接木した新たな危機管理体制をつくることを了承したのである．宮沢は，この政治的決断に沿って，翌12月15日に，大蔵省がひねりだした出資国債（交付国債）が，直接現ナマの投入に結びつかないことに最後まで抵抗を示した梶山を直接説得した．

このような過程を経て，12月16日に自民党緊急金融システム安定化対策本部は，11月金融危機の本格化によって緊急に対応を求められていた新たな金融危機管理政策を決定した．その主な内容は，①預金保険機構に「金融危機管理勘定」を設け，この勘定と特別勘定の運営のために，10兆円の要求払い型国債を交付する，②新たに設けた「金融危機管理勘定」をつうじて，経営破綻前の金融機関の自己資本を増強するために直接支援を行う，③預金保険機構の一般金融機関特別勘定の日銀借入などにも政府保証を付与する，④整理回収銀行に一般金融機関の破綻処理の受け皿機能を拡充する，などであった[51]．こうして，日本の金融危機管理体制は，遂に本来の公的資金である財政資金投入への道を切り開いたのである．

（4） 日本型TBTF体制の成立とその致命的欠陥

以上のような政治的過程をつうじて合意された新たな金融危機管理政策は，最終的に1998年2月16日にいわゆる金融2法，預金保険法の改正と金融機能安定化緊急措置法の制定として実現された．これによって，たんなる日本型TBTF政策は，日本型TBTF体制に移行した．金融危機の発生，進展の過程で，最初は無自覚的に，そして，1996年以降は明確な政策意思をもって追求されてきた（住専処理，日債銀救済）これまでの日本型TBTF政策は，その実現にとって本来必要であるにもかかわらず，それを欠いていたところの公的資金投入という条件を獲得したのである．この条件の獲得のためには，金融危機の本格化をつうじて，政治権力・行政権力が危機認識を共有し，それをマスコミや野党，そして多くの国民に受け入れさせることが必要不可欠だったのである．

---

51) 『日本経済新聞』1997年12月16日付け，参照．

預金保険法の改正によって，①預金全額を保護するために，預金保険機構に7兆円の国債を交付し，10兆円まで民間金融機関や日銀からの借入を政府が保証する，②整理回収銀行を，一般銀行の破綻処理のための受け皿銀行とし，その機能を強化する，などの措置が採られた．また，金融機能安定化緊急措置法の制定によって，③金融機関に対して資本注入するために，預金保険機構内に金融危機管理勘定を設け，3兆円の国債を交付し，10兆円まで民間金融機関や日銀からの借入を政府が保証する，④預金保険機構に審査委員会を設置し，金融機関が提出する健全化計画などの審査に基づき，優先株の買取などを実施する，などの新たな危機管理の枠組みが導入された．以上の金融2法によって成立した日本型TBTF体制（根拠法の側面からは，金融機能安定化緊急措置法体制と特徴づけてよいであろう）を図示すれば，図7-2のようになる．

だが，30兆円にも及ぶ公的資金（10兆円の国債と20兆円の政府保証）を投入できる枠組みをつくることによって金融不安を一掃することをめざしたこの日本型TBTF体制は，危機管理体制として致命的な欠陥を内包していた．と言うのは，この危機管理体制は，金融危機の本格化によって提起されていた諸問題のうち，金融関係者，それゆえ株式市場やコール市場，さらには国際金融市場が最大の関心を示していた問題に，真正面から応えるものではなかったからである．

前節の(3)で，筆者は，拓銀の経営破綻の意義を敷衍しながら金融危機の本格化によって提起された問題を，以下の3点に整理した．①日本型TBTF政策の見直し，②公的資金投入の検討，③不良債権処理の抜本的な促進である．金融機能安定化緊急措置法体制（以下，「安定化法」体制と略記する）は，これら諸課題のうち②については，30兆円という巨額の公的資金を準備することによって，一定の回答を与えるものであった．だが，公的資金投入問題に対する回答に先立って，①の日本型TBTF政策をどうするのかという問いに対して，まず回答がなされるべきであった．なぜなら，市場の問題関心は，拓銀破綻以降は，日本の大銀行で債務超過に陥っているものは，拓銀以外に本当に存在しないのか，に収斂されていたからである．もし，それが，存在するならば，政府

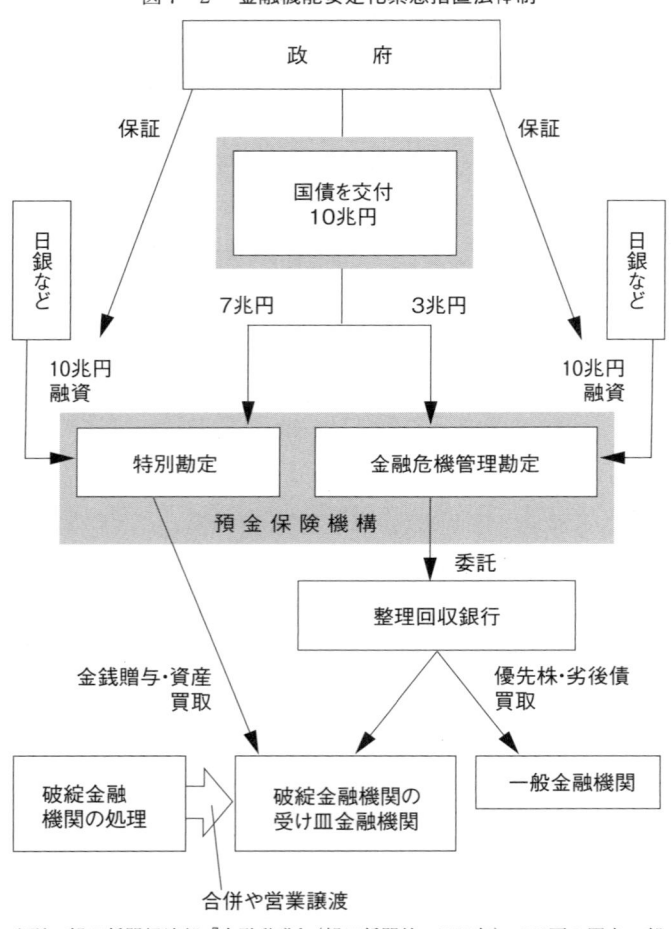

290 第3篇 現代日本における金融危機管理体制

図7-2 金融機能安定化緊急措置法体制

```
                        政　　府
          保証    ┌──────┴──────┐    保証
           │     │  国債を交付  │     │
           │     │   10兆円    │     │
       ┌─日─┐  └──┬────┬──┘  ┌─日─┐
       │銀 │     7兆円  3兆円    │銀 │
       │な │      │     │       │な │
       │ど │      ↓     ↓       │ど │
       └─┬─┘                     └─┬─┘
      10兆円                        10兆円
      融資                          融資
         │   ┌──────┬──────┐   │
         └→ │ 特別勘定 │金融危機管理勘定│ ←┘
             └──────┴──────┘
                  預金保険機構
                              │委託
                              ↓
                         整理回収銀行
    金銭贈与・資産              優先株・劣後債
    買取                       買取
      │           ↓    ↓         │
      ↓                           ↓
  ┌──────┐ ┌──────┐    ┌──────┐
  │破綻金融  │⇒│破綻金融機関の│    │一般金融機関│
  │機関の処理│  │受け皿金融機関│    └──────┘
  └──────┘  └──────┘
              合併や営業譲渡
```

出所：朝日新聞経済部『金融動乱』(朝日新聞社, 1999年), 179頁の図を一部修正.

として，そのような大銀行に対して今後どのような態度で臨むのか，拓銀のように市場原理に基づく自然淘汰に任せて経営破綻を容認するのか，あるいは公的資金を投入してでも，それらの問題を抱えた大銀行の救済に本格的に取り組

むのか．市場は，まさに，日本政府がそれまでの日本型 TBTF 政策を維持しようとするのか，それともそれを見直すのかに，最大の関心を寄せていた．そして，この日本型 TBTF 政策の見直し論議に踏み込むためには，個別銀行レベル（もちろん大銀行部面で）で問題行を特定化することが絶対要件であったのである[52]．

それでは，先の「安定化法」体制を生みだした政治過程で，この問題行を特定化するという課題を直接取りあげた当事者はいたのであろうか．否である．政治権力内での政策的対立，行政権力内での思惑のズレは，さまざまな形で表出したが，その過程で，本格化した金融危機が提起した焦眉の課題，債務超過に陥っている大銀行は拓銀以外に存在しないのか，について真正面に取りあげようとする当事者は，誰一人としていなかった．

---

[52] 当時の公的資金投入論議において，事態の正確な認識のうえにもっとも合理的な判断を示されていたと思われるのは，吉冨勝氏であった．氏は，株価の下落や金融システムに対する不安を取り除くための三つのステップを提唱し，次のように述べている．「まず第一は，金融当局の検査により債務超過に陥っている銀行を破たん金融機関として閉鎖する．その際，預金は全額保護する．預金保険機構で財源が不足するなら，公的資金を投入すればいい．……第二のステップは，閉鎖銀行の優良資産を引き継ぐ受け皿銀行の資本を公的資金で増強する．……第三のステップが不特定多数の金融機関に対する資本注入策だ．……だから，順番を間違えてはいけない．いきなり，第三ステップから入ると，農林系金融機関の救済を目的に財政資金を投入した旧住宅金融専門会社（住専）問題の二の舞になるかも知れない．そうなれば，本当に必要な公的資金投入すらできなくなってしまう．第一，第二ステップを実施してみて不十分であれば，第三ステップを検討するのがいいのではないか」（『日本経済新聞』1997年12月12日付け）．

20行に及ぶ大銀行のどれ一つとして債務超過に陥っていないという政府，金融当局の言明を鵜呑みにするものが，市場関係者のなかには誰一人としていないというのが当時の状況であった．だとすれば，この段階におけるあらゆる危機管理は，債務超過に陥っている銀行とそうでない銀行との間の線引き，債務超過銀行の特定化から始める以外にはなかったのである．拓銀の破綻という明確な現実に依拠して問題行の特定化を求める市場に対して，財務実態を明らかにすることなく，すべての大銀行に対して一般的に資本注入しようとする政策が，かえって「かなりの大銀行が危ないのではないか」との危惧を市場関係者に与える可能性があることに，なぜ金融当局者は思い至らなかったのであろうか．順序を間違えたやり方では，公的資金を真に必要としている銀行にさえ資本注入できなくなるという氏の指摘が的を射ていたことは，その後の事態の推移が実証したところである．

「公的資金投入は預金者保護に限定すべきである」との宮沢や銀行局の当初の主張は，前述のように，金融機関の経営破綻を前提とした「事後的」な危機管理対応であった．では，彼らが，大銀行の場合でも，債務超過に陥った銀行は破綻処理すべきだという立場に立っていたかと問われれば，明らかに否であろう．宮沢が，この後小渕政権下で蔵相として，いかにあの長銀の救済に最後の最後まで固執したかをみれば，彼の言説にかかわらず，彼が大銀行の破綻処理やむなしという立場とはまったく無縁の存在であったことは，明らかである．また，1997年春の段階で事実上債務超過に陥っていた日債銀の救済計画をまとめあげた銀行局が，官僚の無謬性を維持すべく，金融危機審査委員会の審査に関連して，この日債銀の「健全性」をでっちあげるためにさまざまな策を弄した事実からして，彼らが，この段階でも，債務超過に陥っている大銀行を特定化する意思など毛頭持ち合わせていなかったことは，言うまでもない．また，公的資金の金融機関への一般的注入を主張した梶山が，意図的に個別銀行の経営実態の解明を避けたのか[53]，それともこの個別行レベルでの債務超過行の特定化なしには，破綻処理するのか救済するのかの政策対応もままならない

---

[53] 大銀行に対して一般的に資本注入すべきだとする梶山構想が，金融危機はもはや個別金融機関の経営危機のレベルを超え，かなり多くの大銀行が債務超過に陥っている事態にまで進んでいるとの危機認識に基づくものであったかどうかは，定かではない．先の吉冨勝氏のステップ論は，問題銀行を特定化しそれを破綻処理したとしても，金融システムが一挙に崩れることはない，むしろ，そうすることが，金融システム不安を根本的に解消するための必要不可欠な措置なのであるとの判断に立つものであった．この対極にあったと思われるのが，リチャード・クー氏であった．氏によれば，「（自民党の緊急対策は一米田）『個別金融機関ではなく金融システムを守る』としているが，『それでは個別金融機関は守られないのか』という疑念を市場は抱かざるを得ない．この対策だけでは金融システム不安は解消しない」「日本経済の最大の課題は貸し渋り対策だが，この問題は金融機関の自己資本が株価に依存する構造を変えない限り解決しない．……金融機関の株式含み益を自己資本からはずし，それを補完するため同額の優先株を政府が買って，安定資本に置き換えたらどうか．政府は破綻が起きるまで何もしないという姿勢を転換すべきだ．事態はそこまで深刻化している．」（『日本経済新聞』1997年12月16日付け）．株式相互持合い体制の中軸に位置し，大量に保有する株式の含み益に依拠して銀行経営の安定性を図ってきた日本の大銀行が金融危機から抜け出すためには，この含み益をそっくり公的資金に置き換える以外にない，という提案であった．

ことをまったく自覚していなかったのかは，定かではない．だが，いずれにしても，彼のこの一般的資本注入論が問題行を特定化するという課題に対して，それを回避する客観的な役割を果たしたことは否定できないであろう．

　だが，政策当局が回答を回避したからといって，提起されていた問題そのものがなくなるわけではない．だとすれば，拓銀の経営破綻によって絞り込まれていた問題に応えようとしなかった「金融安定化法」体制が，危機管理に投入しうる公的資金額をどれだけ大きく見せたところで，それによって金融市場関係者（個人預金者ではない）の不安を一掃しえなかったのは当然である．なぜなら，この30兆円の公的資金投入体制の成立によっても，これ以上の大銀行の経営破綻が政府の言うように本当に生じないのかどうか，日本政府が問題を抱えた大銀行に対してどのように対応しようとしているのかが，依然不明確なままであったからである[54]．

　それどころか，この「金融安定化法」体制は，自らが政策目的としていたはずの金融機関に対する一般的な資本注入に失敗することによって，金融危機をいっそう進行させることになった．言うまでもなく，当時すでに債務超過に陥っていた銀行，あるいはそれに近い財務状態にある銀行にとって，公的資金は喉から手が出るほどに欲しいものであり，しかも早期是正措置の発動が迫っている状況下では，自己資本の充実は焦眉の課題であった．ところが，金融機関への一般的な資本注入をめざしたはずの金融機能安定化法は，その審議過程で，大銀行の救済案ではないかとの批判を浴び，資本注入の対象から債務超過に陥る危険のある銀行を排除し，「優良銀行」に限定することに軌道修正されていた．本来公的資金による資本注入を受けたいのは，まさにこの危険な状態にある銀行であったにもかかわらず，これらの銀行は，資本注入の対象から排除されることになった．

---

54)　このように，日本型TBTF政策論議の入口に位置した大銀行部面における問題行の特定化という課題を，政治権力・行政権力内のすべての人間が回避したからこそ，前述のように，本質的に対立するはずの破綻処理を前提とした「事後的な」危機管理策と破綻を回避するための「事前的な」危機管理策との接木，並存が，可能になったのである．

とすれば，これらの問題行に資本注入する道は，「優良銀行」についての基準づくりを委ねられていた金融危機審査委員会に，これらの問題行を「優良銀行」あるいは「健全銀行」として定義づけうる基準をつくらせ，それに基づいて「健全銀行」として資本注入する以外に道はなかった[55]．その後の金融危機審査委員会におけるこの基準づくりや審査過程が，金融監督当局すなわち大蔵省銀行局や日銀による情報コントロールのもと，まったく形式的なものにならざるをえなかったのは，「安定化法」体制が，問題行の特定化を回避し，しかもこれら問題行を「健全銀行」と偽って一般的な資本注入を行わせようとしたからにほかならない．審査委員会に選択の余地は，初めからいっさい残されていなかったのである．

だが，審査委員会によるこのような審査のあり方が，一方では，自力で不良債権処理に取り組めたかもしれない本来の優良銀行に，お付き合い程度の公的資金額を申請させ，他方では，本当はできるだけ多くの公的資金が欲しかった問題銀行に，目立たない程度の金額しか申請させなく仕向けたのである．表7－1は，金融安定化法に基づいて，実際に各大銀行に対して資本注入された金額とその条件の一覧である．各行の横並び状況と総額1兆8,156億円にすぎなかったこの投入実績は，明らかにこの「安定化法」体制が本格化した金融危機の管理に失敗したことを物語っている．それは，債務超過に陥った（あるいは

---

[55] 金融危機管理委員会は，公的資金を受けられない「経営状況が著しく悪化している」銀行についての基準を，原案段階での「一定期間」赤字や無配が継続しているという規定を，「最近3年間連続して赤字決算または無配となっている場合」に限定した．これは，1997年春に大蔵省主導の救済計画で経営破綻を免れた日債銀が，その再建計画において1998年3月期から5年間連続して無配にすることを予定しており，また，日債銀が1996年3月期と1997年3月期に2年連続して赤字を計上していることを配慮してのものであった．まさに，日債銀に対しても公的資金を投入できるようにするための基準づくりがなされたのである．『日本経済新聞』1998年2月27日付け，参照．なお，金融危機審査委員会の審議が，いかに大蔵省銀行局と日銀信用機構局のお膳立てのうえに行われたのか，日債銀を含むすべての大銀行に公的資金を注入することが前提されていた審査委員会での審査が，いかにずさんなものであったのかについては，10月末に公表された議事要旨からも明らかである。その詳細については，西野前掲書，115～120頁参照．

表7-1　金融機能安定化緊急措置法に基づく資本注入

金融機関名	引受商品(注1)	上限金額(億円)	引受条件 (配当率または上乗せ金利)(注2) 0〜5年	引受条件 6年目以降	自己資金比率(国際統一基準) 平成10年3月末 資本注入前(注5)	自己資金比率 平成10年3月末 資本投入後
（都　銀）						
東京三菱銀行	永久劣後債	1,000	0.90%	2.40%	8.36%	8.53%
第一勧業銀行	優先株	990	0.75%（配当率）		8.84%	9.08%
さくら銀行	永久劣後債	1,000	1.20%	2.70%	8.86%	9.12%
住友銀行	永久劣後債	1,000	0.90%	2.40%	8.99%	9.23%
富士銀行	永久劣後債	1,000	1.10%	2.60%	9.14%	9.41%
三和銀行	期限付劣後債(10年)	1,000	0.55%	1.25%	9.34%	9.60%
東海銀行	永久劣後ローン	1,000	0.90%	2.40%	9.79%	10.25%
あさひ銀行	永久劣後ローン	1,000	1.00%	2.50%	8.89%	9.38%
大和銀行(注3)	永久劣後ローン	1,000	2.70%	2.70%	9.40%	10.29%
（長信銀）						
日本興業銀行	期限付劣後債(10年)	1,000	0.55%	1.25%	9.73%	10.08%
日本長期信用銀行	優先株	1,300	1.00（配当率）		9.42%	10.32%
日本長期信用銀行	永久劣後ローン	466	2.45%	3.95%		
日本債券信用銀行	優先株	600	3.00%（配当率）		7.63%(注6)	8.25%(注6)
（信　託）						
三菱信託銀行	永久劣後債	500	1.10%	2.60%	9.96%	10.35%
住友信託銀行	永久劣後債	1,000	1.10%	2.60%	9.05%	9.89%
三井信託銀行	永久劣後債	1,000	1.45%	2.95%	9.33%	10.40%
安田信託銀行	永久劣後債	1,500	2.45%	3.95%	11.16%	13.56%
東洋信託銀行	永久劣後債	500	1.10%	2.60%	9.94%	10.67%
中央信託銀行	優先株	320	2.50%（配当率）		10.66%	12.73%
中央信託銀行	永久劣後ローン	280	2.45%	3.95%		
（地　銀）						
横浜銀行	永久劣後ローン	200	1.10%	2.60%	8.97%	9.23%
北陸銀行	永久劣後ローン	200	2.45%	3.95%	9.74%(注6)	10.17%(注6)
足利銀行	永久劣後債	300	2.95%	4.45%	8.15%(注6)	8.87%(注6)
合　計(注4)		18,156				

注：1．3月12日議決．第一勧業銀行，日本長期信用銀行，日本債券信用銀行，中央信託銀行については3月10日議決．
　　2．上乗せ金利：LIBORに対する上乗せ幅．
　　3．大和銀行永久劣後ローンの上乗せ幅は，10年4ヶ月以降3.95%．
　　4．内訳：優先株3,210億円，永久劣後債8,800億円，永久劣後ローン4,146億円，期限付劣後債2,000億円．
　　5．資本注入前の自己資本比率は，資本注入後の自己資本から資本注入額を控除して計算している．
　　6．日本債券信用銀行，北陸銀行，足利銀行は，修正国内基準．
出所：預金保険機構『1998年度　預金保険機構年報』．

陥りつつある）大銀行の危機管理，それを最終的に破綻処理するのか，それとも救済するのかは別として，当面必要な公的資金注入を行って行政当局の管理下におくことに失敗したばかりか，優良銀行に対しても，それらが抜本的な不良債権処理に踏みきれるだけの資本注入を行う点で，何の役割をも果たしえなかったのである．かくして，金融危機は，新たな展開を示すことになった．

第8章　日本型 TBTF 体制の確立
――金融機能再生緊急措置法，金融機能早期健全化
緊急措置法を中心に――

はじめに――対象の限定と課題

　前章では，1997年11月に本格化した金融危機，第二次金融危機がいかに日本型 TBTF 体制を成立させるに至ったかを解明した．それに続く本章が対象とするのは，金融機能安定化緊急措置法（以下安定化法と略記する）に基づいて大手行に対して公的資金による第一次のいっせい資本注入がなされた1998年3月31日以降，日本長期信用銀行（長銀）の経営危機を経て，金融機能再生緊急措置法（以下再生法と略記する）の発動第一号として長銀が，続いて日本債券信用銀行（日債銀）が一時国有化され，さらに，その他の大手行に対して金融機能早期健全化緊急措置法（以下健全化法と略記する）に基づき第二次の一斉資本注入がなされた1999年3月31日までをおおよその対象期間としている[1]．

　本章の第一の課題は，この再生法，健全化法の制定ならびにその具体的な実施過程の分析をつうじて，この時期に日本型 TBTF 体制が確立したことを明らかにすることにある．当然，それは前章で示した日本型 TBTF 体制の「成立」と本章で言う「確立」とが，金融危機管理の点でどのような関連にあるのかを問うことになる．第二の課題は，この日本型 TBTF 体制の確立がいかなる経済的・政治的対立（行政的対立を含む）過程に媒介されて実現されたかを追跡することである．前章で，第二次金融危機の特徴づけとして，この時期の金融危機の進展が，経済過程としての金融不安の深化としての側面だけではなく，それに対する政府・金融当局の政策介入の失敗とそれに起因した日本政府の金融危機管理能力に対する金融関係者の不信の高まりを不可欠の要素としている点を指摘しておいた．本章で分析対象とする「確立」過程でも，まさに政府・与党による当初の政策対応の失敗と参院選挙での与野党の力関係の逆転と

いう政治的要素が，結果として生まれた金融危機管理体制の内容を根本的に規定している．経済過程としての金融危機に対する上部構造的介入（それは金融当局によるたんなる政策・行政的介入にとどまらない政治過程総体としての作用・反作用の問題である）の意義と限度が，ここでも独自に考察されなければならない．
以下，最初に金融危機管理の法的枠組みとしての再生法，健全化法の意義を明らかにし，ついでそれがいかなる政治過程を経て制定されるに至ったのかを追跡し，最後に両者の金融危機管理法としての実現過程（実施過程）を考察する．

---

1) 前章では，第二次金融危機を，1997年を起点として安定化法に基づいて大手行に対して第一次の一斉資本注入がなされた1998年3月31日までの第一段階，それ以降健全化法に基づき大手行に対して第二次の一斉資本注入が行われた1999年3月31日までの第二段階，そして，金融危機管理体制の恒常化を図った預金保険法の全面改正（2000年5月24日）を経て今日に至る第三段階として，3段階区分をしておいた．本章の対象時期は，この段階区分に基づけばおおよそ第二段階に限定されている．1999年3月31日を第二段階の画期としたのは，日本型TBTF体制の確立という側面では，再生法とほぼ同時に制定された健全化法による第二次の大手行への一斉資本注入の「成功」が基本的なメルクマールとなると考えたからである．ところで，日本型TBTF体制の一翼を担う再生法の実施過程は，1998年10月23日，同年12月13日と相ついで一時国有化された長銀，日債銀が最終的に民間銀行として再出発する2000年3月1日（預金保険機構保有の長銀普通株式のニュー・LTCB・パートナーズ・C. V. への譲渡），ならびに同年9月1日（預金保険機構所有の日債銀普通株式のソフトバンク・グループへの譲渡）までの時期をも含むものではあるが，それらはあくまでも破綻処理されるに至った大銀行の個別的な処理にかかわる内容にすぎず，日本型TBTF体制の確立過程としては健全化法に着目して1999年3月末を区切りとするのが妥当であろう．本章の対象時期をおおよそ1999年3月末までとしたのは，上記の第二段階を考察対象とするが，長銀，日債銀の破綻処理の過程としてそれを例外的に超える場合もあることを示したものである．

第8章 日本型TBTF体制の確立 299

第1節　金融危機管理における再生法と健全化法の同時制定・機能分化の意義

(1) 金融危機の本格化によって提起された政策課題に応えることができなかった安定化法体制

　1997年とりわけ11月に本格化した金融危機は，預金保険法の場当たり的な修正の積み重ねによるそれまでの日本政府の金融危機対応策の限界を一挙に露呈させ，日本型TBTF政策を実現するための新たな制度的枠組みとして総額30兆円に達する公的資金投入体制の創出に導いた．この体制は，金融危機管理の法的枠組みとしては，預金保険法の改正と金融機能安定化緊急措置法（安定化法）の二つから構成された．前者の主な内容は，①破綻した金融機関の預金の全額保証のための公的資金枠の設定（7兆円の交付国債と10兆円の預金保険機構の借入に対する政府保証）と，②整理回収銀行を従来の破綻した信用組合の枠を超えて破綻した一般金融機関の受け皿銀行ならびに不良債権の買取機関とすることであった．後者は，金融機関，実際には大手行の経営破綻を回避するために公的資金による資本注入を行うことを意図したものであり，そのための公的資金枠として交付国債3兆円と10兆円の預金保険機構の借入に対する政府保証枠が設定された．

　だが，前章で詳論したように，上記の安定化法は，拓銀以外に債務超過に陥っている大銀行は本当に存在しないのかどうか，という第二次金融危機が提起したもっとも切迫したな問題[2]に真正面から応えようとしなかったがゆえに，自らの政策目的であった大銀行の経営破綻回避のために公的資金による資本注入を行うことに見事に失敗した．これに対して，本章で対象とする再生法・健全化法体制は，それらの制定過程における政治的混乱の影響をひとまず無視すれば，公的資金投入枠を30兆円から60兆円に大幅に引き上げただけではなく，実際にこれらの公的資金を長銀・日債銀の破綻処理とその他の大銀行への一斉資本注入に動員することにより，大銀行部面における不良債権処理と金

融大再編(過剰な貸付資本と銀行資本の整理)を大きく前進させるものとなった.本節では,金融危機管理における安定化法と再生法・健全化法との成否の違いがなにゆえに生じたのかを,両者の法的内容に即してまず検討しておこう.

安定化法は,「(目的)第1条」で,「金融機関等の自己資本の充実を図ることにより,わが国における金融の機能の安定化を図るため」「預金保険機構に,その業務の特例措置として,金融機関が発行する優先株式の引き受け等を行うことを協定銀行に委託し,」「その業務を行うために必要な国の財政上の措置等を講ずる」としていた.そして,この公的資金による資本注入の対象として,「(預金保険機構の業務の特例)第3条第3項」で,「預金保険法第59条第1項に規定する資本援助に係る同項の合併等により自己資本の充実の状況が悪化した金融機関」と「経営の状況が著しく悪化している金融機関等でない金融機関等」の二つを挙げ,それぞれについて資本注入の発動の要件を規定していた.

ここで資本注入の対象として挙げられた二種類の金融機関は,明らかに性格を異にするものであった.前者では,対象は預金保険法による破綻金融機関の破綻処理の受け皿金融機関に限定されているのに対して,後者は,まだ破綻していない,その意味で健全な金融機関すべてを,そして注入要件の「当該金融機関等が破綻し,それが他の金融機関等の連鎖的な破綻を発生させることになる」を加味すれば,存続している大手行一般をさすものと解釈できた.前者の規定によれば,この安定化法は預金保険法と同様に,金融機関の経営破綻を前提しその破綻処理を促進するための資本注入法ということになるが,後者の規

---

2) 筆者は,前章の第2節で,1997年11月の金融危機の本格化によって提起された政策課題を以下の3点にまとめておいた.①日本型TBTF政策の見直し,②公的資金投入の検討,③不良債権の抜本的処理.そのなかでも,それまで日本政府は,「大銀行の破綻はありえない」と言明し続けてきたのであるから,北海道拓殖銀行の経営破綻直後の状況下における市場関係者の問題関心は,拓銀以外に債務超過に陥っている大銀行は存在するのかどうか,もしそれが存在するならば,日本政府・金融当局は今回の拓銀のように金融市場の圧力に押し流されるのを放置しておくのか,それとも1997年春の日債銀のように救済しようとするのか,すなわち日本型TBTF政策を維持しようとするのか否かに集中していた.

定では，それとは正反対に，いま存続している金融機関の経営破綻を回避するための資本注入法ということになる．金融危機管理のための資本注入の方向性としてはまったく正反対の措置を同一の危機管理法に混在させたことが，この安定化法が，その真の目的であった債務超過に陥った（あるいは限りなくそれに近い状態にある）特定の大銀行を救済するために公的資金を資本注入することに失敗した最大の原因であった．

（2） 公的管理下で金融仲介機能を維持しながら破綻処理を進める新たな破綻処理スキームを明示した再生法

　これに対して，長銀危機と参院での与野党の力関係の逆転という経済的・政治的変動要因に触発されつつ制定された再生法・健全化法は，上記の金融危機管理の相対立するベクトルをそれぞれの法的枠組みに取り込むことによって，全体として多面的な金融危機管理機能をもった独自のセーフティネットの構築，日本型TBTF体制の確立に成功した．

　まず，再生法の法的内容からみておこう．再生法は，「(目的) 第1条」で，「我が国の金融の機能の安定及びその再生を図るため，金融機関の破綻の処理の原則を定めるとともに，金融機関の金融整理管財人による管理及び破綻した金融機関の業務承継，銀行の特別公的管理並びに金融機関等の資産の買取りに関する緊急措置の制度を設ける」と謳い，「(金融機関の破綻処理の原則) 第3条」の冒頭で，この金融機関の破綻処理を「平成13年3月31日までに（ペイオフの凍結期限－米田），集中的に実施する」と規定し，さらにその第1項第2号で，「経営の健全性の確保が困難な金融機関を存続させないものとする」と高らかに宣言した．

　そして，金融機関の破綻処理を積極的に進めるための具体的な措置，方法を，「第4章　金融整理管財人による管理」，「第5章　破綻した金融機関の業務継承」，「第6章　特別公的管理」でそれぞれに規定している．これらの破綻処理方法の第一の特徴は，「第4章　金融整理管財人による管理」の「(業務及び財産の管理を命ずる処分) 第8条第1項第2号」の「当該金融機関について，

営業譲渡等（他の金融機関への営業譲渡若しくは事業の譲渡若しくは他の金融機関との合併又は他の金融機関若しくは銀行持株会社に株式を取得されることによりその子会社になることをいう．以下同じ）が行われることなく」という発動要件（同様の要件は，第5章の第27条，第6章の第36条，第37条にも見られる）に示されているように，それらが従来の破綻処理とは異なり，営業譲渡先等が確保されていない段階で行われることである．地価・株価の長期的かつ大幅な下落のもとすべての金融機関が体力を減退・消耗し，もはや他の破綻金融機関の受け皿となる余裕がなくなった事態を反映した破綻処理スキームである．

再生法における破綻処理諸形態の第二の特徴は，「（金融機関の破綻処理の原則）第3条第1項第5号」の「金融機関の金融仲介機能を維持するものとする」に明確に示されている．次節で詳論するように，再生法をめぐる論議は，従来の金融危機管理スキームが破綻金融機関の清算か救済かという二者択一の枠組みしかもたなかったことの反省のうえに，第三の道として融資機能を維持しながら破綻処理を進める新たな破綻処理策を確立するという問題意識から始まった．経営破綻した金融機関は預金等の債務返済のために最大限貸出等の債権の回収に努めざるをえないわけであるから，破綻した金融機関が優良貸出先であるからといって融資を継続することはありえない．これに対して，再生法は破綻処理の5番目の原則として「金融仲介機能の維持」を掲げ，金融整理管財人の業務を定めた「（業務および財産の管理に関する計画の作成等）第14条」で「被管理金融機関の資金の貸付けその他の業務の暫定的な維持継続に係る方針」や「被管理金融機関の業務の整理および合理化に関する方針その他被管理金融機関に係る営業譲渡等を円滑に行うための方策」等の作成を義務付け，「（管理の終了）第25条」で「管理を命ずる処分があった日から1年以内に，被管理金融機関の営業譲渡その他の方法により，その管理を終える」と規定している（同様の規定は，第5章の第31条，第6章の第52条にも見られる）．この点からして，再生法は，確かに存続不可能となった金融機関すなわち過剰な貸し手，過剰な金融機関を整理することを目的としてはいるが，当該金融機関をただちに清算するのではなく，当該金融機関をメインバンクとしそれによる融資に依

存してきた「健全な借り手」への融資を当面継続しつつ，最終的に他の民間金融機関に営業譲渡等を行うことによって破綻金融機関の健全な金融機能を民間金融機関として維持・再生することを意図したものであった．

だが，言うまでもなく，預金者の取付けにあい金融市場から排除された破綻金融機関が，自力で再生の道を歩むことはできない．まさに，再生法は，このようないったん破綻した金融機関を国家の管理下におくことによって，当該金融機関が預金市場や金融市場で失った私的信用を公的信用によってバックアップしつつ，公的資金の投入によって不良債権の切り離し・処理を断行し，健全銀行として再生することを意図したものである．金融整理管財人の管理下におくという処分を受けた被管理金融機関の業務を承継するブリッジバンクも，金融再生委の破綻認定とともに政府（預金保険機構）によって全株式を強制取得される特別公的管理銀行も，広い意味での公的管理と財政資金の投入＝国民負担によって民間金融機関としての再生を図るという点ではまったく共通の機能を果たすものであり，これが再生法の破綻処理の第三の特徴をなす[3]．

（3） 経営破綻回避のために抜本的な不良債権処理と金融再編の推進を求めた健全化法

再生法とほぼ時を同じくして制定された健全化法は，「（目的）第1条」で，「金融機関等の不良債権の処理を速やかに進めるとともに，金融機関等の資本の増強に関する緊急措置の制度を設けること等によりわが国の金融機能の早期

---

[3] 佐藤隆文氏は，再生法のこの破綻処理形態を以下のように特徴づけている．「①破綻公表時点で救済金融機関が直ちに見いだされなくても当面の金融機能の維持が可能となる，②破綻時点で直ちに救済金融機関を確定する必要がないため，比較的迅速に破綻処理に入ることができ，また，破綻処理の手続き面で当局に強い権限が与えられている，③金融仲介機能の維持を重視し，借り手の保護に配慮している」（同著，『信用秩序政策の再編―枠組み移行期としての1990年代―』日本図書センター，2003年，132頁）．これに対して，筆者は，金融仲介機能の維持（第二の特徴）は同じであるが，救済金融機関が現れない段階で破綻処理に踏み出すこと（第一の特徴）と，そうであるがゆえに公的信用によって動揺している私的信用をバックアップせざるをえない点（第三の特徴）を，独自の特徴づけとした．

健全化を図（る）」とし，「（金融機能の早期健全化のために講ずる施策の原則等）第3条」で，第一の原則として「わが国の金融機能に著しい障害が生ずる事態を未然に防止すること」を掲げた．言うまでもなく，「金融機能に著しい障害が生じる」究極の事態とは大銀行が経営破綻しそれが連鎖的に波及していく金融恐慌にほかならないが，健全化法は，それを未然に防止するためには不良債権の処理を加速化することが不可欠であり，それとの関連で金融機関に対して公的資金による資本注入を行うことを明示した．この基本的立場にたって，健全化法は，「（定義）第2条」で，自己資本比率に応じて金融機関を，「健全な自己資本の状況にある」もの（自己資本比率8％以上，国内基準は4％以上），「過小資本の状況にある」もの（4％以上8％未満，国内基準は2％以上4％未満），「著しい過小資本の状況にある」もの（2％以上4％未満，国内基準は1％以上2％未満），「特に著しい過小資本の状況にある」もの（2％未満，国内基準は1％未満）に区分し，それに基づいて区分ごとに資本注入のあり方，そのための要件を具体的に規定している．

　金融危機管理におけるこの健全化法の第一の意義は，自己資本比率に応じて資本注入のあり方が明示されることによって，早期是正措置の実施とあいまって，過小資本状態に陥った大銀行が金融市場からの圧力で突然経営破綻に追い込まれる事態を回避するための予防措置＝新たなセーフティネットが準備されたことである．「（議決権のある株式の引受けの要件）第6条」で，「著しい過小資本行」と「特に著しい過小資本行」に対しては，議決権のある株式＝普通株式で資本注入を行いうることが明示され，これらの銀行に対する政府による持株多数支配，経営権の掌握への道が開かれた．また，第3条第3項は，「特に著しい過小資本の状況にある旨の区分に該当する金融機関等に対して，当該金融機関等が自己資本の充実，大幅な業務の縮小，合併又は銀行業の廃止等のいずれかを選択した上当該選択にかかわる措置を実施することを命ずる」と規定し，自己資本比率が2％（国内基準では1％）を下まわれば，合併や自主廃業をも含む究極の選択を迫られることが明記された．極端な自己資本不足に陥った銀行が経営破綻を回避しようとすれば，政府による資本注入を受け入れざるを

えなくなったわけである．

　第二に，健全化法は，第3条第2項で，「金融機関の財務内容等の健全性を確保する」ことが健全化法におけるあらゆる措置の前提条件であるとして，不良債権の厳格な処理を求める姿勢をあらためて明示した．すなわち，再生法第6条第2項の新たな査定基準に基づいて「適切に資産の査定を行うこと」，その査定結果に基づき「適切に引当て等を行うこと」，さらに「保有する有価証券その他の資産を適切に評価すること」とした．制定段階では，これら「適切な資産の査定」の内容やそれに基づく「適切な引当て」の方法や水準などは具体的には明示されず，抜本的な不良債権処理→不足する自己資本の公的資金による補強の道筋は必ずしも明確ではなかった．だが，後述のように，上記の規定に基づいて金融再生委員会が大手行が提出した申請書の予備審査開始直前の時点で厳しい引当てガイドラインを決定したことは，不良債権の「完全処理」を公的資金注入の条件とする再生委の断固とした姿勢を大手各行に再認識させる結果となった．厳しい引当て基準の設定→不良債権の「完全処理」の促進→過小資本状態に陥った大手行に対する公的資金による資本注入→経営不安を抱えた大銀行の突然の金融破綻の回避，が健全化法の描いた金融危機回避のための基本ルートだったのである．

　だが，健全化法は，以上のいわば表向きの基本ルートとは別に，存続しているすべての大手行が政府による厳しい経営介入を懸念することなく，自由に公的資金による資本注入を申請できる迂回ルートもあらかじめ用意しておいた．本来健全な銀行とは，資本主義の自立自助の精神に立つ限り，公的資金による資本注入を受けなくとも自前で経営改善を行うことができる銀行のはずである．そうでない過小資本状態に陥った銀行に対して厳しい経営改善努力や経営者責任・株主責任の追及を迫りながら，公的資金による資本注入を行うことによってこれら問題銀行の経営破綻を未然に回避することが，健全化法の本来の目的に沿った資本注入のあり方であった．そうだとすれば，健全化法がこの目的に忠実に従うものであろうとする限り，上述の自己資本比率に基づく分類で言えば，自己資本比率8％（国内基準では4％）以上の健全行は，資本注入の対

象からはずされて然るべきであった．

　だが，健全化法では，第7条第1項第5号で，「経営の状況が悪化している金融機関等との合併，経営の状況が悪化している金融機関等からの営業若しくは事業の譲受け又は経営の状況が悪化している金融機関等の株式の取得（当該金融機関等を子会社とするものに限る）を行う」ために必要な場合と，「急激かつ大幅な信用収縮があいついで生じており，又はあいついで生じる恐れがある状況であり，かつ，これらの状況を改善し，又は回避するため」に必要な場合に限定して，健全な銀行に対しても資本注入することを認めた．前者が，特定の問題金融機関の破綻を事前に回避するための措置の一環であることは明らかであるが，後者は，いわゆる貸し渋りが一般化している状況下で，貸し渋りを緩和するには貸出額の大きい大銀行に対して資本注入するのが有効な方法であるという論理によって，公的資金による大銀行への資本注入を自己資本の状況いかんにかかわらず容認する，すなわち大銀行への一般的な資本注入を無限定に認めるための規定になっている[4]．

　さらに，大手行が健全な金融機関として資本注入を申請しやすいように，別の工夫も行われている．健全化法は，第3条第1項第2号で，「経営の状況を改善するよう自主的な努力を促すことにより，経営の合理化ならびに経営責任及び株主責任の明確化を図ること」を早期健全化のための施策の第二の原則として掲げ，「（経営の健全化のための計画）第5条」で，それにかかわる基本項目を規定している．そして，それに基づいて第7条第2項で，先の自己資本比率の区分に対応して具体的内容を定めているが，「特に過小資本の状況にある」金融機関または「特に著しい過小資本の状況にある」金融機関に対しては，「代

---

[4]　貸し渋り対策を口実にして，大手行に対する一般的な資本注入のルートが健全化法に盛り込まれた点について，『日本経済新聞』は次のように報じている．「早期健全化スキームの自民党修正案は野党の主張を反映し，自己資本比率8％以上の場合の資本注入対象銀行を三つのパターンに限定した．そのなかでは信用収縮回避を目的とした資本注入を認めており，事実上，大手行はすべて公的資金の導入が可能になったといえる」．（『日本経済新聞』1998年10月7日付け）

表権のある役員の退任，給与体系の見直し並びに役職員数及び支店の削減，海外営業拠点の廃止等による組織及び業務の見直しを原則としてすべて実行すること等により経営の抜本的な改革を行うこと」，「配当及び役員に対する賞与の支給等を停止すること」など，各項目について詳細かつ厳格な措置を求めている．だが，これに反して，健全な金融機関に対しては，「役職員数及び経費の抑制等により経営の合理化を求める」，「利益の流出を抑制する」ことを求めているだけで，実質的な意義をもつ要件は定めていない．資本注入を望む大手行が資本注入を申請しやすいように，健全行による申請要件を事実上骨抜きにしているのである．自己資本比率8％以上（国内基準では4％以上）のすべての大手行に対して，公的資金による資本注入を自由に行いうるような道筋をつけておくことが，健全化法のもう一つの狙いであり，それが健全化法の第三の意義でもあった．

（4） 機能分化した再生法と健全化法の同時制定による日本型TBTF体制の確立

以上に明らかなように，ほぼ同時に制定された再生法と健全化法は，安定化法において渾然一体となって押し込められていた相対立する金融危機管理機能をそれぞれに固有の立法目的として独立化させることによって，眼前で沸騰点に達しつつある金融危機を政府が総合的に管理するための政策的枠組みを創出した．

再生法は，これまで日本政府が回避してきた大銀行の破綻処理を行うための法的枠組みである．日本政府がこれまで「大銀行は1行たりともつぶせない」という日本型TBTF政策に固執してきたのは，大銀行が一つでも経営破綻すればそれが他の金融機関の連鎖的な経営破綻，倒産を惹起し，場合によっては日本発の世界的な金融恐慌の引き金になりかねないと懸念したからであった．しかし，都市銀行の一角を占めた拓銀が事実上の資金繰り破綻に追い込まれたにもかかわらず，金融的な連鎖的倒産は起こらなかった．とはいえ，北海道において圧倒的な貸出・預金シェアを保持していた拓銀の経営破綻は，拓銀に金融的に依存してきた多数の中堅・中小企業の倒産を惹起し，北海道経済に深刻

な打撃を与えた．この現実に直面して，日本政府・金融当局は，従来の金融的な連鎖倒産の危険に加えて，大銀行の経営破綻に伴う多数の借り手の連鎖的な倒産をいかに阻止するのか，という新たな政策課題を抱えることになった．たとえ債務超過に陥った大銀行を延命させることができない場合が生じたとしても，その破綻が借り手の連鎖的な倒産をつうじて地域経済・実体経済に及ぼす深刻な打撃を緩和する防護壁を準備することなしには，大銀行の破綻処理には容易に踏み出せないという問題意識である．再生法は，たとえ破綻金融機関の受け皿がただちに現れない場合でも，一時的に政府の信用によって破綻金融機関を支え，政府の直接管理のもとで金融仲介機能を果たさせることができる法的枠組みを，日本政府に与えたのである．

　これに対して，健全化法は，大銀行の経営破綻を未然に防止するために，大銀行に対して公的資金による資本注入を一般的に（という意味は，特定の大銀行に対してではなく）行うための法的枠組みである．大銀行への一般的な資本注入のためのスキームという側面だけに着目して，健全化法は先の安定化法のたんなる衣替え，焼き直しにすぎないという評価が一部に生まれたが[5]，これは，健全化法のもう一方の側面，本章で健全化法が想定する金融危機管理の基本ルートとして描いた内容を看過した議論である．健全化法が，安定化法と決定的に異なるのは，資本注入は金融機関の経営破綻を未然に防止するためになされることを宣言し，金融市場による淘汰を回避したければ不良債権処理を速や

---

[5] 『日本経済新聞』は，金融再生法案をめぐる修正協議で自民党が提示した修正案で，金融安定化法廃止に伴う13兆円の公的資金枠が「資本増強」目的から「信用秩序維持」に目的を変更したまま存続される点を捉えて，「13兆円枠，衣替えで存続」と報じた（『日本経済新聞』，1998年9月25日付け）．また，同10月3日付けも，自民党の早期健全化法案を，「金融再生関連法案で廃止を明記した13兆円の公的資金枠による資本注入制度を，事実上踏襲する枠組み」と評価している．マスコミだけでなく，金融当局者（ただし個人の立場で書かれたものであるが）による日本の金融セーフティネットに関する研究でも，公的資金による資本注入枠が存続した点に着目して，安定化法と健全化法との同一性だけを指摘する論稿が見られる．たとえば，日本銀行銀行論研究会編『金融システムの再生にむけて―中央銀行員によるレクチャー・銀行論』（有斐閣，2001年）78頁，ならびに佐藤前掲書，133頁参照．

かに断行する以外にないことを，政府として公式に認めた点にある．公的資金による資本注入と引き換えに，すべての大銀行に対して不良債権の「完全処理」を行政当局として事実上強制しようとしたところに健全化法の独自の意義が見出されるべきなのである．

ところで，大銀行の破綻処理を容認する法的枠組みとそれと機能的にはまったく正反対の大銀行の経営破綻を未然に防止するための法的枠組みとが，ほぼ同時に成立したことは，これらの立法過程を直接担った与野党の政治家ばかりか金融政策当局者すらまったく予想しえなかった政策効果を発揮することになった．

具体的に言えば，再生法によって国家行政組織法の第3条委員会として設置されることになった金融再生委員会は，法的に大銀行を政府の管理化で破綻処理することが可能になったことで，大銀行に対して抜本的な不良債権処理の実行を強く迫ることができるようになった．とくに，長銀ばかりではなく事実上政府管理銀行として一定の小康状態にあった日債銀までをも，金融再生委が債務超過であると認定し特別公的管理下においたことは，大銀行の経営者をして，市場圧力による資金繰り破綻に先立って行政当局によって破綻処理に追い込まれる可能性すら懸念せざるをえない立場に追い込んだ．安定化法段階では，抱えている不良債権額からすれば過小の資本注入額を，しかも優良行から経営破綻が懸念されていた問題行まで横並びで申請したにすぎなかった大手行は，再生委の意向を汲んで監督庁が提示した厳しい引当て基準に基づき不良債権の一掃をめざし，それに伴う自己資本不足を補うために大幅な資本注入の申請に踏みきった．その総額は安定化法に基づく第一次の一斉資本注入の1兆8,000億円に対して，7兆5,000億円に達した．この巨額の公的資金による第二次の一斉の資本注入と，それと並行して進展した従来の企業集団・業界の壁を超えた金融大再編の結果，時限立法であった再生法・健全化法の期限切れの2001年3月末までに破綻処理に追い込まれた大銀行は，長銀・日債銀以降は発生せず，また過小資本行として追加的な資本注入を受ける銀行も現れることはなかった．金融危機管理スキームとしては正反対の機能を担う再生法と健全化

法は，同時に制定されることによって，両者の間で金融危機管理機能における相乗効果，再生法の存在が健全化法の実を高める，すなわち大手行への資本注入と不良債権処理・金融再編を促進すると同時に，逆にその結果として再生法発動の必要性を緩和する事態を生みだしたのである．

　当時，再生法による新たな査定基準，健全化法に基づく新たな引当て基準による不良債権処理を実際に行えば，大手行のかなりの部分が過小資本状態に陥ると予想されていた[6]．このような大手行全体としての深刻な資本不足状態にもかかわらず，再生法・健全化法の発動，それに基づく公的資金の投入によって長銀・日債銀以外のすべての大手行が破綻を免れたという事実は，何を意味するのであろうか？　大銀行の一部（実際にはかなりの部分？）が債務超過あるいはそれに近い状態に陥り，すでに1行（拓銀）が市場圧力に曝されて事実上資金繰り破綻に追い込まれたという新たな条件のもとで，少なくとも結果的に見れば，日本政府は，2行（長銀と日債銀）を一時国有化し政府の直接管理のもとで破綻処理し，そうすることによって残りのすべての大銀行に抜本的な不良債権処理を決断させ，巨額の公的資金による資本注入を行いそれらの経営破綻の回避にひとまず成功したのである．この全体の推移を見る限り，長銀・日債銀が特別公的管理の形態で破綻処理されたことに目を奪われて，日本政府は日本型TBTF政策を放棄・断念したと評価すれば，それは早計の誇りを免れないであろう．真実は，むしろ一定の大銀行の破綻処理が不可避となった条件下でも，日本政府，政治・行政権力は，大銀行の犠牲を最小限にすべく日本型TBTF政策に固執したのであり，そして，それを可能にするような体制を，上

---

[6]　健全化法成立の前日1998年10月15日の記者会見で，速水日銀総裁は，健全化法に基づく大手行による大幅な資本注入の申請を促すために，「大手銀行の今年6月末の貸出金が372兆円なのに対し，不良債権の償却財源として使える資本勘定は今年3月末で15兆円だった……．貸出に対する資本勘定の比率は4％で，計算方式が異なる国際決済銀行（BIS）の自己資本比率は8％を超えていても，資本勘定と貸出の比率で見ると過小と言わざるを得ない」と述べ，「貸出から将来発生する潜在的な損失が現在の資本勘定を上回っている認識か」との質問に対して「そうだ」と答えている（『日本経済新聞』1998年10月16日付け）．

記のように金融危機管理機能としては相反する内容をもった再生法と健全化法との同時制定によって創出したのである．それらがほぼ同時に制定されることによって一定の機能的連関を実現した再生法・健全化法の体制は，安定化法が意図しつつ獲得できなかった日本型 TBTF 政策の実現のための条件を初めて生みだしたという意味で，日本型 TBTF 体制の確立と規定しうるのではなかろうか[7]．

第2節　再生法・健全化法の同時制定過程における政治的対立

ところで，前節で明らかにした再生法と健全化法の同時制定とそれによる金融危機管理機能における両者の間の相乗効果，その結果としての日本型 TBTF 体制の確立は，日本政府・金融当局者が政策的に意図して創出したものではなかった．むしろ政府・自民党は，金融再生をめぐる論議，再生法制定の過程では，当初は安定化法の制定時とまったく同様の過ちを犯していた．ただ，それが，参院選での自民党の惨敗により参院での与野党間の力関係が逆転し，長銀

---

[7]　筆者は，前章で拓銀の経営破綻を論じた際に，住専処理や1997年の日債銀の救済劇に典型的に示された日本型 TBTF 政策が，もはや完全な形では維持しえなくなったという意味で「綻び」を示したと述べた．そのうえで，金融危機の新たな進展に対して日本政府は，日本型 TBTF 政策を見直すのではなく，むしろそれを強化するために公的資金による資本注入体制を安定化法の制定によって実現しようとしたことを明らかにした．本章で対象とする時期には，今度は長銀と日債銀の2大銀行が経営破綻した．しかも，それらはともに特別公的管理という形態で行政主導で破綻処理されたのであり，日債銀の場合には経営自体は小康状態にあったにもかかわらず，行政当局の政治判断で破綻に追い込まれたのである．日本型 TBTF 政策がこれまでのように維持できなくなったことは，誰の目にも明らかであろう．問題は，この事態に直面して日本政府が従来の日本型 TBTF 政策を放棄・断念し，これを契機に新たな政策スタンスに転換したのか否かである．再生法・健全化法の制定過程ならびにその実施過程における政治・行政当局者の実際の意図，主観的な立場がどのようなものであったのかは，次節以降で詳細に論ずるが，ここでは，それに先立って再生法・健全化法の制定によって生みだされた客観的な事態を全体としてみるならば，答えは否，逆に，再生法・健全化法の同時制定によって日本型 TBTF 政策は自らを実現するための政策的枠組みを獲得した，その意味で日本型 TBTF 体制が確立したと規定したのである．

問題への政策対応に関して自民党が当初の方針を維持しえなくなり野党に対して全面的な政治的譲歩を余儀なくされた結果，前述の相異なる金融危機管理機能をもつ二つの法的枠組みを同時に成立させるという金融危機管理にとっての好条件が偶発的に生みだされたにすぎないのである．いわば，再生法と健全化法の同時制定は，自民党・政府にとっては，「瓢箪から駒」あるいは wind fall であった．当然そうであったがゆえに，結果として確立した金融危機管理体制の機能充実とは裏腹に，その制定過程，とりわけ再生法の制定過程＝長銀問題への政策対応は混乱に満ちたものとなった．本節では，この日本型 TBTF 体制の確立過程における政治的対立の構造とその変化に焦点を当てることにする．

(1) 新たな破綻処理法としてのブリッジバンク構想と特別公的管理 (一時国有化) 構想との対立

日本型 TBTF 体制の確立過程における政治的対立の内容は，参院選での敗北に伴い橋本内閣に代わって登場した小渕恵三内閣が首相自ら住友信託銀行 (以下住信と略記する) に対して異例の長銀との合併要請を行い，それを受けて翌日政府が合併実現に向けて長銀を事実上政府の管理下においた1998年8月20，21日を境に大きく変化した．まず，8月20日以前の与野党間の対立の構図を見ておこう．

1998年3月末に安定化法に基づいて大手21行 (地銀3行を含む) に対して行われた総額1兆8,000億円の公的資金による資本注入は，前述のように，本格化した金融危機を安定化させる機能を果たしえなかった．それは，基本的には安定化法そのものに内在した目的と手段の不一致という矛盾の当然の帰結であったが，同時に1997年11月末前後の危機的状況をひとまず乗り切った大手行が「喉元過ぎれば熱さ忘れる」のたとえどおり，不良債権の抜本的な処理を先送りする姿勢を変えなかったからでもあった．だが，地価が持続的に下落し，株価も低迷したままの状態にあるのだから，不良債権を大量に抱える大手行の経営の先行きに対する不安が解消しないのは当然であり，金融市場は依然「第二

の拓銀はどこか」を捜し求める状況にあった.

　このような状況下で，日本の政治権力・行政権力が金融危機の管理のために新たに準備したのが，いわゆる「金融再生トータルプラン」であった．政府・自民党は，金融再生トータルプラン推進協議会での議論を1998年6月23日に「金融再生トータルプラン」（第一次報告）としてとりまとめ，7月2日にそれまで大蔵省を中心にその基本的内容を検討してきた公的ブリッジバンク制度をトータルプランの柱として追加した（第二次プラン）．そして，この「金融再生トータルプラン」を基礎に，政府・自民党は8月5日に金融再生関連6法案を国会に提出し，金融再生をめぐって国会で激しい政治的攻防が繰りひろげられることになった．この金融再生関連6法案は大別すれば，1）債権の回収に関するもの（①債権管理回収業（サービサー）法案，②競売手続き円滑化法案，③特定競売手続き調査評価法案，④根抵当権付き債権譲渡円滑化法案），2）担保不動産をめぐる権利関係調整に関するもの（⑤不動産関連権利調整法案），3）破綻処理制度に関するもの（⑥ブリッジバンク法案）の三つに大別されるが，攻防の中心は3）破綻処理制度にかかわるブリッジバンク法案であった．

　このブリッジバンク制度を中心とする「金融再生トータルプラン」，金融再生関連6法案に示された政治・行政権力の政策意図は，おおよそ次のようなものであった．金融危機の根底にあるものは累積した，あるいは累積しつつある不良債権であり，この処理なしには金融危機の打開はありえない．然るに，安定化法に基づく資本注入の申請を見る限り，大手行は不良債権の抜本的処理になお及び腰であり，行政当局として不良債権処理を困難にしている種々の制度的障害を取り除きつつも，不良債権の査定基準，引当て基準を厳格にし民間銀行の問題先送り姿勢を根本的に是正する必要がある．だが，民間銀行に不良債権の完全処理を迫れば大銀行のなかでも著しい過小資本状態に陥り，経営破綻に追い込まれるものも出てくる可能性がある．そこで，銀行の破綻処理をスムーズに進めるために公的ブリッジバンク制度を設け，国の管理下で借り手保護に配慮しながら破綻処理を進める新たな破綻処理策をあらかじめ用意しておく必要がある．ここで，新たな破綻処理策というのは，これまでの金融危機管

理の枠組みでは，預金保険法に基づいて問題金融機関を清算，営業譲渡という形で破綻処理するか，あるいは経営破綻を回避するために救済するかの選択肢しかなかったからである．公的ブリッジバンク制度は，破綻金融機関の営業譲渡先がすぐに見つからない場合に，政府の信用に依拠して当面金融仲介機能を維持しつつ最終的な受け皿機関，営業譲渡先を探すための過渡的な措置であり，政府によって管理された破綻処理策，清算と救済との中間の破綻処理策と位置づけられた．

　不良債権処理を行政主導で推し進め，その結果金融機関が経営破綻するような場合には，その影響が健全な借り手にまで及ばないように政府が金融仲介機能を支えてやる必要がある．この限りでは，政府・自民党と民主党，新党平和（現公明党）・改革クラブ，自由党の野党勢力との間には基本的な意見の対立はもともとなかった[8]．また，破綻金融機関の営業譲渡先が見つからない場合の一時的な公的管理の必要性についても，両陣営はほぼ共通の認識に立っており，意見の相違は，その形態をどうするかに限定されていた[9]．

　だが，以上の一致は，あくまでも問題金融機関の破綻処理を前提しての話である．そして，この前提は，二つの側面から崩れ去る運命にあった．その第一は，「銀行を破綻処理する」ことそれ自体の内容にかかわっていた．経営困難

---

[8] この点について，西野智彦『検証　経済迷走―なぜ危機が続くのか』（岩波書店，2001年）は，野党の一時国有化＝特別公的管理の発案者の1人である民主党の仙谷由人氏の「不良債権の闇は深く，長銀だけを救えば済むような状況ではなかった．一時国有化して，バッドバンクを切り離し，良い銀行にして再び市場に戻すのが一番いいと思っていた」との述懐を紹介している（同書，216頁）．
[9] 政府・自民党のブリッジバンク構想は，表向きは「日本の法制度では株主や債権者の権利を守る観点から，破綻銀行を直接に国有銀行にしにくい」との理由により，そしておそらく本音のところでは，大銀行の破綻処理をできるだけ先送りしたいという意図から，当初破綻銀行を法人として存続させたまま国の管理下におく「国家管理銀行」と，預金保険機構からの出資に基づき国有化され従来の法人格を失う「国有銀行」との2段階を想定していた．だが，同じく国有銀行化といっても，政府・与党案における国有化と野党案のそれとは，既存株主から政府が株式を強制取得する，すなわち株式所有権を権力的に否定するかどうかという点で本質的な対立を含んでいた．『日本経済新聞』1998年7月1日付け，参照．

に陥った金融機関を破綻処理するとして，まず誰が，どのようにして破綻認定するのか[10]，そして，金融機関を破綻処理するという場合，その形態，そこでの経営者・株主責任の追及はどうなるのか？　前者について，野党陣営は，安定化法に基づく資本注入に際して，金融危機管理審査委員会が大蔵省・日銀のデータ，評価を鵜呑みにして日債銀までをも「著しく経営が悪化していない銀行」として資本注入を認めたことから，大蔵省から完全に独立した金融再生委員会（国家行政組織法の第3条委員会）を設置し，金融監督庁分離以降も大蔵省に残されていた金融企画・立案機能もこの金融再生委に移す（財政と金融の完全分離，金融行政の一元化）ことを主張した．後者の点については，政府・自民党が提案した公的ブリッジバンクにおける経営者の総退陣などの経営責任の追及だけでは不十分であるとして，破綻銀行の全発行済み株式を政府が強制取得するいわゆる一時国有化＝特別公的管理に移すことで株主責任をも追及することを主張した．これに対して，政府・自民党は，第3条委員会では「内閣が責任をとれず国会のチェックも働きにくい」[11]（大蔵省）こと，また株式の強制取得は憲法第29条で規定する財産権の侵害にあたる可能性があるという立場から反論し，両者の溝は埋まらなかった．

　第二の問題は，金融再生トータルプラン，ブリッジバンク構想を政府・自民党が，どのような意図で出してきたのか，本音はどこにあったのかという問題であった．政府・自民党が6月23日にまとめた「金融再生トータルプラン」（第一次報告）では，6月22日に発足した金融監督庁が大手19行に対して一斉検査に入り，不良債権額を把握したうえでその処理を促し，それに対応できない銀行のために受け皿銀行を準備することが示された．だが，この大手19行に対す

---

10)　大蔵省が「破綻処理制度の決定版」と自信をもって送り出した日本型ブリッジバンク制度のこの弱点を最初から指摘していたのが，梶山静六前官房長官だった．彼は，「金融再生トータルプラン」（第二次プラン）が決定された7月2日の自民党総務会で「何をもって『破綻』とするのか」と批判した．『日本経済新聞』1998年7月4日付け，参照．
11)　『日本経済新聞』1998年9月3日付け．

る一斉検査は，安定化法に基づく大手21行への一斉資本注入を彷彿させるものであった．またしても，政府・自民党は，実際に破綻状態にある一部の大銀行を温存するために，それらの特定化を回避しようとしているのではないか，という疑念が生じざるをえなかった[12]．そして，この疑念は，「金融再生トータルプラン」（第二次プラン）が決定された7月2日の時点で，政府・日銀が住友信託銀行による長銀の合併計画について「（長銀は現時点では）破綻状態ではなく自主的な合併のためブリッジバンクは適用されない」[13]と説明したことによって決定的なものとなった．政府・自民党が提案しているブリッジバンク構想は，確かに新たな破綻処理策であるかもしれないが，彼らは今進行しつつある長銀問題を破綻処理という形で解決する意思をまったく持ちあわせておらず，1998年3月末と同様に安定化法による資本注入を悪用して長銀を救済しようとしている．それゆえ，状況次第では，金融再生プラン，ブリッジバンク制度も経営破綻に直面している大銀行を救済する新たな手段に転化する可能性があるのではないか，という疑問，不信が高まった．破綻処理の一般的なあり方を議論している場合には表面化しなかった対立点が，経営破綻しつつある銀行が実際に登場してくると，いやがうえにもその具体的な処理をめぐって破綻処理か救済かという深刻な対立として現実化したのである．

　野党陣営は，実務者会議で，金融再生関連法案に対する民主，平和・改革，自由3会派の基本合意事項として以下の6点を確認した．①破綻銀行は延命させず，原則として清算する，②公的資金の投入は，国民負担を軽減するために極力抑制する，③金融機関の破綻の処理方策などについては，準司法的機関で

---

[12] リチャード・クー・野村総合研究所主席研究員は，この点について以下のように批判した．「主要19行への一斉検査を打ち出した点は失望した．合併が言われている銀行など，1～3行に検査人員を集中し，融資状況やデリバティブ（金融派生商品）運用状況などを調べ上げるべきだ．そうしないと，不良債権など検査内容への信頼性が乏しくなり，北海道拓殖銀行のように正常な債権でも引き受け手が現れないという事態にもなりかねない」（『日本経済新聞』1998年6月24日付け）．氏のこの批判の妥当性は，住信による長銀の救済合併計画が失敗していく過程で実証されることになった．
[13] 『日本経済新聞』1998年7月3日付け．

迅速に決定する，④金融機関の破綻処理にあたっては，一時的に国が全株式を取得して公的管理に入る方式と，金融整理管財人を置いて処理する方式を用意する，⑤不良債権を強力に回収するために公的債権回収機関（日本版RTC）を設ける，⑥「優良銀行」などに横並びで無原則に資本を注入する措置（13兆円）と，不良金融機関同士を合併して資金援助する「特定合併」は廃止する[14]．かくして，長銀問題の浮上・深刻化とともに，最初は破綻した金融機関の処理形態をめぐるものにすぎなかった与野党間の対立は，金融危機管理体制のあり方をめぐる全面的対立へと発展していった．

（2） 長銀問題とは何であったのか

ところで，長銀の存廃をめぐる与野党間の攻防の具体的な検討に先立って，この政治的攻防がもった経済的意義を理解するのに必要な限りで，長銀の経営危機が，いかなる問題を提起していたのかをあらかじめ考察しておくことにしよう．長銀問題の第一の側面は，業態としての長期信用銀行の存続可能性の問題であった．高度成長期にいわゆる重厚長大産業に設備投資資金を供給するという役割を果たした長信銀は，低成長への移行に伴う設備投資資金の需要減退，日本の大企業の国際的躍進に伴う間接金融依存体質からの脱却（内部金融，証券市場からの資金調達比率の上昇），デリバティブ取引の普及に伴う長期金融専門機関の陳腐化などの一般的な傾向に規定されて，その歴史的使命を終えた．この歴史的な環境変化のもとで長信銀各行（興銀，長銀，日債銀3行）は，その生き残りを賭けて1980年代以降バブル経済化の波に乗っていわゆる土地関連融資に特化していった．重厚長大産業への設備投資資金の供給機関から不動産，建設，ノンバンク，流通等の不動産関連部門への土地投機資金の供給機関への変身が，1997年春の日債銀危機に続く1998年6月以降の長銀危機の根底にあった．長銀が衆議院金融安定化特別委員会に提出した資料によれば，1998年3月期末時点で，長銀のⅡ分類債権（いわゆる灰色債権）2兆3,795億円のうち約

---

[14] 『日本経済新聞』1998年8月14日付け，参照．

表8-1　日本長期信用銀行の灰色債権の業種別貸出残高
(1998年3月期，カッコ内は社数，百万円)

▽不　動　産　(208)	714,622
▽金　　　融　(94)	511,654
▽リ　ー　ス　(22)	410,379
▽映画・旅館・娯楽　(145)	190,879
▽建　　　設　(38)	132,702
▽海外円借款他　(29)	93,678
▽情報・サービス・小売りなどその他　(410)	325,641
▽合　　　計　(946)	2,379,555

出所：『日本経済新聞』1998年9月8日付け．

69％，1兆6,365億円を不動産，金融，リースの3業種が占めており（表8-1），また業種別にみた保有債権の灰色債権率は，建設業で33％，リース業で30％，不動産業で26％，金融業で13％に達していた[15]．

　第二に，長銀は，土地関連融資にのめり込んだ大銀行がいかにして土地絡みの不良債権を自己膨張させていったのかを典型的に示した銀行であった．長銀は，自らが不動産業や建設業に直接貸し込むだけではなく，日本リースやエヌイーディー，日本ランディックなどの系列ノンバンクをリース，不動産管理などの本業とは別に土地投機の尖兵に仕立てあげてきた．バブル期には自らの業容拡大に大きく貢献した系列ノンバンク向けの融資は，バブル崩壊以降は系列ノンバンクであるがゆえに，他の協調融資行が融資を絞り込んだ場合の肩代わりや経営破綻回避のための新規融資という形で実質的な不良債権を累積的に増大させた．日本リースが会社更生法の適用申請に追い込まれる直前の1998年8月末時点で，これら系列ノンバンク3社の負債総額は約2兆7,000億円に達し，そのうち長銀からの借入額は5,247億円を占めていた[16]．系列ノンバンク自体の貸出はとっくの昔に焦げついていたのであるが，これら系列ノンバンク

---

15)　『日本経済新聞』1998年9月8日付け，参照．
16)　『日本経済新聞』1998年9月26日付け，ならびに日本金融を憂う会『長銀破綻の真実』(とりい書房，1998年)，55頁参照．

向けの融資は，長らく母体行である長銀が「追貸し」を続けることによって表面的には正常債権として分類されてきた．

系列ノンバンクとならんで，長銀の不良債権膨張メカニズムを構成した第二の柱は，土地関連融資が焦げついた際の担保不動産の活性化事業であり，さらにこれらの活性化事業と一体となったペーパーカンパニーへのいわゆる「飛ばし」であった．活性化事業の原型は，長銀が不動産投機にはまっていく象徴的な事件となった長銀によるイ・アイ・イグループの「再建」過程に見てとれる．金融機関からの巨額の借入によって環太平洋にリゾート帝国を作りあげようとしたイ・アイ・イが1990年末に資金ショートを起こし，借金漬けの拡張路線に赤信号が点灯した時，長銀が選んだ道は，融資の回収・撤退ではなく，採算が取れそうないくつかの未完成の大型プロジェクトを絞りこんで融資を継続し，その事業を完成させることであった．だが，これらの事業は完成後確かに一定の営業収入をあげたものの，莫大な買収・建設費用とその金利負担に耐えうるものではなく，結局不良債権の増大に寄与するものでしかなかった．同様の選択が，その他の国内外のゴルフ場建設やリゾート開発向けの融資が不良債権化しそうになるたびに，担保不動産を活性化させるために開発会社を設立し，それへの融資を拡大するという形で行われた．そして，それらが失敗に終わると，増大した不良債権は新たに設立されたペーパーカンパニーに飛ばされ，不良債権の実態が隠蔽された（図8-1参照）[17]．

以上の系列ノンバンクや担保不動産の活性化のための開発会社，さらには不良債権の「飛ばし」先のペーパーカンパニーは，前述のように，親銀行がそれらの破綻処理を決断しない限りは，「追貸し」によってどれだけでも延命させることが可能であった．そして，これらに対する貸付債権もこの「追貸し」が

---

[17] 長銀が駆使した不良債権処理先送りの諸方法に関しては，箭内昇『元役員が見た長銀破綻』（文藝春秋，1999年），共同通信者社会部編『崩壊連鎖－長銀・日債銀粉飾決算』（共同通信社，1999年）が詳しい．また，長銀問題を要領よく概括したものとして，竹内宏『長銀はなぜ敗れたか』（PHP研究所，2001年），服部泰彦「長銀の経営破綻とコーポレート・ガバナンス」（『立命館経営学』（立命館大学経営学会）第40巻第4号，2001年11月）の二つを挙げておく．

320　第3篇　現代日本における金融危機管理体制

図8－1　日本長期信用銀行による担保不動産の活性化事業の全体像

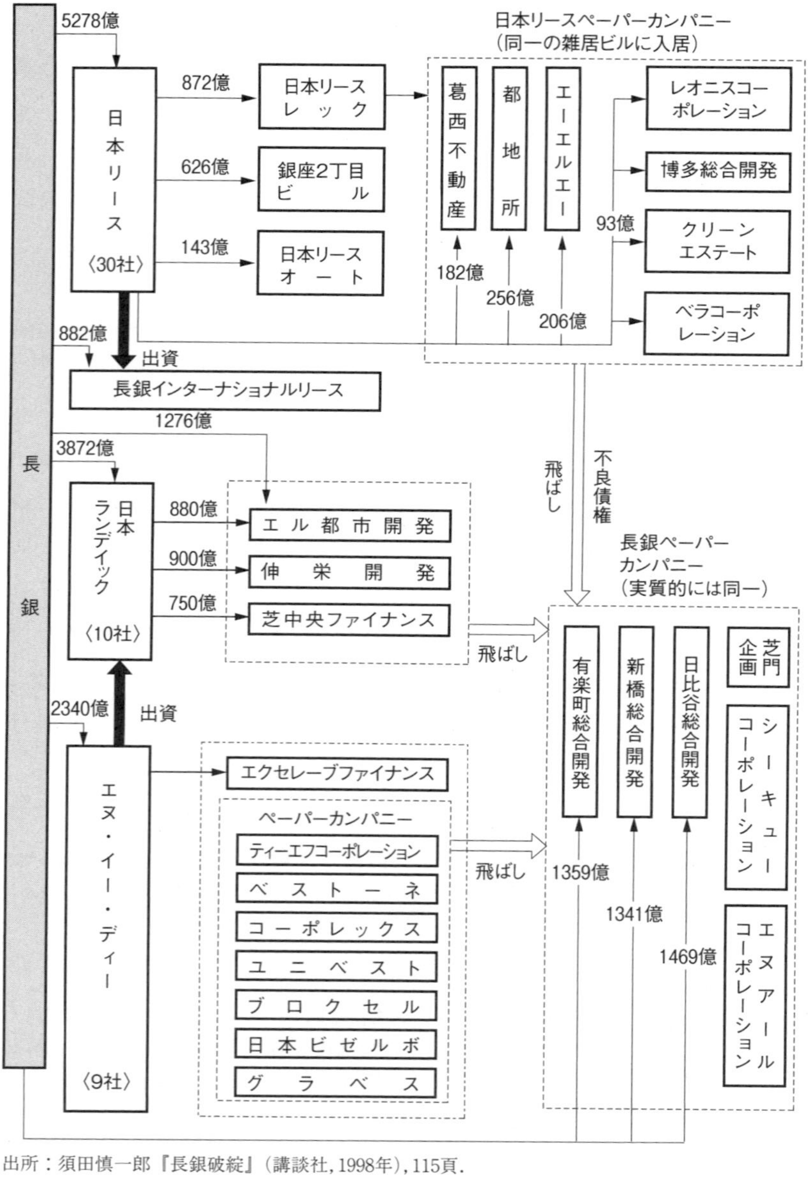

出所：須田慎一郎『長銀破綻』（講談社，1998年），115頁．

継続され，表面的に利払いがなされている間は，不良債権として表面化することはなかった．長銀問題は，メインバンクシステムに基づくこれらの不良債権処理の先送りメカニズム，膨張メカニズムに手をつけない限り，不良債権の完全処理それゆえ金融危機の根本的な打開はありえないことを指し示していた．

　第三は，以上で示したように，長信銀が業態全体として将来展望を描けず，また個別的には不良債権の温床として，さらには日債銀の奉加帳方式での救済以降は最悪の財務状態にある大手行として，金融市場の「瀬踏み」の格好の標的とされた観のある長銀の経営危機に対して，日本の金融当局がどのような姿勢で臨もうとしていたのか，という問題である．これについては，住信による長銀の救済合併計画それ自体への金融当局，大蔵省（旧）銀行局の積極的関与に注目しておく必要がある．というのは，後述するように，長銀の存廃をめぐって与野党間で政治的対立が激化し長銀問題の処理が混乱状態に陥った直接のきっかけは，住信が資金繰り破綻の危険すら生まれつつあった局面で発表した長銀の救済合併計画にあったからである．歴史にifは禁物とは言うものの，この救済合併計画の発表がなければ，小渕政権挙げての，そのなかでも特に宮沢蔵相の異常とも言うべき長銀救済への固執はありえず，もっと早い段階で長銀の破綻処理が断行されることになったと考えられるからである．

　「危機回避，土壇場での決断」と新聞報道された住信と長銀との合併計画が両行首脳から発表されたのは6月26日（金）．それに先立つ1週間，6月5日の月刊『現代』，6月8日の『フィナンシャル・タイムズ』紙，そして6月19日の共同通信各社による長銀の経営危機報道によって不安に駆られた顧客が，長銀の各支店に金融債の解約を求めて押しかけた．19日には，日銀が長銀に対する資金繰り支援も視野に入れて金融市場への潤沢な資金供給を表明し，大蔵省も松永光蔵相が「一部銀行への風評が流れているが，預金者，インターバンク取引などを全面的に保護する考えに変わりはない」などの談話を発表したが，不安は解消に向かわず，23日には一部の支店で金融債解約に訪れた顧客に配る整理券が不足する事態まで生まれた[18]．住信による救済合併計画は，長銀が資金繰り破綻する瀬戸際の局面で浮上したのである．

この住信による長銀の事実上の救済合併を最終的にお膳立てしたのは，大蔵省の旧銀行局幹部だった．長銀危機が進行している最中の6月22日に大蔵省の銀行・証券・保険の検査・監督部門が独立して金融監督庁が発足した．だが，1998年の初頭以来大蔵官僚，日銀職員に対する民間金融機関の過剰接待があいついで表面化し，一部官僚，職員が収賄容疑で逮捕される事態が生まれ，結局大蔵省から独立した金融監督庁には過剰接待問題で大量処分された銀行局幹部は異動がいっさい認められなかった[19]．長銀危機が抜き差しならない局面を迎えるなか，大蔵省はかつて日債銀の奉加帳方式による救済計画をまとめあげた中井省銀行局審議官以下3名の旧銀行局幹部を長銀問題対応のために監督庁の「後方支援部隊」として送りだした．彼らが，短期間の間に住信側の合併慎重派を直接説得し，いわゆる「2段階合意」による救済合併計画をまとめあげたのである．この「2段階合意」とは，「監督庁の検査で長銀の資産超過が確認されれば合併，仮に債務超過だったら潔く破綻処理に移行し，住友信託を受け皿に営業譲渡する」[20]という内容であった．3月末に日債銀，長銀などを「健全行」と偽って大手行に対する公的資金によるいっせい資本注入を強行した大蔵省旧銀行局としては，注入後わずか3ヶ月間でこれら大手行を1行たりとも経営破綻させるわけにはいかなかったのは当然であろう．だが，同時にこの「2段階合意」の内容は，長銀の財務実態を厳格な基準に基づいて査定する

---

18) 『日本経済新聞』1998年6月27日付け，参照．竹内宏氏は，長銀の経営不安に関するこれら一連の報道，外資系格付け機関による長銀の劣後債のレーティングの引き下げ，それらと呼応した証券市場での長銀株の売り浴びせの一連の過程を，「こういうストーリーが事前に描かれていたと思えるほど」見事な「株価操作」と推測している．同著前掲書，201～207頁参照．真偽のほどは確かめようもないが，自力で不良債権処理を行うことなく，スイス銀行との提携・合弁に社の命運をかけ見事に失敗した長銀が，一連の金融不祥事で1998年年頭以来大蔵省銀行局・日銀が事実上の機能麻痺に陥り，しかも大蔵人脈を排除した監督庁の分離・独立で金融行政の空白期間が生まれた瞬間に，金融市場の格好の標的とされ，投機筋の餌食になったことは否定できない．
19) 一連の過剰接待問題に関連して，日銀は1998年4月10日に総勢98名を行内処分し，また大蔵省も同27日に杉内銀行局担当審議官の停職，長野厖士証券局長ら17名の減給を含む総勢112名の処分を行った．

ならば債務超過と判定されうることを，旧銀行局幹部自身が予想していたことを物語っている．まさに金融行政に責任を負う行政権力にとって，不良債権の完全処理をめざして日本型 TBTF 政策の見直しに踏み出すのかどうかを，長銀問題は問いかけていたのである．

（3）　住信による長銀の事実上の救済合併計画を全面支援する政府・与党と長銀の特別公的管理による破綻処理を求める野党との対立

長引く不況のもと自らが掲げた 6 大改革のなかでも最重要課題と位置づけた財政構造改革推進政策の失敗[21]を認めざるをえなくなった第二次橋本政権は，参院選で惨敗した．その結果，参院選直前に急浮上した長銀問題で政府の安易な大銀行救済姿勢を批判してきた野党陣営の勢いは，いっそう激しさを増した．7 月 30 日に成立した小渕恵三内閣は「経済再生内閣」を自称し，景気浮揚策と並ぶその中心課題の一つとして先のブリッジバンク法案を含む金融再生関連法案の成立をあげ，それに「内閣の命運をかける」[22]と宣言した．この小渕内閣が金融危機打開のための切り札として首相自ら蔵相就任を懇請したのが，バブルの絶頂期に蔵相を，またバブルがはじけた局面では首相を務め，先の第

---

20)　西野智彦前掲書，166～167 頁．なお，この「2 段階合意」の後段部分，すなわち債務超過が判明した場合には営業譲渡の形態で破綻処理するという内容に関しては，長銀の大野木克信頭取より極秘扱いにしてもらいたいとの要望が出され，それに基づいて対外的には「合併」だけが発表された．同上書，167 頁参照．だが，この後半部分が隠されていても，商号は住友信託銀行，経営権は住信側に一本化するという合意内容からして，住信による破綻直前の長銀の救済合併であることは，誰の目にも明らかであった．
21)　4 月の時点ですでに，4 兆円減税や法人税率の引下げ，そして財政構造改革法の改正を表明し，財政構造改革路線の転換を余儀なくされていた橋本政権は，参院選の最終盤で，財源的裏づけも示せないままに景気対策の一環として恒久減税を表明せざるをえなくなった．これは，政権として自らが推進してきた財政構造改革路線が，長期不況が継続している状況下での経済政策運営としては不適切であったことを，事実上認めることを意味した．だが，この恒久減税の表明は，その決定に至る自民党内の混乱ぶりから選挙政策としても有効性を発揮するものではなかった．
22)　朝日新聞経済部『金融動乱―経済システムは再生できるか』（朝日新聞社，1999 年），264～265 頁参照．

二次金融危機の本格化に際しても自民党の金融システム安定化対策本部の本部長として預金保険法の改正，安定化法の制定にかかわってきた宮沢喜一元首相であった．この宮沢蔵相の就任をきっかけに，長銀問題をめぐる金融当局内の雰囲気は一変したと言われている[23]．大蔵省旧銀行局幹部が最終的にお膳立てした上述の「2段階合意」では，監督庁の金融検査（大手行に対する一斉検査に先行して7月13日に開始された）で債務超過と判定されれば，長銀は住信に営業譲渡されることが確認されていた．監督庁の姿勢次第では長銀の破綻処理もありうることを，大蔵省幹部自身が想定していた．だが，行政権力・官僚機構内部において一時的に生じたこの動揺に対して，いったん政治権力の頂点にまで登りつめた宮沢蔵相が，あらためて，大手行はつぶしてはならない，日本型TBTF政策は堅持されるべきであるとの政治判断を下したのである．

　政治権力の側でのこの「長銀を絶対に破綻させてはならない」という判断が，断固とした形で示されたのが，8月20日の首相官邸における小渕内閣挙げての住信への合併要請であった．20日午前中にまず日野正晴金融監督庁長官が高橋温住友信託銀行社長を呼び出し，長銀との合併計画推進を促した．これを受けて，宮沢蔵相の段取りで同日夜に首相官邸に高橋社長が呼ばれ，小渕首相自らが合併計画の実現を要請した．この場には，ほかに宮沢蔵相，野中広務官房長官，日野金融監督庁長官が同席したが，特に宮沢蔵相は後述の「2回資本注入案」を示し，「必要な資金はいくらでもつけましょう．金に糸目はつけません」と発言した，と報じられている[24]．一民間銀行の合併計画に，首相を先頭に内閣挙げて異例の政治介入を行ったのである．

　では，小渕内閣，とりわけ宮沢蔵相は，なぜこれほどまでにこの合併計画に肩入れし，長銀の経営破綻回避を至上命題として自らに課したのか？　第一の理由は，言うまでもなく，政治・行政権力者自身が金融危機の新たな展開に不安を覚え，長銀の破綻が金融市場をつうじて金融機関の連鎖的な倒産を引き起

---

[23]　西野前掲書，198～199頁参照．
[24]　同上書，207頁参照．

こし，世界金融恐慌の引き金になることを懸念したからにほかならない．この異例の合併要請に先立つ8月17日には，速水優日銀総裁が衆院予算委員会での質問に対して，長銀を念頭において日本の大銀行はデリバティブ（金融派生商品取引）をつうじて内外の金融市場と深く結びついており，このような大銀行が破綻するリスクは大きいことをわざわざ指摘していた[25]．

さらに，政府・自民党としては，長銀を経営破綻させるならば，それは3月末に野党の反対を押し切って強行した安定化法に基づく資本注入が誤りであったこと，破綻状態にある大銀行の救済ではなく「健全行」への資本注入であるとしてきた論理が虚構にすぎなかったことを認める結果になる．参議院での与野党逆転という新たな政治状況のもとでは，それは自民党の政権基盤を揺るがしかねないものであった．しかも，宮沢蔵相は，この安定化法体制のいわば「産みの親」であり，長らく金融行政を取り仕切ってきた大蔵省の自他ともに認める最大の庇護者であり，しかも彼の派閥であった宏池会と長銀とは長銀設立来の深い因縁があり，宮沢自身長銀で絶大なる権力を揮ってきた杉浦敏介元頭取とは個人的に親密な関係にあった．自民党としても，政府・大蔵省としても，宮沢蔵相個人としても，長銀の経営破綻は絶対に回避されるべき一線であった．

では，このような止むに止まれぬ事情から，長銀の経営破綻回避が政府・与党にとっての至上命題とならざるをえなかったとして，なにゆえ首相官邸に一民間銀行の社長を呼びつけ首相自らが合併を要請するという異例の行動をとったのであろうか．政治権力の頂点に位置する内閣によるこのような露骨な政治介入は，第一に，合併計画を発表したもののなかなか最終決断に踏みきれない

---

[25] デリバティブ取引を引合いに出してことさら突然のデフォルトの危険を強調した速見日銀総裁の発言に対しては，事実関係を正確にふまえたものでないとの批判がただちに寄せられた．たとえば，速水日銀総裁は，日本の大手行の1行平均の想定元本は100兆円以上にのぼることだけを指摘したが，それに関連して発生するリスクは数百億円にすぎなかった．また大手行が実際に経営破綻したとしても，政府は銀行の全債務を保証することをすでに表明していたのであるから，清算に問題が生じるはずがなかった．『日本経済新聞』1998年8月21日付け，参照．

でいた住信に，金融システムを守るための政府による要請という大義名分を与えることによって，その決断を後押しする意図があったであろうことは，容易に予想される．

　第二に，この異例の政治介入は，たんに住信に対する政治的圧力であったばかりではなく，もう一方の当事者である長銀を事実上政府の管理下におくことをも含んでいた．実際この要請の翌日（8月21日）に，長銀は大野木頭取をはじめとする経営陣の総退陣（政府による事実上の解任）を前提に，1998年9月中間期における7,500億円の不良債権処理と行員の報酬カット，保有不動産の売却などの抜本的なリストラ策を発表し，あわせて公的資金による資本注入を申請することを表明した．これを受けて，政府・日銀は，ただちに首相，蔵相，金融監督庁長官，そして日銀総裁談話を発表し，住信による長銀の救済合併計画を日銀信用や安定化基金枠を動員して全面的に支援することを表明した．政府による異例の合併要請は，あらゆる政策手段を駆使して合併を実現するために長銀を事実上政府の管理下におくという措置と，表裏一体のものだったのである．これ以降，住信の合併交渉の相手は，当事者である長銀ではなくその事実上の管理者である政府・金融監督庁になった[26]．

　第三に，政府・与党がこのような異例の行動にうって出た要因として，国会での野党との攻防，さらには世論・マスコミの動向を考慮した政治判断があっ

---

[26] 『日本経済新聞』1998年8月23日付け，参照．筆者は，住信の合併計画に対する異例の政治的介入が長銀を事実上政府の管理下におく措置と一体化されたものであったことを，長銀の資金繰り破綻の可能性との関連でも注目している．6月に金融債の解約を求めて顧客が殺到した際には合併計画の発表が急場しのぎとして役立ったが，8月末にあらためて資金繰りが困難化してくると，長銀の資金繰り破綻の回避は政府・日銀の管理下におくことによってしか果たしえなくなったのである．この間の事情について，金融監督庁のある担当官は，「8月末あたりから，いつ倒れてもおかしくなかったが，生き延びていた．まるで生命維持装置をつけられている病人のようだった」と，回顧している．西野前掲書，230頁参照．この事態が9月に入るとさらに深刻化し，最終的に政府・日銀としていざという場合に備えて日銀特融の発動を準備せざるをえなくなった．後述の日米首脳会談直前に行われた党首会談による特別公的管理に関する「幻の合意」は，この日銀特融に政府保証をつけるという意味内容ももたされていたのである．『日本経済新聞』1998年9月19日付け，参照．

た．具体的には，政府・与党は9月25日頃から始まる金融再生法案の審議が難航することを予想して，長銀問題をそれ以前に決着させようとしたと考えられる．だが，新たな破綻処理法案であるブリッジバンク法案等の金融再生法論議と長銀問題とを切り離すためには，一定の前提条件をクリアする必要があった．一つには，野党が政府による安易な大銀行の救済に対する攻勢を強めている現状からして，長銀問題を大銀行の破綻処理にかかわる問題ではなく，民間銀行自身の経営戦略に基づくものとして処理する必要があった．その点では，政府・金融当局として，住信が合併計画を表明したこの絶好の機会を逃してはならなかった．第二に，とは言っても，長銀の財務状態がきわめて危険な状態にあり，もはや自力での不良債権の完全処理が不可能であることは，金融当局者の立場からは明らかであった．問題は，安易な救済という野党の攻勢をかわしつつ，どうやって公的資金を投入するのか，ということであった．これに対して，大蔵省旧銀行局幹部が用意した秘策がいわゆる「2回資本注入」案であった．

その内容は，「一，関連ノンバンク向けの債権放棄により，過少資本となる長銀に資本注入する．一，合併比率が住友信託側に有利に設定されることにより，長銀に注入した公的資金が実質的に毀損しても，それを容認する．一，受け皿となる住友信託に対しても，合併後に資本注入する」というものであった．8月12日頃に，田波大蔵事務次官らからこの案の説明を受けた宮沢蔵相は，野党陣営から「実質債務超過のバランスシートに化粧を施し，強引に合併させた」との批判が出ることを懸念した．だが，この「2回資本注入」案が，民間銀行レベルでの合併交渉の後押しであること，資本注入についてもギリギリではあるが現行の法的枠組みの範囲内であるとの官僚の説明を受け，法的に有権解釈の範囲内に収まる措置であること，合併は「破綻処理よりも納税者負担が小さい」との判断に基づき，蔵相として最終的にゴーサインをだした，と伝えられている[27]．危険な賭けではあったが，野党の批判をかろうじてかわし

---

27) 以上の点については，西野前掲書，203～205頁参照．

きれるとの政治判断に基づいて，先の異例の政治介入が行われ，宮沢蔵相自身がこの「2回資本注入」案を提示して住信の説得にあたったのである．

(4) 長銀の破綻処理と安定化法の廃止を求める野党に対して政治的譲歩を余儀なくされた政府・自民党

だが，大銀行救済反対で共同戦線を張る野党陣営に対して政府・与党がとったこの強行突破策は，政府の思惑とはまったく逆の方向を辿って，最終的に野党案の特別公的管理による長銀の破綻処理の受諾を余儀なくさせる結果になった．そこに至る経緯を概括しておこう．

野党陣営は，まず政府が長銀の救済合併に向けて住信に対して露骨な政治的圧力をかけたことに猛反発した．それまでの攻防では，政治家の不用意な発言が金融不安の引き金になることを恐れて野党陣営も極めて慎重な言い回しで政府を追及してきたが，これをきっかけに国会の場で長銀問題の白黒をつけるという姿勢を鮮明にした．その際野党側が政府追及の中心論点に据えたのは，以下の問題であった．

第一の論点は，長銀は何のためにあらためて公的資金の注入を求めているのか，という問題であった．長銀は8月21日に発表したリストラ策で，1998年9月中間期に日本リースなど主要関連ノンバンク3社向けの債権放棄5,200億円を中心に7,500億円の不良債権処理を行い，それに伴って過小となる自己資本を補完するために公的資金による資本注入を政府に申請すると表明した[28]．これを受けて，速水日銀総裁，宮沢蔵相，日野金融監督庁長官らが，安定化法に基づく資本注入を行う準備があることを談話等で次々と表明した．これらの談話では，この公的資金投入を，「我が国の金融システムの安定に資する」もの，「我が国の金融機能全体に対する内外の信頼が大きく低下する」のを防ぐためのものとして正当化しようとしたが，それが結局は長銀の系列ノンバンク向けの不良債権を処理するためのものであることは，一目瞭然であった．バブル期

---

28) 『日本経済新聞』1998年8月22日付け，参照．

に儲けるだけ儲けておいて乱脈融資のツケだけは国民に負担転嫁するという企業倫理のかけらもない大銀行の勝手な言い分，それを容認する政府の大銀行甘やかしの姿勢に批判が集中した．

　第二の論点は，それとも関連して，経営破綻に瀕しつつある長銀が実際にはすでに債務超過の状態にあるのではないか，という問題であった．政府は，経営危機が表面化して以来一貫して長銀は債務超過ではないと言い続けてきた．ところが，8月27日の衆議院金融安定化特別委員会で宮沢蔵相が「公的資金を投入しなければ長銀は破綻せざるをえない」29)と発言したことから，野党陣営は，長銀が債務超過に陥っているとの疑いを一気に強め，そのこと自体が与野党攻防の中心的論点になっていった．なぜならば，債務超過に陥った銀行が破綻処理されるべきだということは，政府・自民党もこれまで認めてきたところであり，また，債務超過企業が合併することは許されていないのだから，もし長銀が債務超過であるならばそもそも住信による合併計画それ自体が成立しえないからであった．さらに，長銀・政府が主張するように本当に長銀が債務超過に陥っていないのであれば，自力で不良債権を処理することができるはずであり，合併前の公的資金投入は必要ではない30)．そして，資産超過である長銀が一時的に資金繰りに困難をきたしたとしても，その場合には日銀信用で流動

---

29)　『日本経済新聞』1998年8月28日付け．
30)　この問題について，リチャード・クー野村総合研究所主任研究員は，大手行の破綻防止のための公的資金投入を是認したうえで，「しかし，公的資金を注入した後で合併するという手順には大いに問題がある．そもそも，日本長期信用銀行が本当に債務超過でないというならば，別に公的資金を使わなくても自己資本で不良債権を償却できるはずだ．その結果，長銀の自己資本比率が8％を下回るのであれば，合併し，住友信託銀行に公的資金を注入すればよい．しかし，株主の責任を問わずに，自己資本を使わないで公的資金を不良債権処理に投入するならば，全世界から非難されかねない」(『日本経済新聞』1998年8月22日付け）と，批判した．先の安定化法による公的資金投入計画について，吉冨勝氏が，債務超過行の破綻処理の前に健全行への一般的な資本注入を行うことは手順前後であり，それでは「本当に必要な公的資金投入すらできなくなってしまう」(『日本経済新聞』1997年12月12日付け）とその誤りを鋭く指摘していたが，日本の政府・金融当局は事実上債務超過行に陥っていた長銀処理においても手順前後の愚を繰り返したのである．

性を当面手当てすれば危機を乗り切れるはずだからであった.

　野党陣営が抱いた長銀は債務超過に陥っているのではないかというこの疑念は，7月13日に開始された長銀に対する金融監督庁の金融検査が当初予定されていた8月10日になっても終了せず，さらに9月1日の時点になって日野金融監督庁長官が検査はさらに長期化するとの見通しを述べる[31]に至って，決定的なものとなった．金融監督庁は，債務超過の状態を把握したうえで，検査結果を明らかにすることを回避しているのではないか．大蔵省から独立したばかりで「長銀の検査次第では債務超過になってもやむを得ないと考えていた監督庁」[32]に対して，行政権力や政治権力から長銀の経営破綻につながるような検査結果を出させないように政治的圧力がかかった，と考えられた．野党陣営は，長銀が債務超過に陥っているとの判断に基づいて，長銀の特別公的管理（一時国有化）による破綻処理を強く求め，政府・与党の救済合併計画と真正面から対立した．

　第三に，野党陣営は，政府の合併支援策の根拠法になっている安定化法に対する攻勢を次第に強めていった．再生法論議が始まった時点で金融システム維持のために公的資金を投入する枠組みは，預金保険法と安定化法の二つであった．前者の預金保険法に基づく17兆円枠は，経営破綻した金融機関の預金者を保護するための資金枠であり，後者の13兆円枠は，制定の経緯から性格をまったく異にする政策意図が混在化していたが，少なくとも法律上は「著しく経営が悪化していない銀行」＝「健全な銀行」に対して，経営の安定化のために資本注入するスキームであった．長銀が経営破綻していない以上，破綻金融機関の預金者保護のための17兆円枠は使うことはできず，安定化法の13兆円枠を活用する以外にはなかった[33]．

---

31)　『日本経済新聞』1998年9月2日付け，参照．
32)　『日本経済新聞』1998年8月22日付け．
33)　だが，6月末の救済合併計画を最終的にお膳立てする際に，政府・日銀は，安定化法の13兆円枠ばかりではなく，破綻金融機関の預金者保護のための17兆円枠をも活用する意向を住信側に示唆していた，と言われている．「預金保険法の改正で破たん前に17

ところで，この安定化法に基づいて例の日債銀や資本注入からわずか3ヶ月間で経営危機に見舞われた長銀を，「健全行」として認定し，一斉資本注入を決定した金融危機管理審査委員会の佐々波楊子委員長が，9月1日の衆議院金融安定化特別委員会で，「金融監督庁の長銀に対する検査結果は必ずしも審査承認のための条件とは考えていない」と述べ，検査終了前でも安定化法に基づく資本注入は可能であるとの認識を示した．さらに，3月の資本注入の際の審査について，「資産内容の洗い直しは大蔵省，日銀にお願いした」，「個別行の内容については把握していない」ことを認め，自らの責務は「円滑な委員会運営」にあったと述べた[34]．委員長自身が，大蔵省，日銀が準備したシナリオのもとで審査を行ったにすぎないことを事実上認めたのである．審査委員会が厳格な審査機能を果たしえず，政府・金融当局が日本型TBTF政策に固執している以上，安定化法は，その法律上の趣旨に反して，健全行の経営の安定ではなく債務超過に陥った銀行の救済手段に転化しうることは明らかであった．野党陣営は，長銀救済の政府の画策を根本から断つべく，安定化法の即刻廃止を前面に掲げるようになった．

　政府・自民党の思惑を超えた動きを見せたのは，政治の世界だけではなかった．合併計画を発表した住友信託銀行自体が，政府の異例の要請にもかかわらず，合併に容易に足を踏み出そうとしなかった．住信は合併計画発表の当初から，正常債権しか引き受けないという姿勢を鮮明にしてきた．これは，長銀の側からすれば，合併にこぎつけるためには事前に不良債権を処理しておかなければならないことを意味した．それが自力でできないとすれば，公的資金によ

兆円を使えるようにし，公的資金で不良債権処理を進めて，長銀に"持参金"を持たせる方法」で，具体的には「不良債権の大量処理で長銀が債務超過に転落した場合も，17兆円枠から債務超過額を上回る贈与を実施，長銀の資産に『のれん代』を計上して合併を実現する案」を検討していたらしい．『日本経済新聞』1998年8月25日付け，参照．長銀が事実上債務超過であることを十分に予想したうえで，住信による救済合併計画を利用して何としてでも長銀の経営破綻を回避しようとする金融当局者，行政権力者の執念が伝わってくる．
34)　『日本経済新聞』1998年9月2日付け，参照．

る資本注入を受けて不良債権の切り離しを行う以外になかった.

　その長銀が8月21日に発表したリストラ計画では，1998年9月中間期に行う予定の不良債権処理額は7,500億円にすぎず，それに伴って申請するはずの公的資金額もその枠内と考えられた．7,500億円の処理額の大半は日本リースなどの系列ノンバンク向け債権の放棄からなっていたが，不良債権隠しのための機関と化した日比谷総合開発やエル都市開発などの関連会社向け融資や，ゼネコン，大手小売業を中心としたⅡ分類債権，株式の含み損などはまったく手つかずで残されていた．リストラ計画におけるこの不良債権処理額は，事前に「2回資本注入」案を聞かされていた住信自身にとってはある意味では折り込み済みであったと考えられるが[35]，だが市場はそうとは受け取らなかった．この程度のリストラしか行いえない長銀との合併には反対であるとの意思表示を明確に示した．6月末の合併計画発表時点までは600円台を維持してきた住信の株価は，その後徐々に値を下げていたが，異例の政治介入，長銀によるリストラ策発表，政府・日銀の合併全面支援の発表によってもこの低落傾向に歯止めがかからず，逆に8月26日には大きく値を下げて400円を大きく割り込み，年初来の安値を更新するに至った．住信首脳部は株価動向に示された市場や株主のこの意向を無視して合併に踏みきることはできなかった．

　住信首脳部が合併に二の足を踏んだもう一つの理由は，旧銀行局幹部が最終的にお膳立てをし長銀首脳部も了承したはずの「2段階合意」に対する不信の高まりであった．前述のように，この「2段階合意」では，金融監督庁の検査結果で債務超過と判定されれば，長銀は潔く営業譲渡を受け入れることが確認

---

[35] 西野智彦は，この「2回注入案」について，「注入額は原案段階でそれぞれ1兆円ずつ，合計2兆円だった．その後の精査で，長銀に8,000億円，住友信託にも8,000億円の合計1兆6,000億円に改定された」としている．西野前掲書，204頁参照．なお，朝日新聞経済部前掲書は，住信が合併交渉の序盤で必要な公的資金注入額として提示した金額は，1兆5,000億円だったとしている．同上書，261頁参照．また，『日本経済新聞』1998年10月27日付けは，住信側が夏過ぎに長銀に要求した不良債権処理額は2兆円で，それに必要な公的資金注入額は1兆円を超える，と報じている．

されていた．当然住信側としてはこの検査結果を待ってから交渉に入るという基本的スタンスを採ったが，肝心の金融監督庁の検査がズルズルと先延ばしされていったのである．9月1日に，金融危機管理審査委員会の委員長が検査終了前でも長銀への資本注入は可能との認識を示し，さらに金融監督庁長官が検査のさらなる長期化を示唆するに及んで，住信側の不信は決定的に高まった．政府は「2段階合意」を無視して，債務超過の長銀を押しつけようとしているのではないか，また長銀首脳部は債務超過の場合には破綻処理を受け入れるという約束を反故にして，救済措置を政府に働きかけているのではないかという警戒心を強めた．住信が国会での与野党の攻防を見守るというきわめて消極的な姿勢に転換したのは，自然の成り行きであった．

かくして，政府・与党に異例の政治介入を行わせた新たな危機管理スキームをめざす再生法案論議と長銀問題とを切り離すという目論見は，結局ものの見事に失敗した．野党陣営の中心にあった民主党の菅直人代表は，9月3日の記者会見では，なお両者は理屈のうえでは別問題であるとしてその切り離しを容認する姿勢を見せていた．だが，長銀が債務超過状態にあるとの疑いが強まるにつれ，党内からの突き上げもあり，9月10日過ぎ頃から，長銀問題の解決が再生法案をめぐる修正論議の前提条件であるとの立場に転換した[36]．それまで，特別公的管理方式の導入，3条委員会としての金融再生委の設置，日本版RTCの設置など再生法案関連の多岐にわたる個別論点において野党陣営の主張を受け入れ，それと引き換えに，安定化法あるいはそれに代わる新たな公的資金投入スキームによって長銀への資本注入を実現しようとしてきた自民党は，度重なる政治的譲歩の挙句に死守するはずの長銀問題でも破綻処理を受け入れざるをえなくなった．

とはいえ，与党・政府は，野党側の主張する特別公的管理ならびにその形態での長銀の破綻処理をすんなりと受け入れたわけではけっしてなかった．自民党が再生法案の修正協議の大詰めで提示した第三次修正案には，公的管理につ

---

[36] 『日本経済新聞』1998年9月15日付け，参照．

いての新たな提案が含まれていた．それは，「国が強制的に株式を買い取り，一時的に管理下において合併先や営業譲渡先を探す」[37]というもので，ことさら野党案の「特別公的管理」に似せて野党側の歩み寄りを引き出そうという意図が見えた．だが，この公的管理は，債務超過に陥った銀行ばかりではなく経営不振銀行一般を対象とするものであり，破綻前処理，破綻回避のための資本注入策である点で，野党案とは決定的に異なるものであった．また自民党は，9月22日からの日米首脳会談前に金融法案の決着を図るという意図から，18日に与野党党首会談を行い，「日本長期信用銀行は特別公的管理（一時国有化）等で対処する」という点も含め，一連の対立点について合意した．だが，合意発表直後から，自民党の池田行彦政調会長が，長銀は野党案の特別公的管理とは異なる新たな破綻処理スキームで対処すると述べたり[38]，田波大蔵事務次官が新制度を施行するにしてもそれまでは現行の安定化法で危機に対応するしかないと発言する[39]など，政府・自民党は長銀への破綻前の資本注入の意図をけっして隠そうとしなかった．

　このような混乱に最終的に終止符を打ったのが，9月25日の野中官房長官による系列ノンバンクの不良債権処理のために公的資金を投入することは国民感情から認められない，との発言であった[40]．この発言は，与野党間での対立が続くなか，野党陣営で自由党や党内強硬派に引きずられた民主党に対して平

---

37)　『日本経済新聞』1998年9月16日付．
38)　『日本経済新聞』1998年9月19日付，参照．
39)　『日本経済新聞』1998年9月22日付，参照．
40)　9月25日の定例記者会見において野中官房長官は次のように発言した．「日本リースをはじめ長銀の子会社が抱える優秀な部分と，ダーティーな部分が判明してきた．率直に言って，国民も政治家もバブル期に生じた大きなツケをどうして公的資金で賄っていくのかという大きな不満を持っているような気がする」「（長銀の関連ノンバンクなどの不良債権を）公的資金を投入したり，公的管理で救済すべきではない」（朝日新聞経済部前掲書，283頁）．住信による長銀の救済合併計画は，長銀の系列ノンバンク向け債権5,200億円の放棄を中心とする不良債権処理が前提されていたのであるから，この発言は政府が合併計画を全面的に支持するとしたこれまでの方針を放棄，転換したものと受け取られた．

和・改革（現公明党）が単独行動を匂わし，強硬路線の転換を迫ったタイミングを捉まえて行われた．これを機に，自民党は，長銀問題については野党案の特別公的管理による破綻処理を受け入れる方向に一気に傾き，長銀救済に最後まで固執していた宮沢蔵相も渋々これを受け入れることになった．廃止の決まった安定化法に代わる新たな資本注入スキームの構築が，与野党の共通の緊急課題となった．

　以上の経緯全体から明らかなように，政府・与党が至上命題とした長銀の経営破綻回避を実現できず，野党案の特別公的管理での破綻処理を余儀なくされた究極の要因は，政府・自民党が，事実上債務超過に陥っていた長銀を債務超過ではないと偽って，健全行に対する資本注入スキームを使って救済しようとしたからにほかならない．政府・自民党の予想を超えた野党陣営の結束ぶり，株式市場の住信に対する手厳しい評価，住信自体における政府・長銀に対する警戒心の高まりなどは，政府・自民党が長銀の債務超過の実態を隠そうとしていることに対する不信感から生まれたものであった．また，安定化法を破綻しつつある銀行の救済に利用しようとすれば，旧銀行局幹部がひねり出した「2回資本注入」案のように，合併前の長銀の不良債権処理額を債務超過とは判断されない程度に抑えざるをえなかった．また，「2回資本注入」案の後段部分，合併後に住信に対して合併前の長銀に対するものと同額の資本注入をあらためて行い，長銀から引き継いだ不良債権を処理する約束などは，けっして公表できない性格のものであった．まさに，このような政府・自民党の長銀問題に対する基本戦略の誤りが，国会における容易に出口の見えない政治的混乱状況を生みだし，その結果として合併計画の発表以来の，とくに8月21日以降の長銀の棚ざらし状態をもたらしたのである．だが，この政府・与党の基本戦略の根本的な誤りが，思わぬ形で金融危機管理体制の新たな構築に導いたのである．

（5） 安定化法の廃止と引き換えに大銀行の破綻回避のための新たな資本注入法の制定をめざした政府・自民党

　長銀問題をめぐる与野党の対立が長期化し，有効な金融危機対策，景気対策が行われない間に，日本の長期不況，金融危機はその深刻度をいっそう深めた．株価は連日値を下げ，10月6日には，12年8ヶ月ぶりに1万3,000円の大台を割り込んだ．この大幅な株価下落に伴って大手行による貸し渋りや貸し剥がしが激しさを増し，金融市場から排除された一部事業会社は，コマーシャルペーパーをほとんど日銀特融に近い形で買ってもらうことによって資金繰りをつけるという異常事態まで発生した[41]．このような状況のもと，長銀問題の処理とは別に，金融機能の維持，金融危機の打開のために破綻前の金融機関に対する資本注入を求める声が，財界首脳部から相ついで出された．そして，これまで大手行への公的資金の注入を一種の補助金とみなし，護送船団方式の継続に危惧の念を示してきたアメリカが，9月22日の日米首脳会談で，日本の金融システム安定化のために十分な金額の公的資金を破綻前に投入することを迫った[42]．さらに，10月3日のG7でも破綻前の資本注入体制を速やかに構築することが日本に求められた[43]．国の内外で，いつまでたっても金融危機打開の方向性すら示せず，せっかく作りあげた安定化法の廃止に追い込まれ金融危機管理の明確な枠組みを構築しえない日本の政治・行政権力に対する不満が高まっていた．

　このような状況下で，政府・自民党は，野党陣営が政府攻撃の一つの論拠と

---

[41] 『日本経済新聞』1998年10月6日付け，参照．
[42] 『日本経済新聞』1998年9月24日付け，参照．
[43] 『日本経済新聞』1998年10月5日付け，参照．このG7の共同声明における日本の金融危機管理に対する注文を，榊原財務官は「不良債権の処理を条件に資本注入すべきだというのが欧米の意見だ．不良債権の引当率が（資本注入の）一つの基準になるというのが米国の考えと理解している」と解説した．『日本経済新聞』1998年10月8日付け，参照．長銀問題が焦点になっていた時には政府・自民党としてとても口にしえなかった「不良債権処理のために公的資金を注入する」ということが，日本の政治・行政権力者の常套手段である「外圧」を口実に正当化された．

していた合併支援の拠り所である安定化法の目的の曖昧さを逆手に取る戦術に出た．それは，当初は，安定化法を廃止する代わりに，安定化法の「健全な銀行の資本増強」ではなく「危機管理」＝「過小資本の銀行の経営破綻を未然に防止する」ことを目的とした新たな公的資金による資本注入スキームを確立し，長銀をこの新法適用の第一号にするという形をとって現れた[44]．前述のように，この目論見は，債務超過の長銀は破綻処理されるべきだとする野党陣営の結束の前にあえなく失敗に帰した．だが，政府・与党が最終的に安定化法の廃止と長銀を特別公的管理で破綻処理することを受け入れると，日本の金融危機管理対策，セーフティネットの不備が誰の目にも明らかとなった．新たに制定される再生法は，大銀行の経営破綻を管理された形態で行うためのスキームにすぎなかった．債務超過に陥った長銀の破綻処理はそれで行うとしても，それ以外の大銀行をこのまま放置しておいてよいのか？　株価の大幅下落による含み損と長引く不況下での新たな不良債権の発生が，多かれ少なかれすべての大銀行の経営を圧迫し，信用収縮と実体経済の悪化との悪循環が作動しつつある現在，大銀行の経営危機を未然に防止するために安定化法に代わる新たな資本注入法を早急に制定する必要があるのではないか．ブリッジバンク構想を出発点に開始された金融再生論議は，長銀問題が破綻処理に収斂し再生法がそのための新たな破綻処理法に純化されたことによって，かえって政府・与党がこれまで本音の部分では意図しながら実現できないでいた大銀行の経営破綻を未然に防止するための独自の資本注入法の制定という課題を，野党陣営にも突きつける結果となったのである．

　この新たな政策課題に対する野党陣営の対応は，長銀問題での結束ぶりとは最初からまったく異なっていた．この点は，政府・与党が長銀の特別公的管理による破綻処理を受け入れた直後に，日本経済新聞が民主党ならびに平和・改革（現公明党）に対して行ったインタビューでも明らかであった．「破綻前の金融機関対策がきわめて重要だと思うが」という質問に対して，民主党の菅直人

---

[44]　『日本経済新聞』1998年9月16日付け，参照．

代表は,「我々の特別公的管理は定義は難しいが,申請があれば破綻前も適用できるスキームだと思う.早期健全化スキームも並行してやっていく」,「破綻前処理は一般的な議論をやってもいいとして合意した」と,述べるにとどまった.破綻処理を行うための枠組みであるはずの特別公的管理を,再生委による破綻認定(第36条)ではなく金融機関の側からの自主的な申し出による(第37条)場合には,それは破綻前処理であるとした菅代表のこの発言は,民主党が大銀行の経営破綻を回避するための独自の資本注入法には乗り気ではないことを窺わせるものであった.これとは対照的に,平和・改革(現公明党)の神崎武法代表は同じ質問に対して,「そういう認識はある.ただ赤信号が点滅した銀行に資本を入れると救済になる.黄色信号の銀行には早期健全化のスキームのなかで資本注入するなり,いろいろな形で手当てをした方が金融システムの秩序は損なわれない」,「金融システムを守るために必要な資本注入だということを国民に理解してもらわなければならない」と積極的な姿勢を見せた[45].長銀問題では「小渕内閣の総辞職を狙う政局絡みの思惑も見え隠れ」したとされる自由党[46]も,今回は失地挽回とばかりに最初から資本注入を積極的に容認する立場を表明した.

　自民党は,この野党陣営の足並みの乱れを見抜くと直ちに各会派に個別交渉を持ちかけ,野党分断のために強力な政治工作を行った.その際,自民党が重視したのは,一方で,資本不足の度合いに応じて注入基準を厳格にすることによって野党側の安易な資本注入策という批判をかわしつつ,他方で,健全行への資本注入の道を残すことであった.第1節で詳論したように,不良債権の完全処理を促すことによって大手行が過小資本状態に陥ったとしても,公的資金による資本注入によって自己資本を増強し経営破綻を回避するというのが,健全化法案の本来の狙いであった.だが,せっかく経営破綻回避のための独自の資本注入法を制定したとしても,経営責任や株主責任が厳しく問われる過小資

---

45) 以上の内容については,『日本経済新聞』1998年9月26日付け,参照.
46) 『日本経済新聞』1998年9月19日付け,参照.

本行として申請する以外に道がないとすれば，多くの大手行は申請を躊躇し，安定化法の失敗の二の舞になる恐れがあった．それゆえ，政府・自民党としては，健全化法による資本注入を成功させるためには，本来公的資金による資本注入を必要としないはずの健全行が自由に資本注入を申請できるようにしておく必要があったのである．

　自民党は，平和・改革が長銀問題の政治的攻防の最終局面で果たした役割，ならびに健全行への資本注入の必要性に対する民主党と平和・改革との基本的なスタンスの違いなどを十分に考慮したうえで，おそらく健全化法の制定にあたって平和・改革を取り込み民主党を孤立させる戦略を採用したと考えられる[47]．行政権力の側も，G7を翌日に控えた10月2日に大蔵省財務官の榊原英輔が新党平和の冬柴鉄三幹事長に突然電話を入れ，「野党共闘も分かりますが，ここは方針を変えて，資本注入に賛成してください．とにかく，すぐに入れてください．このまま2週間も3週間も空白ができたら，大手都銀が倒れます．そうなったら世界恐慌です」と窮状を訴え，その直後金融監督庁幹部が不良債権の実情等を冬柴幹事長に説明し理解を得た，と伝えられている[48]．最終的に，自民党は，平和・改革等が求めていた健全な金融機関への資本注入の目的を明記することや，破綻処理のための再生勘定と破綻前の資本注入のための健全化勘定との分離を修正案に盛り込み，平和・改革や自由党の合意を取りつけた．共産党や民主党を除く与野党による基本合意の後，金融危機管理のためにどれだけの公的資金を投入するのかをめぐって，各党の間で競り合いとも言うべき状況が生まれ，安定化法体制のもとでの30兆円枠は，特例業務勘定の17兆円に，新たに再生勘定として18兆円，健全化勘定に25兆円を加え一挙に60兆円にまで拡大されることになった（図8-2参照）．

---

47)　朝日新聞経済部前掲書，286頁参照．
48)　西野前掲書，226頁参照．

340 第3篇 現代日本における金融危機管理体制

図8-2
① 新たなセーフティ・ネットにおける公的資金の流れ

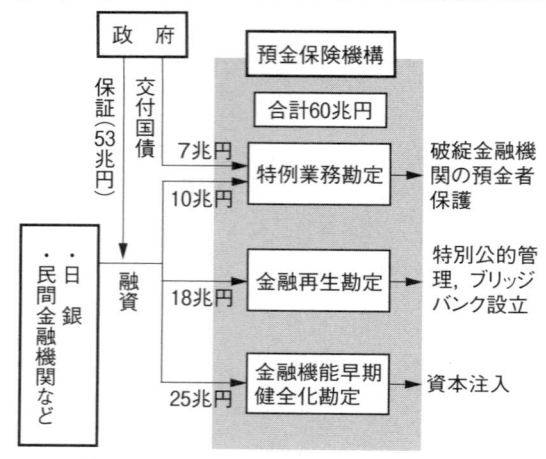

出所:『日本経済新聞』1998年10月13日付け.

② 新たなセーフティ・ネットにおける資本注入と破綻処理の枠組

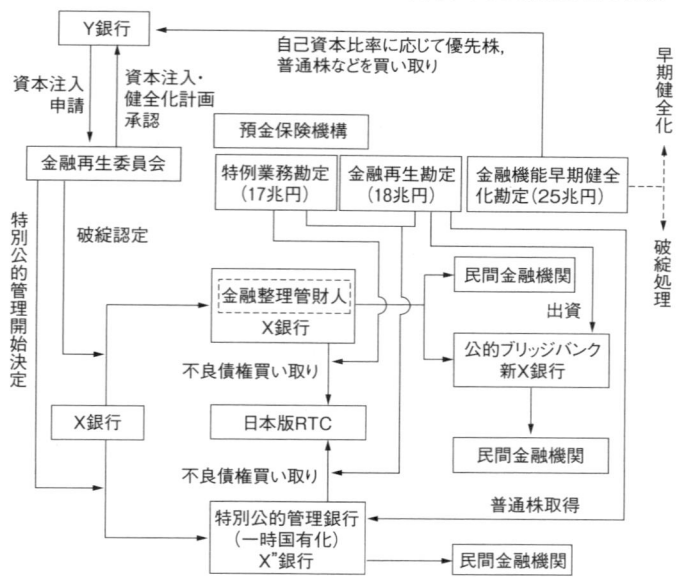

注:特別公的管理には破綻前処理も含まれる.
出所:『日本経済新聞』1998年10月17日付け.

第8章　日本型 TBTF 体制の確立　341

第3節　金融機能再生法の実施過程

（1）　長銀・日債銀の再生法第36条に基づく特別公的管理の開始

　以下では，上述の政治過程を経て制定された再生法・健全化法の実施過程を考察する．まず，再生法の実施過程を見ておこう．事実上債務超過の状態にあった長銀を住信と合併させることによって救済するという基本戦略の失敗から，再生法を大銀行の破綻処理法として純化することを余儀なくされた政府は，その施行と同時に（10月23日）長銀を特別公的管理下においた．この特別公的管理は，政府が経営陣を一掃することによって経営責任を追及するだけではなく，全長銀株を既存株主から強制取得することによって長銀を民間銀行から国有銀行に転化する措置である．長銀は法人格は継続したものの民間銀行としての46年の歴史を終え，経営破綻が確定した．長銀株は翌10月24日には上場が廃止され，特別公的管理が公告された10月28日には無効となり，株券は株主にとっては政府の強制取得に際してたんに対価を請求しうるだけの有価証券となった．

　この特別公的管理と自民党・政府がそれを避けるために提案した独自の公的管理案（それらのかなりの部分は再生法のなかに金融整理管財人による管理，ブリッジバンクとして取り込まれた）あるいは「国有化案」との決定的な違いは，この株主の権利，資本所有者としての権利をめぐるものであった．たとえば，再生法案をめぐる与野党の攻防の過程で株式資本を不良債権処理の原資とすることによって株主責任を取らせるということが主張されたが，減資によって資本金が取り崩されたとしても株主全体としての会社支配，ならびに既存株主の間での出資比率には変化がないのだから，持株多数支配に基づく会社支配の構造は変わらない[49]．実際には，政府・自民党は，この減資を条件に増資の形態で長銀に対して公的資金による資本注入を行い，政府が大株主となった長銀を住信に救済合併させることを意図していた．だが，この場合でも大株主となった政府が資本所有者としての株主の権利を行使して住信との合併に最終的にゴーサ

インを出すのであるから，株主による会社支配の法的枠組みが維持され，株主の資本所有権が尊重されていることに変わりはない．

問題は，宮沢蔵相が認めたように「公的資金の投入なしには存続しえない」銀行，事実上債務超過に陥っていると考えられる銀行の株主に対して，どこまで株主としての権利，資本所有者としての権利を認めるのかということであった．特別公的管理は，株主の意思にかかわりなく，政府の行政判断に基づいて強制的に株主から全株式を取得する措置であり，既存株主が当該銀行の資本所有者としての地位にとどまることを容認しない措置である．その点で，それは，事実上既存株主から政府が資本所有権，会社支配権を略奪する側面を有しており，もともとの提案者である民主党内部ですら「まるで社会主義のようだ」だとの異論が出され[50]，また，政府・自民党も当初は憲法違反の恐れありと牽制していた破綻処理スキームであった．株式所有という現代資本主義のもとでの所有制度の主要構成要素に対して行政権力の側がこのような強力な介入を行うには，それなりの理由，要件が必要となるのは当然であろう．

実際，長銀をこの特別公的管理下におくことを決定する最終局面で，再生法をめぐる与野党間の政治的攻防で一貫して中心的論点をなしてきた問題が再浮上することになった．長銀が，はたして債務超過であるのか否かという問題である．ただし，すでに与野党間で長銀を特別公的管理の形態で破綻処理することが合意されているのだから，それをめぐる攻防は，最初は特別公的管理の開始を決定する権限をもつ行政権力＝政府内部での対立として，さらに自民党内

---

49) この点について，江頭憲治郎氏は，「減資だけなら出資比率が変わらないので株主権は損なわれないが，通常は減資後に増資するので新しい株主と比べ不利になる．そこで株主が納得するための手続きが必要になる」と述べている．『日本経済新聞』1998年9月10日付け，参照．
50) 言うまでもなく，金融システムの安定性を確保するという金融危機管理の基本的見地からすれば，経営危機に瀕した大銀行を市場の淘汰に任せておくことはできない．と同時に，一般的に言って，銀行は不特定多数の預金者や金融債所有者（長信銀の場合）から広範囲に資金を預かっており，一般の事業会社のように会社更生法の適用の申請というような形で法的な破綻処理を行うこともできない．なぜなら，破綻銀行の債権者の数が膨大で債権者の意思を一本化することが難しいばかりではなく，債権者の権利を公

での対立として，そして最終的には行政権力と当の銀行との間で展開された．具体的には，長銀の特別公的管理を再生法の第36条に基づいて行うのか，それとも第37条に基づいて行うかの対立であった．

　再生法の第36条ならびに第37条は，ともに特別公的管理の開始を決定する際の要件を定めたものであるが，前者は，それを再生委が，「銀行がその財産をもって債務を完済することができない場合その他銀行がその業務若しくは財産の状況に照らし預金等の払戻しを停止するおそれがあると認める場合又は銀行が預金等の払戻しを停止した場合」と規定している．これに対して，後者は「銀行がその業務又は財産の状況に照らし預金等の払戻しを停止するおそれが生ずると認める場合」と定めている．第36条では，①当該銀行が債務超過に陥っている場合と，②預金等の払戻しを実際にできなくなった場合（デフォルトの発生)，または，③その可能性ありと金融当局が判断した場合という具合に，発動の要件，対象がきわめて具体的かつ限定的に定められている．これに対して，第37条の「預金等の払戻しを停止するおそれが生ずると認める場合」との文言は，デフォルトの危険が現実には発生していない場合でも特別公的管理を行いうる（おそれが「生ずる」とは現時点では「生じていない」ことを意味しているのだから）ことを規定しているのであり，特別公的管理の対象をいわゆる健全行，問題行ではない一般行にまで無限定的に拡大することを意図したものである．この第37条は，特別公的管理での破綻処理を受け入れざるをえなくなった政府・自民党が，「第9章雑則（金融機関の申し出）第68条」における金融機関

平に取り扱うという公平原理と預金者の不安を回避するという政策目的とは両立しえないからである．再生法は，政府・再生委が，その独自の行政権限に基づいて市場や裁判所に代わって経営破綻に瀕しつつある銀行を市場から排除することを制度化した破綻処理法であり，特別公的管理は，そのなかでも政府による資本主義的所有原理に対する侵害と言うべき市場介入を認めたもっともラディカルな破綻処理方法である．だが，国家による強力な市場介入という形式的な側面にのみ目を奪われて，これを「まるで社会主義のようだ」とした民主党内の一部の評価は笑止千万と言わざるをえない（西野前掲書，245頁参照)．なぜなら，この強力な国家介入が果たした経済的機能からみれば，後述するように，それは国家による独占資本主義体制の擁護，すなわち国家独占資本主義的政策以外の何物でもないからである．

の申請に基づいて再生法が発動されることを規定した条項と合わせて,行政当局として長銀が債務超過であるかどうかの判断をすることなしに特別公的管理に入ることを狙って挿入したものである.再生法におけるもっともラディカルな方法で長銀を破綻処理することになった局面で,政府・自民党として,長銀が債務超過であるか否かについての最終判断を示さざるをえなくなったわけである.

この問題の矢面に立たされたのが,再生法論議の過程で,金融行政の一元化,財政と金融との完全分離を求める与野党を超えた政治的圧力に後押しされて大蔵省から完全分離しつつあった金融監督庁であった.金融監督庁は,前述のように,7月13日に開始した長銀の検査結果が再生法論議に及ぼす影響を考慮し,検査をズルズルと引き延ばしてきたが,再生法施行の直前の10月19日に検査結果を長銀に通知し,施行当日の23日に小渕首相が長銀の特別公的管理開始を決定したのを受けて検査結果の公表に踏みきった.その検査結果の内容を示したものが,表8-2である.これによれば,金融監督庁の査定による長銀の問題債権額は1998年3月末時点で4兆2,974億円と,長銀の自己査定におけるいわゆる分類債権額(第Ⅱ分類〜第Ⅳ分類債権の合計額)2兆8,362億円を1兆4,612億円も上まわっていたが,自己資本額は7,871億円であり,問題債権の増大に伴う要追加償却・引き当て額の増加や有価証券や不動産などの含み損益を考慮しても3,440億円の資産超過であった.これに対して,1998年9月末時点の見込みでは,問題債権の査定額はさらに3,226億円増大し,また系列ノンバンクである日本リースの会社更生法適用申請による要償却額の増大などにより自己資本額は1,600億円にまで大きく低下し,含み損益を考慮すると3,400億円の債務超過に陥るというものであった.これは,一方では,1998年3月末時点では債務超過ではなかったとすることによって安定化法に基づく3月末の資本注入ならびにその前提となった金融危機管理審査委員会の審査を是認しつつ,他方で,現時点では長銀の不良債権処理を厳格に行うならば債務超過に陥る可能性が強いことを認めるという二面的な内容をもつ検査報告であった.この検査結果について,金融監督庁の関係者による「債務超過とも資産超過とも,ど

表 8-2 金融監督庁の日本長期信用銀行に対する金融検査結果

① 資産の状況

		分類状況				総資産
		I	II	III	IV	
1998年3月末	監督庁査定(a)	218,926	30,347	11,254	1,373	261,900
	自己査定(b)	233,538	23,917	4,445	—	261,900
	(a)−(b)	▲14,612	6,429	6,808	1,373	—
1998年9月末見込み	監督庁査定(c)	195,200	33,000	8,000	5,200	241,500
	(c)−(a)	▲23,726	2,653	▲3,254	3,827	▲20,400

注：単位億円，億円未満切り捨て，▲は減．1998年9月末見込みは6月末の資産査定を基準として9月末までに起こった後発事象を加味したもの．
  I …正常債権（第1分類）
  II …回収に注意を要する債権（第2分類）
  III …回収懸念債権（第3分類）
  IV …回収不能債権（第4分類）

② 自己資本の状況

	1998年3月末	1998年9月末見込み
自己資本額	7,871	1,600
要追加償却・引き当て見込み	▲2,747	—
小　計(a)	5,124	1,600
含み損益(b)	▲1,684	▲5,000
有価証券など	▲2,432	▲5,200
(a)+(b)	3,440	▲3,400

注：単位億円，億円未満切り捨て，▲は損失．要追加償却・引き当て見込み額は監督庁による査定結果に長銀の償却・引き当て基準を適用して歳出．9月末見込みの自己資本額は，検査結果を踏まえた長銀による試算．
出所：『日本経済新聞』1998年10月24日付．

ちらとも取れるような中途半端な結論だった．恐る恐る出してきたという印象だった」[51]という発言が紹介されているが，金融監督庁検査部の苦しい立場を

---

51) 西野前掲書，231頁．

端的に表現していると言えよう.

　宮沢蔵相を先頭に「長銀は債務超過ではない」という建前のもとに救済計画を推進してきた大蔵省とこの検査結果との板ばさみに苦しんだ金融監督庁は，検査結果の公表に先立つ10月20日に，日野長官ら幹部が，先に長銀の系列ノンバンクに対する債権放棄，それゆえ住信による長銀の救済合併計画に対して最終的にダメ出しを行った小渕政権内の実力者である野中官房長官に政治決断を仰いだ．これに対して，野中官房長官は債務超過にあるという検査結果をふまえた明確な破綻処理，すなわち第36条に基づいて政府が長銀を債務超過と認定し特別公的管理下におく対応を明示したと報じられている[52]．これによって第36条適用の腹を固めた監督庁は，翌21日には初代金融担当大臣への就任が予定されていた柳沢伯夫国土庁長官をつうじて宮沢蔵相の了解を取り付け，最終的に政府による長銀の債務超過認定に基づく破綻処理が決定された．10月23日に長銀が再生法第68条第2項による破綻認定を伴わない特別公的管理を申請したにもかかわらず，政府によって第36条の破綻認定に基づく特別公的管理を通告された背後には，以上のような行政権力，政治権力内の角逐が存在したのである．

　この第36条に基づく長銀の特別公的管理の開始決定は，金融危機管理と金融再生のための独自の行政機構として1998年11月15日に発足した金融再生委員会とその事務局として具体的な検査・監督業務を遂行することになった大蔵省から独立したばかりの金融監督庁を勢いづかせた．特別公的管理開始にあたって長銀が債務超過と認定されたのは，先の表8-2からも明らかなように，直接には監督庁による長銀の問題債権査定額が，長銀の自己査定における分類債権額を1998年3月末時点で1兆4,612億円，1998年9月末時点では1兆7,838億円も上まわったことに起因している．監督庁は，この点について，「①自己査定の分類基準が当局の基準と比較して合理性がない，②個別案件の分類で債務者

---

[52] 『日本経済新聞』1998年12月8日付け，西野 同上書，232頁，ならびに朝日新聞経済部前掲書，290頁参照．

区分の適用が不正確なものがあった」[53]からと説明したが,それは大蔵省時代の金融検査に比べてより厳しい基準で不良債権の査定を行ったことを意味した.具体的には,これまでの大蔵省検査では不良債権とみなされてこなかった自系列の不動産開発会社向け債権がⅣ分類=回収不能先債権とされたり,また金利支払が滞っていても従来は非分類債権扱いが認められてきた親密会社の子会社向け債権がⅢ分類=破綻懸念先債権と分類されるなどの厳しい対応がなされた[54].

金融監督庁はこの厳格な不良債権の査定を,1997年春に日銀の出資を梃子に大蔵省・日銀一体となって奉加帳方式で救済した日債銀の検査においても貫いた.その結果,1997年春の救済劇に際して関連ノンバンク3社の自己破産,海外事業からの全面撤退,大幅な職員削減・給与水準の切り下げなどのリストラを断行し,その後小康状態を保ってきたように見えた日債銀が,金融監督庁によって11月16日に突如事実上債務超過に陥っているとの検査通知を受けたのである.ここでも,長銀の場合と同様,大蔵省時代には担保不動産の活性化事業として認知され,この活性化事業がまったく収益をあげえなくなって以降も親銀行が支援する姿勢を維持している限りつぶれることはないと引当金の積み増しを求められなかった九段開発やウェストリバーなどの関連会社が,回収不能先として認定された.これまで大蔵省と日債銀が結託して隠蔽し続けてきた不良債権の山が,監督庁のこの方針転換によって一挙に表面化した[55].日債銀の不良債権額は,従来のリスク管理債権額で見れば1兆7,785億円,貸出金に対する比率で23.4%(1998年9月末時点),そして新基準の再生法表示債権額では3兆2,160億円,総与信に対する比率で37%(1999年3月末見込み)と驚くべき水準に達した[56].金融監督庁の検査結果に基づき,政府は,12月12日に日債銀に対して再生法第36条の実質債務超過にあたるとして特別公的管理下におくことを通告した.大蔵省が従来認めてきた関連会社の処理が,金融部門が金融監

---

53) 『日本経済新聞』1998年10月24日付け.
54) 竹内前掲書,210~211頁参照.
55) 『日本経済新聞』1998年12月13日付け,ならびに12月15日付け,参照.

督庁に組織替えされたとたんに否定されたことに納得のいかない日債銀は，当初政府に対して決定の撤回を求める行政訴訟も辞さずという構えを示したが，最終的に政府との見解の相違を記した弁明書を提出し，政府の通告を受諾した．株式市場でも短期金融市場でも市場の強烈な排撃にあい，資金繰り破綻寸前の状況に追い込まれた長銀とは異なり，特別公的管理決定の前日（12月11日）の時点で株価が158円で引け，資金繰りについても相対的に安定化していた日債銀をこのような仕方で一時国有化したことは，金融当局・政府の金融再生ならびにそれに向けての不良債権の完全処理に対する並々ならぬ決意を示したもの，と金融関係者に受けとめられた．

（2） 長銀・日債銀の特別公的管理と借り手保護

ところで，再生法は，金融再生論議の発端となったブリッジバンク構想だけでなく上述の特別公的管理も含めて，金融機関の破綻処理に際して借り手を保護することを目的として制定された破綻処理法である．第3条の破綻処理の原則の第2号で「経営の健全性の確保が困難な金融機関を存続させないものとする」と厳格な破綻処理を謳う一方で，その第5号で，金融機関の経営破綻によって健全な借り手が従来の借入を継続することができなくなったり，事業活動にとって必要な新たな融資が受けられなくなったりすることのないように，破綻金融機関の「金融仲介業務を維持する」ことを定めている．前者の厳格な破綻処理という側面からすれば，不良債権を厳しく査定しそれを整理回収機構（日本版RTC）に売却することによって資産の健全化を図り，できるだけ早期に譲渡先を確定することが求められる．他方，借り手保護の見地からは，できる

---

56)　『日本経済新聞』1998年11月25日付け，参照．再生法によって1999年3月期決算から新基準での不良債権額を公表することを求められた大手各行は，市場の信頼を得るべく1998年9月中間期に前倒しでこの再生法表示額を発表した．監督庁から事実上債務超過との判定を下されていた日債銀は，11月24日に1999年3月末の不良債権額の見通しと同期における7,350億円の不良債権処理の実施を発表することによって起死回生を図ったが，時すでに遅かった．

だけ多くの「健全な借り手」に対して融資を継続し，さらに新規の融資希望に応えることが求められる．国有長銀によって整理回収機構送りにされてしまえば，当該債権が整理回収機構によって回収の対象とされるばかりではなく，これをきっかけにそれ以外の金融機関もこぞって貸出の返済を求めてくることが予想される．国有長銀の経営者としては不良債権を完全処理するためには，できるだけ多くの問題債権を整理回収機構に売却するのが得策であるが，再生法で定められた借り手保護の見地からすれば日本版 RTC 送りの企業を限定せざるをえないという矛盾を，国有長銀は初めから抱えていたのである．

そこで，国有長銀が保有すべき債権と整理回収機構送りにする不良債権とをどう仕分けするのかが，問題となった．再生法は，長銀の経営破綻を契機に不良債権の実態をより正確に反映させるために従来の債権ベースのリスク管理債権とは別に，新たに金融機関の自己査定と同じく債務者ベース，総与信ベースの不良債権の公表，いわゆる再生法表示債権の公表を定めた．この債務者ベースの再生法表示債権は，債務者を正常先債務者，要注意先債務者，破綻懸念先債務者，実質破綻先債務者，破綻先債務者に区分したが，国有長銀が正常先債務者向け債権を保有し，破綻懸念先債務者向け以下の債権を整理回収機構へ売却するのは当然として，仕分けで問題の焦点となったのは要注意先債務者の取扱いであった．金融再生委員会設立準備室は，1998年11月17日に特別公的管理やブリッジバンクに移行した銀行が保有・承継する資産の判定基準を発表したが，要注意先債務者の仕分けは表 8-3 のように決定された．これによれば，繰越損失を抱えており，しかも元利金の支払いを延滞したり（3ヶ月以内），金利の減免など貸出条件の緩和を受けている要注意先企業であっても，繰越損失を2年後の決算期末までに解消できる見通しがある場合には，整理回収機構送りを免れ，引き続き国有長銀から融資を継続してもらえることになった．明らかに，再生法の借り手保護の見地を重視した問題企業に対する一種の救済措置であり，これによって国有長銀の取引先企業約7,000社の1割強とみられる要注意先企業の大半が融資を継続してもらうことができると期待された[57]．さらに，柳沢伯夫金融再生担当相はこの判定基準の発表にあたっての談話で，「(要

350　第3篇　現代日本における金融危機管理体制

表 8 − 3　要注意先債務者の区分

健全性	財務内容	債務の履行状況 正常	債務の履行状況 ① 貸出条件緩和 ② 元利金支払延滞
	（繰越損益）繰越利益	A ⇒ 適当	B
	繰越損失	⇒ 2 年後の期末までに A に移行するなら適当	
	債務超過	C ⇒ 不適当	

注：ただし，①住宅ローンなどの個人向け定型ローン等のみを保有する債務者，②債務総額が5,000万円未満であり，元金の支払及び利息の返済を当初の貸出契約どおり行っている債務者 ⇒ 適当
出所：金融監督庁『金融監督庁の1年』（1989年）．

注意先については）今後のリストラ努力の成果も勘案するほか，債務の規模も考慮するなど実態に即してきめ細かい判定をする」[58]と述べ，大口借入先への独自の配慮も示唆した．表 8 − 4 にみられるように，長銀の大口融資先には，破綻懸念先以外にもゼネコンやノンバンクなどの要注意先が含まれていたが，これら問題企業については大企業であることを理由に融資の継続が保証された．

　再生委は，この判定基準に基づいて不良資産の仕分けに取り組み，翌1999年2月19日に国有長銀の資産判定結果を発表した（表 8 − 5）．この判定結果に基づいて，再生委は国有長銀保有の資産24兆6,026億円のうち5兆362億円を整理回収機構に売却することを決定したが，整理回収機構送りとなる不良資産のうち，不良貸付債権は853件，4兆7,168億円に達した．先の大甘の判定基準にもかかわらず，結局取引件数でいえば7,118件のうち853件，約12％の企業，金額的には貸付金関連資産15兆8,834億円のうちほぼ3割の貸付債権が，2年間のリストラによっても業績回復・返済がまったく見込むことのできない文字通り

---

57)　『日本経済新聞』1998年11月18日付け，参照．
58)　『日本経済新聞』1998年11月18日付け．

第8章 日本型 TBTF 体制の確立　351

表8-4　日本長期信用銀行の大口融資先と融資額

① (億円)

大口融資先	融資額
日本リース	2,555
東京電力	1,966
石油公団	1,903
イ・アイ・イーインターナショナル	1,837
日本信販	1,680
オリエントコーポレーション	1,569
共同債権買取機構	1,398
ライフ	1,252
ファーストクレジット	1,083
プロミス	1,047
アコム	1,027
熊谷組	1,018

注：1998年3月末.
出所：『日本経済新聞』1998年9月30日付け.

② (億円)

川崎製鉄	2,529
東京電力	2,385
日本信販	2,308
熊谷組	2,112
セゾングループ	2,100
そごう	2,044
ダイエー	1,790
NTT	1,730
ライフ	1,651
オリコ	1,573

注：1．1998年3月末.
　　2．関連会社分を含む.
出所：『日本経済新聞』1999年9月29日付け.

表8-5　日本長期信用銀行の資産判定結果　(億円)

	適	不適	回収済	合計
貸付金関連資産	111,057	47,168	609	158,834
（件数）	6,230	853	35	7,118
株式	18,712	1,035	643	20,390
債券その他の有価証券	17,869	336	632	18,837
動産・不動産	441	486	0	927
その他の資産	45,701	1,337	0	47,038
合計	193,780	50,362	1,884	246,026
金融派生商品（想定元本ベース）	607,422	4,261	785	612,468

注：件数からは住宅ローン，債券担保貸付，総合口座当貸を除く.
出所：金融再生委員会ホームページ.

の不良債権として整理回収機構に最終的に売却されることになった．この不良債権額のほぼ半分が，担保不動産の活性化事業の失敗によって事実上不良債権隠しのためのペーパーカンパニーと化した100社余りの長銀の関連会社向け債権であった[59]．以上の資産判定結果は，長銀を健全行であるとして安定化法に基づく資本注入を認めた1998年3月の金融危機管理審査委員会の審査は言うまでもなく，第36条に基づく特別公的管理を方向づけた1998年10月の金融監督庁の検査結果までもが，長銀の不良債権の実態を隠蔽する，過小に見せかけるためのものではなかったのかという疑念を呼び起こすことになった．実際，それ以降国有長銀の債務超過額が発表されるたびに超過額が大きく膨らんでいったことは，この懸念・疑惑が根拠あるものだということを裏づけた．

　再生法は，特別公的管理の公告時点で破綻銀行の純資産額を算定し，政府による株式取得価格を決定することを定めているが（第40条），再生委の株価算定委員会（委員長，落合誠一東大教授）は，1999年3月30日に，国有化時点での長銀の純資産額を2兆6,535億円の債務超過と判定し，これに基づいて政府の株式取得価格を普通株，優先株ともにゼロとすることを決定した[60]．債務超過額は，監督庁による検査結果の3,400億円に比べて2兆3,135億円も上まわる結果となった．さらに，算定委は先の国有長銀として保有すべきではないと判定された不良資産が整理回収機構に売却される直前の7月時点で，あらためてその再評価を行ったが，それによれば国有長銀の債務超過額はさらに8,000億円余り増大して3兆5,000億円程度になると予想された[61]．

　算定委は，前者の2兆6,535億円については，長銀の国有化が公告された1998年10月28日時点で長銀が清算されることを仮定して資産を評価し直した結果であり，後者の8,000億円の拡大に関しては，破綻懸念先以下の貸出債権の担保価格を不動産路線価格の7割に引き下げたことや特別公的管理移行後の地

59）『日本経済新聞』1999年2月20日付け，参照．
60）株価算定委員会「株式会社日本長期信用銀行に係る取得株式の対価について」（1999年3月30日）（金融再生委員会ホームページ），参照．
61）『日本経済新聞』1999年7月16日付け，ならびに8月11日付け，参照．

価下落によるものであると説明した．長銀が清算されるとすれば，これまで長銀の金融支援だけに依存して生きながらえてきた企業が経営破綻に追い込まれるのは必至であり，そうであるならば，国有長銀が保有すべきではないとされた不適資産の評価額は根本的に減額修正されるべきだとの判断である．具体的には，不適資産とされた正常先債権および要注意先債権については担保等で保全されていない額の50％を控除した金額を，また不適とされた破綻懸念先債権，実質破綻先債権および破綻先債権の場合には担保等で保全されている部分だけが資産評価額と認定された[62]．資産評価額がこのように大幅に減額修正されるならば，債務超過額が膨らむのは当然というわけである．だが，企業の清算価値は企業の存続を前提としたゴーイング・コンサーン価値とは違うというこの主張は，不良債権隠しのために利息の追貸しを続けることによってバブル崩壊後の不良債権の累積メカニズムを発動させてきた銀行の問題先送り行動と，メインバンクがつぶす意図がなければ関連企業向け債権は不良債権ではないとしてそれを容認してきた大蔵省の金融行政の責任を免罪するものではけっしてない．むしろこの株価算定委によって明らかにされた2兆558億円にのぼる新たな貸出金損失（そのうち1兆1,000億円は不良債権隠しのために設立された100社余りの関連企業向け貸出損失であった）[63]は，市場によって大銀行が資金繰り破綻に追い込まれない限り関連企業向けの不良債権の先送りを認めてきた大蔵省・日銀の無責任極まりない問題先送り政策の誤りの深刻さを浮き彫りにするものである．

そして，預金保険機構は，整理回収機構に委託して行った2回にわたる不適資産の買取り，第1回目1999年8月16日，買取り対象資産元本2兆7,587億円（簿価4,120億円，内貸出金は貸出先件数685件で4,083億円），第2回目2000年2月28日，同1兆4,925億円（簿価3,048億円，内貸出金は貸出先件数54件で2,985億円），同合計4兆2,512億円（簿価7,168億円，内貸出金は貸出先件数739件で7,068億円），

---

[62] 前掲，株価算定委員会「株式会社日本長期信用銀行に係る取得株式の対価について」，参照．
[63] 『日本経済新聞』1999年3月31日付け，参照．

354　第3篇　現代日本における金融危機管理体制

表8-6　日本債券信用銀行の資産判定結果　　　　　　　　　　（億円）

	適	不適	回収済	合計
貸付金関連資産	40,481	38,346	2,387	81,214
（件数）	2,606	789	57	3,452
株　　式	6,833	377	69	7,279
債券その他の有価証券	7,220	730	5,494	13,444
動産・不動産	443	111	1	555
その他の資産	10,795	38	841	11,674
合　　計	65,772	39,602	8,792	114,166
金融派生商品（想定元本ベース）	668,155	183	7,570	675,908

注：件数からは，住宅ローン，債券担保貸付，総合口座当貸を除く．
出所：金融再生委員会ホームページ．

ならびに長銀保有の株式2兆2,764億円の買取りに伴って発生した損失を，2000年2月28日に一般・特例業務勘定からの金銭贈与3兆2,391億円と金融再生勘定からの損失補填3,489億円の公的資金投入によって穴埋めした[64]．これを受けて2000年9月1日に，金融再生委は一時国有化されていた長銀の発行済み普通株式約24億株をニュー・LTCB・パートナーズ・C．V．（以下，NLPと略記する）に譲渡し，かくして国有長銀の特別公的管理が終了した．

　日債銀の場合には，1999年2月19日に発表された資産判定結果（表8-6）では，総資産11兆4,166億円に対して適資産は6兆5,772億円，不適資産は3兆9,602億円と判定され，貸付債権に限定して言えば総貸付関連資産8兆1,214億円（3,452件）のうち不適資産は3兆8,346億円（789件）と，実に貸出額の47.2%

---

64)　整理回収機構資料「日本長期信用銀行からの資産買取りについて」（2000年2月28日）（参議院財政・金融委員会調査室「預金保険法等の一部を改正する法律案」参考資料），ならびに預金保険機構理事長談話（2000年2月16日）「Ⅰ．日本長期信用銀行（特別公的管理銀行）に対する特例資金援助（第2回）の件，Ⅱ．日本長期信用銀行（特別公的管理銀行）に対する損失の補てん等の件」（預金保険機構ホームページ），参照．

が将来的にも収益をあげる見込みのない貸付債権として整理回収機構送りとされた．株価算定委は，1999年6月14日国有日債銀の純資産について3兆466億円の債務超過と認定し，それに基づいて取得株価を長銀と同様普通株，優先株ともにゼロ円と算定した[65]．再生委は，国有日債銀の特別公的管理終了にあたって，2000年8月31日に新たに簿価7,168億円の貸付関連資産の買取りと6,732億円の株式の買取りに伴う損失を穴埋めした．その結果，一般・特例業務勘定から3兆1,497億円の金銭贈与と金融再生勘定から931億円の損失補填が行われ，これを受けて翌9月1日に預金保険機構が保有する約25億株の普通株がソフト・バンクグループに譲渡され，特別公的管理が終了した[66]．

ところで，最終的に整理回収機構に売却されることになった資産以外のものがすべて健全な資産であったかといえば，先の判定基準からしても，それは明らかに否であった．実際バブル期の過大な不動産投資の失敗によって生じた過大な借入金の負担から長期にわたって経営不振を極めていたゼネコンや大手流通業向け債権が，まさにToo Big Too Fail（TBTF）の論理に基づいて特別公的管理下の長銀，日債銀に適資産として保持され続けた．国有長銀自身の売却に際してこれらの大口融資先の取扱い，借り手保護があらためて売却交渉の焦点となったのである．

（3） 国有長銀・日債銀の売却と借り手保護・瑕疵担保条項

特別公的管理下におかれた国有長銀の新経営陣[67]は，一方では迅速かつ徹底した不良債権処理，他方では「健全な」借り手の保護という矛盾した課題を抱えつつ，1年以内の民間銀行への再転換をめざし譲渡先の確保に努めた．その

---

65) 株価算定委員会「株式会社日本債券信用銀行に係る取得株式の対価について」（1999年6月14日）（金融再生委員会ホームページ），参照．
66) 預金保険機構理事長談話（2000年8月25日）「Ⅰ．日本債券信用銀行（特別公的管理銀行）に対する特例資金援助（第2回）の件，Ⅱ．日本債券信用銀行（特別公的管理銀行）に対する損失補填の件，Ⅲ．新生日本債券信用銀行のスタートに寄せて」（預金保険機構ホームページ），ならびに金融再生委員会「日本債券信用銀行に係る特別公的管理の終了について」（2000年9月1日）（金融再生委員会ホームページ），参照．

結果1999年7月中旬までにアメリカのプライベート・エクイティ・ファンドであるリップルウッド・ホールディングスが組織した国際的な投資家連合（出資者にはアメリカのシティグループ，GEキャピタル，オランダのABNアムロ，ドイツ銀行など米欧の国際的に有力な金融機関が参加，5月10日），JPモルガン・オリックス連合（5月下旬），2000年合併予定の中央信託・三井信託連合（6月10日），フランスのパリバ（7月下旬）の4グループが名乗りをあげたが，再生委は9月13日には譲渡先をリップルウッドと中央信託・三井信託連合に絞り込んだ．リップルウッドについては当初アメリカ流の短期的な投資収益の獲得をめざして資産の切り売りなどを積極的に展開するのではないかとの懸念もあったが，資産の証券化，M&Aの仲介，証券の引き受けなど提携予定の外国金融機関が得意とする分野を新たな収益源とする中長期的な事業計画を示したことが高く評価され，譲渡先の最有力候補とみなされた．だが，再生委は，国民の血税を投入して不良債権を処理することになる銀行が，欧米の金融機関が共同出資した投資組合に所有されることに対する国民的な反発を恐れて，中央信託・三井信託連合をリップルウッドに対する対抗馬として残しておいた．外国投資家による日本の大銀行の乗っ取りという風当たりを緩和するために，リップルウッドは八代政基前シティバンク駐日代表の頭取就任を軸に，今井敬経団連会長（新日本製鉄会長），樋口廣太郎経済戦略会議議長（アサヒビール名誉会長），さらにはポール・ボルカー前アメリカ連邦準備理事会（FRB）議長など，日米の経済界の大物を次々と経営陣に加えた．

　再生委は，リップルウッドの最終案のほうが，中央信託・三井信託連合案の

---

67) 政争の嵐の中で経営破綻に至り，しかも厳格な破綻処理と借り手の保護という矛盾する課題を担わざるをえない特別公的管理下の長銀の新首脳人事は，難航を極めた．要請を受けた誰もが「貧乏くじを引きたくない」との思いから就任を断り続けた．結局，柳沢金融担当相が，安藤隆日銀理事（信用機構担当）を名指しで速水日銀総裁に頭取への就任要請を依頼し，新頭取が決まった．その脇を固める重役陣の派遣についても，再建がうまくいかなかった場合の責任を恐れて民間銀行は尻込みしたが，興銀が副頭取を（もう1名の副頭取は長銀内部から昇格），東京三菱銀行が専務を送ることで決着した．『日本経済新聞』1998年10月29日付け，ならびに11月4日付け，参照．

それよりも投入すべき公的資金額が2,000億円〜3,000億円程度小さくて済むこと，さらに，リップルウッド側が国有長銀の取引先への3年間の融資継続を認めるなど借り手保護に配慮を示したことから，9月28日にリップルウッド・ホールディングスを中心とする国際的投資組合NLPを特別公的管理下の長銀の譲渡先として最優先して交渉することを決定した[68]．預金保険機構，長銀およびNLPによる買収交渉は，その後1999年12月24日の基本合意書の締結を経て，最終的に2000年2月9日に最終契約書の締結に結実した．この最終契約書で合意された主要な内容は以下のとおりである．

　第一に，NLPは，長銀の既存の普通株式約24億株を預金保険機構から10億円で買い取る．1998年3月末に整理回収機構が1,300億円の公的資金によって購入した既存の優先株1億株については，約7,453万株は預金保険機構が引き続き所有するが，残りの約2547万株は無償償却する．貸出資産額が10兆円超えの大銀行のいわゆる暖簾価格は，わずか10億円に値切られた．

　第二に，NLPは新生長銀の新規に発行される普通株式3億株を1,200億円（1株当たり400円）で引き受ける．それゆえ，NLPの実際の長銀買収価格は，先の10億円の暖簾代と合わせて1,210億円となった．

　第三に，政府は，健全化法における健全な自己資本の状況にある金融機関としての新生長銀の要請に基づき，新生長銀が新規に発行する無議決権優先・無額面株式6億株を2,400億円（1株当たり400円）で引き受ける．

　第四に，長銀が保有する上場株式の売却によって2,500億円の含み益を実現し，それを新生長銀の自己資本の増強に充てる．これによって先の新規発行分も含めて中核資本は6,100億円となり，これに補完的な資本項目を加えれば，新生長銀の自己資本比率は約13％となる．経営破綻したのであるから本来は損失処理のために充当されるべき株式含み益が，新たに出直す新生長銀の自己資本に組み入れられることによって，大幅な債務超過に陥っていた長銀が，自己資本比率の点では一躍トップバンクに踊り出ることになった．

---

68) 『日本経済新聞』1998年9月23日付け，ならびに9月29日付け，参照．

第五に，預金保険機構は，金融再生法第62条，第72条に基づき長銀の債務超過を穴埋めるために必要な金銭贈与，損失補填を行う．この取り決めに基づいて，2000年2月28日に約3兆6,000億円の公的資金が長銀に投入された．

　第六に，新生長銀は，再生委が適資産と判定した貸出関連資産については少なくとも3年間は，特別の事情がない限り売却や急激な回収を行わず，また借換えや季節資金等の必要かつ適切な資金需要に応えることが義務づけられた．これによって，ゼネコンや大手流通業などの経営不振企業は，長銀をつうじて資金供給ルートを確保できることになった．

　第七に，これらの貸付関連資産の保有に関連して，契約上は会計基準に基づき適切な引当金を計上するとしか記されていないが，実際には最大5,000億円までの貸倒れ引当金の積み増しが合意された．

　第八に，新生長銀が預金保険機構から引き継ぎ3年間の保有を義務づけられた貸出関連資産が，この3年の期限内に瑕疵により2割以上減価した場合には，預金保険機構は当該資産を当初価値で（当初引当金控除後ベース）で買い戻すことが定められた．すなわち，保有した資産が2割を超えて減価した場合には，新生長銀は当該資産を引当金とともに売り戻すことによって一切の損失負担を免れることができるようになった．

　第九に，新生長銀が営業上必要とする株式については預金保険機構が購入し，5年間は新生長銀の同意なしにはこれを売却しないことが定められた．具体的には，金融債の重要な引き受け手である地方銀行の株式については市場では売却せず，またその他の事業会社の株式についても5年以内に売却する場合には事前協議が義務づけられた[69]．

　以上のように，預金保険機構・政府は，経営破綻した長銀に対して金銭贈与・損失補填の形で3兆6,000億円の公的資金を投入した．この公的資金は文字どおり破綻処理のためのものであり，返済されることのない純粋なる国民負

---

[69]　以上については，金融再生委員会「長銀譲渡に係る最終契約書の概要」（2000年2月9日）（金融再生委員会ホームページ），ならびに「株式売買契約書」（同上），参照．

担である．さらに，預金保険機構・政府は，貸出資産だけで10兆円を上まわる資産規模をもつ大銀行をわずか1,210億円でNPLに売却しただけではなく，新たに再出発する新生長銀のために2,400億円の公的資金による資本注入を行い，本来破綻処理に使われるべき株式の含み益2,500億円を利益準備金，自己資本に繰り入れ，貸倒れ引当金を積み増し，さらには3年以内に資産価値が2割以上減価した場合の瑕疵担保条項を認めるなど至れり尽せりの大盤振る舞いを行った．政府が，NLP，新生長銀の側にこのような有利な条件を与えたのは，ひとえに新生長銀が引き継ぐ適資産のなかにかなりの問題債権が含まれていたからにほかならない．借り手保護を再生法で義務づけられた再生委・政府は，独自の資産判定基準や企業規模・債務額の大きさの考慮のもとに経営危機に瀕していた熊谷組やそごう向け債権を適資産として保有し続け，NLP・新生長銀にそれらに対する貸出を3年間継続し，さらには必要な新規融資を行うことを認めさせようとした．これが，NLPとの売却交渉において政府・預金保険機構側の弱みとなり，そこをついたNLP・新生長銀に対して大幅な譲歩を余儀なくされたと言えよう．

　この問題でNLP側は，新生長銀が引き継いだ資産から発生する第二次損失の負担をできるだけ軽減するために，アメリカにおいて1991年以降破綻銀行の営業譲渡では一般化していた損失分担（ロスシェアリング）ルールの導入を交渉の開始時点で求めた[70]．これに対して，再生委・日本政府は，①再生法に，国有長銀が民間銀行に移行した後に発生した損失を補填する規定がないこと，②二次損失が発生し政府が損失を分担する場合には財政上予算措置が必要となるが，国家予算の単年度主義に反するこの後年度負担の発生を大蔵省が嫌ったこと，からその導入を断念し[71]，いったんは引当金の積み増しや株式含み益の自己資本への繰り入れなどで対応しようとした．だが，適資産として保有し融資を継続することにはなったものの問題企業の経営・財務状況からみて資産の劣

---

70) アメリカにおけるロスシェアリング協定については，FDIC, Annual Report1992, 参照．
71) 『日本経済新聞』1999年7月21日付け，ならびに8月17日付け，参照．

化，それに伴う引当率の変更は不可避であり，事前に一定額の引当金を積み増すことによって対応することにはもともと無理があった．その結果，政府・再生委は，株式の含み益の自己資本への繰り入れ，貸倒れ引当金の積み増しなどの譲歩を行ったうえに，さらに最終的に瑕疵担保条項を締結することになったのである．

ところで，この瑕疵担保条項と先の損失分担ルールは，ともに，営業譲渡後に受け皿銀行が継承した資産に第二次損失が発生した場合に，どのようにこの損失を当事者である受け皿銀行と預金保険機構（アメリカの場合には預金保険公社FDIC）との間で分担するのかを定めた調整方法，調整ルールであり，それらが直接に意図するところは同じである．ところが，瑕疵担保条項は，第二次損失の負担のあり方という問題を超えて，受け皿銀行，ここでは新生長銀が借り手の問題企業の再建に対してどのような姿勢で臨むのかという，銀行の貸出行動それ自体に大きな影響を及ぼすことになった．具体的に言えば，損失分担ルールの場合，アメリカでは分担期間は3年～5年で，FDICの負担割合は80％というのが一般的であり，第二次損失が発生する限り受け皿銀行も20％の追加負担を免れえない．それゆえ，受け皿銀行は，私企業の立場からも借り手企業の再建に全力を尽くさざるをえない．だが，先の瑕疵担保条項が存在すれば，新生長銀にとっては借り手の経営困難は直接の負担としては跳ね返ってこない．むしろ，借り手企業の経営が悪化し資産価値の減価が避けられないとすれば，中途半端に再建を手助けするよりも2割以上減価するまで放置しておいた方が得策という結果になる．なぜなら，2割以上資産価値が減価すれば，預金保険機構・政府が当該資産を当初の簿価で買い戻し，すべての負担をかぶってくれるからである．再建計画を立てたメインバンクや他の協調融資行の場合は，当該貸付債権の回収はこの再建計画の成功いかんにかかっているのに対して，一人瑕疵担保条項に守られた新生長銀（新生銀行）や新生日債銀（あおぞら銀行）だけは問題企業の先行きにかかわらず貸付債権の完全回収を保証されているのである．

この問題をもっとも象徴的に示したのが，そごうの再建計画に対する新生銀

行の対応であった．そごうのメインバンクであった興銀がまとめた再建計画は，メインの興銀ならびに旧長銀時代には準メインであった新生銀行が貸付残高の半分，第3位の中央三井信託と第4位のあさひ銀行が約1/3の債権放棄を行い，これを軸に貸付金総額1兆7,000億円のうち6,400億円の債権放棄を協調融資行全体として実現する（150の金融機関のうち約70の金融機関が債権を放棄する）ことによって，そごう自身のリストラによる経営再建をバックアップしようというものであった．だが，この再建計画が甘いと判断した新生銀行はかつての準メインとしての地位，責任をまったく顧慮することなく，この再建計画の拒否，すなわち債権放棄には応じられないとの姿勢を鮮明にした．新生銀行が国有長銀から1,000億円の貸倒れ引当金とともに引き継いだそごう向け債権は2,000億円，興銀の再建計画で求められた債権放棄額は970億円で，それだけをとれば貸倒れ引当金の範囲内であり新生銀行に新たな損失は発生しない．だが，この再建計画が失敗すれば，残りの1,030億円にさらに第二次損失が発生する可能性があり，しかも継承した貸倒れ引当金は底をついている．だとすれば，今のうちに瑕疵担保条項に基づいて2,000億円を丸々回収しておいた方が，銀行行動としては合理的であるというのが，新生銀行の判断であった．そごうに対する新生銀行ならびに特別公的管理下にあった国有日債銀の債権放棄を含むこの救済計画はその後マスコミや与野党から袋叩きにあい，最終的に自民党の亀井静香政調会長のそごうへの露骨な政治介入，「倒産勧告」によって頓挫し，そごうは民事再生法の適用を申請し法的な破綻処理に移行した．その結果，民事再生法にもとづくそごうに対する債権放棄額は，興銀の再建計画における6,400億円から1兆5,000億円に大幅に増大し，興銀案では債権放棄を免れることになっていた約80の中小金融機関も，500億円〜600億円の債権放棄を余儀なくされた．また，新生銀行の2,000億円のそごう向け債権を買い戻した預金保険機構も，民事再生法に基づく破綻処理である以上新たな再建計画への協力を拒否するわけにはいかず，プロラタ方式での損失負担配分により1,500億円の債権放棄を受け入れることになった[72]．

　長銀問題に端を発して従来の大銀行に対するTBTF政策の失敗を大銀行の

破綻処理法である金融再生法の制定という形で認めざるをえなくなった政府・金融当局は，この再生法の実施過程では，今度は経営危機に瀕した大企業を温存，救済すべく公権力を発動した．日本政府は，新生長銀のために3兆6,000億円にも達する国民の税金を投入して回収見込みのない不良債権を分離してやった．そればかりではなく，大企業ということで整理回収機構送りを免れた問題企業に対する3年間の融資継続と引き換えに，さらに5,000億円余りの公的資金を自己資本充実の形で直接新生銀行に投入した．大銀行に対するTBTF政策の背後には大企業に対するTBTF政策が存在していたのであり，政府が大銀行の破綻処理を認めたからといって，それはただちに破綻銀行が抱えていた問題企業の切り捨てを意味したわけではなかった．ここでもまた，政府は企業規模を考慮した企業の選別・淘汰，すなわち事業会社に対するTBTF政策を追求したのである．だが，その試みも上記の瑕疵担保条項の実際の発動過程に見られるように，民間銀行の利潤原理を無視して強行することはできず，結局バブル期の過大借入によって再建の見込みが立たなくなった大企業については，預金保険機構すなわち政府自身が引き取る以外になかったわけである．興銀による再建計画がそごうの経営実態を十分にふまえたものでなかったことはおくとしても，政府・預金保険機構が，再生法における借り手保護という政策目的の実現と引き換えに導入したはずの瑕疵担保条項が，結局は日本政府・金融業界があげて救済しようとしたそごうの法的整理とそれに伴う新たな国民負担をもたらしたことは，あらためて日本政府・金融当局の危機管理能力の欠如を証明することになった．

---

72) 以上のそごう問題の詳細については，竹内前掲書，20〜34頁参照．

第4節　金融機能早期健全化法の実施過程

（1）　公的資金の資本注入によって不良債権を完全処理しようとした金融再生委

　以下では健全化法の実施過程をみていこう．第1，2節で明らかにしたように，健全化法は，13兆円の公的資金枠を設けながら，それすら十分に利用できず金融危機管理に失敗した安定化法の経験をふまえて，「金融機関等の不良債権の処理を速やかに進めるとともに，金融機関等の資本の増強に関する緊急措置の制度を設けること等により我が国の金融機能の早期健全化を図り，もって我が国の金融システムの再構築と我が国の経済の活性化に資することを目的とする」(健全化法第1条)金融危機管理法である．この健全化法の実施に際して，金融再生委，政府が戦略的課題として位置づけたのは，第一に，不良債権の完全処理をめざすことであり，第二に，過剰状態にある大銀行について金融再編をつうじて大銀行の数を減らすことであった．まず前者の問題からみておこう．

　1990年代金融危機の進行とともに金融業界，日本政府が発表する不良債権額や自己資本比率に対して，その信頼性を疑う声は国の内外で次第に高まってきたが，それを決定的にしたのは長銀の突然の経営破綻であった．1998年6月の月刊『現代』による経営危機報道からわずか3週間で資金繰り困難に陥り，その後3ヶ月間にわたって政治に弄ばれ，最終的に政府によって債務超過であると認定され特別公的管理下におかれた長銀は，この問題が起きる直前まで表面的には自己資本比率10％を超える「優良銀行」であった．もはや日本の銀行業界や政府が発表する自己資本比率をそのまま鵜呑みにする金融関係者はいなかった．それどころか，健全化法が衆議院を通過した時点で，健全化法に基づいて「適切な資産の査定」と「適切な引当」(健全化法第3条)がなされるならば「大手銀のうち少なくとも半数以上は計算上，債務超過に転落する可能性がある」との金融筋の観測が流れた[73]．金融再生委，政府としては，大銀行のさらなる経営破綻を未然に防止するためにも，日本の金融システム，日本政府の

金融危機管理体制に対する信頼を回復するためも，是が非でも厳格な不良債権の把握に基づいて不良債権の完全処理とそれに必要十分な公的資金による資本注入を成功させなければならなかった．

だが，健全化法制定の最終段階で，当初の政策意図に反して過小資本行ばかりではなく，自己資本比率8％を超える健全行に対しても資本注入が認められるようになったにもかかわらず，大銀行の多くは公的資金による資本注入の申請に消極的であった．その主な理由は，第一に，自己資本比率8％以上のいわゆる健全行が資本注入を申請する場合でも，役職員数や配当の抑制など経営責任，株主責任を問われる可能性があったこと，第二に，不良債権の積極的な処理に伴う自己資本不足を補うためであるならば，大量の優先株の引き受けを政府に申請することができるとしても，優先株の大量発行は配当負担の増大として経営に跳ね返ってくることが予想されたこと，そして第三に，この優先株をつうじて注入される公的資金は，経営破綻した金融機関に対する金銭贈与とは異なり返済が前提されているのだから，返済の見通し（当初返済期間は5〜10年と考えられていた）が立たなければ資本注入を受けるわけにはいかなかったこと，などであった[74]．このような銀行業界の躊躇に対して，政府・自民党内には一時強制注入を求める声も生まれたが，強制的な資本注入が1株あたりの利益の減少によって既存株主の財産権を侵害しかねないとの判断から，政府，金融当局は銀行業界の自主的な申請を促すことにした[75]．

この基本的な立場に基づいて，政府・金融当局は，申請条件の一連の緩和策を矢継ぎ早に打ち出した．10月16日に健全化法が成立した直後から，健全行に対する経営責任や株主責任の緩和の方向性が示されたが，11月6日に，政府

---

73) 『日本経済新聞』1998年10月13日付け，参照．
74) この他に，優先株の形態で公的資金による資本注入を受けると株式資本の増大に伴って株主資本利益率（ROE）が低下し，株価に悪影響を及ぼすのではないかという懸念や，発行できる優先株が定款で制限されていることから，十分な額の優先株を新たに発行するためには定款を変更する必要が生ずる，などの問題が存在した．『日本経済新聞』1998年10月14日付け，参照．
75) 『日本経済新聞』1998年10月14日付け，ならびに10月21日付け，参照．

は，健全行に対しては公的資金投入の条件として役員の退任・削減や配当の抑制・停止などは明示せず，たんに役職員数の抑制，利益流出の抑制などの表現にとどめ銀行側の自主的な判断に任せることを決定した．さらに，11月10日に再生委設立準備室は公的資金による資本注入を申請する場合の審査基準を発表したが，そこでは自己資本比率8％以上の健全行に対して上記の二つの内容を含め義務的条件が排除された．そればかりではなく，その運用にあたって，大規模な不良債権処理を行った結果自己資本が8％を下まわる過小資本行の場合でも，不良債権の処理や貸出計画，経営合理化の進展状況が良しとされれば，健全行並みの条件が適用されることになった[76]．まさに，健全化法の制定段階で懸念されたように，健全行の取扱いの弾力化によって経営破綻の未然防止のための資本注入法は，安定化法と同様無限定な資本注入法に転化したのである．また，配当負担についても，11月12日に柳沢金融担当相が優先株の配当利回りについて「市場実勢よりかなり低い水準にしたい」[77]と発言し，コスト面でも特別の優遇条件を提示することを明確にした．

　一方で，このように具体的な申請条件が大幅に緩和され，他方で，小渕首相や速水日銀総裁，柳沢金融再生担当相らによって大手行に対する大規模な資本注入の申請への期待が相ついで表明されることによって，大銀行の間にも公的資金の一斉申請への機運が生まれた．政府の注入申請への期待に最初に応えたのが，戦時中に軍需融資のための国策銀行として機能し，戦後民間銀行に転換した後も政府の重化学工業中心の産業政策と一体となって高度経済成長を支えてきた日本興業銀行であった．興銀が資本注入の申請を発表した10月20日以降富士銀行，東海銀行，大和銀行などが相ついで申請を表明し，11月10日時点で大手行18行中東京三菱，日本信託，日債銀を除く15行が，1,000億円～5,000億円の申請を検討中と伝えられた．さらに，この流れを一挙に大規模申請へと加速させたのが，11月14日の住友銀行による4,000億円～5,000億円への申請額の

---

76) 『日本経済新聞』1998年11月12日付け，参照．
77) 『日本経済新聞』1998年11月13日付け．

大幅引き上げであった．当時住友銀は東京三菱銀とならんで勝ち組みの筆頭と目されていたが，この住友銀が5,000億円を上まわる不良債権の新たな処理，海外支店の60％（20支店），従来型の国内支店の30％（89支店）の閉鎖，2,000人の人員削減などの抜本的なリストラ策と合わせて，公的資金5,000億円の申請により自己資本比率を10％超えにすると発表したのである．これによって，BIS規制ならびに早期是正措置における健全行の目安であった8％ではなく10％超えが，他の大手行にとってもクリアすべき自己資本比率の事実上のスタンダードとなった．この結果11月19日，20日に1998年9月中間決算を発表した都市銀行9行のうち東京三菱銀を除く8行は，申請額を大幅に引き上げ1行平均で5,000億円，総額4兆円の公的資金による資本増強を表明した[78]．

だが，この申請額でも，金融監督庁が不良債権の完全処理を達成するために必要と考えていた資本注入額には大きく及ばなかった．金融監督庁は健全化法制定時点で，大手18行が3兆4,500億円の株式含み損を穴埋めし，45兆円に達するⅡ分類債権に対して適切な引き当てを行い，そのうえで国際金融業務を行う銀行が10％超えの自己資本比率を達成するためには，大手行全体で10兆円，1行当たりでは最大1兆円の公的資金の申請が必要と見積もっていた[79]．11月24日までに出揃った大手18行の9月中間期決算では，1999年3月期に合計約7兆8,000億円の不良債権処理を行い，それに伴う自己資本の目減りに備えて自己努力による増資のほかに公的資金による資本注入を予定していたが，それは最大でも5兆7,800億円にとどまっていた[80]．監督庁が必要十分と考えている公的資金額との乖離額4兆円は，そのまま金融監督庁が処理すべきと考える不良債権額と銀行側が今処理を行いうると考える額との差額を意味するものであった．金融監督庁そして1998年12月15日に発足した再生委は，自主的な申請額の上積みを促すためにさらなる優遇措置を大銀行の側に与える一方

---

78) 『日本経済新聞』1998年11月15日付け，ならびに11月21日付け，参照．
79) 『日本経済新聞』1998年10月8日付け，ならびに10月15日付け，参照．
80) 『日本経済新聞』1998年11月19日付け，ならびに11月25日付け，参照．

で，それらに不良債権の完全処理を事実上強制するための強行措置に最終的に踏みきった．

　前者について言えば，政府はまず，政府が買い取る優先株の配当利回りを，資本注入の審査基準としたリストラの実施や中小企業向貸出の増加が適切に行われていることを条件に，国債並みの金利水準にすることにした．当時10年物の国債の表面金利が1.1％であり，短期プライムレートが1.5％であったのであるから，この金利水準での資本注入は，大銀行に対する事実上の補助金と変わらなかった．第二に，この優先株による資本注入について，返済期限を銀行側が当初想定していた5年～10年から大幅に引き延ばして，20年～30年の返済期限も認めることにした．これによって，巨額の公的資金の注入によって不良債権の完全処理を一挙に行い，しかも返済圧力の方は限りなく先送りすることができるようになった．さらに，第三に，この公的資金の返済問題は，返済期限が短い（20年～30年で？！）と欧米の格付け会社からは自己資本とはみなされないとの理由から，返済ではなく優先株の市場での売却による資金回収に置き換えられた[81]．この投資資金の回収を保証するために，株価上昇を可能にする抜本的な収益向上計画の作成が義務づけられたが，資本注入した公的資金は返済されるという自明の前提条件が崩れ，回収は株価次第ということになった．

　後者に関しては，再生委は，1999年1月25日に不良債権の引き当てガイドラインを発表し，このガイドラインに沿って不良債権の完全処理を行うことを大銀行に求めると同時に，それを公的資金注入の条件とした．その内容は，図8－3に見られるように，①回収に重大な懸念のある「破綻懸念先債権」の無担保部分については70％を引き当てる，②回収に注意を要する「灰色債権」の中で回収可能性の低い「要管理先債権」については15％を引き当てる，③「灰色債権」のその他の部分については3～5％を引き当てることを，一律に求めるものであった．この引き当てガイドラインの第一の意義は，それが求めた引当率が従来の水準を大きく超えていたことである．「破綻懸念先債権」のうち担

---

[81] 『日本経済新聞』1999年1月12日付け，参照．

図8-3 不良債権の分類基準と引き当てガイドライン

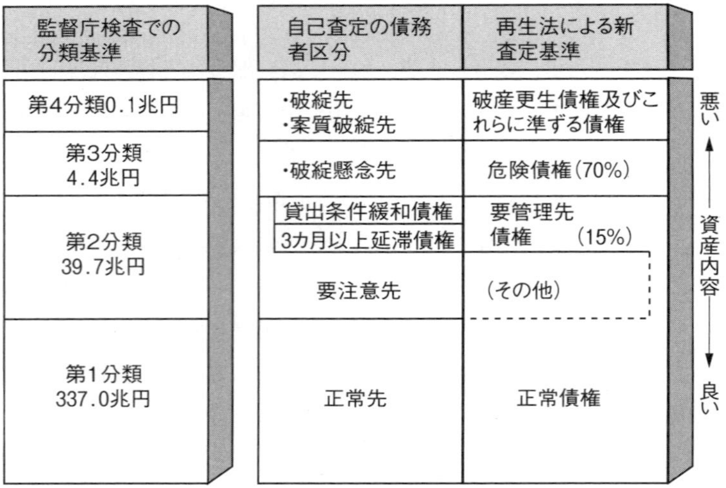

監督庁検査での分類基準	自己査定の債務者区分	再生法による新査定基準
第4分類 0.1兆円	・破綻先 ・実質破綻先	破産更生債権及びこれらに準ずる債権
第3分類 4.4兆円	・破綻懸念先	危険債権（70％）
第2分類 39.7兆円	貸出条件緩和債権 3カ月以上延滞債権	要管理先債権　（15％）
	要注意先	（その他）
第1分類 337.0兆円	正常先	正常債権

（悪い ← 資産内容 → 良い）

注：1．償却，引き当ては「債務者区分」で原則実施．監督庁分類基準の金額は大手17行の1998年9月末残高．
　　2．（　）内は引当率のガイドライン．
出所：『日本経済新聞』1999年1月26日付け．

保や保証でカバーされていない無担保部分に対する引当率は，現状の52.1％から70％へと引き上げられた．銀行にとってそれ以上に重大な影響を及ぼすと考えられるのは，その絶対額の大きさから見て「要注意先債権」，「灰色債権」の取扱いであった．「灰色債権」に対する引当率は従来は全体平均で1.59％にすぎなかったが，その内の約1割を占める貸出条件が緩和されたり元利金の支払いが延滞し始めた（3ヶ月以上6ヶ月未満）部分，「要管理先債権」については，一挙に15％の引き当てが求められた．それ以外の部分についても，債権の全残存期間分の引き当て，引当率では2～3倍の引き上げが求められた．この結果．このガイドラインをそのまま実行するとすれば，大手行全体（長銀と日債銀を除く17行）で約2兆5,000億円の貸倒れ引当金を積み増すことが必要になり，それに伴う自己資本の減少を補完するために，公的資金申請予定の大手15

行で約1兆円の申請額の上積みが必要であると推計された[82]．

　引き当てガイドライン設定の第二の意義は，これまで各銀行が独自の判断で行ってきた資産の査定やそれに対する引き当てが，これを契機に統一化の方向に動くことが予想されたことである．このガイドラインは，公的資金による資本注入を申請する銀行を対象としており，しかもあくまでも引き当てに関するガイドラインにすぎず個々の銀行にとって直接の法的強制力は持たない．だが，これまで各行が公認会計士協会の指針に基づいてバラバラに設定してきた引当率に対して，行政サイドが一つの具体的数値を提示したことは，日本における金融当局の地位，ならびに大手行間での競争の現状からみて，それが大手行の引当率の決定に際してデ・ファクト・スタンダードとして機能することは十分に予想された．銀行が不良債権を隠蔽しその処理を先送りをする常套手段は，資産の査定を甘くし，それに対する引当率を低くすることであったのだから，「破綻懸念先債権」，「要管理先債権」，「要注意先債権」に対するこの一律的な引当率の提示は，再生委がこと不良債権の処理については，もはや銀行側の自主判断に任せておくつもりがないことを，あらためて大手行に強烈に印象づけた．

　第三に，この点に関連して，銀行の側は，上述のように紆余曲折を経ながらも，この時点までには東京三菱銀を除くすべての大手行が，当初想定していた金額をかなり上まわる公的資金額を申請する意志を表明していた．それゆえ，これらの大手行にとってみれば，申請に基づく予備審査が始まる直前に（予備審査は11月26日から開始される予定であった），しかも公的資金による資本注入申請の条件としてこの引き当てガイドラインが発表されたことは，ガイドラインという形式はとっているものの，実際には行政当局による不良債権の完全処理の強制以外の何物でもなかった．これに従わずその結果公的資金による資本注入の申請が再生委によって拒否されるようなことになれば，住友銀までが公的資金に依拠して自己資本比率を高めようとしている状況下では，行政によって

---

[82] 『日本経済新聞』1999年1月26日付け，参照．

落伍者の烙印を押された銀行として市場から排除されることは必定であった．まさに，その意味で，健全化法実施の段階でなお不良債権の完全処理に幾ばくかの躊躇を感じていた大銀行にとって，この引き当てガイドラインの提示は，彼らに対する再生委としての「最後通告」[83]の意味を持っていたのである．

　再生委は，翌1月26日から開始された予備審査，その過程での大手行の頭取・社長との直接の面談をつうじて，具体的な数値も示しながら公的資金の上積みを迫った．政府の不良債権の完全処理への強い決意を感じとった銀行側は，これに応じる形で各行が申請額を順次増額していき，2月12日の資本注入申請の仮決定を経て，3月12日に大手銀行15行に対する総額7兆4,592億円の資本注入が正式決定された．各行への資本注入額，ならびに注入条件は，表8－7のとおりであるが，金額の点では優先株と劣後債・劣後ローン合計で，富士銀行が安田信託分の3,000億円を含め1兆円と最大額の公的資金による資本注入を受け，それに第一勧銀の9,000億円，さくら銀の8,000億円が続いている．大手銀行は，この公的資金とは別に自力での資本調達を行うことにしたが，公的資金の申請をしなかった東京三菱銀の分を含めれば，それは2兆6,944億円であり，公的資金と合計した資本調達額は10兆1,536億円に達した．これらを原資として，大手銀行が1999年3月期に処理する不良債権額は9兆437億円であり，これに株式の含み損の処理を加えても，大手15行の自己資本比率は10％を超える水準をキープできることになった[84]．

(2) 金融再編によって過剰な大手銀行を整理し収益の飛躍的増強を意図した金融再生委

　再生委，監督庁が，健全化法の実施に際して，不良債権の完全処理とならんで重視した戦略的課題は大銀行部面における金融再編の推進であった．この金融再編すなわち金融機関等の再編の促進は，健全化法の「（金融機能の早期健全化のために講ずる施策の原則等）第3条」の第1項で3番目の原則として掲げら

---

83) 『日本経済新聞』1999年1月26日付け．
84) 『日本経済新聞』1999年3月13日付け，参照．

れているものであるが,問題は,これが健全化法がめざす不良債権の完全処理や金融機能の早期健全化とどのような関係にあるのかということである.

この点に関する再生委ならびに政府の基本的な立場を明確に示したのが,1999年1月20日に発表された「金融再生委員会の運営の基本方針」であった.「基本方針」は,「少なくとも大手行については本年3月期において不良債権問題の処理を基本的に終了することをめざすとともに,破綻処理において預金者が完全に保護される2001年3月末までに,揺らぐことのない強い競争力をもった金融システムを再構築しようとするものである」と述べたうえで,「Ⅱ 金融機能の早期健全化(資本増強制度)」で,そのための具体的措置を示している.そこで競争力強化策として挙げられているのは,①業務の再構築,②リストラ(経営合理化),③金融機関の再編の三つであり,この三つの領域で「努力を怠る金融機関には資本増強を行わない一方,思い切った業務の再構築,経営合理化等を行う金融機関に対しては,資本増強の規模や条件において優遇を行う」と述べ,公的資金による資本注入を大銀行の選別強化のために利用することを露骨に主張している.そして,「Ⅲ 金融機関の破綻処理」で,この大銀行の生き残り競争での負け組について,「経営の健全性の確保が困難であると判断される金融機関は存続させないものとし,金融再生法等に基づき,グローバル・スタンダードに従って透明性の高い的確な処理を行う」と宣言している[85].

1998年9月末時点で大手17行のⅡ分類以下のいわゆる分類債権は44.2兆円,総貸出額381.2兆円の10.6%であるが,たとえこれらをすべて処理したからといって,それだけで大手行のすべてがグローバル化した金融市場で「揺らぐことのない強い競争力」をもつことにはならない.残された337兆円の健全な貸出債権のうち実際に高収益をもたらすのはどれくらい存在しているのか,さらには従来型の貸出業務以外の分野でどれだけの収益をあげられるようになるの

---

[85] 金融再生委員会「金融再生委員会の基本方針」(1999年1月20日)(金融再生委員会ホームページ),参照.

表8-7 早期健全化法に

金融機関名	注入年月	優先株式 種類	金額	承認レート
みずほFG（旧第一勧業銀行）	1999/3	転換型	2,000	0.41
		転換型	2,000	0.70
		非転換型	3,000	2.38
みずほFG（旧富士銀行）	1999/3	非転換型	3,000	2.10
		転換型	2,500	0.55
		転換型	2,500	0.40
みずほFG（旧日本興業銀行）	1999/3	転換型	1,750	1.40
		転換型	1,750	0.43
三井住友FG（旧さくら銀行）	1999/3	転換型	8,000	1.37
三井住友FG（旧住友銀行）	1999/3	転換型	2,010	0.35
		転換型	3,000	0.95
UFJ HD（旧三和銀行）	1999/3	転換型	6,000	0.53
UFJ HD（旧東海銀行）	1999/3	転換型	3,000	0.93
		転換型	3,000	0.97
UFJ HD（旧東洋信託銀行）	1999/3	転換型	2,000	1.15
りそなHD（旧大和銀行）	1999/3	転換型	4,080	1.06
りそなHD（旧あさひ銀行）	1999/3	転換型	3,000	1.15
		転換型	1,000	1.48
三菱東京FG（三菱信託銀行）	1999/3	転換型	2,000	0.81
住友信託銀行	1999/3	転換型	1,000	0.76
三井トラストHD（旧三井信託銀行）	1999/3	転換型	2,503	1.25
三井トラストHD（旧中央信託銀行）	1999/3	転換型	1,500	0.90
横浜銀行	1999/3	転換型	700	1.13
		転換型	300	1.89
あしぎんFG（足利銀行）	1999/9	転換型	750	0.94
	1999/11	転換型	300	0.94
ほくぎんFG（北陸銀行）	1999/9	転換型	750	1.54
琉球銀行	1999/9	転換型	400	1.50
もみじHD（広島総合銀行）	1999/9	転換型	200	1.41
熊本ファミリー銀行	2000/2	転換型	300	1.33
北海道銀行	2000/3	転換型	450	1.16
新生銀行	2000/3	転換型	2,400	1.21
千葉興業銀行	2000/9	転換型	600	1.29
八千代銀行	2000/9	転換型	350	1.13
あおぞら銀行	2000/10	転換型	2,600	1.24
関西さわやか銀行	2001/3	転換型	80	1.08
東日本銀行	2001/3	転換型	200	1.10
りそなHD（近畿大阪銀行）	2001/4	転換型	600	1.36
岐阜銀行	2001/4	転換型	120	1.21
福岡シティ銀行	2002/1	転換型	700	1.20
和歌山銀行	2002/1	転換型	120	1.34
九州親和HD（九州銀行）	2002/3	転換型	300	1.25

注入合計額	86,053
償還・償却等返済合計	5,120
残高	80,933

　　　　は返済済みのもの．

注：1. 琉球銀行及び北海道銀行は2000年9月29日に，八千代銀行は先株式へそれぞれ転換している．
2. みずほFG（旧第一勧業銀行）の期限付劣後債2本は，2000ている．（売却額2,103.5億円）．
3. 三菱東京FG（三菱信託銀行）の永久劣後債は2000年12月22
4. 関西さわやか銀行の優先株式は2003年10月3日，同行により入消却，返済額40.12億円）されている．
5. 住友信託銀行の優先株式は2004年1月13日に転売しているれている．
出所：預金保険機構ホームページ．

第 8 章　日本型 TBTF 体制の確立　373

基づく資本増強の実績　　　　　　　　　　　（2004年1月14日現在）（億円，％）

転換開始時期	種類	金額	当初レート(L は3カ月期間LIBOR)	ステップアップ開始日	ステップアップ後のレート	年限
2004/8/1	期限付劣後債	1,000	L+0.75	2004/4/1	L+1.25	10年
2005/8/1	期限付劣後債	1,000	L+0.75	2005/4/1	L+1.25	11年
―	永久劣後債	2,000	L+0.65	2004/4/1	L+1.35	永久
2006/10/1				2009/4/1	L+2.15	
2004/10/1	―	―	―	―	―	―
2003/9/1	永久劣後債	2,500	L+0.98	2004/4/1	L+1.48	永久
2003/7/1						
2002/10/1	―	―	―	―	―	―
2002/5/1	―	―	―	―	―	―
2005/8/1	―	―	―	―	―	―
2001/7/1	永久劣後債	1,000	L+0.34	2004/10/1	L+1.34	永久
2002/7/1	―	―	―	―	―	―
2003/7/1	―	―	―	―	―	―
1999/7/1	―	―	―	―	―	―
1999/6/30	―	―	―	―	―	―
2002/7/1	永久劣後ローン	1,000	L+1.04	2009/4/1	L+2.54	永久
2003/7/1						
2003/7/31	永久劣後債	1,000	L+1.75	2004/4/1	L+2.25	永久
2001/4/1	期限付劣後債	1,000	L+1.53	2006/4/1	L+2.03	12年
1999/7/1	期限付劣後ローン	1,500	L+1.49	2004/3/31	L+1.99	10年
1999/7/1	―	―	―	―	―	―
2001/8/1	永久劣後ローン	500	L+1.65	2004/4/1	L+2.15	永久
2004/8/1	期限付劣後ローン	500	L+1.07	2004/4/1	L+1.57	10年2ケ月
2000/9/29	―	―	―	―	―	―
2000/11/30						
2001/3/1	―	―	―	―	―	―
2000/12/29						
2004/9/30	永久劣後ローン	200	L+2.80	2004/10/1	L+4.14	永久
2002/9/2	―	―	―	―	―	―
2001/8/1	―	―	―	―	―	―
2005/8/1	―	―	―	―	―	―
2002/9/30	―	―	―	―	―	―
2002/9/30						
2005/10/3						
2002/8/1	期限付劣後債	40	L+1.87	2006/4/1	L+2.37	10年
2003/3/31	―	―	―	―	―	―
2002/1/1	―	―	―	―	―	―
2002/3/1	―	―	―	―	―	―
2007/1/31	―	―	―	―	―	―
2003/5/1	―	―	―	―	―	―
2006/3/1	―	―	―	―	―	―

2001年2月28日に，福岡シティ銀行と和歌山銀行及び九州親和FG（九州銀行）は2002年9月30日に永久劣後債から優
年11月22日に期限付劣後ローンから期限付劣後債へ変更されている．
日，同社により返済（買入消却，返済額1,018.07億円）されている．また同社の優先株式は2001年1月24日に転売し
返済（買入消却，返済額105.84億円）されている．また同行の期限付劣後債は2004年1月8日，同行により返済（買
（売却額1,380.8億円）．また同社の期限付劣後債は同年1月14日，同社により返済（買入消却，返済額1,023.66億円）さ

か，があらためて問われざるをえないのである．

　では，収益力を高めるための上記の三つの方策の関連については，どのように位置づけられていたのであろうか？　この点について，健全化法に基づく大規模な資本注入に対する自己採点を問われて，柳沢金融再生担当相は次のように述べている．「最初は資本注入をテコに再編を進めたいと思っていたが，途中からこれは時間がないと感じた．その分，減点せざるを得ないので60点くらいだ．やはり再編が不十分と言わざるを得ない．日本の大手銀行は明らかに過剰．経費節減などによるリストラには限界がある．再編なき収益の飛躍的増強はあり得ない」[86]．個別銀行レベルでの経営合理化＝リストラや高収益分野への経営資源の集中＝業務の再構築は，競争力強化のためには不可欠であるが，それだけでは，日本の大銀行の虚弱体質は改善できない．なぜなら，銀行収益を全体として高める努力をしても，その分け前にあずかる大銀行の数が多すぎるからだ．日本で真に国際競争力をもつ銀行をつくるには，過剰な大銀行を金融再編によって整理する，直截に言えば大銀行の数を減らすことが不可避である，というのが，彼の基本的判断であった．資本注入の申請をめぐる大銀行との駆け引きのなかで，金融再生委が追求したのは，不良債権の完全処理→そのための大規模な資本注入とならんで，金融再編という名の銀行資本のさらなる集中＝金融独占体制の強化であった．

　そこで，再生委・政府による金融再編の促進が，資本注入の申請過程でどのように行われたのかを見ておくことにしよう．1月26日から始まった再生委による予備審査に先行して，各行が提出した健全化計画を事前にチェックしたのはもっぱら金融監督庁であった[87]．銀行サイドで「第一次面接」と呼ばれたこの事前チェックの段階から，金融監督庁は信託銀行の下位行を中心に格付けの低い銀行に対して厳しい選別姿勢で臨んだ．信託業界は，3行中2行がすでに

---

[86]　『日本経済新聞』1999年3月23日付け．なお，このインタビューで，柳沢金融再生担当相は，金融再生担当大臣ならびに金融再生委員会の委員長としての職務について，「私自身，今期で何としてでもバブル期の不良債権処理にカタをつける覚悟を決めて就任した」と，就任当時の政治家としての覚悟のほどを述べている．

特別公的管理下に入っていた長期信用銀行業界と同じく，バブル期の土地関連融資への過度の傾斜もあって業界としての再編は不可避とみなされていた．だが，信託銀行各行が提出した経営健全化計画は金融再編に踏み込んだものではなく，金融監督庁の目からは危機感に乏しいものであった．そこで，金融監督庁・再生委は，それまで自己資本比率の算定に際して信託銀行に認めてきた特例措置の廃止を示唆することによって，経営改善計画の抜本的な見直しを事実上迫った[88]．特に，経営破綻が取り沙汰されてきた安田信託については独自の資本注入申請を認めず，富士銀行が子会社化することを前提に富士銀行の申請額1兆円の内3,000億円を安田信託への資本支援分とすることにした．金融監督庁・再生委のこの厳しい姿勢を見て，三井信託と中央信託は構想立ち上げからわずか1週間余りで合併計画の発表にこぎつけ，またすでに海外業務からの撤退を決めていた大和銀行も近畿銀行を傘下に収め，関西中心の国内銀行として生きていく姿勢を鮮明にした[89]．

引き当てガイドライン発表の翌1月26日から始まった再生委による予備審査は，経営健全化計画の準備状況に基づいて大手行を二つのグループに分け，特に将来に向けての収益向上計画が適切なものであるかどうかに焦点を当てて行われた．この審査の過程で，再生委と各大手行の頭取・社長との面接が極秘に行われたが，そこでも再生委の側から，資本注入申請の上積み額の具体的な提示とならんで，三和銀行に東洋信託との関係強化を迫ったり，提携を発表していた東海銀とあさひ銀にその促進を求めるなど，金融再編への具体的かつ強力な働きかけがなされた[90]．公的資金の投入をテコにした再生委による金融再編への強力なバックアップもあって，資本注入正式決定に至る過程で，注入申請

---

[87]　健全化計画の内容は，金融機関同士の合併や資本提携などの金融再編，海外業務からの撤退・縮小や関連会社の整理・統合などの業務再構築，支店の削減，役員・行員数の削減，人件費・物件費の圧縮などのリストラ，その他に自助努力による増配の有無，相談役・顧問制の廃止，執行役員制の導入等きわめて多岐にわたった．『日本経済新聞』1999年2月28日付け，参照．
[88]　『日本経済新聞』1999年1月10日付け，参照．
[89]　『日本経済新聞』1999年3月23日付け，参照．

をした大手行15行中第一勧銀，さくら銀，三菱信託，住友信託を除く11行が，業務提携，合併，持ち株会社化など多様な形で金融再編策を打ち出した[91]．

　ところで，政府・行政当局による金融再編への強い働きかけの過程で，再生委と金融監督庁との間で一定の思惑のズレが生じたことに着目しておく必要があろう．金融監督庁は，これまで大蔵省が絶対的な権限を握ってきた金融行政のうち，主に金融検査・金融監督機能が大蔵省から分離・独立してできた新たな行政機構である．それは，「官僚のなかの官僚」と言われてきた大蔵省（大蔵官僚）の行政権力を弱体化させるために，財政と金融の分離という旗印のもとに与野党一体となって政治権力が展開した権力闘争の成果として生みだされたものである．その設立にあたって，金融行政に直接責任を負った大蔵省幹部の金融監督庁への異動はいっさい認められず，また逆に金融監督庁に移った大蔵官僚については大蔵省への帰還を認めないルールが採用され，金融監督庁は大蔵省との人脈を切断された形で出発した．バブル期における日本の金融業界挙げての不動産関連融資への傾斜を野放しにし，バブル崩壊以降はたび重なる金融危機管理の失敗によって，大蔵金融行政への不信が頂点に達していた状況からして，金融監督庁幹部が設立当初から，過去の大蔵金融行政と一線を画する決意で金融行政に取り組んだことは疑いない．前述したように，長銀，日債銀を自らの金融検査結果に基づいて債務超過と認定し，政府による特別公的管理への道を開いた時点では，金融監督庁は大蔵省の護送船団方式から訣別したかのように見えた．

　だが，金融監督庁が，過去の貸倒れ実績が蓄積されていないことを理由に定量的な引き当て基準を決定することに抵抗を示したにもかかわらず，それを押し切る形で再生委が引当てガイドラインを発表した前後から，金融監督庁は政治家主導の再生委の金融再編に対する強行姿勢に警戒心を強めたようである[92]．そして，再生委が予備審査の過程で，「場合によっては公的資金注入を

---

90) 『日本経済新聞』1999年3月23日付け，参照．
91) 『日本経済新聞』1999年3月13日付け，参照．
92) 『日本経済新聞』1999年1月26日付け，参照．

拒否することもある」との姿勢を示したことで，金融監督庁は急性的な金融再編を求める再生委に対立して「守旧派」の立場へと急旋回した．再生委の立場は，先の柳沢金融再生担当相の発言から見て，公的資金の申請という機会を利用して，自浄能力を失った一部の大銀行を市場による淘汰に先駆けて行政主導で整理にもちこもうという意図だったように思われる．これに対して，金融監督庁幹部は，「資本注入を拒否すると株の投売りを誘い，特別公的管理（一時国有化）に移行せざるを得なくなる」，「特に信託銀行に信用不安が発生すると，第三者の財産である信託勘定の決済リスクが高まり，市場が相当混乱する可能性がある」[93]として，再生委に対して申請拒否の可能性を排除することを強く求めた．最終的に，この問題では，再生委側が行政機構としての監督庁の側に譲歩をして，申請したすべての銀行に資本注入することを仮決定した．

その後も，再生委は，優先株の配当利回りや議決権を有する普通株への転換時期などの資本注入条件に差をつけることによって，銀行側に健全化計画のさらなる見直し，リストラの追加を求めた．だが，これも最終的には，配当利回り格差が転換型優先株で0.35%～1.89%と，実際の銀行間の信用力の違いに比べ狭い範囲内に抑え込まれ，また，優先株の転換開始時期や転換価格を修正する条件，さらに優先株発行時に転換価格を設定するかどうかなど商品性を複雑に組み合わせることにより，表面金利の比較だけでは信用力格差を分かりにくくするなどの措置が施され，行政主導の大銀行の格付けは排除された形になった[94]．再生委が示したこの姿勢は，長銀問題をめぐって，最後の最後まで金融監督当局として債務超過であるかどうかの判断を先送りすることによって，行政主導での大銀行の破綻処理を回避しようとしたかつての金融監督庁の姿を彷彿とさせるものであった．ちなみに，7兆4,592億円の公的資金の投入（その内81%が優先株の形態での資本注入）によって，優先株が普通株に転換された場合の政府の持ち株比率は，三井信託で61%，中央信託で59%，大和銀行で52%

---

93) 『日本経済新聞』1999年2月18日付け．ならびに同1999年2月3日付け，参照．
94) 『日本経済新聞』1999年3月13日付け，参照．

となり，これらの銀行は準国有化銀行と言うべき状況に陥ることになる．まさに健全化法に基づく政府による大規模資本注入がなければ，これらの銀行は，厳しい引き当てガイドラインのもとで債務超過行として経営破綻に直面せざるをえなかったわけである．また，過半数には至らないものの，さくら銀行でも転換がなされた場合の政府持ち株比率は44％，東海銀行でも35％ときわめて高水準であり，本節の冒頭で紹介した「適切な資産査定」，「適切な引き当て」がなされるならば，大銀行の少なくとも半数以上が債務超過に陥る危険があるとの見方は，根拠のあるものだったと言わざるをえない．先の再生法の制定・実施過程とこの健全化法の制定・実施過程を日本型TBTF体制の確立過程と規定する所以である．

第9章　日本型 TBTF 政策・体制とは何であったのか

はじめに

　第7章，第8章では，一連の預金保険法の改正と金融機能安定化緊急措置法ならびに金融機能再生緊急措置法，金融機能早期健全化緊急措置法の具体的な内容の検討をつうじて，1990年代の金融危機の深まりに対して日本政府・大蔵省が採用した金融危機管理政策の基本が TBTF 政策にあったことを明らかにした．そこでは，TBTF 政策とは，中小金融機関に対しては問答無用とばかりに破綻処理を推進した政府・金融監督当局が，大銀行に対してはそれらが債務超過に陥った場合にさえその事実を隠蔽し，公的資金による資本注入によって救済・温存しようとする政策として描かれた．

　だが，それらの章では，この現代日本における TBTF 政策の追求がなぜ日本型として規定されるのかについては，具体的には言及されてこなかった．そこでは，1990年代初頭に都市銀行，長期信用銀行，信託銀行合わせて21行を数えた大手行について金融危機管理の初発の時点でそれらの経営破綻の可能性を全面否定し，「大銀行は大丈夫」と言い続けた政府対応が，客観的で的確な状況把握に基づく TBTF 政策であったのか，との批判的視点は暗黙のうちに示されてはいたが，それ以上のものではなかった．そこで，本章では，1997年11月に本格化した金融危機の性格を論じた第6章，ならびにそれに対する政策対応としての第7章，第8章を総括して，現代日本の金融危機管理の中核をなす TBTF 政策の発動の態様を明らかにし，そのうえで，日本に先立って1980年代に金融危機を経験したアメリカにおける TBTF 政策と比較・対照することによって日本型 TBTF 体制の形態的特徴を確定する．

　日本型 TBTF 体制の具体的な形態の分析に先立って，あらかじめ1990年代以降の日本の金融危機管理体制の全体像を1980年代以降のアメリカの金融危機

管理体制との比較で特徴づけておくならば，以下の三つの点を指摘することができよう．①TBTF 政策の独特の発動の仕方，具体的には大銀行の経営実態を明らかにしないままに債務超過行も含めたすべての大銀行に資本注入することによって債務超過行を救済・温存しようとした，②金融危機管理の初発の時点でペイオフを 5 年間凍結し，預金の全額保証，全預金者の保護を宣言した，③①の大銀行救済，②の全預金者の保護のために巨額の公的資金を投入できる体制を確立した，の 3 点である．日本型 TBTF 体制とは，主要にはこの第一の側面に関連した問題領域である．

第 1 節　日本型 TBTF 政策の展開

（1）　日本型 TBTF 政策の歴史的出発点をなした二つの文書

　あらためて，日本において1990年代の金融危機の深まりに際して，日本政府・金融監督当局がとった TBTF 政策の展開を具体的に跡づけておこう．戦後日本の金融行政における大蔵省の行政権限は絶大であり，たとえ問題行が発生したとしてもそれらは大蔵省の指導のもとに大手行あるいは地域金融機関による吸収・合併というかたちで処理され，銀行，預金取扱い金融機関の経営破綻が表面化することはなかった（いわゆる護送船団方式のもとでの銀行の不倒神話の成立）．この事態を大きく転換させたのが，1990年代におけるバブル崩壊であった．バブル崩壊は1980年代後半以降土地投機に狂奔してきた一部の投機的金融機関のバランスシートを一挙に悪化させたばかりではなく，保有株式の含み益の急減によって株式相互持合いの中心に位置した大手行の体力，すなわち問題行を吸収するだけの余力を喪失させた．その結果，政府・金融監督当局は銀行の経営破綻を表面化させない護送船団方式から，問題行の破綻処理を容認する立場への転換を余儀なくされた．

　この金融行政の基本的スタンスの転換を明確に示したものが，1995年 6 月 8 日の大蔵省の「金融システムの機能回復について」（以下「機能回復」と略記する）であり，それをさらに具体化，格上げしたものが同年12月22日の金融制度調査

会答申「金融システム安定化のための諸施策―市場規律に基づく新しい金融システムの構築―」(以下「安定化のための諸施策」と略記する)であった．これら二つの文書に示された金融危機管理の基本方針は，1) 不良債権問題の早期処理，具体的には今後5年以内のできるだけ早期に不良債権処理に目処をつける，2) 不良債権を集中的に処理する過程で金融機関の破綻処理が不可避となるが，その場合の預金保険の発動は資金援助方式とし，ペイオフはこの5年間 (2001年3月末まで) 実施しない，3) 金融機関の健全性を確保するために，金融機関のディスクロージャーを推進し，早期是正措置を導入する，の三つに大別される．

1995年6月にそれまでの不良債権の定義を金利減免等債権にまで拡張し預金取扱い金融機関の不良債権額が総額約40兆円にのぼることと，先の「機能回復」の公表を決断した大蔵省銀行局長の西村吉正氏は，当時の心境を次のように語っている．

「思いきって金融機関の破綻処理に取り組むことを示すと同時に，預金者に不安を与えないため，5年間はペイオフをしないとの方針をここで打ち出した．……(中略)……その後国会や新聞などでは，たびたび『政府には破綻処理の原則がない』との批判を受けたが，この文書を読んで頂ければかなりはっきりそれを示していることをお分かりいただけると思う．……(中略)……今になってみれば当然のことのように見えるであろうが，2信組問題 (東京協和信用組合と安全信用組合の破綻処理―米田) をようやく切り抜けたばかりの私たちにとって見れば，まさに清水の舞台から飛び降りる覚悟であった．寝た子を起こすのかとの懸念もあった．慎重を期して，これは検討素材であり，これから金融制度調査会で審議したうえ決定されるものであるという説明をつけた」[1] と．

「銀行不倒神話」を演出し，まさにそれをつうじて金融監督当局としての絶対的な行政権限の維持に努めてきた大蔵省としては，預金取扱い金融機関＝銀

---

1) 西村吉正『金融行政の敗因』(文藝春秋, 1999年), 114～116頁.

行の破綻処理を容認することは，確かに「清水の舞台から飛び降りる」覚悟を要するものであったであろう．だが，問題は，「清水の舞台から飛び降りる」覚悟で作成されたこれらの文書において破綻処理されるべき金融機関と想定されていたものは，どのような金融機関であったのかということである．この点は，「機能回復」をいっそう具体化した後者の「安定化のための諸施策」自体が示している．この文書では上述した基本方針に続いて個別業態における破綻処理の枠組みを論じているが，そこで取り上げられているのは信用組合と住宅金融専門会社（住専）の２業態のみである．さらに，不良債権処理の集中期間であると同時にペイオフの凍結期間でもある2001年３月末までの５年間において，預金保険制度が金融機関の破綻処理のために要するであろう資金額を，この答申は，それまでの４年間と同程度の金融機関が破綻することを想定して2.0～2.5兆円ときわめて控えめに見積もっている．これに先立つ４年間で破綻が公表されたもののなかには，1995年８月30日に経営破綻が同時発表された木津信用組合や兵庫銀行のように，信組，第二地銀として最大級のものが含まれていたとはいえ，それらが中小金融機関であることに変わりはない．金融機関の破綻処理を決断したといっても，金融監督当局がその対象としていたのは預金取扱い金融機関としては中小金融機関のみであって，大銀行は事実上最初から破綻処理の対象とは想定されていなかったのである．

　では，住専の破綻処理はどのように位置づけられるのであろうか．日本の金融システムがこぞって地価高騰によるキャピタル・ゲインを狙って投機金融に走ったことを象徴的に示す住専の巨額の不良債権問題では，大蔵省は２回にわたって実現性の乏しい再建計画を母体行に作らせ，不良債権処理の先送りを図ってきた．この問題先送り政策の帰結が，ピーク時に比べて土地の下落率が30％に至った1995年段階での，総資産額約12兆9,224億円に対して不良資産額は９兆5,626億円（対総資産比率74％），損失見込み額は６兆2,738億円（同48.5％）という住専７社の惨憺たる資産状況であった．信じがたいほどの不良資産比率の高さからみても，またこれまでに破綻した信組などにおける不良資産額，損失額と比較した絶対額の大きさからしても，政府としてもはや先送りが許され

ない問題であった．だが，この遅すぎた決断としての住専の最終処理に際して政府・大蔵省がとった態度は，その後の日本型 TBTF 体制を予想させるものであった．

　住専の破綻処理をどのような方式で行うかについては，当時母体行責任方式，貸し手責任方式（プロラタ方式），修正母体行責任方式をめぐって大手銀行業界と農林系統金融機関との間で激しい論戦が繰り広げられた．このなかで，銀行業界は，住専が子会社としての系列ノンバンクとは違う存在であることや，大蔵省の行政指導のもと業界単位あるいは複数の大手銀行による共同設立というかたちで各住専が設立された結果各住専の母体行がきわめて多数にのぼることなどから，日本的ないわゆるメインバンクと住専に対する母体行とは異なるという主張を展開した．だが，住専各社の設立以来の母体行との出資・融資・人的関係における深い結びつきや住専各社が本来の個人向け住宅ローンからいわゆる事業者向け融資（その大半が土地投機に関連した融資であった）に転換していかざるをえなかった経緯からして，メインバンクが系列ノンバンクを破綻処理する場合と同様に，母体行が全面的に損失を負担する母体行責任方式で住専を破綻処理することは，当時の日本の金融慣行からみて不自然なものではなかった．にもかかわらず，大蔵省が住専の破綻処理策として提示したものは，最初の素案段階からこの母体行責任をまったく無視した提案であった．この素案では，母体行は一般行と同列に扱われ，債権額の85％を放棄することしか求められなかった．さすがに農林系統金融機関との間には債権放棄率の点で格差を設けざるをえなかった（後者は，18％）面はあるにしても，この案は貸付シェアに応じてすべての貸し手に一律の損失負担を求める貸し手責任方式の変形と言うべきものであった．

　なぜ大蔵省が住専の破綻処理の素案として，従来の金融慣行をまったく無視した貸し手責任方式の変形版を提起したのかについては，先の三つの処理方式に基づく各業態の損失額の試算がその間の事情を物語っている．第5章の表5－1によれば，母体行責任方式で住専を処理すれば長信銀，すなわち興銀，長銀，日債銀のわずか3行で2兆939億円の損失を負担しなければならなかっ

のである．住専業界への融資集中度の高さから信託業界も母体行責任，修正母体行責任，貸し手責任いずれの方式を採用した場合でもかなりの損失額が見込まれたが，1行あたりの損失額はやはり長信銀が頭抜けていたと言わざるをえない．そして，これら長信銀3行のなかでも，興銀と日債銀，長銀との間には貸出先企業群の格の違い，保有株式の含み益の違いなどから経営的に明確な体力の差があることは周知の事実であった．もし母体行責任方式で住専処理をした場合に，日債銀や長銀が経営破綻に陥る可能性が実際にどの程度存在したのかを確認することはできない．だが，当時自民党の政調会長代理として与党・政治権力の側からこの住専問題の最終処理に向けた政治的調整に深くかかわった与謝野馨氏が，後に住専処理に関するインタビューのなかで，「実は住専を処理していくと日本債券信用銀行が債務超過に陥るのを知っていた．これはえらいことだな，とちらっと思っていた」[2]と答えている点は注目に値する．与謝野氏が当事大蔵省銀行局さらには主計局とも密接な連携をとっていたことからして，彼のこの認識の情報源が大蔵省であったことは疑う余地はないであろう．だとすれば，大蔵省として住専の最終処理を決断するにあたって，ここまでくれば住専業界の破綻処理は不可避であるが，それを遂行すれば大手銀行の一部，とくに長信銀の一画が債務超過に陥る可能性が高いことを見越して，長信銀の損失負担額が最大になる母体行責任方式での処理を最初から排除しておいた，というのが事態の真相ではなかろうか．

　現代日本の金融危機管理の枠組みを提示した先の「機能回復」ならびに「安定化のための諸施策」の二つの文書は，確かに1990年代までの「銀行不倒神話」に象徴される護送船団方式からの訣別を意味するものであった．そこでは，金融監督当局として不良債権処理に集中的に取り組み，その結果債務超過に陥った金融機関については断固破綻処理することが宣言され，西村氏の言葉を借りて言えば「破綻金融機関は倒産させる」という「破綻処理の原則」が明らかにされた（西村前掲書，154頁）．だが同時に，以上の検討から，これらの文

---

[2] 日本経済新聞社編『検証バブル　犯意なき過ち』（日本経済新聞社，2000年），206頁．

書が，破綻処理されるべき預金取扱い金融機関としてもっぱら信組，信金，第二地銀などの中小金融機関だけを事実上想定していたことも事実なのである．倒産させられるべき預金取扱い金融機関が中小金融機関に限定されるということは，暗黙のうちに大銀行は破綻処理の対象ではないということを前提としている．では，一方で「破綻金融機関は倒産させる」という原則を提示しておきながら，他方で大銀行を事実上その対象から排除しようとするならば，それはいかなる論理のもとに行われることになるのであろうか．この原則の基礎上で大手行は破綻処理されるべきではないということを正当化するためには，大銀行はどれ一つとして経営破綻の状態にはない，不良債権との関連でより具体的に言えば債務超過に陥っている大銀行は存在しない，と主張する以外にない．日本の金融監督当局が住専処理にあたって母体行責任方式での破綻処理策を最初から除外したのも，さらには当初7兆3,000億円と見込まれていた損失額を第一次分6兆4,100億円と第二次分に分け後者の先送りを図ったのも，日債銀や長銀が債務超過に陥る事態をできるだけ回避するための措置だったのではないか．現代日本の金融危機管理の中軸に位置するTBTF政策を本書であえて日本型TBTF政策と規定する第一の理由は，金融監督当局が事実上債務超過に陥った大銀行までをも救済しようとしたこと，第二に，そのために大銀行の経営実態をできる限り国民の目から遠ざける，むしろ意識的にその経営実態を糊塗しようとした点にある．以上の点からすれば，上記の二つの文書は，まさにこのような意味における日本型TBTF政策の歴史的な出発点をなしたと言えよう．

（2） 1997年春における日債銀の奉加帳方式での救済

そこで，事実上債務超過に陥った大銀行を金融監督当局自らが事実を偽って救済しようとした日本型TBTF政策が，その後どのように遂行されたのかを概観しておこう．この観点から1990年代における現代日本の金融危機管理を俯瞰するならば，金融監督当局ならびに政治権力による3回にわたる行政的・政治的介入の事例が際だっている．

その第一の事例は，1997年2月に表面化した日債銀の経営危機，金融不安に対して大蔵省が行った奉加帳方式での救済劇である．この奉加帳方式による日債銀救済計画は，1997年4月1日午前における日債銀の系列ノンバンクである日本信用ファイナンス，日本トータルファイナンス，クラウンシーリング3社による東京地裁への自己破産の申請（負債総額は約1兆9,000億円），それとほぼ並行して行われた大蔵省銀行局による大手行12行ならびに生・損保22社に対する日債銀の再建支援のための総額約3,000億円の増資計画への協力の要請，さらに，同日午後に行われた上記の系列ノンバンクの自己破産以外に海外業務からの全面撤退，全営業店舗の売却，人員や給与の大幅削減などを内容とした経営再建計画の日債銀による発表，の三つがワンセットになったものであった．

　系列ノンバンク3社の自己破産申請について言えば，それは裁判所による法的処理であるがゆえに，これら3社の破綻処理に伴う損失額は債権者間の平衡原則に基づいていわゆるプロラタ方式で負担されることになる．そして，メインバンク責任を全面的に放棄することになるこの自己破産申請を，日債銀は他の協調融資行の事前の了解を取りつけることなく突然に行った．協調融資行にとってはまさに寝耳に水の出来事であり，従来からの金融界における破綻処理の慣行からすれば掟破りであった．だが，言うまでもなく，このような掟破りが日債銀の独自の判断で行われたものでないことは，東京地裁への自己破産申請とほぼ時を同じくして，大蔵省が大手行や生・損保各社を大蔵省合同庁舎に呼んで奉加帳方式での増資を要請した一事を見ても明らかであろう．むしろこの日債銀救済計画は，そのお膳立てから実施に至るまで大蔵省銀行局の全面的な関与のもとに遂行されたのである．大蔵省銀行局が日債銀の再建計画の最終的責任者であったことは，奉加帳方式での増資要請に対して最後まで抵抗を示した日本生命などが当時の大蔵省銀行局審議官からとった「確認書」（1997年5月30日付け）の内容に示されている．そこでは，

　「⑴　大蔵省は，この再建策は全関係金融機関の同意がなければ成立せず，日本生命がこれに応じなければ日債銀は破綻に陥る見込みである旨，確認する．

(2) 大蔵省は，全関係金融機関の同意が得られ今回の再建策が実行されれば日債銀の再建が可能である旨，確認する．

(3) 日本生命は今回の再建策協力により，一時的に筆頭株主になるが，これは再建策への協力によってなるものであり，従って日本生命に対して株主としての法的立場を超えて，今後新たな株主順位や保有比率に基づく追加的な負担を一切求めない．（以下略——米田）」[3]ことが記されている．

大蔵省ばかりではなく日本銀行もまたこの日債銀の救済計画に深く関与していた．大蔵省が提示した奉加帳方式での増資計画では，日銀による800億円の優先株の引受けを軸に，大手12行が700億円の普通株を引き受け，生・損保22社が劣後ローンのうち1,406.5億円を普通株と優先株に振り替えることになっている．中央銀行は「銀行の銀行」としての立場から，金融不安が急性化した場合に市中銀行が必要とする現金通貨を無担保で無制限に供給する使命を負うが（いわゆる最後の貸し手機能），それはあくまでも返済を前提とした一時的な流動性の供給にすぎない．これに対して，日銀が優先株の形態であるとはいえ日債銀に出資をすることは，事実上経営破綻に瀕しつつある民間銀行に対して中央銀行が株主として最終責任を負う，換言すれば当該銀行が破綻した場合には損失を負担する用意があることを意思表明したものであり，その点で中央銀行の最後の貸し手機能からも逸脱した行為であった[4]．日銀は大蔵省の提示し

---

3) 共同通信社社会部編『崩壊連鎖——長銀・日債銀粉飾決算事件』（共同通信社，2000年），167～168頁．
4) この日債銀への資本注入は，1996年11月に経営破綻した阪和銀行の預金払戻し機関である紀伊預金管理銀行への出資と同様に，新金融安定化基金をつうじてなされたものである．日本銀行のこれらの出資は，言うまでもなく，法律上は特別融資を規定した旧日本銀行法第25条に基づいて行われたものであるが，それが内容からみて返済を前提とした日銀特融＝最後の貸し手機能を逸脱したものではないのかとの指摘は，個人としての資格においてではあるが現役の日銀職員からもなされている．「流動性供給以外の『その他』の資金供与としては，信用補完のための資本性の資金供与と預金保険機構向けの貸付があるが，筆者は，これらは本来，中央銀行の行うべき LLR（最後の貸し手機能——米田）とは言い難い面があると思っている．政府・行政等によるセーフティ・ネットが未整備ななかで，金融システム全体の危機回避の観点から中央銀行の枠を超えて，ギリギリの対応を採ったと位置づけるべきものと思う．」（飯野裕二「金融システム不安

た再建計画への民間銀行の増資協力を実現するために，あえて中央銀行としての財務の健全性，それゆえ中央銀行に対する信頼性を損なう危険を冒したのである．

　それでは，大蔵省銀行局や日本銀行が金融監督当局としての権限をフルに発揮して救済しようとした日債銀は，金融危機に直面した時点ですでに経営破綻状態，不良債権問題に限定して言うならば債務超過の状態に陥っていたのであろうか．そして，金融監督当局は日債銀の財務実態をどのように評価していたのであろうか？

　日債銀が大手行のなかでは北海道拓殖銀行とならぶきわめて財務実態の悪い銀行であったことは周知の事実であった．日債銀は1992年5月の系列ノンバンク3社の経営危機に際して大蔵省の元国税庁長官であった窪田弘氏を頭取候補として迎え入れ，事実上大蔵省の影響力下におかれた銀行としての地位を利用して系列ノンバンク3社に対する金利減免措置をまとめあげた．だが，このようにして自らの経営危機をもひとまず切り抜けたかに見えた日債銀であったが，当時から多くの協調融資行はその再建の見通しに疑念をもち，ある都銀は独自の調査に基づいて日債銀の問題債権額を1兆6,474億円とはじき出していた．この時の経営危機では日債銀は系列ノンバンクの切り捨てに最終的に踏みきらざるをえなかったのであるが，4月1日の再建計画では回収に懸念のある第三分類債権額をこれら系列ノンバンク3社分も含め約5,500億円と発表した．だが，この数値は誰の目から見ても過小であった．この再建計画の発表を受けて4月16日に日債銀に対して金融検査に入った大蔵省金融検査部は，5月中旬時点の速報値として第三分類債権額を7,000億円とした．さらに，金融検査部は9月11日に，速報値を大幅に修正して1997年3月期の第三分類額は1兆1,212億円であるとの最終結果を日債銀に伝えた．だが，この最終結果には但し書として日債銀側が主張して譲らなかった6,389億円という数値が併記され

への対応―セーフティ・ネットの発動と強化―」日本銀行銀行論研究会編『金融システムの再生にむけて―中央銀行員によるレクチャー銀行論』（有斐閣，2001年）所収，68頁）．

るという異例の事態となった[5]．

　日債銀側の主張は，担保不動産の活性化事業という名目で行ってきた不良債権のペーパーカンパニーへの「飛ばし」や「追貸し」について，銀行側がこれらの会社を潰そうと決断しない限り融資の継続によって金利支払が滞ることがないのだから不良債権ではない，しかもこのような不良債権の受け皿会社への融資を大蔵省はこれまで第二分類として認めてきたではないか，というものであった．銀行が再建支援先企業を見捨てない限りそれらの会社は潰れない，だから再建支援先企業向け債権は不良債権ではない，という日債銀の論理は（というより，それはすべての大手行がつい最近まで主張してきた論理であったのであるが），銀行の信用創造能力を絶対視することから生まれてくる発想である．だが，日本の銀行システムに対する不安が増大し，そのなかで自らの個別的信用が揺らぎつつある銀行に，そのような主張を展開しうる合理的根拠があるとは到底考えられない．この論理に基づいてつい先日まで第二分類として区分してきた系列ノンバンク3社の債権が，自己破産の申請によって突然第三分類さらには破綻先債権すなわち第四分類に転落する事態が起きているのである．このような事態に直面しながらなお日債銀がこの論理に固執しえたのは，おそらく大蔵省銀行局がこの日債銀の主張を容認していたからであろう．実際大蔵省銀行局は，「四分類債権を一括償却させても資本は残るという日債銀からの自己申告」を受け入れて債務超過には陥っていないという行政判断のもとに，3月14日に日本銀行に対して救済案を提示した，と伝えられている[6]．銀行局がこのような立場を鮮明にした以上，金融検査部としても速報値として第三分類債権を約7,000億円と発表し，日債銀が債務超過ではないという虚構づくりに手を貸さざるをえなかったのであろう．金融検査部が日債銀側の金額と併記するかたちで第三分類額を1兆1,212億円と最終判断を示したのは，日本生命も含めて総額2,906.5億円の増資払込が完了した7月29日から1ヶ月以上を経過し

---

[5] この点の詳細については，共同通信社社会部編前掲書，169～171頁参照．
[6] この点については，軽部謙介・西野智彦『検証　経済失政―だれが，何を，なぜ間違えたか』（岩波書店，1999年），76頁ならびに360頁参照．

てのことだった．おそらくこの検査結果が払い込み終了前に日債銀に通知され大手行や生・損保各社がこの数値を知ることになれば，日債銀が事実上債務超過に陥っているとの懸念から，せっかく「確認書」まで取りかわしてまとめあげた再建計画がご破算になることを恐れて，最終結果の通知の引き延ばしが図られたのではなかろうか．戦後長らく護送船団方式の金融行政をつうじて銀行業界とりわけ大手銀行の庇護者としての立場を確立し，その見返りとして大量の高級官僚を金融業界に天下りさせてきた大蔵省としては，金融機関の破綻処理を決断せざるをえない状況に追い込まれたとしても，おいそれと大銀行の旗振り役の立場を捨てることができなかったのである．

(3) 金融機能安定化緊急措置法に基づく日債銀に対する公的資金の資本注入

　金融監督当局が自らつくり出した虚構を根拠にTBTF政策を推進するという日本型TBTF政策をより象徴的に示した事例は，金融機能安定化緊急措置法（以下では安定化法と略記する）に基づいて行われた公的資金の大手行に対する一般的な資本注入の試みである．第7章では，1998年2月の預金保険法の改正とこの金融安定化法の制定をもって日本型TBTF体制の成立と規定した．前者は，ペイオフコストを上まわる資金援助を可能にする特例業務勘定に17兆円の公的資金を投入する（同勘定の借入に対する10兆円の政府保証枠と7兆円の交付国債の交付）ことを定めたものであり，後者は，貸し渋り対策を名目に「経営状況の著しく悪化している金融機関等ではない金融機関等」に対して資本注入を行う金融危機管理勘定に13兆円の公的資金を投入する（同勘定の借入に対する10兆円の政府保証枠と3兆円の交付国債の交付）ことを定めたものである．上述のように，それまでもペイオフの5年間凍結＝全預金者の保護を前提としてTBTF政策の遂行を図ってきた政府・大蔵省であったが，実際にはその政策の実現を可能にするだけの財源的基盤は手にしていなかった．それが，1997年11月における金融危機の本格化，すなわち拓銀や山一証券などが連続的に経営破綻し，さらにその直後に全国的な規模で同時多発的な預金者の取付け騒ぎが発

生したことによって，住専国会以来タブー視されてきた公的資金投入論議をめぐる社会環境，政治的雰囲気が一変した．信用システムが崩壊するのではないかという不安をバネに，政府・金融監督当局は現代日本の金融危機管理政策の根幹に据えられたTBTF政策を実現するのに必要な手段，総額30兆円の公的資金投入体制を手にしたのである．日本型TBTF体制の成立と規定した所以である．

　この体制が成立した経緯ならびにそれがもつ意義，限界については第7章で詳論したとおりであるが，本章でとくに強調しておきたいのは，この日本型TBTF体制の一方の柱をなした安定化法が「看板に偽りあり」の法律であり，しかもこの虚構づくりが大蔵大臣ならびに日本銀行総裁の直接的な関与，共演によってなされたことである．都市銀行の一画をなした拓銀の崩壊によって当時金融界の衆目を集めたのは日本型TBTF政策の先行きであった．日本の大銀行のなかには拓銀以外にも事実上債務超過に陥っている銀行が存在するのではないか，日本政府・大蔵省が推進してきたTBTF政策はもはや限界点に達したのではないか，という問題関心であった．これに対する日本政府の回答が，安定化法の制定であり，それに基づくすべての大手銀行に対する公的資金の一斉の資本注入であったのである．この安定化法の制定・施行が日本型TBTF政策の性格を象徴するということの第一の理由は，拓銀が資金繰り破綻した当時の状況下で，日本政府が問題行を特定化することを徹頭徹尾回避しようとしたことである．理由はどうであれもし実際に救済すべき銀行が存在しているならば，その銀行を特定化し，それを存続させるためにはどれだけの公的資金を投入すべきかを明らかにすることは，金融監督当局の果たすべき最低の行政責任であろう．だが，日本政府，大蔵省は，翌年に予定されていた早期是正措置の導入をにらんで多くの銀行が貸し渋り，貸し剥がしに走っていたことを理由に，この問題を健全な銀行の一般的な自己資本不足の問題にすり替え，健全な銀行に対する一般的な資本注入を隠れ蓑にして問題行へ公的資金を注入しようとしたのである．まさに安定化法は「看板に偽りあり」の見本と言うべきものであった．

第二に，偽りの看板と言えどもそれをもっともらしく見せるためには，一定の手続きが必要であった．それが，安定化法に基づいて公的資金を資本注入する対象金融機関の資格要件の規定であり，さらに個々の銀行がこの資格要件を満たしているか否かをめぐる金融危機管理審査委員会による審査であった．安定化法は第2章第3条第3項第二号で自己資本充実の対象金融機関として「経営の状況が著しく悪化している金融機関等ではない金融機関等」を規定している．このような回りくどい表現になっているのは，国会での法案審議の過程で，この資本注入法案が実際上経営破綻状態にある銀行を救済するための手段となりうるのではないかとの野党陣営の攻勢を受けて，政府・与党側がその意向を反映させた表現を採用せざるをえなかったからである．だが，この「経営の状況が著しく悪化している金融機関等ではない金融機関等」の具体的内容を確定する段階で，金融危機管理審査委員会は，最悪の財務状態にあるとみなされていた日債銀が公的資金による資本注入を受けられるように，わざわざ資格要件を変更したのである．当時，日債銀は大蔵省主導の再建計画に基づいて1998年3月期から5年間連続して無配にすることを予定していた．だが，これでは，「経営状況が著しく悪化している」という基準の原案にあった「一定期間」赤字や無配が継続しているという規定に該当する恐れがあった．しかも日債銀は，すでに1996年3月期と1997年3月期の2年連続して赤字決算になっていた．そこで，審査委員会は，先の一般的な規定に替えて「最近3年間連続して赤字決算または無配となっている場合」というふうに基準を特定化し，日債銀が資格要件に抵触しないようにしたのである．

　さらに，金融危機管理審査委員会の実際の審議過程も金融監督当局主導の「虚構」づくりのための儀式でしかなかった．そもそも1998年2月23日に初会合を開いた審査委員会には，3月末までに公的資金による資本注入を行うためには実質審議に費やしうる時間的猶予はほとんど与えられていなかった．まさにそうであったがゆえに，民間審議委員であった今井敬経団連会長ならびに小堀樹日弁連会長は，審議の当初から後々の責任問題を恐れて日債銀の経営状態について強い懸念を表明し，審査委員会として日債銀を適格と認めるためには

金融監督当局自身による日債銀の財務実態についての明確な判断，安全性についての保証が必要であることを主張した．そして，3月10日の第5回会合での日債銀の審査に際して，今井氏が日債銀は現在の時点で債務超過の恐れはまったくないかどうかを直截に金融監督当局者に問いただした．それに対して，まず松下日銀総裁が債務超過ではないとの判断を示し，さらに銀行局幹部に促される形で，松永光大蔵大臣が日債銀は審査基準四「経営の状況が悪化しており，優先株式等の引き受けを行った後でも申請金融機関が破綻する蓋然性が高いと認められる場合でないこと」をクリアできると明言することによって，審査が終了したと伝えられている[7]．まさに大蔵大臣，日銀総裁という金融監督当局の最高責任者のお墨付きのもとに，事実上債務超過に陥っていた日債銀への公的資金による資本注入が可能となったのである．

(4) 住信との合併によって長銀を救済しようとした異例の政治介入

日債銀を救済するために行われた第一の奉加帳方式の事例，ならびに安定化法に基づいて公的資金を日債銀にまで資本注入しようとした第二の事例は，いわば金融監督当局，行政権力主導の日本型 TBTF 政策であった．これに対して金融機能再生緊急措置法（以下再生法と略記する）と金融機能早期健全化緊急措置法（以下健全化法と略記する）の制定過程において日本長期信用銀行を住友信託銀行と合併させることによって救済しようとした事例は，政府・与党という政治権力が前面に出て推し進めた日本型 TBTF 政策であった．前章で，これら2法を中心とする金融危機管理体制を先の日本型 TBTF 体制の成立と区別して日本型 TBTF 体制の確立として規定した．制定された2法のうち前者の再生法，とくにそこで規定されている破綻処理方法の一つである特別公的管理（一時国有化）は，政府管理下で大銀行を破綻処理するための史上初の法的枠組みであり，これに対して後者の健全化法は，問題を抱えた大銀行に行政主導での破綻処理を回避したければ公的資金による資本注入を受け入れることを

---

[7] この詳細については，西野智彦『検証 経済迷走―なぜ危機が続くのか』（岩波書店，2001年），115〜120頁参照．

事実上強制する法律であり，しかもその執行過程で公的資金受け入れの条件として徹底したリストラに加えて金融再編に積極的に取り組むことが求められた．1998年10月に再生法の施行と同時に長銀が，さらに少し遅れて12月に日債銀が，特別公的管理の形態で破綻処理されることによって，両法律は相乗効果を発揮するようになった．そして，1999年3月の大手15行に対する約7兆5,000億円の公的資金による資本注入とそれと相前後する形で進行した金融大再編によって，1997年11月に本格化した金融危機はひとまず沈静化した．日本型TBTF体制の確立と規定した所以である．

ところで，前章で詳論したように，このような結果は金融監督当局や政府・与党が再生法論議の当初から政策目標として意図していたものではけっしてなかった．むしろそれは，政府・与党と野党との間での政治的対立の激化→政府・与党の政治的妥協の結果生まれた副産物，windfallであった．事実，政府，与党は，再生法論議とほぼ時を同じくして表面化した長銀の経営危機に対して，これを再生法論議と切り離し先の安定化法の発動によって温存・救済することを一貫して追求した．まさに，その戦略の政治的失敗が，再生法をして大銀行を破綻処理するための金融危機管理法に収斂させ，さらに，それに基づいて長銀を特別公的管理の形態で破綻処理させる事態をもたらしたのである．この政治権力による長銀の救済，すなわち日本型TBTF政策の推進を象徴したものが，政府による住信の長銀合併計画への政治介入であった．

1998年6月初旬雑誌や新聞で財務状態の悪化が報道されたことをきっかけに一気に経営危機が表面化した長銀にとって，同系列の住友銀行との折り合いが悪く信託銀行としての独自戦略に賭けるしかなかった住信からの合併計画のもちかけは，いわば渡りに船であった．だが，合併計画の実現にとって最大の問題は長銀が隠していると思われる不良債権の大きさであった．この合併計画の発表に際しては，かつて日債銀の救済劇をとりしきった大蔵省の元銀行局幹部たちが両者を仲介するために大きな役割を演じたと伝えられている．だが，大蔵官僚による仲介の内容は「2段階合意」と言われるもので，もし金融監督庁の検査で長銀が資産超過であれば合併，万が一債務超過であれば長銀は潔く破

綻処理に移行し住信に営業譲渡を申し出るというものであり，その内容で彼らは長銀側の合意を取りつけて，住信の合併反対派の説得に直接あたった[8]．相つぐ接待汚職事件の発覚によって4月に日銀に続いて省内から大量の処分者を出し，その余波もあって6月22日に新たに発足した金融監督庁へ元銀行局幹部の移動がいっさい認められなかった大蔵省としては，金融監督庁が初の金融検査において長銀等についてどのような判断を示すのか，必ずしも確信がもてなかったのであろう．財政と金融の分離という行政改革の大きな流れのなかで，もはや大蔵省には1997年春の日債銀の救済劇のように金融監督当局としての絶大なる行政権限を発揮して合併を押し通す自信も体制もなかったのである．

　腰の引けた金融監督当局に代わって長銀救済の表舞台に登場してきたのが小渕恵三内閣であり，この小渕首相に懇請されて蔵相に就任した宮沢喜一元首相であった．第二次橋本政権は，財政構造改革の失敗と安定化法に示された安易な大銀行救済姿勢に対する野党の激しい攻撃によって参院選に大敗し，退陣を余儀なくされた．それを受けて7月30日に発足した小渕内閣は経済の再生を前面に掲げ，景気回復に向けての財政政策の転換と長銀問題を含む金融危機の収束を中心課題と位置づけた．小渕内閣のこの経済運営を事実上とりしきったのが，時代遅れのケインジアンを自認し，金融危機の本格化の過程で自民党の金融安定化対策本部の本部長として先の預金保険法の改正や安定化法の制定を指揮した宮沢蔵相であった．彼は蔵相に就任するやいなや「長銀はつぶさない」との立場を鮮明にしたが，住信側が長銀の債務超過への懸念から合併交渉に二の足を踏んでいるのをみて，小渕首相による高橋温住友信託社長への事実上の合併要請を演出した．8月20日に首相公邸で行われたこの要請には，小渕首相のほかに宮沢蔵相，野中広務官房長官，日野正晴金融監督庁長官も同席した．まさに政府挙げての合併要請であり，民間企業同士の合併交渉に対する異例の

---

8) この2段階合意の経緯，内容の詳細については，同上書，163～169頁参照．それによれば，合併計画の発表に際して，長銀側からの強い要望で債務超過と判定された場合の措置，すなわち破綻処理に移行し住信へ営業譲渡するという内容は公表されなかった．

政治介入であった．しかもこの場で，宮沢蔵相は住信側に対する政府の支援策として元銀行局幹部が編み出した秘策と言われる「2回資本注入案」を説明し，「必要な資金はいくらでもつけましょう．金に糸目はつけません」とまで断言した，と伝えられている[9]．この2回資本注入案で予定されていた公的資金による資本注入額の合計は，当初2兆円だったものが最終的に1兆6,000億円に修正されたと言われているが，いずれにせよそれだけの資本注入を要するということは，長銀が事実上債務超過に陥っていること窺わせるものであった[10]．その懸念があったからこそ，実態を覆い隠すために合併前に長銀にまず半分を資本注入しておき，合併後に残り半分を住信に再度資本注入するという姑息な手段を案出せざるをえなかったのである．

住信と長銀との合併計画は，小渕内閣挙げての政治的バックアップの表明にもかかわらず，というよりはむしろその露骨な政治的介入をきっかけに野党陣営の攻撃の的となり，国会における再生法論議の政治的焦点は長銀が債務超過であるのか否かに絞り込まれた．その後住信の株主による合併計画の拒絶を反映して住信の株価が大幅に下落し，さらに小渕内閣の影の実力者であった野中官房長官が公的資金を使った長銀の系列ノンバンクに対する債権放棄，それゆえ，それを前提とした住信と長銀の合併計画を否定することによって，小渕政権が意図した住信による長銀の救済合併計画は最終的に頓挫した．そして，これを受けて前述のように，大銀行の破綻処理法としての金融再生法が制定され，長銀は再生法の制定と同時に政府による債務超過認定に基づき特別公的管理の形態で破綻処理されることになった．

最後まで長銀救済に執念を燃やした宮沢喜一氏は，この長銀の破綻処理を回顧して，「野党の若い諸君が法律をつくって，日本長期信用銀行をつぶした．（中略）ほっときゃ保護されてるはずのものを裸にしたわけですからね．金融

---

[9] 首相官邸での合併要請の詳細については，同上書，206～208頁参照．
[10] 2回資本注入案の詳細については，同上書，202～205頁参照．なお，住信側が投入されるべき公的資金額として主張していた額は1兆5,000億円であったとも報じられている．朝日新聞経済部前掲書，261頁参照．

債だって何だって．(中略) 法律をつくったのが悪いんじゃない．毎日毎日（株価下落をあおるような）トークダウンをして，株価をゼロにするようなことをしたんですから．それはどこだってつぶれますわな」[11]と語っている．長銀問題が再生法論議の過程で与野党対決の焦点になり，この政治抗争で劣勢になった政府・与党が，野党が主張した特別公的管理の形態で長銀を破綻処理することを受け入れざるをえなくなったのは事実である．だが，そうだからと言って，長銀をつぶしたのが野党陣営だという主張は正しいのであろうか．宮沢氏の論理は，「ほっとけば保護されるはずのもの」が野党の大騒ぎによって保護できなくなった，だから長銀はつぶれたのだ，というものである．だが，「ほっとけば保護されるはずのもの」を政府は何ゆえ住信に押しつけようとしたのか？しかもその際，目くらましまで使って1兆6,000億円もの公的資金の資本注入を予定しなければならなかったのは，なぜなのか．これらの疑問は，結局当時長銀が大幅な債務超過に陥っており，事実上経営破綻状態にあったのではないかという世間一般が抱いた疑念に帰着する．当時すでに長銀は政府の保護によって一時の時間稼ぎはできても，結局は市場の原理によって淘汰されるべき存在に転落していたのではないのか．長銀の経営破綻の根本原因は，やはり長銀自身の内部要因，すなわち銀行としての社会的信用を維持しえなくなった経営―財務状態の悪化に求めるのが当然であろう．与野党間の政治抗争は，あくまでこの客観的な経済過程の基礎上で行われたにすぎないのである．

そのうえで政治的要因について一言だけしておけば，参院選で政府・与党が惨敗し，長銀問題に対する野党の攻勢が勢いづくなかで，自民党内部からも総裁選に出馬した梶山静六前官房長官がハードランディング論を打ち上げる政治状況にあった．そのような状況にもかかわらず，事実上債務超過に陥りそれゆえに社会的に信用を失いつつあった長銀を，債務超過ではないと偽り政府が強力にバックアップする姿勢を示すならば，住信との合併によって救済・温存できるのではないかと期待した宮沢氏自身の甘い見通しが，野党陣営の猛烈な反

---

11) 日本経済新聞社編前掲書，82頁．

発を招いた直接の原因なのである．その点で，宮沢氏は野党陣営を非難する前に，政治状況を的確に捉まえることができなかった政治家としての自らの政治的不明を恥じるべきだったのではなかろうか．

　この問題の最後に，1998年8月にヘッジファンドLTCMの経営危機が表面化した事件で，ニューヨーク連銀が音頭をとってまたたく間に各国主要取引銀行14社による総額36億ドルの資本支援策をまとめあげた経過と比較して，日本における政策対応の遅れを問われた前出の西村吉正氏が，いかに答えているかを示しておこう．

　「いろいろな要素があると思うが，一番大事なのは"信頼"だと思う．問題が難しければ難しいほど，行政とか政治とか処理の当事者に対する信頼がなければいけない．説明責任だとかディスクロージャー（情報公開）だとかいう話がある．もちろんそれも大切だけれども，その根底に信頼がなければ，いくらそれをやっても思ったほどの効果は上がらない」「要するに，『彼らは自分のためではなく社会のために仕事をしているのだろう．彼らに委ねておけば，完全ではないかもしれないが，まあより良い結果をもたらしてくれるだろう』というような信頼感が前提になっていなければいけない．『何かおかしいのではないか』『どこか問題があるのではないか』という前提で物事をすべて見られると，スピーディーに処理が進むことはあり得ない．だから問題が難しければ難しいほど，その前提には行政や政治に対する，あるいは金融機関に対する信頼がなければならなかった．我々の最大の反省点，私たちがいちばん批判されてしかるべきは点は，こういう大事なときにそのような十分な信頼感を得られなかった，それを前提にした処理ができなかったということかもしれない．個々に，ああすればよかった，こうすればよかった，ということはたくさんある．しかし一番根本にあるのはそういうことではないか」[12]

　1994年に銀行局長になり，先の「金融システムの機能回復について」をまと

---

12)　同上書，220〜221頁．

めあげ自ら住専処理や大和銀行事件などを陣頭指揮した当事者として，きわめて率直な感想である．だが，彼が見落としている，より正確にいえば彼が見ようとしていないものは，かつて護送船団方式あるいは銀行不倒神話ともてはやされ絶大なる信頼を得ていたはずの日本の行政権力や政治権力が，なぜ金融危機管理に際してその信頼を一気に喪失することになったのか，についての根本原因である．本節で明らかにしたように，日本の金融監督当局や政治権力が，金融危機管理の初発から一貫して差別的な破綻処理をもくろみ，一部の大銀行については債務超過である現実を隠し続けることによってそれらの救済・温存を図ろうとしたこと，その意味における日本型 TBTF 政策の採用が，日本の金融危機管理政策の客観性，合理性を，それゆえそれに対する国民の信頼を消失させた根本原因であったのである．

第2節　現代アメリカにおける金融危機と TBTF 政策

（1）　1980年代前半におけるアメリカ大銀行の経営困難

そこで，以上で見てきた日本における TBTF 政策の発動のあり方がいかに特徴的であったのかを示すために，日本のバブル経済化と対照をなした1980年代におけるアメリカの金融危機とそれに対するアメリカ政府・金融当局による政策対応を，預金取扱い金融機関の問題に限定して概観しておこう[13]．1980年代にアメリカの金融機関を襲った最初の金融的困難は，1982年のメキシコの利払い停止宣言に端を発した発展途上国向け累積債務問題であった．これら発展途上国向け貸付はマネーセンター・バンク8行だけで1978年末の約360億ドルから1982年末の約550億ドルへと急増していたが，これらが一挙に不良債権化しアメリカ大銀行の経営に重くのしかかることになった．これら大銀行の途上

---

[13]　1980年代のアメリカにおける主要な金融危機の一つとして，1987年10月のいわゆるブラック・マンデーに端を発する証券危機を指摘できよう．それは，株価の下落率の大きさ，その持続性によって1980年代のアメリカ経済の停滞，衰退を象徴する事件であったと言えるが，預金取扱い金融機関の経営危機に視野を限定している本章では割愛せざるをえない．

国向け貸付額は，平均でこれらの銀行の資本金と準備金の合計額の2倍以上に達しており，金融監督当局が貸倒れに備えて必要な引当金を積むことを求めれば，一定の大銀行が支払不能状態に陥ることが懸念された．金融監督当局はこの点を考慮してこれら途上国向け貸付についてただちに貸倒れ引当金を積むこと求めず，銀行が時間をかけて引当金を積み増していくことを許した（regulatory forbearance，金融規制における執行猶予あるいは問題先送り政策の採用）．この結果1986年末にわずか13％であった引当率は1989年末には50％の水準にまで上昇し，これを前提に1989年にブレーディ財務長官による国際的な途上国救済プランが提起され，累積債務問題は収束に向かうことになった[14]．

ところが，この過程で1970年代半ば以降国内の商工業貸付を中心に拡張戦略を採用し1981年時点で総資産額で全米第6位（約450億ドル），国内の商工業貸付で第1位（約140億ドル）の地位にあったコンチネンタル・イリノイ銀行が，1982年のペン・スクウェア銀行の倒産をきっかけに深刻な経営危機に陥った．コンチネンタル・イリノイ銀行は，原油や天然ガスの採掘などのきわめて投機的な貸付に特化していたペン・スクウェア銀行から10億ドル以上のローン・パーティシペーションを購入していた．先の途上国向け累積債務問題に加えてこの新たな不良債権問題の発生が，外国銀行も含めて他の金融機関からの短期かつきわめて浮動的な大口預金に日常的に依存してきたコンチネンタル・イリノイ銀行の資金繰りを急速に悪化させることになった．1984年5月11日までに預金の流出に応えるために連銀から36億ドルもの借入を行わなければならない事態に追い込まれた．このような状況下で，アメリカの金融監督当局が最終的に選んだ道が，FDICによる45億ドルの不良債権の買い取りや優先株の形態での10億ドルの資本注入を軸としたオープン・バンク・アシスタンス（OBA）による救済であった．金融当局はコンチネンタル・イリノイ銀行とコルレス関係にある2,300の銀行のうち179行（資産総額約170億ドル）が自己資本の50％以上

---

[14] 累積債務問題に起因するアメリカ大銀行の以上の経営困難について Hanc, George, "The Banking Crises of the 1980s and Early 1990s:Summary and Implications", FDIC, *History of the Eighties : Lessons for the Future.* Vol. I , 1997, pp. 43–44 を参照．

の資金をコンチネンタル・イリノイ銀行に預金の形で投資していること，さらに当時累積債務問題で経営の先行きに重大な懸念が生じていたファースト・シカゴ，マニュファクチャラーズ・ハノーバー，バンク・オブ・アメリカなどの巨大銀行に信用不安が波及する恐れがあったことから，負債・資産の承継（P&A）やペイオフ（PO）の形態での破綻処理を断念したのである．1980年代アメリカにおける代表的なTBTF政策の採用であった[15]．

（2） 1980年代のS&L危機，商業銀行の経営危機とforbearanceの見直し

上記のコンチネンタル・イリノイ銀行を別にすれば経営危機が表面化しなかった大銀行部面に比べて，中小金融機関部面では1980年代をつうじて倒産の嵐が吹き荒れた．その最たるものがいわゆる貯蓄貸付組合（S&L）を中心とした貯蓄金融機関の危機であり，アメリカの貯蓄金融機関は業界丸ごとと言ってもいいほどの経営破綻に見舞われた．表9-1に示されているように，1979年末に連邦貯蓄貸付保険公社（FSLIC）加盟の貯蓄金融機関は全米で4,038機関あったが，FSLIC自らが750億ドルの巨額の債務超過に陥り預金保険機関としての機能を停止せざるをえなくなった1988年末の時点では，それは2,949機関にまで大幅に減少した．この間にFSLICによって破綻処理された件数は，清算処理されたものが78件，合併処理されたものが744件（そのうちFSLICの支援を伴ったものが411件），その他合計で917件に達した．さらに，このS&L危機の根本的打開をめざした1989年の金融機関改革救済執行法（FIRREA）によって設立された整理信託公社（RTC）は，設立時にFDICから継承した262件（機能停止したFISLICに代わってFDICが一時的に財産保全をしていた）も含めて，その使命を終えた1995年末までに747件の貯蓄金融機関の破綻処理を行った．その結果，1980年代以降の金融危機をつうじて実に1/3以上の貯蓄金融機関が経営

---

15) 以上については，Davison, Lee, "Continental Illinois and "Too Big to Fail"" *Ibid*., pp. 250-251を参照．なおコンチネンタル・イリノイ銀行の盛衰の歴史については，McCollom, James P., *The Continental Affair, The Rise and Fall of The Continental Illinois Bank*, Dodd, Mead & Company, 1987が詳しい．

402　第3篇　現代日本における金融危機管理体制

表9-1　1980年代の銀行破綻，合併，および営業機関数の推移

機関数	FSLIC加盟貯蓄金融機関													FDIC加盟貯蓄金融機関				
	経営破綻処理								自発的合併 ③	合併合計 ②+③ =④	減少要因 ①+④	純減機関	年末営業機関	経営破綻 ⑥	自発的合併 ⑦	減少要因 ⑥+⑦ =⑧	純減機関	年末営業機関
	合計	閉鎖処理					その他の処理									
		合計	清算処理 ①	合併処理計 ②	助成合併合計	買収継承	預金継承	監督合併								
34〜79 計	N.A.	N.A.	13	130	130	N.A.	N.A.	N.A.	0	N.A.	N.A.	N.A.	4,038			0		324
1980	32	32	0	32	11	N.A.	N.A.	21	0	63	95	95	-45	3,993	0	0	0	-1	323
1981	82	82	1	81	27	N.A.	N.A.	54	0	215	296	297	-242	3,751	3	14	17	8	331
1982	247	247	1	246	62	N.A.	N.A.	184	0	215	461	462	-464	3,287	0	18	18	-16	315
1983	70	70	5	65	31	N.A.	N.A.	34	0	83	148	153	-141	3,146	1	20	20	-21	294
1984	36	36	9	27	13	N.A.	N.A.	14	0	31	58	67	-10	3,136	1	2	3	-3	291
80〜84 計	467	467	16	451	144	N.A.	N.A.	307	0	607	1,058	1,074	-902		4	54	58	-33	
1985	64	41	9	32	22	N.A.	N.A.	10	23	47	79	89	110	3,246	2	2	4	103	394
1986	80	51	10	41	36	N.A.	N.A.	5	29	45	86	96	-26	3,220	2	1	3	78	472
1987	77	52	17	35	30	N.A.	N.A.	5	25	74	109	126	-73	3,147	1	3	4	13	485
1988	229	211	26	185	179	N.A.	N.A.	6	18	25	210	236	-198	2,949	0	10	10	7	492
85〜88 計	450	355	62	293	267	N.A.	N.A.	26	95	191	484	546	-187		5	16	21	201	

機関数	貯蓄金融機関合計					FDIC加盟商業銀行											銀行業界全体				
	経営破綻 ①+②+⑥	自発的合併 ③+⑦ =⑩	減少要因 ⑨+⑩ =⑪	純減機関	年末営業機関	経営破綻処理 合計					自発的合併 ⑭	減少要因 ⑫+⑬+⑭ =⑮	純減機関	年末営業機関	経営破綻 ⑨+⑫	自発的合併 ⑩+⑭	減少要因 ⑪+⑮	純減機関	年末営業機関
						合計	閉鎖処理												
							清算処理 ⑫	合併処理計 ⑬	買収継承	預金継承									
34〜79 計					4,362	566					N.A.	N.A.	N.A.	14,364	N.A.	N.A.	N.A.		18,726
1980	32	63	95	-46	4,316	11	3	7	7	0	132	142	71	14,435	43	195	237	25	18,751
1981	85	229	314	-234	4,082	7	2	5	5	0	214	221	-20	14,415	92	443	535	-254	18,497
1982	247	233	480	-480	3,602	35	6	25	25	0	283	314	36	14,451	282	516	794	-444	18,053
1983	70	103	173	-162	3,440	45	9	35	35	0	352	396	18	14,469	115	455	569	-144	17,909
1984	37	33	70	-13	3,427	79	4	74	62	12	329	407	27	14,496	116	362	477	14	17,923
80〜84 計	471	661	1,132	-935		177	24	146	134	12	1,310	1,480	132		648	1,971	2,612	-803	
1985	66	49	92	213	3,640	120	22	98	91	7	330	450	-79	14,417	186	379	542	134	18,057
1986	82	46	99	52	3,692	138	21	117	98	19	339	477	-208	14,209	220	385	576	-156	17,901
1987	78	77	130	-60	3,632	184	11	173	133	40	545	729	-487	13,722	262	622	859	-547	17,354
1988	229	35	246	-191	3,441	200	6	194	164	30	597	797	-585	13,137	429	632	1,043	-776	16,578
85〜88 計	455	207	567	14		642	60	582	486	96	1,811	2,453	-1,359		1,097	2,018	3,020	-1,345	

（資料）Federal Home Loan Bank Board，およびFDIC資料．
出所：井村進哉『現代アメリカの住宅金融システム―金融自由化・証券化とリーテイルバンキング・公的部門の再編』（東京大学出版会，2002年）200頁より．

破綻によって姿を消した．

　S&Lを中心とした貯蓄金融機関が業界としてこのような深刻な経営破綻状態に陥った第一の要因は，業態規制のもとで長期にわたって長期・固定金利の住宅抵当貸付に特化してきたS&Lの「短期借りの長期貸し」という財務体質そのものに求められる．この財務体質の弱点が1980年代初頭の異常なまでの市場金利の急騰によって一挙に露呈し，多数の貯蓄金融機関が逆鞘の事態に追い込まれたのである．第二に，このS&L危機に対して政府や議会がとったS&Lに対する規制緩和（それは業務上の規制緩和と組織上の規制緩和の二方向で行われた）や自己資本不足に陥ったS&Lに対するFSLICによる自己資本の注入などの対応策が，かえってこれらのS&Lが経営困難を打開すべくハイリスク・ハイリターンの不動産開発貸付などの分野に進出することを可能にし，それが，結果としてS&L危機を激化，増幅させた．第三に，本章の主題との関係でとくに注目すべきは，これらの構造的，政策的要因に基づいて多くのS&Lが事実上経営破綻状態に陥ったにもかかわらず，S&Lの監督機関である連邦住宅貸付銀行理事会（FHLBB）や連邦保険機関のFSLICが，貯蓄金融機関の経営環境の回復への甘い見通しや期待から，そして最終盤にはFSLICそれ自体の資金不足から，これらのS&Lの破綻処理を先送りする姿勢（forbearance）をとったことが，事態を決定的な袋小路に追いやった[16]．その結果，前述のような業界総崩れの事態が発生し，FIRREAが破綻状態にあるS&Lを処理するために設立したRTC関連の費用だけで，連邦政府の支出約1,600億ドルを含め1,759億ドルという莫大な公的資金が投入されることになった[17]．

　商業銀行部面でも中小銀行を中心に1980年代後半から1990年代初頭にかけて大規模な金融危機が発生した．連邦預金保険公社が行った商業銀行の破綻処理件数は，閉鎖型処理ではないOBAも含めると1981年～1993年の13年間で

---

[16]　S&L危機については，Kane, Edward J. The S&L Insurance Mess: How Did It Happen? The Urban Insutitute Press, 1989. ならびに，井村進哉『現代アメリカの住宅金融システム──金融自由化・証券化とリーテイルバンキング・公的部門の再編』（東京大学出版会，2002年）第4章，第5章，参照．

1,535件にのぼり,とくに1987年から1989年まで3年連続して200件を超えた[18].この他にFDICによる破綻処理件数を上まわる自発的合併が行われたのであるが,それらのなかには長期にわたる経営困難から合併に活路を見出す以外にない機関も多数含まれており,この期間に商業銀行部面でも1930年代以来の深刻な金融危機が発生したと言えよう.ところで,この商業銀行の経営危機に対する政策対応は,それに先行したS&L危機の場合とは明らかに異なっていた.上述のようにS&L危機を激化させた要因の一つは,S&Lに対する監督当局の問題先送り姿勢にあり,それが結局巨額の公的資金の投入を不可避とする事態を招いた.議会は,このS&L危機の反省から,1989年のFIRREAと1991年の連邦預金保険公社改革法(FDICIA)を中心に一連の金融危機管理法を制定し,それらによって金融危機の早期解決をめざした.

　これらの一連の金融危機管理法は,大別して金融危機管理における三つの基本原則を提示,確立するものであった.その第一の基本原則は,金融監督当局は金融機関の経営状態の悪化に対して問題の先送りをしてはならないということである.具体的には,金融監督当局,とくに商業銀行の保険機関であるFDICは銀行に対する日常的な監督を強化し,支払不能状態に陥った金融機関を見逃さないこと,そして,事実上支払不能,経営破綻状態に陥った銀行を発見した場合には直ちに破綻処理を行うことが求められた.この基本原則を実現するために,FIRREAは銀行に対する保険基金(BIF)の付保預金に対する準備率を1.25％にまで高めると規定し,そのために保険料率を0.083％から0.12％へ引き上げた.FDICIAは,さらにそれを0.23％に引き上げ,最終的にリスクに応

---

17) GAOは,1996年時点で,S&Lを中心とする貯蓄金融金融機関の破綻処理に要する費用として,これ以外にFSLIC関連の費用1,050億ドル,さらにこれらの直接費用以外に財務省からの借入に対する利払い額2,090億ドルを加えると,4,890億ドルと推計している.連邦政府が,当初貯蓄金融機関の破綻処理費用を小さく見せるためにオフ・バジェットの財源に依拠しようとし,それが結局財政負担を膨らませることになった経緯については,井村,同上書,第6章,参照.

18) ちなみに,この3年間におけるFDICによる破綻処理件数ならびにOBAによる処理件数は,以下のとおりである.1987年203件(うちOBA19件),1988年221件(同21件),1989年207件(同1件).

じて保険料率が異なる（0.23％～0.31％のレインジ）可変的保険料制度が導入された．また，FDICは破綻銀行の預金者を保護することによって被る保険損失（insurance loss）を賄うため財務省からの借入を認められていたが，この借入枠はFIRREAによって30億ドルから50億ドルへ，そしてFDICIAによって一挙に300億ドルへと6倍化された（ただし，その返済は被保険金融機関からの保険料収入から行われる）．FDICは，これとは別に日常的な破綻処理業務に必要な運転資金（working capital）のために連邦資金調達銀行（FFB）から450億ドルの短期借入金を借り入れる権限を与えられた．FDICの資金調達能力を高めるためのこれらの一連の措置は，FSLICがS&L危機の深化の過程で預金保険基金の枯渇から破綻状態にあるS&Lの無謀な活動を野放しにせざるをえなかった反省から生まれたものであった[19]．

　第一の原則が経営破綻状態に陥った金融機関は破綻処理するという事後的措置に関するものであるとすれば，第二の原則は事前的措置，経営破綻する以前に問題金融機関に経営の改善を強制する措置である．FDICIAが定めた早期是正措置（prompt corrective action）がそれである．この措置は，自己資本比率に基づいて金融機関を5段階にランク分けし，自己資本比率が低くなればなるほど金融機関に対して厳しい経営改善措置を求めるものであった．第三ランクの過小資本行（Undercapitalized）は自己資本の増強計画の提出や総資産の増加率についての制限などの規制を受け，第五ランクの決定的な過小資本行（Critically Undercapitalized）の場合には90日以内に破産管財人ないし財産管理人を選任する，すなわち破綻処理の実行を義務づけられるという厳しいものであった．金

---

[19] 先のハンク氏は，1980年代ならびに1990年代初頭の銀行危機を論じた前掲論文で，この金融危機から金融監督当局が汲み取るべき第二の教訓として，以下のように論じている．FSLICが資金不足から閉鎖すべき多数のS&Lを野放しにしたのに対して，FDICは逼迫はしたが十分な財源を得ることによって問題銀行が「長距離爆弾を投げる」（throw the long bomb）ことを許さなかった．「銀行監督当局が銀行のリスクとモラル・ハザード問題をコントロールし，銀行倒産が生じた際の保険基金の損失を抑えるために決定的に重要なことは，破綻状態にある金融機関を閉鎖するために必要な資金を確保できるかどうかである」．Hanc, George, *op.cit*., p. 76.

融の自由化や広範な経済領域で規制緩和が強力に推し進められてきたアメリカで，皮肉なことに金融危機を未然に防止・緩和するために市場原理と相対立するきわめて厳しい行政的介入措置が銀行経営に対して制度化されたのである．なおこの早期是正措置は，FDICが経営破綻状態に陥った銀行を破綻処理する際に被る保険損失を最小限に抑えることも期待されていた．この点に関して，会計検査院（GAO）は，FDICAの審議の過程で提出したレポートのなかで「理論的には，もし金融機関が自己資本がゼロに到達した時点で直ちに閉鎖されるならば，その資産価値と負債の価値とは一致するはずであるから損失は最小となるであろう」と述べている．そして，この見地から，1985年〜1989年にかけてFDICが倒産した銀行の資産1,090億ドルを清算する過程で16％の損失を被ったのは，銀行監督機関によるこれらの銀行に対する行政的な介入措置あるいは閉鎖措置がタイミング的に不適切であったからだと批判している[20]．

　確立された金融危機管理の第三の原則は，FDICIAにおけるいわゆる最小コスト原則であり，FDICに金融機関の破綻処理にあたってもっとも費用負担の少ない方法での処理を義務づけるものであった．これは，1982年にガーン・セントジャーメイン預金取扱い金融機関法によって明文化された従来までのコストテスト，すなわち破綻処理方法の採用にあたってそのコストがペイオフコストと同等あるいはそれ以下であることを求める規定，にとって代わるものであった．具体的には，FDICがペイオフコストを下まわるということで従来広範に採用してきたP&A方式が，破綻金融機関の全預金を受け皿機関に承継させるものであった点を問題視し，非付保預金だけを承継させることによってFDICの損失負担額をより軽減させることを意図したものであった．この最小コスト原則の導入の結果，翌1992年にはFDICによる破綻処理件数122件のうち付保預金P&Aによる処理件数は42件と全預金P&A53件と肩を並べ，1993年には処理件数41件中付保預金P&Aが30件と全預金P&A6件を大きく上まわるようになった．そして，この最小コスト原則が適用除外とされるのは，

---

20) GAO, *Deposit Insurance : A Strategy for Reform*, 1991, p. 42.

FDIC 理事会ならびに FRB 理事会の各々 2／3 以上の賛成による提案に基づいて，大統領と財務長官がシステミックリスクの回避のために必要と認定した場合に限ることが規定された．従来までのコストテストの場合には，ペイオフコストを下まわりさえすればどのような処理方法で破綻処理するのかは FDIC の裁量に委ねられており，さらにその適用除外とされたいわゆる essentiality 条項の発動についても基本的に FDIC の独自判断によっていた．この点で，最小コスト原則の採用は，FDIC が金融機関の破綻処理を行う際の裁量の余地を大きく制限するものであった．

以上の点から，これら一連の金融危機管理法は，S&L 危機の一要因をなした金融監督当局による問題金融機関に対する猶予政策，すなわち問題先送り政策 (forbearance) を根本的に修正するものであり，しかも，経営破綻状態に陥った金融機関を破綻処理する際に，財政負担を発生させないようにそれをできるだけ安価に行うことを意図したものであった，と言えよう．

（3） 現代アメリカにおける TBTF 政策の発動態様

それでは，S&L 危機の反省に基づいて1980年代末から1990年代初頭にかけて構築されたアメリカの新たな金融危機管理体制では，TBTF 問題はどのように位置づけられているのであろうか．この点で着目すべきは，アメリカでは前述の最小コスト原則の導入によって TBTF 政策が原則的に廃止された，禁止された，と理解されていることである．だが，そこで想定されている TBTF 政策，あるいは TBTF なる事態は，本書で1990年代後半とくに1997年以降の日本で固執されてきたものとして描いた TBTF 政策とは，明らかに異なるものであった．そこでは，預金保険機関である FDIC が，経営破綻した金融機関の処理に際して，預金保険制度が保護の対象と規定している預金保険限度額（1 金融機関当たり 1 人の預金者に対してアメリカでは10万ドル，日本では1,000万円）を超えて預金を保護するすべての場合が TBTF とみなされている．FDIC が商業銀行の破綻処理に際して多用した全預金の承継を伴う P&A も，この観点からすれば TBTF 政策の発動とみなされ，大銀行の預金者を優遇するこのよう

な破綻処理のあり方は平等・公正な競争原理に反するものとして非難され，全預金を承継するP&Aを制限するためにFDICIAで最小コスト原則が導入されたのである．

　だが，このようなTBTF政策の定義づけは，言葉の本来の意味におけるTBTF政策と言えないのは明らかである．実際に，アメリカの金融監督当局の間でも，何をもってTBTFとみなすかについて，見解の相違がみられた．たとえば，FDICIAを審議した議会の公聴会で，FDIC総裁のシードマンは，TBTFとは銀行が倒産した（倒産するかもしれない）時に，FDICや他の連邦監督機関が当該機関を不可欠なもの（essential）とみなし，非付保預金者が損失を被ることの悪影響を阻止するために行動することと定義し，このessentiality条項発動の一つのケースとして，大銀行が破綻した場合の支払システムの混乱や他の銀行に対する伝染作用の恐れから生ずるシステミックな不安定性を挙げた．そのうえで，FDICが破綻処理において金融システムの安定性維持のために全預金者保護を行うのは，破綻処理方法の分類ではOBAに限られること，そして実際に最近5年間でTBTFが採用された事例は4件にすぎないと証言した[21]．これに対して，財務省の立場を代表してFDIC改革に関する政府提案を説明したグラウバーは，当時のP&Aでは破綻銀行の全預金が受け皿機関に承継されてきたことを念頭において，過去5年間のFDICによる銀行の破綻処理では非付保預金の99％以上が保護されてきたとの認識を示した．そのうえで，FDICがルーティン化しているこのような無原則なTBTF政策は，納税者を危険にさらすことになり，またペイオフによって同様の恩恵を受けることができない小銀行に対して不公正であると非難し，最小コスト原則の採用を主張した[22]．

---

[21] Statements of Seidman,L.William, U.S.House,Committee on Banking,Finance and Urban Affairs,Hearings, 1991.5.9, *Economic Implications of the "Too Big To Fail" Policy*, pp.70–73. そして，このステイトメントの付属文書Aで，TBTFが発動された4行として，First National Bank & Trust Co. 総資産額16億ドル（1986），First Republic Bank 同329億ドル（1988），Mcorp158億ドル（1989），Bank of New England（3 banks）229億ドル（1991）が挙げられている．

だが，グラウバーも，1984年のコンチネンタル・イリノイ銀行のOBAによる救済劇を古典的TBTFと呼び，過去5年間におけるこのような古典的TBTFの発動事例を6回としているのであるから，言葉の本来の意味におけるTBTFの理解については，両者に基本的な認識の違いはないと言えよう．両者の対立点は，破綻した銀行を承継する金融機関が全預金債務を承継する（それは買収側に当然それだけのメリットがあるから行われるのだが）ことによって，結果的に非付保預金，すなわち預金保険限度額を上まわって預入れしている大口預金者もいっさい損失を免れる事態を，預金保険制度の適切な運用として認めるのか否かにある．グラウバーはこのようなP&Aを連邦預金保険制度の趣旨に反するFDICによる政策的な全預金者保護とみなし，これに対してシードマンは全預金者保護が政策的に行われるのは，OBAによる救済措置のなかでもessential規定が発動される場合だけであると主張する．預金保険制度の役割，意義を考える場合，預金保険限度額の設定に示されているように，金融機関の破綻処理にあたってどの金額までの預金を保護するのかという問題は，本質的な問題である．そして，「はじめに」であらかじめ現代日本における金融危機管理の第二の特徴として指摘しておいたように，日米間の金融危機管理体制の相違点を論ずる場合，この論点が主要な課題をなすことは明らかである．だが，それは本来のTBTF政策の発動の問題とは別次元の問題であり，それゆえ，この問題の考察は預金保険制度のあり方そのものを検討する次章に譲らざるをえない．

そこで，あらためてアメリカにおける破綻した銀行の救済措置としてのTBTF政策の発動に限定して，考察を進めることにしよう．この点で，まず着目すべきは，シードマンが先の証言のなかで，コストテストの除外規定であるessential条項が発動される事態として，大銀行の破綻がいわゆるシステミックリスクの発生を懸念させる場合と，破綻した銀行が小規模であったとしても当該銀行の存在が地域社会にとって不可欠である場合の二つのケースを区別して

---

22) Statements of Glauber, Robert R. *Ibid*., pp. 103–107.

いる点である．彼がTBTFの発動例が4件であると指摘した1986年～1991年におけるOBAの形態での処理件数は52件であり，残りの48件は中小銀行に対する支援措置である．前述のように，この段階では，コストテストをクリアしさえすればFDICがどのような処理方法を採用するかは，FDICの裁量に任されていた．48件の中小銀行に対するOBAのうち，実際に地域社会にとって不可欠な銀行として救済されたものがどの程度存在したのかは確認できていないが，アメリカでは古典的なTBTF政策が採用される一方で，それと並行して経営破綻状態に陥った中小銀行に対しても閉鎖型の破綻処理ではない支援策がしばしば採られてきたことは，明白な事実なのである．日本では，銀行倒産が表面化して以降，金融監督当局，日本政府はいち早くTBTF政策を金融危機管理の基本に据え，その対極で中小金融機関については積極的に破綻処理を進めてきた．そこには地域社会を考慮して地域密着型の中小金融機関を救済，存続させようという姿勢は微塵もみられなかった．この点は，大銀行の場合でも同じであり，TBTF政策にもかかわらず金融監督当局，政府として大銀行の経営破綻を受け入れざるをえなくなった局面でも，北海道という地域経済にとって金融的な中枢を担っていた拓銀の場合には，長銀や日債銀の場合と比較して救済への執念はさほど強くなかったように思われる．

　アメリカにおけるTBTF政策の発動に関連して注目すべき第二の点は，大規模な商業銀行の救済は金融監督当局，FDICの自由裁量によって行いうるものではなく，あくまでessential条項の発動として例外的に（シードマンによれば1985年から1991年でわずかに4件）行われざるをえなかったことである．経営破綻状態にある大銀行を救済するには，預金保険機関であるFDICにとって当然ペイオフコストを上まわるコスト負担が生じる．ガーン・セントジャーメイン法でコストテストが明文化されている以上，問題行を特定化し当該銀行の具体的な財務状況に応じてessential条項の個別適用という形でしか救済措置を講じることはできなかったのである．日本のTBTF政策のように，金融監督当局・政府が問題銀行を特定化することなく大銀行に対する一般的な資本注入によって問題行の救済を図るというやり方は，少なくとも法律上できない仕組

みになっていたのである．そして，FDICIA は新たに最小コスト原則を導入し，いわばコストテストを徹底する，換言すれば銀行の破綻処理に際してコスト管理を最優先することを明記したのである．さらに，それは，最小コスト原則の適用除外の事由を地域経済の不可欠性をも含意していた従来の essential に替えてシステミック・リスクに限定し，しかもその認定についてきわめて厳格な条件を付与したのであるから，本来の TBTF 政策の発動，規模の大きさを理由に経営破綻状態にある大銀行を救済する政府の行動はいっそう制限された，と言わざるをえない．

第三に，これと関連して，アメリカでは TBTF 政策の発動に際して金融監督当局，それゆえ政府が，救済すべき銀行の財務状況について議会や国民に対して公然と誤った情報，偽りの情報を流すということは，到底考えられないことである．むしろ，OBA は預金保険法に基づいて破綻状態にある大銀行を救済するために発動される法的措置なのであるから，金融監督当局，政府として救済すべき銀行の財務実態を隠したり，取り繕う必要はもともとなかったのである．また，S&L 危機の処理に際して当初の想定を大きく上まわる財政資金の投入が不可避となった経緯，ならびにそれをふまえて FDICIA で金融機関の破綻処理を行う場合にコスト管理を徹底することが打ち出された状況下では，損失額を当初甘めに公表しておいて結果として実際の損失額がそれを大きく上まわるという事態は，金融監督当局としても避けなければならないことであった．

最後に，シードマンの証言にもあった TBTF によって救済措置が採られた4行は，同期間における商業銀行の破綻処理件数1,072件のなかでは例外中の例外と言うべき銀行であるが，それらは，日本人の感覚からすればそれほどの大銀行とは言えない規模のものであった．これは，そもそもアメリカでは歴史的に銀行の州際業務が認められてこなかったことなどから銀行の規模が事業会社や国民経済の大きさに比して日本より小さかったことや，地価や株価下落の度合いの決定的な違いから1980年代のアメリカ金融危機が1990年代の日本の金融危機と比べてやはりその深刻さにおいて軽微であったことなど，政府の政策

スタンスとは異なる基本的な制度的条件や経済的環境に規定されたものであった．

第3節　日本型TBTF政策・体制とは何であったのか

（1）本来の，あるいは古典的なTBTF政策

　ここまでに比較検討してきた日本とアメリカにおけるTBTF政策の具体的な発動態様の違いをふまえて，日本型TBTF政策・体制とは何であったのかを最終的に総括しておこう．本章で日本型TBTF政策・体制という場合，そこでは本来のTBTF政策そのものと日本におけるその特殊な発動形態とが暗黙のうちに区別されていた．そこで，日本型TBTF政策を概念規定するにあたって，まず本来のTBTF政策とは何かを確定しておかなければならない．

　本来の，あるいは古典的なTBTF政策を，一般的に定義すれば，①事実上経営破綻状態にある大銀行を，②システミックリスクを回避するために，③政府の力で救済・温存するところの金融危機管理政策の一つの形態と規定できよう．さらに，②のシステミックリスクの内容については，ア）破綻した銀行が行っていた金融的取引関係（貸借関係）をつうじる債務不履行の波及，イ）預金通貨の振替による支払決済システムの一環が停止することによる債務不履行の波及，ウ）預金者の心理的動揺の伝播に基づく預金者の取付けの拡大，の三つに大別することができる．大企業であればその事業内容にかかわらず，その経営破綻は種々の取引関係，雇用関係などをつうじて社会的に大きな経済的打撃を及ぼす．その点からすれば，いかなる大企業の場合でも，政府の側でTBTF的発想が生まれるのは当然である．だが，銀行の場合には，それが社会のあらゆる諸階級，諸階層の貨幣資本を社会的に集中し管理する存在であり，同時に，社会の大部分の経済取引を自らが供給する預金通貨の振替で決済しうる社会的な支払・決済システムの担い手であるというその業務内容の社会性において，その倒産は，まさに上記のシステミックリスクの発生と密接に関連せざるをえない．いずれの国においても金融監督当局や政府が，自国の大銀行が

倒産しそうになると，それが自国の金融システムを支える信用関係の一般的崩壊，すなわち貨幣・信用恐慌の爆発の引き金になることを恐れて TBTF 政策を強力に推進しようとするのは，その点からすれば経済的な法則性，根拠に基づくものである．

　だが，同時に，この TBTF 政策が政府，金融当局すなわち政治権力，行政権力による市場原理の侵害という性格を色濃くもつものであることも明らかであり，その点で他の金融危機管理政策と相対立する性格をもっている．TBTF 政策の発動対象は事実上経営破綻状態にある大銀行なのであり，それは政府が特別の支援措置をしなければ早晩倒産せざるをえない運命にある．資本が運動する市場経済はつねに優勝劣敗，弱肉強食の世界であり，銀行が行っている業務がきわめて社会性の強い業務であることは，財務状態が悪化し，他の銀行に比べて信用を失った銀行がいつまでも市場にとどまることを保証するものではけっしてない．TBTF 政策が大銀行に対する差別的な救済措置と位置づけられるのは，市場原理からすれば倒産せざるをえない大銀行を，大規模であることを理由に政府が国家の力によって温存しようとするものだからである．それは，経営破綻した銀行の預金保険限度額内の預金（者）を保護する預金保険制度とも，FDICIA によって導入された早期是正措置とも異なる金融危機管理政策である．

　前者は，銀行が市場原理に基づいて経営破綻することを前提とした，その意味で事後的な破綻処理政策である．確かに，預金保険制度は，預金保険限度額内の預金しか預け入れていない圧倒的多数の預金者に対して，たとえどの銀行が倒産したとしても彼らの預金をつねに公的に保証するものであるのだから，預金者による取付けの社会的伝播を阻止する，それゆえ銀行の連鎖的倒産を未然に防止するという役割をも有している．とは言え，FDIC による損失補填によって預金の保証がなされるのは，あくまで実際に経営破綻した銀行の預金者に限られている．これに対して，後者の早期是正措置は，事前的な経営破綻防止策である．前述のように，それは自己資本比率の低い（低くなった）銀行に対して監督当局が規制を厳しくし，破綻に至る前に経営改善を行政的に強制し

ようとするものである．だが，重要な点は，それが決定的な過小資本行（Critically Undercapitalized）に対して90日以内に破産管財人ないし財産管理人を選任する，すなわち破綻処理に移行することを規定している点である．それは，過小資本行の存続を認めない，その意味で財務状態が悪化した銀行は破綻処理されるべきであるという思想のうえに成り立った経営破綻防止策なのである．以上の点からすれば，預金保険制度と早期是正措置は，銀行が実際に経営破綻した（する）時点という時間軸を基準にすれば，事後的措置と事前的措置として相対立する性格の金融危機管理政策と位置づけられる．だが，それらはともに財務状態が悪化した銀行は経営破綻せざるをえないという市場原理を前提とした，あるいは尊重した金融危機管理政策としては同類のものである．金融危機管理政策における根本的な対立はそれらの間にあるのではなく，これら市場原理を前提とした金融危機管理政策と，事実上経営破綻状態に陥っているにもかかわらず，政府，国家の力でそれを救済，温存しようとするTBTF政策との間にある，と言えよう[23]．この点で，金融危機管理政策をもっぱら事後的危機管理政策と事前的危機管理政策とに二大区分する考え方は，現代資本主義とり

---

[23] 上述のように，アメリカにおける商業銀行危機では，政府，議会は，この対立を明確に意識した金融危機管理を行った．1991年に制定されたFDICIAは，最小コスト原則を確立することによって，それまで商業銀行の経営危機に対してFDICが日常的に採用してきた市場原理に反する広義のTBTF政策を原則的に禁止した．それと表裏一体化する形でFDICIAは，市場原理の貫徹を前提にして金融危機を管理しようとした．すなわち，一方で債務超過に陥った銀行に対しては直ちに市場から退出することを求め，その際預金保険制度を厳格に適用し，非付保預金の保護を禁止した．他方では早期是正措置の導入により，自己資本が不足した銀行に対して厳しい規制を行い，問題行が債務超過に陥ることを妨げようとした．ロバート・E・ライタン，ジュナサン・ロウチは，この点について，「FDICIAを支える論理は，いかなるコストを払っても破綻を防止しようとしていた大恐慌モデルの論理から訣別するものである．FDICIAはむしろ破綻を容認すると同時に，そういった事態の発生を極力少なくするため，預金金融機関が支払不能となる前にそのような金融機関に改善命令を出すのである」，と論じている．同共著，『21世紀の金融業：米国財務省リポート』（東洋経済新報社，1998年），227頁．このような性格をもつFDICIAの意義と限界をめぐってさまざまな議論がアメリカでなされてきたが，ジョージ・カウフマンなどのShadow Financial Regulatory Committee（SFRC）に属するいわゆる市場原理主義者がTBTFを全面否定しているのに対して，銀行部面での資

わけ現代日本における金融危機管理の根本問題を理解していない議論と言わざるをえない[24]．

（2） 日本型 TBTF 政策とは何であったのか──TBTF 政策の日本における特殊な発動形態

ところで，以上のような内容をもつ TBTF 政策には，当然のこととして政府・金融監督当局による大きな裁量権の問題がついてまわる．というのは，TBTF 政策の対象は事実上経営破綻している大銀行であるといっても，そもそもいかなる事態をもって事実上経営破綻状態にあると判断するのか，さらには，それが現実の経営破綻に至るまでにどれだけの時間的猶予があるのかについて，客観的な基準や明確な見通しをもつことがきわめて困難だからである．前者の問題については，ひとまずそれを銀行が債務超過に陥っているかどうかに判断基準を求めるとしても，監督当局として貸倒れ引当金を積むべき不良債権の範囲をどう確定するのか，さらにはそれぞれのレベルの不良債権に対してどれだけの引当率を求めるのか，また自己資本の範囲をどのように規定するのかによって，債務超過であるか否かの「客観的な状況」そのものが大きく左右される．そうであれば，後者の問題については，少なくとも大銀行が突発的に

本集中の進展によって TBTF の対象行はむしろ増大しており，コンチネンタル・イリノイ銀行のような巨大銀行が経営破綻に陥ればシステミックリスクを回避するために FDICIA の例外条項を発動せざるをえないとみる専門家，研究者も多い．アメリカにおける TBTF 問題の論議の詳細については，髙田太久吉「大規模銀行合併と Too-big-to-fail 問題」（『立命館経済学』第48巻第5号，1999年12月）参照．

24) 1980年代のアメリカ金融危機と比較してその広がりと深さの点でいっそうの深刻さを示した1990年代の日本の金融危機で，政府・金融監督当局が TBTF 問題に直面したのは当然のことである．筆者がこれまでに縷縷論証してきたように，日本政府は金融危機管理の中心に TBTF 政策を据えながらそれを TBTF 政策ではないと偽って強行しようとし，見事にそれに失敗した．このような状況下で政策当局者，官庁エコノミストが現代日本の金融危機管理政策を論じる際に意識的に TBTF 問題を回避するのは，ある意味では仕方のないことであろう．だが，日本の金融研究者のなかで，これまで TBTF という視角から現代日本の金融危機管理を総括しようとする論者がまったくと言って良いほどに現れなかったことは遺憾なことと言わざるをえない．

デフォルト（それが金融機関間のコール市場で起きるのか，それとも対預金者に対して銀行窓口，ATM機で起きるのかは別にして）に陥るという最悪の事態はなんとしてでも避けなければならないとしても，金融監督当局がいつの時点で破綻処理に踏み出すかについては，監督当局にかなりの裁量の余地が与えられていることは間違いない．そうであるからこそ，アメリカではS&L危機の処理に際してFHLBBやFSLICなどの監督機関による長期的かつ全面的なforbearance政策に対して批判が集中し，その結果商業銀行の危機管理にあたって自己資本比率というきわめてシンプルな基準に基づく早期是正措置が導入されたのである．

　だが，日本におけるTBTF政策の発動の仕方をアメリカのそれと比較した場合，日本政府・金融監督当局が発揮した裁量権は，TBTF政策の発動に際して本来ついてまわる監督当局，政府の裁量権の範囲を大きく逸脱していた，と言わざるをえない．アメリカではTBTF政策は問題行の特定化を前提として発動されたのに対して，日本では監督当局は問題行そのものの特定化を一貫して避けてきた．アメリカではTBTF政策は問題行の財務実態を明確に把握したうえで発動されたのに対して，日本の監督当局はそれらをつねに曖昧にしたままで，それどころか債務超過に陥っていた銀行を債務超過ではないと偽ってまで救済しようとした．アメリカではTBTF政策はessential条項の問題行への個別的適用として発動されたのに対して，日本ではそれはすべての大銀行への一般的な資本注入の形をとって，あるいはそれで覆い隠すことによって発動された．端的に言えば，日本の金融監督当局，日本政府は，TBTF政策を，「これはTBTF政策ではない，大銀行の救済策ではない」と金融市場関係者，国民を欺いて遂行しようとしたのである．

　以上の点から，日本におけるTBTF政策の発動態様に着目して日本型TBTF政策を形態的に特徴づけるならば，以下の2点に要約することができよう．その第一は，日本型TBTF政策においては，政策の決定・遂行過程において政府のaccountability（説明責任）が基本的に欠如していたということである．その結果として，TBTF政策の発動にあたって日本政府，日本の金融監督当局は

恣意的と形容して良いほどの裁量権を発揮した．日本の政治文化の特徴として戦前来の後進性，権威主義的性格，反民主主義的，反市民社会的性格がこれまでにもしばしば指摘されてきたが，今回の金融危機管理の過程で，戦後の民主的な憲法体制が50年を経過してなおいまだに日本政府は「国民は，お上の言うことを信じ，それに従うべきだ」との権威主義的発想を捨てていなかったということが，あらためて明らかとなった．確かに，アメリカにおいてもTBTF政策の遂行に関連して監督当局による，とりわけ「最後の貸し手機能」を担う中央銀行によるconstructive ambiguityが語られている[25]．だが，それは，TBTF政策の有効性の見地からtoo bigと判断される銀行の規模を一般的・明示的に示すことは避けるべきだという限りでのambiguityであり，日本政府の白を黒と言いくるめるような反民主主義的，権威主義的な行政権限の行使とは根本的に区別されるべきものである．そもそも，アメリカでは最小コスト原則が導入されるずっと以前から，コストテストによってFDICや政府の裁量権に対して法的な制限がかけられていたことを忘れてはならないであろう．

　第二に，政府，金融監督当局が恣意的とも言うべき裁量権を発揮した日本型TBTF政策は，その極端な反市場主義的性格のゆえに金融危機管理政策として自己矛盾を含まざるをえなかった．1990年代半ば以降日本資本主義史上初の本格的な地価下落によって巨額の不良債権が一挙に表面化し，1997年には大銀行の一部までが経営破綻の危機に瀕しつつあるのではないかという懸念，不安が金融市場で広がった．金融市場関係者の関心は，それまで絶大なる監督権限を発揮してきた日本政府，金融監督当局が，この金融市場の実態をどれだけ正確

---

[25] この文言は，1990年9月26日にFDICが預金保険制度の運営や問題銀行に対する政府の介入政策を議論するために開催した国際会議で，ニューヨーク連銀総裁のジェラルド・コーリガンが行った発言の一部と紹介されている．constructive ambiguityの内容は，問題銀行の処理政策，とくに中央銀行の「最後の貸し手機能」において政策当局がフレクシビリティを維持しておくことが必要であるというものであり，それは金融的なセーフティネットを提供することにつきもののモラルハザードを阻止するために不可欠の力であると位置づけられている．Moysich, Alane K. "Summary of Proceedings: International Conference on Deposit Insurance and Problem-bank Resolution Policies", U.S.House, Committee on Banking, Finance and Urban Affairs, op.cit.,,p85.

に把握しているのか，そして，それに基づいていかに現実的な，事態に即応した金融危機管理を行おうとしているのかに集中していた．先の三つのケーススタディから明らかなように，日本政府，金融監督当局は，この問題状況のなかで，行政的に「客観的な事態」を操作する（債務超過である銀行を債務超過ではない銀行として描く）ことは可能であり，そうした虚構のうえにたって大銀行の経営破綻を回避できるとの立場を，日本型TBTF政策の発動によって事実上表明したのである．

　信用不安という形で市場圧力が強まっている状況下で，TBTF政策をTBTF政策は必要ではない（どれ一つとして大銀行は経営破綻状態には陥っていない）と偽って強行することほど，市場メカニズム，経済法則を無視した金融危機管理政策はない．もし，当時の状況が政府が強弁したように，日本の大銀行は全体としてなお健全性を維持しており，大銀行の経営破綻は例外的にしか発生しないと想定されるのであれば，日銀の救済融資は当然のこととして，後は預金保険制度を基本とした事後的対応に徹すべきであった．もし事態がそうではなく大銀行の連鎖的倒産が起こりうる地点にまで至っていると判断するのであれば，政府は躊躇することなく国民に真相を伝え，国民の支持のもとに巨額の財政資金に支えられた銀行業界への一般的な資本注入，銀行のベイルアウト作戦を断固として実行するべきであった．日本政府が採った日本型TBTF政策は，「大銀行は大丈夫」と言いながら国民の血税で大銀行を救出しようとするものであり，明らかに自己矛盾を含んでいた．それは，先に述べた日本の政治権力，行政権力に染みついた権力者としてのおごり，政治権力，行政権力のもつ経済的力能に対する過信と，直面している金融危機の深刻さに対する過小評価とが合わさって生まれた最悪の金融危機管理政策であった．その当然の帰結として，政府が「大銀行は大丈夫」と声高に叫べば叫ぶほど，金融市場関係者ならびに国民の側は日本政府の金融危機管理能力を信頼しなくなるという構図が生まれ，この政府の危機管理能力に対する一般的な不信が現代日本の金融危機に新たな性格を付与したのである．先の西村氏の反省において欠落していたものは，現代日本の金融危機管理政策の根幹に，このような経済法則無視の日本

型TBTF政策を据えたことに対する行政責任，政治責任の問題だったのである．この日本型TBTF政策がいかに市場の実態を無視するものであったのかは，この政策があえなく市場の圧力によって否定され，日本政府の当初の意図に反して3つの大銀行を破綻処理せざるをえなくなったその後の事態の推移によって証明されている．

（3） 日本型TBTF体制の確立と2000年預金保険法の改正

　それでは，「大手銀行は1行たりともつぶさない」ことを究極の政策目的としてきた日本型TBTF政策は，拓銀の経営破綻，さらには安定化法制定後の長銀，日債銀の破綻処理によって頓挫したとみなしうるのであろうか．あるいは，長銀，日債銀を特別公的管理の形態で破綻処理することになった再生法の制定は，日本型TBTF政策の放棄を意味したのであろうか．答えは否である．確かに，再生法それ自体は，日本型TBTF政策が排除してきた大銀行の経営破綻を想定し，その処理方法を具体的に定めた初めての金融危機管理法であった．実際その制定と同時に，長銀さらにそれに続いて日債銀が，政府によって債務超過と認定され破綻処理された．その限りでは，従来日本政府によってあたかも国際公約であるかのように位置づけられてきた日本型TBTF政策が維持不可能な政策であることが，事実によって証明された．だが，日本政府はこの事実から，大銀行をどれ一つとしてつぶそうとしない日本型TBTF政策には無理があり，それを放棄せざるをえない，とは考えなかった．彼らが選択したのは，一方で，大銀行の不良債権処理を行政的に加速化させることであり，他方で，公的資金の資本注入を梃子に大銀行同士の合併，金融大再編を行政主導で推進することであった．その政策的な狙いは，大銀行をたんに救済，温存するのではなく，金融大再編をつうじて大銀行の数そのものを減らし，それによって高収益の大銀行体制を確立することであった．リストラと金融の大型合併を公的資金による資本注入と関連づけることによって日本型TBTF政策の補強がめざされ，結果として60兆円の公的資金によって支えられた日本型TBTF体制が確立することになった．

ところで，前章で明らかにしたように，このような形で日本型 TBTF 政策を強化する，日本型 TBTF 体制を確立することは，けっして日本政府あるいは政権政党である自民党が主体的に，換言すれば合理的な政策選択の結果として実現したものではなかった．それは，長銀問題をめぐる与野党間の激しい政治的攻防のなかで生まれた政治的妥協の意図せぬ副産物であった[26]．政府・自民党の側は，参院選での敗北によって野党陣営が長銀問題に関して主張していた再生法の特別公的管理による破綻処理を受け入れざるをえなくなった（再生法の制定とそれに基づく長銀の破綻処理）．だが，彼らは，この再生法での政治的譲歩と引き換えに，一部野党から破綻処理を回避するために公然と大銀行に公的資金を資本注入できる健全化法への合意を取りつけ，両者をほぼ同時的に制定することに成功した．ところが，大銀行の破綻処理法である再生法と大銀行の経営破綻を回避するために公的資金による資本注入を公然と認めた健全化法の同時制定は，その実施過程で制定者自身が想定していなかった相乗効果を生み，7兆5,000億円にも及ぶ公的資金による資本注入を梃子に，約9兆円の不良債権処理と大銀行部面におけるそれまでの枠組みを大きく越えた金融大再編を始動させた．30兆円の公的資金を準備した安定化法体制が TBTF に失敗したのは，安定化法が「看板に偽りあり」の金融危機管理法であったからである．これに対して，60兆円の公的資金を基礎に再生法と健全化法という TBTF

[26) 佐藤隆文『信用秩序政策の再編―枠組み移行期としての再編―』（日本図書センター，2003年）は，現代日本における金融危機管理政策をはじめて本格的に総括した注目すべき研究書である．筆者によれば，「1990年代におけるわが国の金融行政は，個別金融機関の破綻の頻発や金融システム全体の機能低下といった新しい事態に直面して，個別の破綻処理や制度の修正などその都度ごとの対応に追われ，一貫性と整合性に欠けているかのような印象を与える．しかし，この間の動きを信用秩序政策という視点からやや大局的に捉えれば，そこには以下のような重要かつ明確な流れを見いだすことができる．すなわち，(1)競争制限的規制の緩和・撤廃の加速化，(2)健全性規制の強化，(3)セイフティ・ネットと破綻処理手法の拡充，という三つの流れである」（同上書，52頁）．(2)が銀行の経営破綻を未然に防止するための事前的な金融危機管理政策であり，(3)が銀行の経営破綻を前提とした事後的な金融危機管理政策である．本章ですでに指摘しておいたように，このような金融危機管理政策の類型化では，現代日本の金融危機管理政策の根幹に位置づけられた TBTF 政策を位置づけることはできない．さらに，ここで指摘

政策実現のための盾と矛を兼ね備えることになった政府は，つぶされたくなければ累積した不良債権を完全に処理し，高収益体制を実現するために大型合併に取り組むことを，大銀行に対して事実上強制したのである．不良債権処理と金融大再編の梃子に利用された7兆5,000億円の公的資金の約8割が優先株の形態で資本注入されることによって，これらの優先株が普通株に転換された場合の政府の持ち株比率は，三井信託で61％，中央信託で59％，大和銀行で52％と過半数を超え，それ以外にもさくら銀行で44％，東海銀行でも35％と異常な高水準に達した．これらの数値は，再生法による長銀と日債銀の破綻処理だけに目を奪われて，日本型TBTF政策が破綻した，放棄されたと評価することの愚かしさを示している．むしろ全体としての推移を見れば，それが当初から意図されたものでなかったとはいえ，これら2行の破綻処理を梃子にして，政府は危機に瀕した大銀行を延命させ，同時に行政主導の金融大再編の強制によってより強力な大銀行体制を創出する枠組みを手に入れたのである．

だが，再生法にしても健全化法にしてもそれらが緊急措置法と命名されているように，安定化法に基づく大銀行への資本注入の失敗，長銀の経営危機の表面化，内閣挙げての異例の政治的支援を受けた住信による長銀の救済合併計画の頓挫などに示された金融危機の深化という異常事態に対応するための時限立法であった．金融危機の爆発は，2001年3月までの全預金者保護を前提に，か

しておきたいことは，(2)と(3)の制度的な枠組みの区別それ自体ならびにそれらの間の相互作用も，アメリカのように問題先送り政策（forbearance）の深刻な総括のうえに出されてきたものではなく，自己矛盾的な日本型TBTF政策の失敗と与野党間の力関係の逆転という偶然的な政治的要因との結合によって偶然に生まれたものにすぎない，ということである．

なおこれら三つの流れ全体の関連について，大蔵銀行局官僚として佐藤氏の先輩にあたる先の西村氏は，「このような体系化は極めて示唆に富むものであるが，90年代半ば以降における破綻処理および制度整備の実態は残念ながらそのように論理的・体系的に進められたものではなかった．たとえば競争的枠組みを推進した日本版ビッグバンとその後の金融危機に対処して整備された信用秩序維持制度とは，必ずしも1つの政策体系として取り組まれたものではなかった．むしろ一種のストップ・アンド・ゴーによって必要以上の混乱を生じさせた面も見受けられる」と回想している．同著『日本の金融制度改革』（東洋経済新報社，2003年），418〜419頁．

ろうじて再生法に基づく長銀と日債銀の一時国有化，ならびに，それに続く健全化法に基づく7兆5,000億円の大銀行への一斉資本注入によってひとまず回避された．とはいえ，長引く不況を背景に不良債権の新たな発生，累積が懸念される状況下で金融危機の火種は消えておらず，引き続き日本政府，金融監督当局として何らかの形で金融危機管理を行うことが必要であった．それを担ったのが2000年の預金保険法の改正であった．この2000年に改正された預金保険法は，その内容において預金保険制度が本来的に果たすべき機能を大きく逸脱するものであり，日本における預金保険制度の自己否定を制度化するものであった．だが，その全面的な検討は現代日本における預金保険制度を独自に対象とする次章に譲り，ここでは，日本型TBTF政策・体制との関連でのみこの改正がもつ意味を論じておく．

この預金保険法の改正に向けて，ペイオフの5年間凍結＝預金の全額保護という特例措置終了後の金融危機管理のあり方を審議した金融審議会は，その答申（1999年12月21日）で「預金保険制度は，金融機関の経営破綻に際して預金者の保護を図るという，言わば事後的な対応措置である」，「預金保険制度の本来の目的は，小額預金者を保護し，もって信用秩序の維持を図ること」であると確認している．そのうえで，特例措置終了後の預金保険制度は，「市場規律を有効に機能させて問題のある金融機関を早期に発見し早期に是正していくことを基本とした上で，仮に金融機関が破綻した場合においては，これに伴う預金者の損失および預金保険の負担を最小限に止めることが重要であり，回復の見込みがなくなった金融機関は，債務超過の程度が極力小さい段階で早期に処理していくべきである」と述べている．そして，預金保険制度の運用，発動について，平時と有事，すなわち危機的な事態が予想される場合とに分け，それぞれについて具体的な措置を示した．これに基づいて2000年の改正預金保険法は，前者の平時の破綻処理について，ペイオフでの処理を極力回避するために譲受金融機関が存在する場合の資金援助方式を拡大，多様化するとともに，受け皿機関がすぐに見つからない場合の措置として再生法に盛り込まれていた金融整理管財人による管理や承継銀行（いわゆるブリッジバンク）の設立などを預

金保険法のなかに取り入れた．そして，「信用秩序の維持に極めて重大な支障が生ずる恐れがある」金融危機の際の例外的な措置として，第一に，健全化法の内容であった金融機関の経営破綻を未然に防止するための自己資本の増強，資本注入を，第二に，破綻金融機関または債務超過の金融機関に対するペイオフコストを上まわる資金援助（損失補填）を，第三に，再生法の眼目であった株式の強制取得による一時国有化＝特別危機管理（再生法では特別公的管理）を規定した．そして，これらの例外的措置の財源に関して，金融機関の負担で賄いきれない場合に財政資金を投入しうる，と規定した．

一見して明らかなように，この預金保険法の改正によって，非常時の時限立法であった再生法と健全化法の内容がものの見事に預金保険法の本則のなかに取り込まれている．確かに，金融機関への資本注入と特別危機管理は，「信用秩序の維持に極めて重大な支障が生ずる恐れがある」危機的事態における例外的措置として規定されている．だが，先の金融審議会の答申が認めていたように，預金保険制度の本来の目的は小額預金者の保護をつうじての信用秩序の維持であり，金融危機管理政策のタイプとしてはそれは本質的に事後的な破綻処理政策である．であるならば，いわゆるシステミックリスクが懸念される場合の例外的措置も，それの枠内にとどめられるべきであろう．この見地からすれば，非常時の預金保険制度の発動も，改正預金保険法の危機対応における第二の内容，すなわち破綻金融機関の全預金者保護のための特例措置，いわゆるペイオフコストを上まわる損失補填のための資金援助に限定されるべきである．百歩譲って，それでも大銀行が経営破綻した場合のシステミックリスクが心配であるというのであれば，再生法が定めた特別公的管理，改正預金保険法の危機対応における第三の内容で十分なはずである．それぞれ3兆円以上の損失補填が必要となった長銀，日債銀の破綻処理ですら，政府への一時的な所有権の移転（一時国有化）に基づく政府の全面的介入によって，それは事実上金融市場から隔離され信用不安の火種とはならなかった．特別危機管理は，まさにそれを目的とした事後的な破綻処理策の一種なのである．

これに対して，健全化法が定めた破綻防止のための公的資金による資本注入

は，これとは本質，類を異にする金融危機管理政策である．先に述べたように，金融機関の経営破綻を未然に防止する本来の危機管理政策は早期是正措置であるが，それがよって立っているのは，債務超過に陥った金融機関は破綻処理されるべきだとする市場原理（恐慌論的見地からすれば過剰資本は価値破壊されざるをえないという経済法則）尊重の原則であり，その点で事後的な破綻処理策としての預金保険制度と本質を同じくする金融危機管理政策である．だが，安定化法が意図し，その失敗を受けて新たに制定された健全化法が意図したものは，このような市場原理の貫徹を前提とした危機管理政策ではなく，まさにそれと本質的に対立する TBTF 政策であった．それは，政府が特別の支援措置をとらなければ市場圧力によって早晩経営破綻せざるをえない大銀行を，大銀行であることを理由にして，政府の力で救済，温存しようとする危機管理政策なのである．法律上は，債務超過である，あるいは事実上経営破綻状態にある銀行を救済するとは明言しがたいがゆえに，「経営の状況が著しく悪化している金融機関ではない金融機関等」（安定化法）などの曖昧な表現をとってはいるが，経済的にみれば，政府が救済しなければ市場によって淘汰される運命にある大銀行であるからこそ救済措置の対象となっているのである．TBTF 政策はその意味で反市場主義的な，換言すれば市場原理の貫徹に竿をさす金融危機管理政策である．このような本質的に預金保険制度の趣旨に対立する内容を預金保険制度のうちに取り込むことが，現代日本の金融危機管理にとって本当に不可避的な政策選択であったのかどうかが，あらためて考察されなければならない．

　次章で詳論するように，現代日本の金融危機管理では，ペイオフの5年間凍結に典型的に示されているように，当初から政府によって預金者保護が大義名分として振りかざされながら，実際には，一方で，預金保険制度の乱用と変質が繰り返され，他方で，それらに依拠しつつ本章で解明した日本型 TBTF 政策・体制が追求されてきた．2000年の預金保険法の改正は，この日本型 TBTF 政策を預金保険法の本則のなかに例外規定として取り込むことによって，それを1990年代後半に本格化した金融危機下の時限的措置から政府が危機と判断す

ればいつでも自由に発動できる「例外的措置」(言葉の自己矛盾) として恒常化することになった．そして，それと同時に，日本の預金保険制度は，圧倒的多数の国民＝小額預金者のために零細預金を保護し，それによって信用秩序を維持するという預金保険制度の本来的性格を名実ともに自己否定し，大銀行体制の強化のために国民の血税を政府が自由に投入しうる危機管理体制に転化したのである．この改正預金保険法のもとで，日本政府が安定化法や再生法・健全化法の局面と比べていかに自由に裁量権を行使しうるようになったのかは，2003年6月30日のりそなHD（りそな銀行）に対する普通株で2,964億円，優先株で1兆6,636億円の資本注入や，同じく2003年11月29日の足利銀行に対する特別危機管理銀行としての認定とそれに基づく12月1日の一時国有化の措置の過程が，示しているところである．

　「はじめに」で述べたように，本章の目的は，現代日本の金融危機管理体制を特徴づける三つの契機のうちの一つである日本型TBTF政策・体制を概念規定することにあった．この目的からすれば，それは当然この政策・体制の構造分析ばかりではなく，その機能の分析，すなわちこのTBTF政策がいかに自らの政策目的を達成したのか，あるいはしえなかったのか，さらには，その遂行が階級的観点からみて全社会的にいかなる結果をもたらしたのか，の考察を不可欠とする．だが，①の日本型TBTF政策・体制は，現代日本の金融危機管理体制の主要な契機ではあるが，他の二つの契機，②全預金者の保護，預金全額の保証という預金保険制度の趣旨から逸脱した預金保険制度の運用，ならびに③最終的に70兆円に達した公的資金投入の枠組みと不可分のものであった．その点からすれば，孤立的に取り出した日本型TBTF政策の機能分析ではなく，②，③の契機も含めた現代日本の金融危機管理政策・体制の全体としての機能分析がなされなければならない．本章が，日本型TBTF政策の概念規定を試みながら，金融危機管理政策としての有効性，機能分析について禁欲したのはそのためである．

第10章 現代日本における預金保険制度の乱用と金融危機管理の失敗

はじめに

　現代日本の金融危機管理政策・体制は，①日本型 TBTF 政策の遂行，②預金保険制度の乱用，③巨額の公的資金の投入，という三つの特徴をもっている．前章では，この現代日本における金融危機管理政策を①の側面から解明した．すなわち現代日本の金融危機管理においては，金融危機の初期の段階から，中小金融機関については積極的に破綻処理を進めるが，大銀行についてはシステミックリスク回避の観点から事実上債務超過に陥っているものについても救済・温存するという TBTF 政策が採用された．しかも，その遂行に際して，日本政府・金融監督当局は，大銀行の経営実態を極力国民に悟られないようにし，「大銀行の経営は大丈夫」という虚偽の「客観的な事実」＝虚構を創出することによって，政策目的を達成しようとした．TBTF 政策を TBTF 政策ではないと偽って強行するというこの日本型 TBTF 政策の発動は，その自己矛盾的性格のゆえに金融危機管理に失敗し，かえって，現代日本の金融危機を深化させた．

　日本型 TBTF 政策の失敗は，破綻直前まで政府が国際的に安全を保証してきた拓銀，長銀，日債銀 3 行があえなく経営破綻してしまったことに端的に現れている．それにもかかわらず，金融監督当局が TBTF 政策の正当性の論拠としていた銀行信用の一般的崩壊は発生しなかった．それはなぜなのか．また，結果的にはシステミックリスクを回避し，その点では良好なパフォーマンスを示したと見える現代日本の金融危機管理政策ではあるが，はたして，それは日本国民の経済的利益を全体として擁護するものであったと言いうるのか．これらの問題に答えるには，前章では捨象されていた現代日本の金融危機管理の②③の契機が新たに考慮に入れられなければならない．以下本章では，現代

日本における預金保険制度の特異な運用を考察したうえで，この預金保険制度が果たした役割も含めて，現代日本の金融危機管理政策がシステミックリスクの回避という点でどのようなパフォーマンスを示したのかを全体的に総括し，最後に，この危機管理体制が国民的な経済的利益という観点からはどのように評価されるべきかを，論ずることにする．

第1節　現代日本における預金保険制度の乱用

（1）　現代日本における預金保険制度の成立とその発動

　現代日本の金融危機管理における預金保険制度の運用を一言で特徴づけるならば，それは預金保険制度の乱用と表現しうるであろう．その内容は，①預金保険限度額を完全に無視した「全預金者の保護」を金融危機発生当初5年間の時限措置として導入し，最終的に決済性預金についてはそれを恒常化するに至ったこと，それと関連して，②預金保険制度の運用に際してコスト意識を完全に欠如させ，安易に公的資金，財政資金に依存したこと，③日本政府，金融監督当局は設立当初から預金保険機構を独自の保険機関とは位置づけず，金融危機管理のためにはいかなる政策手段をも採用できる特別の部局であるかのようにして預金保険機能から逸脱した諸機能を果たさせようとしたこと，に大別できる．本節と次節では，①の点に焦点を当てて，この預金の全額保護措置が実は預金保険制度の自己否定であったことを明らかにする．

　戦後長らく銀行業に対する許認可権を軸に支店の開設や金融商品の開発に至るまで金融機関の経営全般に対して強大な行政権限を行使してきた大蔵省の金融行政のもと，日本の都銀・地銀や信金，信組などの預金取扱い金融機関は，営業の自由に対する制約と引き換えに安定した銀行経営を保証されてきた．これらの金融機関・銀行は，好況局面では貸付額の増大によって収益を拡大したばかりではなく，一般の事業会社が売上不振で苦しんでいる景気後退局面でも利鞘の拡大（貸出金利に先行する預金金利の引下げに起因）によって高収益を維持してきた．いわゆる高度経済成長時代にも例外的に経営が悪化する金融機関も

発生したが，業容拡大に対して支店開設などで厳しい規制を受けていた大銀行は規模拡大を図る絶好のチャンスとして，これらの問題金融機関を積極的に吸収・合併した．その結果，問題金融機関の発生が銀行の経営破綻として表面化することはなかった．

　アメリカと異なり少なくとも表面上は銀行倒産が皆無であった戦後日本で，銀行が経営破綻した場合の預金者の保護を目的とする預金保険制度が導入されたのは1971年であった．金融効率化を旗印に金融部面での自由化と資本の集中をめざした1970年7月の金融制度調査会答申「一般民間金融機関のあり方等について」は，「国民大衆の預金の保護に万全を期するとともに，金融機関に対する過保護とも言うべき態勢をあらためて適正な競争原理を導入し，その経営の効率化を促進していく見地からは，この際，預金者保護と金融機関保護との分離を図り，預金に対する直接的な保証制度としての預金保険制度を導入することが必要である」と論じた．これに基づいて1971年4月に預金保険法が公布・施行され，同年7月に預金保険機構が設立されたが，創設当初の日本の預金保険制度の目的・性格はきわめて明快であった．それが保護の対象としたものは，上限100万円までの預金（預金保険限度額）であり，金額からみて個人の小口・零細預金であった．さらに，預金保護の仕方は，経営破綻した銀行を清算し，その際預金者については先の預金保険限度額内の預金だけを保険金の支払いによって保証する方式，いわゆるペイオフ方式のみを具備したものであった．その後，1986年に救済金融機関への資金援助という新たな破綻処理方式が導入され，また預金保険限度額も300万円から現行の1,000万円への引き上げられたが，預金保険制度自体は，1991年7月の東邦相互銀行の破綻処理（処理の公表は同年7月24日，処理の実施は翌1992年4月1日）まで，実際に発動されることはなかった．現代日本の預金保険制度は，バブル崩壊以前の銀行不倒神話時代には良く言えば，「抜かずの伝家の宝刀」，悪く言えば「無用の長物」との位置づけしか与えられてこなかったのである．

　ところで，日本政府・大蔵省は1990年代に入って金融危機が現実のものとなってくるやいなや，金融危機管理の基本的スタンスを二つの文書で公にし

た．1995年6月8日の大蔵省の「金融システムの機能回復について」と同年12月22日の金融制度調査会答申「金融システムの安定化のための諸施策—市場規律に基づく新しい金融システムの構築」である．これらの文書で明らかにされた金融危機管理の基本的な考え方は，以下のとおりであった．

第一に，直面している金融危機を打開するために，今後5年間で不良債権処理を集中的に行い，問題解決の目途をつける．

第二に，その過程で体力のない銀行・預金取扱い金融機関が経営破綻することが予想されるが，金融機関の破綻処理の原則を確立し，問題金融機関の破綻処理に思い切って取り組む．

第三に，銀行の破綻処理によって預金者の不安が広がらないようにするために，この5年間は預金の全額保護を行う（5年間はペイオフを行わない）．

だが，実際には，預金の全額保護という時限的措置は，その後2005年3月末まで2回にわたって延長され，さらに，ペイオフ凍結が解除された以降も，決済性預金については全額保護を恒常的に行うという形で部分的には継続されている．

ところで，現代日本の金融危機管理の初発の時点で採用された預金のこの全額保護措置は，その内容からして預金保険制度の自己否定，乱用と言うべきものであった．そこで，預金保険制度の意義，その設立の趣旨をあらためて確認しておくことにしよう．

（2） 勤労大衆の消費元本の一部をなす貨幣貯蓄は，銀行倒産に際しても保護されなければならない

預金保険制度は，銀行倒産に際して，あらかじめ定められた保険限度額の範囲内で預金支払いを保証する預金者保護制度である．それが，金融危機との関連では事後的な破綻処理制度と位置づけられるのは，銀行倒産を前提しているからにほかならない．この預金保険制度の意義を考える場合，もっとも基本的な問題は，預金保険制度で保護されるべき対象は誰なのかということである．この点について，預金保険制度が典型的な発展を示したアメリカの預金保険制

度においても，また1990年代に入って統一的な預金保険制度の導入，拡充がなされてきた EU においても，各国で設定されている預金保険限度額の水準からみて，保護の対象が個人預金者，しかも小口あるいは零細預金者に限定されていることは明らかである．EU 諸国においては，機関投資家や証券会社など金融機関の預金や，大企業などの法人預金，中央政府や地方自治体などの公的預金，さらには，個人でもいわゆる富裕資産家階級の保持する大口の預金は保護の対象にならないのが，一般的な姿である[1]．それではなぜ，個人の小口あるいは零細預金だけが保護の対象にされなければならないのであろうか？

　それは，第一に，現代の銀行が社会のすみずみから預金として集めてくる貨幣資本の性格，その発生根拠に関わっている．今から百数十年以上も前に，マルクスは，銀行が自由に処分できる貸付可能な貨幣資本は，さまざまな仕方で銀行に流れ込んでくるとして，この貨幣資本の源泉を大きく四つに区別した．第一は，産業資本家たちの種々の準備金であり，それらは銀行の手に集中されることにより必要最小限度に制限され，余分になった部分が利子生み資本として貸し出される．第二の源泉は，自らが利子生み資本として機能しうる本来の貨幣資本家が，貸出を銀行に任せるために預け入れる預金である．第三の部分は，銀行制度の発達につれて，またことに，銀行が預金に利子を支払うようになるにつれて，銀行に流入してくる「すべての階級の貨幣貯蓄や一時的な遊休貨幣」である．銀行の手によって，「それだけでは貨幣資本として働くことのできない小さな金額が大きな金額にまとめられて，一つの貨幣力を形成する」．第四の源泉として区別されているのは，「少しずつしか消費できない収入」であり，消費元本の一部も銀行に預金として集まってくる．前二者は，資本運動の一契機をなす貨幣資本，ならびにそれ自体が利子生み資本として機能

---

[1] この点での例外はドイツである．ドイツの預金保険は強制的なものと任意なものとの2種類から構成されているが，後者の場合には，1預金者に対する保護の上限は破綻銀行の自己資本の30％までとなっており，事実上青天井となっている．本間勝『世界の預金保険と銀行破綻処理—制度・実態・国際潮流』(東洋経済新報社，2002年)，第4章参照．

しうるところの本来的な貨幣資本であるのに対して，後の二つは，それ自体としては資本運動の契機をなさず，また独自に利子生み資本運動を展開できない小額の貨幣貯蓄，あるいは消費元本である[2]．

現代の預金保険制度で預金者保護の対象となるいわゆる付保預金が，その発生根拠，貨幣資本としての性格からして，マルクスのいう第三，第四のそれ自体としては利子生み資本として機能しえない貨幣貯蓄，消費元本であることは明らかである．マルクスが銀行預金の第四の資金源泉として挙げた「少しずつしか消費できない収入」は，当時の一般労働者の賃金水準や銀行システムの発展段階からして，もっぱら賃金労働者以外の諸階級の収入からなっていたと考えられる．これに対して，社会的・文化的な支出が労働力の再生産費のなかで大きな比重を占めるようになり，また銀行制度が社会生活のすみずみにまで浸透するようになった現代においては，労働者階級の賃金ですら銀行預金の形態で支払われるようになり，日々の消費資金までもが支出されるまでのわずかなあいだ銀行預金を形成する．さらに，現代日本の国民経済生活の実態に即して言えば，勤労大衆の消費支出の主要項目をなす教育費や住宅購入費（住居費）は，一定期間，往々にして銀行の定期預金，郵便貯金等の形態で貯蓄されなければならない．その限りで，それらは確かに貨幣的貯蓄，利子生み資本の形態をとってはいるものの，その発生根拠ならびにその支出内容からみて，実体的には消費元本以外の何ものでもない．彼らにとってみれば，それらの資金は定期性預金として一定の利子を生むことは期待されているものの，積極的にリスクをとることと引き換えにより高い利子をめざしているのではなく，主要には支出される将来時点まで積み立てられる資金が安全に価値保全されることを求めているのである．現代日本の賃金労働者ならびに零細な自営業者の貨幣財産

---

2) マルクス・エンゲルス全集，第25巻，506頁，Marx/Engels Werke, Bd. 25, S416, 参照．マルクスは，第三のそれ自体としては貨幣資本として機能しえない小額の貨幣貯蓄，遊休貨幣を集め，それらを「一つの貨幣力」に転化する銀行の機能を，本来の貨幣資本家と借り手とを仲介する銀行の一般的業務と区別して，銀行の特殊な機能と規定している．

の圧倒的大部分は，本来このような性格をもった貨幣資本なのである．だとすれば，このような性格，目的をもった勤労諸国民の零細な貨幣財産が，不断に市場価格が変動する株式市場にではなく，低利ではあるが元本が保証された銀行の定期預金や郵便貯金にもっぱら流れ込む傾向をもつことは当然であろう．このような性格をもった勤労大衆の貨幣財産が，元本保証の預金形態で銀行に社会的に集中されているという事態が，銀行の経営破綻に際して一定の限度額内で預金支払を保証することが銀行側に求められるようになった究極の根拠なのである．

（3） 預金者保護は，社会的信用を基礎にしている銀行業界が担うべき社会的な共同業務である

　だが，勤労諸階級・諸階層の貨幣財産がその性格からして元本保証の銀行預金に集中する傾向があるということは，預金保険制度の形態で保険限度額内の小口預金が保護されることを十分に説明するものでない．銀行が，自らの顧客である預金者に対して元本を保証することは，当該銀行と預金者との間の私的な契約関係にすぎない．それに対して，預金保険制度は，預金を取り扱っている金融機関が支払う保険料によって基本的に運営されており，いかなる個別銀行が倒産した場合でも彼らの共同基金から保険限度額内の預金に対して保険金が支払われるのであるから，それは明らかに銀行業界の共同利害を担う社会的機関，制度なのである[3]．

　では，銀行業界はなぜ個々の銀行が倒産した場合に，その処理を市場に委ね小口預金者も応分の負担を被るようにするのではなく，銀行業界の共同責任として小口の個人預金者に対して金銭的保証を行うのであろうか．一般に事業会社の場合，たとえば，ある自動車会社が欠陥自動車を製造・販売し，その結果売上不振に陥り倒産に追い込まれたとしても，他の自動車会社や自動車業界が自動車という商品に対する信頼を維持するために，破綻した自動車会社の欠陥自動車を共同で修理したり，あるいは当該自動車を購入した消費者に対して共同で何らかの金銭的保証を行ったりすることなど，絶対にありえない．同業他

社が経営不振で倒産することは，利潤の極大化を求めて互いに相手を蹴落とそうとしている個別資本の立場からは歓迎すべきことではあっても，その影響を恐れる必要はまったくない．だが，銀行業の場合には，それが創造する預金通貨の社会的性格，銀行信用のもつ社会性のゆえに市場原理の作用を野放しにすることはできないのである．

そこで問われているのは，銀行信用の社会性に根ざすいわゆる金融システムのシステミックリスクなのである．通常，銀行システムのシステミックリスクは，以下の二つの側面から論じられる．第一の側面は，銀行業が構築している複雑かつ重層的な金融（貸借）関係，ならびに支払・決済システムをつうじての銀行倒産の影響の波及の問題（いわゆる雪崩現象）であり，第二の側面が，ある銀行が倒産することによって生ずる預金者の心理的動揺，不安の社会的な拡散，伝播の問題（いわゆる伝染現象）である[4]．これらの因果関連，個別銀行の経営破綻の社会全体への連鎖的波及のルートが，現実の金融危機を銀行恐慌に転化させる決定的な条件であることは言うまでもない．だが，金融のシステミックリスクの問題をこれらの諸条件に解消することはできない．これらの諸条件を発動させざるをえない現代の銀行システムに内在する矛盾こそが，まず

---

3) わが国の預金保険制度で預金者保護の対象とされた金融商品には，元来預金（外貨預金，公金預金，金融機関預金等を除く），定期預金，掛金だけでなく，元本補填契約のある金銭信託（指定金銭信託合同運用口および貸付信託）が含まれていた．そこでは，預金については，要求払い預金であるか定期預金であるかを問わず，一般に元本が保証された金融商品であることが前提されていた．この点について，西村吉正氏は，「みんな当然の前提と思っている（預金の一米田）元本保証だって，法律上の明確な根拠があるわけではない」（同著『金融行政の敗因』，文藝春秋，1999年，101頁）と述べているが，預金の元本保証性は，それが本来の信用貨幣すなわち銀行の持参人・一覧払いの貨幣支払約束書（証）であった銀行券の流通に究極的に規定されている．銀行が貨幣資本の社会的管理者であるがゆえに銀行の貨幣支払約束は不動である，すなわち，その支払約束書に示されている金額，元本は絶対的に保証されているとする社会的な信用が成立して初めて，銀行券，預金通貨は信用貨幣として流通しうるのである．法律上の明確な規定があるか否かにかかわりなく，預金は経済的に元本が保証された信用貨幣なのである．その点で，多数の投資家を集めるために元本補填契約を結び，そのための準備金を積み立てることを法律上強制されている貸付信託や指定合同運用金銭信託とは，元本保証の意味合いが根本的に異なっているのである．

は指摘されなければならない．それは一言にすれば，銀行業が高度な発展を遂げた現代資本主義においては，貨幣の支払手段機能に内在する無媒介的な矛盾がいっそう激化せざるをえないということである．

現代の管理通貨制度のもとでは，不換の中央銀行券はいかなる意味においても信用貨幣ではなく，不換政府紙幣に転化している．この銀行券に代わって，本来の商業流通の部面ばかりではなく，かつての銀行券の現金化と同様に所得流通の部面にまで部分的に浸透しているのが，銀行が自由に発行・創造できる預金通貨である．現代における典型的な信用貨幣は民間銀行が供給する預金通貨である．現代では企業間取引は言うにおよばず，勤労国民の多数を占める労働者に対する賃金支払い，彼らによる所得の支出の一部までもが預金通貨の授受，振替えの形態でなされる．銀行＝預金取扱い金融機関間の支払・決済システムは全社会の末端にまで及んでおり，現金通貨はきわめて限定された領域で流通するにすぎなくなっている．その結果，銀行が日常の業務において必要とする現金準備は最小限にまで抑えられている．銀行業，銀行信用の発展につれて不可避的に預金残高，さらには流通する預金通貨の量との比較では，ほんのわずかな現金準備しか必要としなくなる．このことが，その直接の原因が何であれ，預金者が預け先の銀行の支払能力に対して不信を抱き，いっせいに銀行取付けに走ったら最後，いかなる銀行でも現金ショートによるデフォルト，そ

---

4) ライタンとロウチは次のように言う．「金融システムを機能停止に至らしめるには，ある種の特別な衝撃が必要である．全体機能の崩壊が起こる場合，その原因はあたかも雪崩のような現象であったり，一気に広まる伝染病のような現象であったり，資産価値の崩落現象であったり，あるいは多くの場合その三つの複合現象なのである」（ロバート・E・ライタン，ジョナサン・ロウチ『21世紀の金融業―米国財務省レポート』東洋経済新報社，1998年，190頁）．後述するように，これらの要因のうち前2者は，貨幣の支払手段機能に内在する無媒介的矛盾の爆発形態の諸契機であり，その意味で銀行信用に内在する貨幣・信用恐慌の現実化の契機でもある．これに対して，第三の資産価格の崩落は，株式や国債等の証券が銀行を含め多くの金融機関の主要な資産となった現代資本主義において貨幣・信用恐慌の勃発の重要な引き金となりうるものではあるが，先の無媒介的矛盾とは直接関係をもたない要因である以上，貨幣・信用恐慌の外的条件と言わざるをえない．

れゆえ銀行倒産に直面せざるをえない根本的な原因なのである．

　だが，人々は（企業等も含めて）預金通貨が信用貨幣であることを日常的に自覚しているわけではない．むしろ，人々は，日常的には預金通貨は現金と同じものである，すなわち自らが銀行に保持している預金残高はいつでも現金通貨に転換可能であり，それが引きおろせなくなる，すなわち債務不履行になることはけっしてありえないと思い込んで，この預金通貨を互いに授受しあっている．それは，社会的再生産が順調に進行し，その結果として社会的に貨幣還流，貸付に対する返済が規則的に行われている限り，客観的に根拠づけられたことがらである．だが，ひとたび過剰生産が表面化してこの社会的な貨幣還流が阻害されるようになれば，預金通貨が現金通貨そのものではなく，銀行がその保持者の要求に応じて現金通貨を支払うことを約束したたんなる支払約束書＝信用貨幣にすぎないということが，次第に人々の意識のうえにのぼらざるをえなくなってくる．そして，一部の銀行が実際に経営破綻し，当該銀行が発行した預金通貨が債務不履行になってしまえば，人々は突然預金通貨はたんなる信用貨幣でしかなかったことを思い知らされるのである．最小限の現金準備に基づいて膨大な預金通貨を流通させている現代資本主義のもとでは，個別銀行の経営破綻は当該銀行の預金通貨に対する個別的な信頼の崩壊を意味するだけではなく，不可避的に預金通貨一般に対する社会の信頼を損なう危険をつねに孕んでいるのである．人々が預金通貨の元本保証性にたとえ一抹のものであったにせよ不安を抱いたままでは，銀行業が正常な活動を行うことができないのは当然のことである．その意味で，銀行業界が，ある個別銀行の経営破綻をまったく他人事として放置するのではなく，預金保険制度をつうじて預金保険限度額内の預金を共同で払い戻し，預金者構成において圧倒的多数を占める個人預金者の心理的な動揺を抑えようとすることは，社会的信用を基礎にして活動せざるをえない銀行資本にとっても合理的な選択なのである．

（4） 銀行の経営破綻に際して預金の全額保証を制度化することは，預金保険制度ひいては銀行信用の自己否定につながる

　だが，預金保険制度がもつこうした信用秩序維持機能を過大に評価することはできない．なぜなら，預金保険制度は，あくまでも銀行の経営破綻を前提とした預金者保護のための保険制度であり，しかも保護の対象は，制度設計において本来預金保険限度額内の預金，すなわち勤労国民の小額の貨幣財産に限定されているからである．それは，金融危機の発生を未然に防止することを目的に創設された制度ではない．制度が直接に想定している事態は銀行の経営破綻，銀行倒産であり，その回避ではない．資本主義的市場経済の競争原理は優勝劣敗の原理であり，敗者は市場から撤退を強制される．このことは，事業会社（産業資本，商業資本）であるか，銀行業（銀行資本）であるかを問わない資本一般の論理である．過剰生産恐慌，貨幣・信用恐慌をつうじて過剰な資本が価値破壊されることが，生き残った勝ち組の新たな発展の条件なのであるから，個別諸資本は，自らが敗者になることは望まないが，敗者が市場から淘汰されることは資本主義的市場経済の当然の帰結として容認せざるをえない．銀行業においても経営に失敗した一部の銀行が倒産することは不可避である．それを容認したうえで一部の預金者を保護しようとする預金保険制度は，けっして市場メカニズムの貫徹それ自体を否定したものではなく，あくまでもその貫徹，過剰な銀行資本の価値破壊＝銀行倒産を前提とした事後的な破綻処理策なのである．

　とは言え，基本的には事後的な破綻処理策である預金保険制度も，上述のように保険限度額内の零細預金を保護することによって，預金者の不安，動揺の社会的な拡散を部分的に抑制するという信用秩序維持機能を果たしうる．実際1930年代にそれまでの州レベルの預金保険制度が連邦預金保険制度にまで発展し，その後70余年もの間銀行倒産のたびに多数の個人預金者の零細預金を保証してきたアメリカの預金保険制度は，個人預金者の心理的動揺の伝播を阻止する機能を十分に果たしてきた，と金融当局者や金融研究者によって高く評価されている[5]．だが，それは，預金者の圧倒的多数を占める勤労国民が銀行に預

けている資産が，預金保険限度額（現行10万ドル）を下まわる小口・零細預金であったからにすぎない．これらの零細預金者にとっては，連邦預金保険制度が存在している限り，客観的に見て，たとえどの銀行が倒産したとしても銀行に預けた自らの資産価値が脅かされることはなかったのである．

ところで，ここで注意すべきは，預金保険限度額内の預金が制度的に保証されているということを裏返して言えば，それを超える預金額，すなわち非付保預金が大部分を占める大口預金は，銀行倒産に際しては資産価値を保証されてはおらず，それゆえ，元本保証の金融商品でありながら実際には損失を被る危険に曝されているということである．個人であれ，法人であれ，大口預金者は，本来の利子生み資本の所有者，利子生み資本家として，リスクとリターンを考慮しつつ自らの貸付可能な貨幣資本を多様な資産に分散投資しうる資金力と情報力をもつ金融主体である．彼らがある時点において，どの銀行にどれだけの預金を預け入れるかは，投資家としての彼ら自身の投資判断の問題である．それゆえ，ある銀行の倒産によって，誰が，どの程度損失を被るのかは，利子生み資本家としての彼らの自己責任の問題なのである．

預金保険制度で，預金者保護の対象が保険限度額内の小口の個人預金者に限定されているのは，先に(2)で論じたように，第一には，銀行に預け入れられる貨幣資本の資金源泉の相違，それが消費元本であるのか，それとも資本運動の一契機としての貨幣資本，あるいは本来の利子生み資本であるのかという発生根拠の違いに基づいている．それに加えて，預金保険限度額が設定されている第二の根拠として，一定額の貨幣財産，貨幣資本を所有する貨幣資本家たちが，独立した貨幣資本家として利子生み資本のリスク管理を自立的に行いうる

---

5) 先に紹介したライタン，ロウチは，「1930年代に起きた，この伝染性の銀行取付け騒ぎは，預金保険の導入に拍車をかけ，預金保険はその目的をうまく達成するところとなった．以来，取付けが付保預金者によって引き起こされたことはなく，また今後もそのようなことが起こることはないだろうと思われる」（ライタン・ロウチ前掲書，201頁），とまで述べている．ジョージ・G・カウフマンも，預金保険制度の機能について同様の評価を与えている．George G. Kaufman, *The U.S. Financial System: Money, Markets, and Institutions*, 5th ed.Prentice-Hall,Inc. 1992, p. 319, 参照．

第10章　現代日本における預金保険制度の乱用と金融危機管理の失敗　439

能力・条件を備えているかどうか，という基準が存在しているのである．EU諸国で，一般に預金保険限度額の設定とは別に，保護対象から任意に除外できる預金として，金融のプロである銀行や機関投資家や証券会社の預金ばかりではなく，中央政府や地方自治体などの公的預金，さらには大企業や中堅企業の法人預金までもが規定されているのは，まさにこの理由によるものである．これらの大口預金者と圧倒的多数の勤労国民大衆との間には，金融機関の経営や財務実態について正確な情報を入手しうる手段やそれを獲得するためのコスト負担能力に隔絶した格差があることは，明らかである．これらの情報収集能力を備え，自己判断に基づいてリスクをとりながらより高いリターンを追求する本来の利子生み資本家に，自己責任が求められるのは当然であろう．資本主義的私的所有を基礎とした自己責任原則に基づく限り，彼らの大口預金は預金保険制度の保護対象から除外されるべきなのである

　日々変動する市場金利や利回りにきわめて敏感なこれらの大口預金者たちが，ある日突然独自の情報と自己の判断に基づいてある銀行から大量に資金を引き上げ，当該銀行を資金ショートに追いやるということは，容易に想定できるストーリーである．1984年のアメリカにおけるコンチネンタル・イリノイ銀行の突然の経営危機は，まさにその典型的な事例であった．コンチネンタル・イリノイの先行きに不安を感じた海外の大口預金者たちが突然彼らの預金を海外で引き出しにかかり，シカゴの本部のコンピューターをつうじて巨額の預金が音もなく引き出されていった．個人預金者たちが銀行窓口に殺到して銀行職員ともみ合いになる騒然とした古典的な銀行取付けに対して，それは，silent bankrun（静かなる取付け）と呼ばれた[6]．それでは，独立した貨幣資本家であるこれら大口預金者たちによる突然の預金の引き出し，それによって引き起こ

---

6)　アーヴィン・H・スプラーグは，わずか10日間のうちに世界中からの大口預金者の引出しによって60億ドルが流出した当時の模様について，電算ルームを除いて銀行はまったく平穏に見えた，と彼の回顧録で述べている．Irvine H. Sprague, *Bailout : An Insider's Account of Bank Failures and Rescues*, Basic Books, Inc., 1985, pp.152–156, 参照．

される銀行の経営破綻を未然に防止するために，小口預金者に対するのと同様に，預金保険制度によってこれらの大口預金者の預金までをもつねに全額保護しなければならない，ということになるのであろうか．どの銀行が倒産しても預金者が誰一人として損失を被らない銀行システム，それゆえ，預金者が誰一人として信用不安をおぼえ預金の取付けに走ることのないように制度設計された銀行システム，その結果として事実上銀行倒産が排除されているような銀行システム，はたしてそれは資本主義的市場原理に基づく私的な銀行業と言えるのであろうか．否である．その意味で，預金の全額保護措置と資本主義的な銀行信用制度とは，原理的に相容れないものなのである．私的な銀行信用はその社会性のゆえに一定の上限を画した預金保険制度を必要とはするが，預金を恒常的に全額保護するような預金保険制度は原理的に排除している．勤労大衆の零細預金の保護は，銀行信用の安定性という見地からは必要不可欠なことであるが，他方，資本主義的な私的所有の原理からして大口の銀行預金を保有する自立的な貨幣資本家が自己責任を負う，当該銀行の経営破綻に際して応分の損失を負担するということもまた必然なのである．

(5) アメリカにおいては，預金の全額保護は例外的かつ個別的措置として行われた

付保預金の保護を目的とする預金保険制度が，預金保険限度額を超えてすべての預金を恒常的，一般的に保護するようになれば，それは預金保険制度としての自己否定につながる．それゆえ，預金保険制度が典型的な発展を示してきたアメリカにおいては，連邦預金保険制度の成立から今日に至るまで，預金保険限度額を超える非付保預金を保護する破綻処理方法についてはできるだけ排除，抑制する圧力が，連邦預金保険公社（FDIC）にかけられてきた．

この点でまず着目すべきは，連邦預金保険制度が成立した当初は，破綻処理方法はペイオフ（pay off：PO）しか存在しなかったことである．この処理方法は，経営破綻した預金取扱い金融機関の預金者に対して，FDICが預金保険限度額内の預金について直接保険金支払いの形で払い戻す方法である．FDICが

この保険金の支払いを他の金融機関に委託する付保預金移転（insured deposit transfer：IDT）は，このPOの派生的形態である．このペイオフ方式によって破綻銀行が処理される場合には，この金融機関が当該地域で行っていた預金（支払・決済業務）・貸出という金融サービスが突然消滅してしまうのであるから，銀行の経営破綻が地域経済や金融システムに及ぼす影響は甚大なものにならざるをえない．それゆえ，連邦預金保険制度がペイオフ方式のみを具備して出発したということは，1930年代初頭のアメリカの金融危機の深刻さを反映していたと言わざるをえない．ペイオフは，預金の取付けが生じている（生じやすい）局面で速やかに問題金融機関を破綻処理しなければならない場合の，きわめてラディカルな破綻処理方法であったのである．

だが，同時に，この処理方法で破綻処理することは，金融危機が深刻化している局面でも勤労大衆の零細預金だけは確実に政府によって保護されていることを国民に示す，という意義をも有している．その点で，ペイオフ方式は国民大衆の零細貯蓄を保護することを目的とする預金保険制度の趣旨をもっとも端的に表現した処理方法でもあった．それゆえ，1934年から1971年までにFDICが破綻処理した496件中293件，約6割が，さらにP&A（資産負債承継方式，purchase & assumption）が主要な破綻処理方法となった1970年代以降においても，たとえば銀行倒産が多発した1980年代においては1,245件中242件，約2割が，ペイオフ方式（付保預金移転を含む）で処理されてきたのである．アメリカで連邦預金保険制度が個人預金者の不安の伝染を阻止する機能を果たしてきたと高く評価されるのは，このようなペイオフ実施の歴史的過程とそこでの学習効果をふまえてのものである．

第二に，アメリカで，ペイオフ方式が預金保険制度の根幹をなす処理方法として位置づけられてきたことは，いわゆるペイオフコストを基準に破綻処理方法が決定されてきたことにも，明確に示されている．歴史的にはペイオフ方式だけを具備して出発した連邦預金保険制度は，上述したように，ペイオフ方式が地域経済や金融システムに深刻なダメージを与える処理方式であったがゆえに，次第に他の破綻処理方法を展開することになった．出資者に損失を負担さ

せることなく破綻金融機関の全預金を他の金融機関に承継させる非閉鎖型の預金承継 (deposit assumption)，出資者に損失を負担させる閉鎖型の預金承継，預金を承継する金融機関に入札で健全資産を買い取らせるクリーンバンクP&A (clean bank P&A)，さらに，全資産を買い取らせる全資産P&A (whole bank P&A) などである．だが，これらの新たな破綻処理方法が導入される一方で，FDICがどのような破綻処理方法を採用するのかについて，議会よりFDICに対して厳しいコスト管理が求められた．この圧力に応える形で，FDICは1955年頃よりペイオフコストを下まわることを他の処理方法採用の条件とするようになった（いわゆるコストテストの実施）．そして，それは，1982年のガーン・セントジャーメイン預金取扱い金融機関法によって，銀行法の改正として法律上明文化されるに至った．さらに，FDICに対してより厳格なコスト管理を求める圧力は，1991年のFDICIAにおいて，FDICにたんにペイオフコストとの比較ではなく，コスト負担がもっとも安価となる処理方法を採用することを義務づけた（いわゆる最小限コストルール）．1950年代以降FDICが銀行の破綻処理を行うにあたってペイオフコストを基準にせざるをえなかったことの背後に，連邦預金保険制度は預金保険限度額を超えて預金者保護をしてはならないという思想，資本主義的私的所有に基づく自己責任論があったことは明らかであろう．

第三に，最小限コスト原則を採用したFDICIAは，他方で，それまでのコストテストの例外として許されてきたいわゆる不可欠性原理 (essentiality doctrine) の発動を大幅に修正し，最小限コスト原則に対する例外をシステミックリスクが懸念される場合に厳しく限定した (systemic risk exemption)．これによって，以前には地域経済にとって不可欠であると判断された場合には，OBA (open bank assistance：非閉鎖型の資金援助) によって救済されえたマイノリティ住民のためのコミュニティバンクなどは，ひとたび経営困難に陥るならば閉鎖されざるをえない状況に追い込まれた．破綻銀行を救済し大口預金者も丸ごと保護するOBAは，内容的には明らかに大銀行の経営危機に限定されたものになった．さらに，この例外条項の発動は，FDICとFRBのそれぞれの理事会の2/3以上の賛成によって提案され，財務長官と大統領との協議を経て発動される

ことになっており，これまでの不可欠性原理の発動がFDICの裁量に委ねられてきたことと比較して，手続き的にもその発動に厳しい条件が付与された．これまでの不可欠性原理の発動の経験からみて，大銀行の経営危機に対してこのシステミックリスク条項が発動される場合も，個別的で具体的な検討のうえになされることは間違いない．

以上の検討から明らかなように，アメリカの連邦預金保険制度の運用は，その本来の趣旨である保険限度額内の預金者保護に徹底されており，それを超えて預金者を保護することには歴史的にきわめて厳しい条件が付与されてきたのである．

第2節　日本型TBTF政策推進の隠れ蓑にされた預金の全額保護

（1）アメリカとの比較でみた日本における預金の全額保護措置の異常性

勤労国民の零細預金の保護を主要な目的・機能とするEU諸国の預金保険制度に対して，アメリカの連邦預金保険制度は，信用秩序維持すなわち金融システムの安定化を図ることを主目的，主要な機能としている，とする見解が存在する[7]．ところで，信用秩序維持機能を主目的とするはずのアメリカの連邦預金保険制度と比較してみても，日本の預金保険制度が行ってきた預金の全額保護措置は異常なものと言わざるをえない．

日本の預金保険制度が行ってきた預金の全額保護措置の異常性は，第一に，それが，当初は5年間の時限的措置として導入されながら，いつの間にか預金保険制度の一部分として恒常化，制度化された点に，明瞭に現れている．前述

---

[7]　本間勝氏は，次のような評価を与えている．「預金保険の目的について述べると，小口預金者保護が主目的である場合には，保護対象預金と保護対象預金者の範囲を狭くし，保護上限を低くする傾向があり，他方，金融システム安定化を主目的とする場合には，保護対象預金と預金者の範囲を広めにとり，保護上限を高くする傾向がある．EU諸国は前者の国が多く，米国は後者の典型である．わが国はおおむねその中間に位置する」（本間前掲書，18頁）．

のように，不良債権の集中処理期間として位置づけられた1996年度から2000年度（2001年3月末まで）の5年間，日本政府，金融監督当局は，預金保険法の趣旨にもかかわらず，時限的措置，すなわち例外的措置として預金の全額保護措置を講ずることを決定した．この保険限度額を超えての預金の全額保護措置は，その後2回の修正がなされ，流動性預金については2004年度（2005年3月末）まで全額保護が延長された．しかも，この2005年4月からのペイオフの全面的解禁にあたって，新たに決済用預金という預金種目が定められ，この預金に限っては預金保険限度額が適用されない，すなわち決済用預金については預金全額が保護されることが，恒常化，制度化されたのである．

ペイオフは全面的に解禁された，すなわち，保険限度額を超える大口預金の保護，預金の全額保護措置はいったん廃止された．ただ，それと同時に，新たな預金保護制度が発足しただけだ，との見方も示されている．だが，この決済用預金なるものは，金利支払が全面的に禁止されるという新たな規定が加わっているものの，内容的には従来の当座預金や普通預金などのいわゆる流動性預金・要求払い預金と事実上同じものである．当然，流動性預金から決済用預金への転換にはさしたる支障は存在しない．この点からすれば，日本の預金保険制度は，それまでの時限的な預金の全額保護措置を廃止することなく，一部の預金種目については，それをそのまま恒常化し，制度化してしまった，というのが自然な見方であろう．日本の預金保険制度は，上限付き預金者保護，保険限度額内の小口預金者のみを保護するという本来の規定にもかかわらず，なし崩し的にそれに相反する規定を取り入れたのである[8]．

日本における預金の全額保護措置の第二の異常性は，それが，例外的な個別措置としてではなく，一般的措置として実施されてきた点にある．アメリカの連邦預金保険制度の運用において，本来のTBTF政策，FDICによる政策的な大口預金者の保護政策として，一貫して非難の対象となってきたのはOBAである．前述のように，このOBAは，特定の金融機関の経営破綻に際して，そ

---

[8] 佐藤隆文『信用秩序政策の再編―枠組み移行期としての1990年代―』日本図書センター，2003年，144頁参照．

れが及ぼす社会的影響の個別的・具体的な分析に基づいて採用される非閉鎖型の救済措置である．破綻銀行がそのまま温存されるのであるから，当然大口預金者も含めてすべての預金者が保護される．だが，留意すべきは，このOBAは，通常の破綻処理方法である閉鎖型のペイオフやP&Aでは対処できない，あるいは対処すべきではないと判断された例外的な事態における個別的措置である．

これに対して，日本政府・金融監督当局が1995年から採用した時限的な預金の全額保護措置，さらには2006年度より実施された決済用預金についての全額保護措置は，アメリカの例外規定とは異なり，すべての金融機関を対象に預金の全額保護を行うというものであり，一般原則が逆転しているのである．法律の趣旨は保険限度額内の預金だけを保護すると明記されているにもかかわらず，実際の運用ではまさに正反対の措置が採られてきたのであり，その延長線上で現在では預金保険制度のなかに，それと異質なものが制度化されているのである．

ところで，アメリカでは1991年のFDICIAによって最小限コスト原則が導入される以前には，P&Aといえば非付保預金も含めて全預金が承継されることが前提になっていた．それゆえ，この閉鎖型の破綻処理手法であるP&Aについても，FDICが裁量的に大口預金者保護を行う処理方法である，その意味でTBTF政策を遂行するものだとして，やり玉にあがった経緯がある．だが，日本における預金の全額保護措置との比較では，この全預金P&Aは，承継する金融機関の自発的意思があって初めて成立する措置であることに着目すべきであろう．これらの譲り受け金融機関は，預金の承継にあたって破綻した金融機関が営業地域で長年にわたって培ってきたフランチャイズバリューを一挙に獲得できる．これに対する対価として支払われるプレミアムによって，このP&Aコストがペイオフコストを下まわる場合にのみ，FDICはこの破綻処理方法を採用することができた．譲り受け金融機関の側からすれば，全預金を承継し一定の健全資産を買収することが，私的な銀行業者の立場から見て十分に採算が合うと判断したからこそ，プレミアムを支払ってまで当該金融機関のP&A

の入札に参加したのである．この点で，自発的に引き受ける金融機関が見つからない状態で，金融監督当局による行政権力の発動として，破綻金融機関が民間金融機関に押しつけられる日本の営業譲渡とは，根本的に異なったものなのである．アメリカで，民間金融機関の自発的な意思に基づくP&Aまでもが，FDICによって裁量的に行われる預金の全額保護であるかのように取り扱われたのは，後述する厳格なコスト管理の必要性からであった．いずれにせよ，日本における預金の全額保護措置は，信用秩序維持機能に重きをおいていると評価されるアメリカの連邦預金保険制度と比較しても，二重の意味で異常なものであった（ある）のであり，信用秩序維持機能に極端に傾斜したものと言わざるをえない．

（2） 1995年金融制度調査会答申に示された金融危機管理の論理構造の欺瞞性

それでは，預金保険制度の趣旨である預金保険限度額内の預金者保護に反して，いかなる金融機関の経営破綻に際しても預金を全額保護するという異常な形態で預金保険制度の運用がなされたのは，どのような論理に基づくものであったのだろうか．この点を，現代日本の金融危機管理の基本的スタンスを確立した1995年6月8日の大蔵省の「金融システムの機能回復について」と，それをオーソライズした同年12月22日金融制度調査会の答申「金融システムの安定化のための諸施策―市場規律に基づく新しい金融システムの構築」の二つの文書を立ち返って，検討しておこう．

これらの文書で示された金融危機管理の基本論理は，本章の冒頭で示したように，以下のようなものであった．

①金融不安の根源である金融機関の不良債権問題について，2000年度までの5年間を不良債権処理の集中期間と位置づけ，その間に問題解決の目途をつける．

②この不良債権処理の過程で体力のない金融機関が経営困難に直面することが予想されるが，金融機関の破綻処理の原則を定め，破綻処理に積極的に

第10章　現代日本における預金保険制度の乱用と金融危機管理の失敗　447

取り組む．
　③金融機関の破綻処理に伴って，預金者の不安が広がらないようにするために，この5年の間ペイオフを凍結する，すなわち預金保険限度額を超える部分についても全額保護する．

　そして，このペイオフ凍結，預金の全額保護措置を採らざるをえないより具体的な論拠として，答申は以下の2点を指摘した．

　（A）金融機関によるディスクロージャーが不十分であり，預金者に自己責任を問う状況にない．
　（B）多くの不良債権が存在しており，預金者による信用不安が醸成されやすい状況にある．

　以上に要約した政府，大蔵省の金融危機管理の基本論理は，実際には欺瞞に満ちたものであった．その欺瞞性の第一は，①→②の論理に関連している．第6章～第8章で解明したように，日本政府，金融監督当局は，金融危機が表面化した当初から日本型 TBTF 政策を根幹に据えた金融危機管理を展開した．すなわち，②でいう金融機関に対する果断な破綻処理は，信用組合や信用金庫，第二地銀などの中小金融機関については文字どおり実行されたが，大銀行についてはまったく相反する措置が採られた．これらの文書以降の金融危機管理の全過程から明らかなように，日債銀や長銀などは，当時から事実上債務超過に陥っていたと考えられたにもかかわらず，大銀行であることを理由に，その温存，救済が破綻処理直前の最後の瞬間まで追求された．しかも，それらの財務実態を監督当局として明らかにし，そのうえで国民に理解を求めるというのではなく，事態を隠蔽したうえで「大銀行は債務超過ではない，安全である」との虚偽の言明を行いつつ，救済措置が強行された．アメリカにおける TBTF 政策と区別して日本型 TBTF 政策と規定した所以である．

　基本論理の欺瞞性の第二は，②→③の論理，ならびにそれを具体的に示した（A）（B）に関連している．これらの論拠が説明しなければならなかったことは，言うまでもなく，銀行の破綻処理を推し進めるとして，なぜ5年間にもわたって保険限度額を超えて預金の全額保護を一般的に行わざるをえないのか，

ということであった．だが，預金者の不安の拡散を抑制，回避するために採られるべき措置と言いながら，いかなる預金（者）を，どのような理由で保護すべきか，についての具体的な言及はいっさいなされてはいない．むしろ，(A)にしろ (B) にしろ，答申は，勤労大衆の小口預金と大企業や金融機関，公共団体などの大口預金との区別を意識的に避け，金融環境や金融情勢と預金者との一般的な関係を抽象的に述べているにすぎない．

　前節の(2)〜(4)で述べたように，勤労大衆の小口預金はもともと消費元本の一部であるという資金の性格からしても，また情報取得の機会，負担能力において大口預金者に比べて劣位な立場に立たざるをえないという点からしても，(A) のいかんにかかわらず，銀行破綻に際してつねに保護されるべき存在である．また，逆に，大口預金は，資本運動の一契機ならびに本来の利子生み資本としての性格から言っても，またそれらがリスク管理を自立的に行いうるだけの情報へのアクセスと負担能力を有するものである限り，(A) のいかんにかかわらず，リスクとリターンについて自己責任を負うべき存在なのである．たとえ金融機関による経営情報，財務情報が株主や債権者，預金者に100％開示された場合であっても，資本主義的な競争原理からすれば，つぶれる銀行とつぶれない銀行との分化，選別は必然であろう．銀行経営者でも予測できないリスクについて，勤労国民大衆に対して利子生み資本家としての自己責任を負えというのは暴論でしかない[9]．情報開示の不十分さが預金全額保護の論拠となりえないことは，1999年12月21日の金融制度調査会答申「特例措置終了後

---

[9] 情報の経済学を金融理論，金融制度論に取り入れようとする多くの試みがあるが，野下保利氏は，当事者間における情報の非対称性の解決形態における特殊な仮定や，そもそもいわゆるエージェントだけが情報の不確実性を免れているという一方的前提について，疑問を呈している．同著「金融構造と金融不安定性の諸類型」（青木達彦編『金融脆弱性と不安定性―バブルの金融ダイナミズム』，日本経済評論社，1995年，所収），164頁参照．また，池尾和人氏は，情報の経済学の立場に立ちながら，預金市場が効率的ではない，具体的には大口法人預金者と零細な個人預金者とが同等の立場には立ちえないという現実的な想定のもとに，政府が「委託されたモニター」として行動することの合理性を認めている．同著『銀行リスクと規制の経済学―新しい銀行論の試み』，東洋経済新報社，1990年，130頁参照．

の預金保険制度及び金融機関の破綻処理のあり方について」が，ペイオフの部分解禁を答申しながら，その時点での情報開示が，預金者に自己責任を問いうるレベルのものであるか否かの判断を示すことができなかったことに現れている．

　(B)の論拠について言えば，問題はより鮮明である．信用不安が醸成されやすい状況にあるから預金者は保護されなければならない，という論理は，小口預金者保護の論理ではあっても，大口預金者保護の論理ではありえない．信用秩序維持機能の点からいえば，預金保険制度は，預金口数では99％以上を占める零細預金者が，正確な金融情報をもたないで不和雷同的に銀行取付けに走るのを阻止することを，期待されている．この点からすれば，信用不安が醸成されやすい状況下で政府，金融監督当局がやるべきことは，預金保険制度によってすべての小口預金は例外なく保護されていることを国民大衆に周知徹底することであって，預金保険限度額を超えて預金者保護を拡大することではない．前節の(4)で示したように，大口預金者を一般的に保護することは，預金保険制度の機能拡充のように見えて，実は預金保険限度額の存在を否定することによって預金保険制度自体を否定することにほかならない．そして，いかなる銀行が倒産しようとも，預金者が誰一人として損失を被らないような銀行信用制度は，もはや私的な信用制度の名に値しない存在に転化している．この点で，(B)の論拠に基づく預金の全額保護措置は，日本の銀行制度を公的信用に全面的に依存したものに転化させることによって，預金保険制度ばかりではなく銀行信用の私的性格それ自体を否定するものであった[10]．

　なお預金の全額保護措置の必要性に関連して，公式に表明された(A)(B)の論拠とは別に，日本の預金者構成の特殊性の要因がしばしば指摘された．そこで，この点についても検討を加えておこう．日本の預金者構成の特徴としてしばしば指摘されたのが，表10-1に示されるような日本における付保預金の比率の相対的な低さである．表10-1によれば，日本の付保預金額が預金総額に占める割合は，1989年9月末時点で64.0％であり，80％を超えるアメリカと比較してかなり低い[11]．その結果，もしペイオフが実施されるならば，アメリ

カでは何らかの形でロスが発生する可能性がある預金額，非付保預金額は20％弱にすぎないのに対して，日本では36％もの預金額について損失が発生する可能性があることになる．ところで，この付保預金額，すなわち保険対象となる預金額は，表10-1の注2にあるように，一口の預金額が保険限度額である1,000万円に満たない預金の総額と，一口が1,000万円を上まわる預金額のうち1,000万円までの部分の総額，すなわち，1,000万円以上の預金の口数×1,000万円の合計額である．前者の1,000万円に満たない小口預金は，預金口数では99.2％を占めているものの，預金総額に占める割合は49.3％にすぎない．これに大口預金のうちの預金保険の対象となる1,000万円までの預金額が加わることによって，付保預金額は全体として64.0％になっている．

　だが，この数値は，いかなる場合にも預金保険限度額によって全額保護される零細預金（者）と，ペイオフが実施された場合に損失を被る可能性のある大口預金（者）との間にある質的な格差を，リアルに表現するものではない．そこで，預金者を個人，一般法人，公金等，金融機関に分け，さらにそれぞれの預金者を金額階層別に分けた表10-2に基づいて，現代日本における預金保険

---

10) リチャード・クー氏は，非常時の時限的措置であったはずの預金の全額保護を，決済用預金について恒常化しようとした預金保険法の改正について，以下のように批判した．「自由主義，市場経済では，ある程度までは個々人がリスクをとることにより社会や経営に緊張感を保つ仕組みになっている．決済機能だけをその例外にすることはバランスを失しないか．世界に例のないことをしてみても，金利水準が正常化するときは無利子の決済性預金から資金が逃げ出し，むしろ金融システムの不安定要因になりかねない．それに，わが国だけが決済機能を実質国営化していたのでは，日本の銀行は永久に一人前とみてもらえないだろう」（『日本経済新聞』2002年10月9日付け）．恒常的な決済用預金の全額保護措置が決済機能を実質国営化するものであるとすれば，まさにそれに先立つ7年間例外なく一般的に預金が全額保護されてきた日本の銀行システムは，私的な銀行制度としての自己否定態でしかなかったというのが，筆者の立場である．日本政府・金融監督当局の愚かしさは，この異常な預金の全額保護措置が日本の銀行制度に対して信用失墜の烙印を押すことになる，私的な銀行信用としての存立を政府自らが否定することになる，という点を自覚しないままに採用したことである．
11) 日本銀行「米国預金保険制度の概要と運用」（『日本銀行月報』，1995年8月）によれば，付保預金の預金総額に占める割合は，日本の64％（1994年9月末）に対してアメリカは81％（1994年12月末）である．

第10章　現代日本における預金保険制度の乱用と金融危機管理の失敗　451

表10-1　業態別の金融機関の預金内訳（口座数、預金保険対象別、預金者別）

1999年9月末現在
（億円、百口）

	預金口数（百口，%）				預金金額（億円，%）			
	1000万円未満		1000万円以上		1000万円未満		1000万円以上	
国内銀行	9,050,568	99.2	70,537	0.8	2,155,083	45.3	2,597,670	54.7
都市銀行	3,691,456	99.2	30,355	0.8	766,754	36.7	1,322,123	63.3
地方銀行	3,951,815	99.3	26,019	0.7	943,161	54.8	776,583	45.2
第二地銀	1,195,605	99.2	9,645	0.8	346,312	56.9	262,239	43.1
長信銀	24,270	97.2	698	2.8	7,850	11.1	63,162	88.9
信託銀行	187,418	98.0	3,900	2.0	91,002	34.4	173,566	65.6
信用金庫	1,768,488	99.2	14,228	0.8	691,371	67.7	330,175	32.3
信用組合	291,034	99.0	2,984	1.0	116,840	64.2	65,161	35.8	※（参考）
労働金庫	1,745,518	99.9	1,013	0.1	77,655	72.5	29,423	27.5	※（参考）
合計	10,819,056	99.2	84,765	0.8	2,846,454	49.3	2,927,845	50.7

※　1999年3月の数字

	保険対象内・対象外預金内訳（億円，%）				預金者別内訳（億円，%）			
	保険対象内		保険対象外		個人預金		法人預金	
国内銀行	2,860,453	60.2	1,892,300	39.8	2,812,684	59.2	1,940,069	40.8
都市銀行	1,070,304	51.2	1,018,573	48.8	1,104,586	52.9	984,291	47.1
地方銀行	1,203,351	70.0	516,393	30.0	1,143,061	66.5	576,683	33.5
第二地銀	442,762	72.8	165,789	27.2	417,429	68.6	191,122	31.4
長信銀	14,830	20.9	56,182	79.1	11,928	16.8	59,084	83.2
信託銀行	130,002	49.1	134,566	50.9	135,678	51.3	128,890	48.7
信用金庫	833,651	816	187,895	18.4	761,337	74.5	260,209	25.5
信用組合	146,680	80.6	35,321	19.4	—	—	—	—	※（参考）
労働金庫	87,785	82.0	19,293	18.0	—	—	—	—	※（参考）
合計	3,694,104	64.0	2,080,195	36.0	3,574,021	61.9	2,200,278	38.1

※　1999年3月の数字

注1：預金には、外貨預金、金融機関預金、公金等を含む．
　2：「保険対象内」は「1000万円未満の預金額」+「1000万円以上の口数×1000万」で計算．
　3：合計には「信用組合」、「労働金庫」の数字は含まない．
出所：参議院財政・金融委員会調査室　「預金保険法等の一部を改正する法律案（閣法第35号）参考資料」（2000年4月）．

表10-2 **預金者別預金**
Amount Outstanding of Deposits by Depositor (By Rank of Amount)
(1) 国内銀行

2001年9月末 End of September 2001		要求払預金 Demand Deposits	当座預金 Current Deposits	普通預金 Ordinary Deposits	貯蓄預金 Saving Deposits	通知預金 Deposits at Notice	別段預金 納税準備預金 Special Deposits and Deposits for Tax Payments
3百万円未満 Less than ¥3 million	一般法人①	41,995	8,054	31,797	—	1,391	751
	個人②	469,837	1,637	416,441	50,326	1,057	374
	公金等(a)③	636	16	266	—	184	168
	金融機関④	305	22	195	—	2	85
	計 Total	512,775	9,731	448,701	50,326	2,636	1,379
3百万円以上 1千万円未満 ¥3 million ~ less than ¥10 million	一般法人①	60,279	15,132	41,457	—	2,550	1,139
	個人②	295,352	1,049	245,152	46,986	1,896	266
	公金等(a)③	779	17	446	—	53	262
	金融機関④	710	55	374	—	4	275
	計 Total	357,122	16,254	287,430	46,986	4,505	1,944
1千万円以上 1億円未満 ¥10 million ~ less than ¥100 million	一般法人①	224,493	72,315	123,363	—	24,451	4,363
	個人②	206,687	1,147	170,005	32,716	2,425	391
	公金等(a)③	5,105	88	2,904	—	1,079	1,033
	金融機関④	5,393	533	2,424	—	425	2,009
	計 Total	441,680	74,085	298,698	32,716	28,381	7,798
1億円以上 3億円未満 ¥100 million ~ less than ¥300 million	一般法人①	131,241	46,928	62,089	—	19,377	2,845
	個人②	12,539	180	9,873	2,132	176	176
	公金等(a)③	6,942	71	3,793	—	2,279	798
	金融機関④	5,215	587	2,275	—	803	1,548
	計 Total	155,939	47,768	78,032	2,132	22,636	5,369
3億円以上 10億円未満 ¥300 million ~ less than ¥billion	一般法人①	119,955	43,343	59,916	—	12,999	3,696
	個人②	4,780	80	3,834	637	104	124
	公金等(a)③	9,012	126	6,955	—	828	1,101
	金融機関④	6,893	1,001	3,681	—	305	1,905
	計 Total	140,642	44,551	74,388	637	14,237	6,827
10億円以上 more than ¥billion	一般法人①	214,258	53,070	120,278	—	27,095	13,814
	個人②	2,685	16	1,827	662	10	168
	公金等(a)③	16,932	309	11,057	—	1,730	3,835
	金融機関④	47,812	4,865	38,180	—	1,320	3,445
	計 Total	281,688	58,262	171,343	662	30,155	21,263
金額合計 Grand Total of value	一般法人①	792,233	238,849	438,905	—	87,866	26,612
	個人②	991,890	4,113	847,137	133,463	5,671	1,504
	公金等(a)③	39,415	630	25,426	—	6,156	7,201
	金融機関④	66,336	7,068	47,133	—	2,862	9,271
	計 Total	1,889,882	250,663	1,358,605	133,463	102,558	44,592
口数合計 Grand Total of No. of Accounts	一般法人①	168,088	31,928	124,401	—	3,413	8,344
	個人②	3,219,813	72,340	2,895,961	242,559	1,712	7,239
	公金等(a)③	3,259	122	1,660	—	270	1,205
	金融機関④	1,716	154	630	—	26	905
	計 Total	3,392,877	104,545	3,022,654	242,559	5,423	17,695

注:(a)政府関係預り金を含む.
出所:日本銀行『経済統計月報』

第10章 現代日本における預金保険制度の乱用と金融危機管理の失敗　453

（金額階層別）（末残）
(Outstanding at End of Period)
Domestically Licensed Banks

金額億円　￥100 million
口数百口　100 case

定期性預金 Time and Savings Deposits	定期預金・ 据置貯金 Time Deposits and Fixed Savings respectively	定期積金 Installment Savings	非居住者円預金 Non-resident Yen Deposits	外貨預金 Foreign Currency Deposits	預金合計 Total	
					金　額 Value	口　数 No. of Accounts
32,073	27,132	4,940	25	221	74,319	208,670
864,712	856,066	8,645	381	6,565	1,341,500	8,720,981
241	241	0	0	0	880	3,148
49	49	0	0	2	359	1,471
897,076	883,489	13,586	407	6,788	1,417,060	8,934,271
43,204	38,756	4,448	53	595	104,136	19,967
513,240	512,259	981	537	7,129	816,264	183,038
790	789	0	0	1	1,573	286
186	185	0	1	7	907	163
557,421	551,991	5,430	592	7,733	922,881	203,455
194,072	188,968	5,103	439	5,635	424,645	17,164
583,427	583,196	230	742	10,160	801,021	52,501
16,551	16,544	7	0	103	21,762	654
1,589	1,587	2	27	126	7,139	228
795,642	790,298	5,344	1,210	16,025	1,254,569	70,549
117,739	117,361	378	545	5,148	254,677	1,730
35,855	35,853	2	73	1,667	50,137	370
23,732	23,732	0	1	230	30,907	208
1,665	1,665	0	35	254	7,171	46
178,992	178,612	380	655	7,301	342,894	2,356
116,232	116,152	79	633	5,675	242,499	501
10,611	10,611	0	75	919	16,388	37
25,064	25,064	0	0	903	34,982	72
1,978	1,978	0	79	992	9,943	19
153,887	153,807	79	789	8,491	303,814	630
109,135	109,135	0	2,112	18,221	343,717	126
4,694	4,694	0	0	1,186	8,566	4
39,999	39,999	0	11	51,699	108,643	24
11,525	11,525	0	355	16,608	76,301	14
165,354	165,354	0	2,478	87,715	537,238	169
612,461	597,510	14,951	3,810	35,499	1,444,009	
2,012,545	2,002,684	9,860	1,811	27,630	3,033,882	
106,382	106,374	7	12	52,939	198,752	
16,995	16,991	3	500	17,991	101,825	
2,748,387	2,723,562	24,824	6,135	134,062	4,778,471	
77,883	70,136	7,747	162	2,025		248,160
5,715,725	5,680,784	34,940	2,794	18,600		8,956,933
1,118	1,117	0	0	17		4,394
174	173	0	6	46		1,943
5,794,901	5,752,212	42,689	2,964	20,688		9,211,432

限度額の設定の意味を考えてみよう．これによれば，保険限度額の1,000万円未満の個人預金は，口数では約8億9,040万口，個人預金の総口数に占める割合は99.4％で，それらの金額は約215兆7,764億円，個人預金の預金総額に占める割合は71.1％である．そして，これらの一口あたりの預金額は，約24.2万円である．これに対して，一般法人預金のうち一口が1,000万円以上の預金は，口数で約195.2万口，一般法人の総預金口数に占める割合は7.9％，それらの金額は約126兆5,548億円で，一般法人預金の総額に占める割合は87.6％で，一口あたりの預金額は約6,489万円であった．さらに，それを，1億円以上の法人預金についてみれば，口数では約23.57万口，一般法人の総預金口数に占める割合は0.9％，それらの金額は約84兆903億円で，一般法人預金の総額に占める割合は58.2％であり，これらの1億円を上まわる一般法人預金の一口あたりの預金額は約3億5,783万円である．

　これらの数値から明らかなことは，日本における付保預金額の割合がアメリカに比べて17％も低く，それだけペイオフが預金者の心理に及ぼす影響は大であるといっても，日本の個人預金者の99.4％は1,000万円未満の小口預金者であり，しかもその実態は平均額がわずか24万円のまさに零細預金者なのである．彼らの預金は預金保険法の特例によらなくとも，いつでも100％保護されているのである．これに対して，銀行の経営破綻に際して利子生み資本として自己責任を負うべきとされている大口預金者は，一般法人預金のうちでもわずか7.9％の預金者であり，彼らの一口あたり預金額は約6,489万円である．より典型的な大口預金者として1億円以上の一般法人預金をとれば，それは一般法人預金のなかでも0.9％に限られるのであり，その平均預金額は実に約3.5億円に達する．信用不安が醸成されやすい状況にあるという一般的な理由で，平均して約3.5億円の銀行預金を保持する大口法人預金者（当然彼らは他の金融商品の形態でそれの数倍，あるいは数十倍の金融資産を保持しているはずである）が，わずか約24万円程度の預金しかもたない（おそらく彼らの大多数はそれ以外の金融資産をもたないであろう）零細預金者と同様に，預金保険制度の趣旨に反して，預金の全額保護措置を受けるべきだということにならないのは，当然であろう[12]．

それにもかかわらず，もし日本の間接金融優位の金融システムのもとで自営業者や零細企業主の多くが，生活資金と分かちがたい形で存在している営業資金を銀行に預けており，それらは1,000万円という保険限度額では十分に保護されないというのであれば，それは，基本的に預金保険限度額の見直しの問題として議論されるべきことである．ただ，その場合でも，引き上げられた預金保険限度額，たとえばそれが，現行の２倍の2,000万円に引き上げられたとしても，この金額を基準に１円でも上まわれば損失負担の可能性が生じ，それを１円でも下まわれば預金全額が保護されるという事態が発生する．だが，それは，預金保険制度だけではなく，一定の数値を規準に規制を行う場合に避けて通れない運用上の質と量との対立の問題なのである．確認されるべきは，この預金保険限度額をいずれの水準に設定するのかという問題と，信用不安が醸成されやすい金融環境にあるがゆえに，預金保険限度額そのものを一定期間取り払い，あらゆる大口預金者を一般的に保護すべきだとする議論とは，まったく別のことがらだということである．

　以上，1990年代金融危機に際して，その後の日本の金融危機管理の基本的枠組みを確定したとされる二つの文書における基本論理を詳細に検討してきた．だが，そこで展開された論理は，けっして預金の全額保護を一般的に行うことを論拠づけるものではなかった．そこで，それらの文書が意図的に隠そうとした日本型TBTF政策との関連で，この預金の全額保護措置の意義を検討してみることにしよう．

12）零細個人預金の実質的な平均預金額は，同一名義人が複数口座をもつ場合の名寄せやいわゆる休眠口座等を考慮に入れるならば，24万円の数倍にのぼると考えられるが，上述の大口法人預金と零細個人預金との格差構造に実質的な変化をもたらすものではない．

（3）日本型 TBTF 政策推進のために隠れ蓑として利用された預金の全額保護措置

　日本型 TBTF 政策を出発点，不動の大前提として考察するならば，現代日本の金融危機管理に際して日本政府や金融監督当局（大蔵省だけではなく後の金融監督庁や金融庁も含めて）が，なぜあれほどまでに預金の全額保護措置に固執したのかが明らかになってくる．

　その第一の側面は，日本型 TBTF 政策が本来的にもつ差別的性格にかかわっている．前章で明らかにしたように，古典的な TBTF 政策は，①事実上経営破綻状態にある大銀行を，②システミックリスクを回避するために，③政府の力で救済・温存する，特殊な金融危機管理政策である．中小金融機関であるならば往々にして市場の摂理として放置される金融機関の経営破綻が，大銀行であることを理由にして政策的に回避される．大銀行だけを優遇する不公平な政策，あるいは大銀行と取引関係にある金融関係者（預金者，一般債権者，借り手等）だけを特別扱いする差別的措置として社会的に非難の声が上がるのも，一面で当然である．それゆえ，アメリカでは，この政策の発動形態である OBA は，1982年のガー・セントジャーメイン法では essentiality doctrine に基づく例外的な措置として規定され，しかも個々の銀行の経営破綻が及ぼす社会的影響の個別・具体的な検討をつうじて実行に移された．

　これに対して，日本型 TBTF 政策の場合には，「大銀行はどれ一つとして債務超過には陥っていない，大銀行はすべて安全である」との政府・大蔵省による偽りの事実認定のもとに，すべての大銀行の温存・救済が意図された．それゆえ，もしこのような日本型 TBTF 政策が金融危機管理の基本に据えられていることを国民が認識するようになれば，国民の側での猛反発が予想された．政府・大蔵省が，金融危機管理の初発の時点から，預金保険制度の運用としては異常なまでの預金の全額保護措置に固執したのは，この国民の側での猛反発を恐れたからではなかったのか．中小金融機関が次々と破綻処理されていくにもかかわらず，大銀行はどれ一つとして経営破綻しない．この過程をつうじて，たとえこの日本型 TBTF 政策の存在が明るみに出たとしても預金の全額

保護措置を採っていれば，どの預金者も自分の懐は直接痛まないのであるから，さほどの反発は生じないはずだ．日本型 TBTF 政策の実行とそれに伴う国民の反発をあらかじめ封じ込めておこうとする政治的な読みとが，預金保険制度の自己否定を意味する異常なまでの預金の全額保護措置を日本政府・大蔵省に採用させた根本的な要因であったのではなかろうか．

　第二に，大銀行は破綻処理されないが，中小金融機関の場合には経営困難に陥れば直ちに破綻処理されるということが一般化すれば，当然，中小金融機関の大口預金者（そのなかには中小企業などの経営者の個人預金や営業資金などが含まれる）を中心に信用不安が広がる．彼らが一斉に大口預金を中小金融機関から大銀行に移動させようとすれば，中小金融機関の経営破綻がいっそう拡大することが予想される．預金の全額保護措置は，中小金融機関の大口預金者のこのような動きを封じ込めることも期待されたであろう．

　第三に，債務超過に陥った銀行も含めて大銀行をどれ一つとして破綻させないという日本型 TBTF 政策の遂行は，最終的には大銀行への巨額の公的資金投入に導かざるをえない．日本政府・大蔵省が，この日本型 TBTF 政策を採用しだした当初から，いかにして公的資金投入に道を切り開くのかについて具体的な戦略をもっていたかどうかは，定かではない．だが，日本型 TBTF 政策の遂行が必要とする公的資金の性格が，預金者保護のために必要となるかもしれない公的資金とは根本的に性格を異にするものであることは，十分承知していたと思われる．付保預金しか保護されないペイオフや ITD は言うまでもなく，アメリカで TBTF 政策の発動として非難された P&A もそれが閉鎖型の破綻処理であるのだから，破綻銀行の所有者，株主・出資者が資本所有権を失うのは当然である．さらに，アメリカで典型的な TBTF 政策の発動と評価されているコンチネンタル・イリノイ銀行に対する OBA の発動の事例でも，非閉鎖型の銀行支援策であったにもかかわらず，FDIC によるコンチネンタル・イリノイへの10億ドルの資本注入に際して持ち株会社の株主から80％の株式が剥奪され，さらにその後資産処分に伴う損失が株主に転嫁されたことにより，実際上株主の資本所有権は100％否定された．

これに対して，日本型 TBTF 政策では，安定化法や健全化法に基づく公的資金による大銀行への一斉の資本注入に明らかなように，債務超過に陥った大銀行の資本不足を直接公的資金による資本注入で補ってやることが目的になっていた．まさに，国民の血税は，預金者保護のためではなく，市場原理に任せておけば経営破綻せざるをえない大銀行，それゆえ大銀行の資本所有者を救済するために，資本注入されるのである．おそらく，大銀行救済のためのこのような露骨な公的資金投入がストレートに提案されるならば，いくら政府・大蔵省がそれは信用秩序維持のために必要な措置であると宣伝しても，国民の支持は得られない可能性が高い．そこで，まずは預金保険限度額を超える大口預金者の保護を預金者保護一般にすり替え，保険料率を引き上げたにもかかわらず保険基金は不足しており，預金者保護のために公的資金が投入されなければならないという形で，公的資金投入の地ならしをしておく必要があった．そのうえで，債務超過に陥った大銀行を救済する日本型 TBTF 政策を信用秩序の維持，あるいはシステミックリスクの回避と言い繕い，そのための公的資金投入も，結局は預金者保護のためになされているのだという幻想を国民に抱かせることが，どこまで意識的であったのかは別として，日本政府・大蔵省によって系統的に追求されてきたのではないか．この意味で，わが国における預金の全額保証，全預金者の保護措置は，預金者の利益それ自体をいかに守るのかという立場からではなく，日本型 TBTF 政策を遂行するための国民に対する目くらまし，イデオロギー的な隠れ蓑として，また，預金の全額保護のための公的資金投入は日本型 TBTF 政策に必要な公的資金投入に道を拓くための手段として，喧伝され，利用されてきたのである．

　以上 3 点にわたって，日本型 TBTF 政策の採用が，現代日本の預金保険制度の自己否定を意味する異常なまでの預金の全額保護措置をもたらした基本要因であることを論じてきた．この問題の最後に，預金の全額保護措置を金融危機管理の当初から公約として宣言したことが，逆に日本政府，金融監督当局をして日本型 TBTF 政策への固執に導いた点を指摘しておきたい．アメリカにおけるコストテストが当初ペイオフコストを基準にしたこと，ならびに預金の

第10章　現代日本における預金保険制度の乱用と金融危機管理の失敗　459

表10-3　**預金保険法の改正に伴う預金保険機構の資金援助実績の変化**
（処理分）　　　　　　　　　　　　　　　　　　　　　　　　　　（億円）

破綻金融機関 （救済金融機関）	破綻公表日 ①	処理年月日 ②	①〜② の日数	援助形態	資金援助額	ペイオフ ・コスト
東邦相互銀行 （伊予銀行）	H3.7.24	H4.4.1	252	貸付（5年間）	80	179
東洋信用金庫 （三和銀行）	H4.4.28	H4.10.1	156	金銭贈与	200	617
釜石信用金庫 （岩手銀行）	H5.5.24	H5.10.1	130	金銭贈与	260	273
大阪府民信用組合 （信用組合大阪弘容）	H5.6.11	H5.11.1	143	金銭贈与	199 （うち追加9）	307
信用組合岐阜商銀 （信用組合関西興銀）	H6.9.1	H7.3.13	193	金銭贈与	25	26
東京協和信用組合 安全信用組合 （東京共同銀行）	H6.12.9	H7.3.20	101	金銭贈与	400	403
友愛信用組合 （神奈川県労働金庫）	H7.2.3	H7.7.31	178	金銭贈与	28	47
兵庫銀行 （みどり銀行）	H7.8.30	H8.1.29	152	金銭贈与	4,730	4,734
コスモ信用組合 （東京共同銀行）	H7.7.31	H8.3.25	238	金銭贈与	1,250	1,250
福井県第一信用組合 （福井銀行）	H7.11.30	H8.8.19	263	金銭贈与	6 （減額後5）	15
太平洋銀行 （わかしお銀行）	H8.3.29	H8.9.17	172	金銭贈与	1,170	1,238
山陽信用組合 （淡陽信用組合）	H8.4.12	H8.11.5	207	金銭贈与 資産買取	129 33	＊53
けんみん大和信用組合 （淡陽信用組合）	H8.4.12	H8.11.5	207	金銭贈与 資産買取	108 38	＊45
大阪信用組合 （東海銀行）	H7.12.7	H9.1.20	410	金銭贈与 資産買取	1,697 829	＊729
木津信用組合 （整理回収銀行）	H7.8.30	H9.2.24	544	金銭贈与	10,340	＊5,146
三福信用組合 （整理回収銀行）	H8.11.8	H9.4.21	164	金銭贈与	262 （減額後253）	＊123
阪神労働信用組合 （兵庫県信用組合）	H9.3.18	H9.11.4	231	金銭贈与 資産買取	37 4	＊19
北九州信用組合 （福岡銀行）	H9.4.4	H9.11.17	227	金銭贈与 資産買取	40 38	＊44
神奈川県信用組合 （横浜銀行）	H9.4.25	H9.11.25	214	金銭贈与 資産買取	192 （減額後189） 232	＊200
阪和銀行 （紀伊預金管理銀行）	H8.11.21	H10.1.26	431	金銭贈与 資産買取 債務引受	849 （減額後834） 2,086 40	＊852

注1：救済金融機関は資金援助申込金融機関。
　2：＊は特別資金援助（ペイオフコストを超える資金援助）を示す。
出所：参議院財政・金融委員会調査室「預金保険法等の一部を改正する法律案（閣法第35号）参考資料」（2000年4月）。

全額保護につながるessentiality条項がこのコストテストを免除する例外規定として発動されたことからも明らかなように，預金保険機関にとって預金の全額保護のためのコストはペイオフコストを上まわる．

　日本でも，表10-3から明らかなように，預金保険法の改正によってペイオフコストを超えて資金援助を救済金融機関に対して行うことが可能になったとたんに，それまでペイオフコストと一致，あるいはそれを下まわっていた預金保険機構による資金援助額は，大きくペイオフコストを上まわるようになった．この預金保険法の改正を待って行われた木津信用組合の破綻処理の場合には，付保預金だけを保護すれば5,194億円の資金援助で済んだにもかかわらず，預金を全額保護したがゆえに1兆340億円を資金贈与しなければならなかった．先の表10-2に示されているように，都市銀行や長期信用銀行，信託銀行などからなる大手銀行の預金者構成では，中小金融機関に比べて保険対象外の預金の比重が格段と高くなっている．預金の全額保護措置を継続しなければならない以上，このような預金者構成をもつ大銀行が1行でも経営破綻すれば，その破綻処理ために預金保険機構が支出しなければならない資金援助額は巨額な規模に達し，預金保険機構が一挙に資金枯渇に陥ることは明らかであった[13]．住専処理の不手際から金融危機管理のための公的資金投入がタブー視されるようになった政治状況のもとで，預金の全額保護に伴う保険コストの増大が，日本政府，金融監督当局をいっそう日本型TBTF政策に固執せざるをえ

---

13)　金融債を主な資金調達手段としていた長銀や日債銀などの場合は，元来預金保険制度の対象外の銀行であった．にもかかわらず，長銀や日債銀が経営破綻に際して金融債までもが全額保護されたのは，1997年11月の金融危機の本格化に直面して当時の三塚博大蔵大臣が行った「銀行預金取扱い金融機関については預金等（これには金融債も含まれるというのが大蔵省の立場―米田）の全額を保護する」との発言に基づくものである．当時の金融債の取扱いをめぐる経緯については，日本経済新聞社編『どうなるペイオフ―2001年金融はよみがえるのか』（日本経済新聞社，1999年），17〜21頁参照．なお長銀の預金保険限度額内の預金→ペイオフコストはわずかに146億円，日債銀のそれは1,245億円にすぎなかった．当初資金援助額とペイオフコストを並べて公表していた預金保険機構は，特別資金援助が導入されるようになって以降，ペイオフコストではなくそれを上まわる特別資金援助額を併記するようになった．

ない状況に追いやったのである.

第3節　現代日本における金融危機管理の失敗と国民の金融的利益の擁護

(1) 大銀行によるバブル関連の不良債権処理の先送りを容認した日本型TBTF政策

日本政府,金融監督当局は,現代日本の金融危機管理政策の基本に位置づけた日本型TBTF政策を推進するにあたって,ペイオフの5年間凍結という形で預金の全額保護措置を恒常化した.すなわち2001年3月までの5年間は,いかなる銀行が倒産しようとも預金は全額保護される,全預金者が保護されると宣言した.前節で詳論したように,この預金の全額保護,全預金者の保護の常態化は,一見すると預金保険制度の拡充であるかのように見えて,その実は銀行倒産に際して国民の圧倒的多数を占める零細預金者を保護するという預金保険制度の基本理念を否定し,本来は事後的な破綻処理制度にすぎない預金保険制度をシステミックリスクの回避のための魔法の杖に転化させようとするものであった.

本節では,この日本型TBTF政策と預金の全額保護措置との政策的結合の有効性を検証するために,まずそれらがめざした政策目的との関連でそれらがいかなる事態,弊害をもたらしたのかを順次明らかにし,最後に国民の金融的利益の擁護という観点から現代日本の金融危機管理を批判的に総括する.

そこで,現代日本における金融危機管理の基本論理の出発点に位置づけられてきた不良債権処理が,日本型TBTF政策と預金の全額保護措置との結合によって,どのように実行されてきたのかをまず概観しておこう.

金融危機が表面化して以降現在に至るまでの不良債権処理額とリスク管理債権残高の推移を示したのが,表10-4である.これによれば,1992年度から2004年9月期までの12年6ヶ月の間に,不良債権処理額は累計で実に95兆573億円に達した.その内訳は,いわゆる間接償却といわれる貸倒引当金繰入額と

表10-4　不良債権処分損

	1993年3月期	1994年3月期	1995年3月期	1996年3月期	1997年3月期	1998年3月期
不良債権処分損	16,398	38,722	52,322	133,692 (110,669)	77,634 (62,099)	132,583 (108,188)
貸倒引当金繰入額	9,449	11,461	14,021	70,873 (55,758)	34,473 (25,342)	84,025 (65,522)
直接償却等	4,235	20,900	28,085	59,802 (54,901)	43,158 (36,756)	39,927 (35,005)
貸出金償却	2,044	2,354	7,060	17,213 (15,676)	9,730 (8,495)	8,506 (7,912)
バルクセールによる売却損等	2,191	18,546	21,025	42,589 (39,225)	33,428 (28,261)	31,421 (27,093)
その他	2,714	6,361	10,216	3,017 (10)	3 (1)	8,631 (7,661)
1992年度以降の累計	16,398	55,120	107,442	241,134 (218,111)	318,768 (280,210)	451,351 (388,398)
直接償却等の累計	4,235	25,135	53,220	113,022 (108,121)	156,180 (144,877)	196,107 (179,882)
リスク管理債権残高	127,746	135,759	125,462	285,043 (218,682)	217,890 (164,406)	297,580 (219,780)
貸倒引当金残高	36,983	45,468	55,364	132,930 (103,450)	123,340 (93,880)	178,150 (136,010)

注1：1995年3月期以前の計数は、都銀・長信銀・信託を集計。
　2：1996年3月期以降の計数は、都銀・長信銀等・信託（2004年9月期は同年4月に普通銀行へ転
　　　なお、（　）内は、都銀・長信銀等・信託のみの計数。
　3：1998年3月期以降の計数は、北海道拓殖、徳陽シティ、京都共栄、なにわ、福徳、みどりの各
　　　3月期以降の計数には、なみはや銀行及び新潟中央銀行を含まず、2002年3月期以降の計数に
　　　び日本債券信用銀行（現あおぞら銀行）を含まず、2000年3月期の計数には日本債券信用銀行
　4：2004年3月期以降の計数は、みずほグループ各行、UFJ銀行、西日本銀行、福岡シティ銀行の
　　　行の再生専門子会社分を含み、2003年9月期以降みずほグループ各行の再生専門子会社分を含
　5：不良債権処分損については、2002年3月期は東海銀行（2002年1月合併）を含み、2003年3月
　6：貸倒引当金は、個別貸倒引当金の他、一般貸倒引当金等を含む。
　7：バルクセールによる売却損等は、バルクセールによる売却損のほか、子会社等に対する支援損
　8：不良債権処分損の「その他」は、特定債務者支援引当金（子会社等へ支援を予定している場合
　9：リスク管理債権の金額については、2005年3月期以前は破綻先債権、延滞債権の合計額、1996
出所：金融庁H.P.「不良債権の状況等について」

第10章　現代日本における預金保険制度の乱用と金融危機管理の失敗　463

の推移（全国銀行）

（億円）　【参考】

1999年3月期	2000年3月期	2001年3月期	2002年3月期	2003年3月期	2004年3月期	2004年9月期	2003年9月期
136,309 (104,403)	69,441 (53,975)	61,076 (42,898)	97,221 (77,212)	66,584 (51,048)	53,742 (34,607)	14,849 (10,879)	25,077 (16,847)
81,181 (54,901)	25,313 (13,388)	27,319 (13,706)	51,959 (38,062)	31,011 (20,418)	16,157 (4,202)	4,572 (2,032)	9,170 (4,156)
47,093 (42,677)	38,646 (36,094)	30,717 (26,500)	39,745 (34,136)	35,201 (30,376)	37,335 (30,472)	9,348 (7,914)	14,962 (11,869)
23,772 (22,549)	18,807 (17,335)	25,202 (22,014)	32,042 (27,183)	21,627 (17,737)	25,166 (19,852)	7,272 (6,258)	13,224 (10,481)
23,321 (20,128)	19,839 (18,759)	5,516 (4,486)	7,703 (6,953)	13,574 (12,640)	12,169 (10,621)	2,076 (1,656)	1,738 (1,388)
8,035 (6,825)	5,482 (4,493)	3,040 (2,691)	5,517 (5,013)	372 (253)	250 (▲68)	959 (964)	945 (822)
587,660 (492,801)	657,101 (546,776)	718,177 (589,674)	815,398 (666,886)	881,982 (717,934)	935,724 (752,541)	950,573 (763,420)	907,059 (734,781)
243,200 (222,559)	281,846 (258,653)	312,563 (285,153)	352,308 (319,289)	387,509 (349,665)	424,844 (380,137)	434,192 (388,051)	402,471 (361,534)
296,270 (202,500)	303,660 (197,720)	325,150 (192,810)	420,280 (276,260)	348,490 (204,330)	262,040 (135,670)	232,090 (117,680)	312,440 (175,340)
147,970 (92,580)	122,300 (76,780)	115,550 (69,390)	133,530 (86,570)	125,850 (78,970)	114,300 (69,030)	102,090 (59,920)	109,160 (63,300)

換した新生銀行の計数を含む．）及び地域銀行（2003年3月期以降埼玉りそな銀行を含む．）を集計．

行を含まず，1999年3月期以降の計数には，国民，幸福，東京相和の各行を含まない．また，2000年は，石川銀行及び中部銀行を含まない．1999年3月期の計数には日本長期信用銀行（現新生銀行）及（現あおぞら銀行）を含まない．
再生専門子会社分を含む．ただし，リスク管理債権残高の計数については，2003年3月期以降UFJ銀む．
期はあさひ銀行（2003年3月再編）を含む．

や整理回収機構（RCC）への売却損等を含む．
における当該支援損への引当金への繰入額）等を表す．
年3月期～1997年3月期は破綻先債権、延滞債権、金利減免等債権の合計額としている．

その他の累計額51兆6,381億円と，不良債権そのものをバランスシートからなくしてしまう直接償却等，すなわち貸出金償却とバルクセールによる売却損等の累計額43兆4,192億円とである．問題は，これだけ巨額の不良債権処理を行ったにもかかわらず，リスク管理債権残高で示される2004年9月期の不良債権現存額は23兆2,090億円と，1996年3月期の28兆5,043億円からわずか5兆円しか減少していないことである．これをより具体的にみれば，統計上は2001年度には9兆7,221億円（内訳は貸倒引当金繰入額5兆1,959億円，直接償却等3兆9,745億円とその他5,517億円）の不良債権処理を行ったにもかかわらず，リスク管理債権残高は前年度に比べて逆に10兆円余り増加し，2002年3月期には42兆280億円とピークを記録した．

　周知のように，このような事態に対して小泉首相・竹中金融担当相らは，不良債権問題を最終的に決着させるという立場から，2001年4月6日の緊急経済対策，2002年4月12日の「より強固な金融システムの構築に向けた施策」ならびに同年10月30日の「金融再生プログラム」によって，矢継ぎ早に不良債権処理の具体的な工程表を提示した．そして，これらの計画を実行すべく，金融庁は特別検査等をつうじて民間銀行に対して強力な行政的指導を行い，その結果，不況の長期化とその性格変化により不良債権が新たに発生する事態が継続しているにもかかわらず，不良債権残高は明確な減少傾向を示し始めたのである．

　ところで，年々巨額の不良債権を処理してきたにもかかわらず，2002年3月期まで不良債権額が増大し続けたという事実は，直接には，その間毎年不良債権処理額を上まわる規模で新たな不良債権が発生したことを意味している．問題は，統計上は年々新たに発生したようにみえる不良債権額のなかに，明らかに性格の異なる2種類の不良債権が含まれていたことである．その一方は，バブルが崩壊したにもかかわらず，その処理を一貫して先送りされてきた不動産関連の不良債権である．この部分は新たに発生した不良債権ではなく，その先送りがこれ以上不可能となったがゆえに表面化してきた不良債権であり，統計上は新たな不良債権として現れてくるにしても，その本質は過去のバブル経済

の負の遺産でしかない．

　これに対して，もう一方の不良債権は，バブル崩壊とほぼ同時期に表面化しそれと相互作用しつつ進展した過剰生産，産業資本の現実資本レベルでの資本過剰の表現としての不良債権である．こちらの方の不良債権は，不況の長期化とその過程で消費不況という性格が新たに付け加わることによって，文字どおり年々新規に形成されてきた不良債権である．すなわち，1990年代後半以降，輸出関連産業による中国を中心とした急激な現地生産化の進展，財界挙げてのリストラの強行と賃金水準の切下げ，正規雇用の多様な形態の非正規雇用へのおき換え，さらに，それらに政府による年金・医療等福祉水準の全般的な切下げや税・保険料負担の増大が加わることによって，戦後の景気後退局面でつねに景気の下支えをしてきた国民の消費購買力，消費性向が後退し，消費不況の発生によって長期不況はいっそう深刻化した[14]．

　前者の不動産関連融資の不良債権化が，直接には信用に依拠しつつ土地投機

---

[14]　消費不況の発生は不況の長期化に拍車をかけたばかりではなく，大企業主導型の戦後日本の国民経済の発展パターンに終止符を打つ役割を担うものであった．設備投資主導の大企業の成長に伴って大企業労働者の賃金水準が引き上げられ，これら大企業と直接・間接の取引関係をもつ中小零細企業関係者や自営業者の利益や所得も増大し，さらに，この経済拡大作用が大企業が生産，営業の拠点をおく地域や都市部を中心に一般住民の懐具合にまで波及していく．そして，この国民所得，国民の消費支出の新たな高原水準が，今度は大企業における投資支出の拡大に反作用する．高度成長期に確立したいわゆる「黄金の回路」がこれであった．設備投資主導型の経済成長は資本主義的経済発展の一般的なパターンであるが，それは，資本蓄積の進展を後追いする形での賃金労働者，それゆえ国民所得の増大を排除するものではない．そして高度経済成長の破綻以降も，日本では，歴史的に達成されてきた国民所得の高原水準が維持されることによって，国内における生産と消費との相互作用がそれなりに維持されてきた．とくに景気循環の停滞局面では，高い国民所得に裏づけられた国民の高い消費支出が景気を下支えすることによって，景気回復が促進された．ところが，本文で示した本格的に多国籍化した日本の大企業の企業行動とそれと一体的に推進されている新自由主義的構造改革路線とが生みだした1990年代後半以降のいわゆる消費不況は，日本国内における生産と消費との相互作用関係を，消費の減退が生産の回復を遅らせ，生産の停滞が，消費の減退を促進するというこれまでとは逆の方向に始動させたのである．
　日本におけるこのような資本蓄積様式の変化が，1990年代のアメリカのようにジョブレスリカバリーを経て経済格差の拡大を伴う長期繁栄に向かう発展パターンを確立する

に手を染めた企業や個人に限られていたのに対して，後者は，国民生活と地域経済に密着したすべての産業と営業の基盤を根本から脅かし，不良債権問題を一挙に日本全国津々浦々に拡散させた．この2種類の不良債権を区別しておくことは，現代日本における金融危機管理政策の成否を評価するうえで決定的な意味をもつ．なぜなら，バブル経済の崩壊に伴って発生した不良債権，換言すれば土地投機に失敗して焦げついた不良債権は，その性格からすれば，後者の過剰生産に規定された不良債権とは異なる仕方で処理されるべきものだからである．

　そこで，バブル経済の発生，展開，崩壊の過程において，地価ならびに不動産関連融資がどのような動きを示したのかを，あらためて，概観しておこう．表10-5と図10-1は，六大都市圏における用途別の地価の推移を示したものである．これによれば，今回の第三次土地ブームを主導した商業地の価格は，1985年から全用途の地価がピークに達した1990年までの5年間で，実に4倍に跳ね上がった（2000年3月末を100とする指数では，1985年3月末の128.9→1990年3月末の502.9へ）．この後地価は急落し，まさに崩壊状態に陥った．次の5年間で58％下落し（1995年3月末の210.8へ），それに続く5年間でも，さらに53％下落（2000年3月末の100.0へ）し，2004年9月末の67.2まで実に14年間連続して下落し続け，ピーク時と比較してその下落率は87％，約1/8にまで下落したのである．

　その間の不動産関連融資は，表10-6によれば，1980年末から1985年末の5

とは展望できない．なぜなら，アメリカは日本とは異なり，対テロ戦争を口実に地球上のいかなる地域にも暴虐無尽に先制攻撃を加える軍事戦略とそれを支える巨大な軍事力と軍需産業を持ち，またこの軍事力によって支えられた基軸的国際通貨の発行権とそれを拠り所にした金融的覇権を確保している世界唯一の覇権国家であるからである．日本は，グローバル化時代においても，モノづくり（情報通信産業も含めて）を基本とする加工貿易方式によって国際経済関係を維持せざるをえない国民経済であることに変わりはない．一部の輸出関連の大企業が生産拠点を中国等に移転させ，その意味で日本の国民経済からの離脱を図るというのであれば，日本国民はもはやこれら大企業の成長に依存した国民経済発展モデルではなく，より地域に密着した，国民生活重視の国民経済の安定モデルを模索すべき段階に達したと言うべきであろう．

第10章　現代日本における預金保険制度の乱用と金融危機管理の失敗　467

表10-5　土地価格の推移

六大都市 [6 Large City Areas]
2000年3月末 (End of Mar. 2000) =100

月末 End of Month		商業地 Commercial			住宅地 Residential			工業地 Industrial			全用途平均 Average of Three Categories			最高価格地 The Highest Price Lot		
			前期比 (%) ◎	前年同期比 (%) ○		前期比 (%) ◎	前年同期比 (%) ○		前期比 (%) ◎	前年同期比 (%) ○		前期比 (%) ◎	前年同期比 (%) ○		前期比 (%) ◎	前年同期比 (%) ○
1985.3	Mar. 1985	128.9	6.4	13.2	83.2	3.2	5.5	77.7	1.5	3.7	92.9	3.7	7.4	134.2	8.3	15.2
1990.3	Mar. 1990	502.9	13.3	27.6	218.8	17.1	33.1	196.2	13.0	29.5	276.8	14.5	30.1	545.1	8.0	19.0
1995.3	Mar. 1995	210.8	-15.0	-24.2	125.7	-4.7	-7.9	131.8	-5.0	-7.8	151.4	-8.2	-13.4	210.8	-18.4	-28.4
2000.3	Mar. 2000	100.0	-6.3	-12.4	100.0	-2.8	-5.8	100.0	-4.0	-7.0	100.0	-4.4	-8.5	100.0	-5.3	-10.7
2000.9	Sep. 2000	94.6	-5.4	-11.3	97.4	-2.6	-5.3	95.2	-4.8	-8.7	95.7	-4.3	-8.5	95.2	-4.8	-9.8
2001.3	Mar. 2001	89.5	-5.3	-10.5	94.8	-2.7	-5.2	90.6	-4.7	-9.4	91.7	-4.2	-8.3	90.7	-4.7	-9.3
2001.9	Sep. 2001	84.7	-5.4	-10.5	92.3	-2.6	-5.2	86.5	-4.5	-9.1	87.9	-4.1	-8.2	86.3	-4.8	-9.3
2002.3	Mar. 2002	80.1	-5.3	-10.5	89.8	-2.8	-5.3	82.5	-4.7	-9.0	84.1	-4.3	-8.2	82.5	-4.4	-9.0
2002.9	Sep. 2002	75.9	-5.2	-10.3	87.3	-2.8	-5.5	78.5	-4.8	-9.3	80.5	-4.3	-8.4	79.1	-4.2	-8.4
2003.3	Mar. 2003	72.1	-5.1	-10.0	84.8	-2.9	-5.6	74.6	-5.0	-9.6	77.0	-4.3	-8.4	76.3	-3.6	-7.6
2003.9	Sep. 2003	69.4	-3.7	-8.6	81.9	-3.4	-6.2	70.4	-5.6	-10.3	73.8	-4.2	-8.4	75.7	-0.8	-4.3
2004.3	Mar. 2004	67.8	-2.2	-5.9	79.8	-2.5	-5.9	66.5	-5.6	-10.9	71.3	-3.4	-7.5	76.4	0.9	0.2
2004.9	Sep. 2004	67.2	-1.0	-3.2	78.4	-1.8	-4.3	63.2	-5.0	-10.3	69.5	-2.5	-5.8	79.5	4.0	5.0

◎ Percent change from previous half-year　　○ Percent change from previous year

出所：財団法人日本不動産研究所

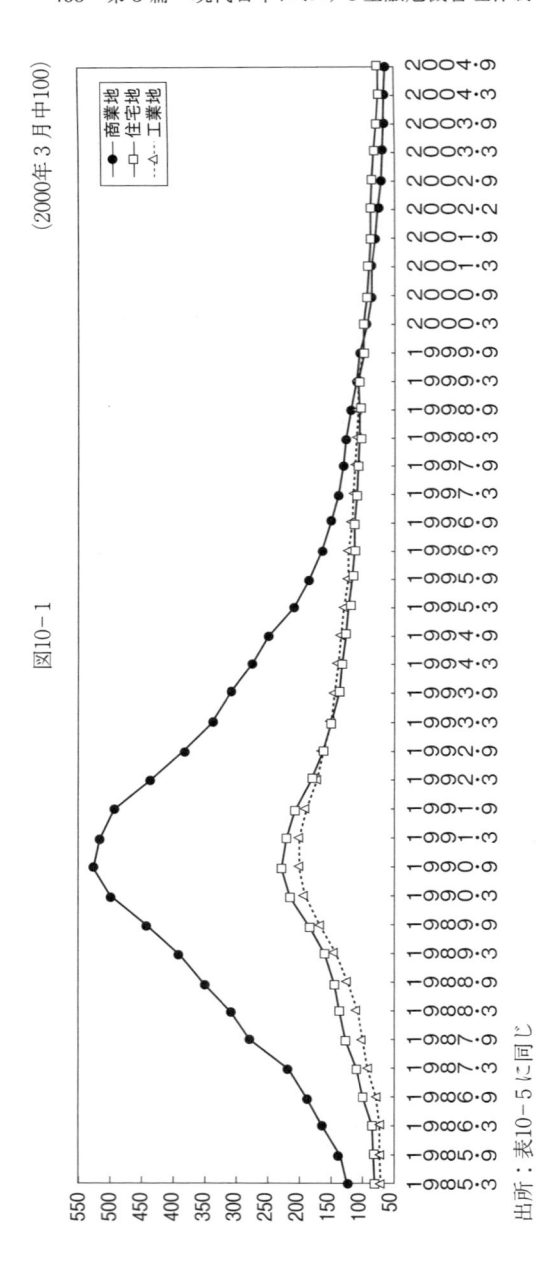

468　第3篇　現代日本における金融危機管理体制

図10-1　(2000年3月中=100)

出所：表10-5に同じ

表10-6 不動産関連融資の推移

(億円, 倍)

年末		不動産業	建設業	ノンバンク	個人	合計①	貸出総額②	①/②
1980		114,450	97,769	63,778	40,961	316,958	1,732,601	18.3%
	5年間増減	121,030	63,863	189,697	33,650	408,240	1,018,812	40.1%
	倍率	2.08	1.65	3.97	1.82	2.29	1.59	
1985		235,480	161,632	253,475	74,611	725,198	2,751,413	26.4%
	5年間増減	249,353	46,989	282,160	169,764	748,266	1,336,496	56.0%
	倍率	2.06	1.29	2.11	3.28	2.03	1.49	
1990		484,833	208,621	535,635	244,375	1,473,464	4,087,909	36.0%
	5年間増減	137,736	113,462	76,855	98,464	426,517	1,039,562	41.0%
	倍率	1.28	1.54	1.14	1.40	1.29	1.25	
1995		622,569	322,083	612,490	342,839	1,899,981	5,127,471	37.1%
	5年間増減	−26,538	−29,789	−230,431	−90,751	−377,509	−374,822	100.7%
	倍率	0.96	0.91	0.62	0.74	0.80	0.93	
2000		596,031	292,294	382,059	252,088	1,522,472	4,752,649	32.0%
	4年間増減	−113,517	−111,340	−90,816	−53,067	−368,740	−767,406	48.1%
	倍率	0.81	0.62	0.76	0.79	0.76	0.84	
2004		482,514	180,954	291,243	199,021	1,153,732	3,985,243	29.0%

注1：対象金融機関は国内銀行勘定ならびに国内銀行信託勘定
2：ノンバンクは1995年以降は貸金業・投資業等プラス物品賃貸（設備投資を除く）、それ以前は、1994年IV4半期の貸金業の金融・保険業に対する比率0.82をもとに各年次の貸金業（設備投資を除く）、それに物品賃貸（設備投資を除く）を加えた数値
3：個人には住宅ローンは含まない

出所：日本銀行H. P, 統計・データ、金融経済統計、預金・貸金・貸出より作成。2005年5月4日

年間で約41兆円，1985年末から1990年末までの次の5年間で約75兆円，1980年代の10年間で約116兆円増大した．その後土地バブルがはじけてしまったにもかかわらず，不動産関連融資は，1995年末までの5年間で，さらに約43兆円増加した（1993年における統計処理の変更に伴う増加分を含む．第2章注12）参照）．1996年からは不動産関連融資も急減し始め，1995年末から2000年末までの5年間で約38兆円の減少，2000年末から2004年末までの4年間で約37兆円の減少を示した．この不動産関連融資の推移で特に注目すべきは，1990年末から1995年末までの5年間における約43兆円の増大である．バブルがはじけ地価が急落したにもかかわらず，それが58％も下落するまで，金融機関は投機業者，あるいは土地投機に手を染めた企業や個人に投機資金を貸し込み続けたのである．業種別にその中身を示せば，不動産業向けの融資残高のピークは実に1999年9月末の65兆6,736億円であり，同じく建設業向けが1995年末の32兆2,083億円，ノンバンク向けが1995年末の61兆2,490億円，個人向けが1993年9月末の40兆5,639億円であった．国内銀行の貸出総額に占める不動産関連融資の比率は，1995年にはバブルのピーク時の36.0％を上まわる37.1％に達していたのである．

　第6章第3節で詳論したように，バブルがはじけたにもかかわらず不動産関連の不良債権処理を先送りしようとするならば，追貸しやいわゆる「飛ばし」などの会計的術策を駆使して不良債権隠しを行わざるをえず，必然的に不良債権額を自己膨張させることになる．それは，過剰化した現存資本の価値を維持しようとして，最終的に価値破壊せざるをえない過剰資本を膨らませるという自己矛盾に満ちた資本運動である．それが純粋な土地転がしであるか，それとも地価上昇後に上物を建ててその売却益を狙ったものであったのかは別として，いったん土地投機に手を染めてしまえば，投機業者は売り逃げできるまで資金を投入し続ける以外にないことは明らかである．自己資金をもたず投機資金をもっぱら金融機関からの借入で賄ってきた投機業者が，地価が急落したからといって適当なところで手仕舞いし損失を抑えるという行動をとることは期待できない．なぜなら，彼らは，もともと投機の失敗によって発生する損失を

カバーしうるだけの自己資金，自己資本をもたないからである．彼らが，地価が急落し始めた1990年以降，金融機関から以前にもまして死に物狂いで資金を引き出そうとしたことは疑いない．

　問題は，このような事態に直面して，貸し手たる金融機関，特に銀行の側がどのような判断をもつかであろう．戦後日本で土地ブームは，1960年代初頭，1970年代初頭，そして今回の1980年代後半と3回発生した．だが，今回の第三次土地ブームは，明らかに以前の2回の土地ブームと性格を異にするものであった．第一次土地ブームの場合その終焉は，たんに地価の上昇率が以前ほど急激なものでなくなった，というだけのものにすぎなかった．第一次オイルショックに端を発した過剰流動性，狂乱物価の一翼を担った第二次土地ブームの場合も，地価が下落に転じたのはたった1974年度の下期だけ，それも指数でいえば，わずかに20.7（1974年9月期）から18.9（1975年3月期）へ，下落率8.7%（1990年3月末，六大都市市街地価格指数，全用途平均を100とする）にすぎなかった．これに対して，今回の第三次土地ブームでは，1991年3月期に反落して以降地価は毎年大幅に下落し続け，1995年3月期で58%もの下落率に達したのである．まさに，地価は崩壊したのであり，それによって1980年代後半の第三次土地ブームは，実体経済の裏づけをもたない土地投機にすぎなかったということが，事実によって示されたのである．

　いかなる商品を対象にしていたとしても，投機の失敗は，突然の価格崩壊に伴う投機業者の経営破綻によって幕を閉じる以外にない．個別資本レベルでは誰が最後のジョーカーを抱え込むかは，個別資本としての命運を左右する死活問題である．だが，マクロ的には売れなくなった商品を誰かが抱え込むことによって投機は終わらざるをえないのであり，その時点で社会的に損失の発生は不可避となるのである．もはや投機業者が投機対象を転売できなくなった以上，彼らに投機資金を供給した金融機関の貸出も回収しえない不良債権に転化してしまっている．地価の崩壊現象が明らかになった時点で投機金融に見切りをつけ，担保物件を処分するのか貸出債権を転売するのかは別として，できる限り早い段階で回収可能な部分を回収する以外に損失を抑える手段は金融機関

には残されていなかった．とくに，自己資金ではなく，広範な国民大衆から集めた預金をもとに資金運用を行っている銀行の場合には，投機金融の破綻に際してその見切りをいかに早く行うかは，銀行経営の健全性を維持するうえで決定的であった．だが，日本の銀行業界が選択したのは，地価崩壊の現実に直面しながら，投機業者と同じスタンスに立ち破綻してしまった土地投機に資金を流し込み続けることによって投機の延命を図るという道であった．日本の銀行業界が，地価崩壊という現実を直視せず，過去の投機金融の失敗のツケを損失として確定することを恐れたことが，みすみす43兆円もの国民の貨幣財産を新たにドブに捨て，最終的に回収不能な不良債権を増大させることになったのである．

　1990年代半ば以降本格化した現代日本の金融危機管理では，この不良債権問題の集中的処理が基本論理の出発点に位置づけられた．確かに表10-4に明らかなように，1996年から2000年までの5年間で47兆7,043億円の不良債権が処理され，不動産関連融資も，前述のように約38兆円減少した．だが，この不良債権処理の中身は，1999年3月期まではその約64％（34兆6,526億円のうち21兆6,348億円）が貸倒引当金の繰入れであり，不良債権の多くは，引き続き資産として金融機関のバランスシートに残されたままであった．公式には，日本政府，金融監督当局は，2001年3月末までを不良債権処理の集中期間と位置づけはしたが，金融危機管理の基本は，日本型TBTF政策の遂行であった．この政策は大銀行の経営破綻を回避することが至上命題であったがゆえに，金融監督当局は，大銀行が債務超過に陥るのを避けるために，それぞれの体力の範囲内で不良債権処理を行うことを容認した．その結果，不動産業，建設業，ノンバンク，さらには土地投機を利用して店舗展開を図った一部の大手小売業などを中心に，数千億円，場合によっては1兆円を上まわる借金を抱えた大口借入先に対する不良債権問題は最終局面まで先送りがなされた[15]．現代日本の金融

---

15) 大型不良債権処理の先送りの典型例は，ダイエー問題であろう．2004年10月の最終局面でもダイエー側は民間スポンサーによる独自の再建計画に固執したが，産業再生機構は支援決定の準備作業である資産査定作業の打ち切りを表明し，またこれを受けて，

危機管理は日本型 TBTF 政策を危機管理の根幹に据えたことにより，1990年代の金融危機の基礎をなしたバブル関連の不良債権の早期処理に失敗したのである．

（２） システミックリスク回避の手段を誤った日本の金融危機管理

では，日本型 TBTF 政策は，それ自身の政策課題であったシステミックリスクの回避に成功したと言えるのであろうか．この点について，拓銀，長銀，日債銀という三つの大銀行が経営破綻したにもかかわらず，それらが大銀行の連鎖的倒産，信用制度の一般的な崩壊（システミックリスクの現実化）に導かなかったのだから，政策目的はある程度達成された，と評価する向きもあるかもしれない．また，地価が87％も下落した現実からすれば，大銀行の経営破綻を３行に抑えられたこと自体が，日本型 TBTF 政策，すなわち現代日本の金融危機管理の成功を意味する，との評価もあるかもしれない．だが，ここで想起されるべきは，日本型 TBTF 政策では，いずれかの大銀行が経営破綻すればそれが他の大銀行にも連鎖的に波及する可能性が強い，と想定されていたことである．そうでなければ，大銀行をどれ一つとして経営破綻させてはならないという論理は出てこない．それゆえ，日本型 TBTF 政策の政策的パフォーマンスの評価にあたっては，まず，そこで想定されていた論理そのものが正当なもの，現実に即したものであったのかどうか，より具体的には，現代日本の金

UFJ 銀行，三井住友銀行などの主力銀行団は，産業再生機構の活用なしにはこれ以上の金融支援はしないとの強い意思表明を行った．これらの最後通告の圧力に屈する形で，ダイエー側は，2004年10月13日に民間主導の独自の再建策を断念し再生機構の活用を表明した．産業再生機構送りという表現が示すように，産業再生機構の活用は当該企業からすれば事実上の破綻処理であり，政府の管理のもとにダイエーがこれまで先送りしてきた不良債権の最終処理，一掃がめざされた．産業再生機構は，2005年２月28日に金融機関が保有するダイエー向けの債権3,943億円の買取を決定し，それを受けて主力銀行等の金融機関は2005年３月25日に総額5,924億円の金融支援（その内訳は，債権放棄が4,040億円，優先株の消却が1,920億円）を受け入れた．金融機関によるダイエーに対する金融支援はこれが３度目であるが，土地投機関連の不良債権処理の先送りが，借り手ばかりではなく貸し手にとってもいかに大きな負担を負わせることになるのかを示す格好の材料と言えよう．

融システム，金融危機の現実的諸条件からみて，システミックリスクを回避する手段として日本型 TBTF 政策は唯一の手段であったのか，あるいは，それ以外にも他の選択肢があったとするならばそれがベストの選択肢であったのかどうか，が問われなければならないであろう．

　この点で，まず明らかなことは，現代日本の金融システムにおいて日本銀行が占めている地位，それが持っている情報収集力といざという時に採りうる政策手段，臨戦態勢からみて，日本銀行がいわゆる最後の貸し手機能（lender of the last resort：LLR）を断固として果たすという決意を示すならば，大銀行の経営破綻といえども，それが連鎖的な銀行倒産を惹起することを政策的に回避することは十分に可能であるということである．今回の金融危機の過程で日本銀行が犯した最大の誤りは，三洋証券の経営破綻に際してわずか10億円あまりの金額であったとはいえ，コール市場でのデフォルトの発生を阻止しえなかった（おそらくは，見逃した）ことである．第6章で詳論したように，このデフォルトが，当時日々2,000億円～3,000億円のコールマネーを取り入れることによって資金繰りをつけていた拓銀を突然コール市場から排除し，資金繰り破綻に追いやったのである．

　とは言え，この失敗から教訓を得た日銀は，拓銀の北洋銀行への営業譲渡発表時点では LLR の発動によって万全の現金通貨供給体制を敷き，またほぼ資金繰り破綻状態に追い込まれていた長銀についても，日銀の陣頭指揮のもとに綱渡り的に日々の資金手当てを行い，特別公的管理に移行した時点では同じく巨額の日銀特融の発動によって流動性不足による突然のデフォルトを回避した．もし，これらの金融危機の過程で，拓銀や長銀のいずれかの銀行窓口やATM機で預金の支払停止という事態が発生していれば，預金の取付け騒ぎは一挙に全国的な取付けに発展したであろう．また，拓銀が，日銀への積み不足という形でではなく，いずれかの金融機関への支払不能という形で営業を終わらざるをえなかったとしたら，それこそ金融機関間の支払連鎖をつうじて金融危機は急性的な形態をとったであろう．今回の金融危機においては，三つの大銀行も含めて多数の金融機関が経営破綻したにもかかわらず，第1節の(3)で示

したいわゆる雪崩現象としてのシステミックリスクは回避された．大銀行の経営破綻が，それらが取り結んでいる諸金融機関との取引関係をつうじて連鎖的に波及しなかったのは，この点からすれば日本型 TBTF 政策の成果であったのではなく，日銀による断固とした LLR の発動に直接起因するものであったのである．不換制度に基礎をおく現代の管理通貨制度のもとでは，中央銀行が流動性危機に見舞われた市中銀行に対して必要な現金通貨供給を直ちに行うならば，少なくとも大銀行の急性的なデフォルトは回避できるのであり，それゆえ，それに起因する大銀行の連鎖的な倒産の発生を排除できることを，日銀は今回の金融危機への対応のなかで実証したと言えよう．

　それでは，システミックリスクの問題を，もう一方の預金者の心理的不安の拡散，いわゆる伝染現象の側面から見た場合には，どうであったのであろうか．この点で注目しておきたいのは，日本政府，金融監督当局が，預金者の全面保護を1995年の金融危機管理の当初から打ち出していたにもかかわらず，1997年11月末に同時，多発的な預金者の取付け騒ぎが，全国8ヶ所で発生したことである．政府が預金を例外なく全額保護すると公式に宣言しているにもかかわらず，多くの預金者が突然預金の引き出しにかかった．ところで，この「同時，多発的な」預金者の取付け騒動は，それ以前の取付けが，特定の個別金融機関に対するものであった点で明らかにそれ以前のものとは質的に区別されるものであり，金融危機の深まりを反映していた．とは言え，この時点で預金の取付けに走ったのは，基本的に，それに先行する大規模金融機関の連続的な経営破綻によって不安に駆られた個人預金者であったと考えられる．もし大口預金者，ましてや大企業や機関投資家などの大口の法人預金者が，部分的にであれ，預金の引出しにかかったのであれば，おそらく日銀の LLR が発動されざるをえなかったであろう．だが，この同時，多発的な預金者の取付け騒動では LLR は発動されることなく，それは，ほぼ数日のうちに波が引くように自然に沈静化した．

　銀行の連続的な破綻を見て取引先の金融機関の経営状態，支払能力に不安を感じた個人預金者が預金の取付けに走ったのは，預金保険制度による預金者保

護の内容を十分に理解していないからである．日本の預金保険制度が1,000万円の保険限度額内の預金であれば，いずれの銀行が倒産した場合でも例外なく払戻しが保証されていることを理解しているならば，圧倒的大部分の個人預金者は信用不安に駆られて慌てて預金を引き出す必要はない．その点では，預金保険限度額内の銀行預金と郵便貯金に違いはないのである．だとすれば，正確な情報もないままに「同時，多発的」に銀行に駆け込む個人預金者の動揺を回避する，その意味でのシステミックリスクを回避するために必要な措置は，預金の全額保護措置ではなく，預金保険制度の趣旨，すなわち預金保険限度額内の小口預金が例外なく保護されていることを，国民に対して周知徹底することであったはずである．だが，日本政府，金融監督当局は，金融危機を口にした割には，この点での努力をまったくと言っていいほどにしてこなかった．

　これに対して，典型的な大口預金者である機関投資家や大企業などは，つねに最大限の利殖をめざしつつ資金のリスク管理を独自に行っている．彼らは，預金保険制度で保護されているかどうかにかかわりなく，つねに自由に資金を国内外の金融・証券市場で移動させている．彼らの利潤動機に基づく資金移動を，信用不安が醸成されやすい状況にあるからという理由で抑え込むことは，いかなる国の政府，金融監督当局の力をもってしても不可能なことである．その点で，預金の全額保護措置は，典型的な大口法人預金者による自由な資金の移動を阻止するものではない．金融危機が深刻化した局面で，日本の典型的な大口法人預金者である大企業が信用不安に駆られて彼らの預金を動かさなかったのは，預金の全額保護措置によるものというよりは，むしろメインバンクとの利害の一体性にこそ起因していたのではなかろうか．たとえば，富士銀行の経営危機が囁かれていた局面でも，芙蓉グループの社長会に属するような大企業が，自ら他社に先駆けて大口法人預金を引き出すということは到底考えられなかった．むしろ逆に，彼らは金融資本的利害の一体性に基づいて，富士銀行の経営再建に協力する道を選択したのではないか．

　大銀行の経営破綻に伴うシステミックリスクの回避という問題で，最後に注目しておきたいのは，特別公的管理と呼ばれた破綻処理方法の意義についてで

ある．この処理方法は，第8章で明らかにしたように，日本政府，金融監督当局が，システミックリスク回避のために考案した処理方法ではけっしてなかった．それは，債務超過の可能性が大きかった長銀を財務実態を偽って公的資金によって救済しようとした政府・与党を窮地に追いやるために，野党がもち出した破綻処理策であった．野党自身が当初，あまりにラディカルな内容であり，政府・与党が呑むはずのない破綻処理策と考えていた代物であった．換言すれば，それは，経済合理性に基づいた政策論議とは無関係に，政府・与党と野党との間の政治的対立によって急浮上した破綻処理策であった．

ところが，与野党間の政治的妥協の産物として成立した再生法に基づいて実際に長銀や日債銀が破綻処理されてみると，この処理方法はシステミックリスクの回避という点では絶大なる機能を発揮した．なぜなら，それは一時国有化案と形容されたように，一方では，破綻した銀行を最終的に民間銀行として再出発できるように，公的資金投入によって不良債権をきれいさっぱりと切り離してやると同時に，他方で，民間銀行として再出発するまでの間営業を継続するうえで必要な資本を，これまた公的資金の投入によって注入してやったからである．いわば，巨額の債務超過によってぼろぼろになっていた大銀行が，一夜にして，資本所有面でも，実際の銀行経営の面でも，公的信用に全面的に支えられた銀行に転化したわけである．その意味で，この特別公的管理（現在の預金保険法においては特別危機管理銀行）は，実際に経営破綻した銀行を，政府の管理化におくことによって民間の金融市場から隔離する措置であった．公的信用によって全面的にバックアップされた銀行が，信用不安の対象からはずされるのは当然である．それゆえ，どれか一つでも大銀行が破綻すれば，それは銀行間の金融取引関係や預金者への信用不安の伝染によって大銀行の連鎖的倒産を引き起こしかねないという日本型TBTF政策の論理は，この特別公的管理という処理方法の導入によって，最終的にその論拠を失ったのである．

以上の検討から導き出される結論は，大銀行の経営破綻によるシステミックリスクを回避する手段として，日本型TBTF政策はけっして唯一の選択肢ではなかったということである．日銀のLLRを駆使し，政府・金融監督当局が

預金保険制度の本来の趣旨を国民に周知徹底する努力を行い，いざという時に備えて例外的・個別的に発動される大銀行の破綻処理方法を用意周到に準備していれば，日本型 TBTF 政策を採用する必要はなかったのである．

（3） 日本型 TBTF 政策と預金の全額保護措置との結合がもたらした弊害

だが，日本型 TBTF 政策は，システミックリスク回避という政策目的から見てたんに必要ではなかったというばかりではなく，より広義の金融危機管理や日本の金融システムの発展という観点から見て様々な弊害を生みだした．

その第一は，もともと中小金融機関を容赦なく切り捨てる一方で，大銀行についてはたとえ債務超過に陥った場合でも救済し温存を図るというこの差別的な日本型 TBTF 政策が，大銀行経営者のモラルハザードをもたらし，結果として大銀行体制の真の強化にもつながっていないという問題である．(1)で述べたように，債務超過に陥った大銀行を温存するということは，不可避的に，不良債権処理についてはそれぞれの銀行の体力の許す範囲内に止めるということを伴っている．周知のように，土地バブルを利用した店舗展開によって1兆円を優に超える不動産関連の借入を抱え込んだダイエーの再建問題，それゆえ不良債権処理は，結局2005年にダイエーが産業再生機構送りになるまで持ち越されてきた．おそらく協調融資を行ってきた銀行のなかには，ある局面で自行の利害関係だけから言えば不良債権の最終処理に踏みきった方が良いと判断する大銀行もあったはずである．だが，政府・金融監督当局が金融危機管理の基本に大銀行はどれ一つつぶさないという政策を位置づけている以上，他の大銀行に対する影響を無視して抜け駆けをすることは許されなかった．東京三菱銀行が第二次の公的資金注入に際して，政府・金融監督当局による介入を嫌い公的資金投入を拒否し旧財閥銀行としての一定の意地を見せはしたものの，その東京三菱銀行も含めて，抜本的な不良債権処理を他行に先駆けて行い，銀行経営の新機軸を打ち出す条件を創出するという気概に満ちた選択肢をとる大銀行は結局現われなかった．日本の大銀行は，グローバルな国際金融市場でメガコンペティションが展開されている状況下で，狭い日本金融市場のなかでの相対的

地位の維持，優劣にのみ拘泥するという視野狭窄を脱し切れなかった．また，これらの大銀行は，金融自由化・金融国際化の歴史的なうねりのなかで護送船団方式からの訣別を求められたにもかかわらず，不良債権の最終処理＝過剰な貨幣資本の価値破壊を私的資本として自ら決断するかどうかが問われた究極の局面でも，依然官頼みの依存体質を脱しきれなかったのである．日本の銀行独占体制のこの視野狭窄と寄生的性格が，10年以上もの間不良債権処理に取り組み，既存の企業グループの枠を超えた資本結合，金融大再編を行ってきたにもかかわらず，グローバルな競争に耐えうるだけの国際的な競争力をもった大銀行が唯一つとして現れえない日本の銀行業界の停滞を生んだのである．

第二に，日本型TBTF政策の推進は，その推進主体である金融監督当局，日本政府に対する政治的不信をも招いた．1997年11月に本格化し，1998年の長銀危機，同年末の長銀と日債銀の特別公的管理による破綻処理を経て，1999年3月の大手15行に対する公的資金による一斉の資本注入に至った金融危機の深化過程では，この金融当局に対する政治的不信が金融危機の重要な一契機をなした．それは，個々の政策内容に対する不信というよりも，日本政府，金融監督当局の金融危機管理の基本姿勢，能力に対する根本的な不信であった．本来，金融危機の過程で問題になる信用不安とは，究極的には銀行の支払能力に対する不安という経済的内容をもつ．だが，それは，個人預金者の取付けに典型的に示されるように，一面で心理的な要素が決定的な役割を果たすものであり，心理的作用による自己実現的な側面も有している．それゆえに，この信用不安が深化しつつある局面で，金融危機管理の担い手たる日本政府，金融監督当局が，金融市場関係者だけでなく広範な一般投資家や個人預金者などから，その金融危機管理姿勢や能力そのものに対して不信感を抱かれたことは，日本の金融危機管理にとって致命的であった．

日本政府・日本の金融監督当局の危機管理姿勢・能力に対する根本的不信が生じた原因は，大別すれば二つに帰着する．第一の原因は，日本政府が金融危機管理の中心に据えた日本型TBTF政策が，そもそも実行不可能な政策であったことである．木津信用組合や住宅金融専門会社の破綻処理が不可避であった

とすれば，なぜ拓銀や長銀や日債銀の経営破綻は回避できると考えられたのか？　大手銀行は体力があるから何とか持ちこたえさせることができるという発想は，地価崩壊という現実に対する過小評価と政府の介入によって市場原理の貫徹を回避できるとする行政権力の力に対する過信に基づいている．だが，地価も株価もすでに50％以上も下落してしまった1995年段階では，大銀行をどれ一つとしてつぶさないという政策目標はもはや実現不可能であった．まさにそれを実証したのが，1997年11月の拓銀の経営破綻であった．それゆえ，拓銀が破綻した時点で金融監督当局として追求すべきであった政策目標は，大幅な債務超過に陥り経営の建て直しが不可能とみなされる大銀行をできるだけ早期に特定化し，それらの破綻処理が他の大銀行に影響しないようにすることでしかなかった．にもかかわらず，依然としてその他の大銀行は大丈夫と言い続けた日本政府・金融監督当局に対して，内外の金融関係者は，日本政府・金融監督当局の危機認識が根本的にリアリティを欠いていると判断したのである．

　第二の原因は，前章で明らかにしたように，日本政府がこの実現不可能な，あるいはきわめて困難と思われた日本型TBTF政策を金融市場や国民を欺くことによって実行しようとしたことである．そのために金融監督当局が一貫してとった態度は，不良債権の実態を隠し，不良債権額をできるだけ小さく見せかけることであった．だが，実際に巨額の不良債権が発生している以上，いくら会計的術策を駆使してバランスシートを表面的に取り繕ったとしても，過大な不良債権の重さは早晩銀行経営に跳ね返ってこざるをえない．そして，銀行と政府が一体となって行ってきた情報操作，不良債権隠しが大規模かつ系統的であればあるほど，大銀行が実際に経営破綻に追い込まれ，不良債権の実態が露呈した時の金融市場，国民に与えるショックは深刻なものとならざるをえない．まさに拓銀の経営破綻は，日本型TBTF政策がもはや実現不可能な政策であることを実証した点でも，また，それまでの政府の言明がいかに市場と国民を欺く欺瞞に満ちたものであったのかを明らかにした点でも，日本の金融危機管理体制を根本的に脅かすものであった．

　だが，官民一体となった大規模かつ系統的な不良債権隠しと根拠のない政府

の安全宣言によってTBTF政策を継続することが不可能であることが実証されたにもかかわらず，日本政府・金融監督当局は日本型TBTF政策に固執した．彼らが，その遂行のために，新たに準備したのが住専処理以来タブー視されてきた公的資金投入体制である．日本型TBTF政策と預金の全額保護措置とがもたらした第三の弊害は，それが安易な公的資金投入体制を生んだことであり，さらに，それと関連して，預金保険制度を政府・金融監督当局の意のままになる信用秩序維持機構に変質させてしまったことである．だが，国民経済的には弊害と評価すべきこの体制は，銀行業界ならびにそれを監督する行政権力の側からはむしろ成果とみなされるべきものであろう．準備された公的資金の性格とその大きさの点に着目するならば，日本政府が推し進めた金融危機管理の政策体系で，これほどまでに政策当局者が想い描いた構想がシナリオどおりに，むしろシナリオ以上に実現されたものはない．

住専問題でタブー視されることになった金融危機管理のための公的資金投入論は，拓銀の経営破綻とそれに伴う預金者保護を前面に押し立てた政府・与党による金融危機キャンペーンで一挙に払拭された．ペイオフコストを上まわる特別資金援助，すなわち預金の全額保護を実現するために17兆円の公的資金の投入枠がまず設定され，それを呼び水にして大銀行の資本不足を補完するための，すなわち事実上債務超過に陥った大銀行を救済するための公的資金投入枠（その真の意図を隠した安定化法では13兆円枠であったものが，ストレートにその意図を表現した健全化法では25兆円に大幅に拡大された）や，さらに特別公的管理を含む破綻処理等のための18兆円の公的資金投入枠が，次々と設定された．預金者保護を口実として公的資金投入に道を開き，最終的に国民の血税で大銀行を救済するという金融監督当局，日本政府が描いたシナリオが見事に実現したのである．

しかも，当初は時限立法として導入されたペイオフコストを超えての資金援助，資本不足に陥った銀行に対する一般的な資本注入，債務超過によって破綻した銀行の特別公的管理などの措置がすべて，2000年の預金保険法の改正によって，システミックリスクが予想される場合に講じられる例外的措置として

恒久化され，それらすべてに財政的措置を講ずることができる旨が明記された．法律では，それらの例外的措置を発動するには，アメリカの例にならって金融危機対応会議の議を経て，内閣総理大臣の認定が必要と規定されているが，この規定が，実質的な歯止めにならないことは，現代日本におけるこれまでの金融危機管理政策の発動の歴史からみて明らかであろう[16]．

ところで，これまで論じてきた日本型 TBTF 政策の弊害はあくまでも総資本的な立場，あるいはそれを担う政策当局者の立場から見たものにすぎなかった．言うまでもなく，日本型 TBTF 政策と預金の全額保護措置の結合の最大の弊害は，それが国民の多数を占める勤労大衆の金融的利益を損なうものであったという点である．この点について，項をあらためて考察することにしよう．

（4） 国民の金融的利益は預金の全額保護措置によって守られたのか

現代日本の金融危機管理のパフォーマンスを国民の金融的利益との関連に限

---

[16] 本章の冒頭で現代日本における預金保険制度の運用の特徴を 3 点にまとめておいたが，ここで問題にしている点は，第三の預金保険機構の独立性の問題に関連している．金融業界の利益を代弁する側面をもつ金融監督当局（その力の根源は金融活動の広範な領域におよぶ許認可権にあった）と預金者の立場にたって預金者保護を追求すべき預金保険機構とは，本来的に異なる利害関係を担っている．当然預金保険機構がその趣旨を忠実に実現しようとするならば，大蔵省や金融庁などの金融監督機関から実質的に独立していることが求められる．だが，日本の現実は，まさに預金保険機構は何ら独自の行政的権限をもってはおらず，金融監督当局が推進しようとした日本型 TBTF 政策を補完し，その反国民的性格を隠蔽するために動員された一部局にすぎなかった．

1980 年代のアメリカにおける S&L 危機の処理過程では，財務省によって，S&L 危機が激化しかつそれが放置された原因の一つとして，S&L を認可・監督する機関とそれらに対する保険機関の諸目標が「それ自体として矛盾する」ことが明示された．Testimony of Nicholas F. Brady, Secretary of the Treasury (Hearing Before the House Committee on Banking, Finance and Urban Affairs, 101st Congress, 1st Session, February 23, 1989), *Administrations Plan To Resolve the Savings & Loan Crisis*, p.72. 参照．そして，この立場から S&L 危機のその再発を防止するために，1989 年の FIRREA (the Financial Institutions Reform, Recovery, and Enforcement Act of 1991) によって住宅金融機関に対する監督当局ならびに住宅金融機関の預金保険機関がともに改組された．

定して論じるならば，結局システミックリスクが発生せず，あらゆる金融機関の破綻処理に際して預金の全額保護によって全預金者の利益が守られたのであるから，国民の側から文句を言われる筋はないというのが，おそらく日本政府・金融監督当局の立場であろう．だが，このような議論は，国民の金融的利益を預金の元本保証に矮小化するものであり，現代日本の金融危機管理体制と国民の金融的利益の対立の全体構造を捉えたものではない．

　まず，第一に，金融危機管理のベネフィットとコストとの関係を，誰がそこから利益を引き出し，誰がそれを負担したのかに着目して考えてみよう．この点で，現代日本の金融危機管理体制は，1980年代後半のアメリカにおける金融危機管理とは異なり，安易な公的資金投入体制を創出し20兆円もの公的資金を実際に投入する結果になったのであるから，コストの最終的負担者は国民である．

　では，この公的資金の投入によって利益を得たものは誰だったのであろうか．健全化法・安定化法によるいっせい資本注入では，事実上債務超過に陥り，公的資金による資本注入を受けられなければ経営破綻せざるをえなかった（する可能性の強かった）大銀行が救済された．それゆえ，このルートでの公的資金投入から利益を引き出したのは，これらの大銀行の資本所有者＝株主であり，銀行経営者（たとえ自然人としては首のすげ替えが行われたにせよ）であり，預金保険限度額を超える大口預金者たちである．また，再生法による長銀の特別公的管理の場合には，既存株主から無償で株式が預金保険機構に移され，国家管理，公的信用のバックアップのもとに銀行機能を維持したままで破綻処理が行われた．しかもその際，大口の借り手に対する貸出の継続などと引き換えに，破綻長銀を買い取った海外の投資ファンドに対して手厚い保護措置が採られた．それゆえ，この場合に公的資金投入から利益を引き出したものは，灰色の貸付先とされながら借入を継続することのできた大口の借り手企業であり，また，政府による手厚い保護の結果，数年後に新生銀行の株式売却によって2,000億円を上まわる売却益を稼ぎ出した海外の投資家グループ等であった．いずれの場合にも，公的資金投入に基づく金融危機管理によって利益を得たも

のは一握りの大銀行，大企業，海外の投資家グループであり，彼らの利益のためにコストを負担させられたのは日本国民である．金融危機管理の名目のもとに行われた公的資金投入からベネフィットを引き出したもの（大銀行の株主，経営者，大口の借り手等）と，そのためのコスト負担を余儀なくされたもの（圧倒的多数の小口預金者を含む国民大衆）とが異なっているのである．

　では，ペイオフコストを上まわる特別資金援助のための公的資金投入の場合は，どうであろうか．この場合直接に保護されたのは預金者であるのだから，一見すると預金者たる国民が一方の手で支払い，他方の手でそれを受け取ったかのように見える．だが，前節の(2)で詳論したように，預金保険限度額である1,000万円を基準に区分された小口預金者と大口預金者との間には，預金の平均額において隔絶した格差が存在している．小口の個人預金者の1口あたりの平均預金額はわずか24.2万円にすぎないのに対して，典型的な大口預金者である一般法人の大口預金の1口あたりの平均額は6,489万円である．確かに大口預金者のなかには約529万口の個人預金も含まれているとはいえ，それは個人預金口数のわずか0.6％にすぎない．預金保険制度が本来の保険限度額に基づいて発動されるだけで個人預金者の99.4％を占める零細預金者たちは完全に保護されていたのであり，彼らは特別資金援助に伴う公的資金投入からは直接のベネフィットは何も受け取っていない．それにもかかわらず，大口預金者，特に法人企業の大口預金を保護するこの特別資金援助のために，一般国民として彼らは追加負担を余儀なくされたのである．以上の点からして，日本型TBTF政策と預金の全額保護措置との結合がもたらした公的資金投入は，現代の国家財政が果たすべき本来の垂直的な所得再配分機能（高額所得者から低額所得者への所得移転）とまったく逆の方向で発動されたのである[17]．

　ところで，たとえば破綻した木津信用組合の預金者構成に見られるように，土地投機に失敗した中小金融機関の場合なりふりかまわず高金利で投機資金をかき集めるのが最後の常套手段であり，それに釣られて一部の街の小金持ちが投機的利益のおこぼれに与ろうとこれらのゾンビ金融機関に群がったことは否めない．筆者は，個人預金者であるからという理由で，彼らの大口預金までも

が，国民の税金投入によって保護されるべきであったとは考えない．むしろ，経営危機に見舞われたこれらの土地投機の尖兵と言うべき投機金融機関を，金融危機の初発の時点でペイオフによって断固破綻処理するべきであったと考える．そうすることによって，一部の大口預金者は応分の損失負担は免れないが，圧倒的多数の零細預金者は，このような投機金融機関が破綻処理された場合でも例外なく保護されるということを，実感をもって理解したであろう．そうしてこそ，国民の預金保険制度に対する認知度が飛躍的に高まり，日銀の最後の貸し手機能とあいまって政府が提供する信用のセーフティネットに対する国民的な信頼感が醸成されえたのではなかろうか．

　だが，預金者の金融的利益は，たんに預金元本が保証されたからといって十全に守られるわけではけっしてない．わが国では圧倒的多数の勤労大衆は，子供たちの大学進学のための教育資金，住宅購入のための頭金，退職後の老後のための生活資金を確保するために，安全で，かつ一定の金利収入が確実に見込める定期性預金の形態で資金運用している．国民的立場からする金融的利益をめぐる第二の問題は，銀行等の定期性預金が日本型 TBTF 体制のもとで異常なまでに低金利水準で釘付けにされてきたことである．この体制のもとで，一

---

17)　現代日本における国債発行残高，その対 GDP 比，ならびに年々の財政の国債依存度は，巨額の戦費の支出が余儀なくなる戦時を除いて，資本主義の歴史上未曾有の高水準に達している．1990年代半ば以降の小泉政権も含めて歴代政権は，新自由主義を御旗にあらゆる領域で構造改革を推進してきた．これらの構造改革が立脚する基本論理は市場万能論であり，さまざまな分野で自由化，民営化が促進されるならば，市場メカニズムが作用することによってそれぞれの領域で効率化，コスト削減が達成され，それが全体として消費者，国民の利益になるかのように宣伝されてきた．だが，その現実は，軍事を事実上聖域化し，また大型公共土木事業等による利権構造には手をつけないままに，他方で国民の生活に直結する福祉や教育支出の切り捨てと社会保険料の引き上げが強行され，さらに消費税の大幅引き上げ等が予定されている．国民に対しては低福祉・高負担を求めながら，この国民の犠牲のうえに，一部の特権的な地位にある大企業に対して依然手厚い公共支出，行政サービスが提供されているのである．預金者保護という耳あたりの良い言葉でカモフラージュされてきた金融危機管理においても，国民負担で危機に陥った大銀行を救済するという新自由主義的改革の基本論理が貫かれてきたことを見過ごしてはならないであろう．

方で，債務超過に陥り自力で再建の展望を描けなくなった大銀行に対してカンフル剤として公的資金による資本注入がなされ，他方で，不良債権を大量に抱えたすべての大銀行の経営を強化するために，預金金利はほぼ０％に張りつくほどの低水準に長期間にわたって固定された．1990年代後半以降新たに採用されたこの人為的な低金利政策によって，金融危機のもとで，すべての大銀行が高収益体制を維持し毎年巨額の不良債権処理を行うことが可能になったのである．

この人為的な低金利政策の最大の被害者は，言うまでもなく国民の圧倒的多数を占める零細預金者であった．なぜなら，彼らは，定期性預金以外に金融収益を期待できる金融資産を保有していないからである．彼らの貯蓄源泉は，勤労所得に基づく消費元本の一部であり，彼らが貯蓄する貨幣資本はその性格上，元本の毀損が直ちに生活破壊に直結する貨幣資本である．そうであるからこそ，それらは元本保証の銀行預金や郵便貯金に吸収されざるをえないのである．さらに，それらの資金はロットが小さいがゆえに，証券等への分散投資をつうじてリスク分散を図りながらキャピタルゲインをめざすこともままならない．以上の二重の意味において，わが国では勤労大衆の貨幣貯蓄は，銀行等の定期性預金に集中する一般的傾向を有していた．現代日本で，個人預金者，とくに国民の圧倒的多数を占める零細預金者の預金構成において，定期性預金が基本的に金利を期待できない要求払預金の２倍の構成比を占めているのは，この事情に根本的に規定されている（表10-2参照）．勤労大衆にとって金融的収益を期待しうるかけがえのない金融資産であった銀行等の定期性預金が，日本型TBTF体制に組み込まれた人為的低金利政策によって無に帰せられたのである．

これに対して，典型的な大口預金者である一般法人の場合，とくに大企業であればあるほど，彼らの金融資産運用の中心をなすのは，株式や国債あるいは投資信託などでの証券投資である．彼らが保有・運用する資金のロットの大きさは，本来リスク資産である証券への分散投資をつうじてリスク分散をしながら証券売買差益であるキャピタルゲインを取得することを可能にしている．し

かも，これらの大口法人預金者は，銀行預金の保有においても先の零細預金者とはまったく異なる預金構成を示している．すなわち，一般法人預金者の場合金利収入を目的とする定期性預金は銀行預金全体の約4割にすぎず，とくに預金額が10億円を超える一般法人の超大口預金者の場合には，それは1/3を下まわっている．彼らが保有する銀行預金の主要部分は元来預金金利が期待されていない要求払預金から成っているのであり，現代の企業とくに大企業が銀行に預金を保有するのは，零細預金者のように金利収入を期待してのことではなく，企業間取引の決済が現金によってではなく預金通貨によってなされるからにほかならない．以上の点からすれば，預金者から金利収入を奪うことになった現代の人為的低金利政策は預金者に一律に作用したのではなく，預金規模に応じた金融資産構成の違いに基づいてきわめて差別的に作用したと言うべきであろう．すなわち預金金利の低位固定化によって，零細預金者は唯一と言うべき金融収益獲得の道が絶たれたのに対して，大口資金運用者の場合には定期性預金での逸失利益を他の金融資産運用で回避したり，場合によってはこの低金利状態を証券価格の上昇→キャピタルゲイン獲得の新たな機会として利用する可能性さえ存在したのである．

　以上に言及した二つの問題は，現代日本における金融危機管理体制，とくにその根幹を成した日本型TBTF政策が国民の金融的利益に及ぼしたマイナス作用を，直接の貨幣的な利益あるいは損失に限定して考察したものであった．だが，この問題は，国民が享受しうる金融サービス，さらには現代日本における「豊かさのなかの貧困」を象徴する土地・住宅問題というより広い国民生活の見地からも検討されるべきものであろう．とは言え，それを論じることは，預金保険制度と金融危機管理との関連を問うという本章の課題の域を大きく越えるものである．それゆえ，ここでは問題の所在だけを指摘しておくことにとどめよう．

　上述のように，日本型TBTF政策は，信用組合，信用金庫，第二地銀などの地域金融機関を容赦なく切り捨てる政策であった．これらの地域金融機関，とくに地方におけるそれらは，地域住民や自営業者，零細企業主にとっては，

預金と貸出を一体化する形で提供してくれるかけがえのない金融機関であった．きめ細かい金融サービスを提供することによって地域住民の暮らしと地域経済の発展に貢献する使命をもつこれらの地域の金融センターが，大銀行と同じ効率化を経営基準に，さらには国際的金融業を営む国際銀行と同じ自己資本比率規制に基づいて選別された．これは，明らかに居住地域のいかんに拘らず等しく金融サービスを享受しうる権利を国民から奪うものである．

　また，金融危機管理政策の遂行にあたって日本政府・金融監督当局は，土地を担保に過大な貸込みによって巨額の不良債権を抱え込んでしまった大銀行とまったく同様に，地価のいっそうの下落を恐れ，地価の下落を阻止する立場を一貫してとってきた．だが，低い地価水準は，国民の経済的利益全体の見地からすれば，むしろ歓迎されるべきことであったはずである．家賃や住宅ローンの返済資金などの住宅費は，多くの国民にとって毎月の家計支出を圧迫する最大の要因である．さらに，持ち家を購入するためには，生涯賃金の一部をなす退職後の生活保障となる退職金や老後に備えた貯蓄までを吐き出さざるをえないのが，国際的に割高の日本の地価水準が，国民に歴史的に強制してきた現実であった．このような日本において，戦後初の地価の崩壊は，安い地価を実現し，安価な土地の上にすべての国民が安心して暮らせる低価格の住宅を大量に供給する絶好の機会であった．この千載一遇のチャンスを大銀行の経営破綻の危機としてしか捉えられないところに，現在の日本政府の反国民的性格が端的に示されていたと言えよう．なお，国民の住宅費支出を減少させる安い地価の実現は，国民生活の抜本的改善につながるばかりではなく，大局的に見れば総資本にとっての投資効率を高める効果も期待できるものである．さらに，1990年代のアメリカの不良債権処理の経験が示すように，短期的な土地市場の活性化のためにも地価にできるだけ早く底をうたせることは必要な政策判断であった．大銀行の不良債権にばかり目を奪われて経済の大局を見とおせない日本の支配層の視野狭窄が，現代日本の住宅問題，土地問題の解決を困難にさせたのである．

初 出 一 覧

- 「現代日本における『ストック経済化』と土地市場」中央大学経済研究所編『戦後日本資本主義—展開過程と現況』中央大学出版部，1999年
- 「木津信用組合の経営破綻とその処理について」『阪南論集　社会科学編』第34巻第1号，1998年7月
- 「兵庫銀行・みどり銀行の経営破綻とその処理をめぐって」『経済学論纂』第39巻第3・4合併号，1999年12月
- 「不良債権問題と『住専処理』」中央大学経済研究所編『現代財政危機と公信用』中央大学出版部，2000年
- 「1997年金融危機の性格について」『経済学論纂』第43巻第1・2合併号，2002年11月
- 「日本型TBTF体制の成立について—金融機能安定化緊急措置法を中心に—」『中央大学経済研究所年報』第34号，2004年3月
- 「日本型TBTF体制の確立について—金融機能再生緊急措置法，金融機能早期健全化緊急措置法を中心に—」『中央大学経済研究所年報』第35号，2005年5月
- 「日本型TBTF政策・体制とは何であったのか」『経済学論纂』第46巻第3・4合併号，2006年3月
- 「現代日本における預金保険制度の乱用と金融危機管理の失敗」一井昭・鳥居伸好編著『現代日本資本主義』中央大学出版部，2006年

参 考 文 献

青木慧［1988年］『金融大企業の背信―財テク・マジックをあばく』新日本出版社
青木達彦編［1995年］『金融脆弱性と不安定性―バブルの金融ダイナミズム』日本経済評論社
朝日新聞経済部［1999年］『金融動乱―経済システムは再生できるか』朝日新聞社
アトキンソン，デービッド［1994年］『銀行―不良債権からの脱却』日本経済新聞社
安部悦生［2003年］『金融規制はなぜ始まったのか―大恐慌と金融制度改革』日本経済評論社
飯田裕康，川波洋一編［1994年］『現代信用論の基本課題』有斐閣
飯田裕康編［2000年］『現代金融危機の構造』慶應義塾大学出版会
井口俊英［1997年］『告白』文藝春秋
池尾和人［1990年］『銀行リスクと規制の経済学―新しい銀行論の試み』東洋経済新報社
　　　　　［1995年］『金融産業への警告―金融システム再構築のために』東洋経済新報社
石井正幸［1998年］『日銀崩壊』毎日新聞社
石田定夫［1993年］『日本経済の資金循環』東洋経済新報社
磯谷玲［1997年］『80年代アメリカの金融変革』日本経済評論社
伊藤隆敏，トーマス・カーギル，マイケル・ハッチソン（北村行伸監訳）［2002年］『金融政策の政治経済学（下）日本の金融制度と中央銀行制度』東洋経済新報社
伊藤誠，C．ラパヴィツァス［2002年］『貨幣・金融の政治経済学』岩波書店
伊藤正直，鶴見誠良，浅井良夫編著［2000年］『金融危機と革新―歴史から現代へ』日本経済評論社
井村喜代子［2000年］『現代日本経済論―戦後復興，「経済大国」，90年代大不況（新版）』有斐閣
井村喜代子［2005年］『日本経済―混沌のただ中で』勁草書房
井村進哉［2002年］『現代アメリカの住宅金融システム』東京大学出版会
岩田規久男［1993年］『金融政策の経済学―「日銀理論」の検証』日本経済新聞社

岩田規久男［1998年］『金融法廷——堕落した銀行，堕落させた大蔵省』日本経済新聞社

岩田規久男，宮川努編［2003年］『失われた10年の真因は何か』東洋経済新報社

岩本康志，齊藤誠，前多康男，渡辺努［2001年］『金融機能と規制の経済学』東洋経済新報社

宇沢弘文，花崎正晴［2000年］『金融システムの経済学——社会的共通資本の視点から——』東京大学出版会

SGCIME（エス・ジー・シム）編［2003年］『第1巻　グローバル資本主義の世界編成と国民国家システム　Ⅰ　世界経済の構造と動態』御茶の水書房

SGCIME（エス・ジー・シム）編［2004年］『第5巻　金融システムの変容と危機』御茶の水書房

大槻久志［1998年］『「金融恐慌」とビッグバン』新日本出版社

大橋英五，小西一雄，齊藤正他［2001年］『日本のビッグ・インダストリー⑥　金融——金融は社会的役割を取り戻せるか』大月書店

岡田康司［1998年］『長銀の誤算』扶桑社

岡部光明［2002年］『株式持合と日本型経済システム』慶應義塾大学出版会

翁邦雄［1993年］『金融政策——中央銀行の視点と選択』東洋経済新報社

翁百合［1993年］『銀行経営と信用秩序——銀行破綻の背景と対応』東洋経済新報社

翁百合［1998年］『情報開示と日本の金融システム——市場規律・監督体制の再構築』東洋経済新報社

貝塚啓明，原田泰編著［1993年］『90年代の金融政策』日本評論社

加藤出［2001年］『日銀は死んだのか？——超金融緩和政策の功罪』日本経済新聞社

軽部謙介［2004年］『ゼロ金利——日銀VS政府　なぜ対立するのか』岩波書店

軽部謙介，西野智彦［1999年］『検証経済失政——誰が，何を，なぜ間違えたか』岩波書店

川上忠雄［2003年］『アメリカのバブル1995—2000　ユーフォリアと宴の後』法政大学出版局

川波洋一，上川孝夫編［2004年］『現代金融論』有斐閣

河原久［2002年］『山一證券　失敗の本質』PHP研究所

菊地英博［1999年］『銀行の破綻と競争の経済学』東洋経済新報社

参考文献

北澤千秋［1999年］『誰が会社を潰したか――山一首脳の罪と罰』日経BP社
共同通信社社会部編［1999年］『崩壊連鎖――長銀・日債銀粉飾決算事件』共同通信社
金融制度調査会答申「1985年」『金融自由化の進展とその環境整備』
金融審議会第二部会［1999年］『特例措置終了後の預金保険制度等に関する基本的な考え方』
クー，リチャード［2001年］『日本経済　生か死かの選択』徳間書店
草野厚［1998年］『山一証券破綻と危機管理――1965年と1997年』朝日新聞社
工藤晃［2002年］『マルクスは信用問題について何を論じたか』新日本出版社
クルーグマン，ポール（中岡望訳）［2002年］『恐慌の罠――なぜ政策を間違いつづけるのか』中央公論新社
久留間健「1999年」『貨幣・信用論と現代――不換制の理論』大月書店
久留間健，山口義行，小西一雄編［1987年］『現代経済と金融の空洞化』有斐閣
香西泰，白石方明，翁邦雄編［2001年］『バブルと金融政策――日本の経験と教訓――』日本経済新聞社
小林真之［2000年］『金融システムと信用恐慌――信用秩序の維持とセーフティネット――』日本経済評論社
後藤新一［1995年］『銀行崩壊』東洋経済新報社
齊藤誠［2002年］『日本の『金融再生』戦略――新たなシステムの構築をどうするか』中央経済社
堺屋太一，刈屋武昭，植草一秀［2003年］『あるべき金融――リスクの市場なくして再生なし』東洋経済新報社
佐藤章［1998年］『ドキュメント　金融破綻』岩波書店
佐藤隆文［2003年］『信用秩序政策の再編――枠組み移行期としての1990年代――』日本図書センター
塩田潮［1998年］『金融崩壊――昭和恐慌からのメッセージ――』日本経済新聞社
渋谷博史，北條裕雄，井村進哉編著［1995年］『日米金融規制の再検討』日本経済評論社
鈴木健［1998年］『メインバンクと企業集団――戦後日本の企業間システム――』ミネルヴァ書房

鈴木淑夫［1992年］『日本経済の再生―バブルを超えて』東洋経済新報社
鈴木淑夫［1994年］『日本経済の将来像―悪循環からの脱却』東洋経済新報社
須田慎一郎［2001年］『2002年4月銀行崩壊―ペイオフ後に来る最悪のシナリオ』光文社
園尾隆司監修，田井雅巳著［2001年］『破産の銀行実務』BSIエデュケーション
高木仁［1986年］『アメリカの金融制度』東洋経済新報社
高木仁［2001年］『アメリカ金融制度改革の長期展望』原書房
高木仁，黒田晃生，渡辺良夫［1999年］『金融システムの国際比較分析』東洋経済新報社
高田太久吉［1999年］「大規模銀行合併とToo-big-to-fail問題」『立命館経済学』第48巻第5号
高田太久吉［2000年］『金融グローバル化を読み解く―≪10のポイント≫』新日本出版社
高月昭年［1994年］『日米比較 不良債権の流動化対策Q&A』金融財政事情研究会
竹内宏［2001年］『長銀はなぜ敗れたか』PHP研究所
辻村和佑編著［2002年］『バランスシートで読みとく日本経済』東洋経済出版社
富樫直記［2002年］『金融・解体か再生か―タブーなき大再編が始まった―』ダイヤモンド社
戸田壮一［1991年］「整理信託公社（RTC）の設立について―議会での審議過程を中心に」『証券研究』第89巻
土門剛［1992年］『農協が倒産する日』東洋経済出版社
中井省［2002年］『やぶにらみ 金融行政』財経詳報社
中尾茂男編（大阪市立大学経済研究所）［2001年］『金融グローバリズム』東京大学出版会
二上季代司編著［1994年］『日本型金融システムの転換』中央経済社
西野智彦［2001年］『検証 経済迷走―なぜ危機が続くのか』岩波書店
西村吉正［1999年］『金融行政の敗因』文藝春秋
西村吉正［2003年］『日本の金融制度改革』東洋経済新報社
日経ビジネス［2000年］『真説バブル―宴はまだ終わっていない』日経BP社
日本銀行［1995年］「米国預金保険制度の概要と運用」『日本銀行調査月報』1995年8月
日本銀行銀行論研究会編［2001年］『金融システムの再生にむけて―中央銀行員によるレクチャー銀行論』有斐閣

日本銀行金融研究所／翁邦夫，白塚重典，田口博雄編著［2001年］『ポスト・バブルの金融政策—1990年代調整期の政策対応とその検証』ダイヤモンド社

日本経済新聞社編［1993年］『金融界・淘汰の時代—ポスト・バブルの攻防』日本経済新聞社

日本経済新聞社編［1993年］『銀行不倒神話の崩壊』日本経済新聞社

日本経済新聞社編［1996年］『誰が銀行をつぶしたか—ドキュメント・関西金融の破綻—』日本経済新聞社

日本経済新聞社編［1998年］『銀行は甦るか—ビッグバンを戦い抜く条件』日本経済新聞社

日本経済新聞社編［1999年］『どうなるペイオフ—2001年金融はよみがえるのか』日本経済新聞社

日本経済新聞社編［2000年］『金融迷走の10年—危機はなぜ防げなかったのか』日本経済新聞社

日本経済新聞社編［2000年］『検証バブル　犯意なき過ち』日本経済新聞社

日本の金融を憂う会［1998年］『長銀破綻の真実—誰が悪いのかハッキリと言おう』とりい書房

野口悠紀雄［1992年］『バブルの経済学—日本経済に何が起こったのか』日本経済新聞社

野田弘英［2002年］「金融不安定性の一考察」『東京経大学会誌』229号

野村総合研究所［2002年］『変貌する米銀—オープン・アーキテクチャ化のインパクト—』野村総合研究所

ノルドレット，マイケル（服部美奈子訳）［1995年］『円バブルの崩壊』講談社

林直道［2000年］『恐慌・不況の経済学』新日本出版社

東谷暁［1999年］『BIS規制の嘘—アメリカの金融戦略と日本の転落』日刊工業新聞社

広瀬隆［2002年］『世界金融戦争—謀略うずまくウォール街』NHK出版

深尾光弘・日本経済研究センター編［2000年］『検証　生保危機—データで見る破綻の構図』日本経済新聞社

深尾光弘・日本経済研究センター編［2002年］『生保危機は終わらない—監督行政の検証』東洋経済新報社

深尾光弘・日本経済研究センター編［2003年］『検証　銀行危機—数値が示す経営実態』日本経済新聞社

蕗谷硯児編［2001年］『先進国金融危機の様相』桃山学院大学総合研究所

古川正紀［1999年］『管理資本主義と平成大不況—市場主義復活の限界—』ミネルヴァ書房

北海道新聞社編［1999年］『拓銀はなぜ消滅したか』北海道新聞社

細田隆［1998年］『転換期の金融システム—グローバル・スタンダードと日本型ビッグバン』金融財政事情研究会

堀内昭義, 吉野直行編［1992年］『現代日本の金融分析』東京大学出版会

堀内昭義［1998年］『金融システムの未来』岩波書店

堀内昭義［1999年］『日本経済と金融危機』岩波書店

ホリオカ, チャールズ・ユウジ, 浜田浩児編著［1998年］『日米家計の貯蓄行動』日本評論社

本間勝［2002年］『世界の預金保険と銀行破綻処理—制度・実態・国際潮流』東洋経済新報社

松井和夫, 奥村皓一［1987］『米国の企業買収・合併　M&A&D』東洋経済新報社

松浦克己, 竹澤康子, 戸井佳奈子［2001年］『金融危機と経済主体』日本評論社

三木谷良一, アダム・S・ポーゼン編, 清水啓典監訳［2001年］『日本の金融危機—米国の経験と日本への教訓』東洋経済新報社

三木谷良一, 石垣健一編［1993年］『金融政策と金融自由化—先進7ヶ国・ECの経験と理論の展開』東洋経済新報社

宮崎義一［1992年］『複合不況—ポスト・バブルの処方箋を求めて』中央公論社

村松岐夫, 奥野正寛編［2002年］『平成バブルの研究（上）バブルの発生とその背景構造』東洋経済新報社

村松岐夫, 奥野正寛編［2002年］『平成バブルの研究（下）崩壊後の不況と不良債権処理』東洋経済新報社

村本孜編著［1998年］『日本人の金融資産選択—バブルの経験とビッグバンの影響』東洋経済新報社

柳川範之，柳川研究室［2002年］『不良債権って何だろう？』東洋経済新報社

山口義行［2002年］『誰のための金融再生か―不良債権処理の非常識』筑摩書房

山中宏［2002年］『メインバンク制の変容』税務経理協会

吉川洋編著［1996年］『金融政策と日本経済』日本経済新聞社

吉川雅行［1995年］「北欧諸国の金融機関救済」『財界観測』第60巻第5号

吉田和男［1994年］『日本型銀行経営の罪―金融危機の本質は何か』東洋経済新報社

吉田春樹［2001年］『銀行と株―大破局へのシナリオ』東洋経済新報社

吉田暁［2002年］『決済システムと銀行・中央銀行』日本経済評論社

米沢康博［1995年］『株式市場の経済学―経済構造変化と株価変動』日本経済新聞社

読売新聞社会部［1999年］『会社がなぜ消滅したか―山一証券役員たちの背信』新潮社

龍昇吉編著［1995年］『現代の財政金融―世界的公信用の構造と課題』日本経済評論社

蝋山昌一［1982年］『日本の金融システム』東洋経済新報社

渡辺孝［2001年］『不良債権はなぜ消えない』日経BP社

Barth, James R., Brumbaugh, Jr., R. Dan, Litan, Robert E. [1992] *The Future of American Banking*, M. E.. Sharpe, Inc.

Chancellor, Edward [1999] *Devil Take the Hindmost: a History of Financial Speculation*, Plume.

Cruickshank, Don [2000] *Competition in UK Banking –A Report to the Chancellor of the Exchequer*, The United Kingdom for the Stationary Office.（古川顕監訳『21世紀銀行業の競争』東洋経済新報社，2000年）

Day, Kathleen [1993] *S&L Hell: The People and the Politics behind the $1 Trillion Savings and Loan Scandal*, W. W. Norton & Company.

Edwards, Franklin R. [1996] *The New Finance,* AEI press.（家森信善，小林毅訳『金融業の将来』東洋経済新報社，1998年）

FDIC (Federal Deposit Insurance Corporation), *FDIC Annual Report*, various issues.

FDIC [1998] *History of the Eighties– Lessons for the Future.*

Fusaro, Peter C. and Miller, Ross M. [2002] *What Went Wrong at Enron: Everyone's Guide to the Largest Bankruptcy in U. S History*, John Wiley & Sons, Inc.（橋本碩也

『エンロン―崩壊の真実―』税務経理協会，2002年）

GAO(General Accouting Office) [1991] *Deposit Insurance: A Strategy for Reform*, GAO/GGD-91-26.

Garcia, Gillian and Plautz, Elizabeth, [1988] *The Federal Reserve: Lender of Last Resort*, Ballinger Publishing Company.

Kane, Edward J. [1985] *The Gathering Crisis in Federal Deposit Insurance,* The MIT Press.

Kaufman, George G. ed. [1990] *Restructuring the American Financial System,* Kluwer Academic Publishers.

Kaufman, George G. [1992] *The U. S. Financial System: Money, Markets, and Institutions Fifth Edition,* Prentice-Hall, Inc.

Kaufman, George G. and Litan, Robert E.. Eds. [1993] *Assessing Bank Reform: FDICIA One Year Later*, The Brookings Institution.

Kidwell, David S. and Peterson, Richard L. [1990] *Financial Institutions, Markets, and Money Fourth Edition,* The Dryden Press.

Krugman, Paul [1999] *The Return of Depression Economics,* W. W. Norton & Company, Inc.（三上義一訳『世界大不況への警告』早川書房，1999年）

Litan, Robert E. [1987] *What Should Banks do?,* The Brookings Institution.

Litan, Robert E. and Rauch, Jonathan [1997] *American Finance for the 21st Centry, The United States Department of the Treasury*: U.S. Government Printing Office.（小西龍治訳『21世紀の金融業―米国財務省レポート』東洋経済新報社

Lowy, Martin E. [1991] *High Rollers: Inside the Savings and Loan Debacle*, Praeger Publishers.

McCollom, James P. [1987] *The Continental Affair: The Rise and Fall of the Continental Illinois Bank,* Dodd, Mead & Company.

Mayer, Martin [1990] *The Greatest-Ever Bank Robbery: The Collapse of The Savings and Loan Industry*, Collier Books.（篠原成子訳『こうして銀行はつぶれた―米国S＆Lの崩壊』日本経済新聞社，1991年）

Mayer, Thomas ed. [1990] *The Political Economy of American Monetary Policy,* Cambridge University Press.

Miller, Richard B. [1990] *American Banking in Crisis: Views from Leading Financial Services CEOs*, Richard D. Irwin. Inc.（橋本光憲監訳『米国銀行　危機への対応―優良20行のトップが語る』東洋経済新報社，1990年）

Minsky, Hyman P. [1986] *Stabilizing an Unstable Economy,* Yale University Press.（吉野紀，浅田統一郎，内田和男訳『金融不安定性の経済学―歴史・理論・政策』多賀出版株式会社，1989年）

Myers, T. A. [1990] *Real Estate Problem Loans,* T. A. Myers & Co.（瀧本博之監訳『不動産融資の不良債権処理―戦略と手続き』東洋経済新報社，1994年）

Pierce, James L.. [1991] *The Future of Banking,* The Twentieth Centry Fund, Inc.（藤田正寛監訳『銀行業の将来』東洋経済新報社，1993年）

RTC (Resolution Trust Corporation) [1995] *Statistical Abstract : August1989/September 1995,* Office of Planning, Research, and Statistics.

Scher, Mark J. [1997] *Japanese Interfirm Networks and Their Main Banks,* Mark J. Scher.（奥村宏監訳『メインバンク神話の崩壊』東洋経済新報社，1998年）

Seidman, L. William [1993] *Full Faith and Credit: The Great S&Ldebacle and Other Washington Sagas,* Times Books.

Shiller, Robert J. [2003] *The New Financial Order,* Princeton University Press.（田村勝省訳『新しい金融秩序―来るべき巨大リスクに備える―』日本経済新聞社，2004年）

Sprague, I. H. [1986] *Bailout: An Insider's Account of Bank Failures and Rescues,* Basic Books, Inc.

Strange, Susan [1998] *Mad money,* Manchester University Press.（櫻井公人，櫻井純理，高嶋正晴訳『マッド・マネー―世紀末のカジノ資本主義』岩波書店，1999年）

Tvede, Lars [1998] *Business Cycles,* Harwood Academic Publishers.（赤羽隆夫訳『信用恐慌の謎―資本主義経済の落とし穴』ダイヤモンド社，1998年）

U. S. House, Committee on Banking, Finance, and Urban Affairs [1989] Hearings, *Administrations Plan to Resolve the Savings and Loan Crisis,* 101st.Cong., 1st.Sess., Feb.

23.

U. S. House, Committee on Banking, Finance, and Urban Affairs [1990] Report of Financial Institutions Supervision, Regulation, and Insurance, *Banking Industry in Turmoil : A Report on the Condition of the U.S.Banking Industry and the Bank Insurance Fund*, 101st.Cong., 2nd. Sess., Dec.

U. S. House, Committee on Banking, Finance, and Urban Affairs [1991] Hearings, *Condition and Recapitalization of the Bank Insurance,* 102nd. Cong., 1st.Sess., April 11.

U. S. Senate, Committee on Banking, Housing, and Urban Affairs [1991] Hearings, *Strengthening the Supervision and Regulation of the Depositary Institutions,* 102nd.Cong., 1st. Sess., Feb. 26.

U. S. Senate, Committee on Banking, Housing, and Urban Affairs [1991] Hearings, *Restructuring the Resolution Trust Corporation and the Semiannual Report on FIRREA,* 102nd.Cong., 1st. Sess., June 11,21,and 26.

Wolfson, Martin H. [1986] *Financial Crises: Understanding the Postwar U. S. Experience,* M.E. Sharpe.

Zweig, Phillip L. [1985] *Belly Up: The Collapse of the Penn Square Bank,* Crown Publishuers, Inc.

米　田　　貢
よね　だ　　　みつぐ

　　1952年　富山県生まれ
　　1976年　立命館大学産業社会学部卒業
　　1984年　大阪市立大学大学院経営学研究科後期博士課程中退
　　1984年　中央大学経済学部助手
　　1995年　同教授

〈主要業績〉

「Nationalkredit, Staatskredit の概念をめぐって」『経済学論纂』第28巻第3・4合併号ならびに第5・6合併号。

「証券市場と貨幣・貨幣資本」『経済学論纂』第36巻第4号。

現代日本の金融危機管理体制

2007年11月25日　初版第1刷発行

著　者　米　田　　貢
発行者　福　田　孝　志
発行所　中央大学出版部
〒192-0393
東京都八王子市東中野742番地1
電話042-674-2351・FAX042-674-2354

藤原印刷㈱

Ⓒ 2007 Mitsugu Yoneda

ISBN978-4-8057-2172-8